I0358300

www.ingramcontent.com/pod-product-compliance
Lightning Source LLC
Chambersburg PA
CBHW081101070526
44583CB00019B/2512
* 9 7 8 1 7 7 8 9 9 0 4 7 2 *

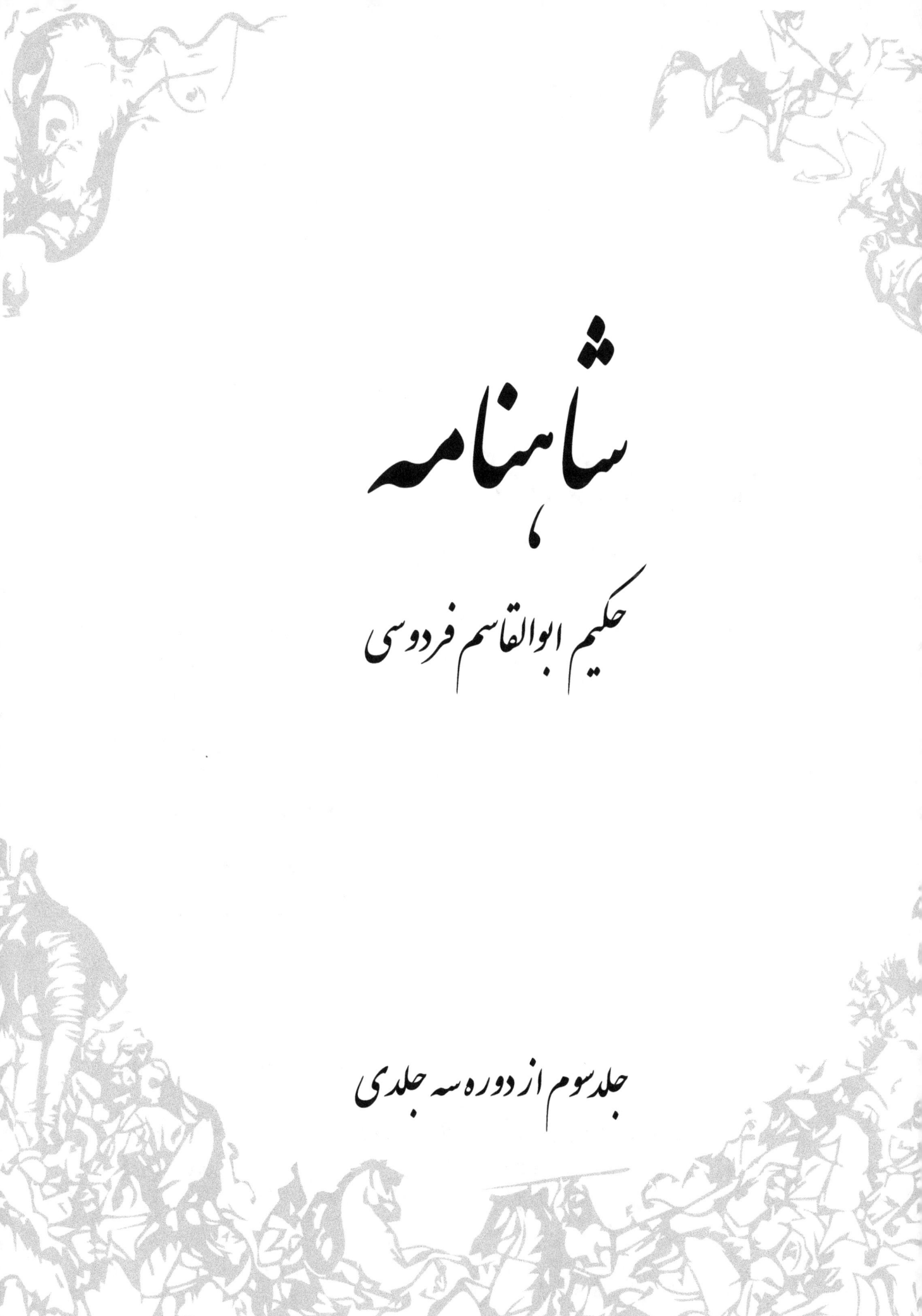

شاهنامه
حکیم ابوالقاسم فردوسی

جلد سوم از دوره سه جلدی

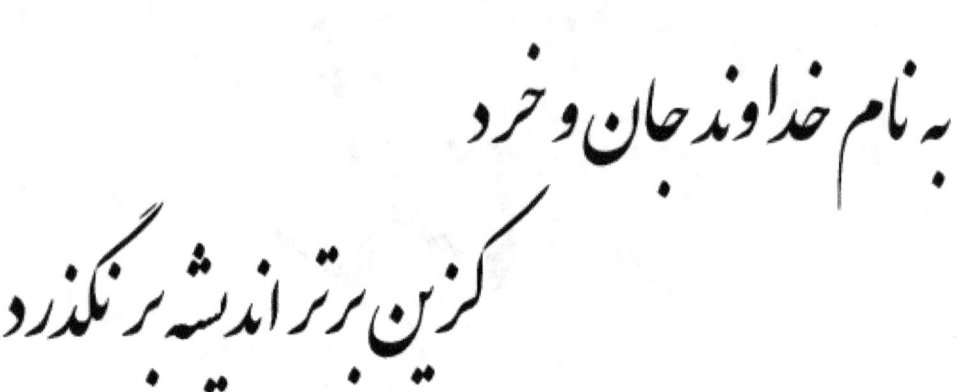

به نام خداوند جان و خرد
کزین برتر اندیشه برنگذرد

عنوان کتاب: شاهنامه جلد ۱ از ۳

اثر: حکیم ابوالقاسم فردوسی

ناشر: موسسه راه مولانا - ونکوور - کانادا

کد مدرک آموزشی: RPI-OT-۰۰۲

شابک:
جلد اول: ۸-۰۴۵-۷۷۸۹۹-۱-۹۷۸
جلد دوم: ۵-۰۴۶-۷۷۸۹۹-۱-۹۷۸
جلد سوم : ۲-۰۴۷-۷۷۸۹۹-۱-۹۷۸

محل چاپ: شبکه بین المللی در بیش از چهل هزار کتابفروشی در بیش از ۱۱۷ کشور جهان

ثبت: در کتابخانه مرکزی - آتاوا - کانادا

دوست دارد یار این آشفتگی کوشش بیهوده به از خفتگی

پیشگفتار

پروردگار یکتا را بی‌پایان سپاس می‌گوییم که توفیق یافتیم موسسه راه مولانا را به همراه جمعی از عاشقان طریقت عشق الهی در شهر ونکوور، کانادا پایه‌گذاری کنیم.

در راستای جهش به سوی تحولی بنیادین و تغییر نگرش‌ها در عرصه آموزش و بازنگری برنامه‌های پرورشی، موفق شدیم با تکیه بر مبانی عرفان نظری (مولویه) و با توجه به چهارچوب برنامه درسی موسسه، فعالیت خود را آغاز کنیم. این برنامه‌ها، فارغ از هرگونه مسائل سیاسی، اجتماعی، ملی، منطقه‌ای و بین‌المللی، تنها بر محتوای کتاب‌ها و منابع موجود به زبان‌های مختلف متمرکز است و ترجمه آن‌ها به زبان فارسی و بازتولید محتوای دروس آموزشی موسسه را هدف قرار داده است. در این مسیر، تلاش کردیم تا سازماندهی و طرح درسی بسته آموزشی موسسه را به فرجام برسانیم.

سری کتاب‌های درسی موسسه راه مولانا از کلاس اول دبستان آغاز و تا دوازدهم ادامه می‌یابد و پس از آن با سایر انتشارات و کتاب‌های رده بالاتر تکمیل می‌شود.

این مجموعه کتاب‌ها مختص به زمان و مکان خاصی نیست و برای هر فردی که علاقه‌مند به یادگیری زبان فارسی و قرارگیری در مسیر طریقت عشق الهی می باشد، طراحی شده است. هدف ما این است که به همراه آموزش این زبان شیرین، مفاهیم عرفان نظری (مولویه) را نیز به فراگیران ارائه دهیم. از این طریق، آنان می‌توانند با مطالعه کتب مهمی همچون مثنوی معنوی (مولانا)، دیوان شمس و سایر کتب مرتبط به زبان فارسی، با طریقت عشق الهی آشنا شده و در این مسیر گام بردارند. لذا به جای درج تاریخ انتشار بر روی جلد کتاب، شماره نگارش و کد آموزشی مدرک مربوطه درج می‌شود.

این بدان معناست که محتوای این مجموعه کتاب‌ها با گذشت زمان تغییر نخواهد کرد و فردی که ده‌ها و یا صدها سال بعد در هر نقطه‌ای از جهان، وارد عرصه وجود شود، قادر خواهد بود از این سری آموزشی دوازده‌گانه و دوره‌های عالی پس از آن برای یادگیری زبان فارسی، آشنایی با مفاهیم عرفان نظری (مولویه)، مطالعه مثنوی معنوی و دیگر کتاب‌های منتشره موسسه راه مولانا بهره‌برداری نماید.

برای پویاتر کردن آموزش و عمق‌بخشی به آموخته‌ها، توصیه می‌شود از روش‌های فعال، مشارکتی و همیاری استفاده شود تا دانش‌آموزان، دانشجویان و پژوهشگران در فرآیند یاددهی-یادگیری نقش مؤثرتری ایفا کنند و استعدادهای خود را شکوفا سازند.

لازم به ذکر است که برای تهیه این سری آموزشی از منابع مختلف در ادوار مختلف تاریخ استفاده شده و محتوای آن‌ها مطابق با مسیر ذکر شده در بالا بازنگری و تنظیم گردیده است.

امیدواریم آموزش از طریق این برنامه‌ها، سبب شکوفایی فردیت و دستیابی به شادمانی جاودانه گردد.

موسسه راه مولانا
ونکوور - کانادا

Rumi's Path Institute

Educational Code: RPI-OT-001

پادشاهی اشکانیان	۱۲۲۷
پادشاهی اشکانیان	۱۲۲۸
آغاز داستان	۱۲۲۹
در خواب دیدن بابک ساسان را	۱۲۳۰
زادن اردشیر بابکان و سرگذشت او با اردوان	۱۲۳۲
نامه اردوان به بهمن پسر خود	۱۲۳۹
رزم اردشیر با کردانشاه و شکست یافتن	۱۲۴۴
داستان هفتواد و سرگذشت کرم	۱۲۴۷
داستان کرم هفتواد	۱۲۴۸
لشکر کشیدن اردشیر به رزم هفتواد	۱۲۵۱
بازگشتن اردشیر از رزم هفتواد	۱۲۵۲
رزم اردشیر با مهرک نوشزاد	۱۲۵۴
رفتن اردشیر به رزم هفتواد و کشتن کرم	۱۲۵۵
پادشاهی ساسانیان	۱۲۵۹
پادشاهی اردشیر بابکان	۱۲۶۰
پیش بینی کید هندی	۱۲۶۵
پیوند شاپور با دختر مهرک نوشزاد	۱۲۶۷

داستان داد و فرهنگ اردشیر	۱۲۷۱
اندرز اردشیر بابکان	۱۲۷۵
سخن فردوسی	۱۲۷۹
پیمان اردشیر بابکان با شاپور	۱۲۸۰
پادشاهی شاپور اردشیران	۱۲۸۵
رزم شاپور با رومیان و آشتی خواستن قیصر	۱۲۸۶
پادشاهی اورمزد	۱۲۸۸
پادشاهی بهرام اورمزد	۱۲۹۲
پادشاهی بهرام بهرام نوزده سال بود	۱۲۹۳
پادشاهی بهرام بهرامیان	۱۲۹۵
پادشاهی نرسی بهرام	۱۲۹۵
پادشاهی اورمزد نرسی	۱۲۹۶
پادشاهی شاپور دویم	۱۲۹۸
رفتن شاپور به روم	۱۳۰۲
گریختن شاپور با کنیزک از روم	۱۳۰۶
پدیدار شدن مانی	۱۳۱۸
پادشاهی اردشیر نکوکار	۱۳۲۱
پادشاهی شاپور سیوم	۱۳۲۲
پادشاهی بهرام شاپور	۱۳۲۳
پادشاهی یزدگرد بزه	۱۳۲۵
پادشاهی یزدگرد بزه	۱۳۲۶
آوردن نعمان، بهرام گور را بنزد پدر	۱۳۳۴
خشم گرفتن یزدگرد بر بهرام و زندانی کردن او	۱۳۳۶
بازگشتن بهرام بنزد منذر	۱۳۳۷
مرگ یزدگرد	۱۳۳۷
انجمن مهیستان ایران و برگزیدن خسرو را پادشاهی	۱۳۴۰
آگاهی یافتن بهرام گور از مرگ پدر	۱۳۴۱
آمدن منذر و بهرام گور	۱۳۴۴

انجمن مهیستان ایران بار دویم	۱۳۴۴
پادشاهی بهرام گور	۱۳۵۳
پادشاهی بهرام گور	۱۳۵۴
داستان بهرام با لنبک آبکش و براهام	۱۳۵۸
رفتن بهرام به خانه براهام	۱۳۶۰
کشتن بهرام شیران را و بازداشتن مردمان از خوردن می	۱۳۶۳
داستان کودک کفشگر و باز روا ساختن بهرام، خوردن می را	۱۳۶۵
ویران کردن و آباد کردن روزبه ده را	۱۳۶۷
داستان بهرام با دختر آسیابان	۱۳۷۰
پیدا شدن گنج و بخشیدن بهرام آنرا به ارزانیان	۱۳۷۳
داستان بهرام با آرزو دخت ماهیار گوهر فروش	۱۳۸۰
رفتن بهرام بخانه بازرگان فرشیدورد و ناخوش بازگشتن او	۱۳۸۸
رفتن بهرام از نخچیرگاه بخانه بازرگان	۱۳۹۹
رفتن بهرام بخانه زن و مرد روستایی	۱۴۰۱
لشکر کشیدن خاقان چین به جنگ بهرام	۱۴۰۵
تاختن بهرام بر لشکر خاقان و پیروز گشتن	۱۴۰۸
نامه بهرام به کارگزاران کشور و بخشیدن باژ	۱۴۱۳
خواستن فرستاده روم بدرگاه و پرسش و پاسخ	۱۴۱۵
گماشتن بهرام مرزبانان را بر استانها	۱۴۱۹
کشتن بهرام گور کرگ را در هندوستان	۱۴۲۹
کشتن بهرام اژدها را	۱۴۳۰
دادن شنگل دختر خویش را به بهرام	۱۴۳۲
گماردن بهرام لوریان را به رامشگری مردمان	۱۴۴۶
پادشاهی یزدگرد پسر بهرام گور	۱۴۴۹
پادشاهی یزدگرد پسر بهرام گور	۱۴۵۰
پادشاهی هرمز یکسال بود	۱۴۵۱
پادشاهی پیروز	۱۴۵۳
پادشاهی پیروز پسر یزدگرد	۱۴۵۴

پادشاهی بلاش	1459
پادشاهی بلاش پسر پیروز	1460
پادشاهی قباد	1467
پادشاهی قباد پسر پیروز	1468
برانگیختن بدخواهان دربار قباد را بر سوفزای	1469
بند برنهادن و کشتن قباد	1471
بند بر نهادن قباد را و نشاندن برادرش جاماسب بر تخت	1472
بازگشتن قباد از هیتال و باز بر تخت نشستن	1474
داستان مزدک با قباد	1476
رای زدن موبدان با کسری درباره مزدک	1479
کشته شدن مزدک و مزدکیان با رای خسرو و موبدان	1480
سپری شدن روزگار قباد	1481
پادشاهی انوشیروان	1485
پادشاهی انوشیروان	1486
بخش کردن نوشیروان پادشاهی خود بر چهار	1488
کشیدن انوشیروان سپاه را بگرگان	1496
رفتن کسری بسوی الانان براه دریا	1498
رفتن کسری به جنگ قیصر	1504
ساختن نوشیروان شهر زیب خسرو و جا دادن اسیران روم را در آن	1510
برون آمدن نوشزاد بر نوشیروان	1512
بیمار شدن نوشیروان و فتنه بر پا کردن نوش زاد	1513
خواب دیدن نوشیروان و گزارش کردن بوزرجمهر آنرا	1521
بزم نخستین بزرگمهر با شهریار و دانایان	1524
بزم دویم بزرگمهر با شهریار	1527
بزم سیوم بزرگمهر با شهریار	1530
بزم چهارم نوشیروان با بوزرجمهر و موبدان	1533
بزم پنجم نوشیروان با بوزرجمهر و موبدان	1535
بزم ششم نوشیروان با بوزرجمهر و موبدان	1537

بزم هفتم نوشیروان با بوزرجمهر و موبدان	1540
داستان مهبود با زروان و کشتن انوشیروان مهبود و پسرانش را	1543
رزم خاقان چین با هیتالیان	1549
پیام فرستادن خاقان چین به کسری	1555
پاسخ نامه کسری ار خاقان چین	1560
فرستادن انوشیروان مهران ستاد را برای دیدن و آوردن دخت خاقان	1562
بازگشتن خاقان و کشیدن انوشیروان از گرگان به تیسفون	1568
سخن گفتن بزرگمهر پیش انوشیروان	1573
داستان در نهادن شترنگ	1581
نامه کسری به رای هند	1585
داستان پدید آمدن شترنج در هندوستان	1588
رزم تلخند	1594
پیام فرستادن تلخند به گو	1599
گفتار اندر آوردن داستان کلیله و دمنه	1606
اندر آزار کسری از بزرگمهر	1611
آوردن فرستاده قیصر، درجی بسته و پرسیدن درباره آن	1614
نامه کسری به هرمزد	1624
سخن پرسیدن موبد از کسری	1626
آگاهی یافتن کسری از مرگ قیصر روم	1633
داستان موزه فروش با کسری	1636
پوزش خواستن قیصر از نوشیروان	1638
گزیدن کسری هرمزد را به جانشیتی خود	1641
پادشاهی هرمزد	1649
پادشاهی هرمزد نوشینروان	1650
کشتن هرمزد وزیران و یاران پدرش را	1652
آمدن بهرام پور گشسب نزد هرمز	1664
کشیدن بهرام پور گشسب لشکر را بجنگ ساوه شاه	1668
فرستادن بهرام سر ساوه شاه را بنزد هرمز	1683

آگاه شدن پرموده از کار ساوه شاه	1684
رسیدن نامه بهرام پورگشسب به هرمز	1684
رسیدن نامه هرمز به بهرام و خشم گرفتن بهرام بر پرموده	1692
آمدن خاقان به نزد هرمز	1695
بازگشت خاقان	1698
نامه سرزنش هرمز ببهرام و فرستادن دوکدان و جامه زنان برای او	1698
پوشیدن بهرام جامه زنان را و نمودن آن بسران سپاه	1699
دیدن بهرام زنی را در کاخ و آگاهی دادن او از پیشامدها	1700
درم زدم بهرام بنام خسرو	1710
آگاه شدن هرمز از کار بهرام و گریختن خسرو از تیسفون	1711
بند کردن هرمز گستهم و بندوی خالان خسرو را	1713
فرستادن هرمز آیین گشسب را بنزد بهرام	1714
شکستن ایرانیان زندان هرمز را	1716
پادشاهی خسرو پرویز	1719
پادشاهی خسرو پرویز	1720
نشستن خسرو بر تخت شاهی	1721
آگاهی بهرام از کور شدن هرمز و لشکر کشیدن او بجنگ خسرو	1723
پند دادن گردیه برادرش را	1736
سگالش کردن خسرو با سران سپاه خود	1738
رفتن خسرو بنزد پدر و کشته شدن هرمز	1742
گریختن خسرو با گستهم و بندوی	1744
پادشاهی بهرام پورگشسپ یکسال و شش ماه بود	1751
چاره بندوی با بهرام سیاوشان در کشتن بهرام و گریختن او	1752
گریختن خسرو	1755
آگاهی دادن راهب خسرو را از آینده	1758
پاسخ خسرو و پیمان	1768
طلسم کردن قیصر و گشادن خرّاد برزین آنرا	1769
گزارش دادن خرّاد برزین از دیدن هندوان و پند دادن او به قیصر	1772

فرستادن قیصر لشکر و دختر خود را نزد خسرو	۱۷۷۴
آگاهی بهرام پورگشسب از آمدن خسرو از روم	۱۷۷۸
رزم خسرو با بهرام و کشته شدن کوت رومی	۱۷۸۱
دودیگر رزم خسرو با بهرام چوبینه و شکست خسرو	۱۷۸۴
رفتن بهرام پورگشسب بنزد خاقان چین	۱۷۹۸
گفتار فردوسی در سوگ فرزند	۱۷۹۸
کشته شدن مقاتوره بر دست بهرام چوبینه	۱۸۰۱
کشتن بهرام چوبینه شیر را و دادن خاقان دختر خود را باو	۱۸۰۲
آگاه شدن خسرو از کار بهرام و نامه نوشتن بخاقان	۱۸۰۶
فرستادن خسرو خراد برزین را برای چاره گری در کار بهرام	۱۸۰۹
چاره جویی خراد برزین در کشتن بهرام	۱۸۱۱
کشتن قلون بهرام را	۱۸۱۴
آگاهی خاقان از کشته شدن بهرام و برباد دادن خان و مان قلون را	۱۸۱۷
آگاه شدن خسرو از کشته شدن بهرام و نواختن وی خراد برزین را	۱۸۱۸
خواستار شدن خاقان گردیه را	۱۸۱۸
رای زدن گردیه با بزرگان سپاه	۱۸۲۰
آگاه شدن خاقان از گریختن گردیه و ایرانیان	۱۸۲۲
نامه گردیه به گردوی برادر خود و کشتن خسرو بندوی را	۱۸۲۴
برانگیختن خسرو گردوی گردیه را بکشتن شویش گستهم	۱۸۲۶
رفتن گردیه بنزد خسرو و بزنی خواستن خسرو وی را	۱۸۲۸
هنر نمودن گردیه پیش خسرو	۱۸۲۹
فرستادن خسرو مرزبان بد سرشت را به ری و تنگ کردن او زندگی را بر مردمان	۱۸۳۰
بازی ساختن گردیه و بخشیدن خسرو مردمان ری را	۱۸۳۲
بخش کردن خسرو سپاهیان را بر چهار سوی کشور	۱۸۳۳
زادن شیرویه فرزند خسرو از دختر قیصر	۱۸۳۶
داستان خسرو و شیرین	**۱۸۴۵**
داستان خسرو و شیرین	**۱۸۴۶**
آیین شکار خسرو و دیدن او شیرین را	۱۸۴۷

پند دادن بزرگان خسرو را در کار شیرین	1849
پاسخ خسرو با ایرانیان درباره شیرین	1850
کشتن شیرین مریم را و بند کردن خسرو شیروی را	1851
ساختن خسرو تخت تاقدیس را	1853
داستان باربد خنیاگر	1855
ساختن خسرو ایوان مداین را	1858
گفتار درباره خسرو پرویز	1861
فریب خسرو در کار گراز و قیصر	1864
رها کردن سران شیرویه را	1867
غوغا کردن بر پادشاهی شیروی	1869
گرفتار شدن خسرو	1871
پادشاهی قباد مشهور به شیرویه	1875
پادشاهی شیرویه	1876
پاسخ خسرو مر شیرویه را	1880
رای زدن قباد با بزرگان درباره خسرو	1888
زاری کردن باربد بر خسرو	1889
کشته شدن خسرو بر دست مهر هرمزد	1891
کشتن شیرین خود را و کشته شدن شیرویه	1893
پادشاهی اردشیر شیروی	1899
پادشاهی اردشیر شیروی	1900
کشته شدن اردشیر بر دست پیروز خسرو	1900
پادشاهی گراز نامبردار به فرایین	1902
پادشاهی پوراندخت	1905
پادشاهی پوراندخت	1906
پادشاهی آزرم دخت	1907
پادشاهی آزرم دخت	1908
پادشاهی فرخ زاد	1908
پادشاهی یزدگرد	1911

پادشاهی یزدگرد...............................۱۹۱۲
تاخت کردن سعد وقاص بایران و فرستادن یزدگرد رستم فرخزاد را بجنگ او...........۱۹۱۳
نامه رستم فرخزاد به سعد ابی وقاص...............................۱۹۱۷
پاسخ سعد وقاص بنامه رستم فرخزاد...............................۱۹۱۸
رای زدن یزدگرد با ایرانیان و رفتن بسوی خراسان...............................۱۹۲۱
نامه یزدگرد بمرزبانان توس...............................۱۹۲۴
بر انگیختن ماهوی سوری بیژن را بجنگ یزدگرد...............................۱۹۲۸
شکست یزدگرد و گریختن او اندر آسیا...............................۱۹۲۹
بر تخت نشستن ماهوی سوری...............................۱۹۳۸
آگاه شدن بیژن از کشته شدن یزدگرد و لشکر کشیدن او بجنگ ماهوی سوری....۱۹۴۰
گرفتار شدن ماهوی سوری و کشته شدنش بفرمان بیژن...............................۱۹۴۱

پادشاهی اشکانیان

پادشاهی اشکانیان

سرافراز محمود فرخنده‌رای
کزویست نام بزرگی به جای

جهاندار ابوالقاسم پر خرد
که رایش همی از خرد برخورد

همی باد تا جاودان شاد دل
ز رنج و ز غم گشته آزاد دل

شهنشاه ایران و زابلستان
ز قنوج تا مرز کابلستان

برو آفرین باد و بر لشکرش
چه بر خویش و بر دوده و کشورش

جهاندار سالار او میر نصر
کزو شادمانست گردنده عصر

دریغش نیاید ز بخشیدن ایچ
نه آرام گیرد به روز بسیچ

چو جنگ آیدش پیش جنگ آورد
سر شهریاران به چنگ آورد

برآنکس که بخشش کند گنج خویش
ببخشد نه‌اندیشد از رنج خویش

جهان تاجهاندار محمود باد
وزو بخشش و داد موجود باد

سپهدار چون بوالمظفر بود
سرلشکر از ماه برتر بود

که پیروز نامست و پیروزبخت
همی بگذرد تیر او بر درخت

همیشه تن شاه بی‌رنج باد
نشستش همه بر سر گنج باد

همیدون سپهدار او شاد باد
دلش روشن و گنجش آباد باد

چنین تا به پایست گردان سپهر
ازین تخمه هرگز مبراد مهر

پدر بر پدر بر پسر بر پسر
همه تاجدارند و پیروزگر

گذشته ز شوال ده با چهار
یکی آفرین باد بر شهریار

کزین مژده دادیم رسم خراج
که فرمان بد از شاه با فر و تاج

که سالی خراجی نخواهند بیش
ز دین‌دار بیدار وز مرد کیش

بدین عهد نوشین‌روان تازه شد
همه کار بر دیگر اندازه شد

چو آمد بران روزگاری دراز
همی بفگند چادر داد باز

ببینی بدین داد و نیکی گمان
که او خلعتی یابد از آسمان

که هرگز نگردد کهن بر برش
بماند کلاه کیان بر سرش

سرش سبز باد و تنش بی‌گزند
منش برگذشته ز چرخ بلند

ندارد کسی خوار فال مرا	کجا بشمرد ماه و سال مرا
نگه کن که این نامه تا جاودان	درفشی بود بر سر بخردان
بماند بسی روزگاران چنین	که خوانند هرکس برو آفرین
چنین گفت نوشین روان قباد	که چون شاه را دل بپیچد ز داد
کند چرخ منشور او را سپاه	ستاره نخواند ورا نیز شاه
ستم نامه‌ی عزل شاهان بود	چو درد دل بیگناهان بود
بماناد تا جاودان این گهر	هنرمند و بادانش و دادگر
نباشد جهان بر کسی پایدار	همه نام نیکو بود یادگار
کجا شد فریدون و ضحاک و جم	مهان عرب خسروان عجم
کجا آن بزرگان ساسانیان	ز بهرامیان تا به سامانیان
نکوهیده‌تر شاه ضحاک بود	که بیدادگر بود و ناپاک بود
فریدون فرخ ستایش ببرد	بمرد او و جاوید نامش نمرد
سخن ماند اندر جهان یادگار	سخن بهتر از گوهر شاهوار
ستایش نبرد آنک بیداد بود	به گنج و به تخت مهی شاد بود
گسسته شود در جهان کام اوی	نخواند به گیتی کسی نام اوی
ازین نامه‌ی شاه دشمن‌گداز	که بادا همه ساله بر تخت ناز
همه مردم از خانها شد به دشت	نیایش همی ز آسمان برگذشت
که جاوید بادا سر تاجدار	خجسته برو گردش روزگار
ز گیتی مبیناد جز کام خویش	نوشته بر ایوانها نام خویش
همان دوده و لشکر و کشورش	همان خسروی قامت و منظرش
کنون ای سراینده فرتوت مرد	سوی گاه اشکانیان بازگرد

آغاز داستان

چه گفت اندر آن نامه‌ی راستان	که گوینده یاد آرد از باستان
پس از روزگار سکندر جهان	چه گوید کرا بود تخت مهان
چنین گفت داننده دهقان چاچ	کزان پس کسی را نبد تخت عاج

بزرگان که از تخم آرش بدند	دلیر و سبکسار و سرکش بدند
به گیتی به هر گوشه‌یی بر یکی	گرفته ز هر کشوری اندکی
چو بر تختشان شاد بنشاندند	ملوک طوایف همی خواندند
برین گونه بگذشت سالی دویست	تو گفتی که اندر زمین شاه نیست
نکردند یاد این ازان آن ازین	برآسود یک چند روی زمین
سکندر سگالید زین‌گونه رای	که تا روم آباد ماند به جای
نخست اشک بود از نژاد قباد	دگر گرد شاپور خسرو نژاد
ز یک دست گودرز اشکانیان	چو بیژن که بود از نژاد کیان
چو نرسی و چون اورمزد بزرگ	چو آرش که بد نامدار سترگ
چو زو بگذری نامدار اردوان	خردمند و با رای و روشن‌روان
چو بنشست بهرام ز اشکانیان	ببخشید گنجی با رزانیان
ورا خواندند اردوان بزرگ	که از میش بگسست چنگال گرگ
ورا بود شیراز تا اصفهان	که داننده خواندش مرز مهان
به اصطخر بد بابک از دست اوی	که تنین خروشان بد از شست اوی
چو کوتاه شد شاخ و هم بیخشان	نگوید جهاندار تاریخشان
کزیشان جز از نام نشنیده‌ام	نه در نامه‌ی خسروان دیده‌ام
سکندر چو نومید گشت از جهان	بیفگند رایی میان مهان
بدان تا نگیرد کس از روم یاد	بماند مران کشور آباد و شاد
چو دانا بود بر زمین شهریار	چنین آورد دانش شاه بار
چو دارا به رزم اندرون کشته شد	همه دوده را روز برگشته شد

در خواب دیدن بابک ساسان را

پسر بد مر او را یکی شادکام	خردمند و جنگی و ساسان به نام
پدر را بران گونه چون کشته دید	سر بخت ایرانیان گشته دید
ازان لشکر روم بگریخت اوی	به دام بلا در نیاویخت اوی
به هندوستان در به زاری بمرد	ز ساسان یکی کودکی ماند خرد

بدین هم‌نشان تا چهارم پسر	همی نام ساسانش کردی پدر
شبانان بدندی و گر ساربان	همه ساله با رنج و کار گران
چو کهتر پسر سوی بابک رسید	به دشت اندرون سر شبان را بدید
بدو گفت مزدورت آید به کار	که ایدر گذارد به بد روزگار
بپذرفت بدبخت را سرشبان	همی داشت با رنج روز و شبان
چو شد کارگر مرد و آمد پسند	شبان سرشبان گشت بر گوسفند
دران روزگاری همی بود مرد	پر از غم دل و تن پر از رنج و درد
شبی خفته بد بابک رود یاب (؟)	چنان دید روشن روانش به خاب
که ساسان به پیل ژیان برنشست	یکی تیغ هندی گرفته به دست
هرانکس که آمد بر او فراز	برو آفرین کرد و بردش نماز
زمین را به خوبی بیاراستی	دل تیره از غم بپیراستی
به دیگر شب‌اندر چو بابک بخفت	همی بود با مغزش اندیشه جفت
چنان دید در خواب کاتش‌پرست	سه آتش ببردی فروزان به دست
چو آذر گشسپ و چو خراد و مهر	فروزان به کردار گردان سپهر
همه پیش ساسان فروزان بدی	به هر آتشی عود سوزان بدی
سر بابک از خواب بیدار شد	روان و دلش پر ز تیمار شد
هرانکس که در خواب دانا بدند	به هر دانشی بر توانا بدند
به ایوان بابک شدند انجمن	بزرگان فرزانه و رای زن
چو بابک سخن برگشاد از نهفت	همه خواب یکسر بدیشان بگفت
پراندیشه شد زان سخن رهنمای	نهاده برو گوش پاسخ‌سرای
سرانجام گفت ای سرافراز شاه	به تأویل این کرد باید نگاه
کسی را که بینند زین سان به خواب	به شاهی برآرد سر از آفتاب
ور ایدونک این خواب زو بگذرد	پسر باشدش کز جهان بر خورد
چو بابک شنید این سخن گشت شاد	براندازه‌شان یک به یک هدیه داد
بفرمود تا سرشبان از رمه	بر بابک آید به روز دمه
بیامد شبان پیش او با گلیم	پر از برف پشمینه دل بدو نیم
بپردخت بابک ز بیگانه جای	بدر شد پرستنده و رهنمای
ز ساسان بپرسید و بنواختش	بر خویش نزدیک بنشاختش
بپرسیدش از گوهر و از نژاد	شبان زو بترسید و پاسخ نداد

۱۲۳۱

ازان پس بدو گفت کای شهریار / شبان را به جان گر دهی زینهار
بگوید ز گوهر همه هرچ هست / چو دستم بگیری به پیمان به دست
که با من نسازی بدی در جهان / نه بر آشکار و نه اندر نهان
چو بشنید بابک زبان برگشاد / ز یزدان نیکی دهش کرد یاد
که بر تو نسازم به چیزی گزند / بدارمت شادان‌دل و ارجمند
به بابک چنین گفت زان پس جوان / که من پور ساسانم ای پهلوان
نبیره‌ی جهاندار شاه اردشیر / که بهمنش خواندی همی یادگیر
سرافراز پور یل اسفندیار / ز گشتاسپ یل در جهان یادگار
چو بشنید بابک فرو ریخت آب / ازان چشم روشن که او دید خواب
بیاورد پس جامه‌ی پهلوی / یکی باره با آلت خسروی
بدو گفت بابک به گرمابه شو / همی باش تا خلعت آرند نو
یکی کاخ پرمایه او را بساخت / ازان سرشبانان سرش برافراخت
چو او را بران کاخ بر جای کرد / غلام و پرستنده بر پای کرد
به هر آلتی سرفرازیش داد / هم از خواسته بی‌نیازیش داد
بدو داد پس دختر خویش را / پسندیده و افسر خویش را
چو نه ماه بگذشت بر ماه‌چهر / یکی کودک آمد چو تابنده مهر

زادن اردشیر بابکان و سرگذشت او با اردوان

به مانند‌ه‌ی نامدار اردشیر / فزاینده و فرخ و دلپذیر
همان اردشیرش پدر کرد نام / نیا شد به دیدار او شادکام
همی پروریدش به بربر به ناز / برآمد برین روزگاری دراز
مر او را کنون مردم تیزویر / همی خواندش بابکان اردشیر
بیاموختندش هنر هرچ بود / هنر نیز بر گوهرش بر فزود
چنان شد به دیدار و فرهنگ و چهر / که گفتی همی زو فروزد سپهر
پس آگاهی آمد سوی اردوان / ز فرهنگ و ز دانش آن جوان
که شیر ژیانست هنگام رزم / به ناهید ماند همی روز بزم

یکی نامه بنوشت پس اردوان	سوی بابک نامور پهلوان
که ای مرد بادانش و رهنمای	سخن‌گوی و با نام و پاکیزه‌رای
شنیدم که فرزند تو اردشیر	سواریست گوینده و یادگیر
چو نامه بخوانی هم‌اندر زمان	فرستش به نزدیک ما شادمان
ز بایسته‌ها بی‌نیازش کنم	میان یلان سرفرازش کنم
چو باشد به نزدیک فرزند ما	نگوییم کو نیست پیوند ما
چو آن نامه‌ی شاه بابک بخواند	بسی خون مژگان به رخ برفشاند
بفرمود تا پیش او شد دبیر	همان نورسیده جوان اردشیر
بدو گفت کاین نامه‌ی اردوان	بخوان و نگه‌کن به روشن روان
من اینک یکی نامه نزدیک شاه	نویسم فرستم یکی نیک‌خواه
بگویم که اینک دل و دیده را	دلاور جوان پسندیده را
فرستادم و دادمش نیز پند	چو آید بدان بارگاه بلند
تو آن کن که از رسم شاهان سزد	نباید که بادی برو بر وزد
در گنج بگشاد بابک چو باد	جوان را ز هرگونه‌یی کرد شاد
ز زرین ستام و ز گوپال و تیغ	ز فرزند چیزش نیامد دریغ
ز دینار و دیبا و اسپ و رهی	ز چینی و زربفت شاهنشهی
بیاورد و بنهاد پیش جوان	جوان شد پرستنده‌ی اردوان
بسی هدیه‌ها نیز با اردشیر	ز دیبا و دینار و مشک و عبیر
ز پیش نیا کودک نیک پی	به درگاه شاه اردوان شد بری
چو آمد به نزدیکی بارگاه	بگفتند با شاه زان بارخواه
جوان را به مهر اردوان پیش خواند	ز بابک سخنها فراوان براند
به نزدیکی تخت بنشاختش	به برزن یکی جایگه ساختش
فرستاد هرگونه‌یی خوردنی	ز پوشیدنی هم ز گستردنی
ابا نامداران بیامد جوان	به جایی که فرموده بود اردوان
چو کرسی نهاد از بر چرخ شید	جهان گشت چون روی رومی سپید
پرستنده‌یی پیش خواند اردشیر	همان هدیه‌هایی که بد ناگزیر
فرستاد نزدیک شاه اردوان	فرستاده‌ی بابک پهلوان
بدید اردوان و پسند آمدش	جوانمرد را سودمند آمدش
پسروار خسرو همی داشتش	زمانی به تیمار نگذاشتش

به می خوردن و خوان و نخچیرگاه	به پیش خودش داشتی سال و ماه
همی داشتش همچو فرزند خویش	جدایی ندادش ز پیوند خویش
چنان بد که روزی به نخچیرگاه	پراگنده شد لشکر و پور شاه
همی راند با اردوان اردشیر	جوانمرد را شاه بد دلپذیر
پسر بود شاه اردوان را چهار	ازان هر یکی چون یکی شهریار
به هامون پدید آمد از دور گور	ازان لشکر گشن برخاست شور
همه بادپایان برانگیختند	همی گرد با خوی برآمیختند
همی تاخت پیش اندرون اردشیر	چو نزدیک شد در کمان راند تیر
بزد بر سرون یکی گور نر	گذر کرد بر گور پیکان و پر
بیامد هم اندر زمان اردوان	بدید آن گشاد و بر آن جوان
بدید آن یکی گور افگنده گفت	که با دست آنکس هنر باد جفت
چنین داد پاسخ به شاه اردشیر	که این گور را من فگندم به تیر
پسر گفت کین را من افگنده‌ام	همان جفت را نیز جوینده‌ام
چنین داد پاسخ بدو اردشیر	که دشتی فراخست و هم گور و تیر
یکی دیگر افگن برین هم نشان	دروغ از گناهست بر سرکشان
پر از خشم شد زان جوان اردوان	یکی بانگ برزد به مرد جوان
بدو گفت شاه این گناه منست	که پروردن آیین و راه منست
ترا خود به بزم و به نخچیرگاه	چرا برد باید همی با سپاه
بدان تا ز فرزند من بگذری	بلندی گزینی و کنداوری
برو تازی اسپان ما را ببین	هم آن جایگه بر سرایی گزین
بران آخر اسپ سالار باش	به هر کار با هر کسی یار باش
بیامد پر از آب چشم اردشیر	بر آخر اسپ شد ناگزیر
یکی نامه بنوشت پیش نیا	پر از غم دل و سر پر از کیمیا
که ما را چه پیش آمد از اردوان	که درد تنش باد و رنج روان
همه یاد کرد آن کجا رفته بود	کجا اردوان از چه آشفته بود
چو آن نامه نزدیک بابک رسید	نکرد آن سخن نیز بر کس پدید
دلش گشت زان کار پر درد و رنج	بیاورد دینار چندی ز گنج
فرستاد نزدیک او ده هزار	هیونی برافگند گرد و سوار
بفرمود تا پیش او شد دبیر	یکی نامه فرمود زی اردشیر

که این کم خرد نورسیده جوان ... چو رفتی به نخچیر با اردوان
چرا تاختی پیش فرزند اوی ... پرستنده‌ای تو نه پیوند اوی
نکردی به تو دشمنی ار بدی ... که خود کرده‌ای تو به نابخردی
کنون کام و خشنودی او بجوی ... مگردان ز فرمان او هیچ روی
ز دینار لختی فرستادمت ... به نامه درون پندها دادمت
هرانگه که این مایه بردی بکار ... دگر خواه تا بگذرد روزگار
تگاور هیون جهاندیده پیر ... بیامد دوان تا بر اردشیر
چو آن نامه برخواند خرسند گشت ... دلش سوی نیرنگ و اروند گشت
بگسترد هرگونه گستردنی ... ز پوشیدنیها و از خوردنی
به نزدیک اسپان سرایی گزید ... نه اندر خور کار جایی گزید
شب و روز خوردن بدی کار اوی ... می و جام و رامشگران یار اوی
یکی کاخ بود اردوان را بلند ... به کاخ اندرون بنده‌یی ارجمند
که گلنار بد نام آن ماه‌روی ... نگاری پر از گوهر و رنگ و بوی
بر اردوان همچو دستور بود ... بران خواسته نیز گنجور بود
بروبر گرامی‌تر از جان بدی ... به دیدار او شاد و خندان بدی
چنان بد که روزی برآمد به بام ... دلش گشت زان خرمی شادکام
نگه کرد خندان لب اردشیر ... جوان در دل ماه شد جایگیر
همی بود تا روز تاریک شد ... همانا به شب روز نزدیک شد
کمندی بران کنگره بر ببست ... گره زد برو چند و ببسود دست
به گستاخی از باره آمد فرود ... همی داد نیکی دهش را درود
بیامد خرامان بر اردشیر ... پر از گوهر و بوی مشک و عبیر
ز بالین دیبا سرش برگرفت ... چو بیدار شد تنگ در بر گرفت
نگه کرد برنا بران خوب‌روی ... بدان موی و آن روی و آن رنگ و بوی
بدان ماه گفت از کجا خاستی ... که پرغم دلم را بیاراستی
چنین داد پاسخ که من بنده‌ام ... ز گیتی به دیدار تو زنده‌ام
دلارام گنجور شاه اردوان ... که از من بود شاد و روشن‌روان
کنون گر پذیری ترا بنده‌ام ... دل و جان به مهر تو آگنده‌ام
بیایم چو خواهی به نزدیک تو ... درفشان کنم روز تاریک تو
چو لختی برآمد برین روزگار ... شکست اندر آمد به آموزگار

جهاندیده بیدار بابک بمرد — سرای کهن دیگری را سپرد
چو آگاهی آمد سوی اردوان — پر از غم شد و تیره گشتش روان
گرفتند هر مهتری یاد پارس — سپهبد به مهتر پسر داد پارس
بفرمود تا کوس بیرون برند — ز درگاه لشکر به هامون برند
جهان تیره شد بر دل اردشیر — ازان پیر روشن‌دل و دستگیر
دل از لشکر اردوان برگرفت — وزان آگهی رای دیگر گرفت
که از درد او بد دلش پرستیز — به هر سو همی جست راه گریز
ازان پس چنان بد که شاه اردوان — ز اخترشناسان روشن‌روان
بیاورد چندی به درگاه خویش — همی بازجست اختر و راه خویش
همان نیز تا گردش روزگار — ازان پس کرا باشد آموزگار
فرستادشان نزد گلنار شاه — بدان تا کنند اختران را نگاه
سه روز اندر آن کار شد روزگار — نگه کرده شد طالع شهریار
چو گنجور بشنید آوازشان — سخن گفتن از طالع و رازشان
سیم روز تا شب گذشته سه پاس — کنیزک بپردخت ز اخترشناس
پر از آرزو دل لبان پر ز باد — همی داشت گفتار ایشان به یاد
چهارم بشد مرد روشن‌روان — که بگشاید آن راز با اردوان
برفتند با زیجها برکنار — ز کاخ کنیزک بر شهریار
بگفتند راز سپهر بلند — همان حکم او بر چه و چون و چند
کزین پس کنون تانه بس روزگار — ز چیزی بپیچد دل نامدار
که بگریزد از مهتری کهتری — سپهبد نژادی و کنداوری
وزان پس شود شهریاری بلند — جهاندار و نیک‌اختر و سودمند
دل نامور مهتر نیک‌بخت — ز گفتار ایشان غمی گشت سخت
چو شد روی کشور به کردار قیر — کنیزک بیامد بر اردشیر
چو دریا برآشفت مرد جوان — که یک روز نشکیبی از اردوان
کنیزک بگفت آنچ روشن‌روان — همی گفت با نامدار اردوان
سخن چون ز گلنار زان سان شنید — شکیبایی و خامشی برگزید
دل مرد برنا شد از ماه تیر — ازان پس همی جست راه گریز
بدو گفت گر من به ایران شوم — ز ری سوی شهر دلیران شوم
تو با من سگالی که آیی به رام — گر ایدر بباشی به نزدیک شاه

اگر با من آیی توانگر شوی	همان بر سر کشور افسر شوی
چنین داد پاسخ که من بنده‌ام	نباشم جدا از تو تا زنده‌ام
همی گفت با لب پر از باد سرد	فرو ریخت از دیدگان آب زرد
چنین گفت با ماه‌روی اردشیر	که فردا بباید شدن ناگزیر
کنیزک بیامد به ایوان خویش	به کف برنهاده تن و جان خویش
چو شد روی گیتی ز خورشید زرد	به خم اندر آمد شب لاژورد
کنیزک در گنجها باز کرد	ز هر گوهری جستن آغاز کرد
ز یاقوت وز گوهر شاهوار	ز دینار چندانک بودش به کار
بیامد به جایی که بودش نشست	بدان خانه بنهاد گوهر ز دست
همی بود تا شب برآمد ز کوه	بخفت اردوان جای شد بی‌گروه
از ایوان بیامد به کردار تیر	بیاورد گوهر بر اردشیر
جهانجوی را دید جامی به دست	نگهبان اسپان همه خفته مست
کجا مستشان کرده بود اردشیر	که وی خواست رفتن همی ناگزیر
دو اسپ گرانمایه کرده گزین	بر آخر چنان بود در زیر زین
جهانجوی چون روی گلنار دید	همان گوهر و سرخ دینار دید
هم‌اندر زمان پیش بنهاد جام	بزد بر سر تازی اسپان لگام
بپوشید خفتان و خود بر نشست	یکی تیغ زهر آب داده به دست
همان ماه‌رخ بر دگر بارگی	نشستند و رفتند یکبارگی
از ایوان سوی پارس بنهاد روی	همی رفت شادان دل و راهجوی
چنان بد که بی‌ماه روی اردوان	نبودی شب و روز روشن‌روان
ز دیبا نبرداشتی دوش و یال	مگر چهر گلنار دیدی به فال
چو آمدش هنگام برخاستن	به دیبا سر گاهش آراستن
کنیزک نیامد به بالین اوی	برآشفت و پیچان شد از کین اوی
بدربر سپاه ایستاده به پای	بیاراسته تخت و تاج و سرای
ز درگاه برخاست سالار بار	بیامد بر نامور شهریار
بدو گفت گردنکشان بر درند	هر آنکس کجا مهتر کشورند
پرستندگان را چنین گفت شاه	که گلنار چون راه و آیین نگاه
ندارد نیاید به بالین من	که داند بدین داستان دین من
بیامد هم‌انگاه مهتر دبیر	که رفتست بیگاه دوش اردشیر

وز آخر ببردست خنگ و سیاه / که بد باره‌ی نامبردار شاه
هم‌انگاه شد شاه را دلپذیر / که گنجور او رفت با اردشیر
دل مرد جنگی برآمد ز جای / برآشفت و زود اندر آمد به پای
سواران جنگی فراوان ببرد / تو گفتی همی باره آتش سپرد
بره‌بر یکی نامور دید جای / بسی اندرو مردم و چارپای
بپرسید زیشان که شبگیر هور / شنیدی شما بانگ نعل ستور
یکی گفت زیشان که اندر گذشت / دو تن بر دو باره درآمد به دشت
همی برگذشتند پویان به راه / یکی باره‌ی خنگ و دیگر سیاه
به دم سواران یکی غرم پاک / چو اسپی همی بر پراگند خاک
به دستور گفت آن زمان اردوان / که این غرم باری چرا شد دوان
چنین داد پاسخ که آن فر اوست / به شاهی و نیک‌اختری پر اوست
گر این غرم دریابد او را متاز / که این کار گردد بمابر دراز
فرود آمد آن جایگه اردوان / بخورد و برآسود و آمد دوان
همی تاختند از پس اردشیر / به پیش اندرون اردوان و وزیر
جوان با کنیزک چو باد دمان / نپردخت از تاختن یک زمان
کرا یار باشد سپهر بلند / بروبر ز دشمن نیاید گزند
ازان تاختن رنجه شد اردشیر / بدید از بلندی یکی آبگیر
جوانمرد پویان به گلنار گفت / که اکنون که با رنج گشتیم جفت
بباید بدین چشمه آمد فرود / که شد باره و مرد بی‌تار و پود
بباشیم بر آب و چیزی خوریم / ازان پس بر آسودگی بگذریم
چو هر دو رسیدند نزدیک آب / به زردی دو رخساره چون آفتاب
همی خواست کاید فرود اردشیر / دو مرد جوان دید بر آبگیر
جوانان به آواز گفتند زود / عنان و رکیبت بباید بسود
که رستی ز کام و دم اژدها / کنون آب خوردن نیارد بها
نباید که آیی به خوردن فرود / تن خویش را داد باید درود
چو از پندگوی آن شنید اردشیر / به گلنار گفت این سخن یادگیر
رکیبش گران شد سبک شد عنان / به گردن برآورد رخشان سنان
پس‌اندر چو باد دمان اردوان / همی تاخت با رنج و تیره‌روان
بدانگه که بگذشت نیمی ز روز / فلک را بپیمود گیتی فروز

یکی شارستان دید با رنگ و بوی	بسی مردم آمد به نزدیک اوی
چنین گفت با موبدان نامدار	که کی برگذشت آن دلاور سوار
چنین داد پاسخ بدو رهنمای	که ای شاه نیک‌اختر و پاک‌رای
بدانگه که خورشید برگشت زرد	بگسترد شب چادر لاژورد
بدین شهر بگذشت پویان دو تن	پر از گرد و بی‌آب گشته دهن
یکی غرم بود از پس یک سوار	که چون او ندیدم به ایوان نگار
چنین گفت با اردوان کدخدای	کز ایدر مگر بازگردی به جای
سپه سازی و ساز جنگ آوری	که اکنون دگرگونه شد داوری
که بختش پس پشت او برنشست	ازین تاختن باد ماند به دست
یکی نامه بنویس نزد پسر	به نامه بگوی این سخن در به در
نشانی مگر یابد از اردشیر	نباید که او دو شد از غرم شیر
چو بشنید زو اردوان این سخن	بدانست کواز او شد کهن
بدان شارستان اندر آمد فرود	همی داد نیکی دهش را درود
چو شب روز شد بامداد پگاه	بفرمود تا بازگردد سپاه

نامه اردوان به بهمن پسر خود

بیامد دو رخساره همرنگ نی	چو شب تیره گشت اندر آمد بری
یکی نامه بنوشت نزد پسر	که کژی به باغ اندر آورد بر
چنان شد ز بالین ما اردشیر	کزان سان نجست از کمان ایچ تیر
سوی پارس آمد بجویش نهان	مگوی این سخن با کسی در جهان
وزین سو به دریا رسید اردشیر	به یزدان چنین گفت کای دستگیر
تو کردی مرا ایمن از بدکنش	که هرگز مبیناد نیکی تنش
برآسود و ملاح را پیش خواند	ز کار گذشته فراوان براند
نگه کرد فرزانه ملاح پیر	به بالا و چهر و بر اردشیر
بدانست کو نیست جز کی نژاد	ز فر و ز اورنگ او گشت شاد
بیامد به دریا هم اندر شتاب	به هر سو برافگند زورق به آب

Shahname

ز آگاهی نامدار اردشیر	سپاه انجمن شد بران آبگیر
هرانکس که بد بابکی در صطخر	به آگاهی شاه کردند فخر
دگر هرک از تخم دارا بدند	به هر کشوری نامدارا بدند
چو آگاهی آمد ز شاه اردشیر	ز شادی جوان شد دل مرد پیر
همی رفت مردم ز دریا و کوه	به نزدیک برنا گروها گروه
ز هر شهر فرزانه‌یی رای‌زن	به نزد جهانجوی گشت انجمن
زبان برگشاد اردشیر جوان	که ای نامداران روشن‌روان
کسی نیست زین نامدار انجمن	ز فرزانه و مردم رای‌زن
که نشنید کاسکندر بدگمان	چه کرد از فرومایگی در جهان
نیاکان ما را یکایک بکشت	به بیدادی آورد گیتی به مشت
چو من باشم از تخم اسفندیار	به مرز اندرون اردوان شهریار
سزد گرد مر این را نخوانیم داد	وزین داستان کس نگیریم یاد
چو باشید با من بدین یارمند	نمانم به کس نام و تخت بلند
چه گویید و این را چه پاسخ دهید	که پاسخ به آواز فرخ نهید
هرانکس که بود اندر آن انجمن	ز شمشیر زن مرد و از رای‌زن
چو آواز بشنید بر پای خاست	همه راز دل بازگفتند راست
که هرکس که هستیم بابک‌نژاد	به دیدار و چهر تو گشتیم شاد
و دیگر که هستیم ساسانیان	ببندیم کین را کمر بر میان
تن و جان ما سربسر پیش تست	غم و شادمانی به کم بیش تست
به دو گوهر از هرکسی برتری	سزد بر تو شاهی و کنداوری
به فرمان تو کوه هامون کنیم	به تیغ آب دریا همه خون کنیم
چو پاسخ بدان گونه دید اردشیر	سرش برتر آمد ز ناهید و تیر
بران مهتران آفرین گسترید	به دل در ز اندیشه کین گسترید
به نزدیک دریا یکی شارستان	پی‌افگند و شد شارستان کارستان
یکی موبدی گفت با اردشیر	که ای شاه نیک‌اختر و دل‌پذیر
سر شهریاری همی نو کنی	بر پارس باید که بی‌خو کنی
ازان پس کنی رزم با اردوان	که اختر جوانست و خسرو جوان
که او از ملوک طوایف به گنج	فزونست و زو دیدی آزار و رنج
چو برداشتی گاه او را ز جای	ندارد کسی زین سپس با تو پای

چو بشنید گردن فراز اردشیر — سخنهای بایسته و دلپذیر
چو برزد سر از تیغ کوه آفتاب — به سوی صطخر آمد از پیش آب
خبر شد بر بهمن اردوان — دلش گشت پردرد و تیره‌روان
نکرد ایچ بر تخت شاهی درنگ — سپاهی بیاورد با ساز جنگ
یکی نامور بود نامش سباک — ابا آلت و لشکر و رای پاک
که در شهر جهرم بد او پادشا — جهاندیده با داد و فرمانروا
مر او را خجسته پسر بود هفت — چو آگه شد از پیش بهمن برفت
ز جهرم بیامد سوی اردشیر — ابا لشکر و کوس و با دار و گیر
چو چشمش به روی سپهبد رسید — ز باره درآمد چنانچون سزید
بیامد دمان پای او بوس داد — ز ساسانیان بیشتر کرد یاد
فراوان جهانجوی بنواختش — به زود آمدن ارج بشناختش
پراندیشه شد نامجوی از سباک — دلش گشت زان پیر پر بیم و باک
به راه اندرون نیز آژیر بود — که با او سپاه جهانگیر بود
جهاندیده بیدار دل بود پیر — بدانست اندیشه‌ی اردشیر
بیامد بیاورد استا و زند — چنین گفت کز کردگار بلند
نژندست پرمایه جان سباک — اگر دل ندارد سوی شاه پاک
چو آگاهی آمد ز شاه اردشیر — که آورد لشکر بدین آبگیر
چنان سیر سر گشتم از اردوان — که از پیرزن گشت مرد جوان
مرا نیک‌پی مهربان بنده‌دان — شکیبادل و راز داننده دان
چو بشنید زو اردشیر این سخن — یکی دیگر اندیشه افگند بن
مر او را به جای پدر داشتی — بران نامدارانش سر داشتی
دل شاه ز اندیشه آزاد شد — سوی آذر رام خراد شد
نیایش بسی کرد پیش خدای — که باشدش بر نیکوی رهنمای
به هر کار پیروزگر داردش — درخت بزرگی به بر داردش
وزان جایگه شد به پرده‌سرای — عرض پیش او رفت با کدخدای
سپه را درم داد و آباد کرد — ز دادار نیکی دهش یاد کرد
چو شد لشکرش چون دلاور پلنگ — سوی بهمن اردوان شد به جنگ
چو گشتند نزدیک با یکدگر — برفتند گردان پرخاشخر
سپاه از دو رویه کشیدند صف — همه نیزه و تیغ هندی به کف

چو شیران جنگی برآویختند	چو جوی روان خون همی ریختند
بدین گونه تا گشت خورشید زرد	هوا پر ز گرد و زمین پر ز مرد
چو شد چادر چرخ پیروزه‌رنگ	سپاه سباک اندر آمد به جنگ
برآمد یکی باد و گردی چو قیر	بیامد ز قلب سپاه اردشیر
بیفگند زیشان فراوان به گرز	که با زور و دل بود و با فر و برز
گریزان بشد بهمن اردوان	تنش خسته‌ی تیر و تیره‌روان
پس‌اندر همی تاخت شاه اردشیر	ابا ناله‌ی بوق و باران تیر
برین هم نشان تا به شهر صطخر	که بهمن بدو داشت آواز و فخر
ز گیتی چو برخاست آواز شاه	ز هر سو بپیوست بی‌مر سپاه
مر او را فراوان نمودند گنج	کجا بهمن آگنده بود آن به رنج
درمهای آگنده را برفشاند	به نیرو شد از پارس لشکر براند
چو آگاهی آمد سوی اردوان	دلش گشت پربیم و تیره‌روان
چنین گفت کین راز چرخ بلند	همی گفت با من خداوند پند
هران بد کز اندیشه بیرون بود	ز بخشش به کوشش گذر چون بود
گمانی نبردم که از اردشیر	یکی نامجوی آید و شهرگیر
در گنج بگشاد و روزی بداد	سپه بر گرفت و بنه برنهاد
ز گیل و ز دیلم بیامد سپاه	همی گرد لشکر برآمد به ماه
وزان روی لشکر بیاورد شاه	سپاهی که بر باد بربست راه
ز بس ناله‌ی بوق و با کرنای	ترنگیدن زنگ و هندی درای
میان دو لشکر دو پرتاب ماند	به خاک اندرون مار بی‌تاب ماند
خروشان سپاه و درفشان درفش	سرافشان دل از تیغهای بنفش
چهل روز زین سان همی جنگ بود	بران زیردستان جهان تنگ بود
ز هرگونه‌یی تنگ شد خوردنی	همان تنگ شد راه آوردنی
ز بس کشته شد روی هامون چو کوه	بشد خسته از زندگانی ستوه
سرانجام ابری برآمد سیاه	بشد کوشش و رزم را دستگاه
یکی باد برخاست از انجمن	دل جنگیان گشت زان پرشکن
بتوفید کوه و بلرزید دشت	خروشش همی از هوا برگذشت
بترسید زان لشکر اردوان	شدند اندرین یک سخن همزبان
که این کار بر اردوان ایزدیست	بدین لشکر اکنون بباید گریست

به روزی کجا سخت شد کارزار	همه خواستند آنگهی زینهار
بیامد ز قلب سپاه اردشیر	چکاچاک برخاست و باران تیر
گرفتار شد در میان اردوان	بداد از پی تاج شیرین روان
به دست یکی مرد خراد نام	چو بگرفت بردش گرفته لگام
به پیش جهانجوی بردش اسیر	ز دور اردوان را بدید اردشیر
فرود آمد از باره شاه اردوان	تنش خسته‌ی تیر و تیره‌روان
به دژخیم فرمود شاه اردشیر	که رو دشمن پادشا را بگیر
به خنجر میانش به دو نیم کن	دل بدسگالان پر از بیم کن
بیامد دژآگاه و فرمان گزید	شد آن نامدار از جهان ناپدید
چنین است کردار این چرخ پیر	چه با اردوان و چه با اردشیر
اگر تا ستاره برآرد بلند	سپارد هم آخر به خاک نژند
دو فرزند او هم گرفتار شد	برو تخمه‌ی آرشی خوار شد
مر آن هر دو را پای کرده به بند	به زندان فرستاد شاه بلند
دو بدمهر از رزم بگریختند	به دام بلا در نیاویختند
برفتند گریان به هندوستان	سزد گر کنی زین سخن داستان
همه رزمگه پر ستام و کمر	پر از آلت و لشکر و سیم و زر
بفرمود تا گرد کردند شاه	ببخشید زان پس همه بر سپاه
برفت از میان بزرگان سباک	تن اردوان را ز خون کرد پاک
خروشان بشستش ز خاک نبرد	بر آیین شاهان یکی دخمه کرد
به دیبا بپوشید خسته برش	ز کافور کرد افسری بر سرش
به پیمود آن خاک کاخش به پی	ز لشکر هران‌کس که شد سوی ری
وزان پس بیامد بر اردشیر	چنین گفت کای شاه دانش‌پذیر
تو فرمان بر و دختر او بخواه	که با فر و برزست و با تاج و گاه
به دست آیدت افسر و تاج و گنج	کجا اردوان گرد کرد آن به رنج
ازو پند بشنید و گفتا رواست	هم اندر زمان دختر او بخواست
به ایوان او بد همی یک دو ماه	توانگر سپهبد توانگر سپاه
سوی پارس آمد ز ری نامجوی	برآسوده از رزم وز گفت‌وگوی
یکی شارستان کرد پر کاخ و باغ	بدو اندرون چشمه و دشت و راغ
که اکنون گرانمایه دهقان پیر	همی خواندش خوره اردشیر

یکی چشمه بد بی‌کران اندروی فراوان ازو رود بگشاد و جوی
برآورد زان چشمه آتشکده بدو تازه شد مهر و جشن سده
به گرد اندرش باغ و میدان و کاخ برآورده شد جایگاه فراخ
چو شد شاه با دانش و فر و زور همی خواندش مرزبان شهر گور
به گرد اندرش روستاها بساخت چو آباد کردش کس اندر نشاخت
به جایی یکی ژرف دریا بدید همی کوه بایست پیشش برید
ببردند میتین و مردان کار وزان کوه ببرید صد جویبار
همی راند از کوه تا شهر گور شد آن شارستان پر سرای و ستور
سپاهی ز اصطخر بی‌مر ببرد بشد ساخته تا کند رزم کرد
به نیکی ز یزدان همی جست مزد که ریزد بر آن بوم و بر خون دزد
چو شاه اردشیر اندرآمد به تنگ پذیره شدش کرد بی‌مر به جنگ

رزم اردشیر با کردانشاه و شکست یافتن

یکی کار بدخوار دشوار گشت ابا کرد کشور همه یار گشت
یکی لشکری کرد بد پارسی فزونتر ز گردان او یک به سی
یکی روز تا شب برآویختند سپاه جهاندار بگریختند
ز بس کشته و خسته بر دشت جنگ شد آوردگه را همه جای تنگ
جز از شاه با خوارمایه سپاه نبد نامداران بدان رزمگاه
ز خورشید تابان وز گرد و خاک زبانها شد از تشنگی چاک چاک
هم‌انگه درفشی برآورد شب که بنشاند آن جنگ و جوش و جلب
یکی آتشی دید بر سوی کوه بیامد جهاندار با آن گروه
سوی آتش آورد روی ا ردشیر همان اندکی مرد برنا و پیر
چو تنگ اندر آمد شبانان بدید بران میش و بز پاسبانان بدید
فرود آمد از باره شاه و سپاه دهانش پر از خاک آوردگاه
ازیشان سبک اردشیر آب خواست هم‌انگه ببردند با آب ماست
بیاسود و لختی چرید آنچ دید شب تیره خفتان به سر بر کشید

ز خفتان شایسته بد بسترش — به بالین نهاد آن کیی مغفرش
سپیده چو برزد ز دریای آب — سر شاه ایران برآمد ز خواب
بیامد به بالین او سرشبان — که پدرام باد از تو روز و شبان
چه آمد که این جای راه تو بود — که نه در خور خوابگاه تو بود
بپرسید زان سرشبان راه شاه — کز ایدر کجا یابم آرامگاه
چنین داد پاسخ که آباد جای — نیابی مگر باشدت رهنمای
از ایدر کنون چار فرسنگ راه — چو رفتی پدید آید آرامگاه
وزان روی پیوسته شد ده به ده — به ده در یکی نامبردار مه
چو بشنید زان سرشبان اردشیر — ببرد از رمه راهبر چند پیر
سپهبد ز کوه اندر آمد بده — ازان ده سبک پیش او رفت مه
سواران فرستاد برنا و پیر — ازان شهر تا خورهٔ اردشیر
سپه را چو آگاهی آمد ز شاه — همه شاددل برگرفتند راه
به کردان فرستاده کارآگهان — کجا کار ایشان بجوید نهان
برفتند پویان و بازآمدند — بر شاه ایران فراز آمدند
که ایشان همه نامجویند و شاد — ندارد کسی بر دل از شاه یاد
برآنند کاندر صطخر اردشیر — کهن گشت و شد بخت برناش پیر
چو بشنید شاه این سخن شاد شد — گذشته سخن بر دلش باد شد
گزین کرد ازان لشکر نامدار — سواران شمشیرزن سی هزار
کماندار با تیر و ترکش هزار — بیاورد با خویشتن شهریار
چو خورشید شد زرد لشکر براند — کسی را که نابردنی بد بماند
چو شب نیم بگذشت و تاریک شد — جهاندار با کرد نزدیک شد
همه دشت زیشان پر از خفته دید — یکایک دل لشکر آشفته دید
چو آمد سپهبد به بالین کرد — عنان بارهٔ تیزتگ را سپرد
برآهخت شمشیر و اندرنهاد — گیا را ز خون بر سر افسر نهاد
همه دشت زیشان سر و دست شد — ز انبوه کشته زمین گست شد
بی‌اندازه زیشان گرفتار شد — سترگی و نابخردی خوار شد
همه بومهاشان به تاراج داد — سپه را همه بدره و تاج داد
چنان شد که دینار بر سر به تشت — اگر پیر مردی ببردی به دشت
به دینار او کس نکردی نگاه — ز نیک‌اختر و بخت وز داد شاه

ز مردی نکردی بدان جنگ فخر	گرازان بیامد به شهر صطخر
بفرمود کاسپان به نیرو کنید	سلیح سواران بی‌آهو کنید
چو آسوده گردید یکسر به بزم	که زود آید اندیشه‌ی روز رزم
دلیران به خوردن نهادند سر	چو آسوده شد کردگاه و کمر
پراندیشه‌ی رزم شد اردشیر	چو این داستان بشنوی یادگیر
ببین این شگفتی که دهقان چه گفت	بدانگه که بگشاد راز از نهفت

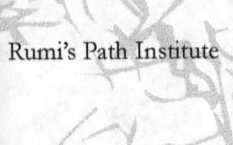

Rumi's Path Institute

داستان هفتواد و سرگذشت کرم

۱۳۴۷

Educational Code: RPI-OT-001

داستان کرم هفتواد

به شهر کجاران به دریای پارس / چه گوید ز بالا و پهنای پارس
یکی شهر بد تنگ و مردم بسی / ز کوشش بدی خوردن هر کسی
بدان شهر دختر فراوان بدی / که بی‌کام جوینده‌ی نان بدی
به یک روی نزدیک او بود کوه / شدندی همه دختران همگروه
ازان هر یکی پنبه بردی به سنگ / یکی دوکدانی ز چوب خدنگ
به دروازه دختر شدی همگروه / خرامان ازین شهر تا پیش کوه
برآمیختندی خورشها بهم / نبودی به خورد اندرون بیش و کم
نرفتی سخن گفتن از خواب و خورد / ازان پنبه‌شان بود ننگ و نبرد
شدندی شبانگه سوی خانه باز / شده پنبه‌شان ریسمان طراز
بدان شهر بی‌چیز و خرم نهاد / یکی مرد بد نام او هفتواد
برین‌گونه بر نام او از چه رفت / ازیراک او را پسر بود هفت
گرامی یکی دخترش بود و بس / که نشمردی او دختران را به کس
چنان بد که روزی همه همگروه / نشستند با دوک در پیش کوه
برآمیختند آن کجا داشتند / به گاه خورش دوک بگذاشتند
چنان بد که این دختر نیک‌بخت / یکی سیب افگنده باد از درخت
به ره بر بدید و سبک برگرفت / ز من بشنو این داستان شگفت
چو آن خوب رخ میوه اندرگزید / یکی در میان کرم آگنده دید
به انگشت زان سیب برداشتش / بدان دوکدان نرم بگذاشتش
چو برداشت زان دوکدان پنبه گفت / به نام خداوند بی‌یار و جفت
من امروز بر اختر کرم سیب / به رشتن نمایم شما را نهیب
همه دختران شاد و خندان شدند / گشاده‌رخ و سیم دندان شدند
دو چندان که رشتی به روزی برشت / شمارش همی بر زمین برنوشت
وزانجا بیامد به کردار دود / به مادر نمود آن کجا رشته بود
برو آفرین کرد مادر به مهر / که برخوردی از مادر ای خوب‌چهر

به شبگیر چون ریسمان برشمرد / دو چندانک هر بار بردی ببرد
چو آمد بدان چاره‌جوی انجمن / به رشتن نهاده دل و گوش و تن
چنین گفت با نامور دختران / که ای ماه‌رویان و نیک‌اختران
من از اختر کرم چندان طراز / بریسم که نیزم نیاید نیاز
به رشت آنکجا برده بد پیش ازین / به کار آمدی گر بدی بیش ازین
سوی خانه برد آن طرازی که رشت / دل مام او شد چو خرم بهشت
همی لختکی سیب هر بامداد / پری‌روی دختر بران کرم داد
ازان پنبه هرچند کردی فزون / برشتی همی دختر پرفسون
چنان بد که یک روز مام و پدر / بگفتند با دختر پرهنر
که چندین بریسی مگر با پری / گرفتستی ای پاک‌تن خواهری
سبک سیم‌تن پیش مادر بگفت / ازان سیب و آن کرمک اندر نهفت
همان کرم فرخ بدیشان نمود / زن و شوی را روشنایی فزود
به فالی گرفت آن سخن هفتواد / ز کاری نکردی به دل نیز یاد
چنین تا برآمد برین روزگار / فروزنده‌تر گشت هر روز کار
مگر ز اختر کرم گفتی سخن / برو نو شدی روزگار کهن
مر این کرم را خوار نگذاشتند / بخوردنش نیکو همی داشتند
تن‌آور شد آن کرم و نیرو گرفت / سر و پشت او رنگ نیکو گرفت
همی تنگ شد دوکدان بر تنش / چو مشک سیه گشت پیراهنش
به مشک اندرون پیکر زعفران / برو پشت او از کران تا کران
یکی پاک صندوق کردش سیاه / بدو اندرون ساخته جایگاه
چنان شد که در شهر بی‌هفتواد / نگفتی سخن کس به بیداد و داد
فراز آمدش ارج و آزرم و چیز / توانگر شد آن هفت فرزند نیز
یکی میر بد اندر آن شهراوی / سرافراز با لشکر و رنگ و بوی
بهانه همی ساخت بر هفتواد / که دینار بستاند از بدنژاد
ازان آگهی مرد شد در نهیب / بیامد ازان شهر دل با شکیب
همان هفت فرزند پیش اندرون / پر از درد دل دیدگان پر ز خون
ز هر سو برانگیخت بانگ و نفیر / برو انجمن گشت برنا و پیر
هرانجا که بایست دینار داد / به کنداوران چیز بسیار داد
یکی لشکری شد بر او انجمن / همه نامداران شمشیرزن

۱۲۴۹

همه یکسره پیش فرزند اوی
برفتند و گشتند پیکارجوی

ز شهر کجاران برآمد نفیر
برفتند با نیزه و تیغ و تیر

هیم رفت پیش اندرون هفتواد
به جنگ اندرون داد مردی بداد

همه شهر بگرفت و او را بکشت
بسی گوهر و گنجش آمد به مشت

به نزدیک او مردم انبوه شد
ز شهر کجاران سوی کوه شد

یکی دژ بکرد از بر تیغ کوه
شد آن شهر با او همه همگروه

نهاد اندران دژ دری آهنین
هم آرامگه بود هم جای کین

یکی چشمه‌یی بود بر کوهسار
ز تخت اندرآمد میان حصار

یکی باره‌یی کرد گرداندرش
که بینا به دیده ندیدی سرش

چو آن کرم را گشت صندوق تنگ
یکی حوض کردند بر کوه سنگ

چو ساروج و سنگ از هوا گشت گرم
نهادند کرم اندرو نرم نرم

چنان بد که دارنده هر بامداد
برفتی دوان از بر هفتواد

گزیدی به رنجش علف ساختی
تن آگنده کرم آن پرداختی

بر آمد برین کار بر پنج سال
چو پیلی شد آن کرم با شاخ و یال

چو یک چند بگذشت بر هفتواد
بر آواز آن کرم کرمان نهاد

همان دخت خرم نگهدار کرم
پدر گشته جنگی سپهدار کرم

بیاراستندش وزیر و دبیر
به رنجش بدی خوردن و شهد و شیر

سپهبد بدی بر دژ هفتواد
همان پرسش کار بیداد و داد

سپاهی و دستور و سالار بار
هران چیز کاید شهان را به کار

همه هرچ بایستش آراستند
چنانچون شهان را بپیراستند

به کشور پراگنده شد لشکرش
همه گشت آراسته کشورش

ز دریای چین تا به کرمان رسید
همه روی کشور سپه گسترید

پسر هفت با تیغ‌زن ده هزار
همان گنج با آلت کارزار

هران پادشا کو کشیدی به جنگ
چو رفتی سپاهش بر کرم تنگ

شکسته شدی لشکری کامدی
چو آواز این داستان بشندی

چنان شد دژ نامور هفتواد
که گردش نیارست جنبید باد

همی گشت هر روز برترش بخت
یکی خویشتن را بیاراست سخت

همی خواندندی ورا شهریار
سر مرد بخرد ازو در خمار

سپهبد که بودی به مرز اندرون
به یک چنگ در جنگ کردش زبون

نتابید با او کسی بر به جنگ	برآمد برین نیز چندی درنگ
حصاری شدش پر ز گنج و سپاه	ندیدی بران باره‌بر باد راه
چو آگه شد از هفتواد اردشیر	نبود آن سخنها ورا دلپذیر

لشکر کشیدن اردشیر به رزم هفتواد

سپهبد فرستاد نزدیک اوی	سپاهی بلند اختر و رزمجوی
چو آگاه شد زان سخن هفتواد	ازیشان به دل در نیامدش یاد
کمینگاه کرد اندران کنج کوه	بیامد سوی رزم خود با گروه
چو لشکر سراسر برآشوفتند	به گرز و تبرزین همی کوفتند
سپاه اندرآمد ز جای کمین	سیه شد بران نامداران زمین
کسی بازنشناخت از پای دست	تو گفتی زمین دست ایشان ببست
ز کشته چنان شد در و دشت و کوه	که پیروزگر شد ز کشتن ستوه
هرانکس که بد زنده زان رزمگاه	سبک باز رفتند نزدیک شاه
چو آگاه شد نامدار اردشیر	ازان کشتن و غارت و دار و گیر
غمی گشت و لشکر همی باز خواند	به زودی سلیح و درم برفشاند
به تندی بیامد سوی هفتواد	به گردون برآمد سر بدنژاد
بیاورد گنج و سلیح از حصار	برو خوار شد لشکر و کارزار
جدا بود ازو دور مهتر پسر	چو آگاه شد او ز رزم پدر
برآمد ز آرام وز خورد و خواب	به کشتی بیامد برین روی آب
جهانجوی را نام شاهوی بود	یکی مرد بدساز و بدگوی بود
ز کشتی بیامد بر هفتواد	دل هفتواد از پسر گشت شاد
بیاراست بر میمنه جای خویش	سپهبد بد و لشکر آرای خویش
دو لشکر بشد هر دو آراسته	پر از کینه سر گنج پر خواسته
بدیشان نگه کرد شاه اردشیر	دل مرد برنا شد از رنج پیر
سپه برکشید از دو رویه دو صف	ز خورشید و شمشیر برخاست تف
چو آواز کوس آمد از پشت پیل	همی مرد بیهوش گشت از دو میل

برآمد خروشیدن گاودم / جهان پر شد از بانگ رویینه خم
زمین جنب جنبان شد از میخ نعل / هوا از درفش سران گشت لعل
از آواز گوپال وز ترگ و خود / همی داد گردون زمین را درود
تگ بادپایان زمین را کنان / در و دشت شد پر سر بی‌تنان
برآن گونه شد لشکر هفتواد / که گفتی بجنبید دریا ز باد
بیابان چنان شد ز هر دو سپاه / که بر مور و بر پشه شد تنگ راه
برین گونه تا روز برگشت زرد / برآورد شب چادر لاژورد
ز هر سو سپه باز خواند اردشیر / پس پشت او بد یکی آبگیر
چو دریای زنگارگون شد سیاه / طلایه بیامد ز هر دو سپاه
خورش تنگ بد لشکر شاه را / که بدخواه او بسته بد راه را
به جهرم یکی مرد بد کی نژاد / کجا نام او مهرک نوش‌زاد

بازگشتن ازدشیر از رزم هفتواد

چو آگه شد از رفتن اردشیر / وزان ماندن او بران آبگیر
ز تنگی که بد اندر آن رزمگاه / ز بهر خورشها برو بسته راه
ز جهرم بیامد به ایوان شاه / ز هر سو بیاورد بی‌مر سپاه
همه گنج او را به تاراج داد / به لشکر بسی بدره و تاج داد
چو آگاهی آمد به شاه اردشیر / پراندیشه شد بر لب آبگیر
همی گفت ناساخته خانه را / چرا ساختم رزم بیگانه را
بزرگان لشکرش را پیش خواند / ز مهرک فراوان سخنها براند
چه بینید گفت ای سران سپاه / که ما را چنین تنگ شد دستگاه
چشیدم بسی تلخی روزگار / نبد رنج مهرک مرا در شمار
به آواز گفتند کای شهریار / مبیناد چشمت بد روزگار
چو مهرک بود دشمن اندر نهان / چرا جست باید به سختی جهان
تو داری بزرگی و گیهان تراست / همه بندگانیم و فرمان تراست
بفرمود تا خوان بیاراستند / می و جام و رامشگران خواستند

به خوان بر نهادند چندی بره	به خوردن نهادند سر یکسره
چو نان را به خوردن گرفت اردشیر	همانگه بیامد یکی تیز تیر
نشست اندران پاک فربه بره	که تیر اندرو غرقه شد یکسره
بزرگان فرزانه‌ی رزمساز	ز نان داشتند آن زمان دست باز
بدیدند نقشی بران تیز تیر	بخواند آنک بد زان بزرگان دبیر
ز غم هرکسی از جگر خون کشید	یکی از بره تیر بیرون کشید
نوشته بران تیر بر پهلوی	که ای شاه داننده گر بشنوی
چنین تیز تیر آمد از بام دژ	که از بخت کرمست آرام دژ
گر انداختیمی بر اردشیر	بروبر گذر یافتی پر تیر
نباید که چون او یکی شهریار	کند پست کرم اندرین روزگار
بران موبدان نامدار اردشیر	نوشته همی خواند آن چوب تیر
ز دژ تا بر او دو فرسنگ بود	دل مهتران زان سخن تنگ بود
همی هر کسی خواندند آفرین	ز دادار بر فر شاه زمین
پراندیشه بود آن شب از کرم شاه	چو بنشست خورشید بر جایگاه
سپه برگرفت از لب آبگیر	سوی پارس آمد دمان اردشیر
پس لشکر او بیامد سپاه	ز هر سو گرفتند بر شاه راه
بکشتند هرکس که بد نامدار	همی تاختند از پس شهریار
خروش آمد از پس که ای بخت کرم	که رخشنده بادا سر از تخت کرم
همی هرکسی گفت کاینت شگفت	کزین هرکس اندازه باید گرفت
بیامد گریزان و دل پر نهیب	همی تاخت اندر فراز و نشیب
یکی شارستان دید جایی بزرگ	ازان سو براندند گردان چو گرگ
چو تنگ اندر آمد یکی خانه دید	به در بر دو برنای بیگانه دید
ببودند بر در زمانی به پای	بپرسید زو این دو پاکیزه‌رای
که بیگه چنین از کجا رفته‌اید	که با گرد راهید و آشفته‌اید
بدو گفت زین سو گذشت اردشیر	ازو باز ماندیم بر خیره خیر
که بگریخت از کرم وز هفتواد	وزان بی‌هنر لشکر بدنژاد
بجستند از جای هر دو جوان	پر از درد گشتند و تیره‌روان
فرود آوریدندش از پشت زین	بران مهتران خواندند آفرین
یکی جای خرم بپیراستند	پسندیده خوانی بیاراستند

نشستند با شاه گردان به خوان	پرستش گرفتند هر دو جوان
به آواز گفتند کای سرفراز	غم و شادمانی نماند دراز
نگه کن که ضحاک بیدادگر	چه آورد زان تخت شاهی به سر
هم افراسیاب آن بداندیش مرد	کزو بد دل شهریاران به درد
سکندر که آمد برین روزگار	بکشت آنک بد در جهان شهریار
برفتند و زیشان بجز نام زشت	نماند و نیابند خرم بهشت
نماند همین نیز بر هفتواد	بپیچد به فرجام این بدنژاد
ز گفتار ایشان دل شهریار	چنان تازه شد چون گل اندر بهار
خوش آمدش گفتار آن دلنواز	بکرد آشکارا و بنمود راز
که فرزند ساسان منم اردشیر	یکی پند باید مرا دلپذیر
چه سازیم با کرم و با هفتواد	که نام و نژادش به گیتی مباد
سپهبدار ایران چو بگشاد راز	جوانانش بردند هر دو نماز
بگفتند هر دو که نوشه بدی	همیشه ز تو دور دست بدی
تن و جان ما پیش تو بنده باد	همیشه روان تو پاینده باد
سخنها که پرسیدی از ما درست	بگوییم تا چاره سازی نخست
تو در جنگ با کرم و با هفتواد	بسنده نه‌ای گر نپیچی ز داد
یکی جای دارند بر تیغ کوه	بدو اندرون کرم و گنج و گروه
به پیش اندرون شهر و دریا بپشت	دژی بر سر کوه و راهی درشت
همان کرم کز مغز آهرمنست	جهان آفریننده را دشمنست
همی کرم خوانی به چرم اندرون	یکی دیو جنگیست ریزنده خون
سخنها چو بشنید زو اردشیر	همه مهر جوینده و دلپذیر
بدیشان چنین گفت کری رواست	بد و نیک ایشان مرا با شماست
جوانان ورا پاسخ آراستند	دل هوشمندش بپیراستند

رزم اردشیر با مهرک نوشزاد

که ما بندگانیم پیشت به پای	همیشه به نیکی ترا رهنمای
ز گفتار ایشان دلش گشت شاد	همی رفت پیروز و دل پر ز داد

چو برداشت زانجا جهاندار شاه	جوانان برفتند با او به راه
همی رفت روشن‌دل و یادگیر	سرافراز تا خوره‌ی اردشیر
چو بر شاه بر شد سپاه انجمن	بزرگان فرزانه و رای‌زن
برآسود یک چند و روزی به داد	بیامد سوی مهرک نوش‌زاد
چو مهرک بیارست رفتن به جنگ	جهان کرد بر خویشتن تار و تنگ
به جهرم چو نزدیک شد پادشا	نهان گشت زو مهرک بی‌وفا
دل پادشا پر ز پیکار شد	همی بود تا او گرفتار شد
به شمشیر هندی بزد گردنش	به آتش در انداخت بی‌سر تنش
هرانکس کزان تخمه آمد به مشت	به خنجر هم اندر زمانش بکشت
مگر دختری کان نهان گشت زوی	همه شهر ازو گشت پر جست و جوی
وزان جایگه شد سوی جنگ کرم	سپاهش همی کرد آهنگ کرم

رفتن اردشیر به رزم هفتواد و کشتن کرم

بیاورد لشکر ده و دو هزار	جهاندیده و کارکرده سوار
پراگنده لشکر چو شد همگروه	بیاوردشان تا میان دو کوه
یکی مرد بد نام او شهرگیر	خردمند سالار شاه اردشیر
چنین گفت پس شاه با پهلوان	که ایدر همی باش روشن‌روان
شب و روز کرده طلایه به پای	سواران با دانش و رهنمای
همان دیده‌بان دار و هم پاسبان	نگهبان لشکر به روز و شبان
من اکنون بسازم یکی کیمیا	چو اسفندیار آنک بودم نیا
اگر دیده‌بان دود بیند به روز	شب آتش چو خورشید گیتی فروز
بدانید کامد به سر کار کرم	گذشت اختر و روز بازار کرم
گزین کرد زان مهتران هفت مرد	دلیران و شیران روز نبرد
هرآنکس که بودی هم‌آواز اوی	نگفتی به باد هوا راز اوی
بسی گوهر از گنج بگزید نیز	ز دیبا و دینار و هرگونه چیز
به چشم خرد چیز ناچیز کرد	دو صندوق پر سرب و ارزیز کرد
یکی دیگ رویین به بار اندرون	که استاد بود او به کار اندرون

چو از بردنی جامه‌ها کرد راست
ز سالار آخر خری ده بخواست

چو خربندگان جامه‌های گلیم
بپوشید و بارش همه زر و سیم

همی شد خلیده‌دل و راه‌جوی
ز لشگر سوی دژ نهادند روی

همان روستایی دو مرد جوان
که بودند روزی ورا میزبان

از آن انجمن برد با خویشتن
که هم دوست بودند و هم رای‌زن

همی رفت همراه آن کاروان
به رسم یکی مرد بازارگان

چو از راه نزدیکی دژ رسید
دژ و باره و شهر از دور دید

پرستنده‌ی کرم بد شست مرد
نپرداختندی کس از کارکرد

نگه کرد یک تن به آواز گفت
که صندوق را چیست اندر نهفت

چنین داد پاسخ بدو شهریار
که هرگونه‌یی چیز دارم به بار

ز پیرایه و جامه و سیم و زر
ز دینار و دیبا و در و گهر

به بازارگانی خراسانیم
به رنج اندرون بی تن‌آسانیم

بسی خواسته کردم از بخت کرم
کنون آمدم شاد تا تخت کرم

اگر بر پرستش فزایم رواست
که از بخت او کار من گشت راست

پرستنده کرم بگشاد راز
هم‌انگه در دژ گشادند باز

چو آن بار او راند اندر حصار
بیاراست کار از در نامدار

سر بار بگشاد زود اردشیر
ببخشید چیزی که بد زو گزیر

یکی سفره پیش پرستندگان
بگسترد و برخاست چون بندگان

ز صندوق بگشاد و بند و کلید
برآورد و برداشت جام نبید

هرانکس که زی کرم بردی خورش
ز شیر و برنج آنچ بد پرورش

بپیچید گردن ز جام نبید
که نوبت بدش جای مستی ندید

چو بشنید بر پای جست اردشیر
که با من فراوان برنجست و شیر

به دستوری سرپرستان سه روز
مر او را بخوردن منم دلفروز

مگر من شوم در جهان شهره‌یی
مرا باشد از اخترش بهره‌یی

شما می گسارید با من سه روز
چهارم چو خورشید گیتی فروز

برآید یکی کلبه سازم فراخ
سر طاق برتر ز ایوان و کاخ

فروشنده‌ام هم خریدارجوی
فزاید مرا نزد کرم آبروی

برآمد همه کام او زین سخن
بگفتند کو را پرستش تو کن

برآورد خربنده هرگونه رنگ
پرستنده بنشست با می به چنگ

بخوردند می چند و مستان شدند
پرستندگان می پرستان شدند
چو از جام می سست شدشان زبان
بیامد جهاندار با میزبان
بیاورد ارزیز و رویین لوید
برافروخت آتش به روز سپید
چو آن کرم را بود گاه خورش
ز ارزیز جوشان بدش پرورش
زبانش بدیدند همرنگ سنج
بران‌سان که از پیش خوردی برنج
فرو ریخت ارزیز مرد جوان
به کنده درون کرم شد ناتوان
تراکی برآمد ز حلقوم اوی
که لرزان شد آن کنده و بوم اوی
بشد با جوانان چو باد اردشیر
ابا گرز و شمشیر و گوپال و تیر
پرستندگان را که بودند مست
یکی زنده از تیغ ایشان نجست
برانگیخت از بام دژ تیره دود
دلیری به سالار لشکر نمود
دوان دیده‌بان شد بر شهرگیر
که پیروزگر گشت شاه اردشیر
بیامد سبک پهلوان با سپاه
بیاورد لشکر به نزدیک شاه
چو آگاه شد زان سخن هفتواد
دلش گشت پردرد و سر پر ز باد
بیامد که دژ را کند خواستار
بران باره بر شد دمان شهریار
بکوشید چندی نیامدش سود
که بر باره‌ی دژ پی شیر بود
وزان روی لشکر بیامد چو کوه
بماندند با داغ و درد آن گروه
چنین گفت زان باره شاه اردشیر
که نزدیک جنگ آی ای شهرگیر
اگر گم شود از میان هفتواد
نماند به چنگ تو جز رنج و باد
که من کرم را دادم ارزیز گرم
شد آن دولت و رفتن تیز نرم
شنید آن همه لشکر آواز شاه
به سر بر نهادند ز آهن کلاه
ازان دل گرفتند ایرانیان
ببستند با درد کین را میان
سوی لشکر کرم برگشت باد
گرفتار شد در میان هفتواد
همان نیز شاهوی عیار اوی
که مهتر پسر بود و سالار اوی
فرود آمد از باره شاه اردشیر
پیاده ببد پیش او شهرگیر
ببردند بالای زرین لگام
نشست از برش مهتر شادکام
بفرمود پس شهریار بلند
زدن پیش دریا دو دار بلند
دو بدخواه را زنده بر دار کرد
دل دشمن از خواب بیدار کرد
بیامد ز قلب سپه شهرگیر
بکشت آن دو تن را به باران تیر
به تاراج داد آن همه خواسته
شد از خواسته لشکر آراسته

به دژ هرچ بود از کران تا کران
فرود آوریدند فرمانبران

ز پرمایه چیزی که بد دلپذیر
همی تاخت تا خره اردشیر

بکرد اندران کشور آتشکده
بدو تازه شد مهرگان و سده

سپرد آن زمان کشور و تاج و تخت
بدان میزبانان بیدار بخت

وزان جایگه رفت پیروز و شاد
بگسترد بر کشور پارس داد

چو آسوده‌تر گشت مرد و ستور
بیاورد لشکر سوی شهر گور

به کرمان فرستاد چندی سپاه
یکی مرد شایسته‌ی تاج و گاه

وزان جایگه شد سوی طیسفون
سر بخت بدخواه کرده نگون

چنین است رسم جهان جهان
همی راز خویش از تو دارد نهان

نسازد تو ناچار با او بساز
که روزی نشیب است و روزی فراز

چو از گفته‌ی کرم پرداختم
دری دیگر از اردشیر آختم

پادشاهی ساسانیان

پادشاهی اردشیر بابکان

به بغداد بنشست بر تخت عاج	به سر برنهاد آن دلفروز تاج
کمر بسته و گرز شاهان به دست	بیاراسته جایگاه نشست
شهنشاه خواندند زان پس ورا	ز گشتاسپ نشناختی کس ورا
چو تاج بزرگی به سر برنهاد	چنین کرد بر تخت پیروزه یاد
که اندر جهان داد گنج منست	جهان زنده از بخت و رنج منست
کس این گنج نتواند از من ستد	بد آید به مردم ز کردار بد
چو خشنود باشد جهاندار پاک	ندارد دریغ از من این تیره خاک
جهان سر به سر در پناه منست	پسندیدن داد راه منست
نباید که از کارداران من	ز سرهنگ و جنگی سواران من
بخسپد کسی دل پر از آرزوی	گر از بنده گر مردم نیک‌خوی
گشادست بر هرکس این بارگاه	ز بدخواه وز مردم نیک‌خواه
همه انجمن خواندند آفرین	که آباد بادا به دادت زمین
فرستاد بر هر سوی لشکری	که هرجا که باشد ز دشمن سری
سر کینه‌ورشان به راه آورید	گر آیین شمشیر و گاه آورید
بدانگه که شاه اردوان را بکشت	ز خون وی آورد گیتی به مشت
بدان فر و اورند شاه اردشیر	شده شادمان مرد برنا و پیر
که بنوشت بیدادی اردوان	ز داد وی آبادتر شد جهان
چنو کشته شد دخترش را بخواست	بدان تا بگوید که گنجش کجاست
دو فرزند او شد به هندوستان	به هر نیک و بد گشته همداستان
دو ایدر به زندان شاه اندرون	دو دیده پر از آب و دل پر ز خون
به هندوستان بود مهتر پسر	که بهمن بدی نام آن نامور
فرستاده‌یی جست با رای و هوش	جوانی که دارد به گفتار گوش
چو از پادشاهی ندید ایچ بهر	بدو داد ناگه یکی پاره زهر
بدو گفت رو پیش خواهر بگوی	که از دشمن این مهربانی مجوی

برادر دو داری به هندوستان   به رنج و بلا گشته همداستان
دو در بند و زندان شاه اردشیر   پدر کشته و زنده خسته به تیر
تو از ما گسسته بدین گونه مهر   پسندد چنین کردگار سپهر؟
چو خواهی که بانوی ایران شوی   به گیتی پسند دلیران شوی
هلاهل چنین زهر هندی بگیر   به کار آر یکپار بر اردشیر
فرستاده آمد بهنگام شام   به دخت گرامی بداد آن پیام
ورا جان و دل بر برادر بسوخت   به کردار آتش رخش برفروخت
ز اندوه بستد گرانمایه زهر   بدان بد که بردارد از کام بهر
چنان بد که یک روز شاه اردشیر   به نخچیر بر گور بگشاد تیر
چو بگذشت نیمی ز روزه دراز   سپهبد ز نخچیرگه گشت باز
سوی دختر اردوان شد ز راه   دوان ماه چهره بشد نزد شاه
بیاورد جامی ز یاقوت زرد   پر از شکر و پست با آب سرد
بیامیخت با شکر و پست زهر   که بهمن مگر یابد از کام بهر
چو بگرفت شاه اردشیر آن به دست   ز دستش بیفتاد و بشکست پست
شد آن پادشا بچه لرزان ز بیم   هم‌اندر زمان شد دلش به دو نیم
جهاندار زان لرزه شد بدگمان   پراندیشه از گردش آسمان
بفرمود تا خانگی مرغ چار   پرستنده آرد بر شهریار
چو آن مرغ بر پست بگذاشتند   گمانی همی خیره پنداشتند
هم‌انگاه مرغ آن بخورد و بمرد   گمان بردن از راه نیکی ببرد
بفرمود تا موبد و کدخدای   بیامد بر خسرو پاک‌رای
ز دستور ایران بپرسید شاه   که بدخواه را برنشانی به گاه
شود در نوازش بران‌گونه مست   که بیهوده یازد به جان تو دست
چه بادافره‌ست این برآورده را   چه سازیم درمان خودکرده را
چنین داد پاسخ که مهترپرست   چو یازد بجان جهاندار دست
سرش بر گنه بر بباید برید   کسی پند گوید نباید شنید
بفرمود کز دختر اردوان   چنان کن که هرگز نبیند روان
بشد موبد وپیش او دخت شاه   همی رفت لرزان و دل پرگناه
به موبد چنین گفت کای پرخرد   مرا و ترا روز هم بگذرد
اگر کشت خواهی مرا ناگزیر   یکی کودکی دارم از اردشیر

اگر من سزایم به خون ریختن
ز دار بلند اندر آویختن

چو این گردد از پاک مادر جدا
بکن هرچ فرمان دهد پادشا

ز ره باز شد موبد تیزویر
بگفت آنچ بشنید با اردشیر

بدو گفت زو نیز مشنو سخن
کمند آر و بادافره او بکن

به دل گفت موبد که بد روزگار
که فرمان چنین آمد از شهریار

همه مرگ راییم برنا و پیر
ندارد پسر شهریار اردشیر

گر او بی‌عدد سالیان بشمرد
به دشمن رسد تخت چون بگذرد

همان به کزین کار ناسودمند
به مردی یکی کار سازم بلند

ز کشتن رهانم مر این ماه را
مگر زین پشیمان کنم شاه را

هرانگه کزو بچه گردد جدا
به جای آرم این گفته‌ی پادشا

نه کاریست کز دل همی بگذرد
خردمند باشم به از بی‌خرد

بیاراست جایی به ایوان خویش
که دارد ورا چون تن و جان خویش

به زن گفت اگر هیچ باد هوا
ببیند ورا من ندارم روا

پس اندیشه کرد آنک دشمن بسیست
گمان بد و نیک با هرکسیست

یکی چاره سازم که بدگوی من
نراند به زشت آب در جوی من

به خانه شد و خایه ببرید پست
برو داغ و دارو نهاد و ببست

به خایه نمک بر پراگند زود
به حقه در آگند بر سان دود

هم‌اندر زمان حقه را مهر کرد
بیامد خروشان و رخساره زرد

چو آمد به نزدیک تخت بلند
همان حقه بنهاد با مهر و بند

چنین گفت با شاه کین زینهار
سپارد به گنجور خود شهریار

نوشته بر آن حقه تاریخ آن
پدیدار کرده بن و بیخ آن

چو هنگامه زادن آمد فراز
ازان کار بر باد نگشاد راز

پسر زاد پس دختر اردوان
یکی خسروآیین و روشن‌روان

از ایوان خویش انجمن دور کرد
ورا نام دستور شاپور کرد

نهانش همی داشت تا هفت سال
یکی شاه نو گشت با فر و یال

چنان بد که روزی بیامد وزیر
بدید آب در چهره‌ی اردشیر

بدو گفت شاها انوشه بدی
روان را به اندیشه توشه بدی

ز گیتی همه کام دل یافتی
سر دشمن از تخت برتافتی

کنون گاه شادی و می خوردنست
نه هنگام اندیشه‌ها کردنست

زمین هفت کشور سراسر تراست / جهان یکسر از داد تو گشت راست
چنین داد پاسخ ورا شهریار / که ای پاک‌دل موبد رازدار
زمانه به شمشیر ما راست گشت / غم و رنج و ناخوبی اندر گذشت
مرا سال بر پنجه و یک رسید / ز کافور شد مشک و گل ناپدید
پسر بایدی پیشم اکنون به پای / دلارای و نیروده و رهنمای
پدر بی‌پسر چون پسر بی‌پدر / که بیگانه او را نگیرد به بر
پس از من بدشمن رسد تاج و گنج / مرا خاک سود آید و درد و رنج
به دل گفت بیدار مرد کهن / که آمد کنون روزگار سخن
بدو گفت کای شاه کهتر نواز / جوانمرد روشن‌دل و سرفراز
گر ایدونک یابم به جان زینهار / من این رنج بردارم از شهریار
بدو گفت شاه ای خردمند مرد / چرا بیم جان ترا رنجه کرد
بگوی آنچ دانی و بفزای نیز / ز گفت خردمند برتر چه چیز
چنین داد پاسخ بدو کدخدای / که ای شاه روشن‌دل و پاک‌رای
یکی حقه بد نزد گنجور شاه / سزد گر بخواهد کنون پیش گاه
به گنجور گفت آنک او زینهار / ترا داد آمد کنون خواستار
بدو بازده تا ببینم که چیست / مگرمان نباید به اندیشه زیست
بیاورد آن حقه گنجور اوی / سپرد آنک بستد ز دستور اوی
بدو گفت شاه اندرین حقه چیست / نهاده برین بند بر مهر کیست
بدو گفت کان خون گرم منست / بریده ز بن پاک شرم منست
سپردی مرا دختر اردوان / که تا بازخواهی تن بی‌روان
نکشتم که فرزند بد در نهان / بترسیدم از کردگار جهان
بجستم ز فرمانت آزرم خویش / بریدم هم‌اندر زمان شرم خویش
بدان تا کسی بد نگوید مرا / به دریای تهمت نشوید مرا
کنون هفت‌ساله‌ست شاپور تو / که دایم خرد باد دستور تو
چنو نیست فرزند یک شاه را / نماند مگر بر فلک ماه را
ورا نام شاپور کردم ز مهر / که از بخت تو شاد بادا سپهر
همان مادرش نیز با او به جای / جهانجوی فرزند را رهنمای
بدو ماند شاه جهان درشگفت / ازان کودک اندیشه‌ها برگرفت
ازان پس چنین گفت با کدخدای / که ای مرد روشن‌دل و پاک‌رای

بسی رنج برداشتی زین سخن	نمانم که رنج تو گردد کهن
کنون صد پسر گیر همسال اوی	به بالا و دوش و بر و یال اوی
همان جامه پوشیده با او بهم	نباید که چیزی بود بیش و کم
همه کودکان را به میدان فرست	به بازیدن گوی و چوگان فرست
چو یک دشت کودک بود خوبچهر	بپیچد ز فرزند جانم به مهر
بدان راستی دل گواهی دهد	مرا با پسر آشنایی دهد
بیامد به شبگیر دستور شاه	همی کرد کودک به میدان سپاه
یکی جامه و چهر و بالا یکی	که پیدا نبد این ازان اندکی
به میدان تو گفتی یکی سور بود	میان اندرون شاه شاپور بود
چو کودک به زخم اندر آورد گوی	فزونی همی جست هر یک بدوی
بیامد به میدان پگاه اردشیر	تنی چند از ویژگان ناگزیر
نگه کرد و چون کودکان را بدید	یکی باد سرد از جگر برکشید
به انگشت بنمود با کدخدای	که آمد یکی اردشیری به جای
بدو راهبر گفت کای پادشا	دلت شد به فرزند خود بر گواه
یکی بنده را گفت شاه اردشیر	که رو گوی ایشان به چوگان بگیر
همی باش با کودکان تازه‌روی	به چوگان به پیش من انداز گوی
ازان کودکان تا که آید دلیر	میان سواران به کردار شیر
ز دیدار من گوی بیرون برد	ازین انجمن کس به کس نشمرد
بود بی‌گمان پاک فرزند من	ز تخم و بر و پاک پیوند من
به فرمان بشد بنده‌ی شهریار	بزد گوی و افگند پیش سوار
دوان کودکان از پی او چو تیر	چو گشتند نزدیک با اردشیر
بماندند ناکام بر جای خویش	چو شاپور گرد اندر آمد به پیش
ز پیش پدر گوی بربود و برد	چو شد دور مر کودکان را سپرد
ز شادی چنان شد دل اردشیر	که گردد جوان مردم گشته پیر
سوارانش از خاک برداشتند	همی دست بر دست بگذاشتند
شهنشاه زان پس گرفتش به بر	همی آفرین خواند بر دادگر
سر و چشم و رویش ببوسید و گفت	که چونین شگفتی نشاید نهفت
به دل هرگز این یاد نگذاشتم	که شاپور را کشته پنداشتم
چو یزدان مرا شهریاری فزود	ز من در جهان یادگاری فزود

به فرمان او بر نیابی گذر
وگر برتر آری ز خورشید سر

گهر خواست از گنج و دینار خواست
گرانمایه یاقوت بسیار خواست

برو زر و گوهر بسی ریختند
زبر مشک و عنبر بسی بیختند

ز دینار شد تارکش ناپدید
ز گوهر کسی چهره‌ی او ندید

به دستور بر نیز گوهر فشاند
به کرسی زر پیکرش برنشاند

ببخشید چندان ورا خواسته
که شد کاخ و ایوانش آراسته

بفرمود تا دختر اردوان
به ایوان شود شاد و روشن‌روان

ببخشید کرده گناه ورا
ز زنگار بزدود ماه ورا

بیاورد فرهنگیان را به شهر
کسی کو ز فرزانگی داشت بهر

نوشتن بیاموختش پهلوی
نشست سرافرازی و خسروی

همان جنگ را گرد کرده عنان
ز بالا به دشمن نمودن سنان

ز می خوردن و بخشش و کار بزم
سپه جستن و کوشش روز رزم

وزان پس دگر کرد میخ درم
همان میخ دینار و هر بیش و کم

به یک روی بد نام شاه اردشیر
به روی دگر نام فرخ وزیر

گران خوار بد نام دستور شاه
جهاندیده مردی نماینده راه

نوشتند بر نامه‌ها هم‌چنین
بدو داد فرمان و مهر و نگین

ببخشید گنجی به درویش مرد
که خوردش نبودی بجز کارکرد

نگه کرد جایی که بد خارستان
ازو کرد خرم یکی شارستان

کجا گندشاپور خواندی ورا
جزین نام نامی نراندی ورا

پیش بینی کید هندی

چو شاپور شد همچو سرو بلند
ز چشم بدش بود بیم گزند

نبودی جدا یک زمان ز اردشیر
ورا همچو دستور بودی وزیر

نپرداختی شاه روزی ز جنگ
به شادی نبودیش جای درنگ

چو جایی ز دشمن بپرداختی
دگر بدکنش سر برافراختی

همی گفت کز کردگار جهان
بخواهم همی آشکار و نهان

که بی‌دشمن آرم جهان را به دست	نباشم مگر شاد و یزدان‌پرست
بدو گفت فرخنده دستور اوی	که ای شاه روشن‌دل و راه‌جوی
سوی کید هندی فرستیم کس	که دانش پژوهست و فریادرس
بداند شمار سپهر بلند	در پادشاهی و راه گزند
اگر هفت کشور ترا بی همال	بخواهد بدن بازیابد به فال
یکایک بگوید ندارد به رنج	نخواهد بدین پاسخ از شاه گنج
چو بشنید بگزید شاه اردشیر	جوانی گرانمایه و تیزویر
فرستاد نزدیک دانا به هند	بسی اسپ و دینار و چندی پرند
بدو گفت رو پیش دانا بگوی	که ای مرد نیک‌اختر و راه‌جوی
به اختر نگه کن که تا من ز جنگ	کی آسایم و کشور آرم به چنگ
اگر بود خواهد بدین دستگاه	به تدبیر آن زور بنمای راه
وگر نیست این تا نباشم به رنج	برین گونه نپراگند نیز گنج
بیامد فرستاده‌ی شهریار	بر کید با هدیه و با نثار
بگفت آنک با او شهنشاه گفت	همه رازها برگشاد از نهفت
بپرسید زو کید و غمخواره شد	ز پرسش سوی دانش و چاره شد
بیاورد صلاب و اختر گرفت	یکی زیج رومی به بر در گرفت
نگه کرد بر کار چرخ بلند	ز آسانی و سود و درد و گزند
فرستاده را گفت کردم شمار	از ایران و از اختر شهریار
گر از گوهر مهرک نوش‌زاد	برآمیزد این تخمه با آن نژاد
نشیند به آرام بر تخت شاه	نباید فرستاد هر سو سپاه
بیفزایدش گنج و کاهدش رنج	تو شو کینه‌ی این دو گوهر بسنج
گر این کرد ایران ورا گشت راست	بیابد همه کام دل هرچ خواست
فرستاده را چیز بخشید و گفت	کزین هرچ گفتم نباید نهفت
گر او زین نپیچد سپهر بلند	کند اینک گفتم برو ارجمند
فرستاده آمد بر شهریار	بگفت آنچ بشنید زان نامدار
چو بشنید گفتار او اردشیر	دلش گشت پر درد و رخ چون زریر
فرستاده را گفت هرگز مباد	که من بینم از تخم مهرک نژاد
به خانه درون دشمن آرم ز کوی	شود با بر و بوم من کینه‌جوی
دریغ آن پراگندن گنج من	فرستادن مردم و رنج من

ز مهرک یکی دختری ماند و بس	که او را به جهرم ندیدست کس
بفرمایم اکنون که جوینده باز	ز روم و ز چین و ز هند و طراز
بر آتش چو یابمش بریان کنم	برو خاک را زار و گریان کنم
به جهرم فرستاد چندی سوار	یکی مرد جوینده و کینه‌دار
چو آگاه شد دخت مهرک بجست	سوی خان مهتر به کنجی نشست
چو بنشست آن دخت مهرک بده	مر او را گرامی همی کرد مه
بالید بر سان سرو سهی	خردمند با زیب و با فرهی
مر او را دران بوم همتا نبود	به کشور چنو سرو بالا نبود

پیوند شاپور با دختر مهرک نوشزاد

کنون بشنو از دخت مهرک سخن	ابا گرد شاپور شمشیرزن
چو لختی برآمد برین روزگار	فروزنده شد دولت شهریار
به نخچیر شد شاه روزی پگاه	خردمند شاپور با او به راه
به هر سو سواران همی تاختند	ز نخچیر دشتی بپرداختند
پدید آمد از دور دشتی فراخ	پر از باغ و میدان و ایوان و کاخ
همی تاخت شاپور تا پیش ده	فرود آمد از راه در خان مه
یکی باغ بد کش و خرم سرای	جوان اندر آمد بدان سبز جای
یکی دختری دید بر سان ماه	فروهشته از چرخ دلوی به چاه
چو آن ماه‌رخ روی شاپور دید	بیامد برو آفرین گسترید
که شادان بدی شاه و خندان بدی	همه ساله از بی‌گزندان بدی
کنون بی‌گمان تشنه باشد ستور	بدین ده رود اندرون آب شور
به چاه اندرون آب سردست و خوش	بفرمای تا من بوم آبکش
بدو گفت شاپور کای ماه‌روی	چرا رنجه گشتی بدین گفت‌وگوی
که باشند با من پرستنده مرد	کزین چاه بی‌بن کشند آب سرد
ز برنا کنیزک بپیچید روی	بشد دور و بنشست بر پیش جوی
پرستنده‌یی را بفرمود شاه	که دلو آور و آب برکش ز چاه

پرستنده بشنید و آمد دوان — رسن برد بر چرخ دلو گران
چو دلو گران‌سنگ پر آب گشت — پرستنده را روی پرتاب گشت
چو دلو گران برنیامد ز چاه — بیامد ژکان زود شاپور شاه
پرستنده را گفت کای نیم‌زن — نه زن داشت این دلو و چندین رسن
همی برکشید آب چندین ز چاه — تو گشتی پر از رنج و فریادخواه
بیامد رسن بستد از پیشکار — شد آن کار دشوار بر شاه خوار
ز دلو گران شاه چون رنج دید — بر آن خوب‌رخ آفرین گسترید
که برتافت دلوی برین سان گران — همانا که هست از نژاد سران
کنیزک چو او دلو را برکشید — بیامد به مهر آفرین گسترید
که نوشه بدی تا بود روزگار — همیشه خرد بادت آموزگار
به نیروی شاپور شاه اردشیر — شود بی‌گمان آب در چاه شیر
جوان گفت با دختر چرب‌گوی — چه دانی که شاپورم ای ماه‌روی
چنین داد پاسخ که این داستان — شنیدم بسی از لب راستان
که شاپور گردست با زور پیل — به بخشندگی همچو دریای نیل
به بالای سروست و رویین‌تنست — به هرچیز ماننده‌ی بهمنست
بدو گفت شاپور کای ماه‌روی — سخن هرچ پرسم ترا راست‌گوی
پدیدار کن تا نژاد تو چیست — برین چهره‌ی تو نشان کییست
بدو گفت من دختر مهترم — ازیرا چنین خوب و کنداورم
چنین داد پاسخ که هرگز دروغ — بر شهریاران نگیرد فروغ
کشاورز را دختر ماه‌روی — نباشد بدین روی و این رنگ و بوی
کنیزک بدو گفت کای شهریار — هرانگه که یابم به جان زینهار
بگویم همه پیش تو من نژاد — چو یابم ز خشم شهنشاه داد
بدو گفت شاپور کز بوستان — نرست از چمن کینه‌ی دوستان
بگوی و ز من بیم در دل مدار — نه از نامور دادگر شهریار
کنیزک بدو گفت کز راه داد — منم دختر مهرک نوش‌زاد
مرا پارسایی بیاورد خرد — بدین پرهنر مهتر ده سپرد
من از بیم آن نامور شهریار — چنین آبکش گشتم و پیشکار
بیامد بپردخت شاپور جای — همی بود مهتر به پیشش به پای
به دو گفت کین دختر خوب‌چهر — به من ده بر من گواکن سپهر

بدو داد مهتر به فرمان اوی	بر آیین آتش‌پرستان اوی
بسی برنیامد برین روزگار	که سرو سهی چون گل آمد به بار
چو نه ماه بگذشت بر ماه‌روی	یکی کودک آمد به بالای اوی
تو گفتی که بازآمد اسفندیار	وگر نامدار اردشیر سوار
ورا نام شاپور کرد اورمزد	که سروی بد اندر میان فرزد
چنین تا برآمد برین هفت سال	ببود اورمزد از جهان بی‌همال
ز هرکس نهانش همی داشتند	به جایی ببازیش نگذاشتند
به نخچیر شد هفت روز اردشیر	بشد نیز شاپور نخچیرگیر
نهان اورمزد از میان گروه	بیامد کز آموختن شد ستوه
دوان شد به میدان شاه اردشیر	کمانی به یک دست و دیگر دو تیر
ابا کودکان چند و چوگان و گوی	به میدان شاه اندر آمد ز کوی
جهاندار هم در زمان با سپاه	به میدان بیامد ز نخچیرگاه
ابا موبدان موبد تیزویر	به نزدیک ایوان رسید اردشیر
بزد کودکی نیز چوگان ز راه	بشد گوی گردان به نزدیک شاه
نرفتند زیشان پس گوی کس	بماندند بر جای ناکام بس
دوان اورمزد از میانه برفت	به پیش جهاندار چون باد تفت
ز پیش نیا زود برداشت گوی	ازو گشت لشکر پر از گفت‌وگوی
ازان پس خروشی برآورد سخت	کزو خیره شد شاه پیروز بخت
به موبد چنین گفت کین پاک‌زاد	نگه کن که تا از که دارد نژاد
بپرسید موبد ندانست کس	همه خامشی برگزیدند و بس
به موبد چنین گفت پس شهریار	که بردارش از خاک و نزد من آر
بشد موبد و برگرفتش ز گرد	ببردش بر شاه آزادمرد
بدو گفت شاه این گرانمایه خرد	ترا از نژاد که باید شمرد
نترسید کودک به آواز گفت	که نام نژادم نباید نهفت
منم پور شاپور کو پور تست	ز فرزند مهرک نژاد درست
فروماند زان کار گیتی شگفت	بخندید و اندیشه اندر گرفت
بفرمود تا رفت شاپور پیش	به پرسش گرفتش ز اندازه بیش
بترسید شاپور آزادمرد	دلش گشت پردرد و رخساره زرد
بخندید زو نامور شهریار	بدو گفت فرزند پنهان مدار

پسر باید از هرک باشد رواست	که گویند کاین بچه پادشاست
بدو گفت شاپور نوشه بدی	جهان را به دیدار توشه بدی
ز پشت منست این و نام اورمزد	درخشنده چون لاله اندر فرزد
نهان داشتم چندش از شهریار	بدان تا برآید بر از میوه‌دار
گرانمایه از دختر مهرک است	ز پشت منست این مرا بی‌شکست
ز آب و ز چاه آن کجا رفته بود	پسر گفت و پرسید و چندی شنود
ز گفتار او شاد شد اردشیر	به ایوان خرامید خود با وزیر
گرفته دلاویز را بر کنار	ز ایوان سوی تخت شد شهریار
بیاراست زرین یکی زیرگاه	یکی طوق فرمود و زرین کلاه
سر خرد کودک بیاراستند	بس از گنج در و گهر خواستند
همی ریخت تا شد سرش ناپدید	تنش را نیا زان میان برکشید
بسی زر و گوهر به درویش داد	خردمند را خواسته بیش داد
به دیبا بیاراست آتشکده	هم ایوان نوروز و کاخ سده
یکی بزمگه ساخت با مهتران	نشستند هرجای رامشگران
چنین گفت با نامداران شهر	هرانکس که او از خرد داشت بهر
که از گفت دانا ستاره شمر	نباید که هرگز کند کس گذر
چنین گفته بد کید هندی که بخت	نگردد ترا ساز و خرم به تخت
نه کشور نه افسر نه گنج و سپاه	نه دیهیم شاهی نه فر کلاه
مگر تخمه‌ی مهرک نوش‌زاد	بیامیزد آن دوده با ان نژاد
کنون سالیان اندر آمد به هشت	که جز به آرزو چرخ بر ما نگشت
چو شاپور رفت اندر آرام خویش	ز گیتی ندیده به جز کام خویش
زمین هفت کشور مرا گشت راست	دلم یافت از بخت چیزی که خواست
وزان پس بر کارداران اوی	شهنشاه کردند عنوان اوی

داستان داد و فرهنگ اردشیر

کنون از خردمندی اردشیر / سخن بشنو و یک به یک یادگیر
بکوشید و آیین نیکو نهاد / بگسترد بر هر سوی مهر و داد
به درگاه چون خواست لشکر فزون / فرستاد بر هر سوی رهنمون
که تا هرکسی را که دارد پسر / نماند که بالا کند بی‌هنر
سواری بیاموزد و رسم جنگ / به گرز و کمان و به تیر خدنگ
چو کودک ز کوشش به مردی شدی / بهر بخششی در بی آهو بدی
ز کشور به درگاه شاه آمدند / بدان نامور بارگاه آمدند
نوشتی عرض نام دیوان اوی / بیاراستی کاخ و ایوان اوی
چو جنگ آمدی نورسیده جوان / برفتی ز درگاه با پهلوان
یکی موبدان را ز کارآگهان / که بودی خریدار کار جهان
ابر هر هزاری یکی کارجوی / برفتی نگه داشتی کار اوی
هرانکس که در جنگ سست آمدی / به آورد ناتن‌درست آمدی
شهنشاه را نامه کردی بران / هم از بی‌هنر هم ز جنگ‌آوران
جهاندار چون نامه برخواندی / فرستاده را پیش بنشاندی
هنرمند را خلعت آراستی / ز گنج آنچ پرمایه‌تر خواستی
چو کردی نگاه اندران بی‌هنر / نبستی میان جنگ را بیشتر
چنین تا سپاهش بدانجا رسید / که پهنای ایشان ستاره ندید
ازیشان کسی را که بد رای‌زن / برافراختندی سرش ز انجمن
که هرکس که خشنودی شاه جست / زمین را به خوان دلیران بشست
بیابد ز من خلعت شهریار / بود در جهان نام او یادگار
به لشکر بیاراست گیتی همه / شبان گشت و پرخاش‌جویان رمه
به دیوانش کارآگهان داشتی / به بی‌دانشی کار نگذاشتی
بلاغت نگه داشتندی و خط / کسی کو بدی چیره بر یک نقط
چو برداشتی آن سخن رهنمون / شهنشاه کردیش روزی فزون

کسی را که کمتر بدی خط و ویر / نرفتی به دیوان شاه اردشیر
سوی کارداران شدندی به کار / قلم‌زن بماندی بر شهریار
شناسنده بد شهریار اردشیر / چو دیدی به درگاه مرد دبیر
نویسنده گفتی که گنج آگنید / هم از رای او رنج بپراگنید
بدو باشد آباد شهر و سپاه / همان زیردستان فریادخواه
دبیران چو پیوند جان منند / همه پادشا بر نهان منند
چو رفتی سوی کشور کاردار / بدو شاه گفتی درم خوار دار
نباید که مردم فروشی به گنج / که برکس نماند سرای سپنج
همه راستی جوی و فرزانگی / ز تو دور باد آز و دیوانگی
ز پیوند و خویشان مبر هیچ‌کس / سپاه آنچ من یار دادمت بس
درم بخش هر ماه درویش را / مده چیز مرد بداندیش را
اگر کشور آباد داری به داد / بمانی تو آباد وز داد شاد
و گر هیچ درویش خسپد به بیم / همی جان فروشی به زر و به سیم
هرانکس که رفتی به درگاه شاه / به شایسته کاری و گر دادخواه
بدندی به سر استواران اوی / بپرسیدن از کارداران اوی
که دادست ازیشان و بگرفت چیز / وزیشان که خسپد به تیمار نیز
دگر آنک در شهر دانا که‌اند / گر از نیستی ناتوانا که‌اند
دگر کیست آنک از در پادشاست / جهاندیده پیرست و گر پارساست
شهنشاه گوید که از رنج من / مبادا کسی شاد بی‌گنج من
مگر مرد با دانش و یادگیر / چه نیکوتر از مرد دانا و پیر
جهاندیدگان را همه خواستار / جوان و پسندیده و بردبار
جوانان دانا و دانش‌پذیر / سزد گر نشینند بر جای پیر
چو لشکرش رفتی به جایی به جنگ / خرد یار کردی و رای و درنگ
فرستاده‌یی برگزیدی دبیر / خردمند و با دانش و یادگیر
پیامی به دادی به آیین و چرب / بدان تا نباشد به بیداد حرب
فرستاده رفتی بر دشمنش / که بشناختی راز پیراهنش
شنیدی سخن گر خرد داشتی / غم و رنج بد را به بد داشتی
بدان یافت او خلعت شهریار / همان عهد و منشور با گوشوار
وگر تاب بودی به سرش اندرون / به دل کین و اندر جگر جوش خون

سپه را بدادی سراسر درم
بدان تا نباشند یک تن دژم

یکی پهلوان خواستی نامجوی
خردمند و بیدار و آرامجوی

دبیری به آیین و با دستگاه
که دارد ز بیداد لشکر نگاه

وزان پس یکی مرد بر پشت پیل
نشستی که رفتی خروشش دو میل

زدی بانگ کای نامداران جنگ
هرانکس که دارد دل و نام و ننگ

نباید که بر هیچ درویش رنج
رسد گر بر آنکس بود نام و گنج

به هر منزلی در خورید و دهید
بران زیردستان سپاسی نهید

به چیز کسان کس میازید دست
هرانکس که او هست یزدان‌پرست

به دشمن هرانکس که بنمود پشت
شود زان سپس روزگارش درشت

اگر دخمه باشد به چنگال اوی
وگر بند ساید بر و یال اوی

ز دیوان دگر نام او کرده پاک
خورش خاک و رفتنش بر تیره خاک

به سالار گفتی که سستی مکن
همان تیز و پیش دستی مکن

همیشه به پیش سپه دار پیل
طلایه پراگنده بر چار میل

نخستین یکی گرد لشکر به گرد
چو پیش آیدت روز ننگ و نبرد

به لشکر چنین گوی کاین خود کیند
بدین رزمگاه اندرون برچیند

از ایشان صد اسپ افگن از ما یکی
همان صد به پیش یکی اندکی

شما را همه پاک برنا و پیر
ستانم همه خلعت از اردشیر

چو اسپ افگند لشکر از هر دو روی
نباید که گردان پرخاشجوی

بیاید که ماند تهی قلب گاه
وگر چند بسیار باشد سپاه

چنان کن که با میمنه میسره
بکوشند جنگ‌آوران یکسره

همان نیز با میسره میمنه
بکوشند و دلها همه بر بنه

بود لشکر قلب بر جای خویش
کس از قلبگه نگسلد پای خویش

وگر قلب ایشان بجنبد ز جای
تو با لشکر از قلب‌گاه اندر آی

چو پیروز گردی ز کس خون مریز
که شد دشمن بدکنش در گریز

چو خواهد ز دشمن کسی زینهار
تو زنهارده باش و کینه مدار

چو تو پشت دشمن ببینی به چیز
میپرداز و مگذر هم از جای نیز

نباید که ایمن شوید از کمین
سپه باشد اندر در و دشت کین

هرآنگه که از دشمن ایمن شوی
سخن گفتن کس همی نشنوی

غنیمت بدان بخش کو جنگ جست
به مردی دل از جان شیرین بشست

هرانکس که گردد به دستت اسیر	بدین بارگاه آورش ناگزیر
من از بهر ایشان یکی شارستان	برآرم به بومی که بد خارستان
ازین پندها هیچ گونه مگرد	چو خواهی که مانی تو بی‌رنج و درد
به پیروزی اندر به یزدان گرای	که او باشدت بی‌گمان رهنمای
ز جایی که آمد فرستاده‌یی	ز ترکی و رومی و آزاده‌یی
ازو مرزبان آگهی داشتی	چنین کارها خوار نگذاشتی
بره بر بدی خان او ساخته	کنارنگ زان کار پرداخته
ز پوشیدنیها و از خوردنی	نیازش نبودی به گستردنی
چو آگه شدی زان سخن کاردار	که او بر چه آمد بر شهریار
هیونی سرافراز و مردی دبیر	برفتی به نزدیک شاه اردشیر
بدان تا پذیره شدندی سپاه	بیاراستی تخت پیروز شاه
کشیدی پرستنده هر سو رده	همه جامه‌هاشان به زر آژده
فرستاده را پیش خود خواندی	به نزدیکی تخت بنشاندی
به پرسش گرفتی همه راز اوی	ز نیک و بد و نام و آواز اوی
ز داد و ز بیداد وز کشورش	ز آیین وز شاه وز لشکرش
به ایوانش بردی فرستاده‌وار	بیاراستی هرچ بودی به کار
وزان پس به خوان و میش خواندی	بر تخت زرینش بنشاندی
به نخچیر بردیش با خویشتن	شدی لشکر بیشمار انجمن
کسی کردنش را فرستاده‌وار	بیاراستی خلعت شهریار
به هر سو فرستاد پس موبدان	بی‌آزار و بیداردل بخردان
که تا هر سوی شهرها ساختند	بدین نیز گنجی بپرداختند
بدان تا کسی را که بی‌خانه بود	نبودش نوا بخت بیگانه بود
همان تا فراوان شود زیردست	خورش ساخت با جایگاه نشست
ازو نام نیکی بود در جهان	چه بر آشکار و چه اندر نهان
چو او در جهان شهریاری نبود	پس از مرگ او یادگاری نبود
منم ویژه زنده کن نام اوی	مبادا جز از نیکی انجام اوی
فراوان سخن در نهان داشتی	به هر جای کارآگهان داشتی
چو بی‌مایه گشتی یکی مایه‌دار	ازان آگهی یافتی شهریار
چو بایست برساختی کار اوی	نماندی چنان تیره بازار اوی

۱۲۷۴

زمین برومند و جای نشست	پرستیدن مردم زیردست
بیاراستی چون ببایست کار	نگشتی نهانش به کس آشکار
تهی‌دست را مایه دادی بسی	بدو شاد کردی دل هرکسی
همان کودکان را به فرهنگیان	سپردی چو بودی ورا هنگ آن
به هر برزنی در دبستان بدی	همان جای آتش‌پرستان بدی
نماندی که بودی کسی را نیاز	نگه داشتی سختی خویش راز
به میدان شدی بامداد پگاه	برفتی کسی کو بدی دادخواه
نچستی بداد اندر آزرم کس	چه کهتر چه فرزند فریادرس
چه کهتر چه مهتر به نزدیک اوی	نجستی همی رای تاریک اوی
ز دادش جهان یکسر آباد کرد	دل زیردستان به خود شاد کرد
جهاندار چون گشت با داد جفت	زمانه پی او نیارد نهفت
فرستاده بودی به گرد جهان	خردمند و بیدار کارآگهان
به جایی که بودی زمینی خراب	وگر تنگ بودی به رود اندر آب
خراج اندر آن بوم برداشتی	زمین کسان خوار نگذاشتی
گر ایدونک دهقان بدی تنگ دست	سوی نیستی گشته کارش ز هست
بدادی ز گنج آلت و چارپای	نماندی که پایش برفتی ز جای
ز دانا سخن بشنو ای شهریار	جهان را برین گونه آباد دار
چو خواهی که آزاد باشی ز رنج	بی‌آزار و بی‌رنج آگنده گنج
بی‌آزاری زیردستان گزین	بیابی ز هرکس به داد آفرین
چو از روم وز چین وز ترک و هند	جهان شد مر او را چو رومی پرند

اندرز اردشیر بابکان

ز هر مرز پیوسته شد باژ و ساو	کسی را نبد با جهاندار تاو
همه مهتران را ز ایران بخواند	سزاوار بر تخت شاهی نشاند
ازان پس شهنشاه بر پای خاست	به خوبی بیاراست گفتار راست
چنین گفت کای نامداران شهر	ز رای و خرد هرک دارید بهر

بدانید کاین تیرگردان سپهر	ننازد به داد و نیازد به مهر
یکی را چو خواهد برآرد بلند	هم آخر سپارد به خاک نژند
نماند به جز نام زو در جهان	همه رنج با او شود در نهان
به گیتی ممانید جز نام نیک	هرانکس که خواهد سرانجام نیک
ترا روزگار اورمزد آن بود	که خشنودی پاک یزدان بود
به یزدان گرای و به یزدان گشای	که دارنده اویست و نیکی فزای
ز هر بد به دادار گیهان پناه	که او راست بر نیک و بد دستگاه
کند بر تو آسان همه کار سخت	ز رای دلفروز و پیروز بخت
نخستین ز کار من اندازه گیر	گذشته بد و نیک من تازه گیر
که کردم به دادار گیهان پناه	مرا داد بر نیک و بد دستگاه
زمین هفت کشور به شاهی مراست	چنان کز خداوندی او سزاست
همی باژ خواهم ز روم و ز هند	جهان شد مرا همچو رومی پرند
سپاسم ز یزدان که او داد زور	بلند اختر و بخش کیوان و هور
ستایش که داند سزاوار اوی	نیایش بر آیین و کردار اوی
مگر کو دهد بازمان زندگی	بماند بزرگی و تابندگی
کنون هرچ خواهیم کردن ز داد	بکوشیم وز داد باشیم شاد
ز ده یک مرا چند بر شهرهاست	که دهقان و موبد بران بر گواست
چو باید شما را ببخشم همه	همان ده یک و بوم و باژ و رمه
مگر آنک آید شما را فزون	بیارد سوی گنج ما رهنمون
ز ده یک که من بستدم پیش ازین	ز باژ آنچ کم بود گر بیش ازین
همی از پی سود بردم به کار	به در داشتن لشکر بیشمار
بزرگی شما جستم و ایمنی	نهان کردن کیش آهرمنی
شما دست یکسر به یزدان زنید	بکوشید و پیمان او مشکنید
که بخشنده اویست و دارنده اوی	بلند آسمان را نگارنده اوی
ستمدیده را اوست فریادرس	منازید با نازش او به کس
نباید نهادن دل اندر فریب	که پیش فراز اندر آید نشیب
کجا آنک بر سود تاجش به ابر	کجا آنک بودی شکارش هژبر
نهالی همه خاک دارند و خشت	خنک آنک جز تخم نیکی نکشت
همه هرک هست اندرین مرز من	کجا گوش دارند اندرز من

نمایم شما را کنون راه پنج　　که سودش فزون آید از تاج و گنج
به گفتار این نامدار اردشیر　　همه گوش دارید برنا و پیر
هرانکس که داند که دادار هست　　نباشد مگر پاک و یزدان پرست
دگر آنک دانش مگیرید خوار　　اگر زیردستست و گر شهریار
سه دیگر بدانی که هرگز سخن　　نگردد بر مرد دانا کهن
چهارم چنان دان که بیم گناه　　فزون باشد از بند و زندان شاه
به پنجم سخن مردم زشت‌گوی　　نگیرد به نزد کسان آب‌روی
بگویم یکی تازه اندرز نیز　　کجا برتر از دیده و جان و چیز
خنک آنک آباد دارد جهان　　بود آشکارای او چون نهان
دگر آنک دارند آواز نرم　　خرد دارد و شرم و گفتار گرم
به پیش کسان سیم از بهر لاف　　به بیهوده بپراگند بر گزاف
ز مردم ندارد کسی زان سپاس　　نبپسندد آن مرد یزدان شناس
میانه گزینی بمانی به جای　　خردمند خوانند و پاکیزه‌رای
کزین بگذری پنج رایست پیش　　کجا تازه گردد ترا دین وکیش
تن آسانی و شادی افزایدت　　که با شهد او زهر نگزایدت
یکی آنک از بخشش دادگر　　به آز و به کوشش نیابی گذر
توانگر شود هرک خرسند گشت　　گل نوبهارش برومند گشت
دگر بشکنی گردن آز را　　نگویی به پیش زنان راز را
سه دگیر ننازی به ننگ و نبرد　　که ننگ ونبرد آورد رنج و درد
چهارم که دل دور داری ز غم　　ز نا آمده دل نداری دژم
نه پیچی به کاری که کار تو نیست　　نتازی بدان کو شکار تو نیست
همه گوش دارید پند مرا　　سخن گفتن سودمند مرا
بود بر دل هرکسی ارجمند　　که یابند ازو ایمنی از گزند
زمانی میاسای ز آموختن　　اگر جان همی خواهی افروختن
چو فرزند باشد به فرهنگ دار　　زمانه ز بازی برو تنگ دار
همه یاد دارید گفتار ما　　کشیدن بدین کار تیمار ما
هرآن کس که با داد و روشن دلید　　از آمیزش یکدگر مگسلید
دل آرام دارید بر چار چیز　　کزو خوبی و سودمندیست نیز
یکی بیم و آزرم و شرم خدای　　که باشد ترا یاور و رهنمای

دگر داد دادن تن خویش را / نگه داشتن دامن خویش را
به فرمان یزدان دل آراستن / مرا چون تن خویشتن خواستن
سه دیگر که پیدا کنی راستی / بدور افگنی کژی و کاستی
چهارم که از رای شاه جهان / نپیچی دلت آشکار و نهان
ورا چون تن خویش خواهی به مهر / به فرمان او تازه گردد سپهر
دلت بسته داری به پیمان اوی / روان را نپیچی ز فرمان اوی
برو مهر داری چو بر جان خویش / چو با داد بینی نگهبان خویش
غم پادشاهی جهانجوی راست / ز گیتی فزونی سگالد نه کاست
گر از کارداران وز لشکرش / بداند که رنجست بر کشورش
نیازد به داد او جهاندار نیست / برو تاج شاهی سزاوار نیست
سیه کرد منشور شاهنشهی / ازان پس نباشد ورا فرهی
چنان دان که بیدادگر شهریار / بود شیر درنده در مرغزار
همان زیردستی که فرمان شاه / به رنج و به کوشش ندارد نگاه
بود زندگانیش با درد و رنج / نگردد کهن در سرای سپنج
اگر مهتری یابد و بهتری / نیابد به زفتی و کنداوری
دل زیردستان ما شاد باد / هم از داد ماگیتی آباد باد
چو بر تخت بنشست شاه اردشیر / بشد پیش گاهش یکی مرد پیر
کجا نام آن پیر خراد بود / زبان و روانش پر از داد بود
چنین داد پاسخ که ای شهریار / انوشه بدی تا بود روزگار
همیشه بوی شاد و پیروزبخت / به تو شادمان کشور و تاج و تخت
به جایی رسیدی که مرغ و دده / زنند از پس و پیش تختت رده
بزرگ جهان از کران تا کران / سرافراز بر تاجور مهتران
که داند صفت کردن از داد تو / که داد و بزرگیست بنیاد تو
همان آفرین در فزایش کنیم / خدای جهان را نیایش کنیم
که ما زنده اندر زمان توایم / به هر کار نیکی گمان توایم
خریدار دیدار چهر ترا / همان خوب گفتار و مهر ترا
تو ایمن بوی کز تو ما ایمنیم / مبادا که پیمان تو بشکنیم
تو بستی ره بدسگالان ما / ز هند و ز چین و همالان ما
پراگنده شد غارت و جنگ و موش / نیاید همی جوش دشمن به گوش

بماناد این شاه تا جاودان همیشه سر و کار با موبدان
نه کس چون تو دارد ز شاهان خرد نه اندیشه از رای تو بگذرد
پیی برفگندی به ایران ز داد که فرزند ما باشد از داد شاد
به جایی رسیدی هم‌اندر سخن که نو شد ز رای تو مرد کهن
خردها فزون شد ز گفتار تو جهان گشت روشن به دیدار تو
بدین انجمن هرک دارد نژاد به تو شادمانند وز داد شاد
توی خلعت ایزدی بخت را کلاه و کمر بستن و تخت را
بماناد این شاه با مهر و داد ندارد جهان چون تو خسرو به یاد
جهان یکسر از رای وز فر تست خنک آنک در سایه‌ی پر تست
همیشه سر تخت جای تو باد جهان زیر فرمان و رای تو باد

سخن فردوسی

الا ای خریدار مغز سخن دلت برگسل زین سرای کهن
کجا چون من و چون تو بسیار دید نخواهد همی با کسی آرمید
اگر شهریاری و گر پیشکار تو ناپایداری و او پایدار
چه با رنج باشی چه با تاج و تخت ببایدت بستن به فرجام رخت
اگر ز آهنی چرخ بگدازدت چو گشتی کهن نیز ننوازدت
چو سرو دلارای گردد به خم خروشان شود نرگسان دژم
همان چهره‌ی ارغوان زعفران سبک مردم شاد گردد گران
اگر شهریاری و گر زیردست بجز خاک تیره نیابی نشست
کجا آن بزرگان با تاج و تخت کجا آن سواران پیروزبخت
کجا آن خردمند کندآوران کجا آن سرافراز و جنگی سران
کجا آن گزیده نیاکان ما کجا آن دلیران و پاکان ما
همه خاک دارند بالین و خشت خنک آنک جز تخم نیکی نکشت
نشان بس بود شهریار اردشیر چو از من سخن بشنوی یادگیر

پیمان اردشیر بابکان با شاپور

چو سال اندر آمد به هفتاد و هشت
جهاندار بیدار بیمار گشت

بفرمود تا رفت شاپور پیش
ورا پندها داد ز اندازه بیش

بدانست کامد به نزدیک مرگ
همی زرد خواهد شدن سبز برگ

بدو گفت کاین عهد من یاددار
همه گفت بدگوی را باددار

سخنهای من چون شنودی بورز
مگر بازدانی ز ناارز ارز

جهان راست کردم به شمشیر داد
نگه داشتم ارج مرد نژاد

چو کار جهان مر مرا گشت راست
فزون شد زمین زندگانی بکاست

ازان پس که بسیار بردیم رنج
به رنج اندرون گرد کردیم گنج

شما را همان رنج پیشست و ناز
زمانی نشیب و زمانی فراز

چنین است کردار گردان سپهر
گهی درد پیش آردت گاه مهر

گهی بخت گردد چو اسپی شموس
به نعم اندرون زفتی آردت و بوس

زمانی یکی باره‌یی ساخته
ز فرهختگی سر برافراخته

بدان ای پسر کاین سرای فریب
ندارد ترا شادمان بی‌نهیب

نگهدار تن باش و آن خرد
چو خواهی که روزت به بد نگذرد

چو بر دین کند شهریار آفرین
برادر شود شهریاری و دین

نه بی‌تخت شاهیست دینی به پای
نه بی‌دین بود شهریاری به جای

دو دیباست یک در دگر بافته
برآورده پیش خرد تافته

نه از پادشا بی‌نیازست دین
نه بی‌دین بود شاه را آفرین

چنین پاسبانان یکدیگرند
تو گویی که در زیر یک چادرند

نه آن زین نه این زان بود بی‌نیاز
دو انباز دیدیمشان نیک‌ساز

چو باشد خداوند رای و خرد
دو گیتی همی مرد دینی برد

چو دین را بود پادشا پاسبان
تو این هر دو را جز برادر مخوان

چو دین‌دار کین دارد از پادشا
مخوان تا توانی ورا پارسا

هرانکس که بر دادگر شهریار
گشاید زبان مرد دینش مدار

چه گفت آن سخن‌گوی با آفرین	که چون بنگری مغز دادست دین
سر تخت شاهی بپیچد سه کار	نخستین ز بیدادگر شهریار
دگر آنک بی‌سود را برکشد	ز مرد هنرمند سر درکشد
سه دیگر که با گنج خویشی کند	به دینار کوشد که بیشی کند
به بخشندگی یاز و دین و خرد	دروغ ایچ تا با تو برنگذرد
رخ پادشا تیره دارد دروغ	بلندیش هرگز نگیرد فروغ
نگر تا نباشی نگهبان گنج	که مردم ز دینار یازد به رنج
اگر پادشا آز گنج آورد	تن زیردستان به رنج آورد
کجا گنج دهقان بود گنج اوست	وگر چند بر کوشش و رنج اوست
نگهبان بود شاه گنج ورا	به بار آورد شاخ رنج ورا
بدان کوش تا دور باشی ز خشم	به مردی به خواب از گنهکار چشم
چو خشم آوری هم پشیمان شوی	به پوزش نگهبان درمان شوی
هرانگه که خشم آورد پادشا	سبک‌مایه خواند ورا پارسا
چو بر شاه زشتست بد خواستن	بباید به خوبی دل آراستن
وگر بیم داری به دل یک زمان	شود خیره رای از بد بدگمان
ز بخشش منه بر دل اندوه نیز	بدان تا توان ای پسر ارج چیز
چنان دان که شاهی بدان پادشاست	که دور فلک را ببخشید راست
زمانی غم پادشاهی برد	رد و موبدش رای پیش آورد
بپرسد هم از کار بیداد و داد	کند این سخن بر دل شاه یاد
به روزی که رای شکار آیدت	چو یوز درنده به کار آیدت
دو بازی بهم در نباید زدن	می و بزم و نخچیر و بیرون شدن
که تن گردد از جستن می گران	نگه داشتند این سخن مهتران
وگر دشمن آید به جایی پدید	ازین کارها دل بباید برید
درم دادن و تیغ پیراستن	ز هر پادشاهی سپه خواستن
به فردا ممان کار امروز را	بر تخت منشان بدآموز را
مجوی از دل عامیان راستی	که از جست‌وجو آیدت کاستی
وزیشان ترا گر بد آید خبر	تو مشنو ز بدگوی و انده مخور
نه خسروپرست و نه یزدان‌پرست	اگر پای گیری سر آید به دست
چنین باشد اندازه‌ی عام شهر	ترا جاودان از خرد باد بهر

بترس از بد مردم بدنهان
که بر بدنهان تنگ گردد جهان

سخن هیچ مگشای با رازدار
که او را بود نیز انباز و یار

سخن را تو آگنده دانی همی
ز گیتی پراگنده خوانی همی

چو رازت به شهر آشکارا شود
دل بخردان بی‌مدرا شود

برآشوبی و سر سبک خواندت
خردمند گر پیش بنشاندت

تو عیب کسان هیچ‌گونه مجوی
که عیب آورد بر تو بر عیب‌جوی

وگر چیره گردد هوا بر خرد
خردمندت از مردمان نشمرد

خردمند باید جهاندار شاه
کجا هرکسی را بود نیک‌خواه

کسی کو بود تیز و برترمنش
بپیچد ز پیغاره و سرزنش

مبادا که گیرد به نزد تو جای
چنین مرد گر باشدت رهنمای

چو خواهی که بستایدت پارسا
بنه خشم و کین چون شوی پادشا

هوا چونک بر تخت حشمت نشست
نباشی خردمند و یزدان‌پرست

نباید که باشی فراوان سخن
به روی کسان پارسایی مکن

سخن بشنو و بهترین یادگیر
نگر تا کدام آیدت دلپذیر

سخن پیش فرهنگیان سخته گوی
گه می نوازنده و تازه‌روی

مکن خوار خواهنده درویش را
بر تخت منشان بداندیش را

هرانکس که پوزش کند بر گناه
تو بپذیر و کین گذشته مخواه

همه داده ده باش و پروردگار
خنک مرد بخشنده و بردبار

چو دشمن بترسد شود چاپلوس
تو لشکر بیارای و بربند کوس

به جنگ آنگهی شو که دشمن ز جنگ
بپرهیزد و سست گردد به ننگ

وگر آشتی جوید و راستی
نبینی به دلش اندرون کاستی

ازو باژ بستان و کینه مجوی
چنین دار نزدیک او آب‌روی

بیارای دل را به دانش که ارز
به دانش بود تا توانی بورز

چو بخشنده باشی گرامی شوی
ز دانایی و داد نامی شوی

تو عهد پدر با روانت بدار
به فرزندمان هم‌چنین یادگار

چو من حق فرزند بگزاردم
کسی را ز گیتی نیازاردم

شما هم ازین عهد من مگذرید
نفس داستان را به بد مشمرید

تو پند پدر همچنین یاددار
به نیکی گرای و بدی باد دار

به خیره مرنجان روان مرا
به آتش تن ناتوان مرا

به بد کردن خویش و آزار کس — مجوی ای پسر درد و تیمار کس
برین بگذرد سالیان پانصد — بزرگی شما را به پایان رسد
بپیچد سر از عهد فرزند تو — هم‌انکس که باشد ز پیوند تو
ز رای و ز دانش به یکسو شوند — همان پند دانندگان نشنوند
بگردند یکسر ز عهد و وفا — به بیداد یازند و جور و جفا
جهان تنگ دارند بر زیردست — بر ایشان شود خوار یزدان‌پرست
بپوشند پیراهن بدتنی — ببالند با کیش آهرمنی
گشاده شود هرچ ما بسته‌ایم — ببالاید آن دین که ما شسته‌ایم
تبه گردد این پند و اندرز من — به ویرانی آرد رخ این مرز من
همی خواهم از کردگار جهان — شناسنده‌ی آشکار و نهان
که باشد ز هر بد نگهدارتان — همه نیک نامی بود یارتان
ز یزدان و از ما بر آن کس درود — که تارش خرد باشد و داد پود
نیارد شکست اندرین عهد من — نکوشد که حنظل کند شهد من
برآمد چهل سال و بر سر دو ماه — که تا برنهادم به شاهی کلاه
به گیتی مرا شارستانست شش — هوا خوشگوار و به زیر آب خوش
یکی خواندم خوره‌ی اردشیر — که گردد زبادش جوان مرد پیر
کزو تازه شد کشور خوزیان — پر از مردم و آب و سود و زیان
دگر شارستان گندشاپور نام — که موبد ازان شهر شد شادکام
دگر بوم میسان و رود فرات — پر از چشمه و چارپای و نبات
دگر شارستان برکه‌ی اردشیر — پر از باغ و پر گلشن و آبگیر
چو رام اردشیرست شهری دگر — کزو بر سوی پارس کردم گذر
دگر شارستان اورمزد اردشیر — هوا مشک بوی و به جوی آب شیر
روان مرا شادگردان به داد — که پیروز بادی تو بر تخت شاد
بسی رنجها بردم اندر جهان — چه بر آشکار و چه اندر نهان
کنون دخمه را برنهادیم رخت — تو بسپار تابوت و پرداز تخت
بگفت این و تاریک شد بخت اوی — دریغ آن سر و افسر و تخت اوی
چنین است آیین خرم جهان — نخواهد بما برگشادن نهان
انوشه کسی کو بزرگی ندید — نبایستش از تخت شد ناپدید
بکوشی و آری ز هرگونه چیز — نه مردم نه آن چیز ماند به نیز

سرانجام با خاک باشیم جفت	دو رخ را به چادر بباید نهفت
بیا تا همه دست نیکی بریم	جهان جهان را به بد نسپرسم
بکوشیم بر نیک‌نامی به تن	کزین نام یابیم بر انجمن
خنک آنک جامی بگیرد به دست	خورد یاد شاهان یزدان‌پرست
چو جام نبیدش دمادم شود	بخسپد بدانگه که خرم شود
کنون پادشاهی شاپور گوی	زبان برگشای از می و سور گوی
بران آفرین کافرین آفرید	مکان و زمان و زمین آفرید
هم آرام ازویست و هم کار ازوی	هم انجام ازویست و فرجام ازوی
سپهر و زمان و زمین کرده است	کم و بیش گیتی برآورده است
ز خاشاک ناچیز تا عرش راست	سراسر به هستی یزدان گواست
جز او را مخوان کردگار جهان	شناسنده‌ی آشکار و نهان
ازو بر روان محمد درود	بیارانش بر هریکی برفزود
سرانجمن بد ز یاران علی	که خوانند او را علی ولی
همه پاک بودند و پرهیزگار	سخنهایشان برگذشت از شمار
کنون بر سخنها فزایش کنیم	جهان‌آفرین را ستایش کنیم
ستاییم تاج شهنشاه را	که تختش درفشان کند ماه را
خداوند با فر و با بخش و داد	زمانه به فرمان او گشت شاد
خداوند گوپال و شمشیر و گنج	خداوند آسانی و درد و رنج
جهاندار با فر و نیکی‌شناس	که از تاج دارد به یزدان سپاس
خردمند و زیبا و چیره‌سخن	جوانی بسال و بدانش کهن
همی مشتری بارد از ابر اوی	بتازیم در سایه‌ی فر اوی
به رزم آسمان را خروشان کند	چو بزم آیدش گوهرافشان کند
چو خشم آورد کوه ریزان شود	سپهر از بر خاک لرزان شود
پدر بر پدر شهریارست و شاه	بنازد بدو گنبد هور و ماه
بماناد تا جاودان نام اوی	همه مهتری باد فرجام اوی
سر نامه کردم ثنای ورا	بزرگی و آیین و رای ورا
ازو دیدم اندر جهان نام نیک	ز گیتی ورا باد فرجام نیک
ز دیدار او تاج روشن شدست	ز بدها ورا بخت جوشن شدست
بنازد بدو مردم پارسا	همانکس که شد بر زمین پادشا

هوا روشن از بارور بخت اوی
زمین پایه‌ی نامور تخت اوی
به رزم اندرون ژنده پیل بلاست
به بزم اندرون آسمان وفاست
چو در رزم رخشان شود رای اوی
همی موج خیزد ز دریای اوی
به نخچیر شیران شکار وی‌اند
دد و دام در زینهار وی‌اند
از آواز گرزش همی روز جنگ
بدرد دل شیر و چرم پلنگ
سرش سبز باد و دلش پر ز داد
جهان بی‌سر و افسر او مباد

پادشاهی شاپور اردشیران

چو شاپور بنشست بر تخت داد
کلاه دلفروز بر سر نهاد
شدند انجمن پیش او بخردان
بزرگان فرزانه و موبدان
چنین گفت کای نامدار انجمن
بزرگان پردانش و رای‌زن
منم پاک فرزند شاه اردشیر
سراینده‌ی دانش و یادگیر
همه گوش دارید فرمان من
مگردید یکسر ز پیمان من
وزین هرچ گویم پژوهش کنید
وگر خام گویم نکوهش کنید
چو من دیدم اکنون به سود و زیان
دو بخشش نهاده شد اندر میان
یکی پادشا پاسبان جهان
نگهبان گنج کهان و مهان
وگر شاه با داد و فرخ پیست
خرد بی‌گمان پاسبان ویست
خرد پاسبان باشد و نیک‌خواه
سرش برگذارد ز ابر سیاه
همه جستنش داد و دانش بود
ز دانش روانش به رامش بود
دگر آنک او بزمون خرد
بکوشد بمه ردی و گرد آورد
به دانش ز یزدان شناسد سپاس
خنک مرد دانا و یزدان‌شناس
به شاهی خردمند باشد سزا
به جای خرد زر شود بی‌بها
توانگر شود هرک خشنود گشت
دل آرزو خانه‌ی دود گشت
کرا آرزو بیش تیمار بیش
بکوش ونیوش و منه آز پیش
به آسایش و نیک‌نامی گرای
گریزان شو از مرد ناپاک رای
به چیز کسان دست یازد کسی
که فرهنگ بهرش نباشد بسی

مرا بر شما زان فزون‌ست مهر	که اختر نماید همی بر سپهر
همان رسم شاه بلند اردشیر	بجای آورم با شما ناگزیر
ز دهقان نخواهم جز از سی یکی	درم تا به لشکر دهم اندکی
مرا خوبی و گنج آباد هست	دلیری و مردی و بنیاد هست
ز چیز کسان بی‌نیازیم نیز	که دشمن شود مردم از بهر چیز
بر ما شما را گشتاده‌ست راه	به مهریم با مردم نیک‌خواه
بهر سو فرستیم کارآگهان	بجوییم بیدار کار جهان
نخواهیم هرگز بجز آفرین	که بر ما کنند از جهان‌آفرین
مهان و کهان پاک برخاستند	زبان را به خوبی بیاراستند
به شاپور بر آفرین خواندند	زبرجد به تاجش برافشاندند
همی تازه شد رسم شاه اردشیر	بدو شاد گشتند برنا و پیر

رزم شاپور با رومیان و آشتی خواستن قیصر

وزان پس پراگنده شد آگهی	که بیکار شد تخت شاهنشهی
به مرد اردشیر آن خردمند شاه	به شاپور بسپرد گنج و سپاه
خروشی برآمد ز هر مرز و بوم	ز قیدافه برداشتند باژ روم
چو آگاهی آمد به شاپور شاه	بیاراست کوس و درفش و سپاه
همی راند تا پیش التوینه	سپاهی سبک بی‌نیاز از بنه
سپاهی ز قیدافه آمد برون	که از گرد خورشید شد تیره‌گون
ز التوینه هم‌چنین لشکری	بیامد سپهدارشان مهتری
برانوش بد نام آن پهلوان	سواری سرافراز و روشن‌روان
کجا بود بر قیصران ارجمند	کمند افگنی نامداری بلند
چو برخاست آواز کوس از دو روی	ز قلب اندر آمد گو نامجوی
وزین سو بشد نامدرای دلیر	کجا نام او بود گرزسپ شیر
برآمد ز هر دو سپه کوس و غو	بجنبید در قلبگه شاه نو
ز بس ناله‌ی بوق و هندی درای	همی چرخ و ماه‌اندر آمد ز جای

تبیره ببستند بر پشت پیل / همی‌بر شد آوازشان بر دو میل
زمین جنب جنبان شد و پر ز گرد / چو آتش درخشان سنان نبرد
روانی کجا با خرد بود جفت / ستاره همی بارد از چرخ گفت
برانوش جنگی به قلب اندرون / گرفتار شد با دلی پر ز خون
وزان رومیان کشته شد سه هزار / بالتوینه در صف کارزار
هزار و دو سیصد گرفتار شد / دل جنگیان پر ز تیمار شد
فرستاد قیصر یکی یادگیر / به نزدیک شاپور شاه اردشیر
که چندین تو از بهر دینار خون / بریزی تو با داور رهنمون
چه گویی چو پرسند روز شمار / چه پوزش کنی پیش پروردگار
فرستیم باژی چنان هم که بود / برین نیز دردی نباید فزود
همان نیز با باژ فرمان کنیم / ز خویشان فراوان گروگان کنیم
ز التوینه بازگردی رواست / فرستیم با باژ هرچت هواست
همی بود شاپور تا باژ و ساو / فرستاد قیصر ده انبان گاو
غلام و پرستار رومی هزار / گرانمایه دیبا نه اندر شمار
بالتوینه در ببد روز هفت / ز روم اندر آمد به اهواز رفت
یکی شارستان نام شاپور گرد / برآورد و پرداخت در روز ارد
همی برد سالار زان شهر رنج / بپردخت بسیار با رنج گنج
یکی شارستان بود آباد بوم / بپردخت بهر اسیران روم
در خوزیان دارد این بوم و بر / که دارند هرکس بروبر گذر
به پارس اندرون شارستان بلند / برآورد پاکیزه و سودمند
یکی شارستان کرد در سیستان / در آنجای بسیار خرماستان
که یک نیم او کرده بود اردشیر / دگر نیم شاپور گرد و دلیر
کهن دژ به شهر نشاپور کرد / که گویند با داد شاپور کرد
همی برد هر سو برانوش را / بدو داشتی در سخن گوش را
یکی رود بد پهن در شوشتر / که ماهی نکردی بروبر گذر
برانوش را گفت گر هندسی / پلی ساز آنجا چنانچون رسی
که ما بازگردیم و آن پل به جای / بماند به دانایی رهنمای
به رش کرده بالای این پل هزار / بخواهی ز گنج آنچ آید به کار
تو از دانشی فیلسوفان روم / فراز آر چندی بران مرز و بوم

چو این پل برآید سوی خان خویش — برو تازیان باش مهمان خویش
ابا شادمانی و با ایمنی — ز بد دور وز دست اهریمنی
به تدبیر آن پل باستاد مرد — فراز آوریدش بران کارکرد
بپردخت شاپور گنجی بران — که زان باشد آسانی مردمان
چو شد شه برانوش کرد آن تمام — پلی کرد بالا هزارانش گام
چو شد پل تمام او ز ششتر برفت — سوی خان خود روی بنهاد تفت
همی بود شاپور با داد و رای — بلنداختر و تخت شاهی به جای
چو سی سال بگذشت بر سر دو ماه — پراگنده شد فر و اورنگ شاد
بفرمود تا رفت پیش اورمزد — بدو گفت کای چون گل اندر فرزد
تو بیدار باش و جهاندار باش — جهاندیدگان را خریدار باش
نگر تا به شاهی ندارد امید — بخوان روز و شب دفتر جمشید
بجز داد و خوبی مکن در جهان — پناه کهان باش و فر مهان
به دینار کم ناز و بخشنده باش — همان دادده باش و فرخنده باش
مزن بر کم‌آزار بانگ بلند — چو خواهی که بختت بود یارمند
همه پند من سربسر یادگیر — چنان هم که من دارم از اردشیر
بگفت این و رنگ رخش زرد گشت — دل مرد برنا پر از درد گشت
چه سازی همی زین سرای سپنج — چه نازی به نام و چه نازی به گنج
ترا تنگ تابوت بهرست و بس — خورد گنج تو ناسزاوار کس
نگیرد ز تو یاد فرزند تو — نه نزدیک خویشان و پیوند تو
ز میراث دشنام باشدت بهر — همه زهر شد پاسخ پای‌زهر
به یزدان گرای و سخن زو فزای — که اویست روزی ده و رهنمای
درود تو بر گور پیغمبرش — که صلوات تاجست بر منبرش

پادشاهی اورمزد

سر گاه و دیهیم شاه اورمزد — بیارایم اکنون چو ماه اورمزد
ز شاهی برو هیچ تاوان نبود — ازان بد که عهدش فراوان نبود

چو بنشست شاه اورمزد بزرگ	به آبشخور آمد همی میش و گرگ
چنین گفت کای نامور بخردان	جهان گشته و کار دیده ردان
بکوشیم تا نیکی آریم و داد	خنک آنک پند پدر کرد یاد
چو یزدان نیکی‌دهش نیکوی	بما داد و تاج سر خسروی
به نیکی کنم ویژه انبازتان	نخواهم که بی من بود رازتان
بدانید کان کو منی فش بود	بر مهتران سخت ناخوش بود
ستیره بود مرد را پیش رو	بماند نیازش همه ساله نو
همان رشک شمشیر نادان بود	همیشه برو بخت خندان بود
دگر هرک دارد ز هر کار ننگ	بود زندگانی و روزیش تنگ
در آز باشد دل سفله مرد	بر سفلگان تا توانی مگرد
هرانکس که دانش نیابی برش	مکن ره‌گذر تازید بر درش
به مرد خردمند و فرهنگ و رای	بود جاودان تخت شاهی به پای
دلت زنده باشد به فرهنگ و هوش	به بد در جهان تا توانی مکوش
خرد همچو آبست و دانش زمین	بدان کاین جدا و آن جدا نیست زین
دل شاه کز مهر دوری گرفت	اگر بازگردد نباشد شگفت
هرانکس که باشد مرا زیردست	همه شادمان باد و یزدان‌پرست
به خشنودی کردگار جهان	خرد یار باد آشکار و نهان
خردمند گر مردم پارسا	چو جایی سخن راند از پادشا
همه سخته باید که راند سخن	که گفتار نیکو نگردد کهن
نباید که گویی بجز نیکوی	وگر بد سراید نگر نشنوی
ببیند دل پادشا راز تو	همان بشنود گوش آواز تو
چه گفت آن سخن‌گوی پاسخ نیوش	که دیوار دارد به گفتار گوش
همه انجمن خواندند آفرین	بران شاه بینادل و پاک‌دین
پراگنده گشت آن بزرگ انجمن	همه شاد زان سرو سایه فگن
همان رسم شاپور شاه اردشیر	همی داشت آن شاه دانش‌پذیر
جهانی سراسر بدو گشت شاد	چه نیکو بود شاه با بخش و داد
همی راند با شرم و با داد کار	چنین تا برآمد برین روزگار
بگسترد کافور بر جای مشک	گل و ارغوان شد به پالیز خشک
سهی سرو او گشت همچون کمان	نه آن بود کان شاه را بدگمان

نبود از جهان شاد بس روزگار سرآمد بران دادگر شهریار
چو دانست کز مرگ نتوان گریخت بسی آب خونین ز دیده بریخت
بگسترد فرش اندر ایوان خویش بفرمود کامدش بهرام پیش
بدو گفت کای پاک‌زاده پسر به مردی و دانش برآورده سر
به من پادشاهی نهادست روی که رنگ رخم کرد همرنگ موی
خم آورد بالای سرو سهی گل سرخ را داد رنگ بهی
چو روز تو آمد جهاندار باش خردمند باش و بی‌آزار باش
نگر تا نپیچی سر از دادخواه نبخشی ستمکارگان را گناه
زبان را مگردان به گرد دروغ چو خواهی که تاج از تو گیرد فروغ
روانت خرد باد و دستور شرم سخن گفتن خوب و آواز نرم
خداوند پیروز یار تو باد دل زیردستان شکار تو باد
بنه کینه و دور باش از هوا مبادا هوا بر تو فرمانرا
سخن چین و بی‌دانش و چاره‌گر نباید که یابد به پیشت گذر
ز نادان نیابی جز از بتری نگر سوی بی‌دانشان ننگری
چنان دان که بی‌شرم و بسیارگوی نبیند به نزد کسی آب‌روی
خرد را مه و خشم را بنده‌دار مشو تیز با مرد پرهیزگار
نگر تا نگردد به گرد تو آز که آز آورد خشم و بیم و نیاز
همه بردباری کن و راستی جدا کن ز دل کژی و کاستی
بپرهیز تا بد نگرددت نام که بدنام گیتی نبیند به کام
ز راه خرد ایچ گونه متاب پشیمانی آرد دلت را شتاب
درنگ آورد راستیها پدید ز راه خرد سر نباید کشید
سر بردباران نیاید به خشم ز نابودنیها بخوابند چشم
وگر بردباری ز حد بگذرد دلاور گمانی به سستی برد
هرانکس که باشد خداوند گاه میانجی خرد را کند بر دو راه
نه سستی نه تیزی به کاراندرون خرد باد جان ترا رهنمون
نگه دار تا مردم عیب‌جوی نجوید به نزدیک تو آب‌روی
ز دشمن مکن دوستی خواستار وگر چند خواند ترا شهریار
درختی بود سبز و بارش کبست وگر پای گیری سر آید به دست
اگر در فرازی و گر در نشیب نباید نهادن سر اندر فریب

به دل نیز اندیشه‌ی بد مدار / بداندیش را بد بود روزگار
سپهبد کجا گشت پیمان‌شکن / بخندد بدو نامدار انجمن
خردگیر کرایش جان تست / نگهدار گفتار و پیمان تست
هم آرایش تاج و گنج و سپاه / نماینده‌ی گردش هور و ماه
نگر تا نسازی ز بازوی گنج / که بر تو سرآید سرای سپنج
مزن رای جز با خردمند مرد / از آیین شاهان پیشی مگرد
به لشکر بترسان بداندیش را / به ژرفی نگه کن پس و پیش را
ستاینده‌یی کو ز بهر هوا / ستاید کسی را همی ناسزا
شکست تو جوید همی زان سخن / ممان تا به پیش تو گردد کهن
کسی کش ستایش بیاید به کار / تو او را ز گیتی به مردم مدار
که یزدان ستایش نخواهد همی / نکوهیده را دل بکاهد می
هرانکس که او از گنهکار چشم / بخوابید و آسان فرو برد خشم
فزونیش هر روز افزون شود / شتاب آورد دل پر از خون شود
هرانکس که با آب دریا نبرد / بجوید نباشد خردمند مرد
کمان دار دل را زبانت چو تیر / تو این گفته‌های من آسان مگیر
گشاد پرت باشد و دست راست / نشانه بنه زان نشان کت هواست
زبان و خرد با دلت راست کن / همی ران ازان سان که خواهی سخن
هرانکس که اندر سرش مغز بود / همه رای و گفتار او نغز بود
هرانگه که باشی تو با رای‌زن / سخنها بیارای بی‌انجمن
گرت رای با آزمایش بود / همه روزت اندر فزایش بود
شود جانت از دشمن آژیرتر / دل و مغز و رایت جهانگیرتر
کسی را کجا پیش رو شد هوا / چنان دان که رایش نگیرد نوا
اگر دوست یابد ترا تازه‌روی / بیفزاید این نام را رنگ و بوی
تو با دشمنت رو پر آژنگ دار / بداندیش را چهره بی‌رنگ دار
به ارزانیان بخش هرچت هواست / که گنج تو ارزانیان را سزاست
بکش جان و دل تا توانی ز رشک / که رشک آورد گرم و خونین سرشک
هرانگه که رشک آورد پادشا / نکوهش کند مردم پارسا
چو اندرز بنوشت فرخ دبیر / بیاورد و بنهاد پیش وزیر
جهاندار برزد یکی باد سرد / پس آن لعل رخسارگان کرد زرد

چو رنگین رخ تاجور تیره شد
ازان درد بهرام دل خیره شد

چهل روز بد سوکوار و نژند
پر از گرد و بیکار تخت بلند

چنین بود تا بود گردان سپهر
گهی پر ز درد و گهی پر ز مهر

تو گر باهشی مشمر او را به دوست
کجا دست یابد بدردت پوست

شب اورمزد آمد و ماه دی
ز گفتن بیاسای و بردار می

کنون کار دیهیم بهرام ساز
که در پادشاهی نماند دراز

پادشاهی بهرام اورمزد

چو بهرام بنشست بر تخت زر
دل و مغز جوشان ز مرگ پدر

همه نامداران ایرانیان
برفتند پیشش کمر بر میان

برو خواندند آفرین خدای
که تا جای باشد تو مانی به جای

که تاج کیی تارکت را سزاست
پدر بر پدر پادشاهی تراست

رخ بدسگالان تو زرد باد
وزان رفته جان تو بی‌درد باد

چنین داد پاسخ که ای مهتران
سواران جنگی و کنداوران

ز دهقان وز مرد خسروپرست
به گیتی سوی بد میازید دست

بدانید کاین چرخ ناپایدار
نه پرورده داند نه پروردگار

سراسر ببندید دست از هوا
هوا را مدارید فرمانروا

کسی کو بپرهیزد از بدکنش
نیالاید اندر بدیها تنش

بدین سوی همواره خرم بود
گه رفتن آیدش بی‌غم بود

پناهی بود گنج را پادشا
نوازنده‌ی مردم پارسا

تن شاه دین را پناهی بود
که دین بر سر او کلاهی بود

خنک آنک در خشم هشیارتر
همان بر زمین او بی‌آزارتر

گه دست تنگی دلی شاد و راد
جهان بی‌تن مرد دانا مباد

چو بر دشمنی بر توانا بود
به پی نسپرد ویژه دانا بود

ستیزه نه نیک آید از نامجوی
بپرهیز و گرد ستیزه مپوی

سپاهی و دهقان و بیکار شاه
چنان دان که هر سه ندارند راه

به خواب اندرست آنک بیکار بود	پشیمان شود پس چو بیدار بود
ز گفتار نیکو و کردار زشت	ستایش نیابی نه خرم بهشت
همه نام جویید و نیکی کنید	دل نیک پی مردمان مشکنید
مرا گنج و دینار بسیار هست	بزرگی و شاهی و نیروی دست
خورید آنک دارید و آن را که نیست	بداند که با گنج ما او یکیست
سر بدره‌ی ما گشادست باز	نباید نشستن کس اندر نیاز
برو نیز بگذشت سال دراز	سر تاجور اندر آمد به گاز
یکی پور بودش دلارام بود	ورا نام بهرام بهرام بود
بیاورد و بنشاندش زیر تخت	بدو گفت کای سبز شاخ درخت
نبودم فراوان من از تخت شاد	همه روزگار تو فرخنده باد
سراینده باش و فزاینده باش	شب و روز بارامش و خنده باش
چنان رو که پرسند روز شمار	نپیچی سر از شرم پروردگار
به داد و دهش گیتی آباد دار	دل زیردستان خود شاد دار
که برکس نماند جهان جاودان	نه بر تاجدار و نه بر موبدان
تو از چرخ گردان مدان این ستم	چو از باد چندی گذاری به دم
به سه سال و سه ماه و بر سر سه روز	تهی ماند زو تخت گیتی فروز
چو بهرام گیتی به بهرام داد	پسر مر ورا دخمه آرام داد
چنین بود تا بود چرخ بلند	به انده چه داری دلت را نژند
چه گویی چه جویی چه شاید بدن	برین داستانی نشاید زدن
روانت گر از آز فرتوت نیست	نشست تو جز تنگ تابوت نیست
اگر مرگ دارد چنین طبع گرگ	پر از می یکی جام خواهم بزرگ

پادشاهی بهرام بهرام نوزده سال بود

چو بهرام در سوک بهرامشاه	چهل روز ننهاد بر سر کلاه
برفتند گردان بسیار هوش	پر از درد با ناله و با خروش
نشستند با او به سوک و به درد	دو رخ زرد و لبها شده لاژورد

وزان پس بشد موبد پاک‌رای	که گیرد مگر شاه بر گاه جای
به یک هفته با او بکوشید سخت	همی بود تا بر نشست او به تخت
چو بنشست بهرام بر تخت داد	برسم کیان تاج بر سر نهاد
نخست آفرین کرد بر کردگار	فروزنده‌ی گردش روزگار
فزاینده‌ی دانش و راستی	گزاینده‌ی کژی و کاستی
خداوند کیوان و گردان سپهر	ز بنده نخواهد بجز داد و مهر
ازان پس چنین گفت کای بخردان	جهاندیده و پاک‌دل موبدان
شما هرک دارید دانش بزرگ	مباشید با شهریاران سترگ
به فرهنگ یازد کسی کش خرد	بود روشن و مردمی پرورد
سر مردمی بردباری بود	چو تندی کند تن به خواری بود
هرانکس که گشت ایمن او شاد شد	غم و رنج با ایمنی باد شد
توانگر تر آن کو دلی راد داشت	درم گرد کردن به دل باد داشت
اگر نیستت چیز لختی بورز	که بی‌چیز کس را ندارند ارز
مروت نیابد کرا چیز نیست	همان جاه نزد کسش نیز نیست
چو خشنود باشی تن‌آسان شوی	وگر آز ورزی هراسان شوی
نه کوشیدنی کان برآرد به رنج	روان را به پیچاند از آز گنج
ز کار زمانه میانه گزین	چو خواهی که یابی بداد آفرین
چو خشنود داری جهان را به داد	توانگر بمانی و از داد شاد
همه ایمنی باید و راستی	نباید به داد اندرون کاستی
چو شادی بکاهی بکاهد روان	خرد گردد اندر میان ناتوان
چو شد پادشاهیش بر سال بیست	یکی کم برو زندگانی گریست
شد آن تاجور شاه با خاک جفت	ز خرم جهان دخمه بودش نهفت
جهان را چنین است آیین و ساز	ندارد به مرگ از کسی چنگ باز
پسر بود او را یکی شادکام	که بهرام بهرامیان داشت نام
بیامد نشست از بر تخت شاد	کلاه کیانی به سر بر نهاد
کنون کار بهرام بهرامیان	بگویم تو بشنو به جان و روان

پادشاهی بهرام بهرامیان

چو بنشست بهرام بهرامیان / ببست از پی داد و بخشش میان
به تاجش زبرجد برافشاندند / همی نام کرمان شهش خواندند
چنین گفت کز دادگر یک خدای / خرد بادمان بهره و داد و رای
سرای سپنجی نماند به کس / ترا نیکوی باد فریادرس
به نیکی گراییم و فرمان کنیم / به داد و دهش دل گروگان کنیم
که خوبی و زشتی ز ما یادگار / بماند تو جز تخم نیکی مکار
چو شد پادشاهیش بر چار ماه / برو زار بگریست تخت و کلاه
زمانه برین سان همی بگذرد / پیش مردم آزور بشمرد
می لعل پیش آور ای روزبه / چو شد سال گوینده بر شست و سه
چو بهرام دانست کامدش مرگ / نهنگی کجا بشکرد پیل و کرگ
جهان را به فرزند بسپرد و گفت / که با مهتران آفرین باد جفت
بنوش و بباز و بناز و ببخش / مکن روز بر تاج و بر تخت دخش
چو برگشت بهرام را روز و بخت / به نرسی سپرد آن زمان تاج و تخت
چنین است و این را بی‌اندازه دان / گزاف فلک هر زمان تازه دان
کنون کار نرسی بگوییم همی / ز دل زنگ و زنگار شوییم همی

پادشاهی نرسی بهرام

چو نرسی نشست از بر تخت عاج / به سر بر نهاد آن سزاوار تاج
همه مهتران با نثار آمدند / ز درد پدر سوکوار آمدند
بریشان سپهدار کرد آفرین / که ای مهربانان باداد و دین
بدانید کز کردگار جهان / چنین رفت کار آشکار و نهان
که ما را فزونی خرد داد و شرم / جوانمردی و داد و آواز نرم

همان ایمنی شادمانی بود
کرا ز اخترش مهربانی بود

خردمند مرد ار ترا دوست گشت
چنان دان که با تو ز یک پوست گشت

تو کردار خوب از توانا شناس
خرد نیز نزدیک دانا شناس

دلیری ز هشیار بودن بود
دلاور به جای ستودن بود

هرانکس که بگریزد از کارکرد
ازو دور شد نام و ننگ و نبرد

همان کاهلی مردم از بددلیست
هم‌آواز آن بددلی کاهلیست

همی زیست نه سال با رای و پند
جهان را سخن گفتنش سودمند

چو روزش فراز آمد و بخت شوم
شد آن ترگ پولاد بر سان موم

دوان شد به بالینش شاه اورمزد
به رخشانی لاله اندر فرزد

که فرزند آن نامور شاه بود
فرزوان چو در تیره شب ماه بود

بدو گفت کای نازدیده جوان
مبر دست سوی بدی تا توان

تو از جای بهرام و نرسی به بخت
سزاوار تاجی و زیبای تخت

بدین زور و بالا و این فر و یال
بهر دانش از هرکسی بی‌همال

مبادا که تاج از تو گریان شود
دل انجمن بر تو بریان شود

جهان را به آیین شاهان بدار
چو آمختی از پاک پروردگار

به فرجام هم روز تو بگذرد
سپهر روانت به پی بسپرد

چنان رو که پرسند پاسخ کنی
به پاسخ‌گری روز فرخ کنی

بگفت این و چادر به سر درکشید
یکی بادسرد از جگر برکشید

همان روز گفتی که نرسی نبود
همان تخت و دیهیم و کرسی نبود

پادشاهی اورمزد نرسی

چو بر گاه رفت اورمزد بزرگ
ز نخچیر کوتاه شد چنگ گرگ

جهان را همی داشت با ایمنی
نهان گشت کردار آهرمنی

نخست آفرین کرد بر کردگار
توانا و دانا و پروردگار

شب و روز و گردان سپهر آفرید
چو بهرام و کیوان و مهر آفرید

ازویست پیروزی و فرهی
دل و داد و دیهیم شاهنشهی

همیشه دل ما پر از داد باد	دل زیردستان به ما شاد باد
ستایش نیابد سر سفله مرد	بر سفلگان تا توانی مگرد
همان نیز با مرد بدخواه رای	اگر پندگیری به نیکی گرای
ز بخشش هرانکس که جوید سپاس	نخواندش بخشنده یزدان‌شناس
ستاننده گر ناسپاست نیز	سزد گر ندارد کس او را به چیز
هراسان بود مردم سخت‌کار	که او را نباشد کسی دوستدار
وگر سستی آرد به کار اندرون	نخواند ورا رای‌زن رهنمون
گر از کاهلان یار خواهی به کار	نباشی جهانجوی و مردم‌شمار
نگر خویشتن را نداری بزرگ	وگر گاه یابی نگردی سترگ
چو بدخو شود مرد درویش خوار	همی بیند آن از بد روزگار
همه‌ساله بیکار و نالان ز بخت	نه رای و نه دانش نه زیبای تخت
وگر بازگیرند ازو خواسته	شود جان و مغز و دلش کاسته
به بی چیزی و بدخویی یازد اوی	ندارد خرد گردن افرازد اوی
نه چیز و نه دانش نه رای و هنر	نه دین و نه خشنودی دادگر
شما را شب و روز فرخنده باد	بداندیش را جان پراگنده باد
برو مهتران آفرین ساختند	خود از سوک شاهان بپرداختند
چو نه سال بگذشت بر سر سپهر	گل زرد شد آن چو گلنار چهر
غمی شد ز مرگ آن سر تاجور	بمرد و به شاهی نبودش پسر
چنان نامور مرد شیرین‌سخن	به نوی بشد زین سرای کهن
چنین بود تا بود چرخ روان	توانا به هر کار و ما ناتوان
چهل روز سوکش همی داشتند	سر گاه او خوار بگذاشتند
به چندین زمان تخت بیکار بود	سر مهتران پر ز تیمار بود
نگه کرد موبد شبستان شاه	یکی لاله رخ دید تابان چو ماه
سر مژه چون خنجر کابلی	دو زلفش چو پیچان خط مغولی (؟)
مسلسل یک اندر دگر بافته	گره بر زده سرش برتافته
پری چهره را بچه اندر نهان	ازان خوبرخ شادمان شد جهان
چهل روزه شد رود و می خواستند	یکی تخت شاهی بیاراستند
به سر برش تاجی برآویختند	بران تاج زر و درم ریختند
چهل روز بگذشت بر خوب‌چهر	یکی کودک آمد چو تابنده مهر

۱۲۹۷

ورا موبدش نام شاپور کرد	بران شادمانی یکی سور کرد
تو گفتی همی فره ایزدیست	برو سایه‌ی رایت بخردیست
برفتند گردان زرین کمر	بیاویختند از برش تاج زر
چو آن خرد را سیر دادند شیر	نوشتند پس در میان حریر
چهل روزه را زیر آن تاج زر	نهادند بر تخت فرخ پدر

پادشاهی شاپور دویم

یکی موبدی بود شهرو به نام	خردمند و شایسته و شادکام
بیامد به کرسی زرین نشست	میان پیش او بندگی را ببست
جهان را همی داشت با داد و رای	سپه را به هر نیک و بد رهنمای
پراگنده گنج و سپاه ورا	بیاراست ایوان و گاه ورا
چنین تا برآمد برین پنج سال	برافراخت آن کودک خرد یال
نشسته شبی شاه در طیسفون	خردمند موبد به پیش اندرون
بدانگه که خورشید برگشت زرد	پدید آمد آن چادر لاژورد
خروش آمد از راه اروندرود	به موبد چنین گفت هست این درود
چنین گفت موبد بران شاه خرد	که ای پاکدل نیک پی شاه گرد
کنون مرد بازاری و چاره جوی	ز کلبه سوی خانه بنهاد روی
چو بر دجله بر یکدگر بگذرند	چنین تنگ پل را به پی بسپرند
بترسد چنین هرکس از بیم کوس	چنین برخروشند چون زخم کوس
چنین گفت شاپور با موبدان	که ای پرهنر نامور بخردان
پلی دیگر اکنون بباید زدن	شدن را یکی راه باز آمدن
بدان تا چنین زیردستان ما	گر از لشکری در پرستان ما
به رفتن نباشند زین سان به رنج	درم داد باید فراوان ز گنج
همه موبدان شاد گشتند سخت	که سبز آمد آن نارسیده درخت
یکی پل بفرمود موبد دگر	به فرمان آن کودک تاجور
ازو شادمان شد دل مادرش	بیاورد فرهنگ جویان برش

به زودی به فرهنگ جایی رسید کز آموزگاران سراندر کشید
چو بر هفت شد رسم میدان نهاد هم‌آورد و هم رسم چوگان نهاد
بهشتم شد آیین تخت و کلاه تو گفتی کمر بست بهرامشاه
تن خویش را از در فخر کرد نشستنگه خود به اصطخر کرد
بر آیین فرخ نیاکان خویش گزیده سرافراز و پاکان خویش
چو یک چند بگذشت بر شاه روز فروزنده شد تاج گیتی فروز
ز غسانیان طایر شیردل که دادی فلک را به شمشیر دل
سپاهی ز رومی و از قادسی ز بحرین و از کرد وز پارسی
بیامد به پیرامن طیسفون سپاهی ز اندازه بیش اندرون
به تاراج داد آن همه بوم و بر کرا بود با او پی و پا و پر
ز پیوند نرسی یکی یادگار کجا نوشه بد نام آن نوبهار
بیامد به ایوان آن ماه‌روی همه طیسفون گشت پر گفت‌وگوی
ز ایوانش بردند و کردند اسیر که دانا نبودند و دانش‌پذیر
چو یک سال نزدیک طایر بماند ز اندیشگان دل به خون در نشاند
ز طایر یکی دختش آمد چو ماه تو گفتی که نرسیست با تاج و گاه
پدر مالکه نام کردش چو دید که دختش همی مملکت را سزید
چو شاپور را سال شد بیست و شش مهی‌وش کیی گشت خورشیدفش
به دشت آمد و لشکرش را بدید ده و دو هزار از یلان برگزید
ابا هر یکی بادپایی هیون به پیش اندرون مرد صد رهنمون
هیون برنشستند و اسپان به دست برفتند گردان خسروپرست
ازان پس ابا ویژگان برنشست میان کیی تاختن را ببست
برفت از پس شاه غسانیان سرافراز طایر هژبر ژیان
فراوان کس از لشکر او بکشت چو طایر چنان دید بنمود پشت
برآمد خروشیدن داروگیر ازیشان گرفتند چندی اسیر
که اندازه‌ی آن ندانست کس برفتند آن ماندگان زان سپس
حصاری شدند آن سپه در یمن خروش آمد از کودک و مرد و زن
بیاورد شاپور چندان سپاه که بر مور و بر پشه بربست راه
ورا با سپاهش به دژ در بیافت در جنگ و راه گریزش نیافت
شب و روز یک ماهشان جنگ بود سپه را به دژ بر علف تنگ بود

به شبگیر شاپور یل برنشست	همی رفت جوشان کمانی به دست
سیه جوشن خسروی در برش	درفشان درفش سیه بر سرش
ز دیوار دژ مالکه بنگرید	درفش و سر نامداران بدید
چو گل رنگ رخسار و چون مشک موی	به رنگ طبرخون گل مشک بوی
بشد خواب و آرام زان خوب چهر	بر دایه شد با دلی پر ز مهر
بدو گفت کین شاه خورشیدفش	که ایدر بیامد چنین کینه‌کش
بزرگی او چون نهان منست	جهان خوانمش کو جهان منست
پیامی ز من نزد شاپور بر	به رزم آمدست او ز من سور بر
بگویش که با تو ز یک گوهرم	هم از تخم نرسی کنداورم
همان نیز با کین نه هم گوشه‌ام	که خویش توام دختر نوشه‌ام
مرا گر بخواهی حصار آن تست	چو ایوان بیابی نگار آن تست
برین کار با دایه پیمان کنی	زبان در بزرگی گروگان کنی
بدو دایه گفت آنچ فرمان دهی	بگویم بیارمت زو آگهی
چو شب در زمین پادشاهی گرفت	ز دریا به دریا سپاهی گرفت
زمین تیره‌گون کوه چون نیل شد	ستاره به کردار قندیل شد
تو گویی که شمعست سیصدهزار	بیاویخته ز آسمان حصار
بشد دایه لرزان پر از ترس و بیم	ز طایر همی شد دلش بدو نیم
چو آمد به نزدیک پرده‌سرای	خرامید نزدیک آن پاکرای
بدو گفت اگر نزد شاهم بری	بیابی ز من تاج و انگشتری
هشیوار سالار بارش ببرد	ز دهلیز پرده بر شاه گرد
بیامد زمین را به مژگان برفت	سخن هرچ بشنید با شاه گفت
ز گفتار او شاد شد شهریار	بخندید و دینار دادش هزار
دو یاره یکی طوق و انگشتری	ز دیبای چینی و از بربری
چنین داد پاسخ که با ماه روی	به خوبی سخنها فراوان بگوی
بگویش که گفت او به خورشید و ماه	به زنار و زردشت و فرخ کلاه
که هر چیز کز من بخواهی همی	گر از پادشاهی بکاهی همی
ز من هیچ بد نشنود گوش تو	نجویم جدایی ز آغوش تو
خریدارم او را به تخت و کلاه	به فرمان یزدان و گنج و سپاه
چو بشنید پاسخ هم اندر زمان	ز پرده بیامد بر دژ دوان

شنیده بر آن سرو سیمین بگفت	که خورشید ناهید را گشت جفت
ز بالا و دیدار شاپور شاه	بگفت آنچ آمد به تابنده ماه
ز خاور چو خورشید بنمود تاج	گل زرد شد بر زمین رنگ ساج
ز گنجور دستور بستد کلید	خورش خانه و خمهای نبید
بدژدر هرانکس که بد مهتری	وزان جنگیان رنج دیده سری
خورشها فرستاد و چندی نبید	هم از بویها نرگس و شنبلید
پرستنده‌ی باده را پیش خواند	به خوبی سخنها فراوان براند
بدو گفت کامشب تویی باده‌ده	به طایر همه باده‌ی ساده ده
همان تا بدارند باده به دست	بدان تا بخسپند و گردند مست
بدو گفت ساقی که من بنده‌ام	به فرمان تو در جهان زنده‌ام
چو خورشید بر باختر گشت زرد	شب تیره گفتش که از راه برد
می خسروی خواست طایر به جام	نخستین ز غسانیان برد نام
چو بگذشت یک پاس از تیره شب	بیاسود طایر ز بانگ جلب
برفتند یکسر سوی خوابگاه	پرستندگان را بفرمود شاه
که با کس نگوید سخن جز براز	نهانی در دژ گشادند باز
بدان شاه شاپور خود چشم داشت	از آواز مستان به دل خشم داشت
چو شمع از در دژ بیفروخت گفت	که گشتیم با بخت بیدار جفت
مر آن ماه‌رخ را به پرده‌سرای	بفرمود تا خوب کردند جای
سپه را همه سر به سر گرد کرد	گزین کرد مردان ننگ و نبرد
به باره برآورد چندی سوار	هرانکس که بود از در کارزار
به دژ در شد و کشتن اندرگرفت	همه گنجهای کهن برگرفت
سپه بود با طایر اندر حصار	همه مست خفته فزون از هزار
دگر خفته آسیمه برخاستند	به هر جای جنگی بیاراستند
ازیشان کس از بیم ننمود پشت	بسی نامور شاه ایران بکشت
چو شد طایر اندر کف او اسیر	بیامد برهنه دوان ناگزیر
به چنگ وی آمد حصار و بنه	گرفتار شد مردم بدتنه
ببود آن شب و بامداد پگاه	چو خورشید بنمود زرین کلاه
یکی تخت پیروزه اندر حصار	به آیین نهادند و دادند بار
چو از بارپردخته شد شهریار	به نزدیک او شد گل نوبهار

ز یاقوت سرخ افسری بر سرش
درفشان ز زربفت چینی برش

بدانست کای جادوی کار اوست
بدو بد رسیدن ز کردار اوست

چنین گفت کای شاه آزاد مرد
نگه کن که که فرزند با من چه کرد

چنین گفت شاپور بدنام را
که از پرده چون دخت بهرام را

بیاری و رسوا کنی دوده را
برانگیزی آن کین آسوده را

به دژخیم فرمود تا گردنش
زند به آتش اندر بسوزد تنش

سر طایر از ننگ در خون کشید
دو کتف وی از پشت بیرون کشید

هرانکس کجا یافتی از عرب
نماندی که با کس گشادی دو لب

ز دو دست او دور کردی دو کفت
جهان ماند از کار او در شگفت

عرابی ذوالاکتاف کردش لقب
چو از مهره بگشاد کفت عرب

وزانجا یگه شد سوی پارس باز
جهانی همه برد پیشش نماز

برین نیز بگذشت چندی سپهر
وزان پس دگرگونه بنمود چهر

رفتن شاپور به روم

چنان بد که یک روز با تاج و گنج
همی داشت از بودنی دل به رنج

ز تیره شب اندر گذشته سه پاس
بفرمود تا شد ستاره‌شناس

بپرسیدش از تخت شاهنشهی
هم از رنج وز روزگار بهی

منجم بیاورد صلاب را
بینداخت آرامش و خواب را

نگه کرد روشن به قلب اسد
که هست او نماینده فتح و جد

بدان تا رسد پادشا را بدی
فزاید بدو فره ایزدی

چو دیدند گفتندش ای پادشا
جهانگیر و روشن‌دل و پارسا

یکی کار پیش است با رنج و درد
نیارد کس آن بر توبر یاد کرد

چنین داد شاپور پاسخ بدوی
که ای مرد داننده و راه‌جوی

چه چارست تا این ز من بگذرد
تنم اختر بد به پی نسپرد

ستاره‌شمر گفت کای شهریار
ازین گردش چرخ ناپایدار

به مردی و دانش نیابی گذر
خردمند گر مرد پرخاشخر

بباشد همه بودنی بی‌گمان	نتابیم با گردش آسمان
چنین داد پاسخ گرانمایه شاه	که دادار باشد ز هر بد نگاه
که گردان بلند آسمان آفرید	توانایی و ناتوان آفرید
بگسترد بر پادشاهیش داد	همی بود یک چند بی‌رنج و شاد
چو آباد شد زو همه مرز و بوم	چنان آرزو کرد کاید به روم
ببیند که قیصر سزاوار هست	ابا لشکر و گنج و نیروی دست
همان راز بگشاد با کدخدای	یک پهلوان گرد با داد و رای
همه راز و اندیشه با او بگفت	همی داشت از هرکس اندر نهفت
چنین گفت کاین پادشاهی به داد	بدارید کزداد باشید شاد
شتر خواست پرمایه ده کاروان	به هر کاروان بر یکی ساروان
ز دینار وز گوهران بار کرد	ازان سی شتر بار دینار کرد
بیامد پراندیشه ز آبادبوم	همی رفت زین سان سوی مرز روم
یکی روستا بود نزدیک شهر	که دهقان و شهری بدو بود بهر
بیامد به خان یکی کدخدای	بپرسید کاید مرا هست جای
برو آفرین کرد مهتر بسی	که چون تو نیابیم مهمان کسی
ببود آن شب و خورد و بخشید چیز	ز دهقان بسی آفرین یافت نیز
سپیده برآمد بنه برنهاد	سوی خانه‌ی قیصر آمد چو باد
بیامد به نزدیک سالار بار	برو آفرین کرد و بردش نثار
بپرسید و گفتش چه مردی بگوی	که هم شاه‌شاخی و هم شاه‌روی
چنین داد پاسخ که ای پادشا	یکی پارسی مردم و پارسا
به بازارگانی برفتم ز جز	یکی کاروان دارم از خز و بز
کنون آمدستم بدین بارگاه	مگر نزد قیصر گشاینده راه
ازین بار چیزی کش اندر خورست	همه گوهر و آلت لشکرست
پذیرد سپارد به گنجور گنج	بدان شاد باشم ندارم به رنج
دگر را فروشم به زر و به سیم	به قیصر پناهم نپیچم ز بیم
بخرم هرانچم بباید ز روم	روم سوی ایران ز آباد بوم
ز درگاه برخاست مرد کهن	بر قیصر آمد بگفت این سخن
بفرمود تا پرده برداشتند	ز در سوی قیصرش بگذاشتند
چو شاپور نزدیک قیصر رسید	بکرد آفرینی چنان چون سزید

۱۳۰۳

نگه کرد قیصر به شاپور گرد	ز خوبی دل و دیده او را سپرد
بفرمود تا خوان و می ساختند	ز بیگانه ایوان بپرداختند
جفادیده ایرانیی بد به روم	چنانچون بود مرد بیداد و شوم
به قیصر چنین گفت کای سرفراز	یکی نو سخن بشنو از من به راز
که این نامور مرد بازارگان	که دیبا فروشد به دینارگان
شهنشاه شاپور گویم که هست	به گفتار و دیدار و فر و نشست
چو بشنید قیصر سخن تیره شد	همی چشمش از روی او خیره شد
نگهبانش برکرد و با کس نگفت	همی داشت آن راز را در نهفت
چو شد مست برخاست شاپور شاه	همی داشت قیصر مر او را نگاه
بیامد نگهبان و او را گرفت	که شاپور نرسی توی ای شگفت
به جای زنان برد و دستش ببست	به مردی ز دام بلا کس نجست
چو زین باره دانش نیاید به بر	چه باید شمار ستاره‌شمر
بر مست شمعی همی سوختند	به زاریش در چرم خر دوختند
همی گفت هرکس که این شوربخت	همی پوست خر جست و بگذاشت تخت
یکی خانه‌یی بود تاریک و تنگ	ببردند بدبخت را بی‌درنگ
بدان جای تنگ اندر انداختند	در خانه را قفل بر ساختند
کلیدش به کدبانوی خانه داد	تنش را بدان چرم بیگانه داد
به زن گفت چندان دهش نان و آب	که از داشتن زو نگیرد شتاب
اگر زنده ماند به یک چندگاه	بداند مگر ارج تخت و کلاه
همان تخت قیصر نیایدش یاد	کسی را کجا نیست قیصر نژاد
زن قیصر آن خانه را در ببست	به ایوان دگر جای بودش نشست
یکی ماه‌رخ بود گنجور اوی	گزیده به هر کار دستور اوی
که ز ایرانیان داشتی او نژاد	پدر بر پدر بر همی داشت یاد
کلید در خانه او را سپرد	به چرم اندرون بسته شاپور گرد
همان روز ازان مرز لشکر براند	ورا بسته در پوست آنجا بماند
چو قیصر به نزدیک ایران رسید	سپه یک به یک تیغ کین برکشید
از ایران همی برد رومی اسیر	نبود آن یلان را کسی دستگیر
به ایران زن و مرد و کودک نماند	همان چیز بسیار و اندک نماند
نبود آگهی در میان سپاه	نه مرده نه زنده ز شاپور شاه

گریزان همه شهر ایران ز روم / ز مردم تهی شد همه مرز و بوم
از ایران بی‌اندازه ترسا شدند / همه مرز پیش سکوبا شدند
چنین تا برآمد برین چندگاه / به ایران پراگنده گشته سپاه
به روم آنک شاپور را داشتی / شب و روز تنهاش نگذاشتی
کنیزک نبودی ز شاپور شاد / ازان کش ز ایرانیان بد نژاد
شب و روز زان چرم گریان بدی / دل او ز شاپور بریان بدی
بدو گفت روزی که ای خوب روی / چه مردی مترس ایچ با من بگوی
که در چرم چو نازک اندام تو / همی بگسلد خواب و آرام تو
چو سروی بدی بر سرش گرد ماه / بران ماه کرسی ز مشک سیاه
کنون چنبری گشت بالای سرو / تن پیل وارت به کردار غرو
دل من همی بر تو بریان شود / دو چشمم شب و روز گریان شود
بدین سختی اندر چه جویی همی / که راز تو با من نگویی همی
بدو گفت شاپور کای خوب‌چهر / گرت هیچ بر من بجنبید مهر
به سوگند پیمانت خواهم یکی / کزان نگذری جاودان اندکی
نگویی به بدخواه راز مرا / کنی یاد درد و گداز مرا
بگویم ترا آنچ درخواستی / به گفتار پیدا کنم راستی
کنیزک به دادار سوگند خورد / به زنار شماس هفتاد گرد
به جان مسیحا و سوک صلیب / به دارای ایران گشته مصیب
که راز تو با کس نگویم ز بن / نجویم همی بتری زین سخن
همه راز شاپور با او بگفت / بماند آن سخن نیک و بد در نهفت
بدو گفت اکنون چو فرمان دهی / بدین راز من دل گروگان دهی
سر از بانوان برتر آید ترا / جهان زیر پای اندر آید ترا
به هنگام نان شیرگرم آوری / بپوشی سخن نرم نرم‌آوری
به شیر اندر آغارم این چرم خر / که این چرم گردد به گیتی سمر
پس از من بسی سالیان بگذرد / بگوید همی هرک دارد خرد
کنیزک همی خواستی شیر گرم / نهانی ز هرکس به آواز نرم
چو کشتی یکی جام برداشتی / بر آتش همی تیز بگذاشتی
به نزدیک شاپور بردی نهان / نگفتی نهان با کس اندر جهان
دو هفته سپهر اندرین گشته شد / به فرجام چرم خر آغشته شد

چو شاپور زان پوست آمد برون / همه دل پر از درد و تن پر ز خون
چنین گفت پس با کنیزک به راز / که ای پاک بینادل و نیک‌ساز
یکی چاره باید کنون ساختن / ز هر گونه اندیشه انداختن
که ما را گذر باشد از شهر روم / مباد آفرین بر چنین مرز و بوم
کنیزک بدو گفت فردا پگاه / شوند این بزرگان سوی جشنگاه
یکی جشن باشد به روم اندرون / که مرد و زن و کودک آید برون
چو کدبانو از شهر بیرون شود / بدان جشن خرم به هامون شود
شود جای خالی و من چاره‌جوی / بسازم نترسم ز پتیاره گوی
دو اسپ و دو گوپال و تیر و کمان / به پیش تو آرم به روشن روان
ببست اندر اندیشه دل را نخست / از آخر دو اسپ گرانمایه جست
همان تیغ و گوپال و برگستوان / همان جوشن و مغفر هندوان
به اندیشه دل را به جای آورید / خرد را بران رهنمای آورید
چو از باختر چشمه اندر کشید / شب آن چادر قار بر سر کشید
پراندیشه شد جان شاپور شاه / که فردا چه سازد کنیزک پگاه

گریختن شاپور با کنیزک از روم

چو بر زد سر از برج شیر آفتاب / ببالید روز و بپالود خواب
به جشن آمدند آنک بودی به شهر / بزرگان جوینده از جشن بهر
کنیزک سوی چاره بنهاد روی / چنانچون بود مردم چاره‌جوی
چو ایوان خالی به چنگ آمدش / دل شیر و چنگ و پلنگ آمدش
دو اسپ گرانمایه ز آخر ببرد / گزیده سلیح سواران گرد
ز دینار چندانک بایست نیز / ز خوشاب و یاقوت و هرگونه چیز
چو آمد همه ساز رفتن به جای / شب آمد دو تن راست کردند رای
سوی شهر ایران نهادند روی / دو خرم نهان شاد و آرامجوی
شب و روز یکسر همی تاختند / به خواب و به خوردن نپرداختند
برین‌گونه از شهر بر خورستان / همی راند تا کشور سورستان

چو اسب و تن از تاختن گشت سست — فرود آمدن را همی جای جست
دهی خرم آمد به پیشش به راه — پر از باغ و میدان و پر جشنگاه
تن از رنج خسته گریزان ز بد — بیامد در باغبانی بزد
بیامد دمان مرد پالیزبان — که هم نیک‌دل بود و هم میزبان
دو تن دیده با نیزه و درع و خود — ز شاپور پرسید هست این درود
بدین بیگهی از کجا خاستی — چنین تاختن را بیاراستی
بدو گفت شاپور کای نیک‌خواه — سخن چند پرسی ز گم کرده راه
یک مرد ایرانیم راه‌جوی — گریزان بدین مرز بنهاده روی
پر از دردم از قیصر و لشکرش — مبادا که بینم سر و افسرش
گر امشب مرا میزبانی کنی — هشیواری و مرزبانی کنی
برآنم که روزی به کار آیدت — درختی که کشتی به بار آیدت
بدو باغبان گفت کین خان تست — تن باغبان نیز مهمان تست
بدان چیز کاید مرا دست‌رس — بکوشم بیارم نگویم به کس
فرود آمد از باره شاپور شاه — کنیزک همی رفت با او به راه
خورش ساخت چندان زن باغبان — ز هر گونه چندانک بودش توان
چو نان خورده شد کار می ساختند — سبک مایه جایی بپرداختند
سبک باغبان می به شاپور داد — که بردار ازان کس که آیدت یاد
بدو گفت شاپور کای میزبان — سخن‌گوی و پرمایه پالیزبان
کسی کو می آرد نخست او خورد — چو بیشش بود سالیان و خرد
تو از من به سال اندکی برتری — تو باید که چون می دهی می خوری
بدو باغبان گفت کای پرهنر — نخست آن خورد می که با زیب‌تر
تو باید که باشی برین پیش رو — که پیری به فرهنگ و بر سال نو
همی بود تاج آید از موی تو — همی رنگ عاج آید از روی تو
بخندید شاپور و بستد نبید — یکی باد سرد از جگر برکشید
به پالیزبان گفت کای پاک‌دین — چه آگاهی استت ز ایران زمین
چنین دادپاسخ که ای برمنش — ز تو دور بادا بد بدکنش
به بدخواه ما باد چندان زیان — که از قیصر آمد به ایرانیان
از ایران پراگنده شد هرک بود — نماند اندران بوم کشت و درود
ز بس غارت و کشتن مرد و زن — پراگنده گشت آن بزرگ انجمن

وزیشان بسی نیز ترسا شدند — به زنار پیش سکوبا شدند
بس جاثلیقی به سر بر کلاه — به دور از بر و بوم و آرامگاه
بدو گفت شاپور شاه اورمزد — که رخشان بدی همچو ماه اورمزد
کجا شد که قیصر چنین چیره شد — ز بخت آب ایرانیان تیره شد
بدو باغبان گفت کای سرفراز — ترا جاودان مهتری باد و ناز
ازو مرده و زنده جایی نشان — نیامد به ایران بدان سرکشان
هرانکس که بودند ز آبادبوم — اسیرند سرتاسر اکنون به روم
برین زار بگریست پالیزبان — که بود آن زمان شاه را میزبان
بدو میزبان گفت کایدر سه روز — بباشی بود خانه گیتی فروز
که دانا زد این داستان از نخست — که هرکس که آزرم مهمان نجست
نباشد خرد هیچ نزدیک اوی — نیاز آورد بخت تاریک اوی
بباش و بیاسای و می خور به کام — چو گردد دلت رام بر گوی نام
بدو گفت شاپور کری رواست — به مابر کنون میزبان پادشاست
ببود آن شب و خورد و گفت و شنید — سپیده چو از کوه سر بر کشید
چو زرین درفشی برآورد راغ — بر میهمان شد خداوند باغ
بدو گفت روز تو فرخنده باد — سرت برتر از بر بارنده باد
سزای تومان جایگاهی نبود — به آرام شایسته گاهی نبود
چو مهمان درویش باشی خورش — نیابی نه پوشیدن و پرورش
بدو گفت شاپور کای نیک‌بخت — من این خانه بگزیدم از تاج و تخت
یکی زند واست آر با بر سمت — به زمزم یکی پاسخی پرسمت
بیاورد هرچش بفرمود شاه — بیفزود نزدیک شه پایگاه
به زمزم بدو گفت برگوی راست — کجا موبد موبد اکنون کجاست
چنین داد پاسخ ورا باغبان — که ای پاک‌دل مرد شیرین‌زبان
دو چشمم ز جایی که دارم نشست — بدان خانه‌ی موبدان موبه دست
نهانی به پالیزبان گفت شاه — که از مهتر ده گل مهره خواه
چو بشنید زو این سخن باغبان — گل و مشک و می خواست و آمد دمان
جهاندار بنهاد بر گل نگین — بدان باغبان داد و کرد آفرین
بدو گفت کین گل به موبد سپار — نگر تا چه گوید همه گوش دار
سپیده دمان مرد با مهر شاه — بر موبد موبد آمد پگاه

چو نزدیک درگاه موبد رسید / پراگنده گردان و در بسته دید

به آواز زان بارگه بار خواست / چو بگشاد در باغبان رفت راست

چو آمد به نزدیک موبد فراز / بدو مهر بنمود و بردش نماز

چو موبد نگه کرد و آن مهره دید / ز شادی دل رای‌زن بردمید

وزان پس بران نام چندی گریست / بدان باغبان گفت کاین مهر کیست

چنین داد پاسخ که ای نامدار / نشسته به خان منست این سوار

یکی ماه با وی چو سرو سهی / خردمند و با زیب و با فرهی

بدو گفت موبد که ای نامجوی / نشان که دارد به بالا و روی

بدو باغبان گفت هرکو بهار / بدیدست سرو از لب جویبار

دو بازو به کردار ران هیون / برش چون بر شیر و چهرش چو خون

همی رنگ شرم آید از مهر اوی / همی زیب تاج آید از چهر اوی

چو پالیزبان گفت و موبد شنید / به روشن روان مرد دانا بدید

که آن شیردل مرد جز شاه نیست / همان چهر او جز در گاه نیست

فرستاده‌یی جست روشن‌روان / فرستاد موبد بر پهلوان

که پیدا شد آن فر شاپور شاه / تو از هر سوی انجمن کن سپاه

فرستاده‌ی موبد آمد دوان / ز جایی که بد تا در پهلوان

بگفت آنک در باغ شادی و بخت / شکفته شد آن خسروانی درخت

سپهبد ز گفتار او گشت شاد / دلش پر ز کین گشت و لب پر ز باد

به دادار گفت ای جهاندار راست / پرستش کنی جز ترا ناسزاست

که دانست هرگز که شاپور شاه / ببیند سپه نیز و او را سپاه

سپاس از تو ای دادگر یک خدای / جهاندار و بر نیکویی رهنمای

چو شب برکشید آن درفش سیاه / ستاره پدید آمد از گرد ماه

فراز آمد از هر سوی لشکری / به جایی که بد در جهان مهتری

سوی سورستان سربرافراختند / یگان و دوگانه همی تاختند

به درگاه پالیزبان آمدند / به شادی بر میزبان آمدند

چو لشکر شد آسوده بر درسرای / به نزدیک شاه آمد آن پاکرای

به شاه جهان گفت پس میزبان / خجستست بر ماه پالیزبان

سپاه انجمن شد بدین درسرای / نگه کن کنون تا چه آیدت رای

بفرمود تا برگشادند راه / اگر چه فرومایه بد جایگاه

چو رفتند نزدیک آن نامجوی	یکایک نهادند بر خاک روی
مهان را همه شاه در بر گرفت	ز بدها خروشیدن اندر گرفت
بگفت آنک از چرم خر دیده بود	سخنهای قیصر که بشنیده بود
هم آزادی آن بت خوب‌چهر	بگفت آنچ او کرد پیدا ز مهر
کزو یافتم جان و از کردگار	که فرخنده بادا برو روزگار
وگر شهریاری و فرخنده‌یی	بود بنده‌ی پرهنر بنده‌یی
منم بنده این مهربان بنده را	گشاده‌دل و نازپرورده را
ز هر سو که اکنون سپاه منست	وگر پادشاهی و راه منست
همه کس فرستید و آگه کنید	طلایه پراگنده بر ره کنید
ببندید ویژه ره طیسفون	نباید که آگاهی آید برون
چو قیصر بیابد ز ما آگهی	که بیدار شد فر شاهنشهی
بیاید سپاه مرا برکند	دل و پشت ایرانیان بشکند
کنون ما نداریم پایاب اوی	نه پیچیم با بخت شاداب اوی
چو موبد بیاید بیارد سپاه	ز لشکر ببندیم بر پشه راه
بسازیم و آرایشی نو کنیم	نهانی مگر باغ بی‌خو کنیم
بباید به هر گوشه‌یی دیده‌بان	طلایه به روز و به شب پاسبان
ازان پس نمانیم از رومیان	کسی خسپد ایمن گشاده‌میان
بسی برنیامد برین روزگار	که شد مردم لشکری شش هزار
فرستاد شاپور کارآگهان	سوی طیسفون کاردیده مهان
بدان تا ز قیصر دهند آگهی	ازان برز درگاه با فرهی
برفتند کارآگهان ناگهان	نهفته بجستند کار جهان
بدیدند هرگونه بازآمدند	بر شاه گردن‌فراز آمدند
که قیصر ز می خوردن و از شکار	همی هیچ نندیشد از کارزار
سپاهش پراگنده از هر سوی	به تاراج کردن به هر پهلوی
نه روزش طلایه نه شب پاسبان	سپاهش همه چون رمه بی‌شبان
نبیند همی دشمن از هیچ روی	پسند آمدش زیستن برزوی
چو شاپور بشنید زان شاد شد	همه رنجها بر دلش باد شد
گزین کرد ز ایرانیان سه هزار	زره‌دار و برگستوان ور سوار
شب تیره جوشن به بر در کشید	سپه را سوی طیسفون برکشید

به تیره شبان تیز بشتافتی	چو روشن شدی روی برتافتی
همی راندی در بیابان و کوه	بران راه بی‌راه خود با گروه
فزون از دو فرسنگ پیش سپاه	همی دیده‌بان بود بی‌راه و راه
چنین تا به نزدیکی طیسفون	طلایه همی راند پیش اندرون
به لشکرگه آمد گذشته دو پاس	ز قیصر نبودش به دل در هراس
ازان مرز بشنید آواز کوس	غو پاسبانان چو بانگ خروس
پر از خیمه یک دشت و خرگاه بود	ازان تاختن خود که آگاه بود
ز می مست قیصر به پرده‌سرای	ز لشکر نبود اندران مرز جای
چو گیتی چنان دید شاپور گرد	عنان کیی بارگی را سپرد
سپه را به لشکرگه اندر کشید	بزد دست و گرز گران برکشید
به ابر اندر آمد دم کرنای	جرنگیدن گرز و هندی درای
دهاده برآمد ز هر پهلوی	چکاچاک برخاست از هر سوی
تو گفتی همی آسمان بترکید	ز خورشید خون بر هوا برچکید
درفشیدن کاویانی درفش	شب تیره و تیغهای بنفش
تو گفتی هوا تیغ بارد همی	جهان یکسره میغ دارد همی
ز گرد سپه کوه شد ناپدید	ستاره همی دامن اندرکشید
سراپرده‌ی قیصر بی‌هنر	همی کرد شاپور زیر و زبر
به هر گوشه‌یی آتش اندر زدند	همی آسمان بر زمین بر زدند
سرانجام قیصر گرفتار شد	وزو اختر نیک بیزار شد
وزان خیمه‌ها نامداران اوی	دلیر و گزیده سواران اوی
گرفتند بسیار و کردند بند	چنین است کردار چرخ بلند
گهی زو فراز آید و گه نشیب	گهی شادمانی و گاهی نهیب
بی‌آزاری و مردمی بهترست	کرا کردگار جهان یاورست
چو شب دامن روز اندر کشید	درفش خور آمد ز بالا پدید
بفرمود شاپور تا شد دبیر	قلم خواست و انقاس و مشک و حریر
نوشتند نامه به هر مهتری	به هر پادشاهی و هر کشوری
سرنامه کرد آفرین مهان	ز ما بنده بر کردگار جهان
که اوراست بر نیکویی دسترس	به نیرو نیازش نیاید به کس
همو آفریننده‌ی روزگار	به نیکی همو باشد آموزگار

چو قیصر که فرمان یزدان بهشت   به ایران بجز تخم زشتی نکشت
به زاری همی بند ساید کنون   چو جان را نبودش خرد رهنمون
همان تاج ایران بدو در سپرد   ز گیتی بجز نام زشتی نبرد
گسسته شد آن لشکر و بارگاه   به نیروی یزدان که بنمود راه
هرانکس که باشد ز رومی به شهر   ز شمشیر باید که یابند بهر
همه داد جویید و فرمان کنید   به خوبی ز سر باز پیمان کنید
هیونی بر آمد ز هر سو دمان   ابا نامه‌ی شاه روشن روان
ز لشکرگه آمد سوی طیسفون   بی‌آزار بنشست با رهنمون
چو تاج نیاکانش بر سر نهاد   ز دادار نیکی دهش کرد یاد
بفرمود تا شد به زندان دبیر   به انقاس بنوشت نام اسیر
هزار و صد و ده برآمد شمار   بزرگان روم آنک بد نامدار
همه خویش و پیوند قیصر بدند   به روم اندرون ویژه مهتر بدند
جهاندار ببریدشان دست و پای   هرانکس که بد بر بدی رهنمای
بفرمود تا قیصر روم را   بیارند سالار آن بوم را
بشد روزبان دست قیصرکشان   ز زندان بیاورد چون بیهشان
جفادیده چون روی شاپور دید   سرشکش ز دیده به رخ بر چکید
بمالید رنگین رخش بر زمین   همی کرد بر تاج و تخت آفرین
زمین را سراسر به مژگان برفت   به موی و به روی گشت با خاک جفت
بدو گفت شاه ای سراسر بدی   که ترسایی و دشمن ایزدی
پسر گویی آنرا کش انباز نیست   ز گیتیش فرجام و آغاز نیست
ندانی تو گفتن سخن جز دروغ   دروغ آتشی بد بود بی‌فروغ
اگر قیصری شرم و رایت کجاست   به خوبی دل رهنمایت کجاست
چرا بندم از چرم خر ساختی   بزرگی به خاک اندر انداختی
چو بازارگانان به بزم آمدم   نه با کوس و لشکر به رزم آمدم
تو مهمان به چرم خر اندر کنی   به ایران گرایی و لشکر کنی
ببینی کنون جنگ مردان مرد   کزان پس نجویی به ایران نبرد
بدو گفت قیصر که ای شهریار   ز فرمان یزدان که یابد گذار
ز من بخت شاها خرد دور کرد   روانم بر دیو مزدور کرد
مکافات بد گر کنی نیکوی   به گیتی درون داستانی شوی

که هرگز نگردد کهن نام تو   برآید به مردی همه کام تو
اگر یابم از تو به جان زینهار   به چشمم شود گنج و دینار خوار
یکی بنده باشم به درگاه تو   نجویم جز آرایش گاه تو
بدو شاه گفت ای بد بی‌هنر   چرا کردی این بوم زیر و زبر
کنون هرک بردی ز ایران اسیر   همه باز خواهم ز تو ناگزیر
دگر خواسته هرچ بردی به روم   مبادا که بینی تو آن بوم شوم
همه یکسر از خانه بازآوری   بدین لشکر سرفراز آوری
از ایران هرانجا که ویران شدست   کنام پلنگان و شیران شدست
سراسر برآری به دینار خویش   بیابی مکافات کردار خویش
دگر هرک کشتی ز ایرانیان   بجویی ز روم از نژاد کیان
به یک تن ده از روم تاوان دهی   روان را به پیمان گروگان دهی
نخواهم بجز مرد قیصرنژاد   که باشند با ما بدین بوم شاد
دگر هرچ ز ایران بریدی درخت   نبرد درخت گشن نیک‌بخت
بکاری و دیوارها برکنی   ز دلها مگر خشم کمتر کنی
کنون من به بندی ببندم ترا   ز چرم خران کی پسندم ترا
گرین هرچ گفتم نیاری به جای   بدرند چرمت ز سر تا به پای
دو گوشش به خنجر بدو شاخ کرد   به یک جای بینیش سوراخ کرد
مهاری به بینی او برنهاد   چو شاپور زان چرم خر کرد یاد
دو بند گران برنهادش به پای   ببردش همان روزبان باز جای
عرض‌گاه و دیوان بیاراستند   کلید در گنجها خواستند
سپاه انجمن شد چو روزی بداد   سرش پر ز کین و دلش پر ز باد
از ایران همی راند تا مرز روم   هرانکس که بود اندران مرز و بوم
بکشتند و خانش همی سوختند   جهانی به آتش برافروختند
چو آگاهی آمد ز ایران به روم   که ویران شد آن مرز آباد بوم
گرفتار شد قیصر نامدار   شب تیره اندر صف کارزار
سراسر همه روم گریان شدند   وز آواز شاپور بریان شدند
همی گفت هرکس که این بد که کرد   مگر قیصر آن ناجوانمرد مرد
ز قیصر یکی که برادرش بود   پدر مرده و زنده مادرش بود
جوانی کجا یانسش بود نام   جهانجوی و بخشنده و شادکام

شدند انجمن لشکری بر درش	درم داد پرخاشجو مادرش
بدو گفت کین برادر بخواه	نبینی که آمد ز ایران سپاه
چو بشنید یانس بجوشید و گفت	که کین برادر نشاید نهفت
بزد کوس و آورد بیرون صلیب	صلیب بزرگ و سپاهی مهیب
سپه را چو روی اندرآمد به روی	بی‌آرام شد مردم کینه‌جوی
رده برکشیدند و برخاست غو	بیامد دوان یانس پیش رو
برآمد یکی ابر و گردی سیاه	کزان تیرگی دیده گم کرد راه
سپه را به یک روی بر کوه بود	دگر آب زانسو که انبوه بود
بدین گونه تا گشت خورشید زرد	ز هر سو همی خاست گرد نبرد
بکشتند چندانک روی زمین	شد از جوشن کشتگان آهنین
چو از قلب شاپور لشکر براند	چپ و راستش ویژگان را بخواند
چو با مهتران گرم کرد اسپ شاه	زمین گشت جنبان و پیچان سپاه
سوی لشکر رومیان حمله برد	بزرگش یکی بود با مرد خرد
بدانست یانس که پایاب شاه	ندارد گریزان بشد با سپاه
پس‌اندر همی تاخت شاپور گرد	به گرد از هوا روشنایی ببرد
به هر جایگه بر یکی توده کرد	گیاها به مغز سر آلوده کرد
ازان لشکر روم چندان بکشت	که یک دشت سر بود بی‌پای و پشت
به هامون سپاه و چلیپا نماند	به دژها صلیب و سکوبا نماند
ز هر جای چندان غنیمت گرفت	که لشکر همی ماند زو در شگفت
ببخشید یکسر همه بر سپاه	جز از گنج قیصر نبد بهر شاه
کجا دیده‌بد رنج از گنج اوی	نه هم گوشه بد گنج با رنج اوی
همه لشکر روم گرد آمدند	ز قیصر همی داستانها زدند
که ما را چنو نیز مهتر مباد	به روم اندرون نام قیصر مباد
به روم اندرون جای مذبح نماند	صلیب و مسیح و موشح نماند
چو زنار قسیس شد سوخته	چلیپا و مطران برافروخته
کنون روم و قنوج ما را یکیست	چو آواز دین مسیح اندکیست
یکی مرد بود از نژاد سران	هم از تخمه‌ی نامور قیصران
برانوش نام و خردمند بود	زبان و روانش پر از بند بود
بدو گفت لشکر که قیصر تو باش	برین لشکر و بوم مهتر تو باش

۱۳۱۴

به گفتار تو گوش دارد سپاه	بیفروز تاج و بیارای گاه
بیاراستند از برش تخت عاج	برانوش بنشست بر سرش تاج
به جای بزرگیش بنشاندند	همه رومیان آفرین خواندند
برانوش بنشست و اندیشه کرد	ز روم و ز آوردگاه نبرد
بدانست کو را ز شاه بلند	ز روم و ز آویزش آید گزند
فرستاده‌یی جست بارای و شرم	که دانش سراید به آواز نرم
دبیری بزرگ و جهاندیده‌یی	خردمند و دانا پسندیده‌یی
بیاورد و بنشاند نزدیک خویش	بگفت آن سخنهای باریک خویش
یکی نامه بنوشت پرآفرین	ز دادار بر شهریار زمین
که جاوید تاج تو پاینده باد	همه مهتران پیش تو بنده باد
تو دانی که تاراج و خون ریختن	چه با بیگنه مردم آویختن
مهان سرافراز دارند شوم	چه با شهر ایران چه با مرز روم
گر این کین ایرج به دست از نخست	منوچهر کرد آن به مردی درست
تن سلم زان کین کنون خاک شد	هم از تور روی زمین پاک شد
وگر کین داراست و اسکندری	که نو شد بر وی زمین داوری
مر او را دو دستور بد کشته بود	و دیگر کزو بخت برگشته بود
گرت کین قیصر فزاید همی	به زندان تو بند ساید همی
نباید که ویران شود بوم روم	که چون روم دیگر نبودست بوم
وگر غارت و کشتنت بود رای	همه روم گشتند بی‌دست و پای
زن و کودکانش اسیر تواند	جگر خسته از تیغ و تیر تواند
گه آمد که کمتر کنی کین و خشم	فرو خوابنی از گذشته دو چشم
فدای تو بادا همه خواسته	کزین کین همی جان شود کاسته
تو دل خوش کن و شهر چندین مسوز	نباید که روز اندر آید به روز
نباشد پسند جهان‌آفرین	که بیداد جوید جهاندار کین
درود جهاندار بر شاه باد	بلند اخترش افسر ماه باد
نویسنده بنهاد پس خامه را	چو اندر نوشت آن کیی نامه را
نهادند پس مهر قیصر بروی	فرستاده بنهاد زی شاه روی
بیامد خردمند و نامه بداد	ز قیصر به شاپور فرخ نژاد
چو آن نامور نامه برخواندند	سخنهای نغزش برافشاندند

ببخشود و دیده پر از آب کرد / بروهای جنگی پر از تاب کرد
هم‌اندر زمان نامه پاسخ نوشت / بگفت آنکجا رفته بد خوب و زشت
که مهمان به چرم خر اندر که دوخت / که بازار کین کهن برفروخت
تو گرد بخردی خیز پیش من آی / خود و فیلسوفان پاکیزه رای
چو زنهار دادم نسازمت جنگ / گشاده کنم بر تو این راه تنگ
فرستاده برگشت و پاسخ ببرد / سخنها یکایک همه برشمرد
برانوش چون پاسخ نامه دید / ز شادی دل پاک‌تن بردمید
بفرمود تا نامداران روم / برفتند صد مرد زان مرز و بوم
درم بار کردند خروار شست / هم از گوهر و جامه‌ی بر نشست
ز دینار گنجی ز بهر نثار / فراز آمد از هر سوی سی هزار
همه مهتران نزد شاه آمدند / برهنه سر و بی‌کلاه آمدند
چو دینار پیشش فرو ریختند / بگسترده زر کهن بیختند
ببخشود و شاپور و بنواختشان / به خوبی بر اندازه بنشاختشان
برانوش را گفت کز شهر روم / بیامد بسی مرد بیداد و شوم
به ایران زمین آنچ بد شارستان / کنون گشت یکسر همه خارستان
عوض خواهم آن را که ویران شدست / کنام پلنگان و شیران شدست
برانوش گفتا چه باید بگوی / چو زنهار دادی مه بر تاب روی
چنین داد پاسخ گرانمایه شاه / چو خواهی که یکسر ببخشم گناه
ز دینار رومی به سالی سه بار / همی داد باید هزاران هزار
دگر آنک باشد نصیبین مرا / چو خواهی که کوته شود کین مرا
برانوش گفتا که ایران تراست / نصیبین و دشت دلیران تراست
پذیرفتم این مایه‌ور باژ و ساو / که با کین و خشمت نداریم تاو
نوشتند عهدی ز شاپور شاه / کزان پس نراند ز ایران سپاه
مگر با سزاواری و خرمی / کجا روم را زو نیاید کمی
ازان پس گسی کرد و بنواختشان / سر از نامداران برافراختشان
چو ایشان برفتند لشکر براند / جهان‌آفرین را فراوان بخواند
همی رفت شادان به اصطخر پارس / که اصطخر بد بر زمین فخر پارس
چو اندر نصیبین خبر یافتند / همه جنگ را تیز بشتافتند
که ما را نباید که شاپور شاه / نصیبین بگیرد بیارد سپاه

که دین مسیحا ندارد درست	همش کیش زردشت و زند است و است
چو آید ز ما برنگیرد سخن	نخواهیم استا و دین کهن
زبردست شد مردم زیردست	به کین مرد شهری به زین برنشست
چو آگاهی آمد به شاپور شاه	که اندر نصیبین ندادند راه
ز دین مسیحا برآشفت شاه	سپاهی فرستاد بی‌مر به راه
همی گفت پیغمبری کش جهود	کشد دین او را نشاید ستود
برفتند لشکر به کردار گرد	سواران و شیران روز نبرد
به یک هفته آنجا همی جنگ بود	دران شهر از جنگ بس تنگ بود
بکشتند زیشان فراوان سران	نهادند بر زنده بند گران
همه خواستند آن زمان زینهار	نوشتند نامه بر شهریار
ببخشیدشان نامبردار شاه	بفرمود تا بازگردد سپاه
به هر کشوری نامداری گرفت	همان بر جهان کامگاری گرفت
همی خواندندیش پیروز شاه	همی بود یک چند با تاج و گاه
کنیزک که او را رهانیده بود	بدان کامگاری رسانیده بود
دلفروز و فرخ‌پیش نام کرد	ز خوبان مر او را دلارام کرد
همان باغبان را بسی خواسته	بداد و گسی کردش آراسته
همی بود قیصر به زندان و بند	به زاری و خواری و زخم کمند
به روم اندرون هرچ بودش ز گنج	فراز آوریده ز هر سو به رنج
بیاورد و یکسر به شاپور داد	همی بود یک چند لب پر ز باد
سرانجام در بند و زندان بمرد	کلاه کیی دیگری را سپرد
به رومش فرستاد شاپور شاه	به تابوت وز مشک بر سر کلاه
چنین گفت کاینست فرجام ما	ندانم کجا باشد آرام ما
یکی را همه زفتی و ابلهیست	یکی با خردمندی و فرهیست
برین و بران روز هم بگذرد	خنگ آنک گیتی به بد نسپرد
به تخت کیان اندر آورد پای	همی بود چندی جهان کدخدای
وزان پس بر کشور خوزیان	فرستاد بسیار سود و زیان
ز بهر اسیران یکی شهر کرد	جهان را ازان بوم پر بهر کرد
کجا خرم‌آباد بد نام شهر	وزان بوم خرم کرا بود بهر
کسی را که از پیش ببرید دست	بدین مرز بودیش جای نشست

۱۳۱۷

بر و بوم او یکسر او را بدی سر سال نو خلعتی بستدی
یکی شارستان کرد دیگر به شام که پیروز شاپور کردش به نام
به اهواز کرد آن سیم شارستان بدو اندرون کاخ و بیمارستان
کنام اسیرانش کردند نام اسیر اندرو یافتی خواب و کام

پدیدار شدن مانی

ز شاهیش بگذشت پنجاه سال که اندر زمانه نبودش همال
بیامد یکی مرد گویا ز چین که چون او مصور نبینند زمین
بدان چربه دستی رسیده به کام یکی برمنش مرد مانی به نام
به صورتگری گفت پیغمبرم ز دین‌آوران جهان برترم
ز چین نزد شاپور شد بار خواست به پیغمبری شاه را یار خواست
سخن گفت مرد گشاده‌زبان جهاندار شد زان سخن بدگمان
سرش تیز شد موبدان را بخواند زمانی فراوان سخنها براند
کزین مرد چینی و چیره‌زبان فتادستم از دین او در گمان
بگویید و هم زو سخن بشنوید مگر خود به گفتار او بگروید
بگفتند کین مرد صورت پرست نه بر مایه‌ی موبدان موبه دست
زمانی سخن بشنو او را بخوان چو بیند ورا کی گشاید زبان
بفرمود تا موبد آمدش پیش سخن گفت با او ز اندازه بیش
فرو ماند مانی میان سخن به گفتار موبد ز دین کهن
بدو گفت کای مرد صورت پرست به یزدان چرا آختی خیره‌دست
کسی کو بلند آسمان آفرید بدو در مکان و زمان آفرید
کجا نور و ظلمت بدو اندرست ز هر گوهری گوهرش برترست
شب و روز و گردان سپهر بلند کزویت پناهست و زویت گزند
همه کرده‌ی کردگارست و بس جزو کرد نتواند این کرده کس
به برهان صورت چرا بگروی همی پند دین‌آوران نشنوی
همه جفت و همتا و یزدان یکیست جز از بندگی کردنت رای نیست

گرین صورت کرده جنبان کنی	سزد گر ز جنبده برهان کنی
ندانی که برهان نیاید به کار	ندارد کسی این سخن استوار
اگر اهرمن جفت یزدان بدی	شب تیره چون روز خندان بدی
همه ساله بودی شب و روز راست	به گردش فزونی نبودی نه کاست
نگنجد جهان‌آفرین در گمان	که او برترست از زمان و مکان
سخنهای دیوانگانست و بس	بدین‌بر نباشد ترا یار کس
سخنها جزین نیز بسیار گفت	که با دانش و مردمی بود جفت
فرو ماند مانی ز گفتار اوی	بپژمرد شاداب بازار اوی
ز مانی برآشفت پس شهریار	برو تنگ شد گردش روزگار
بفرمود پس تاش برداشتند	به خواری ز درگاه بگذاشتند
چنین گفت کاین مرد صورت‌پرست	نگنجد همی در سرای نشست
چو آشوب و آرام گیتی به دوست	بباید کشیدن سراپاش پوست
همان خامش آگنده باید به کاه	بدان تا نجوید کس این پایگاه
بیاویختند از در شارستان	دگر پیش دیوار بیمارستان
جهانی برو آفرین خواندند	همی خاک بر کشته افشاندند
ز شاپور زان‌گونه شد روزگار	که در باغ با گل ندیدند خار
ز داد و ز رای و ز آهنگ اوی	ز بس کوشش و جنگ و نیرنگ اوی
مر او را به هر بوم دشمن نماند	بدی را به گیتی نشیمن نماند
چو نومید شد او ز چرخ بلند	بشد سالیانش به هفتاد و اند
بفرمود تا پیش او شد دبیر	ابا موبد موبدان اردشیر
جوانی که کهتر برادرش بود	به داد و خرد بر سر افسرش بود
ورا نام بود اردشیر جوان	توانا و دانا به سود و زیان
پسر بد یکی خرد شاپور نام	هنوز از جهان نارسیده به کام
چنین گفت پس شاه با اردشیر	که ای گرد و چابک سوار دلیر
اگر با من از داد پیمان کنی	زبان را به پیمان گروگان کنی
که فرزند من چون به مردی رسد	به گاه دلیری و گردی رسد
سپاری بدو تخت و گنج و سپاه	تو دستور باشی ورا نیک‌خواه
من این تاج شاهی سپارم به تو	همان گنج و لشکر گذارم به تو
بپذرفت زو این سخن اردشیر	به پیش بزرگان و پیش دبیر

که چون کودک او به مردی رسد — که دیهیم و تاج کیی را سزد
سپارم همه پادشاهی ورا — نسازم جز از نیک‌خواهی ورا
چو بشنید شاپور پیش مهان — بدو داد دیهیم و مهر شهان
چنین گفت پس شاه با اردشیر — که کار جهان بر دل آسان مگیر
بدان ای برادر که بیداد شاه — پی پادشاهی ندارد نگاه
به آگندن گنج شادان بود — به زفتی سر سرفرازان بود
خنک شاه باداد و یزدان پرست — کزو شاد باشد دل زیردست
به داد و به بخشش فزونی کند — جهان را بدین رهنمونی کند
نگه دارد از دشمنان کشورش — به ابر اندر آرد سر و افسرش
به داد و به آرام گنج آگند — به بخشش ز دل رنج بپراگند
گناه از گنهکار بگذاشتن — پی مردمی را نگه داشتن
هرانکس که او این هنرها بجست — خرد باید و حزم و رای درست
بباید خرد شاه را ناگزیر — هم آموزش مرد برنا و پیر
دل پادشا چون گراید به مهر — برو کامها تازه دارد سپهر
گنهکار باشد تن زیردست — مگر مردم پاک و یزدان پرست
دل و مغز مردم دو شاه تنند — دگر آلت تن سپاه تنند
چو مغز و دل مردم آلوده گشت — به نومیدی از رای پالوده گشت
بدان تن سراسیمه گردد روان — سپه چون زید شاه بی‌پهلوان
چو روشن نباشد بپراگند — تن بی‌روان را به خاک افگند
چنین همچو شد شاه بیدادگر — جهان زو شود زود زیر و زبر
بدوبر پس از مرگ نفرین بود — همان نام او شاه بی دین بود
بدین دار چشم و بدان دار گوش — که اویست دارنده جان و هوش
هران پادشا کو جزین راه جست — ز نیکیش باید دل و دست شست
ز کشورش بپراگند زیردست — همان از درش مرد خسروپرست
نبینی که دانا چه گوید همی — دلت را ز کژی بشوید همی
که هر شاه کو را ستایش بود — همه کارش اندر فزایش بود
نکوهیده باشد جفا پیشه مرد — به گرد در آزداران مگرد
بدان ای برادر که از شهریار — بجوید خردمند هرگونه کار
یکی آنک پیروزگر باشد اوی — ز دشمن نتابد گه جنگ روی

دگر آنک لشکر بدارد به داد
بداند فزونی مرد نژاد

کسی کز در پادشاهی بود
نخواهد که مهتر سپاهی بود

چهارم که با زیردستان خویش
همان باگهر در پرستان خویش

ندارد در گنج را بسته سخت
همی بارد از شاخ بار درخت

بباید در پادشاهی سپاه
سپاهی در گنج دارد نگاه

اگر گنجت آباد داری به داد
تو از گنج شاد و سپاه از تو شاد

سلیحت در آرایش خویش دار
سزد کت شب تیره آید به کار

بس ایمن مشو بر نگهدار خویش
چو ایمن شدی راست کن کار خویش

سرانجام مرگ آیدت بی‌گمان
اگر تیره‌ای گر چراغ جهان

برادر چو بشنید چندی گریست
چو اندرز بنوشت سالی بزیست

برفت و بماند این سخن یادگار
تو اندر جهان تخم زفتی مکار

که هم یک زمان روز تو بگذرد
چنین برده رنج تو دشمن خورد

چو آدینه هر مزد بهمن بود
برین کار فرخ نشیمن بود

می لعل پیش آور ای هاشمی
ز خمی که هرگز نگیرد کمی

چو شست و سه شد سال شد گوش کر
ز بیشی چرا جویم آیین و فر

کنون داستانهای شاه اردشیر
بگویم ز گفتار من یادگیر

پادشاهی اردشیر نکوکار

چو بنشست بر گاه شاه اردشیر
بیاراست آن تخت شاپور پیر

کمر بست و ایرانیان را بخواند
بر پایه‌ی تخت زرین نشاند

چنین گفت کز دور چرخ بلند
نخواهم که باشد کسی را گزند

جهان گر شود رام با کام من
ببینند تیزی و آرام من

ور ایدونک با ما نسازد جهان
بسازیم ما با جهان جهان

برادر جهان ویژه ما را سپرد
ازیرا که فرزند او بود خرد

فرستم روان ورا آفرین
که از بدسگالان بشست او زمین

چو شاپور شاپور گردد بلند
شود نزد او گاه و تاج ارجمند

سپارم بدو گاه و تاج و سپاه که پیمان چنین کرد شاپور شاه
من این تخت را پایکار وی‌ام همان از پدر یادگار وی‌ام
شما یکسره داد یاد آورید بکوشید و آیین و داد آورید
چنان دان که خوردیم و بر ما گذشت چو مردی همه رنج ما باد گشت
چو ده سال گیتی همی داشت راست بخورد و ببخشید چیزی که خواست
نجست از کسی باژ و ساو و خراج همی رایگان داشت آن گاه و تاج
مر او را نکوکار زان خواندند که هرکس تن‌آسان ازو ماندند
چو شاپور گشت از در تاج و گاه مر او را سپرد آن خجسته کلاه
نگشت آن دلاور ز پیمان خویش به مردی نگه داشت سامان خویش

پادشاهی شاپور سیوم

چو شاپور بنشست بر جای عم از ایران بسی شاد و بهری دژم
چنین گفت کای نامور بخردان جهاندیده و رای‌زن موبدان
بدانید کان کس که گوید دروغ نگیرد ازین پس بر ما فروغ
دروغ از بر ما نباشد ز رای که از رای باشد بزرگی به جای
همان مر تن سفله را دوستدار نیابی به باغ اندرون چون نگار
سری را کجا مغز باشد بسی گواژه نباید زدن بر کسی
زبان را نگهدار باید بدن نباید روان را به زهر آژدن
که بر انجمن مرد بسیار گوی بکاهد به گفتار خود آب‌روی
اگر دانشی مرد راند سخن تو بشنو که دانش نگردد کهن
دل مرد مطمع بود پر ز درد به گرد طمع تا توانی مگرد
مکن دوستی با دروغ آزمای همان نیز با مرد ناپاک‌رای
سرشت تن از چار گوهر بود گذر زین چهارانش کمتر بود
اگر سفله‌گر مرد با شرم و راد به آزادگی یک دل و یک نهاد
سیم کو میانه گزینند ز کار بسند آیدش بخشش کردگار
چهارم که بپراگند بر گزاف همی دانشی نام جوید ز لاف

دو گیتی بیابد دل مرد راد	نباشد دل سفله یک روز شاد
بدین گیتی او را بود نام زشت	بدان گیتی‌اندر نیابد بهشت
دو گیتی نیابد دل مرد لاف	که بپراگند خواسته بر گزاف
ستوده کسی کو میانه گزید	تن خویش را آفرین گسترید
شما را جهان‌آفرین یار باد	همیشه سر بخت بیدار باد
جهاندارمان باد فریادرس	که تخت بزرگی نماند به کس
بگفت این و از پیش برخاستند	ز یزدان برو آفرین خواستند
چو شد سالیان پنج بر چار ماه	بشد شاه روزی به نخچیرگاه
جهان شد پر از یوز و باران و سگ	چه پرنده و چند تازان به تگ
ستاره زدند از پی خوابگاه	چو چیزی بخورد و بیاسود شاه
سه جام می خسروانی بخورد	پراندیشه شد سر سوی خواب کرد
پراگنده گشتند لشکر همه	چو در خواب شد شهریار رمه
بخفت او و از دشت برخاست باد	که کس باد ازان سان ندارد به یاد
فروبرده چوب ستاره بکند	بزد بر سر شهریار بلند
جهانجوی شاپور جنگی بمرد	کلاه کیی دیگری را سپرد
میاز و مناز و متاز و مرنج	چه تازی به کین و چه نازی به گنج
که بهر تو اینست زین تیره‌گوی	هنر جوی و راز جهان را مجوی
که گر بازیابی به پیچی بدرد	پژوهش مکن گرد رازش مگرد
چنین است کردار این چرخ تیر	چه با مرد برنا چه با مردپیر

پادشاهی بهرام شاپور

خردمند و شایسته بهرامشاه	همی داشت سوک پدر چندگاه
چو بنشست بر جایگاه مهی	چنین گفت بر تخت شاهنشهی
که هر شاه کز داد گنج آگند	بدانید کان گنج نپراگند
ز ما ایزد پاک خشنود باد	بداندیش را دل پر از دود باد
همه دانش اوراست ما بنده‌ایم	که کاهنده و هم فزاینده‌ایم

جهاندار یزدان بود داد و راست   که نفزود در پادشاهی نه کاست
کسی کو به بخشش توانا بود   خردمند و بیدار و دانا بود
نباید که بندد در گنج سخت   به ویژه خداوند دیهیم و تخت
وگر چند بخشی ز گنج سخن   برافشان که دانش نیاید به بن
ز نیک و بدیها به یزدان گرای   چو خواهی که نیکیت ماند به جای
اگر زو شناسی همه خوب و زشت   بیابی به پاداش خرم بهشت
وگر برگزینی ز گیتی هوا   بمانی به چنگ هوا بی‌نوا
چو داردت یزدان بدو دست یاز   بدان تا نمانی به گرم و گداز
چنین است امیدم به یزدان پاک   که چون سر بیارم بدین تیره‌خاک
جهاندار پیروز دارد مرا   همان گیتی افروز دارد مرا
گر اندر جهان داد بپراگنم   ازان به که بیداد گنج آگنم
که ایدر بماند همه رنج ما   به دشمن رسد بی‌گمان گنج ما
که تخت بزرگی نماند به کس   جهاندار باشد ترا یار بس
بد و نیک ماند ز ما یادگار   تو تخم بدی تا توانی مکار
چو شد سال آن پادشا بر دو هفت   به پالیز آن سرو یازان بخفت
به یک چندگه دیر بیمار بود   دل کهتران پر ز تیمار بود
نبودش پسر پنج دخترش بود   یکی کهتر از وی برادرش بود
بدو داد ناگاه گنج و سپاه   همان مهر شاهی و تخت و کلاه
جهاندار برنا ز گیتی برفت   برو سالیان برگذشته دو هفت
ایا شست و سه ساله مرد کهن   تو از باد تا چند رانی سخن
همان روز تو ناگهان بگذرد   در توبه بگزین و راه خرد
جهاندار زین پیر خشنود باد   خرد مایه باد و سخن سود باد
اگر در سخن موی کافد همی   به تاریکی اندر ببافد همی
گر او این سخن‌ها که اندرگرفت   به پیری سرآرد نباشد شگفت
به نام شهنشاه شمشیرزن   به بالا سرش برتر از انجمن
زمانه به کام شهنشاه باد   سر تخت او افسر ماه باد
کزویست کام و بدویست نام   ورا باد تاج کیی شادکام
بزرگی و دانش ورا راه باد   وزو دست بدخواه کوتاه باد

پادشاهی یزدگرد بزه

پادشاهی یزدگرد بزه

چو شد پادشا بر جهان یزدگرد / سپه را ز دشت اندرآورد گرد
کلاه برادر به سر بر نهاد / همی بود ازان مرگ ناشاد شاد
چنین گفت با نامداران شهر / که هرکس که از داد یابند بهر
نخست از نیایش به یزدان کنید / دل از داد ما شاد و خندان کنید
بدان را نمانم که دارند هوش / وگر دست یازند بد را بکوش
کسی کو بجوید ز ما راستی / بیارامد از کژی و کاستی
به هرجای جاه وی افزون کنیم / ز دل کینه و آز بیرون کنیم
سگالش نگوییم جز با ردان / خردمند و بیداردل موبدان
کسی را کجا پر ز آهو بود / روانش ز بیشی به نیرو بود
به بیچارگان بر ستم سازد اوی / گر از چیز درویش بفرازد اوی
بکوشیم و نیروش بیرون کنیم / به درویش ما نازش افزون کنیم
کسی کو بپرهیزد از خشم ما / همی بگذرد تیز بر چشم ما
همی بستر از خاک جوید تنش / همان خنجر هندوی گردنش
به فرمان ما چشم روشن کنید / خرد را به تن بر چو جوشن کنید
تن هرکسی گشت لرزان چو بید / که گوپال و شمشیرشان بد امید
چو شد بر جهان پادشاهیش راست / بزرگی فزون کرد و مهرش بکاست
خردمند نزدیک او خوار گشت / همه رسم شاهیش بیکار گشت
کنارنگ با پهلوان و ردان / همان دانشی پرخرد موبدان
یکی گشت با باد نزدیک اوی / جفا پیشه شد جان تاریک اوی
سترده شد از جان او مهر و داد / به هیچ آرزو نیز پاسخ نداد
کسی را نبد نزد او پایگاه / به ژرفی مکافات کردی گناه
هرانکس که دستور بد بر درش / فزایندهٔ اختر و افسرش
همه عهد کردند با یکدگر / که هرگز نگویند زان بوم و بر
همه یکسر از بیم پیچان شدند / ز هول شهنشاه بیجان شدند

فرستادگان آمدندی ز راه ... همان زیردستان فریادخواه
چو دستور زان آگهی یافتی ... بدان کارها تیز بشتافتی
به گفتار گرم و به آواز نرم ... فرستاده را راه دادی به شرم
بگفتی که شاه از در کار نیست ... شما را بدو راه دیدار نیست
نمودم بدو هرچ درخواستی ... به فرمانش پیدا شد آن راستی
ز شاهیش بگذشت چون هفت سال ... همه موبدان زو به رنج و وبال
سر سال هشتم مه فوردین ... که پیدا کند در جهان هور دین
یکی کودک آمدش هرمزد روز ... به نیک اختر و فال گیتی فروز
هم‌انگه پدر کرد بهرام‌نام ... ازان کودک خرد شد شادکام
به در بر ستاره‌شمر هرک بود ... که شایست گفتار ایشان شنود
یکی مایه‌ور بود با فر و هوش ... سر هندوان بود نامش سروش
یکی پارسی بود هشیار نام ... که بر چرخ کردی به دانش لگام
بفرمود تا پیش شاه آمدند ... هشیوار و جوینده راه آمدند
به صلاب کردند ز اختر نگاه ... هم از زیج رومی بجستند راه
از اختر چنان دید خرم نهان ... که او شهریاری بود در جهان
ابر هفت کشور بود پادشا ... گو شاددل باشد و پارسا
برفتند پویان بر شهریار ... همان زیج و صلابها بر کنار
بگفتند با تاجور یزدگرد ... که دانش ز هرگونه کردیم گرد
چنان آمد اندر شمار سپهر ... که دارد بدین کودک خرد مهر
مر او را بود هفت کشور زمین ... گرانمایه شاهی بود بافرین
ز گفتارشان شاد شد شهریار ... ببخشیدشان گوهر شاهوار
چو ایشان برفتند زان بارگاه ... رد و موبد و پاک دستور شاه
نشستند و جستند هرگونه رای ... که تا چاره‌ی آن چه آید به جای
گرین کودک خرد خوی پدر ... نگیرد شو خسروی دادگر
گر ایدونک خوی پدر دارد اوی ... همه بوم زیر و زبر دارد اوی
نه موبد بود شاد و نه پهلوان ... نه او در جهان شاد روشن‌روان
همه موبدان نزد شاه آمدند ... گشاده‌دل و نیک‌خواه آمدند
بگفتند کاین کودک برمنش ... ز بیغاره دورست و ز سرزنش
جهان سربسر زیر فرمان اوست ... به هر کشوری باژ و پیمان اوست

نگه کن به جایی که دانش بود / ز داننده کشور به رامش بود
ز پرمایگان دایگانی گزین / که باشد ز کشور برو آفرین
هنر گیرد این شاه خرم نهان / ز فرمان او شاد گردد جهان
چو بشنید زان موبدان یزدگرد / ز کشور فرستادگان کرد گرد
هم‌انگه فرستاد کسها به روم / به هند و به چین و به آباد بوم
همان نامداری سوی تازیان / بشد تا ببیند به سود و زیان
به هر سو همی رفت خواننده‌یی / که بهرام را پرورانده‌یی
بجوید سخنگوی و دانش‌پذیر / سخن‌دان و هر دانشی یادگیر
بیامد ز هر کشوری موبدی / جهاندیده و نیک‌پی بخردی
چو یکسر بدان بارگاه آمدند / پژوهنده نزدیک شاه آمدند
بپرسید بسیار و بنواختشان / به هر برزنی جایگه ساختشان
برفتند نعمان و منذر به شب / بسی نامداران گرد از عرب
بزرگان چو در پارس گرد آمدند / بر تاجور یزدگرد آمدند
همی گفت هرکس که ما بنده‌ایم / سخن بشنویم و سراینده‌ایم
که باید چنین روزگار از مهان / که بایسته فرزند شاه جهان
به بر گیرد ودانش آموزدش / دل از تیرگیها بیفروزدش
ز رومی و هندی و از پارسی / نجومی و گر مردم هندسی
همه فیلسوفان بسیاردان / سخن‌گوی وز مردم کاردان
بگفتند هریک به آواز نرم / که ای شاه باداد و با رای و شرم
همه سربسر خاک پای توایم / به دانش همه رهنمای توایم
نگر تا پسندت که آید همی / وگر سودمندت که آید همی
چنین گفت منذر که ما بنده‌ایم / خود اندر جهان شاه را زنده‌ایم
هنرهای ما شاه داند همه / که او چون شبانست و ما چون رمه
سواریم و گردیم و اسپ افگنیم / کسی را که دانا بود بشکنیم
ستاره‌شمر نیست چون ما کسی / که از هندسه بهره دارد بسی
پر از مهر شاهست ما را روان / به زیر اندرون تازی اسپان دمان
همه پیش فرزند تو بنده‌ایم / بزرگی وی را ستاینده‌ایم
چو بشنید زو این سخن یزدگرد / روان و خرد را برآورد گرد
نگه کرد از آغاز فرجام را / بدو داد پرمایه بهرام را

بفرمود تا خلعتش ساختند   سرش را به گردون برافراختند
تنش را به خلعت بیاراستند   ز در اسپ شاه یمن خواستند
ز ایوان شاه جهان تا به دشت   همی اشتر و اسپ و هودج گذشت
پرستنده و دایه‌ی بی‌شمار   ز بازارگه تا در شهریار
به بازار گه بسته آیین به راه   ز دروازه تا پیش درگاه شاه
جو منذر بیامد به شهر یمن   پذیره شدندش همه مرد و زن
چو آمد به آرامگاه از نخست   فراوان زنان نژادی بجست
ز دهقان و تازی و پرمایگان   توانگر گزیده گران سایگان
ازین مهتران چار زن برگزید   که آید هنر بر نژادش پدید
دو تازی دو دهقان ز تخم کیان   ببستند مرا دایگی را میان
همی داشتندش چنین چار سال   چو شد سیرشیر و بیاگند یال
به دشواری از شیر کردند باز   همی داشتندش به بر بر به ناز
چو شد هفت ساله به منذر چه گفت   که آن رای با مهتری بود جفت
چنین گفت کای مهتر سرفراز   ز من کودک شیرخواره مساز
به داننده فرهنگیانم سپار   چو کارست بیکار خوارم مدار
بدو گفت منذر که ای سرفراز   به فرهنگ نوزت نیامد نیاز
چو هنگام فرهنگ باشد ترا   به دانایی آهنگ باشد ترا
به ایوان نمانم که بازی کنی   به بازی همی سرفرازی کنی
چنین پاسخ آورد بهرام باز   که از من تو بی‌کار خوردی مساز
مرا هست دانش اگر سال نیست   بسان گوانم بر و یال نیست
ترا سال هست و خرد کمترست   نهاد من از رای تو دیگرست
ندانی که هرکس که هنگام جست   ز کار آن گزیند که باید نخست
تو گر باز هنگام جویی همی   دل از نیکویها بشویی همی
همه کار بی‌گاه و بی‌بر بود   بهین از تن زندگان سر بود
هران چیز کان در خور پادشاست   بیاموزیم تا بدانم سزاست
سر راستی دانش ایزدیست   خنک آنک بادانش و بخردیست
نگه کرد منذر بدو خیره ماند   به زیر لبان نام یزدان بخواند
فرستاد هم در زمان رهنمون   سوی شورستان سرکشی بر هیون
سه موبد نگه کرد فرهنگ جوی   که در شورستان بودشان آب‌روی

یکی تا دبیری بیاموزدش	دل از تیرگیها بیفروزدش
دگر آنک دانستن باز و یوز	بیاموزدش کان بود دلفروز
ودیگر که چوگان و تیر و کمان	همان گردش رزم با بدگمان
چپ و راست پیچان عنان داشتن	به آوردگه باره برگاشتن
چنین موبدان پیش منذر شدند	ز هر دانشی داستانها زدند
تن شاه زاده بدیشان سپرد	فزاینده خود دانشی بود و گرد
چنان گشت بهرام خسرونژاد	که اندر هنر داد مردی بداد
هنر هرچ بگذشت بر گوش اوی	به فرهنگ یازان شدی هوش اوی
چو شد سال آن نامور بر سه شش	دلاور گوی گشت خورشیدفش
به موبد نبودش به چیزی نیاز	به فرهنگ جویان و آن یوز و باز
به آوردگه بر عنان تافتن	برافگندن اسپ و هم تاختن
به منذر چنین گفت کای پاکرای	گسی کن هنرمند را باز جای
ازان هر یکی را بسی هدیه داد	ز درگاه منذر برفتند شاد
وزان پس به منذر چنین گفت شاه	که اسپان این نیزه‌داران بخواه
بگو تا بپیچند پیشم عنان	به چشم اندر آرند نوک سنان
بهایی کنند آنچ آید خوشم	درم پیش خواهم بریشان کشم
چنین پاسخ آورد منذر بدوی	که ای پر هنر خسرو نامجوی
گله‌دار اسپان من پیش تست	خداوند او هم به تن خویش تست
گر از تازیان اسپ خواهی خرید	مرا رنج و سختی چه باید کشید
بدو گفت بهرام کای نیک‌نام	به نیکیت بادا همه ساله کام
من اسپ آن گزینم که اندر نشیب	بتازم نه بینم عنان از رکیب
چو با تگ چنان پایدارش کنم	به نوروز با باد یارش کنم
وگر آزموده نباشد ستور	نشاید به تندی برو کرد زور
بنه عمان بفرمود منذر که رو	فسیله گزین از گله‌دار نو
همه دشت پیش سواران بگرد	نگر تا کجا یابی اسپ نبرد
بشد تیز نعمان صد اسپ آورید	ز اسپان جنگی بسی برگزید
چو بهرام دید آن بیامد به دشت	چپ و راست پیچید و چندی بگشت
هر اسپی که با باد همبر بدی	همه زیر بهرام بی‌پر شدی
برین گونه تا برگزید اشقری	یکی بادپایی گشاده‌بری

هم از داغ دیگر کمیتی به رنگ
تو گفتی ز دریا برآمد نهنگ

همی آتش افروخت از نعل اوی
همی خون چکید از بر لعل اوی

بها داد منذر چو بود ارزشان
که در بیشه‌ی کوفه بد مرزشان

بپذرفت بهرام زو آن دو اسپ
فروزنده بر سان آذر گشسپ

همی داشتش چون یکی تازه سیب
که از باد ناید بروبر نهیب

به منذر چنین گفت روزی جوان
که ای مرد باهنگ و روشن‌روان

چنین بی‌بهانه همی داریم
زمانی به تیمار نگذاریم

همی هرک بینی تو اندر جهان
دلی نیست اندر جهان بی‌نهان

ز اندوه باشد رخ مرد زرد
به رامش فزاید تن زادمرد

برین‌بر یکی خوبی افزای پس
که باشد ز هر درد فریادرس

اگر تاجدارست اگر پهلوان
به زن گیرد آرام مرد جوان

همان زو بود دین یزدان به پای
جوان را به نیکی بود رهنمای

کنیزک بفرمای تا پنج و شش
بیارند با زیب و خورشیدفش

مگر زان یکی دو گزین آیدم
هم اندیشه‌ی آفرین آیدم

مگر نیز فرزند بینم یکی
که آرام دل باشدم اندکی

جهاندار خشنود باشد ز من
ستوده بمانم به هر انجمن

چو بشنید منذر ز خسرو سخن
برو آفرین کرد مرد کهن

بفرمود تا سعد گوینده تفت
سوی کلبه‌ی مرد نخاس رفت

بیاورد رومی کنیزک چهل
همه از در کام و آرام دل

دو بگزید بهرام زان گلرخان
که در پوستشان عاج بود استخوان

به بالا به کردار سرو سهی
همه کام و زیبایی و فرهی

ازان دو ستاره یکی چنگ‌زن
دگر لاله رخ چون سهیل یمن

به بالا چون سرو و به گیسو کمند
بها داد منذر چو آمد پسند

بخندید بهرام و کرد آفرین
رخش گشت همچون بدخشان نگین

جز از گوی و میدان نبودیش کار
گهی زخم چوگان و گاهی شکار

چنان بد که یک روز بی‌انجمن
به نخچیرگه رفت با چنگ زن

کجا نام آن رومی آزاده بود
که رنگ رخانش به می داده بود

به پشت هیون چمان برنشست
ابا سرو آزاده چنگی به دست

دلارام او بود و هم کام اوی
همیشه به لب داشتی نام اوی

به روز شکارش هیون خواستی	که پشتش به دیبا بیاراستی
فروهشته زو چار بودی رکیب	همی تاختی در فراز و نشیب
رکابش دو زرین دو سیمین بدی	همان هر یکی گوهر آگین بدی
همان زیر ترکش کمان مهره داشت	دلاور ز هر دانشی بهره داشت
به پیش اندر آمدش آهو دو جفت	جوانمرد خندان به آزاده گفت
که ای ماه من چون کمان را به زه	برآرم به شست اندر آرم گره
کدام آهو افگنده خواهی به تیر	که ماده جوانست و همتاش پیر
بدو گفت آزاده کای شیرمرد	به آهو نجویند مردان نبرد
تو آن ماده را نر گردان به تیر	شود ماده از تیر تو نر پیر
ازان پس هیون را برانگیز تیز	چو آهو ز چنگ تو گیرد گریز
کمان مهره انداز تا گوش خویش	نهد همچنان خوار بر دوش خویش
همانگه ز مهره بخاردش گوش	بی‌آزار پایش برآرد به دوش
به پیکان سر و پای و گوشش بدوز	چو خواهی که خوانمت گیتی فروز
کمان را به زه کرد بهرام گور	برانگیخت از دشت آرام شور
دو پیکان به ترکش یکی تیر داشت	به دشت اندر از بهر نخچیر داشت
همانگه چو آهو شد اندر گریز	سپهبد سروهای آن نره تیز
به تیر دو پیکان ز سر برگرفت	کنیزک بدو ماند اندر شگفت
هم‌اندر زمان نر چون ماده گشت	سرش زان سروی سیه ساده گشت
همان در سروگاه ماده دو تیر	بزد همچنان مرد نخچیرگیر
دو پیکان به جای سرو در سرش	به خون اندرون لعل گشته برش
هیون را سوی جفت دیگر بتاخت	به خم کمان مهره در مهره ساخت
به گوش یکی آهو اندر فکند	پسند آمد و بود جای پسند
بخارید گوش آهو اندر زمان	به تیر اندر آورد جادو کمان
سر و گوش و پایش به پیکان بدوخت	بدان آهو آزاده را دل بسوخت
بزد دست بهرام و او را ز زین	نگونسار برزد به روی زمین
هیون از بر ماه‌چهره براند	برو دست و چنگش به خون درفشاند
چنین گفت کای بی‌خرد چنگ‌زن	چه بایست جستن به من برشکن
اگر کند بودی گشاد برم	ازین زخم ننگی شدی گوهرم
چو او زیر پای هیون در سپرد	به نخچیر زان پس کنیزک نبرد

دگر هفته با لشکری سرفراز　　به نخچیرگه رفت با یوز و باز
برابر ز کوهی یکی شیر دید　　کجا پشت گوری همی بر درید
برآورد زاغ سیه را بزه　　به تندی به شست سه‌پر زد گره
دل گور بردوخت با پشت شیر　　پر از خون هژبر از بر و گور زیر
چو او گور و شیر دلاور بکشت　　به ایوان خرامید تیغی به مشت
دگر هفته نعمان و منذر به راه　　همی رفت با او به نخچیرگاه
بسی نامور برده از تازیان　　کزیشان بدی راه سود و زیان
همی خواست منذر که بهرام گور　　بدیشان نماید سواری و زور
شترمرغ دیدند جایی گله　　دوان هر یکی چون هیونی یله
چو بهرام‌گور آن شترمرغ دید　　به کردار باد هوا بردمید
کمان را بمالید خندان به چنگ　　بزد بر کمر چار تیر خدنگ
یکایک همی راند اندر کمان　　بدان تا سرآرد بریشان زمان
همی برشکافید پرشان به تیر　　بدین سان زند مرد نخچیرگیر
به یک سوزن این زان فزون‌تر نبود　　همان تیر زین تیر برتر نبود
برفت و بدید آنک بد نامدار　　به یک موی‌بر بود زخم سوار
همی آفرین خواند منذر بدوی　　همان نیزه‌داران پرخاشجوی
بدو گفت منذر که ای شهریار　　بتو شادمانم چو گلبن به بار
مبادا که خم آورد ماه تو　　وگر سست گردد کمرگاه تو
هم‌انگه چون منذر به ایوان رسید　　ز بهرام رایش به کیوان رسید
فراوان مصور بجست از یمن　　شدند این سران بر درش انجمن
بفرمود تا زخم او را به تیر　　مصور نگاری کند بر حریر
سواری چو بهرام با یال و کفت　　بلند اشتری زیر و زخمی شگفت
کمان مهره و شیر و آهو و گور　　گشاده بر و چربه دستی به زور
شترمرغ و هامون و آن زخم تیر　　ز قیر سیه تازه شد بر حریر
سواری برافگند زی شهریار　　فرستاد نزدیک او آن نگار
فرستاده چون شد بر یزدگرد　　همه لشکر آمد بران نامه گرد
همه نامداران فروماندند　　به بهرام بر آفرین خواندند
وزان پس هنرها چو کردی به کار　　همی تاختندی بر شهریار
پدر آرزو کرد بهرام را　　چه بهرام خورشید خودکام را

آوردن نعمان، بهرام گور را بنزد پدر

به منذر چنین گفت بهرام شیر	که هرچند مانیم نزد تو دیر
همان آرزوی پدر خیزدم	چو ایمن شوم در برانگیزدم
برآرست منذر چو بایست کار	ز شهر یمن هدیه‌ی شهریار
ز اسپان تازی به زرین ستام	ز چیزی که پرمایه بردند نام
ز برد یمانی و تیغ یمن	گر هرچ معدنش بد در عدن
چو نعمان که با شاه همراه بود	به نزدیک او افسر ماه بود
چنین تا به شهر صطخر آمدند	که از شاهزاد به فخر آمدند
ازان پس چو آگاهی آمد به شاه	ز فرزند و نعمان تازی به راه
بیامد همانگاه نزد پدر	چو دیدش پدر را برآورد سر
به پیش کیی تخت او سرفراز	بیامد شتابان و بردش نماز
چو بهرام را دید بیدار شاه	بدان فر و آن شاخ و آن گردگاه
شگفتی فروماند از کار اوی	ز بالا و فرهنگ و دیدار اوی
فراوان بپرسید و بنواختش	به نزدیک خود جایگه ساختش
به برزن درون جای نعمان گزید	یکی کاخ بهرام را چون سزید
فرستاد نزدیک او بندگان	چو اندر خور او پرستندگان
شب و روز بهرام پیش پدر	همی از پرستش نخارید سر
چو یک ماه نعمان ببد نزد شاه	همی خواست تا بازگردد به راه
بشب کس فرستاد و او را بخواند	برابرش بر تخت شاهی نشاند
بدو گفت منذر بسی رنج دید	که آزاده بهرام را پرورید
بدین کار پاداش نزد منست	بهار شما اورمزد منست
پسندیدم این رای و فرهنگ اوی	که سوی خرد بینم آهنگ اوی
تو چون دیر ماندی بدین بارگاه	پدر چشم دارد همانا به راه
ز دینار گنجیش پنجه هزار	بدادند با جامه‌ی شهریار
ز آخر به سیمین و زرین لگام	ده اسپ گرانمایه بردند نام

۱۳۳۴

ز گستردنیهای زیبنده نیز	ز رنگ و ز بوی و ز هرگونه چیز
ز گنج جهاندار ایران ببرد	یکایک به نعمان منذر سپرد
به شادی در بخشش اندر گشاد	بر اندازه یارانش را هدیه داد
به منذر یکی نامه بنوشت شاه	چنانچون بود در خور پیشگاه
به آزادی از کار فرزند اوی	که شاه یمن گشت پیوند اوی
به پاداش این کار یازم همی	به چونین پسر سرفرازم همی
یکی نامه بنوشت بهرام گور	که کار من ایدر تباهست و شور
نه این بود چشم امیدم به شاه	که زین سان کند سوی کهتر نگاه
نه فرزندم ایدر نه چون چاکری	نه چون کهتری شاددل بر دری
به نعمان بگفت آنچ بودش نهان	ز بد راه و آیین شاه جهان
چو نعمان برفت از در شهریار	بیامد بر منذر نامدار
بدو نامه‌ی شاه گیتی بداد	ببوسید منذر به سر بر نهاد
وزان هدیه‌ها شادمانی نمود	بران آفرین آفرین برفزود
وزان پس فرستاده اندر نهفت	ز بهرام چندی به منذر بگفت
پس آن نامه برخواند پیشش دبیر	رخ نامور گشت همچون زریر
هم‌اندر زمان زود پاسخ نوشت	سخنهای با مغز و فرخ نوشت
چنین گفت کای مهتر نامور	نگر سر نپیچی ز راه پدر
به نیک و بد شاه خرسند باش	پرستنده باش و خردمند باش
بدیها به صبر از مهان بگذرد	سر مرد باید که دارد خرد
سپهر روان را چنین است رای	تو با رای او هیچ مفزای پای
دلی را پر از مهر دارد سپهر	دلی پر ز کین و پر آژنگ چهر
جهاندار گیتی چنین آفرید	چنان کو چماند بباید چمید
ازین پس ترا هرچ آید به کار	ز دینار وز گوهر شاهوار
فرستم نگر دل نداری به رنج	نیرزد پراگنده رنج تو گنج
ز دینار گنجی کنون ده هزار	فرستادم اینک ز بهر نثار
پرستار کو رهنمای تو بود	به پرده درون دلگشای تو بود
فرستادم اینک به نزدیک تو	که روشن کند جان تاریک تو
هرانگه که دینار بردی به کار	گرانی مکن هیچ بر شهریار
که دیگر فرستمت بسیار نیز	وزین پادشاهی ز هرگونه چیز

پرستنده باش و ستاینده باش	به کار پرستش فزاینده باش
تو آن خوی بد را ز شاه جهان	جدا کرد نتوانی اندر نهان
فرستاد زان تازیان ده سوار	سخن‌گوی و بینادل و دوستدار
رسیدند نزدیک بهرامشاه	ابا بدره و برده و نیک‌خواه
خردمند بهرام زان شاد شد	همه دردها بر دلش باد شد
وزان پس بدان پند شاه عرب	پرستش بدی کار او روز و شب

خشم گرفتن یزدگرد بر بهرام و زندانی کردن او

چنان بد که یک روز در بزمگاه	همی بود بر پای در پیش شاه
چو شد تیره بر پای خواب آمدش	هم از ایستادن شتاب آمدش
پدر چون بدیدش بهم برده چشم	به تندی یکی بانگ برزد به خشم
به دژخیم فرمود کو را ببر	کزین پس نبیند کلاه و کمر
بدو خانه زندان کن و بازگرد	نزیبد برو گاه و ننگ و نبرد
به ایوان همی بود خسته جگر	ندید اندران سال روی پدر
مگر مهر و نوروز و جشن سده	که او پیش رفتی میان رده
چنان بد که طینوش رومی ز راه	فرستاده آمد به نزدیک شاه
ابا بدره و برده و باژ روم	فرستاد قیصر به آباد بوم
چو آمد شهنشاه بنواختش	سزاوار او جایگه ساختش
فرستاد بهرام زی او پیام	که ای مرد بیدار گسترده کام
ز کهتر به چیزی بیازرد شاه	ازو دور گشتم چنین بی‌گناه
تو خواهش کنی گر ترا بخشدم	مگر بخت پژمرده بدرخشدم
سوی دایگانم فرستد مگر	که منذر مرا به ز مام و پدر
چو طینوش بشنید پیغام اوی	برآورد ازان آرزو کام اوی
دل‌آزار بهرام زان شاد گشت	وزان بند بی‌مایه آزاد گشت
به درویش بخشید بسیار چیز	وزان جایگه رفتن آراست نیز

بازگشتن بهرام بنزد منذر

همه زیردستان خود را بخواند   شب تیره چون باد لشکر براند
به یاران همی گفت یزدان سپاس   که رفتیم و ایمن شدیم از هراس
چو آمد به نزدیک شهر یمن   پذیره شدش کودک و مرد و زن
برفتند نعمان و منذر ز جای   همان نیزه‌داران پاکیزه‌رای
چو منذر ببهرام نزدیک شد   ز گرد سپه روز تاریک شد
پیاده شدند آن دو آزادمرد   همی گفت بهرام تیمار و درد
ز گفتار او چند منذر گریست   بپرسید گفت اختر شاه چیست
بدو گفت بهرام کو خود مباد   که گیرد ز شوم اخترش نیز یاد
که هر کو نیاید به راه خرد   ز کردار ترسم که کیفر برد
فرود آوریدش هم‌انجا که بود   بران نیکوی نیکویها فزود
بجز بزم و میدان نبودیش کار   وگر بخشش و کوشش کارزار

مرگ یزدگرد

وزان پس غم و شادی یزدگرد   چنان گشت بر پور چون باد ارد
برین نیز چندی زمان برگذشت   به ایران پدر پور فرخ به دشت
ز شاهی پراندیشه شد یزدگرد   ز هر کشوری موبدان کرد گرد
به اخترشناسان بفرمود شاه   که تا کردهر یک به اختر نگاه
که تا کی بود در جهان مرگ اوی   کجا تیره گردد سر و ترگ اوی
چه باشد کجا باشد آن روزگار   که پژمرده گردد گل شهریار
ستاره‌شمر گفت کاین خود مباد   که شاه جهان گیرد از مرگ یاد
چو بخت شهنشاه بدرو شود   از ایدر سوی چشمه‌ی سو شود
فراز آورد لشکر و بوق و کوس   به شادی نظاره شود سوی طوس

بر آن جایگه بر بود هوش اوی	چو این راز بگذشت بر گوش اوی
ازین دانش ار یادگیری به دست	که این راز در پرده‌ی ایزدست
چو بشنید زو شاه سوگند خورد	به خراد برزین و خورشید زرد
که من چشمه‌ی سو نبینم به چشم	نه هنگام شادی نه هنگام خشم
برین نیز برگشت گردون سه ماه	زمانه به جوش آمد از خون شاه
چو بیدادگر شد شبان با رمه	بدو بازگردد بدیها همه
ز بینیش بگشاد یک روز خون	پزشک آمد از هر سوی رهنمون
به دارو چو یک هفته بستی پزشک	دگر هفته خون آمدی چون سرشک
بدو گفت موبد که ای شهریار	بگشتی تو از راه پروردگار
تو گفتی که بگریزم از چنگ مرگ	چو باد خزان آمد از شاخ برگ
ترا چاره اینست کز راه شهد	سوی چشمه‌ی سو گرایی به مهد
نیایش کنی پیش یزدان پاک	بگردی به زاری بران گرم خاک
بگویی که من بنده‌ی ناتوان	زده دام سوگند پیش روان
کنون آمدم تا زمانم کجاست	به پیش تو این داور داد و راست
چو بشنید شاه آن پسند آمدش	همان درد را سودمند آمدش
بیاورد سیصد عماری و مهد	گذر کرد بر سوی دریای شهر
شب و روز بودی به مهد اندرون	ز بینیش گه‌گه همی رفت خون
چو نزدیکی چشمه‌ی سو رسید	برون آمد از مهد و دریا بدید
ازان آب لختی به سر بر نهاد	ز یزدان نیکی دهش کرد یاد
زمانی نیامد ز بینیش خون	بخورد و بیاسود با رهنمون
منی کرد و گفت اینت آیین و رای	نشستن چه بایست چندین به جای
چو گردنکشی کرد شاه رمه	که از خویشتن دید نیکی همه
ز دریا برآمد یکی اسپ خنگ	سرین گرد چون گور و کوتاه لنگ
دوان و چو شیر ژیان پر ز خشم	بلند و سیه‌خایه و زاغ چشم
کشان دم در پای با یال و بش	سیه سم و کفک‌افگن و شیرکش
چنین گفت با مهتران یزدگرد	که این را سپاه اندر آرید گرد
بشد گرد چوپان و ده کره‌تاز	یکی زین و پیچان کمند دراز
چه دانست راز جهاندار شاه	که آوردی این اژدها را به راه
فروماند چوپان و لشکر همه	برآشفت ازان شهریار رمه

۱۳۳۸

همانگاه برداشت زین و لگام	به نزدیک آن اسپ شد شادکام
چنان رام شد خنگ بر جای خویش	که ننهاد دست از پس و پای پیش
ز شاه جهاندار بستد لگام	به زین بر نهادن همان گشت رام
چو زین بر نهادش برآهخت تنگ	نجنبید بر جای تازان نهنگ
پس پای او شد که بنددش دم	خروشان شد آن باره‌ی سنگ سم
بغرید و یک جفته زد بر برش	به خاک اندر آمد سر و افسرش
ز خاک آمد و خاک شد یزدگرد	چه جویی تو زین بر شده هفتگرد
چو از گردش او نیابی رها	پرستیدن او نیارد بها
به یزدان گرای و بدو کن پناه	خداوند گردنده خورشید ماه
چو او کشته شد اسپ آبی چوگرد	بیامد بران چشمه‌ی لاژورد
به آب اندرون شد تنش ناپدید	کس اندر جهان این شگفتی ندید
ز لشکر خروشی برآمد چو کوس	که شاها زمان آوریدت به طوس
همه جامه‌ها را بکردند چاک	همی ریختند از بر یال و خاک
ازان پس بکافید موبد برش	میان تهیگاه و مغز سرش
بیاگند یکسر به کافور و مشک	به دیبا تنش را بکردند خشک
به تابوت زرین و در مهد ساج	سوی پارس شد آن خداوند تاج
چنین است رسم سرای بلند	چو آرام یابی بترس از گزند
تو رامی و با تو جهان رام نیست	چو نام خورده آید به از جام نیست
پرستیدن دین بهست از گناه	چو باشد کسی را بدین پایگاه
چو در دخمه شد شهریار جهان	ز ایران برفتند گریان مهان
کنارنگ با موبد و پهلوان	هشیوار دستور روشن‌روان
همه پاک در پارس گرد آمدند	بر دخمه یزدگرد آمدند
چو گستهم کو پیل کشتی بر اسپ	دگر قارن گرد پور گشسپ
چو میلاد و چون پارس مرزبان	چو پیروز اسپ‌افگن از گرزبان
دگر هرک بودند ز ایران مهان	بزرگان و کنداوران جهان
کجا خوارشان داشتی یزدگرد	همه آمدند اندران شهرگرد

انجمن مهیستان ایران و برگزیدن خسرو را بپادشاهی

چنین گفت گویا گشسپ دبیر / که ای نامداران برنا و پیر
جهاندارمان تا جهان آفرید / کسی زین نشان شهریاری ندید
که جز کشتن و خواری و درد و رنج / بیاگندن از چیز درویش گنج
ازین شاه ناپاک‌تر کس ندید / نه از نامداران پیشین شنید
نخواهیم بر تخت زین تخمه‌کس / ز خاکش به یزدان پناهیم و بس
سرافراز بهرام فرزند اوست / ز مغز و دل و رای پیوند اوست
ز منذر گشاید سخن سربسر / نخواهیم بر تخت بیدادگر
بخوردند سوگندهای گران / هرانکس که بودند ایرانیان
کزین تخمه کس را به شاهنشهی / نخواهیم با تاج و تخت مهی
برین برنهادند و برخاستند / همی شهریاری دگر خواستند
چو آگاهی مرگ شاه جهان / پراگنده شد در میان مهان
الان شاه و چون پارس پهلوسپاه / چو بیورد و شگنان زرین کلاه
همی هریکی گفت شاهی مراست / هم از خاک تا برج ماهی مراست
جهانی پرآشوب شد سر به سر / چو از تخت گم شد سر تاجور
به ایران رد و موبد و پهلوان / هرانکس که بودند روشن‌روان
بدین کار در پارس گرد آمدند / بسی زین نشان داستانها زدند
که این تاج شاهی سزاوار کیست / ببینید تا از در کار کیست
بجویید بخشنده‌یی دادگر / که بندد برین تخت زرین کمر
که آشوب بنشاند از روزگار / جهان مرغزاریست بی‌شهریار
یکی مرد بد پیر خسرو به نام / جوانمرد و روشن‌دل و شادکام
هم از تخمه سرفرازان بد اوی / به مرز اندر از بی‌نیازان بد اوی
سپردند گردان بدو تاج و گاه / برو انجمن شد ز هر سو سپاه

آگاهی یافتن بهرام گور از مرگ پدر

پس آگاهی آمد به بهرام گور	که از چرخ شد تخت را آب شور
پدرت آن سرافراز شاهان بمرد	به مرد و همه نام شاهی ببرد
یکی مرد بر گاه بنشاندند	به شاهی همی خسروش خواندند
بخوردند سوگند یکسر سپاه	کزان تخمه هرگز نخواهیم شاه
که بهرام فرزند او همچو اوست	از آب پدر یافت او مغز و پوست
چو بشنید بهرام رخ را بکند	ز مرگ پدر شد دلش مستمند
برآمد دو هفته ز شهر یمن	خروشیدن کودک و مرد و زن
چو یک ماه بنشست با سوک شاه	سر ماه نو را بیاراست گاه
برفتند نعمان و منذر بهم	همه تازیان یمن بیش و کم
همه زار و با شاه گریان شدند	ابی آتش از درد بریان شدند
زبان برگشادند زان پس ز بند	که ای پرهنر شهریار بلند
همه در جهان خاک را آمدیم	نه جویای تریاک را آمدیم
بمیرد کسی کو ز مادر بزاد	زهش چون ستم بینم و مرگ داد
به منذر چنین گفت بهرام گور	که اکنون چو شد روز ما تار و تور
ازین تخمه گر نام شاهنشهی	گسسته شود بگسلد فرهی
ز دشت سواران برآرند خاک	شود جای بر تازیان بر مغاک
پراندیشه باشید و یاری کنید	به مرگ پدر سوگواری کنید
ز بهرام بشنید منذر سخن	به مردی یکی پاسخ افگند بن
چنین گفت کاین روزگار منست	برین دشت روز شکار منست
تو بر تخت بنشین و نظاره باش	همه ساله با تاج و با یاره باش
همه نامداران برین همسخن	که نعمان و منذر فگندند بن
ز پیش جهانجوی برخاستند	همه تاختن را بیاراستند
بفرمود منذر به نعمان که رو	یکی لشکری ساز شیران نو
ز شیبان و از قیسیان ده هزار	فرازآر گرد از در کارزار

من ایرانیان را نمایم که شاه	کدامست با تاج و گنج و سپاه
بیاورد نعمان سپاهی گران	همه تیغ‌داران و نیزه‌وران
بفرمود تا تاختنها برند	همه روی کشور به پی بسپرند
ره شورستان تا در طیسفون	زمین خیره شد زیر نعل اندرون
زن و کودک و مرد بردند اسیر	کس آن رنجها را نبد دستگیر
پر از غارت و سوختن شد جهان	چو بیکار شد تخت شاهنشهان
پس آگاهی آمد به روم و به چین	به ترک و به هند و به مکران زمین
که شد تخت ایران ز خسرو تهی	کسی نیست زیبای شاهنشهی
همه تاختن را بیاراستند	به بیدادی از جای برخاستند
چو از تخم شاهنشهان کس نبود	که یارست تخت کیی را بسود
به ایران همی هرکسی دست آخت	به شاهنشهی تیز گردن فراخت
چو ایرانیان آگهی یافتند	یکایک سوی چاره بشتافتند
چو گشتند زان رنج یکسر ستوه	نشستند یک با دگر همگروه
که این کار ز اندازه اندر گذشت	ز روم و ز هند و سواران دشت
یکی چاره باید کنون ساختن	دل و جان ازین کار پرداختن
بجستند موبد فرستاده‌یی	سخن‌گوی و بینادل آزاده‌یی
کجا نام آن گو جوانوی بود	دبیری بزرگ و سخن‌گوی بود
بدان تا به نزدیک منذر شود	سخن گوید و گفت او بشنود
به منذر بگوید که ای سرفراز	جهان را به نام تو بادا نیاز
نگهدار ایران نیران توی	به هر جای پشت دلیران توی
چو این تخت بی‌شاه و بی‌تاج شد	ز خون مرز چون پر دراج شد
تو گفتیم باشی خداوند مرز	که این مرز را از تو دیدیم ارز
کنون غارت از تست و خون ریختن	به هر جای تاراج و آویختن
نبودی ازین پیش تو بدکنش	ز نفرین بترسیدی و سرزنش
نگه کن بدین تا پسند آیدت	به پیران سر این سودمند آیدت
جز از تو زبر داوری دیگرست	کز اندیشه‌ی برتران برترست
بگوید فرستاده چیزی که دید	سخن نیز کز کاردانان شنید
جوانوی دانا ز پیش سران	بیامد سوی دشت نیزه‌وران
به منذر سخن گفت و نامه بداد	سخنهای ایرانیان کرد یاد

سخنهایش بشنید شاه عرب / به پاسخ برو هیچ نگشاد لب
چنین گفت کای دانشی چاره‌جوی / سخن زین نشان با شهنشاه گوی
بگوی این که گفتی به بهرامشاه / چو پاسخ بجویی نمایدت راه
فرستاد با او یکی نامدار / جوانوی شد تا در شهریار
چو بهرام را دید داننده مرد / برو آفریننده را یاد کرد
ازان برز و بالا و آن یال و کفت / فروماند بینادل اندر شگفت
همی می چکد گویی از روی اوی / همی بوی مشک آید از موی اوی
سخن‌گوی بی‌فر و بی‌هوش گشت / پیامش سراسر فراموش گشت
بدانست بهرام کو خیره شد / ز دیدار چشم و دلش تیره شد
بپرسید بسیار و بنواختش / به خوبی بر تخت بنشاختش
چو گستاخ شد زو بپرسید شاه / کز ایران چرا رنجه گشتی به راه
فرستاد با او یکی پرخرد / که او را به نزدیک منذر برد
بگوید که آن نامه پاسخ نویس / به پاسخ سخنهای فرخ نویس
وزان پس نگر تا چه دارد پیام / ازو بشنود پاسخ او تمام
بیامد جوانو سخنها بگفت / رخ منذر از رای او برشکفت
چو بشنید زان مرد بنا سخن / مر آن نامه را پاسخ افگند بن
جوانوی را گفت کای پرخرد / هرانکس که بد کرد کیفر برد
شنیدم همه هرچ دادی پیام / وزان نامداران که کردی سلام
چنین گوی کاین بد که کرد از نخست / که بیهوده پیکار بایست جست
شهنشاه بهرام گور ایدرست / که با فر و برزست و با لشکرست
ز سوراخ چون مار بیرون کشید / همی دامن خویش در خون کشید
گر ایدونک من بودمی رای زن / به ایرانیان بر نبودی شکن
جوانوی روی شهنشاه دید / وزو نیز چندی سخنها شنید
بپرسید تا شاید او تخت را / بزرگی و پیروزی و بخت را
ز منذر چو بشنید زان‌سان سخن / یکی روشن اندیشه افگند بن
چنین داد پاسخ که ای سرفراز / به دانایی از هرکسی بی‌نیاز
از ایرانیان گر خرد گشته شد / فراوان از آزادگان کشته شد
کنون من یکی نامجویم کهن / اگر بشنوی تا بگویم سخن
ترا با شهنشاه بهرام گور / خرامید باید ابی جنگ و شور

به ایران زمین در ابا یوز و باز
چنانچون بود شاه گردن‌فراز
شنیدن سخنهای ایرانیان
همانا ز جنبش نباید زیان
بگویی تو نیز آنچ اندرخورد
خردمندی و دوری از بی‌خرد
ز رای بدان دور داری منش
بپیچی ز بیغاره و سرزنش
چو بشنید منذر ورا هدیه داد
کسی کردش از شهر آباد شاد

آمدن منذر و بهرام گور

خود و شاه بهرام با رای‌زن
نشستند و گفتند بی‌انجمن
سخنشان بران راست شد کز یمن
به ایران خرامند با انجمن
گزین کرد از تازیان سی هزار
همه نیزه‌داران خنجرگزار
به دینارشان یکسر آباد کرد
سر نامداران پر از باد کرد
چو آگاهی این به ایران رسید
جوانوی نزد دلیران رسید
بزرگان ازان کار غمگین شدند
بر آذر پاک برزین شدند
ز یزدان همی خواستند آنک رزم
مگر باز گردد به شادی و بزم
چو منذر به نزدیک جهرم رسید
برآن دشت بی‌آب لشکر کشید

انجمن مهیستان ایران بار دویم

سراپرده زد راد بهرامشاه
به گرد اندر آمد ز هر سو سپاه
به منذر چنین گفت کای رای‌زن
به جهرم رسیدی ز شهر یمن
کنون جنگ سازیم گر گفت‌وگوی
چو لشکر به روی اندر آورد روی
بدو گفت منذر مهان را بخوان
چو آیند پیشت بیارای خوان
سخن گوی و بشنو ازیشان سخن
کسی تیز گردد تو تیزی مکن
بخوانیم تا چیستشان در نهان
کرا خواند خواهند شاه جهان
چو دانسته شد چاره‌ی آن کنیم
گر آسان بود کینه پنهان کنیم

ور ایدون کجا کین و جنگ آورند
بپیچند و خوی پلنگ آورند
من این دشت جهرم چو دریا کنم
ز خورشید تابان ثریا کنم
بر آنم که بینند چهر ترا
چنین برز و بالا و مهر ترا
خردمندی و رای و فرهنگ تو
شکیبایی و دانش و سنگ تو
نخواهند جز تو کسی تخت را
کله را و زیبایی بخت را
ور ایدونک گم کرده دارند راه
بخواهند بردن همی از تو گاه
من و این سواران و شمشیر تیز
برانگیزم اندر جهان رستخیز
ببینی بروهای پرچین من
فدای تو بادا تن و دین من
چو بینند بی‌مر سپاه مرا
همان رسم و آیین و راه مرا
همین پادشاهی که میراث تست
پدر بر پدر کرد شاید درست
سه دیگر که خون ریختن کار ماست
همان ایزد دادگر یار ماست
کسی را جز از تو نخواهند شاه
که زیبای تاجی و زیبای گاه
ز منذر چو شاه این سخنها شنید
بخندید و شادان دلش بردمید
چو خورشید برزد سر از تیغ کوه
ردان و بزرگان ایران گروه
پذیره شدن را بیاراستند
یکی دانشی انجمن خواستند
نهادند بهرام را تخت عاج
به سر بر نهاده بهاگیر تاج
نشستی به آیین شاهنشهان
بیاراست کو بود شاه جهان
ز یک دست بهرام منذر نشست
دگر دست نعمان و تیغی به دست
همان گرد بر گرد پرده‌سرای
ستاده بزرگان تازی به پای
از ایرانیان آنک بد پاک‌رای
بیامد به دهلیز پرده‌سرای
بفرمود تا پرده برداشتند
ز درشان به آواز بگذاشتند
به شاه جهان آفرین خواندند
به مژگان همی خون برافشاندند
رسیدند نزدیک بهرامشاه
بدیدند زیبا یکی تاج و گاه
به آواز گفتند انوشه بدی
همیشه ز تو دور دست بدی
شهنشاه پرسید و بنواختشان
به اندازه بر پایگه ساختشان
چنین گفت بهرام کای مهتران
جهاندیده و سالخورده سران
پدر بر پدر پادشاهی مراست
چرا بخشش اکنون برای شماست
به آواز گفتند ایرانیان
که ما را شکیبا مکن بر زیان
نخواهیم یکسر به شاهی ترا
بر و بوم ما را سپاهی ترا

کزین تخمه پرداغ و دودیم و درد	شب و روز با پیچش و باد سرد
چنین گفت بهرام کری رواست	هوا بر دل هرکسی پادشاست
مرا گر نخواهید بی‌رای من	چرا کس نشانید بر جای من
چنین گفت موبد که از راه داد	نه خسرو گریزد نه کهتر نژاد
تو از ما یکی باش و شاهی گزین	که خوانند هرکس برو آفرین
سه روز اندران کار شد روزگار	که جویند ز ایران یکی شهریار
نوشتند پس نام صد نامور	فروزنده‌ی تاج و تخت و کمر
ازان صد یکی نام بهرام بود	که در پادشاهی دلارام بود
ازین صد به پنجاه بازآمدند	پر از چاره و پرنیاز آمدند
ز پنجاه بهرام بود از نخست	اگر جست پای پدر گر نجست
ز پنجاه بازآوریدند سی	ز ایرانی و رومی و پارسی
ز سی نیز بهرام بد پیش رو	که هم تاجور بود و هم شیر نو
ز سی کرد داننده موبد چهار	وزین چار بهرام بد شهریار
چو تنگ اندرآمد ز شاهی سخن	ز ایرانیان هرک او بد کهن
نخواهیم گفتند بهرام را	دلیر و سبکسار و خودکام را
خروشی برآمد میان سران	دل هرکسی تیز گشت اندران
چنین گفت منذر به ایرانیان	که خواهم که دانم به سود و زیان
کزین سال ناخورده شاه جوان	چرایید پر درد و تیره‌روان
بزرگان به پاسخ بیاراستند	بسی خسته دل پارسی خواستند
ز ایران کرا خسته بد یزدگرد	یکایک بران دشت کردند گرد
بریده یکی را دو دست و دو پای	یکی مانده بر جای و جانش به جای
یکی را دو دست و دو گوش و زبان	بریده شده چون تن بی‌روان
یکی را ز تن دور کرده دو کفت	ازان مردمان ماند منذر شگفت
یکی را به مسمار کنده دو چشم	چو منذر بدید آن برآورد خشم
غمی گشت زان کار بهرام سخت	به خاک پدر گفت کای شوربخت
اگر چشم شادیت بر دوختی	روان را به آتش چرا سوختی
جهانجوی منذر به بهرام گفت	که این بد بریشان نباید نهفت
سخنها شنیدی تو پاسخ‌گزار	که تندی نه خوب آید از شهریار
چنین گفت بهرام کای مهتران	جهاندیده و کارکرده سران

۱۳۴۶

همه راست گفتید و زین بترست / پدر را نکوهش کنم در خورست
ازین چاشنی هست نزدیک من / کزان تیره شد رای تاریک من
چو ایوان او بود زندان من / چو بخشایش آورد یزدان من
رهانید طینوشم از دست اوی / بشد خسته کام من از شست اوی
ازان کرده‌ام دست منذر پناه / که هرگز ندیدم نوازش ز شاه
بدان خو مبادا که مردم بود / چو باشد پی مردمی گم بود
سپاسم ز یزدان که دارم خرد / روانم همی از خرد برخورد
ز یزدان همی خواستم تاکنون / که باشد به خوبی مرا رهنمون
که تا هرچ با مردمان کرد شاه / بشوییم ما جان و دل زان گناه
به کام دل زیردستان منم / بر آیین یزدان‌پرستان منم
شبان باشم و زیردستان رمه / تن‌آسانی و داد جویم همه
منش هست و فرهنگ و رای و هنر / ندارد هنر شاه بیدادگر
لیمی و کژی ز بیچارگیست / به بیدادگر بر بباید گریست
پدر بر پدر پادشاهی مراست / خردمندی و نیکخواهی مراست
ز شاپور بهرام تا اردشیر / همه شهریاران برنا و پیر
پدر بر پدربر نیای منند / به دین و خرد رهنمای منند
ز مادر نبیره‌ی شمیران شهم / ز هر گوهری با خرد همرهم
هنر هم خرد هم بزرگیم هست / سواری و مردی و نیروی دست
کسی را ندارم ز مردان به مرد / به رزم و به بزم و به هر کارکرد
نهفته مرا گنج و آگنده هست / همان نامداران خسروپرست
جهان یکسر آباد دارم به داد / شما یکسر آباد باشید و شاد
هران بوم کز رنج ویران شدست / ز بیدادی شاه ایران شدست
من آباد گردانم آن را به داد / همه زیردستان بمانند شاد
یکی با شما نیز پیمان کنم / زبان را به یزدان گروگان کنم
بیاریم شاهنشهی تخت عاج / برش در میان تنگ بنهیم تاج
ز بیشه دو شیر ژیان آوریم / همان تاج را در میان آوریم
ببندیم شیر ژیان بر دو سوی / کسی را که شاهی کند آرزوی
شود تاج برگیرد از تخت عاج / به سر برنهد نامبردار تاج
به شاهی نشیند میان دو شیر / میان شاه و تاج از بر و تخت زیر

جز او را نخواهیم کس پادشا	اگر دادگر باشد و پارسا
وگر زین که گفتم بتابید یال	گزینید گردنکشی را همال
به جایی که چون من بود پیش رو	سنان سواران بود خار و خو
من و منذر و گرز و شمشیر تیز	ندانند گردان تازی گریز
برآریم گرد از شهنشاهتان	همان از بر و بوم وز گاهتان
کنون آنچ گفتیم پاسخ دهید	بدین داوری رای فرخ نهید
بگفت این و برخاست و در خیمه شد	جهانی ز گفتارش آسیمه شد
به ایران رد و موبدان هرک بود	که گفتار آن شاه دانا شنود
بگفتند کین فره ایزدیست	نه از راه کژی و نابخردیست
نگوید همی یک سخن جز به داد	سزد گر دل از داد داریم شاد
کنون آنک گفت او ز شیر ژیان	یکی تاج و تخت کیی بر میان
گر او را بدرند شیران نر	ز خونش بپرسد ز ما دادگر
چو خود گفت و این رسم بد خود نهاد	همان کز به مرگش نباشیم شاد
ور ایدون کجا تاج بردارد اوی	به فر از فریدون گذر دارد اوی
جز از شهریارش نخوانیم کس	ز گفتارها داد دادیم و بس
گذشت آن شب و بامداد پگاه	بیامد نشست از بر گاه شاه
فرستاد و ایرانیان را بخواند	ز روز گذشته فراوان براند
به آواز گفتند پس موبدان	که هستی تو داناتر از بخردان
به شاهنشهی در چه پیش آوری	چو گیری بلندی و کنداوری
چه پیش آری از داد و از راستی	کزان گم شود کژی و کاستی
چنین داد پاسخ به فرزانگان	بدان نامداران و مردانگان
که بخشش بیفزایم از گفت‌وگوی	بکاهم ز بیدادی و جست و جوی
کسی را کجا پادشاهی سزاست	زمین را بدیشان ببخشیم راست
جهان را بدارم به رای و به داد	چو ایمنی کنم باشم از داد شاد
کسی را که درویش باشد به نیز	ز گنج نهاده ببخشیم چیز
گنه کرده را پند پیش آوریم	چو دیگر کند بند پیش آوریم
سپه را به هنگام روزی دهیم	خردمند را دلفروزی دهیم
همان راست داریم دل با زبان	ز کژی و تاری بپیچم روان
کسی کو بمیرد نباشدش خویش	وزو چیز ماند ز اندازه بیش

۱۳۴۸

به دوریش بخشم نیارم به گنج
نبندم دل اندر سرای سپنج

همه رای با کاردانان زنیم
به تدبیر پشت هوا بشکنیم

ز دستور پرسیم یکسر سخن
چو کاری نو افگند خواهم ز بن

کسی کو همی داد خواهد ز من
نجویم پراگندن انجمن

دهم داد آنکس که او داد خواست
به چیزی نرانم سخن جز به راست

مکافات سازم بدان را به بد
چنان کز ره شهریاران سزد

برین پاک یزدان گوای منست
خرد بر زبان رهنمای منست

همان موبد و موبد موبدان
پسندیده و کاردیده ردان

برین کار یک سال گر بگذرد
نپیچم ز گفتار جان و خرد

ز میراث بیزارم و تاج و تخت
ازان پس نشینم بر شوربخت

چو پاسخ شنیدند آن بخردان
بزرگان و بیداردل موبدان

ز گفت گذشته پشیمان شدند
گنه کارگان سوی درمان شدند

به آواز گفتند یک با دگر
که شاهی بود زین سزاوارتر

به مردی و گفتار و رای و نژاد
ازین پاک‌تر در جهان کس نزاد

ز داد آفریدست ایزد ورا
مبادا که کاری رسد بد ورا

به گفتار اگر هیچ تاب آوریم
خرد را همی سر به خواب آوریم

همه نیکویها بیابیم ازوی
به خورد و به داد اندر آریم روی

بدین برز بالا و این شاخ و یال
به گیتی کسی نیست او را همال

پس پشت او لشکر تازیان
چو منذرش یاور به سود و زیان

اگر خود بگیرد سر گاه خویش
به گیتی که باشد ز بهرام بیش

ازان پس ز ایرانیانش چه باک
چه ما پیش او در چه یک مشت خاک

به بهرام گفتند کای فرمند
به شاهی توی جان ما را پسند

ندانست کس در هنرهای تو
به پاکی تن و دانش و رای تو

چو خسرو که بود از نژاد پشین
به شاهی برو خواندند آفرین

همه زیر سوگند و بند وییم
که گوید که اندر گزند وییم

گرو زین سپس شاه ایران بود
همه مرز در چنگ شیران بود

گروهی به بهرام باشند شاد
ز خسرو دگر پاره گیرند یاد

ز داد آن چنان به که پیمان تست
ازان پس جهان زیر فرمان تست

بهانه همان شیر جنگیست و بس
ازین پس بزرگی نجویند کس

بدان گشت بهرام همداستان	که آورد او پیش ازین داستان
چنین بود آیین شاهان داد	که چون نو بدی شاه فرخ‌نژاد
بر او شدی موبد موبدان	ببردی سه بینادل از بخردان
همو شاه بر گاه بنشاندی	بدان تاج بر آفرین خواندی
نهادی به نام کیان بر سرش	بسودی به شادی دو رخ بر برش
ازان پس هرانکس که بردی نثار	به خواهنده دادی همی شهریار
به موبد سپردند پس تاج و تخت	به هامون شد از شهر بیداربخت
دو شیر ژیان داشت گستهم گرد	به زنجیر بسته به موبد سپرد
ببردند شیران جنگی کشان	کشنده شد از بیم چون بیهشان
ببستند بر پایه‌ی تخت عاج	نهادند بر گوشه‌ی عاج تاج
جهانی نظاره بران تاج و تخت	که تا چون بود کار آن نیک‌بخت
که گر شاه پیروز گردد برین	برو شهریاران کنند آفرین
چو بهرام و خسرو به هامون شدند	بر شیر با دل پر از خون شدند
چو خسرو بدید آن دو شیر ژیان	نهاده یکی افسر اندر میان
بدان موبدان گفت تاج از نخست	مر آن را سزاتر که شاهی بجست
و دیگر که من پیرم و او جوان	به چنگال شیر ژیان ناتوان
بران بد که او پیش‌دستی کند	به برنایی و تندرستی کند
بدو گفت بهرام کری رواست	نهانی نداریم گفتار راست
یکی گرزه گاوسر برگرفت	جهانی بدو مانده اندر شگفت
بدو گفت موبد که ای پادشا	خردمند و بادانش و پارسا
همی جنگ شیران که فرمایدت	جز از تاج شاهی چه افزایدت
تو جان از پی پادشاهی مده	خورش بی‌بهانه به ماهی مده
همه بی‌گناهیم و این کار تست	جهان را همه دل به بازار تست
بدو گفت بهرام کای دین‌پژوه	تو زین بی‌گناهی و دیگر گروه
هم‌آورد این نره شیران منم	خریدار جنگ دلیران منم
بدو گفت موبد به یزدان پناه	چو رفتی دلت را بشوی از گناه
چنان کرد کو گفت بهرامشاه	دلش پاک شد توبه کرد از گناه
همی رفت با گرزه‌ی گاوروی	چو دیدند شیران پرخاشجوی
یکی زود زنجیر بگسست و بند	بیامد بر شهریار بلند

بزد بر سرش گرز بهرام گرد   ز چشمش همی روشنایی ببرد
بر دیگر آمد بزد بر سرش   فرو ریخت از دیده خون از برش
جهاندار بنشست بر تخت عاج   به سر بر نهاد آن دلفروز تاج
به یزدان پناهید کو بد پناه   نماینده‌ی راه گم کرده راه
بشد خسرو و برد پیشش نماز   چنین گفت کای شاه گردن‌فراز
نشست تو بر گاه فرخنده باد   یلان جهان پیش تو بنده باد
تو شاهی و ما بندگان توایم   به خوبی فزایندگان توایم
بزرگان برو گوهر افشاندند   بران تاج نو آفرین خواندند
ز گیتی برآمد سراسر خروش   در آذر بد این جشن روز سروش
برآمد یکی ابر و شد تیره‌ماه   همی تیر بارید ز ابر سیاه
نه دریا پدید و نه دشت و نه راغ   نبینم همی در هوا پر زاغ
حواصل فشاند هوا هر زمان   چه سازد همی زین بلند آسمان
نماندم نمکسود و هیزم نه جو   نه چیزی پدیدست تا جودرو
بدین تیرگی روز و بیم خراج   زمین گشته از برف چون کوه عاج
همه کارها را سراندر نشیب   مگر دست گیرد حسین قتیب
کنون داستانی بگویم شگفت   کزان برتر اندازه نتوان گرفت

پادشاهی بهرام گور

پادشاهی بهرام گور

چو بر تخت بنشست بهرام گور	برو آفرین کرد بهرام و هور
پرستش گرفت آفریننده را	جهاندار و بیدار و بیننده را
خداوند پیروزی و برتری	خداوند افزونی و کمتری
خداوند داد و خداوند رای	کزویست گیتی سراسر به پای
ازان پس چنین گفت کاین تاج و تخت	ازو یافتم کافریدست بخت
بدو هستم امید و هم زو هراس	وزو دارم از نیکویها سپاس
شما هم بدو نیز نازش کنید	بکوشید تا عهد او نشکنید
زبان برگشادند ایرانیان	که بستیم ما بندگی را میان
که این تاج بر شاه فرخنده باد	همیشه دل و بخت او زنده باد
وزان پس همه آفرین خواندند	همه بر سرش گوهر افشاندند
چنین گفت بهرام کای سرکشان	ز نیک و بد روز دیده نشان
همه بندگانیم و ایزد یکیست	پرستش جز او را سزاوار نیست
ز بد روز بی‌بیم داریمتان	به بدخواه حاجت نیاریمتان
بگفت این و از پیش برخاستند	برو آفرین نو آراستند
شب تیره بودند با گفت‌وگوی	چو خورشید بر چرخ بنمود روی
به آرام بنشست بر گاه شاه	برفتند ایرانیان بارخواه
چنین گفت بهرام با مهتران	که این نیکنامان و نیک‌اختران
به یزدان گراییم و رامش کنیم	بتازیم و دل زین جهان برکنیم
بگفت این و اسپ کیان خواستند	کیی بارگاهش بیاراستند
سه دیگر چو بنشست بر تخت گفت	که رسم پرستش نباید نهفت
به هستی یزدان گوایی دهیم	روان را بدین آشنایی دهیم
بهشتست و هم دوزخ و رستخیز	ز نیک و ز بد نیست راه گریز
کسی کو نگرود به روز شمار	مر او را تو بادین و دانا مدار
به روز چهارم چو بر تخت عاج	بسر بر نهاد آن پسندیده تاج

چنین گفت کز گنج من یک زمان
نیم شاد کز مردم شادمان

نیم خواستار سرای سپنج
نه از بازگشتن به تیمار و رنج

که آنست جاوید و این ره‌گذار
تو از آز پرهیز و انده مدار

به پنجم چنین گفت کز رنج کس
نیم شاد تا باشدم دست‌رس

به کوشش بجوییم خرم بهشت
خنک آنک جز تخم نیکی نکشت

ششم گفت بر مردم زیردست
مبادا که هرگز بجویم شکست

جهان را ز دشمن تن‌آسان کنیم
بداندیشگان را هراسان کنیم

به هفتم چو بنشست گفت ای مهان
خردمند و بیدار و دیده جهان

چو با مردم زفت زفتی کنیم
همی با خردمند جفتی کنیم

هرانکس که با ما نسازند گرم
بدی بیش ازان بیند او کز پدرم

هرانکس که فرمان ما برگزید
غم و درد و رنجش نباید کشید

به هشتم چو بنشست فرمود شاه
جوانوی را خواندن از بارگاه

بدو گفت نزدیک هر مهتری
به هر نامداری و هر کشوری

یکی نامه بنویس با مهر و داد
که بهرام بنشست بر تخت شاد

خداوند بخشایش و راستی
گریزنده از کژی و کاستی

که با فر و برزست و با مهر و داد
نگیرد جز از پاک دادار یاد

پذیرفتم آن را که فرمان برد
گناه آن سگالد که درمان برد؟

نشستم برین تخت فرخ پدر
بر آیین تهمورس دادگر

به داد از نیاکان فزونی کنم
شما را به دین رهنمونی کنم

جز از راستی نیست با هرکسی
اگر چند ازو کژی آید بسی

بران دین زردشت پیغمبرم
ز راه نیاکان خود نگذرم

نهم گفت زردشت پیشین بروی
به راهیم پیغمبر راست‌گوی

همه پادشاهید بر چیز خویش
نگهبان مرز و نگهبان کیش

به فرزند و زن نیز هم پادشا
خنک مردم زیرک و پارسا

نخواهیم آگندن زر به گنج
که از گنج درویش ماند به رنج

گر ایزد مرا زندگانی دهد
برین اختران کامرانی دهد

یکی رامشی نامه خوانید نیز
کزان جاودان ارج یابید و چیز

ز ما بر همه پادشاهی درود
به ویژه که مهرش بود تار و پود

نهادند بر نامه‌ها بر نگین
فرستادگان خواست با آفرین

برفتند با نامه‌ها موبدان	سواران بینادل و بخردان
دگر روز چون بردمید آفتاب	ببالید کوه و بپالود خواب
به نزدیک منذر شدند این گروه	که بهرام شه بود زیشان ستوه
که خواهشگری کن به نزدیک شاه	ز کردار ما تا ببخشد گناه
که چونان بدیم از بد یزدگرد	که خون در تن نامداران فسرد
ز بس زشت گفتار و کردار اوی	ز بیدادی و درد و آزار اوی
دل ما به بهرام ازان بود سرد	که از شاه بودیم یکسر به درد
بشد منذر و شاه را کرد نرم	بگسترد پیشش سخنهای گرم
ببخشید اگر چندشان بد گناه	که با گوهر و دادگر بود شاه
بیاراست ایوان شاهنشهی	برفت آنک بودند یکسر مهی
چو جای بزرگی بپرداختند	کرا بود شایسته بنشاختند
به هر جای خوانی بیاراستند	می و رود و رامشگران خواستند
دوم روز رفتند دیگر گروه	سپهبد نیامد ز خوردن ستوه
سیم روز جشن و می و سور بود	غم از کاخ شاه جهان دور بود
بگفت آنک نعمان و منذر چه کرد	ز بهر من این پاک زاده دو مرد
همه مهتران خواندند آفرین	بران دشت آباد و مردان کین
ازان پس در گنج بگشاد شاه	به دینار و دیبا بیاراست گاه
به اسپ و سنان و به خفتان جنگ	ز خود و ز هر گوهری رنگ‌رنگ
سراسر به نعمان و منذر سپرد	جوانوی رفت آن بدیشان شمرد
کس اندازه‌ی بخشش او نداشت	همان تاو با کوشش او نداشت
همان تازیان را بسی هدیه داد	از ایوان شاهی برفتند شاد
بیاورد پس خلعت خسروی	همان اسپ و هم جامه‌ی پهلوی
به خسرو سپردند و بنواختش	بر گاه فرخنده بنشاختش
شهنشاه خسرو به نرسی رسید	ز تخت اندر آمد به کرسی رسید
برادرش بد یکدل و یک‌زبان	ازو کهتر آن نامدار جوان
ورا پهلوان کرد بر لشکرش	بدان تا به آیین بود کشورش
سپه را سراسر به نرسی سپرد	به بخشش همی پادشاهی ببرد
در گنج بگشاد و روزی بداد	سپاهش به دینار گشتند شاد
بفرمود پس تا گشسپ دبیر	بیامد بر شاه مردم پذیر

کجا بود دانا بدان روزگار	شمار جهان داشت اندر کنار
جوانوی بیدار با او بهم	که نزدیک او بد شمار درم
ز باقی که بد نزد ایرانیان	بفرمود تا بگسلد از میان
دبیران دانا به دیوان شدند	ز بهر درم پیش کیوان شدند
ز باقی که بد بر جهان سربسر	همه برگرفتند یک با دگر
نود بار و سه بار کرده شمار	به ایران درم بد هزاران هزار
ببخشید و دیوان بر آتش نهاد	همه شهر ایران بدو گشت شاد
چو آگاه شد زان سخن هرکسی	همی آفرین خواند هرکس بسی
برفتند یکسر به آتشکده	به ایوان نوروز و جشن سده
همی مشک بر آتش افشاندند	به بهرام بر آفرین خواندند
وزان پس بفرمود کارآگهان	یکی تا بگردند گرد جهان
کسی را کجا رانده بد یزدگرد	بجست و به یک شهرشان کرد گرد
بدان تا شود نامه‌ی شهریار	که آزادگان را کند خواستار
فرستاد خلعت به هر مهتری	ببخشید به اندازه‌شان کشوری
رد و موبد و مرزبان هرک بود	که آواز بهرام زان سان شنود
سراسر به درگاه شاه آمدند	گشاده‌دل و نیکخواه آمدند
بفرمود تا هرک بد دادجوی	سوی موبد موبد آورد روی
چو فرمانش آمد ز گیتی به جای	منادیگری کرد بر در به پای
که ای زیردستان بیدار شاه	ز غم دور باشید و دور از گناه
وزین پس بران کس کنید آفرین	که از داد آباد دارد زمین
ز گیتی به یزدان پناهید و بس	که دارنده اویست و فریادرس
هرانکس که بگزید فرمان ما	نپیچد سر از رای و پیمان ما
برو نیکویها برافزون کنیم	ز دل کینه و آز بیرون کنیم
هرانکس که از داد بگریزد اوی	به بادآفره در بیاویزد اوی
گر ایدونک نیرو دهد کردگار	به کام دل ما شود روزگار
برین نیکویها فزایش بود	شما را بر ما ستایش بود
همه شهر ایران به گفتار اوی	برفتند شادان‌دل و تازه‌روی
بدانگه که شد پادشاهیش راست	فزون گشت شادی و انده بکاست
همه روز نخچیر بد کار اوی	دگر اسپ و میدان و چوگان و گوی

داستان بهرام با لنبک آبکش و براهام

چنان بد که روزی به نخچیر شیر   همی رفت با چند گرد دلیر
بشد پیر مردی عصایی به دست   بدو گفت کای شاه یزدان‌پرست
به راهام مردیست پرسیم و زر   جهودی فریبنده و بدگهر
به آزادگی لنبک آبکش   به آرایش خوان و گفتار خوش
بپرسید زان کهتران کاین کیند   به گفتار این پیر سر بر چیند
چنین گفت با او یکی نامدار   که ای با گهر نامور شهریار
سقاایست این لنبک آبکش   جوانمرد و با خوان و گفتار خوش
به یک نیم روز آب دارد نگاه   دگر نیمه مهمان بجوید ز راه
نماند به فردا از امروز چیز   نخواهد که در خانه باشد به نیز
به راهام بی‌بر جهودیست زفت   کجا زفتی او نشاید نهفت
درم دارد و گنج و دینار نیز   همان فرش دیبا و هرگونه چیز
منادیگری را بفرمود شاه   که شو بانگ زن پیش بازارگاه
که هرکس که از لنبک آبکش   خرد آب خوردن نباشدش خوش
همی بود تا زرد گشت آفتاب   نشست از بر باره بی‌زور و تاب
سوی خانه‌ی لنبک آمد چو باد   بزد حلقه بر درش و آواز داد
که من سرکشی‌ام ز ایران سپاه   چو شب تیره شد بازماندم ز شاه
درین خانه امشب درنگم دهی   همه مردمی باشد و فرهی
ببد شاد لنبک ز آواز اوی   وزان خوب گفتار دمساز اوی
بدو گفت زود اندر آی ای سوار   که خشنود باد ز تو شهریار
اگر با تو ده تن بدی به بدی   همه یک به یک بر سرم مه بدی
فرود آمد از باره بهرامشاه   همی داشت آن باره لنبک نگاه
بمالید شادان به چیزی تنش   یکی رشته بنهاد بر گردنش
چو بنشست بهرام لنبک دوید   یکی شهره شطرنج پیش آورید
یکی کاسه آورد پر خوردنی   بیاورد هرگونه آوردنی

به بهرام گفت ای گرانمایه مرد / بنه مهره بازی از بهر خورد
بدید آنک کلنبک بدو داد شاه / بخندید و بنهاد بر پیش گاه
چو نان خورده شد میزبان در زمان / بیاورد جامی ز می شادمان
همی خورد بهرام تا گشت مست / به خوردنش آنگه بیازید دست
شگفت آمد او را ازان جشن اوی / وزان خوب گفتار وزان تازه روی
بخفت آن شب و بامداد پگاه / از آواز او چشم بگشاد شاه
چنین گفت لنبک به بهرام گور / که شب بی نوا بد همانا ستور
یک امروز مهمان من باش وبس / وگر یار خواهی بخوانیم کس
بیاریم چیزی که باید به جای / یک امروز با ما به شادی بپای
چنین گفت با آبکش شهریار / که امروز چندان نداریم کار
که ناچار ز ایدر بباید شدن / هم اینجا به نزد تو خواهم بدن
بسی آفرین کرد لنبک بروی / ز گفتار او تازه‌تر کرد روی
بشد لنبک و آب چندی کشید / خریدار آبش نیامد پدید
غمی گشت و پیراهنش درکشید / یکی آبکش را به بر برکشید
بها بستد و گوشت بخرید زود / بیامد سوی خانه چون باد و دود
بپخت و بخوردند و می خواستند / یکی مجلس دیگر آراستند
ببود آن شب تیره با می به دست / همان لنبک آبکش می‌پرست
چو شب روز شد تیز لنبک برفت / بیامد به نزدیک بهرام تفت
بدو گفت روز سیم شادباش / ز رنج و غم و کوشش آزاد باش
بزن دست با من یک امروز نیز / چنان دان که بخشیده‌ای زر و چیز
بدو گفت بهرام کین خود مباد / که روز سه دیگر نباشیم شاد
برو آبکش آفرین خواند و گفت / که بیداردل باش و با بخت جفت
به بازار شد مشک و آلت ببرد / گروگان به پرمایه مردی سپرد
خرید آنچ بایست و آمد دوان / به نزدیک بهرام شد شادمان
بدو گفت یاری ده اندر خورش / که مرد از خورشها کند پرورش
ازو بستد آن گوشت بهرام زود / برید و بر آتش خورشها فزود
چو نان خورده شد می‌گرفتند و جام / نخست از شهنشاه بردند نام
چو می خورده شد خواب را جای کرد / به بالین او شمع بر پای کرد
به روز چهارم چو بفروخت هور / شد از خواب بیدار بهرام گور

بشد میزبان گفت کای نامدار ببودی درین خانه‌ی تنگ و تار
بدین خانه اندر تن‌آسان نه‌ای گر از شاه ایران هراسان نه‌ای
دو هفته بدین خانه‌ی بی‌نوا بباشی گر آید دلت را هوا
برو آفرین کرد بهرامشاه که شادان و خرم بدی سال و ماه
سه روز اندرین خانه بودیم شاد که شاهان گیتی گرفتیم یاد
به جایی بگویم سخنهای تو که روشن شود زو دل و رای تو
که این میزبانی ترا بر دهد چو افزون دهی تخت و افسر دهد
بیامد چو گرد اسپ را زین نهاد به نخچیرگه رفت زان خانه شاد
همی کرد نخچیر تا شب ز کوه برآمد سبک بازگشت از گروه

رفتن بهرام به خانه براهام

ز پیش سواران چو ره برگرفت سوی خان بی‌بر به راهام تفت
بزد در بگفتا که بی‌شهریار بماندم چو او بازماند از شکار
شب آمد ندانم همی راه را نیابم همی لشکر و شاه را
گر امشب بدین خانه یابم سپنج نباشد کسی را ز من هیچ رنج
به پیش به راهام شد پیشکار بگفت آنچ بشنید ازان نامدار
به راهام گفت ایچ ازین در مرنج بگویش که ایدر نیابی سپنج
بیامد فرستاده با او بگفت که ایدر ترا نیست جای نهفت
بدو گفت بهرام با او بگوی کز ایدر گذشتن مرا نیست روی
همی از تو من خانه خواهم سپنج نیارم به چیزت ازان پس به رنج
چو بشنید پویان بشد پیشکار به نزد به راهام گفت این سوار
همی ز ایدر امشب نخواهد گذشت سخن گفتن و رای بسیار گشت
به راهام گفتش که رو بی‌درنگ بگویش که این جایگاهیست تنگ
جهودیست درویش و شب گرسنه بخسپد همی بر زمین برهنه
بگفتند و بهرام گفت ار سپنج نیابم بدین خانه آیدت رنج
بدین در بخسپم نجویم سرای نخواهم به چیزی دگر کرد رای

به راهام گفت ای نبرده سوار
همی رنجه داری مرا خوارخوار

بخسپی و چیزت بدزدد کسی
ازان رنجه داری مرا تو بسی

به خانه درآی ار جهان تنگ شد
همه کار بی‌برگ و بی‌رنگ شد

به پیمان که چیزی نخواهی ز من
ندارم به مرگ آبچین و کفن

هم امشب ترا و نشست ترا
خورش باید و نیست چیزی مرا

گر این اسپ سرگین و آب افگند
وگر خشت این خانه را بشکند

به شبگیر سرگینش بیرون کنی
بروبی و خاکش به هامون کنی

همان خشت را نیز تاوان دهی
چو بیدار گردی ز خواب آن دهی

بدو گفت بهرام پیمان کنم
برین رنجها سر گروگان کنم

فرود آمد و اسپ را با لگام
ببست و برآهخت تیغ از نیام

نمدزین بگسترد و بالینش زین
بخفت و دو پایش کشان بر زمین

جهود آن در خانه از پس ببست
بیاورد خوان و به خوردن نشست

ازان پس به بهرام گفت ای سوار
چو این داستان بشنوی یاد دار

به گیتی هرانکس که دارد خورد
سوی مردم بی‌نوا ننگرد

بدو گفت بهرام کاین داستان
شنیدستم از گفته‌ی باستان

شنیدم به گفتار و دیدم کنون
که برخواندی از گفته‌ی رهنمون

می آورد چون خورده شد نان جهود
ازان می ورا شادمانی فزود

خروشید کای رنج‌دیده سوار
برین داستان کهن گوش‌دار

که هرکس که دارد دلش روشنست
درم پیش او چون یکی جوشنست

کسی کو ندارد بود خشک لب
چنانچون توی گرسنه نیم‌شب

بدو گفت بهرام کاین بس شگفت
به گیتی مرین یاد باید گرفت

که از جام یابی سرانجام نیک
خنک میگسار و می و جام نیک

چو از کوه خنجر برآورد هور
گریزان شد از خانه بهرام گور

بران چرمه‌ی ناچران زین نهاد
چه زین از برش خشک بالین نهاد

بیامد به راهام گفت ای سوار
به گفتار خود بر کنون پای‌دار

تو گفتی که سرگین این بارگی
به جاروب روبم به یکبارگی

کنون آنچ گفتی بروب و ببر
به رنجم ز مهمان بیدادگر

بدو گفت بهرام شو پایکار
بیاور که سرگین کشد بر کنار

دهم زر که تا خاک بیرون برد
وزین خانه‌ی تو به هامون برد

بدو گفت من کس ندارم که خاک	بروبد برد ریزد اندر مغاک
تو پیمان که کردی به کژی مبر	نباید که خوانمت بیدادگر
چو بشنید بهرام ازو این سخن	یکی تازه اندیشه افگند بن
یکی خوب دستار بودش حریر	به موزه درون پر ز مشک و عبیر
برون کرد و سرگین بدو کرد پاک	بینداخت با خاک اندر مغاک
به راهام را گفت کای پارسا	گر آزادیم بشنود پادشا
ترا از جهان بی‌نیازی دهد	بر مهتران سرفرازی دهد
برفت و بیامد به ایوان خویش	همه شب همی ساخت درمان خویش
پراندیشه آن شب به ایوان بخفت	بخندید و آن راز با کس نگفت
به شبگیر چون تاج بر سر نهاد	سپه را سراسر همه بار داد
بفرمود تا لنبک آبکش	بشد پیش او دست کرده به کش
ببردند ز ایوان به راهام را	جهود بداندیش و بدکام را
چو در بارگه رفت بنشاندند	یکی پاک‌دل مرد را خواندند
بدو گفت رو بارگیها ببر	نگر تا نباشی بجز دادگر
به خان به راهام شو بر گذار	نگر تا چه بینی نهاده بیار
بشد پاک‌دل تا به خان جهود	همه خانه دیبا و دینار بود
ز پوشیدنی هم ز گستردنی	ز افگندنی و پراگندنی
یکی کاروان‌خانه بود و سرای	کزان خانه بیرون نبودیش جای
ز در و ز یاقوت و هر گوهری	ز هر بدره‌یی بر سرش افسری
که دانند موبد مر آن را شمار	ندانست کردن بس روزگار
فرستاد موبد بدانجا سوار	شتر خواست از دشت جهرم هزار
همه بار کردند و دیگر نماند	همی شاددل کاروان را براند
چو بانگ درای آمد از بارگاه	بشد مرد بینا بگفت آن به شاه
که گوهر فزون زین به گنج تو نیست	همان مانده خروار باشد دویست
بماند اندران شاه ایران شگفت	ز راز دل اندیشه‌ها برگرفت
که چندین بورزید مرد جهود	چو روزی نبودش ز ورزش چه سود
ازان صد شتروار زر و درم	ز گستردنیها و از بیش و کم
جهاندار شاه آبکش را سپرد	بشد لنبک از راه گنجی ببرد
ازان پس براهام را خواند و گفت	که ای در کمی گشته با خاک جفت

۱۳۶۲

چه گویی که پیغمبرت چند زیست	چه بایست چندی به زشتی گریست
سوار آمد و گفت با من سخن	ازان داستانهای گشته کهن
که هرکس که دارد فزونی خورد	کسی کو ندارد همی پژمرد
کنون دست یازان ز خوردن بکش	ببین زین سپس خوردن آبکش
ز سرگین و زربفت و دستار و خشت	بسی گفت با سفله مرد کنشت
درم داد ناپاک دل را چهار	بدو گفت کاین را تو سرمایه‌دار
سزا نیست زین بیشتر مر ترا	درم مرد درویش را سر ترا
به ارزانیان داد چیزی که بود	خروشان همی رفت مرد جهود

کشتن بهرام شیران را و بازداشتن مردمان از خوردن می

چو یوز شکاری به کار آمدش	بجنبید و رای شکار آمدش
یکی باره‌یی تیزرو بر نشست	به هامون خرامید بازی به دست
یکی بیشه پیش آمدش پردرخت	نشستنگه مردم نیک‌بخت
بسان بهشتی یکی سبز جای	ندید اندرو مردم و چارپای
چنین گفت کاین جای شیران بود	همان رزمگاه دلیران بود
کمان را به زه کرد مرد دلیر	پدید آمد اندر زمان نره شیر
یکی نعره زد شیر چون در رسید	بزد دست شاه و کمان درکشید
بزد تیر و پهلوش با دل بدوخت	دل شیر ماده بدوبر بسوخت
همان ماده آهنگ بهرام کرد	بغرید و چنگش به اندام کرد
یکی تیغ زد بر میانش سوار	فروماند جنگی دران کارزار
برون آمد از بیشه مردی کهن	زبانش گشاده به شیرین سخن
کجا نام او مهربنداد بود	ازان زخم شمشیر او شاد بود
یکی مرد دهقان یزدان‌پرست	بدان بیشه بودیش جای نشست
چو آمد بر شاه ایران فراز	برو آفرین کرد و بردش نماز
بدو گفت کای مهتر نامدار	به کام تو باد اختر روزگار
یکی مرد دهقانم ای پاک‌رای	خداوند این جا و کشت و سرای

خداوند گاو و خر و گوسفند
ز شیران شده بددل و مستمند

کنون ایزد این کار بر دست تو
برآورد بر قبضه و شست تو

زمانی درین بیشه آیی چنین
بباشی به شیر و می و انگبین

به ره هست چندانک باید به کار
درختان بارآور و سایه‌دار

فرود آمد از باره بهرامشاه
همی کرد زان بیشه جایی نگاه

که باشد زمین سبز و آب روان
چنانچون بود جای مرد جوان

بشد مهربنداد و رامشگران
بیاورد چندی ز ده مهتران

بسی گوسفندان فربه بکشت
بیامد یکی جام زرین به مشت

چو نان خورده شد جامهای نبید
نهادند پیشش گل و شنبلید

چو شد مهربنداد شادان ز می
به بهرام گفت ای گو نیک‌پی

چنان دان که مانندهٔ‌ای شاه را
همان تخت زرین و هم‌گاه را

بدو گفت بهرام کری رواست
نگارنده بر چهرها پادشاست

چنان آفریند که خواهد همی
مر آن را گزیند که خواهد همی

اگر من همی نیک مانم به شاه
ترا دادم این بیشه و جایگاه

بگفت این و زان جایگه برنشست
به ایوان خرم خرامید مست

بخفت آن شب تیره در بوستان
همی یاد کرد از لب دوستان

چو بنشست می خواست از بامداد
بزرگان لشکر برفتند شاد

بیامد هم‌انگه یکی مرد مه
ورا میوه آورد چندی ز ده

شتربارها نار و سیب و بهی
ز گل دسته‌ها کرده شاهنشهی

جهاندار چون دید بنواختش
میان یلان پایگه ساختش

همین مه که با میوه و بوی بود
ورا پهلوی نام کبروی بود

به روی جهاندار جام نبید
دو من را به یکبار اندر کشید

چو شد مرد خرم ز دیدار شاه
ازان نامداران و آن جشنگاه

یکی جام دیگر پر از می بلور
به دلش اندر افتاد زان جام شور

ز پیش بزرگان بیازید دست
بدان جام می تاخت و بر پای جست

به یاد شهنشاه بگرفت جام
منم گفت میخواره کبروی نام

به روی شهنشاه جام نبید
چو من درکشم یار خواهم گزید

به جام اندرون بود می پنج من
خورم هفت ازین بر سر انجمن

پس انگه سوی ده روم من به هوش
ز من نشنود کس به مستی خروش

چنان هفت جام پر از می بخورد ازان می پرستان برآورد گرد
به دستوری شاه بیرون گذشت که داند که می در تنش چون گذشت
وزان جای خرم بیامد به دشت چو در سینه‌ی مرد، می گرم گشت
برانگیخت اسپ از میان گروه ز هامون همی تاخت تا پیش کوه
فرود آمد از باره جایی نهفت یله کرد و در سایه‌ی کوه خفت
ز کوه اندرآمد کلاغ سیاه دو چشمش بکند اندران خوابگاه
همی تاختند از پس‌اندر گروه ورا مرده دیدند بر پیش کوه
دو چشمش ز سر کنده زاغ سیاه برش اسپ او ایستاده به راه
برو کهترانش خروشان شدند وزان مجلس و جام جوشان شدند
چو بهرام برخاست از خوابگاه بیامد بر او یکی نیک‌خواه
که کبروی را چشم روشن کلاغ ز مستی بکندست در پیش راغ
رخ شهریار جهان زرد شد ز تیمار کبروی پر درد شد
هم‌انگه برآمد ز درگه خروش که ای نامداران با فر و هوش
حرامست می در جهان سربسر اگر زیردستت گر نامور
برین‌گونه بگذشت سالی تمام همی داشتی هرکسی می حرام
همان شه چو مجلس بیاراستی همان نامه‌ی باستان خواستی

داستان کودک کفشگر و باز روا ساختن بهرام، خوردن می را

چنین بود تا کودکی کفشگر زنی خواست با چیز و نام و گهر
نبودش دران کار افزار سخت همی زار بگریست مامش ز بخت
همانا نهان داشت لختی نبید پسر را بدان خانه اندر کشید
به پور جوان گفت کاین هفت جام بخور تا شوی ایمن و شادکام
مگر بشکنی امشب آن مهر تنگ کلنگ از نمد کی کندکان سنگ
بزد کفشگر جام می هفت و هشت هم‌اندر زمان آتشش سخت گشت
جوانمرد را جام گستاخ کرد بیامد در خانه سوراخ کرد
وزان جایگه شد به درگاه خویش شده شاددل یافته راه خویش

چنان بد که از خانه شیران شاه	یکی شیر بگسست و آمد به راه
ازان می همی کفشگر مست بود	به دیده ندید آنچ بایست بود
بشد تیز و بر شیر غران نشست	بیازید و بگرفت گوشش به دست
بران شیر غران پسر شیر بود	جوان از بر و شر در زیر بود
همی شد دوان شیروان چون نوند	به یک دست زنجیر و دیگر کمند
چو آن شیربان جهاندار شاه	بیامد ز خانه بدان جایگاه
یکی کفشگر دید بر پشت شیر	نشسته چو بر خر سواری دلیر
بیامد دوان تا در بارگاه	دلیر اندر آمد به نزدیک شاه
بگفت آن دلیری کزو دیده بود	به دیده بدید آنچ نشنیده بود
جهاندار زان در شگفتی بماند	همه موبدان و ردان را بخواند
به موبد چنین گفت کاین کفشگر	نگه کن که تا از که دارد گهر
همان مادرش چون سخن شد دراز	دوان شد بر شاه و بگشاد راز
نخست آفرین کرد بر شهریار	که شادان بزی تا بود روزگار
چنین گفت کاین نورسیده به جای	یکی زن گزین کرد و شد کدخدای
به کار اندرون نایژه سست بود	دلش گفتی از سست خودرست بود
بدادم سه جام نبیدش نهان	که ماند کس از تخم او در جهان
هماندر زمان لعل گشتش رخان	نمد سر برآورد و گشت استخوان
نژادش نبد جز سه جام نبید	که دانست کاین شاه خواهد شنید
بخندید زان پیرزن شاه گفت	که این داستان را نشاید نهفت
به موبد چنین گفت کاکنون نبید	حلالست میخواره باید گزید
که چندان خورد می که بر نره شیر	نشیند نیارد ورا شیر زیر
نه چندان که چشمش کلاغ سیاه	همی برکند رفته از نزد شاه
خروشی برآمد همانگه ز در	که ای پهلوانان زرین کمر
به اندازه‌بر هرکسی می خورید	به آغاز و فرجام خود بنگرید
چو می‌تان به شادی بود رهنمون	بکوشید تا تن نگردد زبون

ویران کردن و آباد کردن روزبه ده را

بیامد سوم روز شبگیر شاه / سوی دشت نخچیرگه با سپاه
به دست چپش هرمز کدخدای / سوی راستش موبد پاکرای
برو داستانها همی خواندند / ز جم و فریدون سخن راندند
سگ و یوز در پیش و شاهین و باز / همی تا به سر برد روز دراز
چو خورشید تابان به گنبد رسید / به جایی پی گور و آهو ندید
چو خورشید تابان درم ساز گشت / ز نخچیرگه تنگدل بازگشت
به پیش اندر آمد یکی سبز جای / بسی اندرو مردم و چارپای
ازان ده فراوان به راه آمدند / نظاره به پیش سپاه آمدند
جهاندار پرخشم و پرتاب بود / همی خواست کاید بدان ده فرود
نکردند زیشان کسی آفرین / تو گفتی ببست آن خران را زمین
ازان مردمان تنگدل گشت شاه / به خوبی نکرد اندر ایشان نگاه
به موبد چنین گفت کاین سبز جای / پر از خانه و مردم و چارپای
کنام دد و دام و نخچیر باد / به جوی اندرون آب چون قیر باد
بدانست موبد که فرمان شاه / چه بود اندران سوی ده شد ز راه
بدیشان چنین گفت کاین سبزجای / پر از خانه و مردم و چارپای
خوش آمد شهنشاه بهرام را / یکی تازه کرد اندرین کام را
دگر گفت موبد بدان مردمان / که جاوید دارید دل شادمان
شما را همه یکسره کرد مه / بدان تا کند شهره این خوب ده
بدین ده زن و کودکان مهترند / کسی را نباید که فرمان برند
بدین ده چه مزدور و چه کدخدای / به یک راه باید که دارند جای
زن و کودک و مرد جمله مهید / یکایک همه کدخدای دهید
خروشی برآمد ز پرمایه ده / ز شادی که گشتند همواره مه
زن و مرد ازان پس یکی شد به رای / پرستار و مزدور با کدخدای
چو ناباک شد مرد برنا به ده / بریدند ناگه سر مرد مه

همه یک به دیگر برآمیختند	به هرجای بی‌راه خون ریختند
چو برخاست زان روستا رستخیز	گرفتند ناگاه ازان ده گریز
بماندند پیران ابی پای و پر	بشد آلت ورزش و ساز و بر
همه ده به ویرانی آورد روی	درختان شده خشک و بی‌آب جوی
شده دست ویران و ویران سرای	رمیده ازو مردم و چارپای
چو یک سال بگذشت و آمد بهار	بران ره به نخچیر شد شهریار
بران جای آباد خرم رسید	نگه کرد و بر جای بر ده ندید
درختان همه خشک و ویران‌سرای	همه مرز بی‌مردم و چارپای
دل شاه بهرام ناشاد گشت	ز یزدان بترسید و پر داد گشت
به موبد چنین گفت کای روزبه	دریغست ویران چنین خوب ده
برو تیز و آباد گردان بگه نج	چنان کن کزین پس نبینند رنج
ز پیش شهنشاه موبد برفت	از آنجا به ویران خرامید تفت
ز برزن همی سوی برزن شتافت	بفرجام بیکار پیری بیافت
فرود آمد از باره بنواختش	بر خویش نزدیک بنشاختش
بدو گفت کای خواجه‌ی سالخورد	چنین جای آباد ویران که کرد
چنین داد پاسخ که یک روزگار	گذر کرد بر بوم ما شهریار
بیامد یکی بی‌خرد موبدی	ازان نامداران بی‌بر بدی
بما گفت یکسر همه مهترید	نگر تا کسی را به کس نشمرید
بگفت این و این ده پرآشوب گشت	پر از غارت و کشتن و چوب گشت
که یزدان ورا یار به اندازه باد	غم و مرگ و سختی بر و تازه باد
همه کار این جا پر از تیرگیست	چنان شد که بر ما بباید گریست
ازین گفته پردرد شد روزبه	بپرسید و گفت از شما کیست مه
چنین داد پاسخ که مهتر بود	به جایی که تخم گیا بر بود
بدو روزبه گفت مهتر تو باش	بدین جای ویران به سر بر تو باش
ز گنج جهاندار دینار خواه	هم از تخم و گاو و خر و بار خواه
بکش هرک بیکار بینی به ده	همه کهترانند یکسر تو مه
بدان موبد پیش نفرین مکن	نه بر آرزو راند او این سخن
اگر یار خواهی ز درگاه شاه	فرستمت چندانک خواهی بخواه
چو بشنید پیر این سخن شاد شد	از اندوه دیرینه آزاد شد

هم‌انگه سوی خانه شد مرد پیر / بیاورد مردم سوی آبگیر
زمین را به آباد کردن گرفت / همه مرزها را سپردن گرفت
ز همسایگان گاو و خر خواستند / همه دشت یکسر بیاراستند
خود و مرزداران بکوشید سخت / بکشتند هرجای چندی درخت
چو یک برزن نیک آباد شد / دل هرک دید اندران شاد شد
ازان جای هرکس که بگریختی / به مژگان همی خون فرو ریختی
چو آگاهی آمد ز آباد جای / هم از رنج این پیر سر کدخدای
یکایک سوی ده نهادند روی / به هر برزن آباد کردند جوی
همان مرغ و گاو و خر و گوسفند / یکایک برافزود بر کشتمند
درختی به هر جای هرکس بکشت / شد آن جای ویران چو خرم بهشت
به سالی سه دیگر بیاراست ده / برآمد ز ورزش همه کام مه
چو آمد به هنگام خرم بهار / سوی دشت نخچیر شد شهریار
ابا موبدش نام او روزبه / چو هر دو رسیدند نزدیک ده
نگه کرد فرخنده بهرام گور / جهان دید پرکشتمند و ستور
برآورده زو کاخهای بلند / همه راغ و هامون پر از گوسفند
همه راغ آب و همه دشت جوی / همه ده پر از مردم خوب‌روی
پراگنده بر کوه و دشتش بره / بهشتی شده بوم او یکسره
به موبد چنین گفت کای روزبه / چه کردی که ویران بد این خوب ده
پراگنده زو مردم و چارپای / چه دادی که آباد کردند جای
بدو گفت موبد که از یک سخن / به پای آمد این شارستان کهن
همان از یک اندیشه آباد شد / دل شاه ایران ازین شاد شد
مرا شاه فرمود کاین سبز جای / به دینار گنج اندر آورد به پای
بترسیدم از کردگار جهان / نکوهیدن از کهتران و مهان
بدیدم چو یک دل دو اندیشه کرد / ز هر دو برآورد ناگاه گرد
همان چون به یک شهر دو کدخدای / بود بوم ایشان نماند به جای
برفتم بگفتم به پیران ده / که ای مهتران بر شما نیست مه
زنان کدخدایند و کودک همان / پرستار و مزدورتان این زمان
چو مهتر شدند آنک بودند که / به خاک اندر آمد سر مرد مه
به گفتار ویران شد این پاک جای / نکوهش ز من دور و ترس از خدای

ازان پس بریشان ببخشود شاه
برفتم نمودم دگرگونه راه

یکی با خرد پیر کردم به پای
سخن‌گوی و بادانش و رهنمای

بکوشید و ویرانی آباد کرد
دل زیردستان بدان شاد کرد

چو مهتر یکی گشت شد رای راست
بیفزود خوبی و کژی بکاست

نهانی بدیشان نمودم بدی
وزان پس گشادم در ایزدی

سخن بهتر از گوهر نامدار
چو بر جایگه بر برندش به کار

خرد شاه باید زبان پهلوان
چو خواهی که بی‌رنج ماند روان

دل شاه تا جاودان شاد باد
ز کژی و ویرانی آباد باد

چو بشنید شاه این سخن گفت زه
سزاوار تاجی تو این روزبه

ببخشید یک بدره دینار زرد
بران پرهنر مرد بیننده مرد

ورا خلعت خسروی ساختند
سرش را به ابر اندر افراختند

داستان بهرام با دختر آسیابان

دگر هفته با موبدان و ردان
به نخچیر شد شهریار جهان

چنان بد که ماهی به نخچیرگاه
همی بود میخواره و با سپاه

ز نخچیر کوه و ز نخچیر دشت
گرفتن ز اندازه اندر گذشت

سوی شهر شد شاددل با سپاه
شب آمد به ره گشت گیتی سیاه

برزگان لشکر همی راندند
سخنهای شاهنشهان خواندند

یکی آتشی دید رخشان ز دور
بران سان که بهمن کند شاه سور

شهنشاه بر روشنی بنگرید
به یک سو دهی خرم آمد پدید

یکی آسیا دید در پیش ده
نشسته پراگنده مردان مه

وزان سوی آتش همه دختران
یکی جشنگه ساخته بر کران

ز گل هر یکی بر سرش افسری
نشسته به هرجای رامشگری

همی چامه‌ی رزم خسرو زدند
وزان جایگه هر زمان نو زدند

همه ماه‌روی و همه جعدموی
همه جامه گوهر مه مشک موی

به نزدیک پیش در آسیا
به رامش کشیده نخی بر گیا

وزان هر یکی دسته گل به دست ... ز شادی و از می شده نیم‌مست
ازان پس خروش آمد از جشنگاه ... که جاوید ماناد بهرامشاه
که با فر و برزست و با مهر و چهر ... برویست بر پای گردان سپهر
همی می چکد گویی از روی اوی ... همی بوی مشک آید از موی اوی
شکارش نباشد جز از شیر و گور ... ازیراش خوانند بهرام گور
جهاندار کاواز ایشان شنید ... عنان را بپیچید و زان سو کشید
چو آمد به نزدیکی دختران ... نگه کرد جای از کران تا کران
همه دشت یکسر پر از ماه دید ... به شهر آمدن راه کوتاه دید
بفرمود تا میگساران ز راه ... می آرند و میخواره نزدیک شاه
گسارنده آورد جام بلور ... نهادند بر دست بهرام گور
ازان دختران آنک بد نامدار ... برون آمدند از میانه چهار
یکی مشک نام و دگر سیسنک ... یکی نام نار و دگر سوسنک
بر شاه رفتند با دست‌بند ... به رخ چون بهار و به بالا بلند
یکی چامه گفتند بهرام را ... شهنشاه با دانش و نام را
ز هر چار پرسید بهرام گور ... کزیشان به دلش اندر افتاد شور
که ای گلرخان دختران که‌اید ... وزین آتش افروختن بر چه‌اید
یکی گفت کای سرو بالا سوار ... به هر چیز ماننده شهریار
پدرمان یکی آسیابان پیر ... بدین کوه نخچیر گیرد به تیر
بیاید همانا چو شب تیره شد ... ورا دید از تیرگی خیره شد
هم‌اندر زمان آسیابان ز کوه ... بیاورد نخچیر خود با گروه
چو بهرام را دید رخ را به خاک ... بمالید آن پیر آزاده پاک
یکی جام زرین بفرمود شاه ... بدان پیر دادن که آمد ز راه
بدو گفت کاین چار خورشید روی ... چه داری چو هستند هنگام شوی
برو پیرمرد آفرین کرد و گفت ... که این دختران مرا نیست جفت
رسیده بدین سال دوشیزه‌اند ... به دوشیزگی نیز پاکیزه‌اند
ولیکن ندارند چیزی فزون ... نگوییم زین بیش چیزی کنون
بدو گفت بهرام کاین هر چهار ... به من ده وزین بیش دختر مکار
چنین داد پاسخ ورا پیرمرد ... کزین در که گفتی سوارا مگرد
نه جا هست ما را نه بوم و نه بر ... نه سیم و سرای و نه گاو و نه خر

بدو گفت بهرام شاید مرا — که بی‌چیز ایشان بباید مرا
بدو گفت هرچار جفت تواند — پرستارگان نهفت تواند
به عیب و هنر چشم تو دیدشان — بدین‌سان که دیدی پسندیده‌شان
بدو گفت بهرام کاین هر چهار — پذیرفتم از پاک پروردگار
بگفت این و از جای بر پای خاست — به دشت اندر آوای بالای خاست
بفرمود تا خادمان سپاه — برند آن بتان را به مشکوی شاه
سپاه اندر آمد یکایک ز دشت — همه شب همی دشت لشکر گذشت
فروماند زان آسیابان شگفت — شب تیره اندیشه اندر گرفت
به زن گفت کاین نامدار چو ماه — بدین برز بالا و این دستگاه
شب تیره بر آسیا چون رسید — زنش گفت کز دور آتش بدید
بر آواز این رامش دختران — ز مستی می آورد و رامشگران
چنین گفت پس آسیابان به زن — که ای زن مرا داستانی بزن
که نیکیست فرجام این گر بدی — زنش گفت کاری بود ایزدی
نپرسید چون دید مرد از نژاد — نه از خواسته بر دلش بود یاد
به روی زمین بر همی ماه جست — نه دینار و نه دختر شاه جست
بت آرا ببیند چو ایشان به چین — گسسته شود بر بتان آفرین
برین گونه تا شید بر پشت راغ — برآمد جهان شد چو روشن چراغ
همی رفت هرگونه‌یی داستان — چه از بدنژاد و چه از راستان
چو شب روز شد مهتر آمد به ده — بدین پیر گفتا که ای روزبه
به بالینت آمد شب تیره‌بخت — به بار آمد آن سبز شاخ درخت
شب تیره‌گون دوش بهرامشاه — همی آمد از دشت نخچیرگاه
نگه کرد این جشن و آتش بدید — عنان را بپیچید و زین سو کشید
کنون دختران تو جفت وی‌اند — به آرام اندر نهفت وی‌اند
بدان روی و آن موی و آن راستی — همی شاه را دختر آراستی
شهنشاه بهرام داماد تست — به هر کشوری زین سپس یاد تست
ترا داد این کشور و مرز پاک — مخور غم که رستی ز اندوه و باک
بفرمای فرمان که پیمان تراست — همه بندگانیم و فرمان تراست
کنون ما همه کهتران توایم — چه کهتر همه چاکران توایم
بدو آسیابان و زن خیره ماند — همی هر یکی نام یزدان بخواند

چنین گفت مهتر که آن روی و موی	ز چرخ چهارم خور آورد شوی

پیدا شدن گنج و بخشیدن بهرام آنرا به ارزانیان

دگر هفته آمد به نخچیرگاه	خود و موبدان و ردان سپاه
بیامد یکی سرد مهترپرست	چو باد دمان با گرازی به دست
بپرسید مهتر که بهرامشاه	کجا باشد اندر میان سپاه
بدو گفت هرکس که تو شاه را	چه جویی نگویی به ما راه را
چنین داد پاسخ که تا روی شاه	نبینم نگویم سخن با سپاه
بدو گفت موبد چه باید بگوی	تو شاه جهان را ندانی به روی
بر شاه بردند جوینده را	چنان دانشی مرد گوینده را
بیامد چو بهرام را دید گفت	که با تو سخن دارم اندر نهفت
عنان را بپیچید بهرام گور	ز دیدار لشکر برون راند دور
بدو گفت مرد این جهاندیده شاه	به گفتار من کرد باید نگاه
بدین مرز دهقانم و کدخدای	خدای بر و بوم و ورز و سرای
همی آب بردم بدین مرز خویش	که در کار پیدا کنم ارز خویش
چو بسیار گشت آب گستاخ شد	میان یکی مرز سوراخ شد
شگفتی خروشی به گوش آمدم	کزان بیم جای خروش آمدم
همی اندران جای آواز سنج	خروشش همی ره نماید به گنج
چو بشنید بهرام آنجا کشید	همه دشت پر سبزه و آب دید
بفرمود تا کارگر با گراز	بیارند چندی ز راه دراز
فرود آمد از باره شاه بلند	شراعی زدند از برکشتمند
شب آمد گوان شمعی افروختند	به هر جای آتش همی سوختند
ز دریا چو خورشید برزد درفش	چو مصقول کرد این سرای بنفش
ز هر سو برفتند کاریگران	شدند انجمن چون سپاهی گران
زمین را به کندن گرفتند پاک	شد آن جای هامون سراسر مغاک
ز کندن چو گشتند مردم ستوه	پدید آمد از خاک چیزی چو کوه

یکی خانه‌یی کرده از پخته خشت / به ساروج کرده بسان بهشت
کننده تبر زد همی از برش / پدید آمد از دور جای درش
چو موبد بدید اندر آمد به در / ابا او یکی ایرمانی دگر
یکی خانه دیدند پهن و دراز / برآورده بالای او چند باز
ز زر کرده بر پای دو گاومیش / یکی آخری کرده زرینش پیش
زبرجد به آخر درون ریخته / به یاقوت سرخ اندر آمیخته
چو دو گاو گردون میانش تهی / شکمشان پر از نار و سیب و بهی
میان بهی در خوشاب بود / که هر دانه‌یی قطره‌ی آب بود
همان گاو را چشم یاقوت بود / ز پیری سر گاو فرتوت بود
همه گرد بر گرد او شیر و گور / یکی دیده یاقوت و دیگر بلور
تذروان زرین و طاوس زر / همه سینه و چشمهاشان گهر
چو دستور دید آن بر شاه شد / به رای بلند افسر ماه شد
به نرمی به شاه جهان گفت خیز / که آمد همی گنجها را جهیز
یکی خانه‌ی گوهر آمد پدید / که چرخ فلک داشت آن را کلید
بدو گفت بنگر که بر گنج نام / نویسد کسی کش بود گنج کام
نگه کن بدان گنج تا نام کیست / گر آگندن او به ایام کیست
بیامد سر موبدان چون شنید / بران گاو بر مهر جمشید دید
به شاه جهان گفت کردم نگاه / نوشتست بر گاو جمشید شاه
بدو گفت شاه ای سر موبدان / به هر کار داناتر از بخردان
ز گنجی که جمشید بنهاد پیش / چرا کرد باید مرا گنج خویش
هر آن گنج کان جز به شمشیر و داد / فراز آید آن پادشاهی مباد
به ارزانیان ده همه هرچ هست / مبادا که آید به ما برشکست
اگر نام باید که پیدا کنیم / به داد و به شمشیر گنج آگنیم
نباید سپاه مرا بهره زین / نه تنگست بر ما زمان و زمین
فروشید گوهر به زر و به سیم / زن بیوه و کودکان یتیم
تهی‌دست مردم که دارند نام / گسسته دل از نام و آرام و کام
ز ویران و آباد گرد آورید / ازان پس یکایک همه بشمرید
ببخشید دینار گنج و درم / به مزد روان جهاندار جم
ازان ده یک آنرا که بنمود راه / همی شاه جست از میان سپاه

مرا تا جوان باشم و تن درست / چرا بایدم گنج جمشید جست
گهر هرک بستاند از جمشید / به گیتی مبادش به نیکی امید
چو با لشکر تن به رنج آوریم / ز روم و ز چین نام و گنج آوریم
مرا اسپ شبدیز و شمشیر تیز / نگیرم فریب و ندانم گریز
وزان جایگه شد سوی گنج خویش / که گرد آورید از خوی و رنج خویش
بیاورد گردان کشورش را / درم داد یکساله لشکرش را
یکی بزمگه ساخت چون نوبهار / بیاراست ایوان گوهرنگار
می لعل رخشان به جام بلور / چو شد خرم و شاد بهرام گور
به یاران چنین گفت کای سرکشان / شنیده ز تخت بزرگی نشان
ز هوشنگ تا نوذر نامدار / کجا ز آفریدون بد او یادگار
برین هم نشان تا سر کیقباد / که تاج فریدون به سر بر نهاد
ببینید تا زان بزرگان که ماند / بریشان بجز آفرین را که خواند
چو کوتاه شد گردش روزگار / سخن ماند زان مهتران یادگار
که این را منش بود و آن را نبود / یکی را نکوهش دگر را ستود
یکایک به نوبت همه بگذریم / سزد گر جهان را به بد نسپریم
چرا گنج آن رفتگان آوریم / وگر دل به دینارشان گستریم
نبندم دل اندر سرای سپنج / ننازم به تاج و نیازم به گنج
چو روزی به شادی همی بگذرد / خردمند مردم چرا غم خورد
هرانکس کزین زیردستان ما / ز دهقان و از در پرستان ما
بنالد یکی کهتر از رنج من / مبادا سر وافسر وگنج من
یکی پیر بد نام او ماهیار / شده سال او بر صد و شست و چار
چو آواز بشنید بر پای خاست / چنین گفت کای مهتر داد و راست
چنین یافتم از فریدون و جم / وزان نامداران هر بیش و کم
چو تو شاه ننشست کس در جهان / نه کس این شنید از کهان و مهان
به هنگام جم چون سخن راندند / ورا گنج گاوان همی خواندند
چو گنجی پراگنده‌ای در جهان / میان کهان و میان مهان
دلت گر به درهای دریاستی / ز دریا گهر موج برخاستی
ندانست کس در جهان کان کجاست / به خاکست گر در دم اژدهاست
تو چون یافتی ننگریدی به گنج / که ننگ آمدت این سرای سپنج

به دریا همانا که چندین گهر	به دیده ندیدست کس بیشتر
به دوریش بخشیدی این گوهران	همان گاو گوهر کران تا کران
پس از رفتنت نام تو زنده باد	تو آباد و پیروز و بخت از تو شاد
بسی دفتر خسروان زین سخن	سیه گردد و هم نیاید به بن
به روز سدیگر برون رفت شاه	ابا لشکر و ساز نخچیرگاه
بزرگان ایران ز بهر شکار	به درگاه رفتند سیصد سوار
ابا هر سواری پرستنده سی	ز ترک و ز رومی و از پارسی
پرستنده سیصد ز ایوان شاه	برفتند با ساز نخچیرگاه
ز دیبا بیاراسته صد شتر	رکابش همه زر و پالانش در
ده اشتر نشستنگه شاه را	به دیبا بیاراسته گاه را
به پیش اندر آراسته هفت پیل	برو تخت پیروزه همرنگ نیل
همه پایه‌ی تخت زر و بلور	نشستنگه شاه بهرام گور
ابا هر یکی تیغزن صد غلام	به زرین کمرها و زرین ستام
صد اشتر بد از بهر رامشگران	همه بر سران افسر از گوهران
ابا بازداران صد و شست باز	دو صد چرغ و شاهین گردن‌فراز
پس‌اندر یکی مرغ بودی سیاه	گرامی‌تر آن بود بر چشم شاه
سیاهی به چنگ و به منقار زرد	چو زر درخشنده بر لاژورد
همی خواندش شاه طغری به نام	دو چشمش به رنگ پر از خون دو جام
که خاقان چینش فرستاده بود	یکی تخت با تاج بیجاده بود
یکی طوق زرین زبرجد نگار	چهل یاره و سی و شش گوشوار
شتروار سیصد طرایف ز چین	فرستاد و یاقوت سیصد نگین
پس بازداران صد و شست یوز	ببردند با شاه گیتی فرزو
بیاراسته طوق یوز از گهر	بدو اندر افگنده زنجیر زر
بیامد شهنشاه زین سان به دشت	همی تاجش از مشتری برگذشت
هرانکس که بودند نخچیرجوی	سوی آب دریا نهادند روی
جهاندار بهرام هر هفت سال	بدان آب رفتی به فرخنده فال
چو لشکر به نزدیک دریا رسید	شهنشاه دریا پر از مرغ دید
بزد طبل و طغری شد اندر هوا	شکیبا نبد مرغ فرمانروا
زبون بود چنگال او را کلنگ	شکاری چو نخچیر بود او پلنگ

سرانجام گشت از جهان ناپدید — کلنگی به چنگ آمدش بردمید
بپرید بر سان تیر از کمان — یکی بازدار از پس اندر دمان
دل شاه گشت از پریدنش تنگ — همی تاخت از پس به آواز زنگ
یکی باغ پیش اندر آمد فراخ — برآورده از گوشه‌ی باغ کاخ
بشد تازیان با تنی چند شاه — همی بود لشکر به نخچیرگاه
چو بهرام گور اندر آمد به باغ — یکی جای دید از برش تند راغ
میان گلستان یکی آبگیر — بروبر نشسته یکی مرد پیر
زمینش به دیبا بیاراسته — همه باغ پر بنده و خواسته
سه دختر بر او نشسته چو عاج — نهاده به سربر ز پیروزه تاج
به رخ چون بهار و به بالا بلند — به ابرو کمان و به گیسو کمند
یکی جام بر دست هر یک بلور — بدیشان نگه کرد بهرام گور
ز دیدارشان چشم او خیره شد — ز باز و ز طغری دلش تیره شد
چو دهقان پرمایه او را بدید — رخ او شد از بیم چون شنبلید
خردمند پیری و برزین به نام — دل او شد از شاه ناشادکام
برفت از بر حوض برزین چو باد — بر شاه شد خاک را بوسه داد
چنین گفت کای شاه خورشیدچهر — به کام تو گرداد گردان سپهر
نیارمت گفتن که ایدر بایست — بدین مرز من با سواری دویست
سر و نام برزین برآید به ماه — اگر شاد گردد بدین باغ شاه
به برزین چنین گفت شاه جهان — که امروز طغری شد از من نهان
دلم شد ازان مرغ گیرنده تنگ — که مرغان چو نخچیر بد او پلنگ
چنین پاسخ آورد به رزین به شاه — که اکنون یکی مرغ دیدم سیاه
ابا زنگ زرین تنش همچو قیر — همان چنگ و منقار او چون زریر
بیامد بران گوزبن بر نشست — بیاید هم‌اکنون به بختت به دست
هم‌انگه یکی بنده را گفت شاه — که رو گوزبن کن سراسر نگاه
بشد بنده چون باد و آواز داد — که همواره شاه جهان باد شاد
که طغری به شاخی برآویختست — کنون بازدارش بگیرد به دست
چو طغری پدید آمد آن پیر گفت — که ای بر زمین شاه بی‌بار و جفت
پی مرزبان بر تو فرخنده باد — همه تاجداران ترا بنده باد
بدین شادی اکنون یکی جام خواه — چو آرام دل یافتی کام خواه

شهنشاه گیتی بران آبگیر
فرود آمد و شادمان گشت پیر

بیامد هم‌انگاه دستور اوی
همان گنج داران و گنجور اوی

بیاورد برزین می سرخ و جام
نخستین ز شاه جهان برد نام

بیاورد خوان و خورش ساختند
چو از خوردن نان بپرداختند

ازان پس بیاورد جامی بلور
نهادند بر دست بهرام گور

جهاندار بهرام بستد نبید
از اندازه‌ی خط برتر کشید

چو برزین چنان دید برگشت شاد
بیامد به هر جای خمی نهاد

چو شد مست برزین بدان دختران
چنین گفت کای پرخرد مهتران

بدین باغ بهرامشاه آمدست
نه گردنکشی با سپاه آمدست

هلا چامه پیش آور ای چامه‌گوی
تو چنگ آور ای دختر ماه‌روی

برفتند هر سه به نزدیک شاه
نهادند بر سر ز گوهر کلاه

یکی پای کوب و دگر چنگ‌زن
سه دیگر خوش‌آواز لشکر شکن

به آواز ایشان شهنشاه جام
ز باده تهی کرد و شد شادکام

بدو گفت کاین دختران کیند
که با تو بدین شادمانی زیند

چنین گفت برزین که ای شهریار
مبیناد بی‌تو کسی روزگار

چنان دان که این دلبران منند
پسندیده و دختران منند

یکی چامه‌گوی و یکی چنگ‌زن
سیم پای کوبد شکن بر شکن

چهارم به کردار خرم بهار
بدین سان که بیند همی شهریار

بدان چامه‌زن گفت کای ماه‌روی
بپرداز دل چامه‌ی شاه گوی

بتان چامه و چنگ برساختند
یکایک دل از غم بپرداختند

نخستین شهنشاه را چامه‌گوی
چنین گفت کای خسرو ماه‌روی

نمانی مگر بر فلک ماه را
به شادی همان خسرو گاه را

به دیدار ماهی و بالای ساج
بنازد بتو تخت شاهی و تاج

خنک آنک شبگیر بیندت روی
خنک آنک یابد ز موی تو بوی

میان تنگ چون شیر و بازو ستبر
همی فر تاجت برآید به ابر

به گلنار ماند همی چهر تو
به شادی بخندد دل از مهر تو

دلت همچو دریا و رایت چو ابر
شکارت نبینم همی جز هژبر

همی مو شکافی به پیکان تیر
همی آب گردد ز داد تو شیر

سپاهی که بیند کمند ترا
همان بازوی زورمند ترا

به درد دل و مغز جنگاوران　　وگر چند باشد سپاهی گران
چو آن چامه بشنید بهرام گور　　بخورد آن گران سنگ جام بلور
بدو گفت شاه ای سرافراز مرد　　چشیده ز گیتی بسی گرم و سرد
نیابی تو داماد بهتر ز من　　گو شهریاران سر انجمن
بمن ده تو این هر سه دخترت را　　به کیوان برافرازم اخترت را
به دو گفت برزین که ای شهریار　　بتو شاد بادا می و میگسار
که یارست گفت این خود اندر جهان　　که دارد چنین زهره اندر نهان
مرا گر پذیری بسان رهی　　که بپرستم این تخت شاهنشهی
پرستش کنم تاج و تخت ترا　　همان فر و اورنگ و بخت ترا
همان این سه دختر پرستنده‌اند　　به پیش تو بر پای چون بنده‌اند
پرستندگان را پسندید شاه　　بدان سان که از دور دیدش سه ماه
به بالای ساجند و همرنگ عاج　　سزاوار تخت‌اند و زیبای تاج
پس‌انگاه گفتش به بهرام پیر　　که ای شاه دشمن‌کش و شیرگیر
بگویم کنون هرچ هستم نهان　　بد و نیک با شهریار جهان
ز پوشیدنی هم ز گستردنی　　ز افگندنی و پراگندگی
همانا شتربار باشد دویست　　به ایوان من بنده‌گر بیش نیست
همان یاره و طوق و هم تاج و تخت　　کزان دختران را بود نیک‌بخت
ز برزین بخندید بهرام و گفت　　که چیزی که داری تو اندر نهفت
بمان تا بباشد هم‌انجا به جای　　تو با جام می سوی رامش گرای
بدو پیر گفت این سه دختر چو ماه　　به راه کیومرس و هوشنگ شاه
ترا دادم و خاک پای تواند　　همه هر سه زنده برای تواند
مهین دخترم نام ماه‌آفرید　　فرانک دوم و سیوم شنبلید
پسندیدشان شاه چون دیدشان　　ز بانو زنان نیز بگزیدشان
به برزین چنین گفت کاین هر سه ماه　　پسندید چون دید بهرامشاه
بفرمود تا مهد زرین چهار　　بیارد ز لشکر یکی نامدار
چو هر سه مه اندر عماری نشست　　ز رومی همان خادم آورد شست
به مشکوی زرین شدند این سه ماه　　همی بود تا مست‌تر گشت شاه
بدو گفت برزین که ای شهریار　　جهاندار و دانا و نیزه‌گزار
یکی بنده‌ام تا زیم شاه را　　نیایش کنم خاک درگاه را

یکی بنده تازانه‌ی شاه را ببرد و بیاراست درگاه را
سپه را ز سالار گردنکشان جز از تازیانه نبودی نشان
چو دیدی کسی شاخ شیب دراز دوان پیش رفتی و بردی نماز
همی بود بهرام تا گشت مست چو خرم شد اندر عماری نشست
بیامد به مشکوی زرین خویش سوی خانه‌ی عنبر آگین خویش
چو آمد یکی هفته آنجا ببود بسی خورد و بخشید و شادی نمود
به هشتم بیامد به دشت شکار خود و روزبه با سواری هزار
همه دشت یکسر پر از گور دید ز قربان کمان کیان برکشید
دو زاغ کمان را به زه بر نهاد ز یزدان پیروزگر کرد یاد
بهاران و گوران شده جفت جوی ز کشتن به روی اندر آورده روی
همی پوست کند این ازآن آن ازین ز خونشان شده لعل روی زمین
همی بود بهرام تا گور نر به مستی جدا شد یک از یک دگر
چو پیروز شد نره گور دلیر یکی ماده را اندر آورد زیر
به زه داشت بهرام جنگی کمان بخندید چون گور شد شادمان
بزد تیر بر پشت آن گور نر گذر کرد بر گور پیکان و پر
نر و ماده را هر دو بر هم بدوخت دل لشکر از زخم او بر فروخت
ز لشکر هرانکس که آن زخم دید بران شهریار آفرین گسترید
که چشم بد از فر تو دور باد همه روزگاران تو سور باد
به مردی تواندر زمانه نوی که هم شاه و هم خسرو و هم گوی

داستان بهرام با آرزو دخت ماهیار گوهرفروش

وزانجا برانگیخت شبرنگ را بدیدش یکی بیشه تنگ را
دو شیر ژیان پیش آن بیشه دید کمان را به زه کرد و اندر کشید
بزد تیر بر سینه‌ی شیر چاک گذر کرد تا پر و پیکان به خاک
بر ماده شد تیز بگشاد دست بر شیر با گردرانش ببست
چنین گفت کان تیر بی‌پر بود نبد تیز پیکان او کر بود

سپاهی همی خواندند آفرین　　که ای نامور شهریار زمین
ندید و نبیند کسی در جهان　　چو تو شاه بر تخت شاهنشهان
چو با تیر بی‌پر تو شیرافگنی　　پی کوه خارا ز بن برکنی
بدان مرغزار اندرون راند شاه　　ز لشکر هرانکس که بد نیک‌خواه
یکی بیشه دیدند پر گوسفند　　شبانان گریزان ز بیم گزند
یکی سرشبان دید بهرام را　　بر او دوید از پی نام را
بدو گفت بهرام کاین گوسفند　　که آرد بدین جای ناسودمند
بدو سرشبان گفت کای شهریار　　ز گیتی من آیم بدین مرغزار
همین گوسفندان گوهرفروش　　به دشت اندر آوردم از کوه دوش
توانگر خداوند این گوسفند　　بپیچد همی از نهیب گزند
به خروار با نامور گوهرست　　همان زر و سیمست و هم زیورست
ندارد جز از دختری چنگ‌زن　　سر جعد زلفش شکن بر شکن
نخواهد جز از دست دختر نبید　　کسی مردم پیر ازین سان ندید
اگر نیستی داد بهرامشاه　　مر او را کجا ماندی دستگاه
شهنشاه گیتی نکوشد به زر　　همان موبدش نیست بیدادگر
نگویی مرا کاین ددان ار که کشت　　که او را خدای جهان باد پشت
بدو گفت بهرام کاین هر دو شیر　　تبه شد به پیکان مرد دلیر
چو شیران جنگی بکشت او برفت　　سواری سرافراز با یار هفت
کجا باشد ایوان گوهرفروش　　پدیدار کن راه و بر ما مپوش
بدو سرشبان گفت ز ایدر برو　　دهی تازه پیش اندر آیدت نو
به شهر آید آواز زان جایگاه　　به نزدیکی کاخ بهرامشاه
چو گردون بپوشد حریر سیاه　　به جشن آید آن مرد با دستگاه
گر ایدونک باشدت لختی درنگ　　به گوش آیدت نوش و آواز چنگ
چو بشنید بهرام بالای خواست　　یکی جامه‌ی خسرو آرای خواست
جدا شد ز دستور وز لشکرش　　همانا پر از آرزو شد سرش
چنین گفت با موبدان روزبه　　که اکنون شود شاه ایران به ده
نشنید بدان خان گوهر فروش　　همه سوی گفتار دارید گوش
بخواهد همان دخترش از پدر　　نهد بی‌گمان بر سرش تاج زر
نیابد همی سیری از خفت و خیز　　شب تیره زو جفت گیرد گریز

شبستان مر او را فزون از صدست	شهنشاه زین‌سان که باشد به دست
کنون نه صد و سی زن از مهتران	همه بر سران افسر از گوهران
ابا یاره و تاج و با تخت زر	درفشان ز دیبای رومی گهر
شمردست خادم به مشکوی شاه	کزیشان یکی نیست بی‌دستگاه
همی باژ خواهد ز هر مرز و بوم	به سالی پریشان رود باژ روم
دریغ آن بر و کتف و بالای شاه	دریغ آن رخ مجلس آرای شاه
نبیند چنو کس به بالای و زور	به یک تیر بر هم بدوزد دو گور
تبه گردد از خفت و خیز زنان	به زودی شود سست چون پرنیان
کند دیده تاریک و رخساره زرد	به تن سست گردد به لب لاژورد
ز بوی زنان موی گردد سپید	سپیدی کند در جهان ناامید
جوان را شود گوژ بالای راست	ز کار زنان چندگونه بلاست
به یک ماه یک بار آمیختن	گر افزون بود خون بود ریختن
همین بار از بهر فرزند را	بباید جوان خردمند را
چو افزون کنی کاهش افزون کند	ز سستی تن مرد بی‌خون کند
برفتند گویان به ایوان شاه	یکی گفت خورشید گم کرد راه
شب تیره‌گون رفت بهرام گور	پرستنده یک تن ز بهر ستور
چو آواز چنگ اندر آمد به گوش	بشد شاه تا خان گوهر فروش
همی تاخت باره به آواز چنگ	سوی خان بازارگان بی‌درنگ
بزد حلقه را بر در و بار خواست	خداوند خورشید را یار خواست
پرستنده‌ی مهربان گفت کیست	زدن در شب تیره از بهر چیست
چنین داد پاسخ که شبگیر شاه	بیامد سوی دشت نخچیرگاه
بلنگید در زیر من بارگی	ازو بازگشتم به بیچارگی
چنین اسپ و زرین ستامی به کوی	بدزدد کسی من شوم چاره‌جوی
بیامد کنیزک به دهقان بگفت	که مردی همی خواهد از ما نهفت
همی گوید اسپی به زرین ستام	بدزدند از ایدر شود کار خام
چنین داد پاسخ که بگشای در	به بهرام گفت اندر آی ای پسر
چو شاه اندر آمد چنان جای دید	پرستنده هر جای برپای دید
چنین گفت کای دادگر یک خدای	به خوبی توی بنده را رهنمای
مبادا جز از داد آیین من	مباد آز و گردنکشی دین من

۱۳۸۲

همه کار و کردار من داد باد
دل زیردستان به ما شاد باد
گر افزون شود دانش و داد من
پس از مرگ روشن بود یاد من
همه زیردستان چو گوهرفروش
بمانند با نالهٔ چنگ و نوش
چو آمد به بالای ایوان رسید
ز در دختر میزبان را بدید
چو دهقان ورا دید بر پای خاست
بیامد خم آورد بالای راست
بدو گفت شب بر تو فرخنده باد
همه بدسگالان ترا بنده باد
نهالی بیفگند و مسند نهاد
ز دیدار او میزبان گشت شاد
گرانمایه خوانی بیاورد زود
برو خوردنیها ازان سان که بود
بیامد یکی مرد مهترپرست
بفرمود تا اسپ او را ببست
پرستنده را نیز خوان خواستند
یکی جای دیگر بیاراستند
همان میزبان را یکی زیرگاه
نهادند و بنشست نزدیک شاه
به پوزش بیاراست پس میزبان
به بهرام گفت ای گو مرزبان
توی میهمان اندرین خان من
فدای تو بادا تن و جان من
بدو گفت بهرام تیره شبان
که یابد چنین تازه‌رو میزبان
چو نان خورده شد جام باید گرفت
به خواب خوش آرام باید گرفت
به یزدان نباید بود ناسپاس
دل ناسپاسان بود پرهراس
کنیزک ببرد آبه دستان و تشت
ز دیدار مهمان همی خیره گشت
چو شد دست شسته می و جام خواست
به می رامش و نام و آرام خواست
کنیزک بیاورد جامی نبید
می سرخ و جام و گل و شنبلید
بیازید دهقان به جام از نخست
بخورد و به مشک و گلابش بشست
به بهرام داد آن دلارای جام
بدو گفت میخواره را چیست نام
هم‌اکنون بدین با تو پیمان کنم
به بهرام شاهت گروگان کنم
فراوان بخندید زو شهریار
بدو گفت نامم گشسپ سوار
من ایدر به آواز چنگ آمدم
نه از بهر جای درنگ آمدم
بدو میزبان گفت کاین دخترم
همی به آسمان اندر آرد سرم
همو میگسارست و هم چنگ‌زن
همان چامه گویست و لشکر شکن
دلارام را آرزو نام بود
همو میگسار و دلارام بود
به سرو سهی گفت بردار چنگ
به پیش گشسپ آی با بوی و رنگ
بیامد بر پادشا چنگ زن
خرامان بسان بت برهمن

به بهرام گفت ای گزیده سوار   به هر چیز مانندهٔ شهریار
چنان دان که این خانه بر سور تست   پدر میزبانست و گنجور تست
شبان سیه بر تو فرخنده باد   سرت برتر از ابر بارنده باد
بدو گفت بنشین و بردار چنگ   یکی چامه باید مرا بی‌درنگ
شود ماهیار ایدر امشب جوان   گروگان کند پیش مهمان روان
زن چنگ‌زن چنگ در بر گرفت   نخستین خروش مغان درگرفت
دگر چامه را باب خود ماهیار   تو گفتی بنالد همی چنگ زار
چو رود بریشم سخن‌گوی گشت   همه خانه‌ی وی سمن بوی گشت
پدر را چنین گفت کای ماهیار   چو سرو سهی بر لب جویبار
چو کافور کرده سر مشکبوی   زبان گرم‌گوی و دل آزرم جوی
همیشه بداندیشت آزرده باد   به دانش روان تو پرورده باد
توی چون فریدون آزاده خوی   منم چون پرستار نام آرزوی
ز مهمان چنان شاد گشتم که شاه   به جنگ ا ندرون چیره بیند سپاه
چو این گفته شد سوی مهمان گذشت   ابا چامه و چنگ نالان گذشت
به مهمان چنین گفت کای شاه‌فش   بلنداختر و یک‌دل و کینه‌کش
کسی کو ندیدست بهرام را   خنیده سوار دلارام را
نگه کرد باید به روی تو بس   جز او را نمانی ز لشکر به کس
میانت چو غروست و بالا چو سرو   خرامان شده سرو همچون تذرو
به دل نره شیر و به تن ژنده پیل   بناورد خشت افگنی بر دو میل
رخانت به گلنار ماند درست   تو گویی به می برگ گل را بشست
دو بازو به کردار ران هیون   به پای اندر آری که بیستون
تو آنی کجا چشم کس چون تو مرد   ندید و نبیند به روز نبرد
تن آرزو خاک پای تو باد   همه‌ساله زنده برای تو باد
جهاندار ازان چامه و چنگ اوی   ز دیدار و بالا و آهنگ اوی
بروبر ازان گونه شد مبتلا   که گفتی دلش گشت گنج بلا
چو در پیش او مست شد ماهیار   چنین گفت با میزبان شهریار
که دختر به من ده به آیین و دین   چو خواهی که یابی به داد آفرین
چنین گفت با آرزو ماهیار   کزین شیردل چند خواهی نثار
نگه کن بدو تا پسند آیدت   بر آسودگی سودمند آیدت

چنین گفت با ماهیار آرزوی	که ای باب آزاده و نیک خوی
مرا گر همی داد خواهی به کس	همالم گشسپ سوارست و بس
تو گویی به بهرام ماند همی	چو جانست و با او نشستن دمی
به گفتار دختر بسنده نکرد	به بهرام گفت ای سوار نبرد
به ژرفی نگه کن سراپای اوی	همان دانش و کوشش و رای اوی
نگه کن بدو تا پسند تو هست	ازو آگهی بهترست ار نشست
بدین نیکوی نیز درویش نیست	به گفتن مرا رای کم‌بیش نیست
اگر بشمری گوهر ماهیار	فزون آید از بدره‌ی شهریار
گر او را همی بایدت جام‌گیر	مکن سرسری امشب آرام‌گیر
به مستی بزرگان نبستند بند	به ویژه کسی کو بود ارجمند
بمان تا برآرد سپهر آفتاب	سر نامداران برآید ز خواب
بیاریم پیران داننده را	شکیبا دل و چیز خواننده را
شب تیره از رسم بیرون بود	نه آیین شاه آفریدون بود
نه فرخ بود مست زن خواستن	وگر نیز کاری نو آراستن
بدو گفت بهرام کاین بیهده‌ست	زدن فال بد رای و راه به دست
پسند منست امشب این چنگ‌زن	تو این فال بد تا توانی مزن
چنین گفت با دخترش آرزوی	پسندیدی او را به گفتار و خوی
بدو گفت آری پسندیده‌ام	به جان و به دل هست چون دیده‌ام
بکن کار زان پس به یزدان سپار	نه گردون به جنگست با ماهیار
بدو گفت کاکنون تو جفت ویی	چنان دان که اندر نهفت ویی
بدو داد و بهرام گورش بخواست	چو شب روز شد کار او گشت راست
سوی حجره‌ی خویش رفت آرزوی	سرایش همه خفته بد چار سوی
بیامد به جای دگر ماهیار	همی ساخت کار گشسپ سوار
پرستنده را گفت درها ببند	یکی را بتاز از پس گوسفند
نباید که آرند خوان بی‌بره	بره نیز پرورده باید سره
چو بیدار گردد فقاع و یخ آر	همی باش پیش گشسپ سوار
یکی جام کافور بر با گلاب	چنان کن که بویا بود جای خواب

من از جام می همچنانم که دوش	نتابد می این پیر گوهر فروش
بگفت این و چادر به سر برکشید	تن‌آسانی و خواب در بر کشید
چو خورشید تابنده بفراخت تاج	زمین شد به کردار دریای عاج
پرستنده تازانه شهریار	بیاویخت از خانه‌ی ماهیار
سپه را ز سالار گردنکشان	بجستند زان تازیانه نشان
سپاه انجمن شد به درگاه بر	کجا همچنان بر در شاه‌بر
هرانکس که تازانه دانست باز	برفتند و بردند پیشش نماز
چو دربان بدید آن سپاه‌گران	کمردار بسیار و ژوپین وران
بیامد بر خفته برسان گرد	سر پیر از خواب بیدار کرد
بدو گفت برخیز و بگشای دست	نه هنگام خوابست و جای نشست
که شاه جهانست مهمان تو	بدین بی‌نوا خانه و مان تو
یکایک دل مرد گوهرفروش	ز گفتار دربان برآمد به جوش
بدو گفت کاین را چه گویی همی	پی شهریاران چه جویی همی
همان چو ز گوینده بشنید مست	خروشان ازانجای برپای جست
ز دربان برآشفت و گفت این سخن	نگوید خردمند مرد کهن
پرستنده گفت ای جهاندیده مرد	ترا بر زمین شاه ایران که کرد
بیامد پرستنده هنگام روز	که پیدا نبد هور گیتی فروز
یکی تازیانه به زر تافته	به هرجای گوهر برو بافته
بیاویخت از پیش درگاه ما	بدان سو که باشد گذرگاه ما
ز دربان چو بشنید یکسر سخن	بپیچید بیدار مرد کهن
که من دوش پیش شهنشاه مست	چرا بودم و دخترم می پرست
بیامد سوی حجره‌ی آرزوی	بدو گفت کای ماه آزاده‌خوی
شهنشاه بهرام بود آنک دوش	بیامد سوی خان گوهرفروش
همی آمد از دشت نخچیرگاه	عنان تافتست از کهن دژ به راه
کنون خیز و دیبای چینی بپوش	بنه بر سر افسر چنان هم که دوش
نثارش کن از گوهر شاهوار	سه یاقوت سرخ از در شهریار
چو بینی رخ شاه خورشیدفش	دو تایی برو دست کرده بکش
مبین مر ورا چشم در پیش دار	ورا چون روان و تن خویش دار
چو پرسدت با او سخن نرم‌گوی	سخنهای با شرم و بازرم گوی

من اکنون نیایم اگر خواندم ... به جای پرستنده بنشاندم
بسان همالان نشستم به خوان ... که اندر تنم خرد با استخوان
که من نیز گستاخ گشتم به شاه ... به پیر و جوان از می آید گناه
هم‌انگه یکی بنده آمد دوان ... که بیدار شد شاه روشن‌روان
چو بیدار شد ایمن و تن‌درست ... به باغ اندر آمد سر و تن بشست
نیایش کنان پیش خورشید شد ... ز یزدان دلی پر ز امید شد
وزانجا بیامد به جای نشست ... یکی جام می خواست از می پرست
چو از کهتران آگهی یافت شاه ... بفرمودشان بازگشتن به راه
بفرمود تا رفت پیش آرزوی ... همی بودش از آرزوی آرزوی
برفت آرزو با می و با نثار ... پرستنده با تاج و با گوشوار
دو تا گشت و اندر زمین بوس داد ... بخندید زو شاه و برگشت شاد
بدو گفت شاه این کجا داشتی ... مرا مست کردی و بگذاشتی
همان چامه و چنگ ما را بس است ... نثار زنان بهر دیگر کس است
بیار آنک گفتی ز نخچیرگاه ... ز رزم و سر نیزه و زخم شاه
ازان پس بدو گفت گوهرفروش ... کجا شد که ما مست گشتیم دوش
چو بشنید دختر پدر را بخواند ... همی از دل شاه خیره بماند
بیامد پدر دست کرده به کش ... به پیش شهنشاه خورشیدفش
بدو گفت شاها ردا بخردا ... بزرگا سترگا گوا موبدا
کسی کو خرد دارد و باهشی ... نباید گزیدن جز از خامشی
ز نادانی آمد گنهکاریم ... گمانم که دیوانه پنداریم
سزد گر ببخشی گناه مرا ... درفشان کنی روز و ماه مرا
منم بر درت بنده‌ی بی‌خرد ... شهنشاهم از بخردان نشمرد
چنین داد پاسخ که از مرد مست ... خردمند چیزی نگیرد به دست
کسی را که می انده آرد به روی ... نباید که یابد ز می رنگ و بوی
به مستی ندیدم ز تو بدخوی ... همی ز آرزو این سخن بشنوی
تو پوزش بران کن که تا چنگ زن ... بگوید همان لاله اندر سمن
بگوید یکی تا بدان می خوریم ... پی روز ناآمده نشمریم
زمین بوسه داد آن زمان ماهیار ... بیاورد خوان و برآراست کار
بزرگان که بودند بر در به پای ... بیاوردشان مرد پاکیزه‌رای

سوی حجره‌ی خویش رفت آرزوی	ز مهمان بیگانه پرچین به روی
همی بود تا چرخ پوشد سیاه	ستاره پدید آید از گرد ماه
چو نان خورده شد آرزو را بخواند	به کرسی زر پیکرش برنشاند
بفرمود تا چنگ برداشت ماه	بدان چامه کز پیش فرمود شاه
چنین گفت کای شهریار دلیر	که بگذارد از نام تو بیشه شیر
توی شاه پیروز و لشکرشکن	همان رویه چون لاله اندر چمن
به بالای تو بر زمین شاه نیست	به دیدار تو بر فلک ماه نیست
سپاهی که بیند سپاه ترا	به جنگ اندر آوردگاه ترا
بدرد دل و مغزشان از نهیب	بلندی ندانند باز از نشیب
همانگه چو از باده خرم شدند	ز خردک به جام دمادم شدند
بیامد بر پادشا روزبه	گزیدند جایی مر او را به ده
بفرمود بهرام خادم چهل	همه ماه‌چهر و همه دل‌گسل
رخ رومیان همچو دیبای روم	ازیشان همی تازه شد مرز و بوم
بشد آرزو تا به مشکوی شاه	نهاده به سر بر ز گوهر کلاه
بیامد شهنشاه با روزبه	گشاده‌دل و شاد از ایوان مه
همی‌راند گویان به مشکوی خویش	به سوی بتان سمن‌بوی خویش

رفتن بهرام بخانه بازرگان فرشیدورد و ناخوش بازگشتن او

بخفت آن شب و بامداد پگاه	بیامد سوی دشت نخچیرگاه
همه راه و بی‌راه لشکر گذشت	چنان شد که یک ماه ماند او به دشت
سراپرده و خیمه‌ها ساختند	ز نخچیر دشتی بپرداختند
کسی را نیامد بران دشت خواب	می و گوشت نخچیر و چنگ و رباب
بیابان همی آتش افروختند	تر و خشک هیزم بسی سوختند
برفتند بسیار مردم ز شهر	کسی کش ز دینار بایست بهر
همی بود چندی خرید و فروخت	بیابان ز لشکر همی برفروخت
ز نخچیر دشت و ز مرغان آب	همی یافت خواهنده چندان کباب

که بردی به خروار تا خان خویش   بر کودک خرد و مهمان خویش
چو ماهی برآمد شتاب آمدش   همی با بتان رای خواب آمدش
بیاورد لشکر ز نخچیرگاه   ز گرد سواران ندیدند راه
همی رفت لشکر به کردار گرد   چنین تا رخ روز شد لاژورد
یکی شارستان پیشش آمد به راه   پر از برزن و کوی و بازارگاه
بفرمود تا لشکرش با بنه   گذارند و ماند خود او یک تنه
بپرسید تا مهتر ده کجاست   سر اندر کشید و همی رفت راست
شکسته دری دید پهن و دراز   بیامد خداوند و بردش نماز
بپرسید کاین خانه ویران کراست   میان ده این جای ویران چراست
خداوند گفت این سرای منست   همین بخت بد رهنمای منست
نه گاو ستم ایدر نه پوشش نه خر   نه دانش نه مردی نه پای و نه پر
مرا دیدی اکنون سرایم ببین   بدین خانه نفرین به از آفرین
ز اسپ اندر آمد بدید آن سرای   جهاندار را سست شد دست و پای
همه خانه سرگین بد از گوسفند   یکی طاق بر پای و جای بلند
بدو گفت چیزی ز بهر نشست   فراز آور ای مرد مهمان‌پرست
چنین داد پاسخ که بر میزبان   به خیره چرا خندی ای مرزبان
گر افگندنی هیچ بودی مرا   مگر مرد مهمان ستودی مرا
نه افگندنی هست و نه خوردنی   نه پوشیدنی و نه گستردنی
به جای دگر خانه جویی رواست   که ایدر همه کارها بی‌نواست
ورا گفت بالش نگه کن یکی   که تا برنشینم برو اندکی
بدو گفت ایدر نه جای نکوست   همانا ترا شیر مرغ آرزوست
پس‌انگاه گفتش که شیر آر گرم   چنان چون بیابی یکی نان نرم
چنین داد پاسخ که ایدو گمان   که خوردی و گشتی ازو شادمان
اگر نان بدی در تنم جان بدی   اگر چند جانم به از نان بدی
بدو گفت گر نیستت گوسفند   که آمد به خان تو سرگین فگند
چنین داد پاسخ که شب تیره شد   مرا سر ز گفتار تو خیره شد
یکی خانه بگزین که یابی پلاس   خداوند آن خانه دارد سپاس
چه باشی به نزدیکی شوربخت   که بستر کند شب ز برگ درخت
به زر تیغ داری به زربر رکیب   نباید که آید ز دزدت نهیب

ز یزدان بترس و ز من دور باش	به هر کار چون من تو رنجور باش
چو خانه برین‌گونه ویران بود	گذرگاه دزدان و شیران بود
بدو گفت اگر دزد شمشیر من	ببردی کنون نیستی زیر من
کدیور بدو گفت زین در مرنج	که در خان من کس نیابد سپنج
بدو گفت شاه ای خردمند پیر	چه باشی به پیشم همی خیره خیر
چنانچون گمانم هم از آب سرد	ببخشای ای مرد آزادمرد
کدیور بدو گفت کان آبگیر	به پیش است کمتر ز پرتاب تیر
بخور چند خواهی و بردار نیز	چه جویی بدین بی‌نوا خانه چیز
همانا بدیدی تو درویش مرد	ز پیری فرومانده از کارکرد
چنین داد پاسخ که گر مهتری	نداری مکن جنگ با لشکری
چه نامی بدو گفت فرشیدورد	نه بوم و نه پوشش نه خواب و نه خورد
بدو گفت بهرام با کام خویش	چرا نان نجویی بدین نام خویش
کدیور بدو گفت کز کردگار	سرآید مگر بر من این روزگار
نیایش کنم پیش یزدان خویش	ببینم مگر بی‌تو ویران خویش
چرا آمدی در سرای تهی	که هرگز نبینی مهی و بهی
بگفت این و بگریست چندان به زار	که بگریخت ز آواز او شهریار
بخندید زان پیر و آمد به راه	دمادم بیامد پس او سپاه
چو بیرون شد از نامور شارستان	به پیش اندر آمد یکی خارستان
تبر داشت مردی همی کند خار	ز لشکر بشد پیش او شهریار
بدو گفت مهتر بدین شارستان	کرا دانی ای دشمن خارستان
چنین داد پاسخ که فرشیدورد	بماند همه ساله بی‌خواب و خورد
مگر گوسفندش بود صدهزار	همان اسپ و استر بود زین شمار
زمین پر ز آگنده دینار اوست	که مه مغز بادش بتن‌بر مه پوست
شکم گرسنه مانده تن برهنه	نه فرزند و خویش نه‌بار و بنه
اگر کشتمندش فروشد به زر	یکی خانه بومش کند پر گهر
شبانش همی گوشت جوشد به شیر	خود او نان ارزن خورد با پنیر
دو جامه ندیدست هرگز به هم	ازویست هم بر تن او ستم
چنین گفت با خارزن شهریار	که گر گوسفندش ندانی شمار
بدانی همانا کجا دارد اوی	شمارش بتو گفت کی یارد اوی

چنین گفت کای رزم دیده سوار ازان خواسته کس نداند شمار
بدان خارزن داد دینار چند بدو گفت کاکنون شدی ارجمند
بفرمود تا از میان سپاه بیاید یکی مرد دانا به راه
کجا نام آن مرد بهرام بود سواری دلیر و دلارام بود
فرستاد با نامور سی سوار گزین کرده شایسته مردان کار
دبیری گزین کرد پرهیزگار بدان‌سان که دانست کردن شمار
بدان خارزن گفت ز ایدر برو همی خارکندی کنون زر درو
ازان خواسته ده یکی مر تراست بدین مردمان راه بنمای راست
دل افرزو بد نام آن خارزن گرازنده مردی به نیروی تن
گرانمایه اسپی بدو داد و گفت که با باد باید که گردی تو جفت
دل‌افروز بد گیتی افروز شد چو آمد به درگاه پیروز شد
بیاورد لشکر به کوه و به دشت همی گوسفند از عدد برگذشت
شتر بود بر کوه ده کاروان به هر کاروان بر یکی ساروان
ز گاوان ورز و ز گاوان شیر ز پشم و ز روغن ز کشت و پنیر
همه دشت و کوه و بیابان کنام کس او را به گیتی ندانست نام
بیابان سراسر همه کنده سم همان روغن گاو در سم به خم
ز شیراز وز ترف سیصدهزار شتروار بد بر لب جویبار
یکی نامه بنوشت بهرام هور به نزد شهنشاه بهرام گور
نخست آفرین کرد بر کردگار که اویست پیروز و پروردگار
دگر آفرین بر شهنشاه کرد که کیش بدی (را) نگونسار کرد
چنین گفت کای شهریار جهان ز تو شاد یکسر کهان و مهان
کز اندازه دادت همی بگذرد ازین خامشی گنج کیفر برد
همه کار گیتی به اندازه به دل شاه ز اندیشه‌ها تازه به
یکی گم شده نام فرشیدورد نه در بزمگاه و نه اندر نبرد
ندانست کس نام او در جهان میان کهان و میان مهان
نه خسروپرست و نه یزدان‌شناس ندانست کردن به چیزی سپاس
چنین خواسته گسترد در جهان تهی‌دست و پر غم نشسته نهان
به بیداد ماند همی داد شاه منه پند گفتار من بر گناه
پی افگن یکی گنج زین خواسته سیوم سال را گردد آراسته

دبیران داننده را خواندم	برین کوه آباد بنشاندم
شمارش پدیدار نامد هنوز	نویسنده را پشت برگشت کوز
چنین گفت گوینده کاندر زمین	ورا زر و گوهر فزونست زین
برین کوهسارم دو دیده به راه	بدان تا چه فرمان دهد پیشگاه
ز من باد بر شاه ایران درود	بمان زنده تا نام تارست و پود
هیونی برافگند پویان به راه	بدان تا برد نامه نزدیک شاه
چو آن نامه برخواند بهرام‌گور	به دلش اندر افتارد زان کار شور
دژم گشت و دیده پر از آب کرد	بروهای جنگی پر از تاب کرد
بفرمود تا پیش او شد دبیر	قلم خواست رومی و چینی حریر
نخست آفرین کرد بر کردگار	خداوند پیروز و به روزگار
خداوند دانایی و فرهی	خداوند دیهیم شاهنشهی
نبشت آن که گر دادگر بودمی	همین مرد را رنج ننمودمی
نیاورد گرد این ز دزدی و خون	نبد هم کسی را به بد رهنمون
همی بد که این مرد بد ناسپاس	ز یزدان نبودش به دل در هراس
یکی پاسبان بد برین خواسته	دل و جان ز افزون شدن کاسته
بدین دشت چه گرگ و چه گوسفند	چو باشد به پیکار و ناسودمند
به زیر زمین در چه گوهر چه سنگ	کزو خورد و پوشش نیاید به چنگ
نسازیم ازان رنج بنیاد گنج	نبندیم دل در سرای سپنج
فریدون نه پیداست اندر جهان	همان ایرج و سلم و تور از مهان
همان جم و کاوس با کیقباد	جزین نامداران که داریم یاد
پدرم آنک زو دل پر از درد بود	نبد دادگر ناجوانمرد بود
کسی زین بزرگان پدیدار نیست	بدین با خداوند پیکار نیست
تو آن خواسته گرد کن هرچ هست	ببخش و مبر زان به یک چیز دست
کسی را که پوشیده دارد نیاز	که از بد همی دیر یابد جواز
همان نیز پیری که بیکار گشت	به چشم گرانمایگان خوار گشت
دگر هرک چیزیش بود و بخورد	کنون ماند با درد و با بادسرد
کسی را که نامست و دینار نیست	به بازارگانی کسش یار نیست
دگر کودکانی که بینی یتیم	پدر مرده و مانده بی زر و سیم
زنانی که بی‌شوی و بی‌پوشش‌اند	که کاری ندانند و بی‌کوشش‌اند

بریشان ببخش این همه خواسته
برافروز جان و روان کاسته

تو با آنک رفتی سوی گنج باد
همه داد و پرهیزگاریت باد

نهان کرده دینار فرشیدورد
بدو مان همی تا نماند به درد

مر او را چه دینار و گوهر چه خاک
چو بایست کردن همی در مغاک

سپهر گراینده یار تو باد
همان داد و پرهیز کار تو باد

نهادند بر نامه‌بر مهر شاه
فرستاد برگشت و آمد به راه

بفرمود تا تخت شاهنشهی
به باغ بهار اندر آرد رهی

به فرمان ببردند پیروزه تخت
نهادند زیر گلفشان درخت

می و جام بردند و رامشگران
به پالیز رفتند با مهتران

چنین گفت با رای‌زن شهریار
که خرم به مردم بود روزگار

به دخمه درون بس که تنهاشویم
اگر چند با برز و بالا شویم

همه بسترد مرگ دیوانها
به پای آورد کاخ و ایوانها

ز شاه و ز درویش هر کو بمرد
ابا خویشتن نام نیکی ببرد

ز گیتی ستایش به مابر بس است
که گنج درم بهر دیگر کس است

بی‌آزاری و راستی بایدت
چو خواهی که این خورده نگزایدت

کنون سال من رفت بر سی و هشت
بسی روز بر شادمانی گذشت

چو سال جوان بر کشد بر چهل
غم روز مرگ اندرآید به دل

چو یک موی گردد به سر بر سپید
بباید گسستن ز شادی امید

چو کافور شد مشک معیوب گشت
به کافور بر تاج ناخوب گشت

همی بزم و بازی کنم تا دو سال
چو لختی شکست اندر آید به یال

شوم پیش یزدان بپوشم پلاس
نباشم ز گفتار او ناسپاس

به شادی بسی روز بگذاشتم
ز بادی که بد بهره برداشتم

کنون بر گل و نار و سیب و بهی
ز می جام زرین ندارم تهی

چو بینم رخ سیب بیجاده رنگ
شود آسمان همچو پشت پلنگ

برومند و بویا بهاری بود
می سرخ چون غمگساری بود

هوا راست گردد نه گرم و نه سرد
زمین سبزه و آبها لاژورد

چو با مهرگانی بپوشیم خز
به نخچیر باید شدن سوی جز

بدان دشت نخچیر کاری کنیم
که اندر جهان یادگاری کنیم

کنون گردن گور گردد سبتر
دل شیر نر گیرد و رنگ ببر

سگ و یوز با چرغ و شاهین و باز	نباید کشیدن به راه دراز
که آن جای گرزست و تیر و کمان	نباشیم بی‌تاختن یک زمان
بیابان که من دیده‌ام زیر جز	شده چون بن نیزه بالای گز
بران جایگه نیز یابیم شیر	شکاری بود گر بمانیم دیر
همی بود تا ابر شهریوری	برآمد جهان شد پر از لشکری
ز هر گوشه‌یی لشکری جنگجوی	سوی شاه ایران نهادند روی
ازیشان گزین کرد گردنکشان	کسی کو ز نخچیر دارد نشان
بیاورد لشکر به دشت شکار	سواران شمشیرزن ده هزار
ببردند خرگاه و پرده‌سرای	همان خیمه و آخر و چارپای
همه زیردستان به پیش سپاه	برفتند هرجای کندند چاه
بدان تا نهند از بر چاه چرخ	کنند از بر چرخ چینی سطرخ
پس لشکر اندر همی تاخت شاه	خود و ویژگان تا به نخچیرگاه
بیابان سراسر پر از گور دید	همه بیشه از شیر پرشور دید
چنین گفت کاینجا شکار منست	که از شیر بر خاک چندین تنست
بخسپید شادان‌دل و تن‌درست	که فردا بباید مرا شیر جست
کنون میگساریم تا چاک روز	چو رخشان شود هور گیتی فروز
نخستین به شمشیر شیر افگنیم	همان اژدهای دلیر افگنیم
چو این بیشه از شیر گردد تهی	خدنگ مرا گور گردد رهی
ببود آن شب و بامداد پگاه	سوی بیشه رفتند شاه و سپاه
همانگاه بیرون خرامید شیر	دلاور شده خورده از گور سیر
به یاران چنین گفت بهرام گرد	که تیر و کمان دارم و دست برد
ولیکن به شمشیر یازم به شیر	بدان تا نخواند مرا نادلیر
بپوشید تر کرده پشمین قبای	به اسپ نبرد اندر آورد پای
چو شیر اژدها دید بر پای خاست	ز بالا دو دست اندر آورد راست
همی خواست زد بر سر اسپ اوی	بزد پاشنه مرد نخچیر جوی
بزد بر سر شیر شمشیر تیز	سبک جفت او جست راه گریز
ز سر تا میانش بدونیم کرد	دل نره شیران پر از بیم کرد
بیامد دگر شیر غران دلیر	همی جفت او بچه پرورد زیر
بزد خنجری تیز بر گردنش	سر شیر نر کنده شد از تنش

یکی گفت کای شاه خورشید چهر / نداری همی بر تن خویش مهر
همه بیشه شیرند با بچگان / همه بچگان شیر مادر مکان
کنون باید آژیر بودن دلیر / که در مهرگان بچه دارد به زیر
سه فرسنگ بالای این بیشه است / به یک سال اگر شیرگیری به دست
جهان هم نگردد ز شیران تهی / تو چندین چرا رنج بر تن نهی
چو بنشست بر تخت شاه از نخست / به پیمان جز از چنگ شیران نجست
کنون شهریاری به ایران تراست / به گور آمدی جنگ شیران چراست
بدو گفت شاه ای خردمند پیر / به شبگیر فردا من و گور و تیر
سواران گردنکش اندر زمان / نکردند نامی به تیر و کمان
اگر داد مردی بخواهیم داد / به گوپال و شمشیر گیریم یاد
بدو گفت موبد که مرد سوار / نبیند چو تو گرد در کارزار
که چشم بد از فر تو دور باد / نشست تو در گلشن و سور باد
به پرده‌سرای آمد از بیشه شاه / ابا موبد و پهلوان سپاه
همی خواند لشکر برو آفرین / که بی‌تو مبادا کلاه و نگین
به خرگاه شد چون سپه بازگشت / ز دادنش گیتی پرآواز گشت
یکی دانشی مرزبان پیش‌کار / به خرگاه نو بر پراگنده خار
نهادند کافور و مشک و گلاب / بگسترد مشک از بر جای خواب
همه خیمه‌ها خوان زرین نهاد / برو کاسه آرایش چین نهاد
بیاراست سالار خوان از بره / همه خوردنیها که بد یکسره
چو نان خورده شد شاه بهرام گور / بفرمود جامی بزرگ از بلور
که آرد پری‌چهره‌ی میگسار / نهد بر کف دادگر شهریار
چنین گفت کان شهریار اردشیر / که برنا شد از بخت او مرد پیر
سر مایه او بود ما کهتریم / اگر کهتری را خود اندر خوریم
به رزم و به بزم و به رای و به خوان / جز او را جهاندار گیتی مخوان
بدانگه که اسکندر آمد ز روم / به ایران و ویران شد این مرز و بوم
کجا ناجوانمرد بود و درشت / چو سی و شش از شهریاران بکشت
لب خسروان پر ز نفرین اوست / همه روی گیتی پر از کین اوست
کجا بر فریدون کنند آفرین / برویست نفرین ز جویای کین
مبادا جز از نیکویی در جهان / ز من در میان کهان و مهان

بیارید گفتا منادیگری	خوش آواز و از نامداران سری
که گردد سراسر به گرد سپاه	همی برخروشد به بی‌راه و راه
بگوید که بر کوی بر شهر جز	گر از گوهر و زر و دیبا و خز
چنین تا به خاشاک ناچیز پست	بیازد کسی ناسزاوار دست
بر اسپش نشانم ز پس کرده روی	ز ایدر کشان با دو پرخاشجوی
دو پایش ببندند در زیر اسپ	فرستمش تا خان آذرگشسپ
نیایش کند پیش آتش به خاک	پرستش کند پیش یزدان پاک
بدان کس دهم چیز او را که چیز	ازو بستد و رنج او دید نیز
وگر اسپ در کشتزاری کند	ور آهنگ بر میوه‌داری کند
ز زندان نیابد به سالی رها	سوار سرافراز گر بی‌بها
همان رنج ما بس گزیدست بهر	بیاییم و آزرده گردند شهر
برفتند بازارگانان شهر	ز جز و ز برقوه مردم دو بهر
بیابان چو بازار چین شد ز بار	بران‌سو که بد لشکر شهریار
دگر روز چون تاج بفروخت هور	جهاندار شد سوی نخچیر گور
کمان را به زه بر نهاده سپاه	پس لشکر اندر همی رفت شاه
چنین گفت هرکو کمان را به دست	بمالد گشاید به اندازه شست
نباید زدن تیر جز بر سرون	که از سینه پیکانش آید برون
یکی پهلوان گفت کای شهریار	نگه کن بدین لشکر نامدار
که با کیست زین‌گونه تیر و کمان	بداندیش گر مرد نیکی گمان
مگر باشد این را گشاد برت	که جاوید بادا سر و افسرت
چو تو تیر گیری و شمشیر و گرز	ازان خسروی فر و بالای برز
همه لشکر از شاه دارند شرم	ز تیر و کمانشان شود دست نرم
چنین داد پاسخ که این ایزدیست	کزو بگذری زور بهرام چیست
برانگیخت شبدیز بهرام را	همی تیز کرد او دلارام را
چو آمدش هنگام بگشاد شست	بر گور را با سرونش ببست
هم‌انگاه گور اندر آمد به سر	برفتند گردان زرین کمر
شگفت اندران زخم او ماندند	یکایک برو آفرین خواندند
که کس پر و پیکان تیرش ندید	به بالای آن گور شد ناپدید
سواران جنگی و مردان کین	سراسر برو خواندند آفرین

بدو پهلوان گفت کای شهریار　　مبیناد چشمت بد روزگار
سواری تو و ما همه بر خریم　　هم از خروران در هنر کمتریم
بدو گفت شاه این نه تیر منست　　که پیروزگر دستگیر منست
کرا پشت و یاور جهاندار نیست　　ازو خوارتر در جهان خوار نیست
برانگیخت آن بارکش را ز جای　　تو گفتی شد آن باره پران همای
یکی گور پیش آمدش ماده بود　　بچه پیش ازو رفته او مانده بود
یکی تیغ زد بر میانش سوار　　بدونیم شد گور ناپایدار
رسیدند نزدیک او مهتران　　سرافراز و شمشیر زن کهتران
چو آن زخم دیدند بر ماده گور　　خردمند گفت اینت شمشیر و زور
مبیناد چشم بد این شاه را　　نماند بجز بر فلک ماه را
سر مهتران جهان زیر اوست　　فلک زیر پیکان و شمشیر اوست
سپاه از پس‌اندر همی تاختند　　بیابان ز گوران بپرداختند
یکی مرد بر گرد لشکر بگشت　　که یک تن مباد اندرین پهن دشت
که گوری فروشد به بازارگان　　بدیشان دهند این همه رایگان
ز بر کوی با نامداران جز　　ببردند بسیار دیبا و خز
بپذرفت و فرمود تا باژ و ساو　　نخواهند اگر چندشان بود تاو
ازان شهرها هرک درویش بود　　وگر نانش از کوشش خویش بود
ز بخشیدن او توانگر شدند　　بسی نیز با تخت و افسر شدند
به شهر اندر آمد ز نخچیرگاه　　بکی هفته بد شادمان با سپاه
برفتی خوش‌آواز گوینده‌یی　　خردمند و درویش جوینده‌یی
بگفتی که ای دادخواهندگان　　به یزدان پناهید از بندگان
کسی کو بخفتست با رنج ما　　وگر نیستش بهره از گنج ما
به میدان خرامید تا شهریار　　مگر بر شما نوکند روزگار
دگر هرک پیرست و بیکار و سست　　همان کو جوانست و ناتن درست
وگر وام دارد کسی زین گروه　　شدست از بد وام خواهان ستوه
وگر بی‌پدر کودکانند نیز　　ازان کس که دارد بخواهند چیز
بود مام کودک نهفته نیاز　　بدوبر گشایم در گنج باز
وگر مایه‌داری توانگر بمرد　　بدین مرز ازو کودکان ماند خرد
گنه کار دارد بدان چیز رای　　ندارد به دل شرم و بیم خدای

سخن زین نشان کس مدارید باز
که از رازداران منم بی‌نیاز
توانگر کنم مرد درویش را
به دین آورم جان بدکیش را
بتوزیم فام کسی کش درم
نباشد دل خویش دارد به غم
دگر هرک دارد نهفته نیاز
همی دارد از تنگی خویش راز
مر او را ازان کار بی‌غم کنم
فزون شادی و اندهش کم کنم
گر از کارداران بود رنج نیز
که او از پدرمرده‌یی خواست چیز
کنم زنده بر دار بیداد را
که آزرد او مرد آزاد را
گشادند زان پس در گنج باز
توانگر شد آنکس که بودش نیاز
ز نخچیرگه سوی بغداد رفت
خرد یافته با دلی شاد رفت
برفتند گردنکشان پیش اوی
ز بیگانه و آنک بد خویش اوی
بفرمود تا بازگردد سپاه
بیامد به کاخ دلارای شاه
شبستان زرین بیاراستند
پرستندگان رود و می خواستند
بتان چامه و چنگ برساختند
ز بیگانه ایوان بپرداختند
ز رود و می و بانگ چنگ و سرود
هوا را همی داد گفتی درود
به هر شب ز هر حجره یک دست‌بند
ببردند تا دل ندارد نژند
دو هفته همی بود دل شادمان
در گنج بگشاد روز و شبان
درم داد و آمد به شهر صطخر
به سر بر نهاد آن کیان تاج فخر
شبستاان خود را چو در باز کرد
بتان را ز گنج درم ساز کرد
به مشکوی زرین هرانکس که تاج
نبودش بزیر اندرون تخت عاج
ازان شاه ایران فراوان ژکید
برآشفت وز روزبه لب گزید
بدو گفت من باز روم و خزر
بدیشان دهم چون بیاری بدر
هم‌اکنون به خروار دینار خواه
ز گنج ری و اصفهان باز خواه
شبستان برین‌گونه ویران بود
نه از اختر شاه ایران بود
ز هر کشوری باژ نو خواستند
زمین را به دیبا بیاراستند
برین‌گونه یک چند گیتی بخورد
به بزم و به رزم و به ننگ و نبرد

رفتن بهرام از نخچیرگاه بخانه بازرگان

دگر هفته تنها به نخچیر شد	دژم بود با ترکش و تیر شد
ز خورشید تابنده شد دشت گرم	سپهبد ز نخچیر برگشت نرم
سوی کاخ بازارگانی رسید	به هر سو نگه کرد و کس را ندید
ببازارگان گفت ما را سپنج	توان داد کز ما نبینی تو رنج
چو بازارگانش فرود آورید	مر او را یکی خوابگه برگزید
همی بود نالان ز درد شکم	به بازارگان داد لختی درم
بدو گفت لختی نبید کهن	ابا مغز بادام بریان بکن
اگر خانگی مرغ باشد رواست	کزین آرزوها دلم را هواست
نیاورد بازارگان آنچ گفت	نبد مغز بادامش اندر نهفت
چو تاریک شد میزبان رفت نرم	یکی مرغ بریان بیاورد گرم
بیاراست خوان پیش بهرام برد	به بازارگان گفت بهرام گرد
که از تو نبید کهن خواستم	زبان را به خواهش بیاراستم
نیاوردی و داده بودم درم	که نالنده بودم ز درد شکم
چنین داد پاسخ که ای بی‌خرد	نداری خرد کو روان پرورد
چو آوردم این مرغ بریان گرم	فزون خواستن نیست آیین و شرم
چو بشنید بهرام زو این سخن	بشد آرزوی نبید کهن
پشیمان شد از گفت خود نان بخورد	برو نیز یاد گذشته نکرد
چو هنگامه‌ی خوابش آمد بخفت	به بازارگان نیز چیزی نگفت
ز دریای جوشان چو خور بردمید	شد آن چادر قیرگون ناپدید
همی گفت پرمایه بازارگان	به شاگرد کای مرد ناکاردان
مران مرغ کارزش نبد یک درم	خریدی به افزون و کردی ستم
گر ارزان خریدی ابا این سوار	نبودی مرا تیره شب کارزار
خریدی مر او را به دانگی پنیر	بدی با من امروز چون آب و شیر
بدو گفت اگر این نه کار منست	چنان دان که مرغ از شمار منست

تو مهمان من باش با این سوار	بدین مرغ با من مکن کارزار
چو بهرام برخاست از خواب خوش	بشد نزد آن باره‌ی دست‌کش
که زین برنهد تا به ایوان شود	کلاهش ز ایوان به کیوان شود
چو شاگرد دیدش به بهرام گفت	که امروز با من به بد باش جفت
بشد شاه و بنشست بر تخت اوی	شگفتی فروماند از بخت اوی
جوان رفت و آورد خایه دویست	به استاد گفت ای گرامی مه‌ایست
یکی مرغ بریان با نان گرم	نبید کهن آر و بادام نرم
بشد نزد بهرام گفت ای سوار	همی خایه کردی تو دی خواستار
کنون آرزوها بیاریم گرم	هم از چندگونه خورشهای نرم
بگفت این و زان پس به بازار شد	به ساز دگرگون خریدار شد
شکر جست و بادام و مرغ و بره	که آرایش خوان کند یکسره
می و زعفران برد و مشک و گلاب	سوی خانه شد با دلی پرشتاب
بیاورد خوان با خورشهای نغز	جوان بر منش بود و پاکیزه‌مغز
چو نان خورده شد جام پر می‌ببرد	نخستنی به بهرام خسرو سپرد
بدین‌گونه تا شاد و خرم شدند	ز خردک به جام دمادم شدند
چنین گفت با میزبان شهریار	که بهرام ما را کند خواستار
شما می گسارید و مستان شوید	مجنبید تا می پرستان شوید
بمالید پس باره را زین نهاد	سوی گلشن آمد ز می گشته شاد
به بازارگان گفت چندین مکوش	از افزونی این مرد ارزان فروش
به دانگی مرا دوش بفروختی	همی چشم شاگرد را دوختی
که مرغی خریدی فزون از بها	نهادی مرا در دم اژدها
بگفت این به بازارگان و برفت	سوی گاه شاهی خرامید تفت
چو خورشید بر تخت بنمود تاج	جهانبان نشست از بر تخت عاج
بفرمود خسرو به سالار بار	که بازارگان را کند خواستار
بیارند شاگر با او بهم	یکی شاد ازیشان و دیگر دژم
چو شاگرد و استاد رفتند زود	به پیش شهنشاه ایران چو دود
چو شاگرد را دید بنواختش	بر مهتران شاد بنشاختش
یکی بدره بردند نزدیک اوی	که چون ماه شد جان تاریک اوی
به بازارگان گفت تا زنده‌ای	چنان دان که شاگرد را بنده‌ای

همان نیز هر ماهیانی دوبار
درم شست گنجی بروبر شمار
به چیز تو شاگرد مهمان کند
دل مرد آزاده خندان کند
به موبد چنین گفت زان پس که شاه
چو کار جهان را ندارد نگاه
چه داند که مردم کدامست به
چگونه شناسد کهان را ز مه

رفتن بهرام بخانه زن و مرد روستایی

همی بود یک چند با مهتران
می روشن و جام و رامشگران
بهار آمد و شد جهان چون بهشت
به خاک سیه بر فلک لاله کشت
همه بومها پر ز نخجیر گشت
بجوی آبها چون می و شیر گشت
گرازیدن گور و آهو به شخ
کشیدند بر سبزه هر جای نخ
همه جویباران پر از مشک دم
بسان گل نارون می به خم
بگفتند با شاه بهرام گور
که شد دیر هنگام نخچیر گور
چنین داد پاسخ که مردی هزار
گزین کرد باید ز لشکر سوار
سوی تور شد شاه نخچیرجوی
جهان گشت یکسر پر از گفت‌وگوی
ز گور و ز غرم و ز آهو جهان
بپرداختند آن دلاور مهان
سه دیگر چو بفروخت خورشید تاج
زمین زرد شد کوه و دریا چو عاج
به نخچیر شد شهریار دلیر
یکی اژدها دید چون نره شیر
به بالای او موی زیر سرش
دو پستان بسان زنان از برش
کمان را به زه کرد و تیر خدنگ
بزد بر بر اژدها بی‌درنگ
دگر تیز زد بر میان سرش
فروریخت چون آب خون از برش
فرود آمد و خنجری برکشید
سراسر بر اژدها بردرید
یکی مرد برنا فروبرده بود
به خون و به زهر اندر افسرده بود
بران مرد بسیار بگریست زار
وزان زهر شد چشم بهرام تار
وزانجا بیامد به پرده‌سرای
می آورد و خوبان بربط سرای
چو سی روز بگذشت ز اردیبهشت
شد از میوه پالیزها چون بهشت
چنان ساخت کاید به تور اندرون
پرستنده با او یکی رهنمون

به شبگیر هرمزد خرداد ماه	ازان دشت سوی دهی رفت شاه
ببیند که اندر جهان داد هست	بجوید دل مرد یزدان‌پرست
همی راند شبدیز را نرم نرم	برین‌گونه تا روز برگشت گرم
همی‌راند حیران و پیچان به راه	به خواب و به آب آرزومند شاه
چنین تا به آباد جایی رسید	به هامون به نزد سرایی رسید
زنی دید بر کتف او بر سبوی	ز بهرام خسرو بپوشید روی
بدو گفت بهرام کایدر سپنج	دهید ار نه باید گذشتن به رنج
چنین گفت زن کای نبرده سوار	تو این خانه چون خانه‌ی خویش دار
چو پاسخ شنید اسپ در خانه راند	زن میزبان شوی را پیش خواند
بدو گفت کاه آر و اسپش بمال	چو گاه جو آید بکن در جوال
خود آمد به جایی که بودش نهفت	ز پیش اندرون رفت و خانه برفت
حصیری بگسترد و بالش نهاد	به بهرام بر آفرین کرد یاد
سوی خانه‌ی آب شد آب برد	همی در نهان شوی را برشمرد
که این پیر و ابله بماند به جای	هرانگه که بیند کس اندر سرای
نباشد چنین کار کار زنان	منم لشکری‌دار دندان کنان
بشد شاه بهرام و رخ را بشست	کزان اژدها بود ناتن درست
بیامد نشست از بر آن حصیر	بدر خانه بر پای بد مرد پیر
بیاورد خوانی و بنهاد راست	برو تره و سرکه و نان و ماست
بخورد اندکی نان و نالان بخفت	به دستار چینی رخ اندر نهفت
چو از خواب بیدار شد زن بشوی	همی گفت کای زشت ناشسته روی
بره کشت باید ترا کاین سوار	بزرگست و از تخمه‌ی شهریار
که فر کیان دارد و نور ماه	نماند همی جز به بهرامشاه
چنین گفت با زن گرانمایه شوی	که چندین چرا بایدت گفت‌وگوی
نداری نمکسود و هیزم نه نان	چه سازی تو برگ چنین میهمان
بره کشتی و خورد و رفت این سوار	تو شو خر به انبوهی اندر گذار
زمستان و سرما و باد دمان	به پیش آیدت یک زمان بی‌گمان
همی گفت انباز و نشنید زن	که هم نیک‌پی بود و هم رای‌زن
به ره کشته شد هم به فرجام کار	به گفتار آن زن ز بهر سوار
چو شد کشته دیگی هریسه بپخت	برند آتش از هیزم نیم‌سخت

بیاورد چیزی بر شهریار
برو خایه و تره جویبار

یکی پاره بریان ببرد از بره
همان پخته چیزی که بد یکسره

چو بهرام دست از خورشها بشست
همی بود بی‌خواب و ناتن‌درست

چو شب کرد با آفتاب انجمن
کدوی می و سنجد آورد زن

بدو گفت شاه ای زن کم‌سخن
یکی داستان گوی با من کهن

بدان تا به گفتار تو می خوریم
به می درد و اندوه را بشکریم

بتو داستان نیز کردم یله
ز بهرامت آزادیست ار گله

زن کم‌سخن گفت آری نکوست
هم آغاز هر کار و فرجام ازوست

بدو گفت بهرام کاین است و بس
ازو دادجویی نبینند کس

زن برمنش گفت کای پاک‌رای
برین ده فراوان کس است و سرای

همیشه گذار سواران بود
ز دیوان و از کارداران بود

یکی نام دزدی نهد بر کسی
که فرجام زان رنج یابد بسی

ز بهر درم گرددش کینه‌کش
که ناخوش کند بر دلش روز خوش

زن پاک‌تن را به آلودگی
برد نام و آرد به بیهودگی

زیانی بود کان نیابد به گنج
ز شاه جهاندار اینست رنج

پراندیشه شد زان سخن شهریار
که بد شد ورا نام زان مایه‌کار

چنین گفت پس شاه یزدان‌شناس
که از دادگر کس ندارد سپاس

درشتی کنم زین سخن ماه چند
که پیدا شود داد و مهر از گزند

شب تیره ز اندیشه پیچان بخفت
همه شب دلش با ستم بود جفت

بدانگه که شب چادر مشک‌بوی
بدرید و بر چرخ بنمود روی

بیامد زن از خانه با شوی گفت
که هر کاره و آتش آر از نهفت

ز هرگونه تخم اندرافگن به آب
نباید که بیند ورا آفتاب

کنون تا بدوشم ازین گاو شیر
تو این کار هر کاره، آسان مگیر

بیاورد گاو از چراگاه خویش
فراوان گیا برد و بنهاد پیش

به پستانش بر دست مالید و گفت
به نام خداوند بی‌یار و جفت

تهی بود پستان گاوش ز شیر
دل میزبان جوان گشت پیر

چنین گفت با شوی کای کدخدای
دل شاه گیتی دگر شد بران

ستمکاره شد شهریار جهان
دلش دوش پیچان شد اندر نهان

بدو گفت شوی از چه گویی همی
به فال بد اندر چه جویی همی

چنین گفت زن کای گرانمایه شوی   مرا بیهده نیست این گفت‌وگوی
چو بیدادگر شد جهاندار شاه   ز گردون نتابد ببایست ماه
به پستانها در شود شیرخشک   نبودی به نافه درون نیز مشک
زنا و ربا آشکارا شود   دل نرم چون سنگ خارا شود
به دشت اندرون گرگ مردم خورد   خردمند بگریزد از بی‌خرد
شود خایه در زیر مرغان تباه   هرانگه که بیدادگر گشت شاه
چراگاه این گاو کمتر نبود   هم آبشخورش نیز بتر نبود
به پستان چنین خشک شد شیراوی   دگرگونه شد رنگ و آژیر اوی
چو بهرامشاه این سخنها شنود   پشیمانی آمدش ز اندیشه زود
به یزدان چنین گفت کای کردگار   توانا و داننده‌ی روزگار
اگر تاب گیرد دل من ز داد   ازین پس مرا تخت شاهی مباد
زن فرخ پاک یزدان‌پرست   دگر باره بر گاو مالید دست
به نام خداوند زردشت گفت   که بیرون گذاری نهان از نهفت
ز پستان گاوش ببارید شیر   زن میزبان گفت کای دستگیر
تو بیداد را کرده‌ای دادگر   وگرنه نبودی ورا این هنر
ازان پس چنین گفت با کدخدای   که بیداد را داد شد باز جای
تو باخنده و رامشی باش زین   که بخشود بر ما جهان‌آفرین
به هرکاره چون شیربا پخته شد   زن و مرد زان کار پرداخته شد
به نزدیک مهمان شد آن پاک‌رای   همی برد خوان از پسش کدخدای
نهاده بدو کاسه‌ی شیربا   چه نیکو بدی گر بدی زیربا
ازان شیربا شاه لختی بخورد   چنین گفت پس با زن رادمرد
که این تازیانه به درگاه بر   بیاویز جایی که باشد گذر
نگه کن یکی شاخ بر در بلند   نباید که از باد یابد گزند
ازان پس ببین تا که آید ز راه   همی کن بدین تازیانه نگاه
خداوند خانه بپویید سخت   بیاویخت آن شیب شاه از درخت
همی داشت آن را زمانی نگاه   پدید آمد از راه بی‌مر سپاه
هرانکس که این تازیانه بدید   به بهرامشاه آفرین گسترید
پیاده همه پیش شیب دراز   برفتند و بردند یک یک نماز
زن و شوی گفت این بجز شاه نیست   چنین چهره جز درخور گاه نیست

پر از شرم رفتند هر دو ز راه
پیاده دوان تا به نزدیک شاه

که شاها بزرگا ردا بخردا
جهاندار و بر موبدان موبدا

بدین خانه درویش بد میزبان
زنی بی‌نوا شوی پالیزبان

بران بندگی نیز پوزش نمود
همان شاه ما را پژوهش نمود

که چون تو بدین جای مهمان رسید
بدین بی‌نوا خانه و مان رسید

بدو گفت بهرام کای روزبه
ترا دادم این مرز و این خوب ده

همیشه جز از میزبانی مکن
برین باش و پالیزبانی مکن

بگفت این و خندان بشد زان سرای
نشست از بر باره‌ی بادپای

بشد زان ده بی‌نوا شهریار
بیامد به ایوان گوهرنگار

برین‌گونه یک چند گیتی بخورد
به رزم و به بزم و به ننگ و نبرد

لشکر کشیدن خاقان چین به جنگ بهرام

پس آگاهی آمد به هند و به روم
به ترک و به چین و به آباد بوم

که بهرام را دل به بازیست بس
کسی را ز گیتی ندارد به کس

طلایه نه و دیده‌بان نیز نه
به مرز اندرون پهلوان نیز نه

به بازی همی بگذارند جهان
نداند همی آشکار و نهان

چو خاقان چین این سخنها شنید
ز چین و ختن لشکری برگزید

درم داد و سر سوی ایران نهاد
کسی را نیامد ز بهرام یاد

وزان سوی قیصر سپه برگرفت
همه کشور روم لشگر گرفت

به ایران چو آگاهی آمد ز روم
ز هند و ز چین و ز آباد بوم

که قیصر سپه کرد و لشکر کشید
ز چین و ختن لشکر آمد پدید

به ایران هرانکس که بد پیش‌رو
ز پیران و از نامداران نو

همه پیش بهرام گور آمدند
پر از خشم و پیکار و شور آمدند

بگفتند با شاه چندی درشت
که بخت فروزانت بنمود پشت

سر رزمجویان به رزم اندرست
ترا دل به بازی و بزم اندرست

به چشم تو خوارست گنج و سپاه
همان تاج ایران و هم تخت و گاه

چنین داد پاسخ جهاندار شاه	بدان موبدان نماینده راه
که دادار گیهان مرا یاورست	که از دانش برتران برترست
به نیروی آن پادشاه بزرگ	که ایران نگه دارم از چنگ گرگ
به بخت و سپاه و به شمشیر و گنج	ز کشور بگردانم این درد و رنج
همی کرد بازی بدان همنشان	وزو پر ز خون دیده‌ی سرکشان
همی گفت هرکس کزین پادشا	بپیچد دل مردم پارسا
دل شاه بهرام بیدار بود	ازین آگهی پر ز تیمار بود
همی ساختی کار لشکر نهان	ندانست رازش کس اندر جهان
همه شهر ایران ز کارش به بیم	از اندیشگان دل شده به دو نیم
همه گشته نومید زان شهریار	تن و کدخدایی گرفتند خوار
پس آگاه آمد به بهرامشاه	که آمد ز چین اندر ایران سپاه
جهاندار گستهم را پیش خواند	ز خاقان چین چند با او براند
کجا پهلوان بود و دستور بود	چو رزم آمدی پیش رنجور بود
دگر مهرپیروز به زاد را	سوم مهربرزین خراد را
چو بهرام پیروز بهرامیان	خزروان رهام با اندیان
یکی شاه گیلان یکی شاه ری	که بودند در رای هشیار پی
دگر داد برزین رزم‌آزمای	کجا زاولستان بدو بد به پای
بیاورد چون قارن برزمهر	دگر دادبرزین آژنگ چهر
گزین کرد ز ایرانیان سی‌هزار	خردمند و شایسته‌ی کارزار
برادرش را داد تخت و کلاه	که تا گنج و لشکر بدارد نگاه
خردمند نرسی آزاد چهر	همش فر و دین بود هم داد و مهر
وزان جایگه لشکر اندر کشید	سوی آذرآبادگان پرکشید
چو از پارس لشکر فراوان ببرد	چنین بود رای بزرگان و خرد
که از جنگ بگریخت بهرامشاه	وزان سوی آذر کشیدست راه
چو بهرام رخ سوی دریا نهاد	رسولی ز قیصر بیامد چو باد
به کاخیش نرسی فرود آورید	گرانمایه جایی چنانچون سزید
نشستند با رای‌زن بخردان	به نزدیک نرسی همه موبدان
سراسر سخنشان بد از شهریار	که داد او به باد آن همه روزگار
سوی موبدان موبد آمد سپاه	به آگاه بودن ز بهرامشاه

که بر ما همی رنج بپراگند	چرا هم ز لشکر نه گنج آگند
به هرجای زر برفشاند همی	هم ارج جوانی نداند همی
پراگنده شد شهری و لشکری	همی جست هرکس ره مهتری
کنون زو نداریم ما آگهی	بما بازگردد بدی ار بهی
ازان پس چو گفتارها شد کهن	برین بر نهادند یکسر سخن
کز ایران یکی مرد با آفرین	فرستند نزدیک خاقان چین
که بنشین ازین غارت و تاختن	ز هرگونه باید برانداختن
مگر بوم ایران بماند به جای	چو از خانه آواره شد کدخدای
چنین گفت نرسی که این روی نیست	مر این آب را در جهان جوی نیست
سلیحست و گنجست و مردان مرد	کز آتش به خنجر برآرند گرد
چو نومیدی آمد ز بهرامشاه	کجا رفت با خوارمایه سپاه
گر اندیشه‌ی بد کنی بد رسد	چه باید به شاهان چنین گشت بد
شنیدند ایرانیان این سخن	یکی پاسخ کژ فگندند بن
که بهارم ز ایدر سپاهی ببرد	که ما را به غم دل بباید سپرد
چو خاقان بیاید به ایران به جنگ	نماند برین بوم ما بوی و رنگ
سپاهی و نرسی نماند به جای	بکوبند بر خیره ما را به پای
یکی چاره سازیم تا جای ما	بماند ز تن نگسلد پای ما
یکی موبدی بود نامش همای	هنرمند و بادانش و پاکرای
ورا برگزیدند ایرانیان	که آن چاره را تنگ بندد میان
نوشتند پس نامه‌یی بنده‌وار	از ایران به نزدیک آن شهریار
سرنامه گفتند ما بنده‌ایم	به فرمان و رایت سرافگنده‌ایم
ز چیزی که باشد به ایران زمین	فرستیم نزدیک خاقان چین
همان نیز با هدیه و باژ و ساو	که با جنگ ترکان نداریم تاو
بیامد ز ایران خجسته همای	خود و نامداران پاکیزه‌رای
پیام بزرگان به خاقان بداد	دل شاه ترکان بدان گشت شاد
وزان جستن تیز بهرامشاه	گریزان بشد تازیان با سپاه
به پیش گرانمایه خاقان بگفت	دل و جان خاقان چو گل برشکفت
به ترکان چنین گفت خاقان چین	که ما برنهادیم بر چرخ زین
که آورد بی‌جنگ ایران به چنگ؟	مگر ما به رای و به هوش و درنگ؟

فرستاده را چیز بسیار داد	درم داد چینی و دینار داد
یکی پاسخ نامه بنوشت و گفت	که با جان پاکان خرد باد جفت
بدان بازگشتیم همداستان	که گفت این فرستاده‌ی راستان
چو من با سپاه اندرآیم به مرو	کنم روی کشور چو پر تذرو
به رای و به داد و به رنگ و به بوی	ابا آب شیر اندر آرم به جوی
بباشیم تا باژ ایران رسد	همان هدیه و ساو شیران رسد
به مرو آیم و زاستر نگذرم	نخواهم که رنج آید از لشکرم
فرستاده تازان به ایران رسید	ز خاقان بگفت آنچ دید و شنید
به مرو اندر آورد خاقان سپاه	جهان شد ز گرد سواران سیاه
چو آسوده شد سر بخوردن نهاد	کسی را نیامد ز بهرام یاد
به مرو اندرون بانگ چنگ و رباب	کسی را نبد جای آرام و خواب
سپاهش همه باره کرده یله	طلایه نه بردشت و نه راحله
شکار و می و مجلس و بانگ چنگ	شب و روز ایمن نشسته ز جنگ
همی باژ ایرانیان چشم داشت	ز دیر آمدن دل پر از خشم داشت

تاختن بهرام بر لشکر خاقان و پیروز گشتن

وزان روی بهرام بیدار بود	سپه را ز دشمن نگهدار بود
شب و روز کارآگهان داشتی	سپه را ز دشمن نهان داشتی
چو آگهی آمد به بهرامشاه	که خاقان به مروست و چندان سپاه
بیاورد لشکر ز آذر گشسپ	همه بی‌بنه هر یکی با دو اسپ
قبا جوشن و ترگ رومی کلاه	شب و روز چون باد تازان به راه
همی تاخت لشکر چو از کوه سیل	به آمل گذشت از در اردبیل
ز آمل بیامد به گرگان کشید	همی درد و رنج بزرگان کشید
ز گرگان بیامد به شهر نسا	یکی رهنمون پیش پر کیمیا
به کوه و بیابان بی‌راه رفت	به روز و به شبگاه و بی‌گاه رفت
به روز اندرون دیده‌بان داشتی	به تیره شبان پاسبان داشتی

بدین‌سان بیامد به نزدیک مرو	نپرد بدان گونه پران تذرو
نوندی بیامد ز کارآگهان	که خاقان شب و روز بی‌اندهان
به تدبیر نخچیر کشمیهن است	که دستورش از کهل اهریمنست
چو بهرام بشنید زان شاد شد	همه رنجها بر دلش باد شد
برآسود روزی بدان رزمگاه	چو آسوده‌تر گشت شاه و سپاه
به کشمیهن آمد به هنگام روز	که برزد سر از کوه گیتی فروز
همه گوش پرناله‌ی بوق شد	همه چشم پر رنگ منجوق شد
دهاده برآمد ز نخچیرگاه	پرآواز شد گوش شاه و سپاه
بدرید از آواز گوش هژبر	تو گفتی همی ژاله بارد ز ابر
چو خاقان ز نخچیر بیدار شد	به دست خزروان گرفتار شد
چنان شد ز خون خاک آوردگاه	که گفتی همی تیربارد ز ماه
چو سیصد تن از نامداران چین	گرفتند و بستند بر پشت زین
چو خاقان چینی گرفتار شد	ازان خواب آنگاه بیدار شد
سپهبد ز کشمیهن آمد به مرو	شد از تاختن چارپایان چو غرو
به مرو اندر از چینیان کس نماند	بکشتند وز جنگیان بس نماند
هرانکس کزیشان گریزان برفت	پس‌اندر همی تاخت بهرام تفت
برین‌سان همی‌راند فرسنگ سی	پس پشت او قارن پارسی
چو برگشت و آمد به نخچیرگاه	ببخشید چیز کسان بر سپاه
ز پیروزی چین چو سربر فراخت	همه کامگاری ز یزدان شناخت
کجا داد بر نیک و بد دستگاه	که دارنده‌ی آفتابست و ماه
بیاسود در مرو بهرام‌گور	چو آسوده شد شاه و جنگی ستور
ز تیزی روانش مدارا گزید	دلش رای رزم بخارا گزید
به یک روز و یک شب به آموی شد	ز نخچیر و بازی جهانجوی شد
بیامد ز آموی یک پاس شب	گذر کرد بر آب و ریگ فرب
چو خورشید روی هوا کرد زرد	بینداخت پیراهن لاژورد
زمانه شد از گرد چون پر چرغ	جهانجوی بگذشت بر مای و مرغ
همه لشکر ترک بر هم زدند	به بوم و به دشت آتش اندر زدند
ستاره همی دامن ماه جست	پدر بر پسر بر همی راه جست
ز ترکان هرانکس که بد پیش رو	ز پیران و خنجرگزاران تو

همه پیش بهرام رفتند خوار
پیاده پر از خون دل خاکسار

که شاها ردا و بلند اخترا
بر آزادگان جهان مهترا

گر ایدونک خاقان گنهکار گشت
ز عهد جهاندار بیزار گشت

به دستت گرفتار شد بی‌گمان
چو بشکست پیمان شاه جهان

تو خون سر بیگناهان مریز
نه خوب آید از نامداران ستیز

گر از ما همی باژ خواهی رواست
سر بیگناهان بریدن چراست

همه مرد و زن بندگان توایم
به رزم اندر افگندگان توایم

دل شاه بهرام زیشان بسوخت
به دست خرد چشم خشمش بدوخت

ز خون ریختن دست گردان ببست
پراندیشه شد شاه یزدان‌پرست

چو مهر جهاندار پیوسته شد
دل مرد آشفته آهسته شد

بر شاه شد مهتر مهتران
بپذرفت هر سال باژ گران

ازین کار چون کام او شد روا
ابا باژ بستد ز ترکان نوا

چو برگشت و آمد به شهر فرب
پر از رنگ رخسار و پرخنده لب

برآسود یک هفته لشکر نراند
ز چین مهتران را همه پیش خواند

برآورد میلی ز سنگ و ز گج
که کس را به ایران ز ترک و خلج

نباشد گذر جز به فرمان شاه
همان نیز جیحون میانجی به راه

به لشکر یکی مرد بد شمر نام
خردمند و با گوهر و رای و کام

مر او را به توران زمین شاه کرد
سر تخت او افسر ماه کرد

همان تاج زرینش بر سر نهاد
همه شهر توران بدو گشت شاد

چو شد کار توران زمین ساخته
دل شاه ز اندیشه پرداخته

بفرمود تا پیش او شد دبیر
قلم خواست با مشک و چینی حریر

به نرسی یکی نامه فرمود شاه
ز پیکار ترکان و کار سپاه

سر نامه کرد آفرین نهان
ازین بنده بر کردگار جهان

خداوند پیروزی و دستگاه
خداوند بهرام و کیوان و ماه

خداوند گردنده چرخ بلند
خداوند ارمنده خاک نژند

بزرگی و خردی به پیمان اوست
همه بودنی زیر فرمان اوست

نوشتم یکی نامه از مرز چین
به نزد برادر به ایران زمین

به نزد بزرگان ایرانیان
نوشتن همین نامه بر پرنیان

هرانکس که او رزم خاقان ندید
ازین جنگجویان بباید شنید

سپه بود چندانک گفتی سپهر / ز گردش به قیر اندر اندود چهر
همه مرز شد همچو دریای خون / سر بخت بیداد گشته نگون
به رزم اندرون او گرفتار شد / وزو چرخ گردنده بیزار شد
کنون بسته آوردمش بر هیون / جگر خسته و دیدگان پر ز خون
همه گردن سرکشان گشت نرم / زبان چرب و دلها پر از خون گرم
پذیرفت باژ آنک بدخواه بود / به راه آمدند آنک بی‌راه بود
کنون از پس نامه من با سپاه / بیایم به کام دل نیک‌خواه
هیونان کفک‌افگن بادپای / برفتند چون ابر غران ز جای
چو نامه به نزدیک نرسی رسید / ز شادی دل پادشا بردمید
بشد موبد موبدان پیش اوی / هرانکس که بود از یلان جنگ جوی
به شادی برآمد ز ایران خروش / نهادند هر یک به آواز گوش
دل نامداران ز تشویر شاه / همی بود پیچان ز بهر گناه
به پوزش به نزدیک موبد شدند / همه دل‌هراسان ز هر بد شدند
کز اندیشه کژ و فرمان دیو / ببرد دل از راه گیهان خدیو
بدان مایه لشکر که برد این گمان / که یزدان گشاید در آسمان
شگفتیست این کز گمان بگذرد / هم از رای داننده مرد خرد
چو پاسخ شود نامه بر خوب و زشت / همین پوزش ما بباید نوشت
که گر چند رفت از بزرگان گناه / ببخشد مگر نامبردار شاه
بپذرفت نرسی که ایدون کنم / که کین از دل شاه بیرون کنم
پس آن نامه را زود پاسخ نوشت / پدیدار کرد اندرو خوب و زشت
که ایرانیان از پی درد و رنج / همان از پی بوم و فرزند و گنج
گرفتند خاقان چین را پناه / به نومیدی از نامبردار شاه
نه از دشمنی بد نه از درد و کین / نه بر شاه بودست کس را گزین
یکی مهتری نام او برزمهر / بدان رفتن راه بگشاد چهر
بیامد به نزدیک شاه جهان / همه رازها برگشاد از نهان
ز گفتار او شاه خشنود گشت / چنین آتش تیز بی‌دود گشت
چغانی و چگلی و بلخی ردان / بخاری و از غرجگان موبدان
برفتند با باژ و برسم به دست / نیایش کنان پیش آتش‌پرست
که ما شاه را یکسره بنده‌ایم / همان باژ را گردن افگنده‌ایم

همان نیز هر سال با باژ و ساو به درگه شدی هرک بودیش تاو
چو شد ساخته کار آتشکده همان جای نوروز و جشن سده
بیامد سوی آذرآبادگان خود و نامداران و آزادگان
پرستندگان پیش آذر شدند همه موبدان دست بر سر شدند
پرستندگان را ببخشید چیز وز آتشکده روی بنهاد تیز
خرامان بیامد به شهر صطخر که شاهنشهان را بدان بود فخر
پراگنده از چرم گاوان میش که بر پشت پیلان همی راند پیش
هزار و صد و شست قنطار بود درم بو ازو نیز و دینار بود
که بر پهلوی موبد پارسی همی نام بردیش پیداوسی
بیاورد پس مشکهای ادیم بگسترد و شادان برو ریخت سیم
به ره بر هران پل که ویران بدید رباطی که از کاروانان شنید
ز گیتی دگر هرکه درویش بود وگر نانش از کوشش خویش بود
سدگیر به کپان بسختید سیم زن بیوه و کودکان یتیم
چهارم هران پیر کز کارکرد فروماند وزو روز ننگ و نبرد
به پنجم هرانکس که بد با نژاد توانگر نکردی ازو هیچ یاد
ششم هرکه آمد ز راه دراز همی داشت درویشی خویش راز
بدیشان ببخشید چندین درم نبد شاه روزی ز بخشش دژم
غنیمت همه بهر لشکر نهاد نیامدش از آگندن گنج باد
بفرمود پس تاج خاقان چین که پیش آورد مردم پاک‌دین
گهرها که بود اندرو آژده بکندند و دیوار آتشکده
به زر و به گوهر بیاراستند سر تخت آذر بپیراستند
وزان جایگه شد سوی طیسفون که نرسی بد و موبد رهنمون
پذیره شدندش همه مهتران بزرگان ایران و کنداوران
چو نرسی بدید آن سر و تاج شاه درفش دلفروز و چندان سپاه
پیاده شد و برد پیشش نماز بزرگان و هم موبد سرفراز
بفرمود بهرام تا برنشست گرفت آن زمان دست او را به دست
بیامد نشست از بر تخت زر بزرگان به پیش اندرون با کمر
ببخشید گنجی به مرد نیاز در تنگ زندان گشادند باز
زمانه پر از رامش و داد شد دل غمگنان از غم آزاد شد

ز هر کشوری رنج و غم دور کرد	ز بهر بزرگان یکی سور کرد
بدان سور هرکس که بشتافتی	همه خلعت مهتری یافتی

نامه بهرام به کارگزاران کشور و بخشیدن باژ

سیوم روز بزم ردان ساختند	نویسنده را پیش بنشاختند
به می خوردن اندر چو بگشاد چهر	یکی نامه بنوشت شادان به مهر
سر نامه کرد آفرین از نخست	بران کو روان را به شادی بشست
خرد بر دل خویش پیرایه کرد	به رنج تن از مردمی مایه کرد
همه نیکویها ز یزدان شناخت	خرد جست و با مرد دانا بساخت
بدانید کز داد جز نیکویی	نیاید نکوبد در بدخویی
هرانکس که از کارداران ما	سرافراز و جنگی سواران ما
بنالد نه بیند بجز چاه و دار	وگر کشته بر خاک افگنده خوار
بکوشید تا رنجها کم کنید	دل غمگنان شاد و بی‌غم کنید
که گیتی فراوان نماند به کس	بی‌آزاری و داد جویید و بس
بدین گیتی اندر نشانه منم	سر راستی را بهانه منم
که چندان سپه کرد آهنگ من	هم آهنگ این نامدار انجمن
از ایدر برفتم به اندک سپاه	شدند آنک بدخواه بد نیک خواه
یکی نامداری چو خاقان چین	جهاندار با تاج و تخت و نگین
به دست من‌اندر گرفتار شد	سر بخت ترکان نگونسار شد
مرا کرد پیروز یزدان پاک	سر دشمنان رفت در زیر خاک
جز از بندگی پیشه‌ی من مباد	جز از راست اندیشه‌ی من مباد
نخواهم خراج از جهان هفت سال	اگر زیردستی بود گر همال
به هر کارداری و خودکامه‌یی	نوشتند بر پهلوی نامه‌یی
که از زیردستان جز از رسم و داد	نرانید و از بد نگیرید یاد
هرانکس که درویش باشد به شهر	که از روز شادی نیابند بهر
فرستید نزدیک ما نامشان	برآریم زان آرزو کامشان

دگر هرک هستند پهلونژاد	که گیرند از رفتن رنج یاد
هم از گنج ما بی‌نیازی دهید	خردمند را سرفرازی دهید
کسی را که فامست و دستش تهیست	به هر کار بی‌ارج و بی فرهیست
هم از گنج‌ماشان بتوزید فام	به دیوانهایشان نویسید نام
ز یزدان بخواهید تا هم چنین	دل ما بدارد به آیین و دین
بدین مهر ما شادمانی کنید	بران مهتران مهربانی کنید
همان بندگان را مدارید خوار	که هستند هم بنده‌ی کردگار
کسی کش بود پایه‌ی سنگیان	دهد کودکان را به فرهنگیان
به دانش روان را توانگر کنید	خرد را ز تن بر سر افسر کنید
ز چیز کسان دور دارید دست	بی‌آزار باشید و یزدان‌پرست
بکوشید و پیمان ما مشکنید	پی و بیخ و پیوند بد برکنید
به یزدان پناهید و فرمان کنید	روان را به مهرش گروگان کنید
مجویید آزار همسایگان	هم آن بزرگان و پرمایگان
هرانکس که ناچیز بد چیره گشت	وز اندازه‌ی کهتری برگذشت
بزرگش مخوانید کان برتری	سبک بازگردد سوی کهتری
ز درویش چیزی مدارید باز	هرانکس که هست از شما بی‌نیاز
به پاکان گرایید و نیکی کنید	دل و پشت خواهندگان مشکنید
هران چیز کان دور گشت از پسند	بدان چیز نزدیک باشد گزند
ز دارنده بر جان آنکس درود	که از مردمی باشدش تار و پود
چو اندر نوشتند چینی حریر	سر خامه را کرد مشکین دبیر
به عنوان برش شاه گیتی نوشت	دل داد و داننده‌ی خوب و زشت
خداوند بخشایش و فر و زور	شهنشاه بخشنده بهرام گور
سوی مرزبانان فرمانبران	خردمند و دانا و جنگی سران
به هر سو نوند و سوار و هیون	همی رفت با نامه‌ی رهنمون
چو آن نامه آمد به هر کشوری	به هر نامداری و هر مهتری
همی گفت هرکس که یزدان سپاس	که هست این جهاندار یزدان شناس
زن و مرد و کودک به هامون شدند	به هر کشور از خانه بیرون شدند
همی خواندند آفرین نهان	بران دادگر شهریار جهان
ازان پس به خوردن بیاراستند	می و رود و رامشگران خواستند

یکی نیمه از روز خوردن بدی	دگر نیمه زو کار کردن بدی
همی نو به هر بامدادی پگاه	خروشی بدی پیش درگاه شاه
که هرکس که دارد خورید و دهید	سپاسی ز خوردن به خود برنهید
کسی کش نیازست آید به گنج	ستاند ز گنج درم سخته پنج
سه من تافته باده‌ی سالخورده	به رنگ گل نار و با رنگ زرد
هانی به رامش نهادند روی	پرآواز میخواره شد شهر و کوی
چنان بد که از بید و گل افسری	ز دیدار او خواستندی کری
یکی شاخ نرگس به تای درم	خریدی کسی زان نگشتی دژم
ز شادی جوان شد دل مرد پیر	به چشمه درون آبها گشت شیر
جهانجوی کرد از جهاندار یاد	که یکسر جهان دید زان‌گونه شاد

خواستن فرستاده روم بدرگاه و پرسش و پاسخ

به نرسی چنین گفت یک روز شاه	کز ایدر برو با نگین و کلاه
خراسان ترا دادم آباد کن	دل زیردستان به ما شاد کن
نگر تا نباشی بجز دادگر	میاویز چنگ اندرین رهگذر
پدر کرد بیداد و پیچد ازان	چو مردی برهنه ز باد خزان
بفرمود تا خلعتش ساختند	گرانمایه گنجی بپرداختند
بدو گفت یزدان پناه تو باد	سر تخت خورشید گاه تو باد
به رفتن دو هفته درنگ آمدش	تن‌آسان خراسان به چنگ آمدش
چو نرسی بشد هفته‌یی برگذشت	دل شاه ز اندیشه پردخته گشت
بفرمود تا موبد موبدان	برفت و بیاورد چندی ردان
بدو گفت شد کار قیصر دراز	رسولش همی دیر یابد جواز
چه مردست و اندر خرد تا کجاست	که دارد روان از خرد پشت راست
بدو گفت موبد انوشه بدی	جهاندار و با فره ایزدی
یکی مرد پیرست با رای و شرم	سخن گفتنش چرب و آواز نرم
کسی کش فلاطون به دست اوستاد	خردمند و بادانش و بانژاد

یکی برمنش بود کامد ز روم / کنون خیره گشت اندرین مرز و بوم
بپژمرد چون لاله در ماه دی / تنش خشک و رخساره همرنگ نی
همه کهترانش به کردار میش / که روز شکارش سگ آید به پیش
به کندی و تندی بما ننگرید / وزین مرز کس را به کس نشمرید
به موبد چنین گفت بهرام گور / که یزدان دهد فر و دیهیم و زور
مرا گر جهاندار پیروز کرد / شب تیره بر بخت من روز کرد
یکی قیصر روم و قیصر نژاد / فریدون ورا تاج بر سر نهاد
بزرگست وز سلم دارد نژاد / ز شاهان فزون‌تر به رسم و به داد
کنون مردمی کرد و فرزانگی / چو خاقان نیامد به دیوانگی
ورا پیش خوانیم هنگام بار / سخن تا چه گوید که آید به کار
وزان پس به خوبی فرستمش باز / ز مردم نیم در جهان بی‌نیاز
یکی رزم جوید سپاه آورد / دگر بزم و زرین کلاه آورد
مرا ارج ایشان بباید شناخت / بزرگ آنک با نامداران بساخت
برو آفرین کرد موبد به مهر / که شادان بدی تا بگردد سپهر
سپهبد فرستاده را پیش خواند / بران نامور پیشگاهش نشاند
چو بشنید بیدار شاه جهان / فرستاده را خواند پیش مهان
بیامد جهاندیده دانای پیر / سخن‌گوی و بادانش و یادگیر
به کش کرده دست و سرافگنده پست / بر تخت شاهی به زانو نشست
بپرسید بهرام و بنواختش / بر تخت پیروزه بنشاختش
بدو گفت کایدر بماندی تو دیر / ز دیدار این مرز ناگشته سیر
مرا رزم خاقان ز تو باز داشت / به گیتی مرا همچو انباز داشت
کنون روزگار توام تازه شد / ترا بودن ایدر بی‌اندازه شد
سخن هرچ گویی تو پاسخ دهیم / وز آواز تو روز فرخ نهیم
فرستاده‌ی پیر کرد آفرین / که بی‌تو مبادا زمان و زمین
هران پادشاهی که دارد خرد / ز گفت خردمند رامش برد
به یزدان خردمند نزدیک‌تر / بداندیش را روز تاریک‌تر
تو بر مهتران جهان مهتری / که هم مهتر و شاه و هم بهتری
ترا دانش و هوش و دادست و فر / بر آیین شاهان پیروزگر
همانت خرد هست و پاکیزه رای / بر هوشمندان توی کدخدای

که جاوید بادی تن و جان درست   مبیناد گردون میان تو سست
زبانت ترازوست و گفتن گهر   گهر سخته هرگز که بیند به زر
اگر چه فرستاده‌ی قیصرم   همان چاکر شاه را چاکرم
درودی رسانم ز قیصر به شاه   که جاوید باد این سر و تاج و گاه
و دیگر که فرمود تا هفت چیز   بپرسم ز دانندگان تو نیز
بدو گفت شاه این سخنها بگوی   سخن‌گوی را بیشتر آب‌روی
بفرمود تا موبد موبدان   بشد پیش با مهتران و ردان
بشد موبد و هرکه دانا بدند   به هر دانشی‌بر توانا بدند
سخن‌گوی بگشاد راز از نهفت   سخنهای قیصر به موبد بگفت
به موبد چنین گفت کای رهنمون   چه چیز آنک خوانی همی اندرون
دگر آنک بیرونش خوانی همی   جزین نیز نامش ندانی همی
زبر چیست ای مهتر و زبر چیست   همان بیکرانه چه و خوار کیست
چه چیز آنک نامش فراوان بود   مر او را به هر جای فرمان بود
چنین گفت موبد به فرزانه مرد   که مشتاب وز راه دانش مگرد
مر این را که گفتی تو پاسخ یکیست   سخن در درون و برون اندکیست
برون آسمان و درونش هواست   زبر فر یزدان فرمانرواست
همان بیکران در جهان ایزدست   اگر تاب گیری به دانش به دست
زبر چون بهشتست و دوزخ به زیر   بد آن را که باشد به یزدان دلیر
دگر آنک بسیار نامش بود   رونده به هر جای کامش بود
خرد دارد ای پیر بسیار نام   رساند خرد پادشا را به کام
یکی مهر خوانند و دیگر وفا   خرد دور شد درد ماند و جفا
زبان‌آوری راستی خواندش   بلنداختری زیرکی داندش
گهی بردبار و گهی رازدار   که باشد سخن نزد او پایدار
پراگنده اینست نام خرد   از اندازه‌ها نام او بگذرد
تو چیزی مدان کز خرد برترست   خرد بر همه نیکویها سرست
خرد جوید آگنده راز جهان   که چشم سر ما نبیند نهان
دگر آنک دارد جهاندار خوار   به هر دانش از کرده‌ی کردگار
ستاره‌ست رخشان ز چرخ بلند   که بینا شمارش بداند که چند
بلند آسمان را که فرسنگ نیست   کسی را بدو راه و آهنگ نیست

همی خوار گیری شمار ورا	همان گردش روزگار ورا
کسی کو ببیند ز پرتاب تیر	بماند شگفت اندرو تیز ویر
ستاره همی بشمرد ز آسمان	ازین خوارتر چیست ای شادمان
من این دانم ار هست پاسخ جزین	فراخست رای جهان‌آفرین
سخن‌دان قیصر چو پاسخ شنید	زمین را ببوسید و فرمان گزید
به بهرام گفت ای جهاندار شاه	ز یزدان برین‌بر فزونی مخواه
که گیتی سراسر به فرمان تست	سر سرکشان زیر پیمان تست
پسند بزرگان فرخ‌نژاد	ندارد جهان چون تو شاهی به یاد
همان نیز دستورت از موبدان	به دانش فزونست از بخردان
همه فیلسوفان ورا بنده‌اند	به دانایی او سرافگنده‌اند
چو بهرام بشنید شادی نمود	به دلش اندرون روشنایی فزود
به موبدم درم داد ده بدره نیز	همان جامه و اسپ و بسیار چیز
وزانجا خرامان بیامد بدر	خرد یافته موبد پرهنر
فرستاده‌ی قیصر نامدار	سوی خانه رفت از بر شهریار
چو خورشید بر چرخ بنمود دست	شهنشاه بر تخت زرین نشست
فرستاده‌ی قیصر آمد به در	خرد یافته موبد پرگهر
به پیش شهنشاه رفتند شاد	سخنها ز هرگونه کردند یاد
فرستاده را موبد شاه گفت	که ای مرد هشیار بی‌یار و جفت
ز گیتی زیانکارتر کار چیست	که بر کرده‌ی او بباید گریست
چه دانی تو اندر جهان سودمند	که از کردنش مرد گردد بلند
فرستاده گفت آنک دانا بود	همیشه بزرگ و توانا بود
تن مرد نادان ز گل خوارتر	به هر نیکی ناسزاوارتر
ز نادان و دانا زدی داستان	شنیدی مگر پاسخ راستان
بدو گفت موبد که نیکو نگر	بیندیش و ماهی به خشکی مبر
فرستاده گفت ای پسندیده مرد	سخنها ز دانش توان یاد کرد
تو این گر دگرگونه دانی بگوی	که از دانش افزون شود آبروی
بدو گفت موبد که اندیشه کن	کز اندیشه بازیب گردد سخن
ز گیتی هرانکو بی‌آزارتر	چنان دان که مرگش زیانکارتر
به مرگ بدان شاد باشی رواست	چو زاید بد و نیک تن مرگ راست

ازین سودمندی بود زان زیان	خرد را میانجی کن اندر میان
چو بشنید رومی پسند آمدش	سخنهای او سودمند آمدش
بخندید و بر شاه کرد آفرین	بدو گفت فرخنده ایران زمین
که تخت شهنشاه بیند همی	چو موبد بروبر نشیند همی
به دانش جهان را بلند افسری	به موبد ز هر مهتری برتری
اگر باژ خواهی ز قیصر رواست	ک دستور تو بر جهان پادشاست
ز گفتار او شاد شد شهریار	دلش تازه شد چو گل اندر بهار
برون شد فرستاده از پیش شاه	شب آمد برآمد درفش سیاه
پدید آمد آن چادر مشکبوی	به عنبر بیالود خورشید روی
شکیبا نبد گنبد تیزگرد	سر خفته از خواب بیدار کرد
درفشی بزد چشمه‌ی آفتاب	سر شاه گیتی سبک شد ز خواب
در بار بگشاد سالار بار	نشست از بر تخت خود شهریار
بفرمود تا خلعت آراستند	فرستاده را پیش او خواستند
ز سیمین و زرین و اسپ و ستام	ز دینار گیتی که بردند نام
ز دینار و گوهر ز مشک و عبیر	فزون گشت از اندیشه‌ی تیزویر
چو از کار رومی بپردخت شاه	دلش گشت پیچان ز کار سپاه

گماشتن بهرام مرزبانان را بر استانها

بفرمود تا موبد رای‌زن	بشد با یکی نامدار انجمن
ببخشید روی زمین سربسر	ابر پهلوانان پرخاشخر
درم داد و اسپ و نگین و کلاه	گرانمایه را کشور و تاج و گاه
پر از راستی کرد یکسر جهان	وزو شادمانه کهان و مهان
هرانکس که بیداد بد دور کرد	به نادادن چیز و گفتار سرد
وزان پس چنین گفت با موبدان	که ای پرهنر پاکدل بخردان
جهان را ز هرگونه دارید یاد	ز کردار شاهان بیداد و داد
بسی دست شاهان ز بیداد و آز	تهی ماند و هم تن ز آرام و ناز

جهان از بدانديش در بيم بود	دل نيک‌مردان به دو نيم بود
همه دست کرده به کار بدی	کسی را نبد کوشش ايزدی
نبد بر زن و زاده کس پادشا	پر از غم دل مردم پارسا
به هر جای گستردن دست ديو	بريده دل از بيم گيهان خديو
سر نيکويها و دست بديست	در دانش و کوشش بخرديست
همه پاک در گردن پادشاست	که پيدا شود زو همه کژ و راست
پدر گر به بيداد يازيد دست	نبد پاک و دانا و يزدان‌پرست
مداريد کردار او بس شگفت	که روشن دلش رنگ آتش گرفت
ببينيد تا جم و کاوس شاه	چه کردند کز ديو جستند راه
پدر همچنان راه ايشان بجست	به آب خرد جان تيره نشست
همه زيردستانش پيچان شدند	فراوان ز تنديش بيجان شدند
کنون رفت و زو نام بد ماند و بس	همی آفرين او نيابد ز کس
ز ما باد بر جان او آفرين	مبادا که پيچد روانش ز کين
کنون بر نشستم بر گاه اوی	به مينو کشد بی‌گمان راه اوی
همی خواهم از کردگار جهان	که نيرو دهد آشکار و نهان
که با زيردستان مدارا کنيم	ز خاک سيه مشک سارا کنيم
که با خاک چون جفت گردد تنم	نگيرد ستمديده‌ای دامنم
شما همچنين چادر راستی	بپوشيد شسته دل از کاستی
که جز مرگ را کس ز مادر نزاد	ز دهقان و تازی و رومی نژاد
به کردار شيرست آهنگ اوی	نپيچد کسی گردن از چنگ اوی
همان شير درنده را بشکرد	به خواری تن اژدها بسپرد
کجا آن سر و تاج شاهنشهان	کجا آن بزرگان و فرخ مهان
کجا آن سواران گردنکشان	کزيشان نبينم به گيتی نشان
کجا ان پری چهرگان جهان	کزيشان بدی شاد جان مهان
هرانکس که رخ زير چادر نهفت	چنان دان که گشتست با خاک جفت
همه دست پاکی و نيکی بريم	جهان را به کردار بد نشمريم
به يزدان دارنده کو داد فر	به تاج و به تخت و نژاد و گهر
که گر کارداری به يک مشک خاک	زبان جويد اندر بلند و مغاک
همانجا بسوزم به آتش تنش	کنم بر سر دار پيراهنش

وگر در گذشته ز شب چند پاس | بدزدد ز درویش دزدی پلاس
به تاوانش دیبا فرستم ز گنج | بشویم دل غمگنان را ز رنج
وگر گوسفندی برند از رمه | به تیره شب و روزگار دمه
یکی اسپ پرمایه تاوان دهم | مبادا که بر وی سپاسی نهم
چو با دشمنم کارزاری بود | وزان جنگ خسته سواری بود
فرستمش یکساله زر و درم | نداریم فرزند او را دژم
ز دادار دارنده یکسر سپاس | که اویست جاوید نیکی‌شناس
به آب و به آتش میازید دست | مگر هیربد مرد آتش‌پرست
مریزید هم خون گاوان ورز | که ننگست در گاو کشتن به مرز
ز پیری مگر گاو بیکار شد | به چشم خداوند خود خوار شد
نباید ز بن کشت گاو زهی | که از مرز بیرون شود فرهی
همه رای با مرد دانا زنید | دل کودک بی‌پدر مشکنید
از اندیشه‌ی دیو باشید دور | گه جنگ دشمن مجویید سور
اگر خواهم از زیردستان خراج | ز دارنده بیزارم و تخت عاج
اگر بدکنش بد پدر یزدگرد | به پاداش آن داد کردیم گرد
همه دل ز کردار او خوش کنید | به آزادی آهنگ آتش کنید
ببخشد مگر کردگارش گناه | ز دوزخ به مینو نمایدش راه
کسی کو جوانست شادی کنید | دل مردمان جوان مشکنید
به پیری به مستی میازید دست | که همواره رسوا بود پیر مست
گنهکار یزدان مباشید هیچ | به پیری به آید به رفتن بسیچ
چو خشنود گردد ز ما کردگار | به هستی غم روز فردا مدار
دل زیردستان به ما شاد باد | سر سرکشان از غم آزاد باد
همه نامداران چو گفتار شاه | شنیدند و کردند نیکو نگاه
همه دیده کردند پیشش پر آب | ازان شاه پردانش و زودیاب
خروشان برو آفرین خواندند | ورا پادشا زمین خواندند
وزیر خردمند بر پای خاست | چنین گفت کی خسرو داد و راست
جهان از بداندیش بی بیم گشت | وزین مرزها رنج و سختی گذشت
مگر نامور شنگل از هندوان | که از داد پیچیده دارد روان
ز هندوستان تا در مرز چین | ز دزدان پرآشوب دارد زمین

به ایران همی دست یازد به بد	بدین داستان کارسازی سزد
تو شاهی و شنگل نگهبان هند	چرا باژ خواهد ز چین و ز سند
براندیش و تدبیر آن بازجوی	نباید که ناخوبی آید بروی
چو بشنید شاه آن پراندیشه شد	جهان پیش او چون یکی بیشه شد
چنین گفت کاین کار من در نهان	بسازم نگویم به کس در جهان
به تنها ببینم سپاه ورا	همان رسم شاهی و گاه ورا
شوم پیش او چون فرستادگان	نگویم به ایران به آزادگان
بشد پاک دستور او با دبیر	جزو هرکسی آنک بد ناگزیر
بگفتند هرگونه از بیش و کم	ببردند قرطاس و مشک و قلم
یکی نامه بنوشت پر پند و رای	پر از دانش و آفرین خدای
سر نامه کرد از نخست آفرین	ز یزدان برآنکس که جست آفرین
خداوند هست و خداوند نیست	همه چیز جفتست و ایزد یکیست
ز چیزی کجا او دهد بنده را	پرستنده و تاج دارنده را
فزون از خرد نیست اندر جهان	فروزنده کهتران و مهان
هرانکس که او شاد شد از خرد	جهان را به کردار بد نسپرد
پشیمان نشد هر که نیکی گزید	که بد آب دانش نیارد مزید
رهاند خرد مرد را از بلا	مبادا کسی در بلا مبتلا
نخستین نشان خرد آن بود	که از بد همه‌ساله ترسان بود
بداند تن خویش را در نهان	به چشم خرد جست راز جهان
خرد افسر شهریاران بود	همان زیور نامداران بود
بداند بد و نیک مرد خرد	بکوشد به داد و بپیچد ز بد
تو اندازه‌ی خود ندانی همی	روان را به خون در نشانی همی
اگر تاجدار زمانه منم	به خوبی و زشتی بهانه منم
تو شاهی کنی کی بود راستی	پدید آید از هر سوی کاستی
نه آیین شاهان بود تاختن	چنین با بداندیشگان ساختن
نیای تو ما را پرستنده بود	پدر پیش شاهان ما بنده بود
کس از ما نبودند همداستان	که دیر آمدی باژ هندوستان
نگه کن کنون روز خاقان چین	که از چین بیامد به ایران زمین
به تاراج داد آنک آورده بود	بپیچید زان بد که خود کرده بود

چنین هم همی بینم آیین تو	همان بخشش و فره دین تو
مرا ساز جنگست و هم خواسته	همان لشکر یکدل آراسته
ترا با دلیران من پای نیست	به هند اندرون لشکر آرای نیست
تو اندر گمانی ز نیروی خویش	همی پیش دریا بری جوی خویش
فرستادم اینک فرستاده‌یی	سخن‌گوی با دانش آزاده‌یی
اگر باژ بفرست اگر جنگ را	به بی‌دانشی سخت کن تنگ را
ز ما باد بر جان آنکس درود	که داد و خرد باشدش تار و پود
چو خط از نسیم هوا گشت خشک	نوشتند و بر وی پراگند مشک
به عنوانش بر نام بهرام کرد	که دادش سر هر بدی رام کرد
که تاج کیان یافت از یزدگرد	به خرداد ماه اندرون روز ارد
سپهدار مرز و نگهدار بوم	ستاننده‌ی باژ سقلاب و روم
به نزدیک شنگل نگهبان هند	ز دریای قنوج تا مرز سند
چو بنهاد بر نامه‌بر مهر شاه	برآراست بر ساز نخچیرگاه
به لشکر ز کارش کس آگه نبود	جز از نامدارانش همره نبود
بیامد بدین‌سان به هندوستان	گذشت از بر آب جادوستان
چو نزدیک ایوان شنگل رسید	در پرده و بارگاهش بدید
برآورده‌یی بود سر در هوا	بدربر فراوان سلیح و نوا
سواران و پیلان بدربر به پای	خروشیدن زنگ با کرنای
شگفتی بان بارگه بر بماند	دلش را به اندیشه اندر نشاند
چنین گفت با پرده‌داران اوی	پرستنده و پای‌کاران اوی
که از نزد پیروز بهرامشاه	فرستاده آمد بدین بارگاه
هم اندر زمان رفت سالار بار	ز پرده درون تا بر شهریار
بفرمود تا پرده برداشتند	به ارجش ز درگاه بگذاشتند
خرامان همی رفت بهرام گور	یکی خانه دید آسمانش بلور
ازارش همه سیم و پیکرش زر	نشانده به هر جای چندی گهر
نشسته به نزدیک او رهنمای	پس پشت او ایستاده به پای
برادرش را دید بر زیرگاه	نهاده به سر بر ز گوهر کلاه
چو آمد به نزدیک شنگل فراز	ورا دید با تاج بر تخت ناز
همه پایه‌ی تخت زر و بلور	نشسته برو شاه با فر و زور

بر تخت شد شاه و بردش نماز / همی بود پیشش زمانی دراز
چنین گفت زان کو ز شاهان مهست / جهاندار بهرام یزدان‌پرست
یکی نامه دارم بر شاه هند / نوشته خطی پهلوی بر پرند
چو آواز بهرام بشنید شاه / بفرمود زرین یکی زیرگاه
بران کرسی زرش بنشاندند / ز درگاه یارانش را خواندند
چو بنشست بگشاد لب را ز بند / چنین گفت کای شهریار بلند
زبان برگشایم چو فرمان دهی / که بی‌تو مبادا بهی و مهی
بدو گفت شنگل که بر گوی هین / که گوینده یابد ز چرخ آفرین
چنین گفت کز شاه خسرونژاد / که چون او به گیتی ز مادر نزاد
مهست آن سرافراز بر روی دهر / که با داد او زهر شد پای زهر
بزرگان همه باژ دار وی‌اند / به نخچیر شیران شکار وی‌اند
چو شمشیر خواهد به رزم اندرون / بیابان شود همچو دریای خون
به بخشش چو ابری بود دربار / بود پیش او گنج دینار خوار
پیامی رسانم سوی شاه هند / همان پهلوی نامه‌یی برپرند
چو بشنید شد نامه را خواستار / شگفتی بماند اندران نامدار
چو آن نامه برخواند مرد دبیر / رخ تاجور گشت همچون زریر
بدو گفت کای مرد چیره‌سخن / به گفتار مشتاب و تندی مکن
بزرگی نماید همی شاه تو / چنان هم نماید همی راه تو
کسی باژ خواهد ز هندوستان / نباشم ز گوینده همداستان
به لشکر همی گوید این گر به گنج / وگر شهر و کشور سپردن به رنج
کلنگ‌اند شاهان و من چون عقاب / وگر خاک و من همچو دریای آب
کسی با ستاره نکوشد به جنگ / نه با آسمان جست کس نام و ننگ
هنر بهتر از گفتن نابکار / که گیرد ترا مرد داننده خوار
نه مردی نه دانش نه کشور نه شهر / ز شاهی شما را زبانست بهر
نهفته همه بوم گنج منست / نیاکان بدو هیچ نابرده دست
دگر گنج برگستوان و زره / چو گنجور ما برگشاید گره
به پیلانش باید کشیدن کلید / وگر زنده پیلش تواند کشید
وگر گیری از تیغ و جوشن شمار / ستاره شود پیش چشم تو خوار
زمین بر نتابد سپاه مرا / همان زنده پیلان و گاه مرا

هزار ار به هندی زنی در هزار / بود کس که خواند مرا شهریار
همان کوه و دریای گوهر مراست / به من دارد اکنون جهان پشت راست
همان چشمه‌ی عنبر و عود و مشک / دگر گنج کافور ناگشته خشک
دگر داروی مردم دردمند / به روی زمین هرک گردد نژند
همه بوم ما را بدین‌سان برست / اگر زر و سیمست و گر گوهرست
چو هشتاد شاهند با تاج زر / به فرمان من تنگ بسته کمر
همه بوم را گرد دریاست راه / نیاید بدین خاک‌بر دیو گاه
ز قنوج تا مرز دریای چین / ز سقلاب تا پیش ایران زمین
بزرگان همه زیردست منند / به بیچارگی در پرست منند
به هند و به چین و ختن پاسبان / نرانند جز نام من بر زبان
همه تاج ما را ستاینده‌اند / پرستندگی را فزاینده‌اند
به مشکوی من دخت فغفور چین / مرا خواند اندر جهان‌آفرین
پسر دارم از وی یکی شیردل / که بستاند از که به شمشیر دل
ز هنگام کاوس تا کیقباد / ازین بوم و برکس نکردست یاد
همان نامبردار سیصد هزار / ز لشکر که خواند مرا شهریار
ز پیوستگانم هزار و دویست / کزیشان کسی را به من راه نیست
همه زاد بر زاد خویش منند / که در هند بر پای پیش منند
که در بیشه شیران به هنگام جنگ / ز آورد ایشان بخاید دو چنگ
گر آیین بدی هیچ آزاده را / که کشتی به تندی فرستاده را
سرت را جدا کردمی از تنت / شدی مویه‌گر بر تو پیراهنت
بدو گفت بهرام کای نامدار / اگر مهتری کام کژی مخار
مرا شاه من گفت کو را بگوی / که گر بخردی راه کژی مجوی
ز درگه دو دانا پدیدار کن / زبان‌آور و کامران بر سخن
گر ایدونک زیشان به رای و خرد / یکی بر یکی زان ما بگذرد
مرا نیز با مرز تو کار نیست / که نزدیک بخرد سخن خوار نیست
وگرنه ز مردان جنگاوران / کسی کو گراید به گرز گران
گزین کن ز هندوستان صد سوار / که با یک تن از ما کند کارزار
نخواهیم ما باژ از مرز تو / چو پیدا شدی مردی و ارز تو
چو بشنید شنگل به بهرام گفت / که رای تو با مردمی نیست جفت

زمانی فرود آی و بگشای بند	چه گویی سخن‌های ناسودمند
یکی خرم ایوان بپرداختند	همه هرچ بایست برساختند
بیاسود بهرام تا نیمروز	چو بر اوج شد تاج گیتی فروز
چو در پیش شنگل نهادند خوان	یکی را بفرمود کو را بخوان
کز ایران فرستاده‌ی خسروپرست	سخن‌گوی و هم کامگار نوست
کسی را که با اوست هم زین‌نشان	بیاور به خوان رسولان نشان
بشد تیز بهرام و بر خوان نشست	بنان دست بگشاد و لب را ببست
چو نان خورده شد مجلس آراستند	نوازنده‌ی رود و می خواستند
همی بوی مشک آمد از خوردنی	همان زیر زربفت گستردنی
بزرگان چو از باده خرم شدند	ز تیمار نابوده بی‌غم شدند
دو تن را بفرمود زورآزمای	به کشتی که دارند با دیو پای
برفتند شایسته مردان کار	ببستندشان بر میان‌ها ازار
همی کرد زور ان برین این بران	گرازان و پیچان دو مرد گران
چو برداشت بهرام جام بلور	به مغزش نبید اندرافگند شور
بشنگل چنین گفت کای شهریار	بفرمای تا من ببندم ازار
چو با زورمندان به کشتی شوم	نه اندر خرابی و مستی شوم
بخندید شنگل بدو گفت خیز	چو زیر آوری خون ایشان بریز
چو بشنید بهرام بر پای خاست	به مردی خم آورد بالای راست
کسی را که بگرفت زیشان میان	چو شیری که یازد به گور ژیان
همی بر زمین زد چنان کاستخوانش	شکست و بپالود رنگ رخانش
بدو مانده بد شنگل اندر شگفت	ازان برز بالا و آن زور و کفت
به هندی همی نام یزدان بخواند	ورا از چهل مرد برتر نشاند
چو گشتند مست از می خوشگوار	برفتند ز ایوان گوهرنگار
چو گردون بپوشید چینی حریر	ز خوردن برآسود برنا و پیر
چو زرین شد آن چادر مشکبوی	فروزنده بر چرخ بنمود روی
شه هندوان باره را برنشست	به میدان خرامید چوگان به دست
ببردند با شاه تیر و کمان	همی تاخت بر آرزو یک زمان
به بهرام فرمود تا بر نشست	کمان کیانی گرفته به دست
به شنگل چنین گفت کای شهریار	چنان دان که هستند با من سوار

همی تیر و چوگان کنند آرزوی / چو فرمان دهد شاه آزاده‌خوی
چنین گفت شنگل که تیر و کمان / ستون سواران بود بی‌گمان
تو با شاخ و یالی بیفراز دست / به زه کن کمان را و بگشای شست
کمان را به زه کرد بهرام گرد / عنان را به اسپ تگاور سپرد
یکی تیر بگرفت و بگشاد شست / نشانه به یک چوبه بر هم شکست
گرفتند یکسر برو آفرین / سواران میدان و مردان کین
ز بهرام شنگل شد اندرگمان / که این فر و این برز و تیر و کمان
نماند همی این فرستاده را / نه هندی نه ترکی نه آزاده را
اگر خویش شاهست گر مهترست / برادرش خوانم هم اندر خورست
بخندید و بهرام را گفت شاه / که ای پرهنر با گهر پیشگاه
برادر توی شاه را بی‌گمان / بدین بخشش و زور و تیر و کمان
که فر کیان داری و زور شیر / نباشی مگر نامداری دلیر
بدو گفت بهرام کای شاه هند / فرستادگان را مکن ناپسند
نه از تخمه‌ی یزدگردم نه شاه / برادرش خوانیم باشد گناه
از ایران یکی مرد بیگانه‌ام / نه دانش پژوهم نه فرزانه‌ام
مرا بازگردان که دورست راه / نباید که یابد مرا خشم شاه
بدو گفت شنگل که تندی مکن / که با تو هنوزست ما را سخن
نبایدت کردن به رفتن شتاب / که رفتن به زودی نباشد صواب
بر ما بباش و دل آرام گیر / چو پخته نخواهی می خام گیر
پس‌انگاه دستور را پیش خواند / ز بهرام با او سخن چند راند
گر این مرد بهرام را خویش نیست / گر از پهلوان نام او بیش نیست
چو گویی دهد او تن‌اندر فریب / گر از گفت من در دل آرد نهیب
تو گویی مر او را نکوتر بود / تو آن گوی با وی که در خور بود
بگویش بران رو که باشد صواب / که پیش شه هند بفزودی آب
کنون گر بباشی به نزدیک اوی / نگه‌داری آن رای باریک اوی
هرانجا که خوشتر ولایت تراست / سپهداری و باژ و ملکت تراست
به جایی که باشد همیشه بهار / نسیم بهار آید از جویبار
گهر هست و دینار و گنج درم / چو باشد درم دل نباشد به غم
نوازنده شاهی که از مهر تو / بخندد چو بیند همی چهر تو

به سالی دو بارست بار درخت   ز قنوج برنگذرد نیک‌بخت
چو این گفته باشی به پرسش ز نام   که از نام گردد دلم شادکام
مگر رام گردد بدین مرز ما   فزون گردد از فر او ارز ما
ورا زود سالار لشکر کنیم   بدین مرز با ارز ما سر کنیم
بیامد جهاندیده دستور شاه   بگفت این به بهرام و بنمود راه
ز بهرام زان پس بپرسید نام   که بی‌نام پاسخ نبودی تمام
چو بشنید بهرام رنگ رخش   دگر شد که تا چون دهد پاسخش
به فرجام گفت ای سخن‌گوی مرد   مرا در دو کشور مکن روی زرد
من از شاه ایران نپیچم به گنج   گر از نیستی چند باشم به رنج
جزین باشد آرایش دین ما   همان گردش راه و آیین ما
هرانکس که پیچد سر از شاه خویش   به برخاستن گم کند راه خویش
فزونی نجست آنک بودش خرد   بد و نیک بر ما همی بگذرد
خداوند گیتی فریدون کجاست   که پشت زمانه بدو بود راست
کجا آن بزرگان خسرونژاد   جهاندار کیخسرو و کیقباد
دگر آنک دانی تو بهرام را   جهاندار پیروز خودکام را
اگر من ز فرمان او بگذرم   به مردی سرآرد جهان بر سرم
نماند بر و بوم هندوستان   به ایران کشد خاک جادوستان
همان به که من باز گردم بدر   ببینند مرا شاه پیروزگر
گر از نام پرسیم برزوی نام   چنین خواندم شاه و هم باب و مام
همه پاسخ من بشنگل رسان   که من دیر ماندم به شهر کسان
چو دستور بشنید پاسخ ببرد   شنیده سخن پیش او برشمرد
ز پاسخ پر آژنگ شد روی شاه   چنین گفت اگر دور ماند ز راه
یکی چاره سازم کنون من که روز   سرآید بدین مرد لشکر فروز

کشتن بهرام گور کرگ را در هندوستان

یکی کرگ بود اندران شهر شاه
ز بالای او بسته بر باد راه

ازان بیشه بگریختی شیر نر
هم از آسمان کرگس تیرپر

یکایک همه هند زو پر خروش
از آواز او کر شدی تیز گوش

به بهرام گفت ای پسندیده مرد
برآید به دست تو این کارکرد

به نزدیک آن کرگ باید شدن
همه چرم او را به تیر آژدن

اگر زو تهی گردد این بوم و بر
به فر تو این مرد پیروزگر

یکی دست باشدت نزدیک من
چه نزدیک این نامدار انجمن

که جاوید در کشور هندوان
بود زنده نام تو تا جاودان

بدو گفت بهرام پاکیزه‌رای
که با من بباید یکی رهنمای

چو بینم به نیروی یزدان تنش
ببینی به خون غرقه پیراهنش

بدو داد شنگل یکی رهنمای
که او را نشیمن بدانست و جای

همی رفت با نیک‌دل رهنمون
بدان بیشه‌ی کرگ ریزنده خون

همی گفت چندی ز آرام اوی
ز بالا و پهنا و اندام اوی

چو بنمود و برگشت و بهرام رفت
خرامان بدان بیشه‌ی کرگ تفت

پس پشت او چند ایرانیان
به پیکار آن کرگ بسته میان

چو از دور دیدند خرطوم اوی
ز هنگش همی پست شد بوم اوی

بدو هرکسی گفت شاها مکن
ز مردی همی بگذرد این سخن

نکردست کس جنگ با کوه و سنگ
وگر چه دلیرست خسرو به چنگ

به شنگل چنین گوی کاین راه نیست
بدین جنگ دستوری شاه نیست

چنین داد پاسخ که یزدان پاک
مرا گر به هندوستان داد خاک

به جای دگر مرگ من چون بود
که اندیشه ز اندازه بیرون بود

کمان را به زه کرد مرد جوان
تو گفتی همی خوار گیرد روان

بیامد دوان تا به نزدیک کرگ
پر از خشم سر دل نهاده به مرگ

کمان کیانی گرفته به چنگ
ز ترکش برآورد تیر خدنگ

همی تیر بارید همچون تگرگ	برین همنشان تا غمین گشت کرگ
چو دانست کو را سرآمد زمان	برآهیخت خنجر به جای کمان
سر کرگ را راست ببرید و گفت	به نام خداوند بی‌یار و جفت
که او داد چندین مرا فر و زور	به فرمان او تابد از چرخ هور
بفرمود تا گاو و گردون برند	سر کرگ زان بیشه بیرون برند
ببردند چون دید شنگل ز دور	به دیبا بیاراست ایوان سور
چو بر تخت بنشست پرمایه شاه	نشاندند بهرام را پیش گاه
همی کرد هر کس برو آفرین	بزرگان هند و سواران چنین
برفتند هر مهتری با نثار	به بهرام گفتند کای نامدار
کسی را سزای تو کردار نیست	به کردار تو راه دیدار نیست
ازو شادمان شنگل و دل به غم	گهی تازه‌روی و زمانی دژم

کشتن بهرام اژدها را

یکی اژدها بود بر خشک و آب	به دریا بدی گاه بر آفتاب
همی درکشیدی به دم ژنده پیل	وزو خاستی موج دریای نیل
چنین گفت شنگل به یاران خویش	بدان تیزهش رازداران خویش
که من زین فرستاده‌ی شیرمرد	گهی شادمانم گهی پر ز درد
مرا پشت بودی گر ایدر بدی	به قنوج بر کشوری سر بدی
گر از نزد ما سوی ایران شود	ز بهرام قنوج ویران شود
چو کهتر چنین باشد و مهتر اوی	نماند برین بوم ما رنگ و بوی
همه شب همی کار او ساختم	یکی چاره‌ی دیگر انداختم
فرستمش فردا بر اژدها	کزو بی‌گمانی نیابد رها
نباشم نکوهیده‌ی کار اوی	چو با اژدها خود شود جنگجوی
بگفت این و بهرام را پیش خواند	بسی داستان دلیران براند
بدو گفت یزدان پاک‌آفرین	ترا ایدر آورد ز ایران زمین
که هندوستان را بشویی ز بد	چنان کز ره نامداران سزد

یکی کار پیش است با درد و رنج　　به آغاز رنج و به فرجام گنج
چو این کرده باشی زمانی مپای　　به خشنودی من برو باز جای
به شنگل چنین پاسخ آورد شاه　　ک از رای تو بگذرم نیست راه
ز فرمان تو نگذرم یک زمان　　مگر بد بود گردش آسمان
بدو گفت شنگل که چندین بلاست　　بدین بوم ما در یکی اژدهاست
به خشکی و دریا همی بگذرد　　نهنگ دم آهنگ را بشمرد
توانی مگر چاره‌یی ساختن　　ازو کشور هند پرداختن
به ایران بری باژ هندوستان　　همه مرز باشند همداستان
همان هدیه‌ی هند با باژ نیز　　ز عود و ز عنبر ز هرگونه چیز
بدو گفت بهرام کای پادشا　　بهند اندرون شاه و فرمانروا
به فرمان دارنده یزدان پاک　　پی اژدها را ببرم ز خاک
ندانم که او را نشیمن کجاست　　بباید نمودن به من راه راست
فرستاد شنگل یکی راه‌جوی　　که آن اژدها را نماید بدوی
همی رفت با نامور سی سوار　　از ایران سواران خنجرگزار
همی تاخت تا پیش دریا رسید　　به تاریکی آن اژدها را بدید
بزرگان ایران خروشان شدند　　وزان اژدها نیز جوشان شدند
به بهرام گفتند کای شهریار　　تو این را چو آن کرگ پیشین مدار
به ایرانیان گفت بهرام گرد　　که این را به دادار باید سپرد
مرا گر زمانه بدین اژدهاست　　به مردی فزونی نگیرد نه کاست
کمان را به زه کرد و بگزید تیر　　که پیکانش را داده بد زهر و شیر
بران اژدها تیرباران گرفت　　چپ و راست جنگ سواران گرفت
به پولاد پیکان دهانش بدوخت　　همی خار زان زهر او برفروخت
دگر چار چوبه بزد بر سرش　　فرو ریخت با زهر خون از برش
تن اژدها گشت زان تیر سست　　همی خاک را خون زهرش بشست
یکی تیغ زهرآبگون برکشید　　به تندی دل اژدها بردرید
به تیغ و تبرزین بزد گردنش　　به خاک اندر افگند بیجان تنش
به گردون سرش سوی شنگل کشید　　چو شاه آن سر اژدها را بدید
برآمد ز هندوستان آفرین　　ز دادار بر بوم ایران‌زمین
که زاید برآن خاک چونین سوار　　که با اژدها سازد او کارزار

برین برز بالا و این شاخ و یال — نباشد جز از شهریارش همال

دادن شنگل دختر خویش را به بهرام

همان شاه شنگل دلی پر ز درد — همی داشت از کار او روی زرد
شب آمد بیاورد فرزانه را — همان مردم خویش و بیگانه را
چنین گفت کاین مرد بهرامشاه — بدین زور و این شاخ و این دستگاه
نباشد همی ایدر از هیچ روی — ز هرگونه آمیختم رنگ و بوی
گر از نزد ما او به ایران شود — به نزدیک شاه دلیران شود
سپاه مرا سست خواند به کار — به هندوستان نیست گوید سوار
سرافراز گردد مگر دشمنم — فرستاده را سر ز تن برکنم
نهانش همی کرد خواهم تباه — چه بینید این را چه دانید راه
بدو گفت فرزانه کای شهریار — دلت را بدین‌گونه رنجه مدار
فرستاده‌ی شهریاران کشی — به غمری برد راه و بیدانشی
کس اندیشه زین‌گونه هرگز نکرد — به راه چنین رای هرگز مگرد
بر مهتران زشت‌نامی بود — سپهبد به مردم گرامی بود
پس‌انگه بیاید از ایران سپاه — یکی تاجداری چو بهرامشاه
نماند ز ما کس بدینجا درست — ز نیکی نباید ترا دست شست
رهانیده‌ی ماست از اژدها — نه کشتن بود رنج او را بها
بدین بوم ما اژدها کشت و کرگ — به تن زندگانی فزایش نه مرگ
چو بشنید شنگل سخن تیره شد — ز گفتار فرزانگان خیره شد
ببود آن شب و بامداد پگاه — فرستاد کس نزد بهرامشاه
به تنها تن خویش بی‌انجمن — نه دستور بد پیش و نه رای زن
به بهرام گفت ای دلارای مرد — توانگر شدی گرد بیشی مگرد
بتو داد خواهم همی دخترم — ز گفتار و کردار باشد برم
چو این کرده باشم بر من بایست — کز ایدر گذشتن ترا روی نیست
ترا بر سپه کامگاری دهم — به هندوستان شهریاری دهم

فروماند بهرام وا ندیشه کرد   ز تخت و نژاد و ز ننگ و نبرد

ابا خویشتن گفت کاین جنگ نیست   ز پیوند شنگل مرا ننگ نیست

و دیگر که جان بر سر آرم بدین   ببینم مگر خاک ایران زمین

که ایدر بدین‌سان بماندیم دیر   برآویخت با دام روباه شیر

چنین داد پاسخ که فرمان کنم   ز گفتارت آرایش جان کنم

تو از هر سه دختر یکی برگزین   که چون بینمش خوانمش آفرین

ز گفتار او شاد شد شاه هند   بیاراست ایوان به چینی پرند

سه دختر بیامد چو خرم بهار   به آرایش و بوی و رنگ و نگار

به بهرام گور آن زمان گفت رو   بیارای دل را به دیدار نو

بشد تیز بهرام و او را بدید   ازان ماه‌رویان یکی برگزید

چو خرم بهاری سپینود نام   همه شرم و ناز و همه رای و کام

بدو داد شنگل سپینود را   چو سرو سهی شمع بی‌دود را

یکی گنج پرمایه‌تر برگزید   بدان ماه‌رخ داد شنگل کلید

بیاورد یاران بهرام را   سواران بازیب و با نام را

درم داد ودینار و هرگونه چیز   همان عنبر و عود و کافورنیز

بیاراست ایوان گوهرنگار   ز قنوج هرکس که بد نامدار

خرامان بران بزمگاه آمدند   به شادی همه نزد شاه آمدند

ببودند یک هفته با می به دست   همه شاد و خرم به جای نشست

سپینود با شاه بهرام گور   چو می بود روشن به جام بلور

چو زین آگهی شد به فغفور چین   که با فر مردی ز ایران زمین

به نزدیک شنگل فرستاده بود   همانا ز ایران تهم‌زاده بود

بدو داد شنگل یکی دخترش   که بر ماه ساید همی افسرش

یکی نامه نزدیک بهرامشاه   نوشت آن جهاندار با دستگاه

به عنوان بر از شهریار جهان   سر نامداران و شاه مهان

به نزد فرستاده‌ی پارسی   که آمد به قنوج با یار سی

دگر گفت کامد بما آگهی   ز تو نامور مرد با فرهی

خردمندی و مردی و رای تو   فشرده به هرجای بر پای تو

کجا کرگ و آن نامور اژدها   ز شمشیر تیزت نیامد رها

بتو داد دختر که پیوند ماست   که هندوستان خاک او را بهاست

سر خویش را بردی اندر هوا
به پیوند این شاه فرمانروا

به ایران بزرگیست این شاه را
کجا کهترش افسر ماه را

به دستوری شاه در بر گرفت
به قنوج شد یار دیگر گرفت

کنون رنج بردار و ایدر بیای
بدین مرز چندانک باید به پای

به دیدار تو چشم روشن کنیم
روان را ز رای تو جوشن کنیم

چو خواهی که ز ایدر شوی باز جای
زمانی نگوییم بر من بپای

برو شاد با خلعت و خواسته
خود و نامداران آراسته

ترا آمدن پیش من ننگ نیست
چو با شاه ایران مرا جنگ نیست

مکن سستی از آمدن هیچ رای
چو خواهی که برگردی ایدر مپای

چو نامه بیامد به بهرام گور
به دلش اندر افتاد زان نامه شور

نویسنده بر خواند و پاسخ نوشت
به پالیز کین بر درختی بکشت

سر نامه گفت آنچ گفتی رسید
دو چشم تو جز کشور چین ندید

به عنوان بر از پادشاه جهان
نوشتی سرافراز و تاج مهان

جز آن بد که گفتی سراسر سخن
بزرگی نو را نخواهم کهن

شهنشاه بهرام گورست و بس
چنو در زمانه ندانیم کس

به مردی و دانش به فر و نژاد
چنو پادشا کس ندارد به یاد

جهاندار پیروزگر خواندش
ز شاهان سرافرازتر خواندش

دگر آنک گفتی که من کرده‌ام
به هندوستان رنجها برده‌ام

همان اختر شاه بهرام بود
که با فر و اورند و بانام بود

هنر نیز ز ایرانیانست و بس
ندارند کرگ ژیان را به کس

همه یکدلانند و یزدان‌شناس
به نیکی ندارند ز اختر سپاس

دگر آنک دختر به من داد شاه
به مردی گرفتم چنین پیشگاه

یکی پادشا بود شنگل بزرگ
به مردی همی راند از میش گرگ

چو با من سزا دید پیوند خویش
به من داد شایسته فرزند خویش

دگر آنک گفتی که خیز ایدر آی
به نیکی بباشم ترا رهنمای

مرا شاه ایران فرستد به هند
به چین آیم از بهر چینی پرند

نباشد ز من بنده همداستان
که رانم بدین گونه‌بر داستان

دگر آنک گفتی که با خواسته
به ایران فرستمت آراسته

مرا کرد یزدان ازان بی‌نیاز
به چیز کسان دست کردن دراز

ز بهرام دارم به بخشش سپاس / نیایش کنم روز و شب در سه پاس
چهارم سخن گر ستودی مرا / هنر ز آنچ برتر فزودی مرا
پذیرفتم این از تو ای شاه چین / بگوییم با شاه ایران زمین
ز یزدان ترا باد چندان درود / که آن را نداند فلک تار و پود
بران نامه بنهاد مهر نگین / فرستاد پاسخ سوی شاه چین
چو بهرام با دخت شنگل بساخت / زن او همی شاه گیتی شناخت
شب و روز گریان بد از مهر اوی / نهاده دو چشم اندران چهر اوی
چو از مهرشان شنگل آگاه شد / ز بدها گمانیش کوتاه شد
نشستند یک روز شادان بهم / همی رفت هرگونه از بیش و کم
سپینود را گفت بهرامشاه / که دانم که هستی مرا نیک‌خواه
یکی راز خواهم همی با تو گفت / چنان کن که ماند سخن در نهفت
همی رفت خواهم ز هندوستان / تو باشی بدین کار همداستان
به تنها بگویم ترا یک سخن / نباید که داند کس از انجمن
به ایران مرا کار زین بهترست / همم کردگار جهان یاورست
به رفتن گر ایدونک رای آیدت / به خوبی خرد رهنمای آیدت
به هر جای نام تو بانو بود / پدر پیش تختت به زانو بود
سپینود گفت ای سرافراز مرد / تو بر خیره از راه دانش مگرد
بهین زنان جهان آن بود / کزو شوی همواره خندان بود
اگر پاک جانم ز پیمان تو / بپیچد به بیزارم از جان تو
بدو گفت بهرام پس چاره کن / وزین راز مگشای بر کس سخن
سپینود گفت ای سزاوار تخت / بسازم اگر باشدم یار بخت
یکی جشنگاهست ز ایدر نه دور / که سازد پدرم اندران بیشه سور
که دارند فرخ مران جای را / ستایند جای بت‌آرای را
بود تا بران بیشه فرسنگ بیست / که پیش بت اندر بباید گریست
بدان جای نخچیر گوران بود / به قنوج در عود سوزان بود
شود شاه و لشکر بدان جایگاه / که بی‌ره نماید بران بیشه راه
اگر رفت خواهی بدانجای رو / همیشه کهن باش و سال تو نو
ز امروز بشکیب تا نیم روز / چو پیدا شود تاج گیتی فروز
چو از شهر بیرون رود شهریار / به رفتن بیارای و بر ساز کار

ز گفتار او گشت بهرام شاد   نخفت اندر اندیشه تا بامداد
چو بنمود خورشید بر چرخ دست   شب تیره بار غریبان ببست
نشست از بر باره بهرام گور   همی راند با ساز نخچیر گور
به زن گفت بر ساز و با کس مگوی   نهادیم هر دو سوی راه روی
هرانکس که بودند ایرانیان   به رفتن ببستند با او میان
بیامد چو نزدیک دریا رسید   به ره بار بازارگانان بدید
که بازارگانان ایران بدند   به آب و به خشکی دلیران بدند
چو بازارگان روی بهرام دید   شهنشاه لب را به دندان گزید
نفرمود بردن به پیشش نماز   ز نادان سخن را همی داشت راز
به بازارگان گفت لب را ببند   کزین سودمندی و هم با گزند
گرین راز در هند پیدا شود   ز خون خاک ایران چو دریا شود
گشاده بران کار کو لب ببست   زبان بسته باید گشاده دو دست
زبان شما را به سوگند سخت   ببندیم تا بازیابیم بخت
بگویید کز پاک یزدان خدای   بریدیم و بستیم با دیو رای
اگر هرگز از رای بهرامشاه   بپیچیم و داریم بد را نگاه
چو سوگند شد خورده و ساخته   دل شاه زان رنج پرداخته
بدیشان چنین گفت پس شهریار   که نزد شما از من این زنهار
بدارید و با جان برابر کنید   چو خواهید کز پندم افسر کنید
گر از من شود تخت پرداخته   سپاه آید از هر سوی ساخته
نه بازارگان ماند ایدر نه شاه   نه دهقان نه لشکر نه تخت و کلاه
چو زانگونه دیدند گفتار اوی   برفتند یکسر پر از آب روی
که جان بزرگان فدای تو باد   جوانی و شاهی روای تو باد
اگر هیچ راز تو پیدا شود   ز خون کشور ما چو دریا شود
که یارد بدین گونه اندیشه کرد   مگر بخت را گوید از ره بگرد
چو بشنید شاه آن گرفت آفرین   بران نامداران با فر و دین
همی رفت پیچان به ایوان خویش   به یزدان سپرده تن و جان خویش
بدانگه که بهرام شد سوی راه   چنین گفت با زن که ای نیکخواه
ابا مادر خویشتن چاره ساز   چنان کو درستی نداندت راز
که چون شاه شنگل سوی جشنگاه   شود خواستار آید از نزد شاه

بگوید که برزوی شد دردمند — پذیردش پوزش شه هوشمند
زن این بند بنهاد با مادرش — چو بشنید پس مادر از دخترش
همی بود تا تازه شد جشنگاه — گرانمایگان برگرفتند راه
چو برساخت شنگل که آید به دشت — زنش گفت برزوی بیمار گشت
به پوزش همی گوید ای شهریار — تو دل را بمن هیچ رنجه مدار
چو ناتندرستی بود جشنگاه — دژم باشد و داند این مایه شاه
به زن گفت شنگل که این خود مباد — که بیمار باشد کند جشن یاد
ز قنوج شبگیر شنگل برفت — ابا هندوان روی بنهاد تفت
چو شب تیره شد شاه بهرام گفت — که آمد گه رفتن ای نیک جفت
بیامد سپینود را برنشاند — همی پهلوی نام یزدان بخواند
بپوشید خفتان و خود برنشست — کمندی به فتراک و گرزی به دست
همی راند تا پیش دریا رسید — چو ایرانیان را همه خفته دید
برانگیخت کشتی و زورق بساخت — به زورق سپینود را در نشاخت
به خشکی رسیدند چون روز گشت — جهان پهلوان گیتی افروز گشت
سواری ز قنوج تازان برفت — به آگاهی رفتن شاه تفت
که برزوی و ایرانیان رفته‌اند — همان دختر شاه را برده‌اند
شنید این سخن شنگل از نیک‌خواه — چو آتش بیامد ز نخچیرگاه
همه لشکر خویش را برنشاند — پس شاه بهرام لشکر براند
بدین‌گونه تا پیش دریا رسید — سپینود و بهرام یل را بدید
غمی گشت و بگذاشت دریا به خشم — ازان سوی دریا چو بر کرد چشم
بدیدش سپینود و بهرام را — مران مرد بی‌باک خودکام را
به دختر چنین گفت کای بدنژاد — که چون تو ز تخم بزرگان مباد
تو با این فریبنده مرد دلیر — ز دریا گذشتی به کردار شیر
که بی‌آگهی من به ایران شوی — ز مینوی خرم به ویران شوی
ببینی کنون زخم ژوپین من — چو ناگاه رفتی ز بالین من
بدو گفت بهرام کای بدنشان — چرا تاختی باره چون بیهشان
مرا آزمودی که کارزار — چنانم که با باده و میگسار
تو دانی که از هندوان صدهزار — بود پیش من کمتر از یک سوار
چو من باشم و نامور یار سی — زره‌دار با خنجر پارسی

پر از خون کنم کشور هندوان	نمانم که باشد کسی با روان
بدانست شنگل که او راست گفت	دلیری و گردی نشاید نهفت
بدو گفت شنگل که فرزند را	بیفگندم و خویش و پیوند را
ز دیده گرامی‌ترت داشتم	به سر بر همی افسرت داشتم
ترا دادم آن را که خود خواستی	مرا راستی بد ترا کاستی
جفا برگزیدی به جای وفا	وفا را جفا کی پسندی سزا
چه گویم تراکانک فرزند بود	به اندیشه‌ی من خردمند بود
کنون چون دلاور سواری شدست	گمانم که او شهریاری شدست
دل پارسی باوفا کی بود	چو آری کند رای او نی بود
چنان بچه‌ی شیر بودی درست	که از خون دل دایگانش بشست
چو دندان برآورد و شد تیز چنگ	به پروردگار آمدش رای جنگ
بدو گفت بهرام چون دانیم	بداندیش و بدساز چون خوانیم
به رفتن نباشد مرا سرزنش	نخواهی مرا بددل و بدکنش
شهنشاه ایران و توران منم	سپهدار و پشت دلیران منم
ازین پس سزای تو نیکی کنم	سر بدسگالت ز تن برکنم
به ایران به جای پدر دارمت	هم از باژ کشور نیازارمت
همان دخترت شمع خاور بود	سر بانوان را چو افسر بود
ز گفتار او ماند شنگل شگفت	ز سر شاره‌ی هندوی برگرفت
بزد اسپ وز پیش چندان سپاه	بیامد به پوزش به نزدیک شاه
شهنشاه را شاد در بر گرفت	وزان گفتها پوزش اندر گرفت
به دیدار بهرام شد شادکام	بیاراست خوان و بیاورد جام
برآورد بهرام راز از نهفت	سخنهای ایرانیان باز گفت
که کردار چون بود و اندیشه چون	که بودم بدین داستان رهنمون
می چند خوردند و برخاستند	زبان را به پوزش بیاراستند
دو شاه دلارای یزدان‌پرست	وفا را بسودند بر دست دست
کزین پس دل از راستی نشکنیم	همی بیخ کژی ز بن برکنیم
وفادار باشیم تا جاودان	سخن بشنویم از لب بخردان
سپینود را نیز پدرود کرد	بر خویش تار و برش پود کرد
سبک پشت بر یکدگر گاشتند	دل کینه بر جای بگذاشتند

یکی سوی خشک و یکی سوی آب	برفتند شادان‌دل و پرشتاب
چو آگاهی آمد به ایران که شاه	بیامد ز قنوج خود با سپاه
ببستند آذین به راه و به شهر	همی هر کس از کار برداشت بهر
درم ریختند از کران تا کران	هم از مشک و دینار و هم زعفران
چو آگاه شد پور او یزدگرد	سپاه پراگنده را کرد گرد
چو نرسی و چون موبد موبدان	پذیره شدندش همه بخردان
چو بهرام را دید فرزند اوی	بیامد بمالید بر خاک روی
برادرش نرسی و موبد همان	پر از گرد رخسار و دل شادمان
چنان هم بیامد به ایوان خویش	به یزدان سپرده تن و جان خویش
بیاسود چون گشت گیتی سیاه	به کردار سیمین سپر گشت ماه
چو پیراهن شب بدرید روز	پدید آمد آن شمع گیتی فروز
شهنشاه بر تخت زرین نشست	در بار بگشاد و لب را ببست
برفتند هر کس که بد مهتری	خردمند و در پادشاهی سری
جهاندار بر تخت بر پای خاست	بیاراست پاکیزه گفتار راست
نخست از جهان‌آفرین یاد کرد	ز وام خرد گردن آزاد کرد
چنین گفت کز کردگار جهان	شناسنده‌ی آشکار و نهان
بترسید و او را ستایش کنید	شب تیره پیشش نیایش کنید
که او داد پیروزی و دستگاه	خداوند تابنده خورشید و ماه
هرانکس که خواهد که یابد بهشت	نگردد به گرد بد و کار زشت
چو داد و دهش باشد و راستی	بپیچد دل از کژی و کاستی
ز ما کس مباشید زین پس به بیم	اگر کوه زر دارد و گنج سیم
ز دلها همه بیم بیرون کنید	نیایش به دارای بیچون کنید
کشاورز گر مرد دهقان‌نژاد	بکوشید با ما به هنگام داد
هران را که ما تاج دادیم و تخت	ز یزدان شناسید وز داد و بخت
نکوشم به آگندن گنج من	نخواهم پراگنده کرد انجمن
یکی گنج خواهم نهادن ز داد	که باشد روانم پس از مرگ شاد
برین نیز گر خواست یزدان بود	دل روشن از بخت خندان بود
برین نیکویها فزایش کنیم	سوی نیک‌بختی نمایش کنیم
گر از لشکر و کارداران من	ز خویشان و جنگی سواران من

کسی رنج بگزید و با من نگفت	همی دارد آن کژی اندر نهفت
ورا از تن خویش باشد بزه	بزه کی گزیند کسی بی‌مزه(؟)
منم پیش یزدان ازو دادخواه	که در چادر ابر بنهفت ماه
شما را مگر دیگرست آرزوی	که هرکس دگرگونه باشد به خوی
بگویید گستاخ با من سخن	مگر نو کنم آرزوی کهن
همه گوش دارید و فرمان کنید	ازین پند آرایش جان کنید
بگفت این و بنشست بر تخت داد	کلاه کیانی به سر بر نهاد
بزرگان برو خواندند آفرین	که بی‌تو مبادا کلاه و نگین
چو دانا بود شاه پیروز بخت	بنازد بدو کشور و تاج و تخت
ترا مردی و دانش و فرهی	فزون آمد از تخت شاهنشهی
بزرگی و هم دانش و هم نژاد	چو تو شاه گیتی ندارد به یاد
کنون آفرین بر تو شد ناگزیر	ز ما هر که هستیم برنا و پیر
هم آزادی تو به یزدان کنیم	دگر پیش آزادمردان کنیم
برین تخت ارزانیانست شاه	به داد و به پیروزی و دستگاه
همه مردگان را برآری ز خاک	به داد و به بخشش به گفتار پاک
خداوند دارنده یار تو باد	سر اختر اندر کنار تو باد
برفتند با رامش از پیش تخت	بزرگان و فرزانه‌ی نیک‌بخت
نشست آن زمان شاه و لشکر بر اسپ	بیامد سوی خان آذر گشسپ
بسی زر و گوهر به درویش داد	نیاز آنک بنهفت ازو بیش داد
پرستنده‌ی آتش زردهشت	همی رفت با باژ و برسم به مشت
سپینود را پیش او برد شاه	بیاموختش دین و آیین و راه
بشستش به دین به و آب پاک	ازو دور شد گرد و زنگار و خاک
در تنگ زندانها باز کرد	به هرسو درم دادن آغاز کرد
پس آگاه شد شنگل از کار شاه	ز دختر که شد شاه را پیش‌گاه
به دیدار ایران بدش آرزوی	بر دختر شاه آزاده‌خوی
فرستاد هندی فرستاده‌یی	سخن‌گوی مردی و آزاده‌یی
یکی عهد نو خواست از شهریار	که دارد به خان اندرون یادگار
به نوی جهاندار عهدی نوشت	چو خورشید تابان به باغ بهشت
یکی پهلوی نامه از خط شاه	

فرستاده چون نزد شنگل رسید	فرستاده آورد و بنمود راه
ز هندوستان ساز رفتن گرفت	سپهدار قنوج خطش بدید
بیامد به درگاه او هفت شاه	ز خویشان چینی نهفتن گرفت
یکی شاه کابل دگر هند شاه	که آیند با رای شنگل به راه
دگر شاه مندل که بد نامدار	دگر شاه سندل بشد با سپاه
ابا ژنده پیلان و زنگ و درای	همان نیز جندل که بد کامگار
همه نامجوی و همه نامدار	یکی چتر هندی به سر بر به پای
همه ویژه با گوهر و سیم و زر	همه پاک با طوق و با گوشوار
به دیبا بیاراسته پشت پیل	یکی چتر هندی ز طاوس نر
ابا هدیه‌ی شاه و چندان نثار	همی تافت آن لشکر از چند میل
همی راند منزل به منزل سپاه	که دینار شد خوار بر شهریار
بزرگان ز هر شهر برخاستند	چو زان آگهی یافت بهرامشاه
بیامد شهنشاه تا نهروان	پذیره شدن را بیاراستند
دو شاه گرانمایه و نیک‌ساز	خردمند و بیدار و روشن‌روان
به نزدیک اندر فرود آمدند	رسیدند پس یک به دیگر فراز
گرفتند مر یکدگر را به بر	که با پوزش و با درود آمدند
پیاده شده لشکر از هر دو روی	دو شاه سرافراز با تاج و فر
دو شاه و دو لشکر رسیده بهم	جهانی سراسر پر از گفت‌وگوی
به زین بر نشستند هر دو سوار	همی رفت هرگونه از بیش و کم
به ایوانها تخت زرین نهاد	همان پرهنر لشکر نامدار
به ره بر بره مرغ بریان نهاد	برو جامه‌ی خسرو آیین نهاد
می آورد و برخواند رامشگران	به یک تیر پرتاب بر خوان نهاد
چو نان خورده شد مجلس شاهوار	همه جام پر از کران تا کران
پرستندگان ایستاده به پای	بیاراست پر بوی و رنگ و نگار
همه آلت می سراسر بلور	بهشتی شده کاخ و گاه و سرای
ز زر افسری بر سر میگسار	طبقهای زرین ز مشک و بخور
فروماند زان کاخ شنگل شگفت	به پای اندرون کفش گوهرنگار
که تا این بهشتست یا بوستان	به می خوردن اندیشه اندر گرفت
چنین گفت با شاه ایران به راز	همی بوی مشک آید از دوستان

۱۴۴۱

بفرمود تا خادمان سپاه	که با دخترم راه دیدار ساز
همی رفت با خادمان نامدار	پدر را گذراند نزدیک ماه
چو دخترش را دید بر تخت عاج	سرای دگر دید چون نوبهار
بیامد پدر بر سرش بوسه داد	نشسته به آرام با فر و تاج
پدر زار بگریست از مهر اوی	رخان را به رخسار او برنهاد
همی دست بر سود شنگل به دست	همان بر پدر دختر ماهروی
سپینود را گفت اینت بهشت	ازان کاخ و ایوان و جای نشست
همان هدیه‌ها را که آورده بود	برستی ز کاخ بت‌آرای زشت
بدو داد با هدیه‌ی شهریار	اگر بدره و تاج و گر برده بود
وزان جایگه شد به نزدیک شاه	شد آن خرم ایوان چو باغ بهار
بزرگان چو خرم شدند از نبید	همی کرد مرد اندر ایوان نگاه
سوی خوابگه رفتن آراستند	پرستار او خوابگاهی گزید
چو پیدا شد این چادر مشک‌رنگ	ز هرگونه‌یی جامه‌ها خواستند
بکردند میخوارگان خواب خوش	ستاره بروبر چو پشت پلنگ
چنین تا پدید آمد آن زرد جام	همه ناز را دست کرده بکش
بینداخت آن چادر لاژورد	که خورشید خوانی مر او را به نام
به نخچیر شد شاه بهرام گرد	بگسترد بر دشت یاقوت زرد
چو از دشت نخچیر باز آمدند	شهنشاه هندوستان را ببرد
چنین هم بگوی و به نخچیر و سور	خجسته پی و بزمساز آمدند
بیامد ز میدان چو تیر از کمان	زمانی نبودی ز بهرام دور
قلم خواست از ترک و قرطاس خواست	بر دختر خویش رفت آن زمان
سر عهد کرد آفرین از نخست	ز مشک سیه سوده انقاس خواست
بگسترد هم پاکی و راستی	بران کو جهان از نژندی بشست
سپینود را جفت بهرامشاه	سوی دیو شد کژی و کاستی
شهنشاه تا جاودان زنده باد	سپردم بدین نامور پیشگاه
چو من بگذرم زین سپنجی سرای	بزرگان همه پیش او بنده باد
ز فرمان این تاجور مگذرید	به قنوج بهرامشاهست رای
سپارید گنجم به بهرامشاه	تن مرده را سوی آتش برید
سپینود را داد منشور هند	همان کشور و تاج و گاه و سپاه

به ایران همی بود شنگل دو ماه — نوشته خطی هندوی بر پرند
به دستوری بازگشتن به جای — فرستاد پس مهتری نزد شاه
بدان شد شهنشاه همداستان — خود و نامداران فرخنده‌رای
ز چیزی که باشد به ایران زمین — که او بازگردد به هندوستان
ز دینار و ز گوهر شاهوار — بفرمود تا کرد موبد گزین
ز دیبا و از جامه‌ی نابسود — ز تیغ و ز خود و کمر بی‌شمار
به اندازه یارانش را هم چنین — که آن را شمار و کرانه نبود
گسی کردشان شاد و خشنود شاه — بیاراست اسپان به دیبای چین
نبد هم بدین هدیه همداستان — سه منزل همی راند با او به راه
چو باز آمد از راه بهرامشاه — علف داد تا مرز هندوستان
ز مرگ و ز روز بد اندیشه کرد — به آرام بنشست بر پیش‌گاه
بفرمود تا پیش او شد دبیر — دلش گشت پر درد و رخساره زرد
همی خواست تا گنجها بنگرد — سرافراز موبد که بودش وزیر
که بااو ستاره‌شمر گفته بود — زر و گوهر و جامه‌ها بشمرد
که باشد ترا زندگانی سه بیست — ز گفتار ایشان برآشفته بود
همی گفت شادی کنم بیست سال — چهارم به مرگت بباید گریست
دگر بیست از داد و بخشش جهان — که دارم به رفتن به گیتی همال
نمانم که ویران شود گوشه‌یی — کنم راست با آشکار و نهان
سوم بیست بر پیش یزدان به پای — بیابد ز من هرکسی توشه‌یی
ستاره‌شمر شست و سه سال گفت — بباشم مگر باشدم رهنمای
ز گفت ستاره‌شمر جست گنج — شمار سه سالش بد اندر نهفت
خنک مرد بی‌رنج و پرهیزگار — وگرنه نبودش خود از گنج رنج
چو گنجور بشنید شد پیش گنج — به ویژه کسی کو بود شهریار
به سختی چنان روزگاری ببرد — به کار شمردن همی برد رنج
چو دستور او برگرفت آن شمار — همه پیش دستور او برشمرد
بدو گفت تا بیست و سه سال نیز — پراندیشه آمد بر شهریار
ز خورد و ز بخشش گرفتم شمار — همانا نیازت نیاید به چیز
فرستاده‌یی نیز کاید برت — درمهای این لشکر نامدار
بدین سال گنج تو آراستست — ز شاهان وز نامور کشورت

چو بشنید بهرام و اندیشه کرد — که پر زر و سیمست و پر خواستست
بدو گفت کوتاه شد داوری — ز دانش غم نارسیده نخورد
چو دی رفت و فردا نیامد هنوز — که گیتی سه روزست چون بنگری
چو بخشیدنی باشد و تاج و تخت — نباشم ز اندیشه امروز کوز
بفرمود پس تا خراج جهان — نخواهم ز گیتی ازین بیش رخت
به هر شهر مردی پدیدار کرد — نخواهند نیز از کهان و مهان
بدان تا نجویند پیکار نیز — سر خفته از خواب بیدار کرد
ز گنج آنچ بایستشان خوردنی — نیاید ز پیکار افگار نیز
بدین پرخرد موبدان داد و گفت — ز پوشیدنی گر ز گستردنی
میان سخنها میانجی بوید — که نیک و بد از من نباید نهفت
مرا از به و بتر آگه کنید — نخواهند چیزی کرانجی بوید
پراگنده شد موبد اندر جهان — ز بدها گمانیم کوته کنید
بران پر خرد کارها بسته شد — نماند ایچ نیک و بد اندر نهان
که از داد و پیکاری و خواسته — ز هر کشوری نامه پیوسته شد
ز بس جنگ و خون ریختن در جهان — خرد شد به مغز اندرون کاسته
دل آگنده گردد جوان را به چیز — جوانان ندانند ارج مهان
برین‌گونه چون نامه پیوسته شد — نبینند هم از شاه و موبد به نیز
به هر کشوری کارداری گزید — ز خون ریختن شاه دل خسته شد
هم از گنج بد پوشش و خوردشان — پر از داد و دانش چنانچون سزید
که شش ماه دیوان بیاراستی — ز پوشیدن و باز گستردشان
نهادی بران سیم نام خراج — وزان زیردستان درم خواستی
به شش ماه بستد به شش باز داد — به دیوان ستاننده با فر و تاج
بدان چاره تا مرد پیکار خون — نبودی ستاننده زان سیم شاد
وزان پس نوشتند کارآگهان — نریزد نباشد به بد رهنمون
که هر کش درم بد خراجش نبود — که از داد وز ایمنی در جهان
ز پری به کژی نهادند روی — به سرش اندرون داوریها فزود
چو آن نامه بر خواند بهرام گور — پر از رنج گشتند و پرخاشجوی
ز هر کشوری مرزبانی گزید — به دلش اندر افتاد زان کار شور
به درگاه یکساله روزی بداد — پر از داد دلشان چنانچون سزید

بفرمود کان را که ریزند خون   ز یزدان نیکی دهش کرد یاد
برانند فرمان یزدان بروی   گر آرند کژی به کار اندرون
برآمد برین بر بسی روزگار   بدان تا شود هرکسی چاره‌جوی
سوی راستگویان و کارآگهان   بکی نامه فرمود پس شهریار
که اندر جهان چیست ناسودمند   کجا او پراگنده بد در جهان
نوشتند پاسخ که از داد شاه   که آرد برین پادشاهی گزند
بشد رای و اندیشه‌ی کشت و ورز   نگردد کسی گرد آیین و راه
پراگنده بینیم گاوان کار   به هر کشوری راست بیکار مرز
چنین داد پاسخ که تا نیم‌روز   گیا رست از دشت وز کشت‌زار
نباید کس آسود از کشت و ورز   که بالا کند تاج گیتی فروز
که بی‌کار مردم ز بی‌دانشیست   ز بی‌ارز مردم مجویید ارز
ورا داد باید دو و چار دانگ   به بی دانشان بر ببابد گریست
کسی کو ندارد بر و تخم و گاو   چو شد گرسنه تا نیاید به بانگ
به خوبی نوا کن مر او را به گنج   تو با او به تندی و زفتی مکاو
گر ایدونک باشد زیان از هوا   کس از نیستی تا نیاید به رنج
چو جایی بپوشد زمین را ملخ   نباشد کسی بر هوا پادشا
تو از گنج تاوان او بازده   برد سبزی کشتمندان به شخ
وگر بر زمین گورگاهی بود   به کشور ز فرموده آواز ده
که ناکشته باشد به گرد جهان   وگر نابرومند راهی بود
کسی کو بدین پایکار منست   زمین فرومایگان و مهان
کنم زنده در گور جایی که هست   وگر ویژه پروردگار منست
نهادند بر نامه بر مهر شاه   مبادش نشیمن مبادش نشست
ازان پس به هرسو یکی نامه کرد   هیونی برافگند هر سو به راه

گماردن بهرام لوریان را به رامشگری مردمان

بپرسید هرجا که بی‌رنج کیست	به جایی که درویش بد جامه کرد
ز کار جهان یکسر آگه کنید	به هرجای درویش و بی‌گنج کیست
بیامدش پاسخ ز هر کشوری	دلم را سوی روشنی ره کنید
که آباد بینیم روی زمین	ز هر نامداری و هر مهتری
مگر مرد درویش کز شهریار	به هرجای پیوسته شد آفرین
که چون می‌گسارد توانگر همی	بنالد همی از بد روزگار
به آواز رامشگران می‌خورند	به سر بر ز گل دارد افسر همی
تهی دست بی‌رود و گل می‌خورد	چو ما مردمان را به کس نشمرند
بخندید زان نامه بیدار شاه	توانگر همانا ندارد خرد
به نزدیک شنگل فرستاد کس	هیونی برافگند پویان به راه
ازان لوریان برگزین ده هزار	چنین گفت کای شاه فریادرس
به ایران فرستش که رامشگری	نر و ماده بر زخم بربط سوار
چو برخواند آن نامه شنگل تمام	کند پیش هر کهتری بهتری
به ایران فرستاد نزدیک شاه	گزین کرد زان لوریان به نام
چو لوری بیامد به درگاه شاه	چنان کان بود در خور نیک‌خواه
به هریک یکی گاو داد و خری	بفرمود تا برگشادند راه
همان نیز خروار گندم هزار	ز لوری همی ساخت برزیگری
بدان تا بورزد به گاو و به خر	بدیشان سپرد آنک بد پایدار
کند پیش درویش رامشگری	ز گندم کند تخم و آرد به بر
بشد لوری و گاو و گندم بخورد	چو آزادگان را کند کهتری
بدو گفت شاه این نه کار تو بود	بیامد سر سال رخساره زرد
خری ماند اکنون بنه برنهید	پراگندن تخم و کشت و درود
کنون لوری از پاک گفتار اوی	بسازید رود و بریشم دهید
سگ و کبک بفزود بر گفت شاه	همی گردد اندر جهان چاره‌جوی

برین سان همی خورد شست و سه سال	شب و روز پویان به دزدی به راه
سر سال در پیش او شد دبیر	کس اندر زمانه نبودش همال
که شد گنج شاه بزرگان تهی	خردمند موبد که بودش وزیر
هرانکس که دارد روانش خرد	کنون آمدم تا چه فرمان دهی
چنین پاسخ آورد این خود مساز	به مال کسان از بنه ننگرد
جهان را بدان باز هل کافرید	که هستیم زین ساختن بی‌نیاز
همی بگذرد چرخ و یزدان به جای	سر گردش آفرینش بدید
بخفت آن شب و بامداد پگاه	به نیکی ترا و مرا رهنمای
گروهی که بایست کردند گرد	بیامد به درگاه بی‌مر سپاه
به پیش بزرگان بدو داد تاج	بر شاه شد پور او یزدگرد
پرستیدن ایزد آمدش رای	همان طوق با افسر و تخت عاج
گرفتش ز کردار گیتی شتاب	بینداخت تاج و بپردخت جای
چو بنمود دست آفتاب از نشیب	چو شب تیره شد کرد آهنگ خواب
که شاه جهان برنخیرد همی	دل موبد شاه شد پر نهیب
بیامد به نزد پدر یزدگرد	مگر از کرانی گریزد همی
ورا دید پژمرده رنگ رخان	چو دیدش کف اندر دهانش فسرد
چنین بود تا بود و این بود روز	به دیبای زربفت بر داده جان
بترسد دل سنگ و آهن ز مرگ	تو دل را به آز و فزونی مسوز
بی‌آزاری و مردمی بایدت	هم ایدر ترا ساختن نیست برگ
همی نو کنم بخشش و داد اوی	گذشته چو خواهی که نگزایدت
ورا دخمه‌یی ساختند شاهوار	مبادا که گیرد به بد یاد اوی
کنون پرسخن مغزم اندیشه کرد	ابا مرگ او خلق شد سوکوار
چو شد پادشا بر جهان یزدگرد	بگویم جهان جستن یزدگرد

۱۴۴۷

پادشاهی یزدگرد پسر بهرام گور

پادشاهی یزدگرد پسر بهرام گور

نشستند با موبدان و ردان	سپاه پراگنده را کرد گرد
جهانجوی بر تخت زرین نشست	بزرگان و سالاروش بخردان
نخستین چنین گفت کن کز گناه	در رنج و دست بدی را ببست
هر آنکس که دل تیره دارد ز رشک	برآسود شد ایمن از کینه‌خواه
که رشک آورد آز و گرم و گداز	مر آن درد را دور باشد پزشک
هرآن چیز کنت نیاید پسند	دژ آگاه دیوی بود دیرساز
مدارا خرد را برابر بود	دل دوست و دشمن بر آن برمبند
به جای کسی گر تو نیکی کنی	خرد بر سر دانش افسر بود
چو نیکی کنش باشی و بردبار	مزن بر سرش تا دلش نشکنی
اگر بخت پیروز یاری دهد	نباشی به چشم خردمند خوار
یکی دفتری سازم از راستی	مرا بر جهان کامگاری دهد
همی‌داشت یک چند گیتی بداد	که بندد در کژی و کاستی
به هر سو فرستاد بی‌مر سپاه	زمانه بدو شاد و او نیز شاد
ده و هشت بگذشت سال از برش	همی‌داشت گیتی ز دشمن نگاه
بزرگان و دانندگان را بخواند	به پاییز چون تیره گشت افسرش
چنین گفت کین چرخ ناپایدار	بر تخت زرین به زانو نشاند
به تاج گرانمایگان ننگرد	نه پرورده داند نه پرودگار
کنون روز من بر سر آید همی	شکاری که یابد همی بشکرد
سپردم به هرمز کلاه و نگین	به نیرو شکست اندر آید همی
همه گوش دارید و فرمان کنید	همه لشکر و گنج ایران زمین
اگر چند پیروز با فر و یال	ز پیمان او رامش جان کنید
ز هرمز همی‌بینم آهستگی	ز هرمز فزونست چندی به سال
بگفت این و یک هفته زان پس بزیست	خردمندی و داد و شایستگی
اگر صد بمانی و گر بیست‌وپنج	برفت و برو تخت چندی گریست

هران چیز کید همی در شمار / ببایدت رفتن ز جای سپنج
چو هرمز برآمد به تخت پدر / سزد گر نخوانی ورا پایدار

پادشاهی هرمز یکسال بود

چو پیروز را ویژه گفتی ز خشم / به سر برنهاد آن کیی تاج زر
سوی شاه هیتال شد ناگهان / همی آب رشک اندر آمد به چشم
چغانی شهی بد فغانیش نام / ابا لشکر و گنج و چندی مهان
فغانیش را گفت کای نیک‌خواه / جهانجوی با لشکر و گنج و کام
پدر تاج شاهی به کهتر سپرد / دو فرزند بودیم زیبای گاه
چو لشکر دهی مر مرا گنج هست / چو بیدادگر بد سپرد و بمرد
فغانی بدو گفت که آری رواست / سلیح و بزرگی و نیروی دست
به پیمان سپارم سپاهی تو را / جهاندار هم بر پدر پادشاست
که باشد مرا ترمذ و ویسه گرد / نمایم سوی داد راهی تو را
بدو گفت پیروز کری رواست / که خون عهد این دارم از یزدگرد
بدو داد شمشیرزن سی‌هزار / فزون زان بتو پادشاهی سزاست
سپاهی بیاورد پیروزشاه / ز هیتالیان لشکری نامدار
برآویخت با هرمز شهریار / که از گرد تاریک شد چرخ ماه
سرانجام هرمز گرفتار شد / فراوان ببودستشان کارزار
چو پیروز روی برادر بدید / همه تاجها پیش او خوار شد
بفرمود تا بارگی برنشست / دلش مهر پیوند او برگزید
فرستاد بازش بایوان خویش / بشد تیز و ببسود رویش بدست
بیامد بتخت کیی برنشست / بدو خوانده بد عهد و پیمان خویش
نخستین چنین گفت با مهتران / چنان چون بود شاه یزدان‌پرست

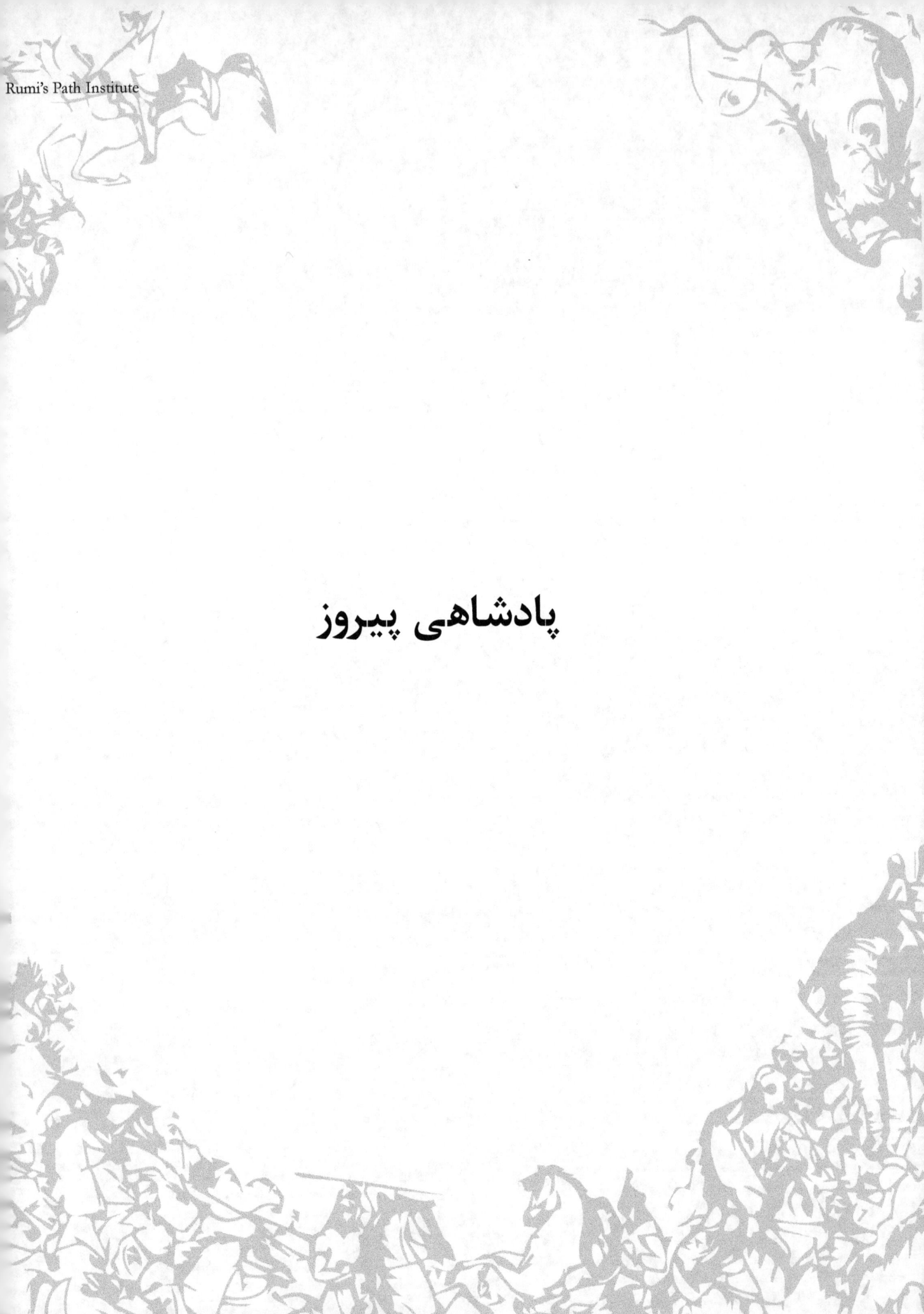

پادشاهی پیروز

۱۴۵۳

Educational Code: RPI-OT-001

پادشاهی پیروز پسر یزدگرد

همی‌خواهم از داور بی‌نیاز / که ای پرهنر پاکدل سروران
که که را به که دارم و مه به مه / که باشد مرا زندگانی دراز
سر مردمی بردباری بود / فراوان خرد باشدم روز به
ستون خرد داد و بخشایشست / سبک سر همیشه بخواری بود
زبان چرب و گویندگی فر اوست / در بخشش او را چو آرایشست
هران نامور کو ندارد خرد / دلیری و مردانگی پر اوست
خردمند هم نیز جاوید نیست / ز تخت بزرگی کجا برخورد
چو تاجش به ماه اندر آمد بمرد / فری برتر از فر جمشید نیست
نماند برین خاک جاوید کس / نشست کیی دیگری را سپرد
همی‌بود یک سال با داد و پند / ز هر بد به یزدان پناهید و بس
دگر سال روی هوا خشک شد / خردمند وز هر بدی بی‌گزند
سه دیگر همان و چهارم همان / به جو اندرون آب چون مشک شد
هوا را دهان خشک چون خاک شد / ز خشکی نبد هیچکس شادمان
ز بس مردن مردم و چارپای / ز تنگی به جو آب تریاک شد
شهنشاه ایران چو دید آن شگفت / پیی را ندیدند بر خاک جای
به هر سو که انبار بودش نهان / خراج و گزیت از جهان برگرفت
خروشی برآمد ز درگاه شاه / ببخشید بر کهتران و مهان
غله هرچ دارید پیدا کنید / که ای نامداران با دستگاه
هر آنکس که دارد نهانی غله / ز دینار پیروز گنج آگنید
به نرخی فروشد که او را هواست / وگر گاو و گر گوسفند و گله
به هر کارداری و خودکامه‌ای / که از خوردنی جانور بی‌نواست
که انبارها برگشایند باز / فرستاد تازان یکی نامه‌ای
کسی گر بمیرد بنایافت نان / به گیتی برآنکس که هستش نیاز
بریزم ز تن خون انباردار / ز برنا و از پیر مرد و زنان

بفرمود تا خانه بگذاشتند — کجا کار یزدان گرفتست خوار
همی به آسمان اندر آمد خروش — به دشت آمد و دست برداشتند
ز کوه و بیابان وز دشت و غار — ز بس مویه و درد و زاری و جوش
برین گونه تا هفت سال از جهان — ز یزدان همی‌خواستی زینهار
بهشتم بیامد مه فوردین — ندیدند سبزی کهان و مهان
همی در بارید بر خاک خشک — برآمد یکی ابر با آفرین
شده ژاله برگل چو مل در قدح — همی‌آمد از بوستان بوی مشک
زمانه‌برست از بد بدگمان — همی‌تافت از ابر قوس قزح
چو پیروز ازان روز تنگی‌برست — به هرجای بر زه نهاده کمان
یکی شارستان کرد پیروز کام — بر آرام بر تخت شاهی نشست
جهاندار گوینده گفت این ریست — بفرمود کو را نهادند نام
دگر کرد بادان پیروزنام — که آرمام شاهان فرخ پیست
که اکنونش خوانی همی اردبیل — خنیده بهرجایش آرام و کام
چو این بومها یکسر آباد کرد — که قیصر بدو دارد از داد میل
درم داد با لشکر نامدار — دل مردم پر خرد شاد کرد
بدان جنگ هرمز بدی پیش‌رو — سوی جنگ جستن برآراست کار
قباد از پس پشت پیروز شاه — همی‌رفت با کارسازان نو
که پیروز را پاک فرزند بود — همی‌راند چون باد لشکر به راه
بلاش از بر تخت بنشست شاد — خردمند شاخی برومند بود
یکی پارسی بود بس نامدار — که کهتر پسر بود با مهر و داد
بفرمود پیروز کایدر بباش — ورا سوفزا خواندی شهریار
سپه را سوی جنگ ترکان کشید — چو دستور شایسته نزد بلاش
همی‌راند با لشکر و گنج و ساز — همی تاج و تخت کیی را سزید
نشانی که بهرام یل کرده بود — که پیکار جویند با خوشنواز
نبشته یکی عهد شاهنشهان — ز پستی بلندی برآورده بود
کسی زین نشان هیچ برنگذرد — که از ترک و ایرانیان در جهان
چو پیروز شیراوژن آنجا رسید — کزان رود برتر زمین نشمرد
چنین گفت یکسر بگردنکشان — نشان کردن شاه ایران بدید
مناره برآرم به شمشیر و گنج — که از پیش ترکان برین همنشان

چو باشد مناره به پیش برک	ز هیتال تا کس نباشد به رنج
بگویم که آن کرد بهرام گور	بزرگان به پیش من آرند چک
نمانم بجایی پی خوشنواز	به مردی و دانایی و فر و زور
چو بشنید فرزند خاقان که شاه	به هیتال و ترک از نشیب و فراز
همی‌بشکند عهد بهرام گور	ز جیحون گذر کرد خود با سپاه
دبیر جهاندیده را خوشنواز	بدان تازه شد کشتن و جنگ و شور
یکی نامه بنوشت با آفرین	بفرمود تا شد بر او فراز
چنین گفت کز عهد شاهان داد	ز دادار بر شهریار زمین
نه این بود عهد نیاکان تو	به گردی نخوانمت خسرونژاد
چو پیمان آزادگان بشکنی	گزیده جهاندار و پاکان تو
مرا با تو پیمان بباید شکست	نشان بزرگی به خاک افگنی
به نامه ز هر کارش آگاه کرد	به ناچار بردن بشمشیر دست
سواری سراینده و سرفراز	بسی هدیه با نامه همراه کرد
چو آن نامه برخواند پیروز شاه	همی‌رفت با نامه‌ی خوشنواز
فرستاده را گفت برخیز و رو	برآشفت زان نامور پیشگاه
بگویش که تا پیش رود برک	به نزدیک آن مرد دیوانه شو
کنون تا لب رود جیحون تو راست	شما را فرستاد بهرام چک
من اینک بیارم سپاهی گران	بلندی و پستی و هامون تو راست
نمانم مگر سایه‌ی خوشنواز	سرافراز گردان جنگ آوران
فرستاده آمد بکردار گرد	که باشد بروی زمین بر دراز
همی‌گفت یک چند با خوشنواز	شنیده سخنها همه یاد کرد
چو گفتار بشنید و نامه بخواند	ازان شاه گردنکش و دیرساز
بیاورد لشکر به دشت نبرد	سپاه پراگنده را برنشاند
که بستد نیایش ز بهرامشاه	همان عهد را بر سر نیزه کرد
یکی مرد بینادل و چرب‌گوی	که جیحون میانجیست ما را به راه
بدو گفت نزدیک پیروز رو	ز لشکر گزین کرد با آبروی
بگویش که عهد نیای تو را	به چربی سخن‌گوی و پاسخ شنو
همی بر سر نیزه پیش سپاه	بلند اختر و رهنمای تو را
بدان تا هر آنکس که دارد خرد	بیارم چو خورشید تابان به راه

مرا آفرین بر تو نفرین بود / به منشور آن دادگر بنگرد
نه یزدان پسندد نه یزدان‌پرست / همان نام تو شاه بی‌دین بود
که بیداد جوید کسی در جهان / نه اندر جهان مردم زیردست
به داد و به مردی چو بهرام شاه / بپیچد سر از عهد شاهنشهان
برین بر جهاندار یزدان گواست / کسی نیز ننهاد بر سر کلاه
که بیداد جوید همی جنگ من / که او را گوا خواستن ناسزاست
نباشی تو زین جنگ پیروزگر / چنین با سپه کردن آهنگ من
ازین پس نخواهم فرستاد کس / نیابی مگر ز اختر نیک بر
فرستاده با نامه آمد چو گرد / بدین جنگ یزدان مرا یار بس
چو برخواند آن نامه‌ی خوشنواز / سخنها به پیروز بر یاد کرد
فرستاده را گفت چندین سخن / پر از خشم شد شاه گردن فراز
که از چاچ یک پی نهد نزد رود / نگویم جهاندیده مرد کهن
فرستاده آمد بر خوشنواز / به نوک سنانش فرستم درود
که نزدیک پیروز ترس خدای / فراوان سخن گفت با او به راز
همه دیدمش جنگ جوید همی / ندیدم نبودش کسی رهنمای
چو بشندی زو این سخن خوشنواز / به فرمان یزدان نگوید همی
چنین گفت کای داور داد و پاک / به یزدان پناهید و بردش نماز
تو دانی که پیروز بیدادگر / تویی آفریننده‌ی هور و خاک
پی او ز روی زمین برگسل / ز بهرام بیشی ندارد هنر
سخنهای بیداد گوید همی / مه نیرو مه آهنگ جانش مه دل
به گرد سپه بر یکی کنده کرد / بزرگی به شمشیر جوید همی
کمندی فزون بود بالای اوی / سرش را بپوشید و آگنده کرد
چو این کرده شد نام یزدان بخواند / همان سی ارش کرده پهنای اوی
وزان روی سرگشته پیروز شاه / ز پیش سمرقند لشکر براند
وزین روی پر بیم دل خوشنواز / همی‌راند چون باد لشکر به راه
برآمد ز هردو سپه بوق و کوس / چنین تا برکنده آمد فراز
چنان تیرباران بد از هر دو روی / هوا شد ز گرد سپاه آبنوس
چو نزدیکی کنده شد خوشنواز / که چون آب خون اندر آمد به جوی
وزان روی چون باد پیروزشاه / همی‌گفت با داور پاک راز

چو آمد به نزدیکی خوشنواز	همی‌تاخت با خوارمایه سپاه
عنان را بپیچید و بنمود پشت	سپهدار ترکان ازو گشت باز
برانگیخت پس باره پیروزشاه	پس او سپاه اندر آمد درشت
به کنده در افتاد با چند مرد	همی‌راند با گرز و رومی کلاه
چو نرسی برادرش و فرخ قباد	بزرگان و شیران روز نبرد
برین سان نگون شد سر هفت شاه	بزرگان و شاهان فرخ نژاد
وزان جایگه شاددل خوشنواز	همه نامداران زرین کلاه
برآورد زان کنده هر کس که زیست	به نزدیکی کنده آمد فراز
بزرگان و پیکارجویان هران	همان خاک بربخت ایشان گریست
شکسته سر و پشت پیروزشاه	کسی را که در کنده آمد زمان
ز شاهان نبد زنده جز کیقباد	شه نامداران با تاج و گاه
همی‌راند با کام دل خوشنواز	شد آن لشکر و پادشاهی بباد
به تاراج داده سپاه و بنه	سرافراز با لشکر رزمساز
ز ایرانیان چند بردند اسیر	نه کس میسره دید و نه میمنه
نباید که باشد جهانجوی زفت	چه افگنده بر خاک و خسته به تیر
چنین آمد این چرخ ناپایدار	دل زفت با خاک تیره‌ست جفت
بپیچاند آن را که خود پرورد	چه با زیردست و چه با شهریار
نماند برین خاک جاوید کس	اگر تو شوی پاسبان خرد
چو بگذشت برکنده بر خوشنواز	تو را توشه از راستی باد و بس
به آهن ببستند پای قباد	سپاهش شد از خواسته بی‌نیاز
چو آگاهی آمد به ایران سپاه	ز تخت و نژادش نکردند یاد
خروشی برآمد ز کشور بدرد	ازان کنده و رزم پیروز شاه
چو اندر جهان این سخن گشت فاش	ازان شهر یاران آزادمرد
همه گوشت بازو به دندان بکند	فرود آمد از تخت زرین بلاش
سپاهی و شهری ز ایران بدرد	همی‌ریخت بر تخت خاک نژند
همه کنده موی و همه خسته روی	زن و مرد و کودک همی مویه کرد
که تا چون گریزند ز ایران زمین	همه شاهجوی و همه راهجوی
چو بنشست با سوگ ماهی بلاش	گرآیند لشکر ازان دشت کین

Rumi's Path Institute

پادشاهی بلاش

۱۴۵۹

Educational Code: RPI-OT-001

پادشاهی بلاش پسر پیروز

سپاه آمد و موبد موبدان	سرش پر ز گرد و رخش پرخراش
فراوان بگفتند با او ز پند	هر آنکس که بود از رد و بخردان
بران تخت شاهیش بنشاندند	سخنها که بودی ورا سودمند
چو بنشست بر گاه گفت ای ردان	بسی زر و گوهر برافشاندند
شما را بزرگیست نزدیک من	بجویید رای و دل بخردان
به گیتی هر آنکس که نیکی کند	چو روشن شود رای تاریک من
هر آنکس کجا باشد او بدسگال	بکوشد که تا رای ما نشکند
نخستین به پندش توانگر کنم	که خواهد همی کار خود را همال
هرآنگه که زین لشکر دین‌پرست	چو نپذیرد از خونش افسر کنم
دل مرد بیدادگر بشکنم	بنالد بر ما یکی زیردست
مباشید گستاخ با پادشا	همه بیخ و شاخش ز بن برکنم
که او گاه زهرست و گه پای‌زهر	بویژه کسی کو بود پارسا
ز گیتی تو خوشنودی شاه‌جوی	مجویید از زهر تریاک بهر
چو خشم آورد شاه پوزش گزین	مشو پیش تختش مگر تازه‌روی
هرآنگه که گویی که دانا شدم	همی خوان به بیداد و دادآفرین
چنان دان که نادان‌تری آن زمان	به هر دانشی بر توانا شدم
وگر کار بندید پند مرا	مشو بر تن خویش بر بدگمان
ز شاهان داننده یابید گنج	سخن گفتن سودمند مرا
برو مهتران آفرین خواندند	کسی را ز دانش ندیدم به رنج
برفتند خشنود ز ایوان اوی	ز دانایی او فرو ماندند
بدآنگه که پیروز شد سوی جنگ	به یزدان سپرده تن و جان اوی
که باشد نگهبان تخت و کلاه	یکی پهلوان جست با رای و سنگ
بدان کار شایسته بد سوفزای	بلاش جوان را بود نیکخواه
جهاندیده از شهر شیراز بود	یکی نامور بود پاکیزه‌رای

هم او مرزبان بد بزابلستان	سپهبددل و گردن‌افراز بود
چو آگاهی آمد سوی سوفزای	ببست و بغزنین و کابلستان
ز مژگان سرشکش برخ برچکید	ز پیروز بی‌رای و بی‌رهنمای
ز سر برگرفتند گردان کلاه	همه جامه‌ی پهلوی بردرید
همی‌گفت بر کینه‌ی شهریار	به ماتم نشستند با سوگ شاه
بدانست کان کار بی‌سود شد	بلاش جوان چون بود خواستار
سپاه پراگنده را گرد کرد	سر تاج شاهی پر از دود شد
فراز آمدش تیغزن صد هزار	بزد کوس وز دشت برخاست گرد
درم داد و آن لشکر آباد کرد	همه جنگجوی از در کارزار
فرستاده‌ای خواند شیرین‌زبان	دل مردم کینه‌ور شاد کرد
یکی نامه بنوشت پر داغ و درد	خردمند و بیدار و روشن‌روان
به نامه درون پندها یاد داد	دو دیده پر از آب و رخسار زرد
وزان پس فرستاد نزد بلاش	ز جمشید و کیخسرو کیقباد
که این مرگ هر کس نخواهد چشید	که شاها تو از مرگ غمگین مباش
ز باد آمده باز گردد بدم	شکیبایی و نام باید گزید
کنون من به دستوری شهریار	یکی داد خواندش و دیگر ستم
کزین کینه و خون پیروز شاه	بسیجم برین گونه بر کارزار
فرستاده زین روی برداشت پای	بنالد ز چرخ روان هور و ماه
بیاراست لشکر چو پر تذرو	وزان سوی گریان بشد باز جای
یکی مرد بگزید بیداردل	بیامد ز زاولستان سوی مرو
نویسنده‌ی نامه را گفت خیز	که آهسته دارد به گفتار دل
یکی نامه بنویس زی خوشنواز	که آمد سر خامه را رستخیز
گنهکار کردی به یزدان تنت	که ای بی‌خرد روبه دیوساز
به شاه آنک تو کردی ای بیوفا	شود مویه گر بر تو پیراهنت
به کشتی شهنشاه را بی‌گناه	ببینی کنون زور تیغ جفا
یکی کین نو ساختی در جهان	نبیره جهاندار بهرام شاه
چرا پیش او چون یکی چابلوس	که آن کینه هرگز نگردد نهان
نیای تو زین خاندان زنده بود	نرفتی چو برخاست آوای کوس
من اینک به مرو آمدم کینه‌خواه	پدر پیش بهرام پاینده بود

اسیران و آن خواسته هرچ هست
نماند به هیتالیان تاج و گاه

همه بازخواهم به شمشیر کین
که از رزمگاه آمدستت بدست

نمانم جهان را بفرزند تو
بخ مرو آورم خاک توران زمین

بفرمان یزدان ببرم سرت
نه بر دوده و خویش و پیوند تو

نه کین باشد این چند گویم دراز
ز خون همچو دریا کنم کشورت

شود زیر خاک پی من تباه
که از کین پیروز با خوشنواز

فرستاده با نامه‌ی سوفزای
به یزدان روانش بود دادخواه

چو آشفته آمد بر خوشنواز
بیامد چو شیر دلاور ز جای

بدو داد پس نامه‌ی سوفزای
بشد پیش تخت و ببردش نماز

نویسنده‌ی نامه را داد و گفت
همی‌بود یک چند پیشش بپای

به مهتر چنین گفت مرد دبیر
که پنهان بگوی آنچ نرمست و زفت

شکسته شد آن مرد جنگ‌آزمای
که این نامه پر گرز و تیغست و تیر

هم اندر زمان زود پاسخ نبشت
ازان پر سخن نامه‌ی سوفزار

نخستین چنین گفت کز کردگار
سخن هرچ بود اندرو خوب و زشت

که هر کس که بودست یزدان‌پرست
بترسیم وز گردش روزگار

فرستادمش نامه‌ی پندمند
نیاورد در عهد شاهان شکست

برو خوار بود آنچ گفتم سخن
دگر عهد آن شهریار بلند

چو او کینه‌ور گشت و من چاره‌جوی
هم اندیشه‌ی روزگار کهن

به پیروز بر اختر آشفته شد
سپه را چو روی اندر آمد به روی

چو بشکست پیمان شاهان داد
نه برکام من شاه تو کشته شد

نیامد پسند جهان‌آفرین
نبود از جوانیش یک روز شاد

هر آنکس که عهد نیا بشکند
تو گویی که بگرفت پایش زمین

چو پیروز باشد به دشت نبرد
سر راستی را بپای افگند

گر آیی تو ایدر هم آراستست
شکسته بکنده درون پر ز گرد

فرستاده با نامه تازان ز جای
نه جنگ و نه جنگ‌آوران کاستست

چو برخواند آن نامه را پهلوان
به یک هفته آمد سوی سوفزای

ز میدان خروشیدن گاودم
به دشنام بگشاد گویا زبان

بکش میهن آورد چندان سپاه
شنیدند و آوای رویینه خم

برین همنشان روز بگذاشتند
که بر چرخ خورشید گم کرد راه

چو آگاهی آمد سوی خوشنواز | همی راه را خانه پنداشتند
به پیکند شد رزمگاهی گزید | به دشت آمد و جنگ را کرد ساز
وزین روی پر کینه دل سوفزای | که چرخ روان روی هامون ندید
چو شب تیره شد پهلوان سپاه | به کردار باد اندر آمد ز جای
طلایه همی‌گشت بر هر دو سوی | به پیلان آسوده بربست راه
غو پاسبانان و بانگ جرس | جهان شد پر آواز پرخاشجوی
چنین تا پدید آمد از میغ شید | همی‌آمد از دور بر پیش و پس
دو لشکر همی جنگ را ساختند | در و دشت شد چون بلور سپید
از آواز گردان پرخاشخر | درفش بزرگی برافراختند
هوا دام کرکس شد از پر تیر | بدرید مر اژدها را جگر
ز هر سو ز مردان تلی کشته بود | زمین شد ز خون سران آبگیر
بجنبید بر قلبگه سوفزای | کرا از جهان روز برگشته بود
وزان روی با تیغ کین خوشنواز | یکایک سپاه اندر آمد ز جای
یکی تیغ زد بر سرش سوفزای | بپیچید و آمد به تنگی فراز
بجست از کف تیغزن خوشنواز | سپاه اندر آمد به تندی ز جای
بدید آنک شد روزگارش درشت | به شیب اندر انداخت اسب از فراز
چو باد دمان از پسش سوفزای | عنان را بپیچید و بنمود پشت
بسی کرد زان نامداران اسیر | همی‌تاخت با نیزه‌ی سرگرای
همی‌تاخت تا پیش لشکر رسید | بسی کشته شد هم بپیکان و تیر
ز بالا نگه کرد پس خوشنواز | بره بر بسی کشته و خسته دید
همه دشت پرکشته و خواسته | سپه را به هامون نشیب و فراز
سلیح و کمرها و اسب و رهی | شده دشت چون چرخ آراسته
همی‌برد هر کس بر سوفزای | ستام و سنان و کلاه مهی
ببخشید یکسر همه بر سپاه | تلی گشته چون کوه البرز جای
به لشکر چنین گفت کامروز کار | نکرد اندر آن چیز ترکان نگاه
چو خورشید بنماید از چرخ دست | به کام ما بد از روزگار
به کین شهنشاه ایران شویم | برین دشت خیره نباید نشست
همه لشکرش دست بر برزدند | برین دز به کردار شیران شویم
برین همنشان تا ز خم سپهر | همی هر کسی رای دیگر زدند

تبیره برآمد ز پرده‌سرای	پدید آمد آن زیور تاج مهر
فرستاده‌ای آمد از خوشنواز	نشست از بر باره بر سوفزای
که از جنگ و پیکار و خون ریختن	به نزدیک سالار گردن‌فراز
دو مرد خردمند نیکو گمان	نباشد جز از رنج و آویختن
اگر بازجویی ز راه ردی	به دوزخ فرستیم هر دو روان
نه بر باد شد کشته پیروزشاه	بدانی که آن کار بد ایزدی
گنهکار شد زانک بشکست عهد	کز اختر سرآمد بدو سال و ماه
کنون بودنی بود و بر ما گذشت	گزین کرد حنظل بینداخت شهد
اسیران وز خواسته هرچ بود	خنک آنک گرد گذشته نگشت
ز اسب و سلیح و ز تاج و ز تخت	ز سیم و زر و گوهر نابسود
فرستم همه نزد سالار شاه	که آن روز بگذاشت پیروزبخت
چو پیروزگر سوی ایران شوی	سراپرده و گنج و پیل و سپاه
نباشد مرا سوی ایران بسیچ	به نزدیک شاه دلیران شوی
شهنشاه گیتی ببخشید راست	تو از عهد بهرام گردن مپیچ
چو بشنید پیغام او سوفراز	مرا ترک و چین است و ایران تو راست
فرستاده را گفت پیش سپاه	بیاورد لشکر به پرده‌سرای
بیامد فرستاده‌ی خوشنواز	بگوی آنچ بشنیدی از رزمخواه
چنین گفت لشکر که فرمان تو راست	بگفت آنچ بود آشکارا و راز
به ایران نداند کسی از تو به	بدین آشتی رای و پیمان تو راست
چنین گفت با سرکشان سوفزای	بما بر تویی شاه و سالار و مه
کزیشان ازین پس نجوییم جنگ	که امروز ما را جزین نیست رای
که در دست ایشان بود کیقباد	به ایران بریم این سپه بی‌درنگ
همان موبد موبدان اردشیر	چو فرزند پیروز خسرو نژاد
اگر جنگ سازیم با خوشنواز	ز لشکر بزرگان برنا و پیر
کشد آنک دارد ز ایران اسیر	شودکار بی‌سود بر ما دراز
اگر نیستی در میانه قباد	قباد جهانجوی چون اردشیر
گر او را ز ترکان بد آید بروی	ز موبد نکردی دل و مغز یاد
یکی ننگ باشد که تا رستخیز	نماند به ایران جز از گفت و گوی
فرستاده را نغز پاسخ دهیم	بماند میان دلیران ستیز

مگر باز بینیم روی قباد
درین آشتی رای فرخ نهیم

همان موبد پاکدل اردشیر
که بی او سر پادشاهی مباد

فرستاده را خواند پس پهلوان
کسی را که بینید برنا و پیر

چنین گفت کاین ایزدی بود و بس
سخن گفت با او به شیرین زبان

بزرگان ایران که هستند اسیر
جهان بد سگالد نگوید بکس

دگر هر که دارید بر نای بند
قبادست با نامدار اردشیر

دگر خواسته هرچ دارید نیز
فرستید سوی منش ارجمند

یکایک فرستید نزدیک من
ز دینار وز تاج و هرگونه چیز

به تاراج و کشتن نیازیم دست
به پیش بزرگان این انجمن

ز جیحون به روز دهم بگذریم
که ما بی‌نیازیم و یزدان‌پرست

همه هرچ گفتم تو را گوش‌دار
وزان پس پیی خاک را نسپریم

فرستاده هم در زمان گشت باز
چو رفتی یکایک برو برشمار

بگفت آنچ بشنید وزو گشت شاد
بیامد گرازان بر خوشنواز

همان خواسته سر به سر گرد کرد
همانگاه برداشت بند قباد

همان تخت با تاج پیروز شاه
کجا یافت از خاک و دشت نبرد

فرستاد یکسر سوی سوفزای
چو چیز پراگنده‌ی آن سپاه

چو لشکر بدیدند روی قباد
به دست یکی مرد پاکیزه‌رای

بزرگان همه خیمه بگذاشتند
ز دیدار او انجمن گشت شاد

که پور شهنشاه را بی‌گزند
همه دست بر آسمان داشتند

همانگه فروهشت پرده‌سرای
بدیدند با هرک بد ارجمند

ز جیحون گذر کرد پیروز و شاد
سپهبد باسب اندر آورد پای

چو آگاهی آمد به ایران زمین
ابا نامور موبد و کیقباد

همان جنگ و پیکار با خوشنواز
ازان نیک‌پی مهتر بفرین

همان موبد موبدان اردشیر
ز رای چنان مرد نیرنگ‌ساز

که از جنگ برگشت پیروز و شاد
اسیران که بودند برنا و پیر

بیاورد و اکنون ز جیحون گذشت
گشاده شد از بند پای قباد

خروشی ز ایران برآمد که گوش
ز ایران سپاهست بر کوه و دشت

بزرگان فرزانه برخاستند
تو گفتی همی کر شود زان خروش

بلاش آن زمان تخت زرین نهاد
پذیره شدن را بیاراستند

چو آمد به شهر اندرون سوفزای	که تا برنشیند برو کیقباد
پذیره شدن را بیاراست شاه	بزرگان برفتند یک سر ز جای
بلاش آن زمان دید روی قباد	همی‌رفت با آنک بودش سپاه
مر او را سبک شاه در برگرفت	رها گشته از بند پیروز و شاد
ز راه اندر ایوان شاه آمدند	ز هیتال و چین دست بر سر گرفت
بفرمود تا خوان بیاراستند	گشاده‌دل و نیک‌خواه آمدند
همی‌بود جشنی نه بر آرزوی	می و رود و رامشگران خواستند
همه چامه گر سوفزا را ستود	ز تیمار پیروز آزاده‌خوی
مهان را همه چشم بر سوفزای	ببربط همی رزم ترکان سرود
همه شهر ایران بدو گشت باز	ازو گشته شاد و بدو داده رای
بدان پهلوان دل همی شاد کرد	کسی را که بد کینه‌ی خوشنواز
ببد سوفزای از جهان بی‌همال	روان را ز اندیشه آزاد کرد
نبودی جز آن چیز کو خواستی	همی‌رفت زین گونه تا چار سال
چر فرمان او گشت در شهر فاش	جهان را به رای خود آراستی
بدو گفت شاهی نرانی همی	به خوبی بپرداخت گاه از بلاش
همی پادشاهی به بازی کنی	بدان را ز نیکان ندانی همی
قباد از تو در کار داناترست	ز پری وز بی‌نیازی کنی
به ایوان خویش اندر آمد بلاش	بدین پادشاهی تواناترست
همی‌گفت بی‌رنج تخت این بود	نیارست گفتن که ایدر مباش
چو بر تخت بنشست فرخ قباد	که بی‌کوشش و درد و نفرین بود

پادشاهی قباد

Educational Code: RPI-OT-001

پادشاهی قباد پسر پیروز

سوی طیسفون شد ز شهر صطخر	کلاه بزرگی به سر برنهاد
چو بر تخت پیروز بنشست گفت	که آزادگان را بدو بود فخر
شما را سوی من گشادست راه	که از من مدارید چیزی نهفت
بزرگ آنکسی کو به گفتار راست	به روز سپید و شبان سیاه
چو بخشایش آرد بخشم اندرون	زبان را بیاراست و کژی نخواست
نهد تخت خشنودی اندر جهان	سر راستان خواندش رهنمون
دل خویش را دور دارد ز کین	بیابد بدادآفرین مهان
هرانگه که شد پادشا کژ گوی	مهان و کهانش کنند آفرین
سخن را بباید شنید از نخست	ز کژی شود شاه پیکارجوی
چو داننده مردم بود آزور	چو دانا شود پاسخ آید درست
هرآنگه که دانا بود پرشتاب	همی دانش او نیاید به بر
چنان هم که باید دل لشکری	چه دانش مر او را چه در سر شراب
توانگر کجا سخت باشد به چیز	همه در نکوهش کند کهتری
چو درویش نادان کند مهتری	فرومایه‌تر شد ز درویش نیز
چو عیب تن خویش داند کسی	به دیوانگی ماند این داوری
ستون خرد بردباری بود	ز عیب کسان برنخواند بسی
چو خرسند گشتی به داد خدای	چو تندی کند تن بخواری بود
گر آزاد داری تنت را ز رنج	توانگر شدی یکدل و پاکرای
هران کس که بخشش کند با کسی	تن مرد بی‌رنج بهتر ز گنج
همه سر به سر دست نیکی برید	بمیرد تنش نام ماند بسی
همه مهتران آفرین خواندند	جهان جهان را ببد مسپرید
جوان بود سالش سه پنج و یکی	زبرجد به تاجش برافشاندند
همی‌راند کار جهان سوفزای	ز شاهی ورا بهره بود اندکی
همه کار او پهلوان راندی	قباد اندر ایران نبد کدخدای

نه موبد بد او را نه فرمان روای　　کس را بر شاه ننشاندی
چنین بود تا بیست و سه ساله گشت　　جهان بد به دستوری سوفزای
بیامد بر تاجور سوفزای　　به جام اندرون باده چون لاله گشت
سپهبد خود و لشکرش ساز کرد　　به دستوری بازگشتن به جای
همی‌رفت شادان سوی شهر خویش　　بزد کوس و آهنگ شیراز کرد
همه پارس او را شده چون رهی　　ز هر کام برداشته بهر خویش
بدان بد که من شاه بنشاندم　　همی‌بود با تاج شاهنشهی
گر از من کسی زشت گوید بدوی　　به شاهی برو آفرین خواندم
همی باژ جستی ز هر کشوری　　ورا سرد گوید براند ز روی
چو آگاهی آمد بسوی قباد　　ز هر نامداری و هر مهتری
همی‌گفت هر کس که جز نام شاه　　ز شیراز وز کار بیداد و داد
نه فرمانش باشد به چیزی نه رای　　ندارد ز ایران ز گنج و سپاه
هرآنکس که بد رازدار قباد　　جهان شد همه بنده‌ی سوفزای

برانگسختن بدخواهان دربار قباد را بر سوفزای

که از پادشاهی بنامی بسند　　برو بر سخنها همی‌کرد یاد
ز گنج تو آگنده‌تر گنج او　　چرا کردی ای شهریار بلند
همه پارس چون بنده‌ی او شدند　　بباید گسست از جهان رنج او
ز گفتار بد شد دل کیقباد　　بزرگان پرستنده‌ی او شدند
همی‌گفت گر من فرستم سپاه　　ز رنجش به دل برنکرد ایچ یاد
چو من دشمنی کرده باشم به گنج　　سر او بگردد شود رزمخواه
کند هر کسی یاد کردار اوی　　ازو دید باید بسی درد و رنج
ندارم ز ایران یکی رزمخواه　　نهانی ندانند بازار اوی
بدو گفت فرزانه مندیش زین　　کز ایدر شود پیش او با سپاه
تو را بندگانند و سالار هست　　که او شهریاری شود بفرین
چو شاپور رازی بیاید ز جای　　که سایند بر چرخ گردنده دست

شنید این سخن شاه و نیرو گرفت	بدرد دل بدکنش سوفزای
همانگه جهاندیده‌ای کیقباد	هنرها بشست از دل آهو گرفت
به نزدیک شاپور رازی شود	بفرمود تا برنشیند چو باد
هم اندر زمان برنشاند ورا	برآواز نخچیر و بازی شود
دو اسبه فرستاده آمد بری	ز ری سوی درگاه خواند ورا
چو دیدش بپرسید سالار بار	چو باد خزانی به هنگام دی
بیامد به شاپور رازی سپرد	وزو بستد آن نامه‌ی شهریار
برو خواند آن نامه‌ی کیقباد	سوار سرافراز را پیش برد
که جز سوفزا دشمن اندر جهان	بخندید شاپور مهرک‌نژاد
ز هر جای فرمانبران را بخواند	ورا نیست در آشکار و نهان
چو آورد لشکر به نزدیک شاه	سوی طیسفون تیز لشکر براند
چو دیدش جهاندار بنواختش	هم اندر زمان برگشادند راه
بدو گفت زین تاج بی‌بهره‌ام	بر تخت پیروزه بنشاختش
همه سوفزا راست بهر از مهی	ببی بهره‌ئی در جهان شهره‌ام
ازین داد و بیداد در گردنم	همی نام بینم ز شاهنشهی
به ایران برادر بدی کدخدای	به فرجام روزی بپیچد تنم
بدو گفت شاپور کای شهریار	به هستی ز بیدادگر سوفزای
یکی نامه باید نوشتن درشت	دلت را بدین کار رنجه مدار
بگویی که از تخت شاهنشاهی	تو را نام و فر و نژادست و پشت
تویی باژخواه و منم با گناه	مرا بهره رنجست و گنج تهی
فرستادم اینک یکی پهلوان	نخواهم که خوانی مرا نیز شاه
چو نامه بدین‌گونه باشد بدوی	ز کردار تو چند باشم نوان
نمانم که برهم زند نیز چشم	چو من دشمن و لشکری جنگجوی
نویسنده‌ی نامه را خواندند	نگویم سخن پیش او جز بخشم

بند برنهادن و کشتن قباد

بگفت آن سخنها که با شاه گفت	به نزدیک شاپور بنشاندند
چو بر نامه بر مهر بنهاد شاه	شد آن کلک بیجاده با قار جفت
گزین کرد پس هرک بد نامدار	بیاورد شاپور لشکر به راه
خود و نامداران پرخاشجوی	پراگنده از لشکر شهریار
چو آگاه شد زان سخن سوفزای	سوی شهر شیراز بنهاد روی
پذیره شدش با سپاهی گران	همانگه بیاورد لشکر ز جای
رسیدند پس یک به دیگر فراز	گزیده سواران و جوشنوران
چو بنشست شاپور با سوفزای	فرود آمدند آن دو گردن‌فراز
بدو داد پس نامه‌ی شهریار	فراوان زدند از بد و نیک رای
چو برخواند آن نامه را پهلوان	سخن رفت هرگونه دشوار و خوار
چو آن نامه برخواند شاپور گفت	بپژمرد و شد کند و تیره‌روان
تو را بند فرمود شاه جهان	که اکنون سخن را نباید نهفت
بران سان که برخوانده‌ای نامه را	فراوان بنالید پیش مهان
چنین داد پاسخ بدو پهلوان	تو دانی شهنشاه خودکامه را
بدان رنج و سختی که بردم ز شاه	که داند مرا شهریار جهان
به مردی رهانیدم او را ز بند	برفتم ز زاولستان با سپاه
مرا داستان بود نزدیک شاه	نماندم که آید برویش گزند
گر ای دون که بندست پاداش من	همان نزد گردان ایران سپاه
نخواهم زمان از تو پایم ببند	تو را چنگ دادن به پرخاش من
ز یزدان وز لشکرم نیست شرم	بدارد مرا بند او سودمند
بدانگه کجا شاه در بند بود	که من چند پالوده‌ام خون گرم
که دستم نبیند مگر دست تیغ	به یزدان مرا سخت سوگند بود
مگر سر دهم گر سرخوشنواز	به جنگ آفتاب اندر آرم بمیغ
کنونم که فرمود بندم سزاست	به مردی ز تخت اندر آرم بگاز

ز فرمان او هیچ گونه مگرد   سخنهای ناسودمندم سزاست
چو بنشست شاپور پایش ببست   چو پیرایه دان بند بر پای مرد
بیاوردش از پارس پیش قباد   بزد نای رویین و خود برنشست
بفرمود کو را به زندان برند   قباد از گذشته نکرد ایچ یاد
به شیراز فرمود تا هرچ بود   به نزدیک ناهوشمندان برند
بیاورد یک سر سوی طیسفون   ز مردان و گنج و ز کشت و درود
چو یک هفته بگذشت هرگونه رای   سپردش به گنجور او رهنمون
چنین گفت پس شاه را رهنمون   همی‌راند با موبد از سوفزای
همه لشکر و زیردستان ما   که یارند با او همه طیسفون
گر او اندر ایران بماند درست   ز دهقان وز در پرستان ما
بداندیش شاه جهان کشته به   ز شاهی بباید تو را دست شست
چو بشنید مهتر ز موبد سخن   سر بخت بدخواه برگشته به
بفرمود پس تاش بیجان کنند   بنو تاخت و بیزار شد از کهن
بکردند پس پهلوان را تباه   بروبر دل و دیده پیچان کنند
چو آگاهی آمد بایرانیان   شد آن گرد فرزانه و نیک‌خواه

بند بر نهادن قباد را و نشاندن برادرش جاماسب بر تخت

خروشی برآمد ز ایران بدرد   که آن پیلتن را سرآمد زمان
برآشفت ایران و برخاست گرد   زن و مرد و کودک همی مویه کرد
همی‌گفت هرکس که تخت قباد   همی هر کسی کرد ساز نبرد
سپاهی و شهری همه شد یکی   اگر سوفزا شد به ایران مباد
برفتند یکسر بایوان شاه   نبردند نام قباد اندکی
کسی را که بر شاه بدگوی بود   ز بدگوی پردرد و فریادخواه
بکشتند و بردند ز ایوان کشان   بداندیش او و بلاجوی بود
که کهتر برادر بد و سرفراز   ز جاماسب جستند چندی نشان
ورا برگزیدند و بنشاندند   قبادش همی‌پروریدی بناز

به شاهی برو آفرین خواندند

به آهن ببستند پای قباد / ز فر و نژادش نکردند یاد
چنینست رسم سرای کهن / سرش هیچ پیدا نبینی ز بن
یکی پور بد سوفزا را گزین / خردمند و پاکیزه و به آفرین
جوانی بی‌آزار و زرمهر نام / که از مهر او بد پدر شادکام
سپردند بسته بدو شاه را / بدان گونه بد رای بدخواه را
که آن مهربان کینه‌ی سوفزای / بخواهد بدرد از جهان کدخدای
بی‌آزار زرمهر یزدان‌پرست / نسودی ببد با جهاندار دست
پرستش همی‌کرد پیش قباد / وزان بد نکرد ایچ بر شاه یاد
جهاندار زو ماند اندر شگفت / ز کردار او مردمی برگرفت
همی‌کرد پوزش که بدخواه من / پرآشوب کرد اختر و ماه من
گر ای دون که یابم رهایی ز بند / تو را باشد از هر بدی سودمند
ز دل پاک بردارم آزار تو / کنم چشم روشن بدیدار تو
بدو گفت زر مهر کای شهریار / زبان را بدین باز رنجه مدار
پدر گر نکرد آنچ بایست کرد / ز مرگش پسر گرم و تیمار خورد
تو را من بسان یکی بنده‌ام / به پیش تو اندر پرستنده‌ام
چو گویی به سوگند پیمان کنم / که هرگز وفای تو را نشکنم
ازو ایمنی یافت جان قباد / ز گفتار آن پر خرد گشت شاد
وزان پس بدو راز بگشاد و گفت / که اندیشه از تو نخواهم نهفت
گشادست بر پنج تن راز من / جزین نشنود یک تن آواز من
همین تاج و تخت از تو دارم سپاس / بوم جاودانه تو را حق‌شناس
چو بشنید زر مهر پاکیزه‌رای / سبک بند را برگشادش ز پای
فرستاد و آن پنج تن را بخواند / همه رازها پیش ایشان براند
شب تیره از شهر بیرون شدند / ز دیدار دشمن به هامون شدند
سوی شاه هیتال کردند روی / ز اندیشگان خسته و راه جوی
برین گونه سرگشته آن هفت مرد / باهواز رفتند تازان چو گرد
رسیدند پویان به پرمایه ده / بده در یکی نامبردار مه
بدان خان دهقان فرود آمدند / ببودند و یک هفته دم برزدند
یکی دختری داشت دهقان چو ماه

جهانجوی چون روی دختر بدید   ز مشک سیه بر سرش بر کلاه
همانگه بیامد بزرمهر گفت   ز مغز جوان شد خرد ناپدید
برو راز من پیش دهقان بگوی   که باتو سخن دارم اندر نهفت
بشد تیز و رازش به دهقان بگفت   مگر جفت من گردد این خوبروی
یکی پاک انبازش آمد به جای   که این دخترت را کسی نیست جفت
گرانمایه دهقان بزرمهر گفت   که گردی بر اهواز بر کدخدای
اگر شاید این مرد فرمان تو راست   که این دختر خوب را نیست جفت
بیامد خردمند نزد قباد   مرین را بدان ده که او را هواست
پسندیدی و ناگهان دیدیش   چنین گفت کین ماه جفت تو باد
قباد آن پری روی را پیش خواند   بدان سان که دیدی پسندیدیش
ابا او یک انگشتری بود و بس   به زانوی کنداورش برنشاند
بدو داد و گفت این نگین را بدار   که ارزش به گیتی ندانست کس
بدان ده یکی هفته از بهر ماه   بود روز کاین را بود خواستار

بازگشتن قباد از هیتال و باز بر تخت نشستن

بر شاه هیتال شد کیقباد   همی‌بود و هشتم بیامد به راه
بگفت آنچ کردند ایرانیان   گذشته سخنها بدو کرد یاد
بدو گفت شاه از بد خوشنواز   بدی را ببستند یک یک میان
به پیمان سپارم تو را لشکری   همانا بدین روزت آمد نیاز
که گر باز یابی تو گنج و کلاه   ازان هر یکی بر سران افسری
مرا باشد این مرز و فرمان تو را   چغانی بباشد تو را نیکخواه
زبردست را گفت خندان قباد   ز کرده نباشد پشیمان تو را
چو خواهی فرستمت بی‌مر سپاه   کزین بوم هرگز نگیریم یاد
چو کردند عهد آن دو گردن فراز   چغانی که باشد که یازد بگاه
به شاه جهاندار دادش رمه   در گنج زر و درم کرد باز
بپذرفت شمشیرزن سی‌هزار   سلیح سواران و لشکر همه

ز هیتالیان سوی اهواز شد	همه نامداران گرد و سوار
چو نزدیکی خان دهقان رسید	سراسر جهان زو پر آواز شد
یکی مژده بردند نزد قباد	بسی مردم از خانه بیرون دوید
پسرزاد جفت تو در شب یکی	که این پور بر شاه فرخنده باد
چو بشنید در خانه شد شادکام	که از ماه پیدا نبود اندکی
ز دهقان بپرسید زان پس قباد	همانگاه کسریش کردند نام
بدو گفت کز آفریدون گرد	که ای نیکبخت از که داری نژاد
پدرم این چنین گفت و من این چنین	که از تخم ضحاک شاهی ببرد
ز گفتار او شادتر شد قباد	که بر آفریدون کنیم آفرین
عماری بسیجید و آمد به راه	ز روزی که تاج کیی برنهاد
بیاورد لشکر سوی طیسفون	نشسته بدو اندرون جفت شاه
به ایران همه سالخورده ردان	دل از درد ایرانیان پر ز خون
که این کار گردد به ما بر دراز	نشستند با نامور بخردان
ز روم و ز چین لشکر آید کنون	میان دو شهزاد گردن‌فراز
بباید خرامید سوی قباد	بریزند زین مرز بسیار خون
بیاریم جاماسب ده ساله را	مگر کان سخنها نگیرد بیاد
مگرمان ز تاراج و خون ریختن	که با در همتا کند ژاله را
برفتند یکسر سوی کیقباد	به یک سو گراییم ز آویختن
گر از تو دل مردمان خسته شد	بگفتند کای شاه خسرونژاد
کنون کامرانی بدان کت هواست	بشوخی دل و دیدها شسته شد
پیاده همه پیش او در دوان	که شاه بر جهان پادشاست
گناه بزرگان ببخشید شاه	برفتند پر خاک تیره‌روان
ببخشید جاماسب را همچنین	ز خون ریختن کرد پوزش به راه
بیامد به تخت کیی برنشست	بزرگان برو خواندند آفرین
برین گونه تا گشت کسری بزرگ	ورا گشت جاماسب مهترپرست
به فرهنگیان داد فرزند را	یکی کودکی شد دلیر و سترگ
همه کار ایران و توران بساخت	چنان بار شاخ برومند را
وزان پس بیاورد لشکر بروم	بگردون کلاه مهی برفراخت
همه بوم و بر آتش اندر زدند	شد آن باره‌ی او چو یک مهره موم

همی‌کرد زان بوم و بر خارستان همه رومیان دست بر سر زدند
یکی مندیا و دگر فارقین ازو خواست زنهار دو شارستان
نهاد اندر آن مرز آتشکده بیامختشان زند و بنهاد دین
مداین پی افگند جای کیان بزرگی بنوروز و جشن سده
از اهواز تا پارس یک شارستان پراگنده بسیار سود و زیان
اران خواند آن شارستان را قباد بکرد و برآورد بیمارستان
گشادند هر جای رودی ز آب که تازی کنون نام حلوان نهاد
بیامد یکی مرد مزدک بنام زمین شد پر از جای آرام و خواب

داستان مزدک با قباد

گرانمایه مردی و دانش فروش سخنگوی با دانش و رای و کام
به نزد جهاندار دستور گشت قباد دلاور بدو داد گوش
ز خشکی خورش تنگ شد در جهان نگهبان آن گنج و گنجور گشت
ز روی هوا ابر شد ناپدید میان کهان و میان مهان
مهان جهان بر در کیقباد به ایران کسی برف و باران ندید
بدیشان چنین گفت مزدک که شاه همی هر کسی آب و نان کرد یاد
دوان اندر آمد بر شهریار نماید شما را بامید راه
به گیتی سخن پرسم از تو یکی چنین گفت کای نامور شهریار
قباد سراینده گفتش بگوی گر ای دون که پاسخ دهی اندکی
بدو گفت آنکس که مارش گزید به من تازه کن در سخن آبروی
یکی دیگری را بود پای زهر همی از تنش جان بخواهد پرید
سزای چنین مردگویی که چیست گزیده نیابد ز تریاک بهر
چنین داد پاسخ ورا شهریار که تریاک دارد درم سنگ بیست
به خون گزیده ببایدش کشت که خونیست این مرد تریاک‌دار
چو بشنید برخاست از پیش شاه به درگاه چون دشمن آمد بمشت
بدیشان چنین گفت کز شهریار بیامد به نزدیک فریادخواه

بباشید تا بامداد پگاه	سخن کردم از هر دری خواستار
برفتند و شبگیر باز آمدند	نمایم شما را سوی داد راه
چو مزدک ز در آن گره را بدید	شخوده رخ و پرگداز آمدند
چنین گفت کای شاه پیروزبخت	ز درگه سوی شاه ایران دوید
سخن گفتم و پاسخش دادییم	سخنگوی و بیدار و زیبای تخت
گر ای دون که دستور باشد کنون	به پاسخ در بسته بگشادییم
بدو گفت برگوی و لب را مبند	بگوید سخن پیش تو رهنمون
چنین گفت کای نامور شهریار	که گفتار باشد مرا سودمند
خورش بازگیرند زو تا بمرد	کسی را که بندی ببند استوار
مکافات آنکس که نان داشت او	به بیچارگی جان و تن را سپرد
چه باشد بگوید مرا پادشا	مرین بسته را خوار بگذاشت او
چنین داد پاسخ که میکن بنش	که این مرد دانا بد و پارسا
چو بشنید مزدک زمین بوس داد	که خونیست ناکرده بر گردنش
بدرگاه او شد به انبوه گفت	خرامان بیامد ز پیش قباد
دهدی آن بتاراج در کوی و شهر	که جایی که گندم بود در نهفت
دویدند هرکس که بد گرسنه	بدان تا یکایک بیابید بهر
چه انبار شهری چه آن قباد	به تاراج گندم شدند از بنه
چو دیدند رفتند کارآگهان	ز یک دانه گندم نبودند شاد
که تاراج کردند انبار شاه	به نزدیک بیدار شاه جهان
قباد آن سخنگوی را پیش خواند	به مزدک همی‌بازگردد گناه
چنین داد پاسخ کانوشه بدی	ز تاراج انبار چندی براند
سخن هرچ بشنیدم از شهریار	خرد را به گفتار توشه بدی
به شاه جهان گفتم از مار و زهر	بگفتم به بازاریان خوارخوار
بدین بنده پاسخ چنین داد شاه	ازان کس که تریاک دارد به شهر
اگر خون این مرد تریاک‌دار	که تریاک‌دارست مرد گناه
چو شد گرسنه نان بود پای زهر	بریزد کسی نیست با او شمار
اگر دادگر باشی ای شهریار	به سیری نخواهد ز تریاک بهر
شکم گرسنه چند مردم بمرد	به انبار گندم نیاید به کار
ز گفتار او تنگ دل شد قباد	که انبار را سود جانش نبرد

وزان پس بپرسید و پاسخ شنید — بشد تیز مغزش ز گفتار داد
ز چیزی که گفتند پیغمبران — دل و جان او پر ز گفتار دید
به گفتار مزدک همه کژ گشت — همان دادگر موبدان و ردان
برو انجمن شد فروان سپاه — سخنهاش ز اندازه اندر گذشت
همی‌گفت هر کو توانگر بود — بسی کس ببی راهی آمد ز راه
نباید که باشد کسی برفزود — تهیدست با او برابر بود
جهان راست باید که باشد به چیز — توانگر بود تار و درویش پود
زن و خانه و چیز بخشیدنیست — فزونی توانگر چرا جست نیز
من این را کنم راست با دین پاک — تهی دست کس با توانگر یکیست
هران کس که او جز برین دین بود — شود ویژه پیدا بلند از مغاک
ببد هرک درویش با او یکی — ز یزدان وز منش نفرین بود
ازین بستدی چیز و دادی بدان — اگر مرد بودند اگر کودکی
چو بشنید در دین او شد قباد — فرو مانده بد زان سخن بخردان
ورا شاه بنشاند بر دست راست — ز گیتی به گفتار او بود شاد
بر او شد آنکس که درویش بود — ندانست لشکر که موبد کجاست
به گرد جهان تازه شد دین او — وگر نانش از کوشش خویش بود
توانگر همی سر ز تنگی نگاشت — نیارست جستن کسی کین او
چنان بد که یک روز مزدک پگاه — سپردی بدرویش چیزی که داشت
چنین گفت کز دین پرستان ما — ز خانه بیامد به نزدیک شاه
فراوان ز گیتی سران بردرند — همان پاکدل زیردستان ما
ز مزدک شنید این سخنها قباد — فرود آوری گر ز در بگذرند
چنین گفت مزدک به پرمایه شاه — بسالار فرمود تا بار داد
همان نگنجند در پیش شاه — که این جای تنگست و چندان سپاه
بفرمود تا تخت بیرون برند — به هامون خرامد کندشان نگاه
به دشت آمد از مزدکی صدهزار — ز ایوان شاهی به هامون برند
چنین گفت مزدک به شاه زمین — برفتند شادان بر شهریار
چنان دان که کسری نه بر دین ماست — که ای برتر از دانش به آفرین
یکی خط دستش بباید ستد — ز دین سر کشیدن وراکی سزاست
به پیچاند از راستی پنج چیز — که سر بازگرداند از راه بد

کجا رشک و کینست و خشم و نیاز   که دانا برین پنج نفزود نیز
تو چون چیره باشی برین پنج دیو   به پنجم که گردد برو چیره آز
ازین پنج ما را زن و خواستست   پدید آیدت راه کیهان خدیو
زن و خواسته باشد اندر میان   که دین بهی در جهان کاستست
کزین دو بود رشک و آز و نیاز   چو دین بهی را نخواهی زیان
همی دیو پیچد سر بخردان   که با خشم و کین اندر آید براز
چو این گفته شد دست کسری گرفت   بباید نهاد این دو اندر میان
ازو نامور دست بستد بخشم   بدو مانده بد شاه ایران شگفت
به مزدک چنین گفت خندان قباد   به تندی ز مزدک بخوربید چشم
چنین گفت مزدک که این راه راست   که از دین کسری چه داری به یاد
همانگه ز کسری بپرسید شاه   نهانی نداند نه بر دین ماست
بدو گفت کسری چو یابم زمان   که از دین به بگذری نیست راه
چو پیدا شود کژی و کاستی   بگویم که کژست یکسر گمان
بدو گفت مزدک زمان چندروز   درفشان شود پیش تو راستی
ورا گفت کسری زمان پنج ماه   همی‌خواهی از شاه گیتی‌فروز
برین برنهادند و گشتند باز   ششم را همه بازگویم به شاه
فرستاد کسری به هر جای کس   بایوان بشد شاه گردن‌فراز

رای زدن موبدان با کسری درباره مزدک

کس آمد سوی خره اردشیر   که داننده‌یی دید و فریادرس
ز اصطخر مهرآذر پارسی   که آنجا بد از داد هرمزد پیر
نشستند دانش‌پژوهان به هم   بیامد بدرگاه با یار سی
به کسری سپردند یکسر سخن   سخن رفت هرگونه از بیش و کم
چو بشنید کسری به نزد قباد   خردمند و دانندگان کهن
که اکنون فراز آمد آن روزگار   بیامد ز مزدک سخن کرد یاد
گر ای دون که او را بود راستی   که دین بهی را کنم خواستار

پذیرم من آن پاک دین ورا	شود دین زردشت بر کاستی
چو راه فریدون شود نادرست	به جان برگزینم گزین ورا
سخن گفتن مزدک آید به جای	عزیز مسیحی و هم زند و است
ور ای دون که او کژ گوید همی	نباید به گیتی جزو رهنمای
بمن ده ورا و آنک در دین اوست	ره پاک یزدان نجوید همی
گوا کرد زرمهر و خرداد را	مبادا یکی را به تن مغز و پوست
وزان جایگه شد بایوان خویش	فرایین و بندوی و بهزاد را
به شبگیر چون شید بنمود تاج	نگه داشت آن راست پیمان خویش

کشته شدن مزدک و مزدکیان با رای خسرو و موبدان

همی‌راند فرزند شاه جهان	زمین شد به کردار دریای عاج
به آیین به ایوان شاه آمدند	سخن‌گوی با موبدان و ردان
دلارای مزدک سوی کیقباد	سخن‌گوی و جوینده راه آمدند
چنین گفت کسری به پیش گروه	بیامد سخن را در اندرگشاد
یکی دین نو ساختی پرزیان	به مزدک که ای مرد دانش‌پژوه
چه داند پسر کش که باشد پدر	نهادی زن و خواسته درمیان
چو مردم سراسر بود در جهان	پدر همچنین چون شناسد پسر
که باشد که جوید در کهتری	نباشند پیدا کهان و مهان
کسی کو مرد جای و چیزش کراست	چگونه توان یافتن مهتری
جهان زین سخن پاک ویران شود	که شد کارجو بنده با شاه راست
همه کدخدایند و مزدور کیست	نباید که این بد به ایران شود
ز دین‌آوران این سخن کس نگفت	همه گنج دارند و گنجور کیست
همه مردمان را به دوزخ بری	تو دیوانگی داشتی در نهفت
چو بشنید گفتار موبد قباد	همی کار بد را ببد نشمری
گرانمایه کسری ورا یار گشت	برآشفت و اندر سخن داد داد
پرآواز گشت انجمن سر به سر	دل مرد بی‌دین پرآزار گشت

همی‌دارد او دین یزدان تباه　　که مزدک مبادا بر تاجور
ازان دین جهاندار بیزار شد　　مباد اندرین نامور بارگاه
به کسری سپردش همانگاه شاه　　ز کرده سرش پر ز تیمار شد
بدو گفت هر کو برین دین اوست　　ابا هرک او داشت آیین و راه
بدان راه بد نامور صدهزار　　مبادا یکی را بتن مغز و پوست
که با این سران هرچ خواهی بکن　　به فرزند گفت آن زمان شهریار
به درگاه کسری یکی باغ بود　　ازین پس ز مزدک مگردان سخن
همی گرد بر گرد او کنده کرد　　که دیوار او برتر از راغ بود
بکشتندشان هم بسان درخت　　مرین مردمان را پراگنده کرد
به مزدک چنین گفت کسری که رو　　زبر پی و زیرش سرآگنده سخت
درختان ببین آنک هر کس ندید　　بدرگاه باغ گرانمایه شو
بشد مزدک از باغ و بگشاد در　　نه از کاردانان پیشین شنید
همانگه که دید از تنش رفت هوش　　که بیند مگر بر چمن بارور
یکی دار فرمود کسری بلند　　برآمد به ناکام زو یک خروش
نگون‌بخت را زنده بردار کرد　　فروهشت از دار پیچان کمند
ازان پس بکشتش بباران تیر　　سرمرد بی‌دین نگون‌سار کرد
بزرگان شدند ایمن از خواسته　　تو گر باهشی راه مزدک مگیر
همی‌بود با شرم چندی قباد　　زن و زاده و باغ آراسته
به درویش بخشید بسیار چیز　　ز نفرین مزدک همی‌کرد یاد
ز کسری چنان شاد شد شهریار　　برآتشکده خلعت افگند نیز
ازان پس همه رای با او زدی　　که شاخش همی گوهر آورد بار
ز شاهیش چون سال شد بر چهل　　سخن هرچ گفتی ازو بشندی

سپری شدن روزگار قباد

یکی نامه بنوشت پس بر حریر　　غم روز مرگ اندر آمد به دل
نخست آفرین کرد بر دادگر　　بر آن خط شایسته خود بد دبیر
بباشد همه بی‌گمان هرچ گفت　　که دارد ازو دین و هم زو هنر

سر پادشاهیش را کس ندید	چه بر آشکار و چه اندر نهفت
هر آنکس که بینید خط قباد	نشد خوار هرکس که او را گزید
به کسری سپردم سزاوار تخت	به جز پند کسری مگیرید یاد
که یزدان ازین پور خشنود باد	پس از مرگ ما او بود نیک‌بخت
ز گفتار او هیچ مپراگنید	دل بدسگالش پر از دود باد
بران نامه بر مهر زرین نهاد	بدو شاد باشید و گنج آگنید
به هشتاد شد سالیان قباد	بر موبد رام بر زین نهاد
بمرد و جهان مردری ماند از اوی	نبد روز پیری هم از مرگ شاد
تنش را بدیبا بیاراستند	شد از چهر و بیناییش رنگ و بوی
یکی دخمه کردند شاهنشهی	گل و مشک و کافور و می خواستند
نهادند بر تخت زر شاه را	یکی تاج شاهی و تخت مهی
چو موبد بپردخت از سوگ شاه	ببستند تا جاودان راه را
بران انجمن نامه برخواندند	نهاد آن کیی نامه بر پیشگاه
چو کسری نشست از بر گاه نو	ولیعهد را شاد بنشاندند
به شاهی برو آفرین خواندند	همی‌خواندندی ورا شاه نو
ورا نام کردند نوشین روان	به سر برش گوهر برافشاندند
به سر شد کنون داستان قباد	که مهتر جوان بود و دولت جوان
همش داد بود و همش رای و نام	ز کسری کنم زین سپس نام یاد
الا ای دلارای سرو بلند	به داد و دهش یافته نام و کام
بدان شادمانی و آن فر و زیب	چه بودت که گشتی چنین مستمند
چنین گفت پرسنده را سروبن	چرا شد دل روشنت پرنهیب
چنین سست گشتم ز نیروی شست	که شادان بدم تا نبودم کهن
دم اژدها دارد و چنگ شیر	به پرهیز و با او مساو ایچ دست
هم‌آواز رعدست و هم زور کرگ	بخاید کسی را که آرد بزیر
ز سرو دلارای چنبر کند	به یک دست رنج و به یک دست مرگ
گل ارغوان را کند زعفران	سمن برگ را رنگ عنبر کند
شود بسته بی‌بند پای نوند	پس زعفران رنجهای گران
مرا در خوشاب سستی گرفت	وزو خوار گردد تن ارجمند
خروشان شد آن نرگسان دژم	همان سرو آزاد پستی گرفت

دل شاد و بی‌غم پر از درد گشت	همان سرو آزاده شد پشت خم
بدانگه که مردم شود سیر شیر	چنین روز ما ناجوانمرد گشت
چل و هشت بد عهد نوشین روان	شتاب آورد مرگ و خواندش پیر
چو کسری نشست از بر تخت عاج	تو بر شست رفتی نمانی جوان

Rumi's Path Institute

پادشاهی انوشیروان

۱۴۸۵

Educational Code: RPI-OT-001

پادشاهی انوشیروان

بزرگان گیتی شدند انجمن | به سر برنهاد آن دل‌افروز تاج
سر نامداران زبان برگشاد | چو بنشست سالار با رای‌زن
چنین گفت کز کردگار سپهر | ز دادار نیکی دهش کرد یاد
کزویست نیک و بدویست کام | دل ما پر از آفرین باد و مهر
ازویست فرمان و زویست مهر | ازو مستمندیم وزو شادکام
ز رای وز تیمار او نگذریم | به فرمان اویست بر چرخ مهر
به تخت مهی بر هر آنکس که داد | نفس جز به فرمان او نشمریم
هر آنکس که اندیشه‌ی بد کند | کند در دل او باشد از داد شاد
ز ما هرچ خواهند پاسخ دهیم | به فرجام بد با تن خود کند
از اندیشه‌ی دل کس آگاه نیست | بخواهش گران روز فرخ نهیم
اگر پادشا را بود پیشه داد | به تنگی دل اندر مرا راه نیست
از امروز کاری به فردا ممان | بود بی‌گمان هر کس از داد شاد
گلستان که امروز باشد به بار | که داند که فردا چه گردد زمان
بدانگه که یابی تن زورمند | تو فردا چنی گل نیاید به کار
پس زندگی یاد کن روز مرگ | ز بیماری اندیش و درد و گزند
هر آنگه که در کار سستی کنی | چنانیم با مرگ چون باد و برگ
چو چیره شود بر دل مرد رشک | همه رای ناتندرستی کنی
دل مرد بیکار و بسیار گوی | یکی دردمندی بود بی‌پزشک
وگر بر خرد چیره گردد هوا | ندارد به نزد کسان آبروی
بکژی تو را راه نزدیکتر | نخواهد به دیوانگی بر گوا
به کاری کزو پیشدستی کنی | سوی راستی راه باریکتر
اگر جفت گردد زبان بر دروغ | به آید که کندی و سستی کنی
سخن گفتن کژ ز بیچارگیست | نگیرد ز بخت سپهری فروغ
چو برخیزد از خواب شاه از نخست | به بیچارگان برباید گریست

خردمند وز خوردنی بی‌نیاز   ز دشمن بود ایمن و تندرست
وگر شاه با داد و بخشایشست   فزونی برین رنج و دردست و آز
وگر کژی آرد بداد اندرون   جهان پر ز خوبی و آسایشست
هر آنکس که هست اندرین انجمن   کبستش بود خوردن و آب خون
بدانید و سرتاسر آگاه بید   شنید این برآورده آواز من
که ما تاجداری به سر برده‌ایم   همه ساله با بخت همراه بید
ولیکن ز دستور باید شنید   بداد و خرد رای پرورده‌ایم
هر آنکس که آید بدین بارگاه   بد و نیک بی‌او نیاید پدید
نباشم ز دستور همداستان   ببایست کاری نیابند راه
بدرگاه بر کارداران من   که بر من بپوشد چنین داستان
چو روزی بدیشان نداریم تنگ   ز لشکر نبرده سواران من
همه مردمی باید و راستی   نگه کرد باید بنام و به ننگ
هر آنکس که باشد از ایرانیان   نباید به کار اندرون کاستی
بیابد ز ما گنج و گفتار نرم   ببندد بدین بارگه برمیان
چو بیداد جوید یکی زیردست   چو باشد پرستنده با رای و شرم
مکافات باید بدان بد که کرد   نباشد خردمند و خسروپرست
شما دل به فرمان یزدان پاک   نباید غم ناجوانمرد خورد
که اویست بر پادشا پادشا   بدارید وز ما مدارید باک
فروزنده‌ی تاج و خورشید و ماه   جهاندار و پیروز و فرمانروا
جهاندار بر داوران داورست   نماینده ما را سوی داد راه
مکان و زمان آفرید و سپهر   ز اندیشه‌ی هر کسی برترست
شما را دل از مهر ما برفروخت   بیاراست جان و دل ما به مهر
شما رای و فرمان یزدان کنید   دل و چشم دشمن به ما بربدوخت
نگهدار تا جست و تخت بلند   به چیزی که پیمان دهد آن کنید
همه تندرستی به فرمان اوست   تو را بر پرستش بود یارمند
ز خاشاک تا هفت چرخ بلند   همه نیکویی زیر پیمان اوست
به هستی یزدان گوایی دهند   همان آتش و آب و خاک نژند
ستایش همه زیر فرمان اوست   روان تو را آشنایی دهند
چو نوشین‌روان این سخن برگرفت   پرستش همه زیر پیمان اوست

همه یک سر از جای برخاستند / جهانی ازو مانده اندر شگفت
شهنشاه دانندگان را بخواند / برو آفرین نو آراستند

بخش کردن نوشیروان پادشاهی خود بر چهار

جهان را ببخشید بر چار بهر / سخنهای گیتی سراسر براند
نخستین خراسان ازو یاد کرد / وزو نامزد کرد آبادشهر
دگر بهره زان بد قم و اصفهان / دل نامداران بدو شاد کرد
وزین بهره بود آذرابادگان / نهاد بزرگان و جای مهان
وز ارمینیه تا در اردبیل / که بخشش نهادند آزادگان
سیوم پارس و اهواز و مرز خزر / بپیمود بینادل و بوم گیل
چهارم عراق آمد و بوم روم / ز خاور ورا بود تا باختر
وزین مرزها هرک درویش بود / چنین پادشاهی و آباد بوم
ببخشید آگنده گنجی برین / نیازش به رنج تن خویش بود
ز شاهان هرآنکس که بد پیش ازوی / جهانی برو خواندند آفرین
بجستند بهره ز کشت و درود / اگر کم بدش گاه اگر بیش ازوی
سه یک بود یا چار یک بهر شاه / نرستست کس پیش ازین نابسود
زده یک بر آن بد که کمتر کند / قباد آمد و ده یک آورد راه
زمانه ندادش بران بر درنگ / بکوشد که کهتر چو مهتر کند
به کسری رسید آن سزاوار تاج / به دریا بس ایمن مشو بر نهنگ
شدند انجمن بخردان و ردان / ببخشید بر جای ده یک خراج
همه پادشاهان شدند انجمن / بزرگان و بیداردل موبدان
گزیتی نهادند بر یک درم / زمین را ببخشید و برزد رسن
کسی را کجا تخم گر چارپای / گر ای دون که دهقان نباشد دژم
ز گنج شهنشاه برداشتی / به هنگام ورزش نبودی بجای
بنا کشته اندر نبودی سخن / وگرنه زمین خوار بگذاشتی
گزیت رز بارور شش درم / پراگنده شد رسمهای کهن

ز زیتون و جوز و ز هر میوه‌دار	به خرماستان بر همین بد رقم
ز ده بن درمی رسیدی به گنج	که در مهرگان شاخ بودی ببار
وزین خوردنیهای خردادماه	نبوید جزین تا سر سال رنج
کسی کش درم بود و دهقان نبود	نکردی به کار اندرون کس نگاه
بر اندازه از ده درم تا چهار	ندیدی غم رنج و کشت و درود
کسی بر کدیور نکردی ستم	بسالی ازو بستدی کاردار
گزارنده بودی به دیوان شاه	به سالی به سه بهره بود این درم
دبیر و پرستنده‌ی شهریار	ازین باژ بهری به هر چار ماه
گزیت و خراج آنچ بد نام برد	نبودی به دیوان کسی زین شمار
یکی آنک بر دست گنجور بود	بسه روزنامه به موبد سپرد
دگر تا فرستد به هر کشوری	نگهبان آن نامه دستور بود
سه دیگر که نزدیک موبد برند	به هر نامداری و هر مهتری
به فرمان او بود کاری که بود	گزیت و سر باژها بشمرند
پراگنده کاراگهان در جهان	ز باژ و خراج و ز کشت و درود
همه روی گیتی پر از داد کرد	که تا نیک و بد زو نماند نهان
بخفتند بر دشت خرد و بزرگ	بهرجای ویرانی آباد کرد
یکی نامه فرمود بر پهلوی	به آبشخور آمد همی میش و گرگ
نخستین سر نامه کرد از مهست	پسند آیدت چون ز من بشنوی
به بهرام روز و بخرداد شهر	شهنشاه کسری یزدان‌پرست
برومند شاخ از درخت قباد	که یزدانش داد از جهان تاج بهر
سوی کارداران باژ و خراج	که تاج بزرگی به سر برنهاد
بی‌اندازه از ما شما را درود	پرستنده شایسته‌ی فر و تاج
نخستین سخن چون گشایش کنیم	هنر با نژاد این بود با فزود
خردمند و بینادل آنرا شناس	جهان‌آفرین را ستایش کنیم
بداند که هست او ز ما بی‌نیاز	که دارد ز دادار کیهان سپاس
کسی را کجا سرفرازی دهد	به نزدیک او آشکارست راز
مرا داد فرمان و خود داورست	نخستین ورا بی‌نیازی دهد
به یزدان سزد ملک و مهتر یکیست	ز هر برتری جاودان برترست
ز مغز زمین تا به چرخ بلند	کسی را جز از بندگی کار نیست

۱۴۸۹

پی مور بر خویشتن برگواست — ز افلاک تا تیره خاک نژند
نفرمود ما را جز از راستی — که ما بندگانیم و او پادشاست
اگر بهر من زین سرای سپنج — که دیو آورد کژی و کاستی
نجستی دل من به جز داد و مهر — نبودی جز از باغ و ایوان و گنج
کنون روی بوم زمین سر به سر — گشادن بهر کار بیدار چهر
به شاهی مرا داد یزدان پاک — ز خاور برو تا در باختر
نباید که جز داد و مهر آوریم — ز خورشید تابنده تا تیره خاک
شبان بداندیش و دشت بزرگ — وگر چین به کاری بچهر آوریم
نباید که بر زیردستان ما — همی گوسفندان بماند بگرگ
به خشکی به خاک و بکشتی برآب — ز دهقان وز دین‌پرستان ما
ز بازارگانان تر و ز خشک — برخشنده روز و به هنگام خواب
که تابنده خور جز بداد و به مهر — درم دارد و در خوشاب و مشک
برین‌گونه رفت از نژاد و گهر — نتابد بریشان ز خم سپهر
به جز داد و خوبی نبد در جهان — پسر تاج یابد همی از پدر
نهادیم بر روی گیتی خراج — یکی بود با آشکارا نهان
چو این نامه آرند نزد شما — درخت گزیت از پی تخت عاج
کسی کو برین یک درم بگذرد — که فرخنده باد اورمزد شما
به یزدان که او داد دیهیم و فر — ببیداد بر یک نفس بشمرد
برین نیز بادافره‌ی کردگار — که من خود میانش ببرم به ار
همین نامه و رسم بنهید پیش — نباید که چشم بد آید به کار
به هر چار ماهی یکی بهر ازین — مگردید ازین فرخ آیین خویش
به جایی که باشد زیان ملخ — بخواهید با داد و با آفرین
دگر تف باد سپهر بلند — وگر تف خورشید تابد به شخ
همان گر نبارد به نوروز نم — بدان کشتمندان رساند گزند
مخواهید با ژاندران بوم و رست — ز خشکی شود دشت خرم دژم
ز تخم پراگنده و مزد رنج — که ابر بهاران به باران نشست
زمینی که آن را خداوند نیست — ببخشید کارندگانرا ز گنج
نباید که آن بوم ویران بود — به مرد و ورا خویش و پیوند نیست
که بدگو برین کار ننگ آورد — که در سایه‌ی شاه ایران بود

ز گنج آنچ باید مدارید باز	که چونین بهانه بچنگ آورد
چو ویران بود بوم در بر من	که کردست یزدان مرا بی‌نیاز
کسی را که باشد برین مایه کار	نتابد درو سایه‌ی فر من
کنم زنده بر دار جایی که هست	اگر گیرد این کار دشوار خوار
بزرگان که شاهان پیشین بدند	اگر سرفرازست و گر زیردست
بد و نیک با کارداران بدی	ازین کار بر دیگر آیین بدند
خرد را همه خیره بفریفتند	جهان پیش اسب‌سواران بدی
مرا گنج دادست و دهقان سپاه	بافزونی گنج نشکیفتند
شما را جهان بازجستن بداد	نخواهیم بدینار کردن نگاه
گرامی‌تر از جان بدخواه من	نگه داشتن ارج مرد نژاد
سپهبد که مردم فروشد به زر	که جوید همی کشور و گاه من
کسی را کند ارج این بارگاه	نباید بدین بارگه برگذر
چو بیداردل کارداران من	که با داد و مهرست و با رسم و راه
پدید آید از گفت یک تن دروغ	به دیوان موبد شدند انجمن
به بیدادگر بر مرا مهر نیست	ازان پس نگیرد بر ما فروغ
هر آنکس که او راه یزدان بجست	پلنگ و جفاپیشه مردم یکیست
بدین بارگاهش بلندی بود	بب خرد جان تیره بشست
به نزدیک یزدان ز تخمی که کشت	بر موبدان ارجمندی بود
که ما بی‌نیازیم ازین خواسته	به باید بپاداش خرم بهشت
گر از پوست درویش باشد خورش	که گردد به نفرین روان کاسته
پلنگی به از شهریاری چنین	ز چرمش بود بی‌گمان پرورش
گشادست بر ما در راستی	که نه شرم دارد نه آیین نه دین
نهانی بدو داد دادن بروی	چه کوبیم خیره در کاستی
به نزدیک یزدان بود ناپسند	بدان تا رسد نزد ما گفت و گوی
ز یزدان وز ما بدان کس درود	نباشد بدین بارگه ارجمند
اگر دادگر باشدی شهریار	که از داد و مهرش بود تاروپود
که جاوید هر کس کنند آفرین	بماند به گیتی بسی پایدار
ز شاهان که با تخت و افسر بدند	بران شاه کباد دارد زمین
نبد دادگرتر ز نوشین‌روان	به گنج و به لشکر توانگر بدند

نه زو پرهنرتر به فرزانگی / که بادا همیشه روانش جوان
ورا موبدی بود بابک بنام / به تخت و بداد و به مردانگی
بدو داد دیوان عرض و سپاه / هشیوار و دانادل و شادکام
بیاراست جایی فراخ و بلند / بفرمود تا پیش درگاه شاه
بگسترد فرشی برو شاهوار / سرش برتر از تیغ کوه پرند
ز دیوان بابک برآمد خروش / نشستند هرکس که بود او به کار
که ای نامداران جنگ آزمای / نهادند یک سر برآواز گوش
خرامید یک‌یک به درگاه شاه / سراسر به اسب اندر آرید پای
زره‌دار با گرزه‌ی گاوسار / به سر برنهاده ز آهن کلاه
بیامد به ایوان بابک سپاه / کسی کو درم خواهد از شهریار
چو بابک سپه را همه بنگرید / هوا شد ز گرد سواران سیاه
ز ایوان باسب اندر آورد پای / درفش و سر تاج کسری ندید
برین نیز بگذشت گردان سپهر / بفرمودشان بازگشتن ز جای
خروشی برآمد ز درگاه شاه / چو خورشید تابنده بنمود چهر
همه با سلیح و کمان و کمند / که ای گرزداران ایران سپاه
برفتند با نیزه و خود و کبر / بدیوان بابک شوید ارجمند
نگه کرد بابک به گرد سپاه / همی گرد لشکر برآمد به ابر
چنین گفت کامروز با مهر و داد / چو پیدا نبد فر و اورند شاه
به روز سه دیگر برآمد خروش / همه بازگردید پیروز و شاد
مبادا که از لشکری یک سوار / که ای نامداران با فر و هوش
بیاید برین بارگه بگذرد / نه با ترگ و با جوشن کارزار
هر آنکس که باشد به تاج ارجمند / عرض گاه و ایوان او بنگرد
بداند که بر عرض آزرم نیست / به فر و بزرگی و تخت بلند
شهنشاه کسری چو بگشاد گوش / سخن با محابا و با شرم نیست
بخندید کسری و مغفر بخواست / ز دیوان بابک برآمد خروش
به دیوان بابک خرامید شاه / درفش بزرگی برافراشت راست
فروهشت از ترگ رومی زره / نهاده ز آهن به سر بر کلاه
یکی گرزه‌ی گاوپیکر به چنگ / زده بر زره بر فراوان گره
به بازو کمان و بزین بر کمند / زده بر کمرگاه تیر خدنگ

برانگیخت اسب و بیفشارد ران میان را بزرین کمر کرده بند
عنان را چپ و راست لختی بسود به گردن برآورد گرز گران
نگه کرد بابک پسند آمدش سلیح سواری به بابک نمود
بدو گفت شاها انوشه بدی شهنشاه را فرمند آمدش
بیاراستی روی کشور بداد روان را به فرهنگ توشه بدی
دلیری بد از بنده این گفت و گوی ازین گونه داد از تو داریم یاد
عنان را یکی بازپیچی براست سزد گر نپیچی تو از داد روی
دگرباره کسری برانگیخت اسب چنان کز هنرمندی تو سزاست
نگه کرد بابک ازو خیره ماند چپ و راست برسان آذرگشسب
سواری هزار و گوی دوهزار جهان‌آفرین را فراوان بخواند
درمی فزون کرد روزی شاه نبودی کسی را گذر بر چهار
که اسب سر جنگجویان بیار به دیوان خروش آمد از بارگاه
فراوان بخندید نوشین روان سوار جهان نامور شهریار
چو برخاست بابک ز دیوان شاه که دولت جوان بود و خسرو جوان
بدو گفت کای شهریار بزرگ بیامد بر نامور پیشگاه
همه در دلم راستی بود و داد گر امروز من بنده گشتم سترگ
درشتی نمایم چو باشم درست درشتی نگیرد ز من شاه یاد
بدو گفت شاه ای هشیوار مرد انوشه کسی کو درشتی نجست
تن خویش را چون محابا کنی تو هرگز ز راه درستی مگرد
بدین ارز تو نزد من بیش گشت دل راستی را همی‌بشکنی
که ما در صف کار ننگ و نبرد دلم سوی اندیشه خویش گشت
چنین داد پاسخ به پرمایه شاه چگونه برآریم ز آورد گرد
چو دست و عنان تو ای شهریار که چون نو نبیند نگین و کلاه
به کام تو گردد سپهر بلند به ایوان ندیدست پیکرنگار
به موبد چنین گفت نوشین‌روان دلت شاد بادا تنت بی‌گزند
به گیتی نباید که از شهریار که با داد ما پیر گردد جوان
چرا باید این گنج و این روز رنج بماند جز از راستی یادگار
چو ایدر نخواهی همی‌آرمید روان بستن اندر سرای سپنج
پراندیشه بودم ز کار جهان بباید چرید و بباید چمید

که تا تاج شاهی مرا دشمنست / سخن را همی‌داشتم در نهان
به دل گفتم آرم ز هر سو سپاه / همه گرد بر گرد آهرمنست
نگردد سپاه انجمن جز به گنج / بخواهم ز هر کشوری رزمخواه
اگر بد به درویش خواهد رسید / به بی مردی آید هم از گنج رنج
  / ازین آرزو دل بباید برید
همی‌راندم با دل خویش راز / چو اندیشه پیش خرد شد فراز
سوی پهلوانان و سوی ردان / هم از پند بیداردل بخردان
نبشتم بخ هر کشوری نامه‌ای / به هر نامداری و خودکامه‌ای
که هر کس که دارید هوش و خرد / همی کهتری را پسر پرورد
به میدان فرستید با ساز جنگ / بجویند نزدیک ما نام و ننگ
نباید که اندر فراز و نشیب / ندانند چنگ و عنان و رکیب
به گرز و به شمشیر و تیر و کمان / بدانند پیچید با بدگمان
جوان بی‌هنر سخت ناخوش بود / اگر چند فرزند آرش بود
عرض شد ز در سوی هر کشوری / درم برد نزدیک هر مهتری
چهل روز بودی درم را درنگ / برفتند از شهر با ساز جنگ
ز دیوان چو دینار برداشتند / بدان خرمی روز بگذاشتند
کنون لاجرم روی گیتی بمرد / بیاراستم تا کی آید نبرد
مرا ساز و لشکر ز شاهان پیش / فزونست و هم دولت و رای بیش
سخنها چو بشنید موبد ز شاه / بسی آفرین خواند بر تاج و گاه
چو خورشید بنمود تابنده چهر / در باغ بگشاد گردان سپهر
پدید آمد آن توده‌ی شنبلید / دو زلف شب تیره شد ناپدید
نشست از بر تخت نوشین روان / خجسته دلفروز شاه جوان
جهانی به درگاه بنهاد روی / هر آنکس که بد بر زمین راه‌جوی
خروشی برآمد ز درگاه شاه / که هر کس که جوید سوی داد راه
بیاید بدرگاه نوشین روان / لب شاه خندان و دولت جوان
به آواز گفت آن زمان شهریار / که جز پاک یزدان مجویید یار
که دارنده اویست و هم رهنمای / همو دست گیرد به هر دوسرای
مترسید هرگز ز تخت و کلاه / گشادست بر هر کس این بارگاه
هر آنکس که آید به روز و به شب / ز گفتار بسته مدارید لب

اگر می گساریم با انجمن / گر آهسته باشیم با رای‌زن
به چوگان و بر دشت نخچیرگاه / بر ما شما را گشادست راه
به خواب و به بیداری و رنج و ناز / ازین بارگه کس مگردید باز
مخسبید یک تن ز من تافته / مگر آرزوها همه یافته
بدان گه شود شاد و روشن دلم / که رنج ستم دیده‌گان بگسلم
مبادا که از کارداران من / گر از لشکر و پیشکاران من
نخسبد کسی با دلی دردمند / که از درد او بر من آید گزند
سخنها اگرچه بود در نهان / بپرسد ز من کردگار جهان
ز باژ و خراج آن کجا مانده است / که موبد به دیوان ما رانده است
نخواهند نیز از شما زر و سیم / مخسبید زین پس ز من دل ببیم
برآمد ز ایوان یکی آفرین / بجوشید تابنده روی زمین
که نوشین روان باد با فرهی / همه ساله با تخت شاهنشهی
مبادا ز تو تخت پردخت و گاه / مه این نامور خسروانی کلاه
برفتند با شادی و خرمی / چو باغ ارم گشت روی زمی
ز گیتی ندیدی کسی را دژم / ز ابر اندر آمد به هنگام نم
جهان شد به کردار خرم بهشت / ز باران هوا بر زمین لاله کشت
در و دشت و پالیز شد چون چراغ / چو خورشید شد باغ و چون ماه راغ
پس آگاهی آمد به روم و به هند / که شد روی ایران چو رومی پرند
زمین را به کردار تابنده ماه / به داد و به لشکر بیاراست شاه
کسی آن سپه را نداند شمار / به گیتی مگر نامور شهریار
همه با دل شاد و با ساز جنگ / همه گیتی افروز با نام و ننگ
دل شاه هر کشوری خیره گشت / ز نوشین‌روان رایشان تیره گشت
فرستاده آمد ز هند و ز چین / همه شاه را خواندند آفرین
ندیدند با خویشتن تاو او / سبک شد به دل باژ با ساو او
همه کهتری را بیاراستند / بسی بدره و برده‌ها خواستند
به زرین عمود و به زرین کلاه / فرستادگان برگرفتند راه
به درگاه شاه جهان آمدند / چه با ساو و باژ مهان آمدند
بهشتی بد آراسته بارگاه / ز بس برده و بدره و بارخواه

کشیدن انوشیروان سپاه را بگرگان

برین نیز بگذشت چندی سپهر	همی‌رفت با شاه ایران به مهر
خردمند کسری چنان کرد رای	کزان مرز لختی بجنبد ز جای
بگردد یکی گرد خرم جهان	گشاده کند رازهای نهان
بزد کوس وز جای لشکر براند	همی ماه و خورشید زو خیره ماند
ز بس پیکر و لشکر و سیم و زر	کمرهای زرین و زرین سپر
تو گفتی بکان اندرون زر نماند	همان در خوشاب و گوهر نماند
تن آسان بسوی خراسان کشید	سپه را به آیین ساسان کشید
به هر بوم آباد کو بربگذشت	سراپرده و خیمه‌ها زد به دشت
چو برخاستی ناله‌ی کرنای	منادیگری پیش کردی به پای
که ای زیردستان شاه جهان	که دارد گزندی ز ما در نهان
مخسبید ناایمن از شهریار	مدارید ز اندیشه دل نابکار
ازین گونه لشکر بگرگان کشید	همی تاج و تخت بزرگان کشید
چنان دان که کمی نباشد ز داد	هنر باید از شاه و رای و نژاد
ز گرگان بخ ساری و آمل شدند	به هنگام آواز بلبل شدند
در و دشت یه کسر همه بیشه بود	دل شاه ایران پراندیشه بود
ز هامون به کوهی برآمد بلند	یکی تازیی برنشسته سمند
سر کوه و آن بیشه‌ها بنگرید	گل و سنبل و آب و نخچیر دید
چنین گفت کای روشن کردگار	جهاندار و پیروز و پروردگار
تویی آفریننده‌ی هور و ماه	گشاینده و هم نماینده راه
جهان آفریدی بدین خرمی	که از آسمان نیست پیدا زمی
کسی کو جز از تو پرستد همی	روان را به دوزخ فرستد همی
ازیرا فریدون یزدان‌پرست	بدین بیشه برساخت جای نشست
بدو گفت گوینده کای دادگر	گر ایدر ز ترکان نبودی گذر
ازین مایه‌ور جا بدین فرهی	دل ما ز رامش نبودی تهی

نیاریم گردن برافراختن ز بس کشتن و غارت و تاختن
نماند ز بسیار و اندک به جای ز پرنده و مردم و چارپای
گزندی که آید به ایران سپاه ز کشور به کشور جزین نیست راه
بسی پیش ازین کوشش و رزم بود گذر ترک را راه خوارزم بود
کنون چون ز دهقان و آزادگان برین بوم و بر پارسازادگان
نکاهد همی رنج کافزایشست به ما برکنون جای بخشایست
نباشد به گیتی چنین جای شهر گر از داد تو ما بیابیم بهر
همان آفریدون یزدان‌پرست به بد بر سوی ما نیازید دست
اگر شاه بیند به رای بلند به ما برکند راه دشمن ببند
سرشک از دو دیده بارید شاه چو بشنید گفتار فریادخواه
به دستور گفت آن زمان شهریار که پیش آمد این کار دشوار خوار
نشاید کزین پس چمیم و چریم وگر تاج را خویشتن پروریم
جهاندار نپسندد از ما ستم که باشیم شادان و دهقان دژم
چنین کوه و این دشتهای فراخ همه از در باغ و میدان و کاخ
پر از گاو و نخچیر و آب روان ز دیدن همی خیره گردد روان
نمانیم کین بوم ویران کنند همی غارت از شهر ایران کنند
ز شاهی وز روی فرزانگی نشاید چنین هم ز مردانگی
نخوانند بر ما کسی آفرین چو ویران بود بوم ایران زمین
به دستور فرمود کز هند و روم کجا نام باشد به آباد بوم
ز هر کشوری مردم بیش بین که استاد بینی برین برگزین
یکی باره از آب برکش بلند برش پهن و بالای او ده کمند
به سنگ و به گچ باید از قعر آب برآورده تا چشمه‌ی آفتاب
هر آنگه که سازیم زین گونه بند ز دشمن به ایران نیاید گزند
نباید که آید یکی زین به رنج بده هرچ خواهند و بگشای گنج
کشاورز و دهقان و مرد نژاد نباید که آزار یابد ز داد
یکی پیر موبد بران کار کرد بیابان همه پیش دیوار کرد
دری برنهادند ز آهن بزرگ رمه یک سر ایمن شد از بیم گرگ
همه روی کشور نگهبان نشاند چو ایمن شد از دشت لشکر براند

رفتن کسری بسوی الانان براه دریا

ز دریا به راه الانان کشید	یکی مرز ویران و بیکار دید
به آزادگان گفت ننگست این	که ویران بود بوم ایران زمین
نشاید که باشیم همداستان	که دشمن زند زین نشان داستان
ز لشکر فرستاده‌ای برگزید	سخن‌گوی و دانا چنان چون سزید
بدو گفت شبگیر ز ایدر بپوی	بدین مرزبانان لشکر بگوی
شنیدم ز گفتار کارآگهان	سخن هرچ رفت آشکار و نهان
که گفتید ما را ز کسری چه باک	چه ایران بر ما چه یک مشت خاک
بیابان فراخست و کوهش بلند	سپاه از در تیر و گرز و کمند
همه جنگجویان بیگانه‌ایم	سپاه و سپهبد نه زین خانه‌ایم
کنون ما به نزد شما آمدیم	سراپرده و گاه و خیمه زدیم
در و غار جای کمین شماست	بر و بوم و کوه و زمین شماست
فرستاده آمد بگفت این سخن	که سالار ایران چه افگند بن
سپاه الانی شدند انجمن	بزرگان فرزانه و رای زن
سپاهی که شان تاختن پیشه بود	وز آزادمردی کم‌اندیشه بود
از ایشان بدی شهر ایران ببیم	نماندی بکس جامه و زر و سیم
زن و مرد با کودک و چارپای	به هامون رسیدی نماندی بجای
فرستاده پیغام شاه جهان	بدیشان بگفت آشکار و نهان
رخ نامداران ازان تیره گشت	دل از نام نوشین‌روان خیره گشت
بزرگان آن مرز و کنداوران	برفتند با باژ و ساو گران
همه جامه و برده و سیم و زر	گرانمایه اسبان بسیار مر
از ایشان هر آنکس که پیران بدند	سخن‌گوی و دانش‌پذیران بدند
همه پیش نوشین‌روان آمدند	ز کار گذشته نوان آمدند
چو پیش سراپرده‌ی شهریار	رسیدند با هدیه و با نثار
خروشان و غلتان به خاک اندرون	همه دیده پر خاک و دل پر ز خون

خرد چون بود با دلاور به راز	به شرم و به پوزش نیاید نیاز
بر ایشان ببخشود بیدار شاه	ببخشید یک سر گذشته گناه
بفرمود تا هرچ ویران شدست	کنام پلنگان و شیران شدست
یکی شارستانی برآرند زود	بدو اندرون جای کشت و درود
یکی باره‌ای گردش اندر بلند	بدان تا ز دشمن نیابد گزند
بگفتند با نامور شهریار	که ما بندگانیم با گوشوار
برآریم ازین سان که فرمود شاه	یکی باره و نامور جایگاه
وزان جایگه شاه لشکر براند	به هندوستان رفت و چندی بماند
به فرمان همه پیش او آمدند	به جان هر کسی چاره‌جو آمدند
ز دریای هندوستان تا دو میل	درم بود با هدیه و اسب و پیل
بزرگان همه پیش شاه آمدند	ز دوده دل و نیک‌خواه آمدند
بپرسید کسری و بنواختشان	براندازه بر پایگه ساختشان
به دل شاد برگشت ز آن جایگاه	جهانی پر از اسب و پیل و سپاه
به راه اندر آگاهی آمد به شاه	که گشت از بلوجی جهانی سیاه
ز بس کشتن و غارت و تاختن	زمین را بب اندر انداختن
ز گیلان تباهی فزونست ازین	ز نفرین پراگنده شد آفرین
دل شاه نوشین روان شد غمی	برآمیخت اندوه با خرمی
به ایرانیان گفت الانان و هند	شد از بیم شمشیر ما چون پرند
بسنده نباشیم با شهر خویش	همی شیر جوییم پیچان ز میش
بدو گفت گوینده کای شهریار	به پالیز گل نیست بی‌زخم خار
همان مرز تا بود با رنج بود	ز بهر پراگندن گنج بود
ز کار بلوج ارجمند اردشیر	بکوشید با کاردانان پیر
نبد سودمندی به افسون و رنگ	نه از بند وز رنج و پیکار و جنگ
اگرچند بد این سخن ناگزیر	بپوشید بر خویشتن اردشیر
ز گفتار دهقان برآشفت شاه	به سوی بلوج اندر آمد ز راه
چو آمد به نزدیک آن مرز و کوه	بگردید گرد اندرش با گروه
برآنگونه گرد اندر آمد سپاه	که بستند ز انبوه بر باد راه
همه دامن کوه تا روی شخ	سپه بود برسان مور و ملخ
منادیگری گرد لشکر بگشت	خروش آمد از غار وز کوه و دشت

که از کوچگه هرک یابید خرد	وگر تیغ دارند مردان گرد
وگر انجمن باشد از اندکی	نباید که یابد رهایی یکی
چو آگاه شد لشکر از خشم شاه	سوار و پیاده ببستند راه
از ایشان فراوان و اندک نماند	زن و مرد جنگی و کودک نماند
سراسر به شمشیر بگذاشتند	ستم کردن و رنج برداشتند
ببود ایمن از رنج شاه جهان	بلوجی نماند آشکار و نهان
چنان بد که بر کوه ایشان گله	بدی بی‌نگهبان و کرده یله
شبان هم نبودی پس گوسفند	به هامون و بر تیغ کوه بلند
همه رختها خوار بگذاشتند	در و کوه را خانه پنداشتند
وزان جایگه سوی گیلان کشید	چو رنج آمد از گیل و دیلم پدید
ز دریا سپه بود تا تیغ کوه	هوا پر درفش و زمین پر گروه
پراگنده بر گرد گیلان سپاه	بشد روشنایی ز خورشید و ماه
چنین گفت کایدر ز خرد و بزرگ	نیاید که ماند یکی میش و گرگ
چنان شد ز کشته همه کوه و دشت	که خون در همه روی کشور بگشت
ز بس کشتن و غارت و سوختن	خروش آمد و ناله‌ی مرد و زن
ز کشته به هر سو یکی توده بود	گیاها به مغز سر آلوده بود
ز گیلان هر آنکس که جنگی بدند	هشیوار و بارای و سنگی بدند
ببستند یک سر همه دست خویش	زنان از پس و کودک خرد پیش
خروشان بر شهریار آمدند	دریده‌بر و خاکسار آمدند
شدند اندران بارگاه انجمن	همه دستها بسته و خسته تن
که ما بازگشتیم زین بدکنش	مگر شاه گردد ز ما خوش منش
اگر شاه را دل ز گیلان بخست	ببریم سرها ز تنها بدست
دل شاه خشنود گردد مگر	چو بیند بریده یکی توده سر
چو چندان خروش آمد از بارگاه	وزان گونه آوار بشنید شاه
برایشان ببخشود شاه جهان	گذشته شد اندر دل او نهان
نوا خواست از گیل و دیلم دوصد	کزان پس نگیرد یکی راه بد
یکی پهلوان نزد ایشان بماند	چو بایسته شد کار لشکر براند
ز گیلان به راه مداین کشید	شمار و کران سپه را ندید
به ره بر یکی لشکر بی‌کران	پدید آمد از دور نیزه‌وران

سواری بیامد به کردار گرد	که در لشکر گشن بد پای مرد
پیاده شد از اسب و بگشاد لب	چنین گفت کاین منذرست از عرب
بیامد که بیند مگر شاه را	ببوسد همی خاک درگاه را
شهنشاه گفتا گر آید رواست	چنان دان که این خانه‌ی ما وراست
فرستاده آمد زمین بوس داد	برفت و شنیده همه کرد یاد
چو بشنید منذر که خسرو چه گفت	برخساره خاک زمین را برفت
همانگه بیامد به نزدیک شاه	همه مهتران برگشادند راه
بپرسید زو شاه و شادی نمود	ز دیدار او روشنایی فزود
جهاندیده منذر زبان برگشاد	ز روم وز قیصر همی‌کرد یاد
بدو گفت اگر شاه ایران تویی	نگهدار پشت دلیران تویی
چرا رومیان شهریاری کنند	به دشت سواران سواری کنند
اگر شاه برتخت قیصر بود	سزد کو سرافراز و مهتر بود
چه دستور باشد گرانمایه شاه	نبیند ز ما نیز فریادخواه
سواران دشتی چو رومی سوار	بیابند جوشن نیاید به کار
ز گفتار منذر برآشفت شاه	که قیصر همی‌برفرازد کلاه
ز لشکر زبان‌آوری برگزید	که گفتار ایشان بداند شنید
بدو گفت ز ایدر برو تا بروم	میاسای هیچ اندر آباد بوم
به قیصر بگو گر نداری خرد	ز رای تو مغز تو کیفر برد
اگر شیر جنگی بتازد بگور	کنامش کند گور و هم آب شور
ز منذر تو گر دادیابی بسست	که او را نشست از بر هر کسست
چپ خویش پیدا کن از دست راست	چو پیدا کنی مرز جویی رواست
چو بخشنده‌ی بوم و کشور منم	به گیتی سرافراز و مهتر منم
همه آن کنم کار کز من سزد	نمانم که بادی بدو بروزد
تو با تازیان دست یازی بکین	یکی در نهان خویشتن را ببین
و دیگر که آن پادشاهی مراست	در گاو تا پشت ماهی مراست
اگر من سپاهی فرستم بروم	تو را تیغ پولاد گردد چو موم
فرستاده از نزد نوشین‌روان	بیامد به کردار باد دمان
بر قیصر آمد پیامش بداد	بپیچید بی‌مایه قیصر ز داد
نداد ایچ پاسخ ورا جز فریب	همی دور دید از بلندی نشیب

چنین گفت کز منذر کم خرد
سخن باور آن کن که اندر خورد
اگر خیره منذر بنالد همی
برین‌گونه رنجش ببالد همی
ور ای دون که از دشت نیزه‌وران
نبالد کسی از کران تا کران
زمین آنک بالاست پهنا کنیم
وزان دشت بی‌آب دریا کنیم
فرستاده بشنید و آمد چو گرد
شنیده سخنها همه یاد کرد
برآشفت کسری بدستور گفت
که با مغز قیصر خرد نیست جفت
من او را نمایم که فرمان کراست
جهان جستن و جنگ و پیمان کراست
ز بیشی وز گردن افراختن
وزین کشتن و غارت و تاختن
پشیمانی آنگه خورد مرد مست
که شب زیر آتش کند هر دو دست
بفرمود تا برکشیدند نای
سپاه اندر آمد ز هر سو ز جای
ز درگاه برخاست آوای کوس
زمین قیرگون شد هوا آبنوس
گزین کرد زان لشکر نامدار
سواران شمشیرزن سی‌هزار
به منذر سپرد آن سپاه گران
بفرمود کز دشت نیزه‌وران
سپاهی بر از جنگجویان بروم
که آتش برآرند زان مرز و بوم
که گر چند من شهریار توام
برین کینه بر مایه‌دار توام
فرستاده‌یی ما کنون چرب‌گوی
فرستیم با نامه‌یی نزد اوی
مگر خود نیاید تو را زان گزند
به روم و به قیصر تو ما را پسند
نویسنده‌یی خواست از بارگاه
به قیصر یکی نامه فرمود شاه
ز نوشین‌روان شاه فرخ‌نژاد
جهانگیر وزنده کن کیقباد
به نزدیک قیصر سرافراز روم
نگهبان آن مرز و آباد بوم
سر نامه کرد آفرین از نخست
گرانمایگی جز به یزدان نجست
خداوند گردنده خورشید و ماه
کزویست پیروزی و دستگاه
که بیرون شد از راه گردان سپهر
اگر جنگ جوید وگر داد و مهر
تو گر قیصری روم را مهتری
مکن بیش با تازیان داوری
وگر میش جویی ز چنگال گرگ
گمانی بود کژ و رنجی بزرگ
وگر سوی منذر فرستی سپاه
نمانم به تو لشکر و تاج و گاه
وگر زیردستی بود بر منش
به شمشیر یابد ز من سرزنش
تو زان مرز یک رش مپیمای پای
چو خواهی که پیمان بماند بجای
وگر بگذری زین سخن بگذرم
سر و گاه تو زیر پی بسپرم

درود خداوند دیهیم و زور ... بدان کو نجوید ببیداد شور
نهادند بر نامه بر مهر شاه ... سواری گزیدند زان بارگاه
چنانچون ببایست چیره‌زبان ... جهاندیده و گرد و روشن‌روان
فرستاده با نامه‌ی شهریار ... بیامد بر قیصر نامدار
برو آفرین کرد و نامه بداد ... همان رای کسری برو کرد یاد
سخنهاش بشنید و نامه بخواند ... بپیچید و اندر شگفتی بماند
ز گفتار کسری سرافراز مرد ... برو پر ز چین کرد و رخساره زرد
نویسنده را خواند و پاسخ نوشت ... پدیدار کرد اندرو خوب و زشت
سر خامه چون کرد رنگین بقار ... نخست آفرین کرد بر کردگار
نگارنده‌ی برکشیده سپهر ... کزویست پرخاش و آرام و مهر
به گیتی یکی را کند تاجور ... وزو به یکی پیش او با کمر
اگر خود سپهر روان زان تست ... سر مشتری زیر فرمان تست
به دیوان نگه کن که رومی‌نژاد ... به تخم کیان باژ هرگز نداد
تو گر شهریاری نه من کهترم ... همان با سر و افسر و لشکرم
چه بایست پذرفت چندین فسوس ... ز بیم پی پیل و آوای کوس
بخواهم کنون از شما باژ و ساو ... که دارد به پرخاش با روم تاو
به تاراج بردند یک چند چیز ... گذشت آن ستم برنگیریم نیز
ز دشت سواران نیزه‌وران ... برآریم گرد از کران تا کران
نه خورشید نوشین‌روان آفرید ... وگر بستد از چرخ گردان کلید
که کس را نخواند همی از مهان ... همه کام او یابد اندر جهان
فرستاده را هیچ پاسخ نداد ... به تندی ز کسری نیامدش یاد
چو مهر از بر نامه بنهاد گفت ... که با تو صلیب و مسیحست جفت
فرستاده با او نزد هیچ دم ... دژم دید پاسخ بیامد دژم
بیامد بر شهر ایران چو گرد ... سخنهای قیصر همه یاد کرد
چو برخواند آن نامه را شهریار ... برآشفت با گردش روزگار

رفتن کسری به جنگ قیصر

همه موبدان و ردان را بخواند		ازان نامه چندی سخنها براند
سه روز اندران بود با رای‌زن		چه با پهلوانان لشکر شکن
چهارم بران راست شد رای شاه		که راند سوی جنگ قیصر سپاه
برآمد ز در ناله‌ی گاودم		خروشیدن نای و روینیه خم
به آرام اندر نبودش درنگ		همی از پی راستی جست جنگ
سپه برگرفت و بنه برنهاد		ز یزدان نیکی دهش کرد یاد
یکی گرد برشد که گفتی سپهر		به دریای قیر اندر اندود چهر
بپوشید روی زمین را به نعل		هوا یک سر از پرنیان گشت لعل
نبد بر زمین پشه را جایگاه		نه اندر هوا باد را ماند راه
ز جوشن سواران وز گرد پیل		زمین شد به کردار دریای نیل
جهاندار با کاویانی درفش		همی‌رفت با تاج و زرینه کفش
همی برشد آوازشان بر دو میل		به پیش سپاه اندرون کوس و پیل
پس پشت و پیش اندر آزادگان		همی‌رفته تا آذرابادگان
چو چشمش برآمد بذرگشسب		پیاده شد از دور و بگذاشت اسب
ز دستور پاکیزه برسم بجست		دو رخ را به آب دو دیده بشست
به باژ اندر آمد به آتشکده		نهاده به درگاه جشن سده
بفرمود تا نامه‌ی زند و است		بواز برخواند موبد درست
رد و هیربد پیش غلتان به خاک		همه دامن قرطها کرده چاک
بزرگان برو گوهر افشاندند		به زمزم همی آفرین خواندند
چو نزدیکتر شد نیایش گرفت		جهان‌آفرین را ستایش گرفت
ازو خواست پیروزی و دستگاه		نمودن دلش را سوی داد راه
پرستندگان را ببخشید چیز		به جایی که درویش دیدند نیز
یکی خیمه زد پیش آتشکده		کشیدند لشکر ز هر سو رده
دبیر خردمند را پیش خواند		سخنهای بایسته با او براند

یکی نامه فرمود با آفرین / سوی مرزبانان ایران زمین
که ترسنده باشید و بیدار بید / سپه را ز دشمن نگهدار بید
کنارنگ با پهلوان هرک هست / همه داد جویید با زیردست
بدارید چندانک باید سپاه / بدان تا نیابد بداندیش راه
درفش مرا تا نبینند کسی / نباید که ایمن بخسبد بسی
از آتشکده چون بشد سوی روم / پراگنده شد زو خبر گرد بوم
به پیش آمد آنکس که فرمان گزید / دگر زان بر و بوم شد ناپدید
جهاندیده با هدیه و با نثار / فراوان بیامد بر شهریار
به هر بوم و بر کو فرود آمدی / ز هر سو پیام و درود آمدی
ز گیتی به هر سو که لشکر کشید / جز از بزم و شادی نیامد پدید
چنان بد که هر شب ز گردان هزار / به بزم آمدندی بر شهریار
چو نزدیک شد رزم را ساز کرد / سپه را درم دادن آغاز کرد
سپهدار شیروی بهرام بود / که در جنگ با رای و آرام بود
چپ لشکرش را به فرهاد داد / بسی پندها بر برو کرد یاد
چو استاد پیروز بر میمنه / گشسب جهانجوی پیش بنه
به قلب اندر اورند مهران به پای / که در کینه گه داشتی دل به جای
طلایه به هرمزد خراد داد / بسی گفت با او ز بیداد و داد
به هر سوی رفتند کارآگهان / بدان تا نماند سخن در نهان
ز لشکر جهاندیدگان را بخواند / بسی پند و اندرز نیکو براند
چنین گفت کین لشکر بی‌کران / ز بی‌مایگان وز پرمایگان
اگر یک تن از راه من بگذرند / دم خویش بی‌رای من بشمرند
بدرویش مردم رسانند رنج / وگر بر بزرگان که دارند گنج
وگر کشتمندی بکوبد به پای / وگر پیش لشکر بجنبد ز جای
ور آهنگ بر میوه‌داری کند / وگر ناپسندیده کاری کند
به یزدان که او داد دیهیم و زور / خداوند کیوان و بهرام و هور
که در پی میانش ببرم به تیغ / وگر داستان را برآید به میغ
به پیش سپه در طلایه منم / جهانجوی و در قلب مایه منم
نگهبان پیل و سپاه و بنه / گهی بر میان گاه برمیمنه
به خشکی روم گر بدریای آب / نجویم برزم اندر آرام و خواب

منادیگری نام او رشنواد ... گرفت آن سخنهای کسری به یاد
بیامد دوان گرد لشکر بگشت ... به هر خیمه و خرگهی برگذشت
خروشید کای بی‌کرانه سپاه ... چنینست فرمان بیدار شاه
که گر جز به داد و به مهر و خرد ... کسی سوی خاک سیه بنگرد
بران تیره خاکش بریزند خون ... چو آید ز فرمان یزدان برون
به بانگ منادی نشد شاه رام ... به روز سپید و شب تیره‌فام
همی گرد لشکر بگشتی به راه ... همی‌داشتی نیک و بد را نگاه
ز کار جهان آگهی داشتی ... بد و نیک را خوار نگذاشتی
ز لشکر کسی کو به مردی به راه ... ورا دخمه کردی بران جایگاه
اگر بازماندی ازو سیم و زر ... کلاه و کمان و کمند و کمر
بد و نیک با مرده بودی به خاک ... نبودی به از مردم اندر مغاک
جهانی بدو مانده اندر شگفت ... که نوشین روان آن بزرگی گرفت
به هر جایگاهی که جنگ آمدی ... ورارای و هوش و درنگ آمدی
فرستاده‌ای خواستی راستگوی ... که رفتی بر دشمن چاره‌جوی
اگر یافتندی سوی داد راه ... نکردی ستم خود خردمند شاه
اگر جنگ جستی به جنگ آمدی ... به خشم دلاور نهنگ آمدی
به تاراج دادی همه بوم و رست ... جهان را به داد و به شمشیر جست
به کردار خورشید بد رای شاه ... که بر تر و خشکی بتابد به راه
ندارد ز کس روشنایی دریغ ... چو بگذارد از چرخ گردنده میغ
همش خاک و هم ریگ و هم رنگ و بوی ... همش در خوشاب و هم آب جوی
فروغ و بلندی نبودش ز کس ... دلفروز و بخشنده او بود و بس
شهنشاه را مایه این بود و فر ... جهان را همی‌داشت در زیر پر
ورا جنگ و بخشش چو بازی بدی ... ازیران چنان بی‌نیازی بدی
اگر شیر و پیل آمدندیش پیش ... نه برداشتی جنگ یک روز بیش
سپاهی که با خود و خفتان جنگ ... به پیش سپاه آمدی به یدرنگ
اگر کشته بودی و گر بسته زار ... بزاندان پیروزگر شهریار
چنین تا بیامد بران شارستان ... که شوراب بد نام آن کارستان
برآورده‌ای دید سر بر هوا ... پر از مردم و ساز جنگ و نوا
ز خارا پی افگنده در قعر آب ... کشیده سر باره اندر سحاب

بگرد حصار اندر آمد سپاه	ندیدند جایی به درگاه راه
برو ساخت از چار سو منجنیق	به پای آمد آن باره‌ی جاثلیق
برآمد ز هر سوی دز رستخیز	ندیدند جایی گذار و گریز
چو خورشید تابان ز گنبد بگشت	شد آن باره‌ی دز به کردار دشت
خروش سواران و گرد سپاه	ابا دود و آتش برآمد به ماه
همه حصن بی‌تن سر و پای بود	تن بی‌سرانشان دگر جای بود
غو زینهاری و جوش زنان	برآمد چو زخم تبیره‌زنان
از ایشان هر آنکس که پرمایه بود	به گنج و به مردی گران‌پایه بود
ببستند بر پیل و کردند بار	خروش آمد و ناله‌ی زینهار
نبخشود بر کس به هنگام رزم	نه بر گنج دینار برگاه بزم
وزان جایگاه لشکر اندر کشید	بره بر دزی دیگر آمد پدید
که در بند او گنج قیصر بدی	نگهدار آن دز توانگر بدی
که آرایش روم بد نام اوی	ز کسری برآمد به فرجام اوی
بدان دز نگه کرد بیدار شاه	هنوز اندرو نارسیده سپاه
بفرمود تا تیرباران کنند	هوا چون تگرگ بهاران کنند
یکی تاجور خود به لشکر نماند	بران بوم و بر خار و خاور بماند
همه گنج قیصر به تاراج داد	سپه را همه بدره و تاج داد
برآورد زان شارستان رستخیز	همه برگرفتند راه گریز
خروش آمد از کودک و مرد و زن	همه پیر و برنا شدند انجمن
به پیش گرانمایه شاه آمدند	غریوان و فریادخواه آمدند
که دستور و فرمان و گنج آن تست	بروم اندرون رزم و رنج آن تست
به جان ویژه زنهار خواه توایم	پرستار فر کلاه توایم
بفرمود پس تا نکشتند نیز	برایشان ببخشود بسیار چیز
وزان جایگه لشکر اندر کشید	از آرایش روم برتر کشید
نوندی ز گفتار کارآگهان	بیامد به نزدیک شاه جهان
که قیصر سپاهی فرستاد پیش	ازان نامداران و گردان خویش
به پیش اندرون پهلوانی سترگ	به جنگ اندرون هر یکی همچو گرگ

به رومیش خوانند فرفوریوس	سواری سرافراز با بوق و کوس
چو این گفته شد پیش بیدار شاه	پدید آمد از دور گرد سپاه
بخندید زان شهریار جهان	بدو گفت کین نیست از ما نهان
کجا جنگ را پیش ازین ساختیم	ز اندیشه هرگونه پرداختیم
کی تاجور بر لب آورد کف	بفرمود تا برکشیدند صف
سپاهی بیامد به پیش سپاه	بشد بسته بر گرد و بر باد راه
شده، نامور لشکری انجمن	یلان سرافراز شمشیرزن
همه جنگ را تنگ بسته میان	بزرگان و فرزانگان و کیان
به خون آب داده همه تیغ را	بدان تیغ برنده مر میغ را
سپه را نبد بیشتر زان درنگ	که نخچیر گیرد ز بالا پلنگ
به هر سو ز رومی تلی کشته بود	دگر خسته از جنگ برگشته بود
بشد خسته از جنگ فرفوریوس	دریده درفش و نگونسار کوس
سواران ایران بسان پلنگ	به هامون کجا غرمش آید بچنگ
پس رومیان در همی‌تاختند	در و دشت ازیشان بپرداختند
چنان هم همی‌رفت با ساز جنگ	همه نیزه و گرز و خنجر به چنگ
سپه را بهامونی اندر کشید	برآورده‌ی دیگر آمد پدید
دزی بود با لشکر و بوق و کوس	کجا خواندندیش قالینیوس
سر باره برتر ز پر عقاب	یکی کنده‌ای گردش اندر پر آب
یکی شارستان گردش اندر فراخ	پر ایوان و پالیز و میدان و کاخ
ز رومی سپاهی بزرگ اندروی	همه نامداران پرخاشجوی
دو فرسنگ پیش اندرون بود شاه	سیه گشت گیتی ز گرد سپاه
خروشی برآمد ز قالینیوس	کزان نعره اندک شد آواز کوس
بدان شارستان در نگه کرد شاه	همی هر زمانی فزون شد سپاه
ز دروازها جنگ برساختند	همه تیر و قاروره انداختند
چو خورشید تابنده برگشت زرد	ز گردنده یک بهره شد لاژورد
ازان باره‌ی دز نماند اندکی	همه شارستان با زمی شد یکی
خروشی برآمد ز درگاه شاه	که ای نامداران ایران سپاه
همه پاک زین شهر بیرون شوید	به تاریکی اندر به هامون شوید
اگر هیچ بانگ زن و مرد پیر	وگر غارت و شورش و داروگیر

به گوش من آید بتاریک شب	که بگشاید از رنج یک مردلب
هم اندر زمان آنک فریاد ازوست	پر از کاه بینند آگنده پوست
چو برزد ز خرچنگ تیغ آفتاب	بفرسود رنج و بپالود خواب
تبیره برآمد ز درگاه شاه	گرانمایگان برگرفتند راه
ازان دز و آن شارستان مرد و زن	به درگاه کسری شدند انجمن
که ایدر ز جنگی سواری نماند	بدین شارستان نامداری نماند
همه کشته و خسته شد بیگناه	گه آمد که بخشایش آید ز شاه
زن و کودک خرد و برنا و پیر	نه خوب آید از داد یزدان اسیر
چنان شد دز و باره و شارستان	کزان پس ندیدند جز خارستان
چو قیصر گنهکار شد ما کهایم	بقالینیوس اندرون بر چهایم
بران رومیان بر ببخشود شاه	گنهکار شد رسته و بیگناه
بسی خواسته پیش ایشان بماند	وزان جایگه نیز لشکر براند
هران کس که بود از در کارزار	ببستند بر پیل و کردند بار
به انطاکیه در خبر شد ز شاه	که با پیل و لشکر بیامد به راه
سپاهی بران شهر شد بیکران	دلیران رومی و کنداوران
سه روز اندران شاه را شد درنگ	بدان تا نباشد به بیداد جنگ
چهارم سپاه اندر آمد چو کوه	دلیران ایران گروها گروه
برفتند یک سر سواران روم	ز بهر زن و کودک و گنج و بوم
به شهر اندر آمد سراسر سپاه	پیی را نبد بر زمین نیز راه
سه جنگ گران کرده شد در سه روز	چهارم چو بفروخت گیتیفروز
گشاده شد آن مرز آباد بوم	سواری ندیدند جنگی بروم
بزرگان که با تخت و افسر بدند	هم آنکس که گنجور قیصر بدند
به شاه جهاندار دادند گنج	به چنگ آمدش گنج چون دید رنج
اسیران و آن گنج قیصر به راه	به سوی مداین فرستاد شاه
وزیشان هران کس که جنگی بدند	نهادند بر پشت پیلان ببند
زمین دید رخشانتر از چرخ ماه	بگردید بر گرد آن شهر شاه
ز بس باغ و میدان و آب روان	همی تازه شد پیر گشته جهان
چنین گفت با موبدان شهریار	که انطاکیه است این اگر نوبهار
کسی کو ندیدست خرم بهشت	ز مشک اندرو خاک وز زر خشت

درختش ز یاقوت و آبش گلاب	زمینش سپهر آسمان آفتاب
نگه کرد باید بدین تازه بوم	که آباد بادا همه مرز روم

ساختن نوشیروان شهر زیب خسرو و جا دادن اسیران روم را در آن

یکی شهر فرمود نوشین روان	بدو اندرون آبهای روان
به کردار انطاکیه چون چراغ	پر از گلشن و کاخ و میدان و باغ
بزرگان روشن‌دل و شادکام	ورا زیب خسرو نهادند نام
شد آن زیب خسرو چو خرم بهار	بهشتی پر از رنگ و بوی و نگار
اسیران کزان شهرها بسته بود	ببند گران دست و پا خسته بود
بفرمود تا بند برداشتند	بدان شهرها خوار بگذاشتند
چنین گفت کاین نوبر آورده جای	همش گلشن و بوستان و سرای
بکردیم تا هر کسی را به کام	یکی جای باشد سزاوار نام
ببخشید بر هر کسی خواسته	زمین چون بهشتی شد آراسته
ز بس بر زن و کوی و بازارگاه	تو گفتی نماندست بر خاک راه
بیامد یکی پرسخن کفشگر	چنین گفت کای شاه بیدادگر
بقالینیوس اندرون خان من	یکی تود بد پیش پالان من
ازین زیب خسرو مرا سود نیست	که بر پیش درگاه من تود نیست
بفرمود تا بر در شوربخت	بکشتند شاداب چندی درخت
یکی مرد ترسا گزین کرد شاه	بدو داد فرمان و گنج و کلاه
بدو گفت کاین زیب خسرو تو راست	غریبان و این خانه نو تو راست
به سان درخت برومند باش	پدر باش گاهی چو فرزند باش
ببخشش بیارای و زفتی مکن	بر اندازه باید ز هر در سخن
ز انطاکیه شاه لشکر براند	جهاندیده ترسا نگهبان نشاند
پس آگاهی آمد ز فرفوریوس	بگفت آنچ آمد بقالینیوس
به قیصر چنین گفت کمد سپاه	جهاندار کسری ابا پیل و گاه
سپاهست چندانک دریا و کوه	همی‌گردد از گرد اسبان ستوه

بگردید قیصر ز گفتار خویش   بزرگان فرزانه را خواند پیش
ز نوشین‌روان شد دلش پر هراس   همی رای زد روز و شب در سه‌پاس
بدو گفت موبد که این رای نیست   که با رزم کسری تو را پای نیست
برآرند ازین مرز آباد خاک   شود کرده‌ی قیصر اندر مغاک
زوان سراینده و رای سست   جز از رنج بر پادشاهی نجست
چو بشنید قیصر دلش خیره گشت   ز نوشین‌روان رای او تیره گشت
گزین کرد زان فیلسوفان روم   سخن‌گوی با دانش و پاک بوم
به جای آمد از موبدان شست مرد   به کسری شدن نامزدشان بکرد
پیامی فرستاد نزدیک شاه   گرانمایگان برگرفتند راه
چو مهراس داننده‌شان پیش رو   گوی در خرد پیر و سالار نو
ز هر چیز گنجی به پیش اندرون   شمارش گذر کرده بر چند و چون
بسی لابه و پند و نیکو سخن   پشیمان ز گفتارهای کهن
فرستاد با باژ و ساو گران   گروگان ز خویشان و کنداوران
چو مهراس گفتار قیصر شنید   پدید آمد آن بند بد را کلید
رسیدند نزدیک نوشین‌روان   چو الماس کرده زبان با روان
چو مهراس نزدیک کسری رسید   برومی یکی آفرین گسترید
تو گفتی ز تیزی وز راستی   ستاره برآرد همی زآستی
به کسری چنین گفت کای شهریار   جهان را بدین ارجمندی مدار
برومی تو اکنون و ایران تهیست   همه مرز بی‌ارز و بی‌فرهیست
هران گه که قیصر نباشد بروم   نسنجد به یک پشه این مرز و بوم
همه سودمندی ز مردم بود   چو او گم شود مردمی گم بود
گر این رستخیز از پی خواستست   که آزرم و دانش بدو کاستست
بیاوردم اکنون همه گنج روم   که روشن‌روان بهتر از گنج و بوم
چو بشنید زو این سخن شهریار   دلش گشت خرم چو باغ بهار
پذیرفت زو هرچ آورده بود   اگر بدره‌ی زر و گر برده بود
فرستادگان را ستایش گرفت   بران نیکویها فزایش گرفت
بدو گفت کای مرد روشن خرد   نبرده کسی کو خرد پرورد
اگر زر گردد همه خاک روم   تو سنگی‌تری زان سرافراز بوم
نهادند بر روم بر باژ و ساو   پراگنده دینار ده چرم گاو

وزان جایگه ناله‌ی گاودم	شنیدند و آواز رویینه خم
جهاندار بیدار لشکر براند	به شام آمد و روزگاری بماند
بیاورد چندان سلیح و سپاه	همان برده و بدره و تاج و گاه
که پشت زمی را همی‌داد خم	ز پیلان وز گنجهای درم
ازان مرز چون رفتن آمدش رای	به شیروی بهرام بسپرد جای
بدو گفت کاین باژ قیصر بخواه	مکن هیچ سستی به روز و به ماه
ببوسید شیروی روی زمین	همی‌خواند بر شهریار آفرین
که بیدار دل باش و پیروزبخت	مگر داد زرد این کیانی درخت
تبیره برآمد ز درگاه شاه	سوی اردن آمد درفش سپاه
جهاندار کسری چو خورشید بود	جهان را ازو بیم و امید بود
برین سان رود آفتاب سپهر	به یک دست شمشیر و یک دست مهر
نه بخشایش آرد به هنگام خشم	نه خشم آیدش روز بخشش به چشم
چنین بود آن شاه خسرونژاد	بیاراسته بد جهان را بداد

برون آمدن نوشزاد بر نوشیروان

اگر شاه دیدی وگر زیردست	وگر پاکدل مرد یزدان‌پرست
چنان دان که چاره نباشد ز جفت	ز پوشیدن و خورد و جای نهفت
اگر پارسا باشد و رای‌زن	یکی گنج باشد براگنده زن
بویژه که باشد به بالا بلند	فروهشته تا پای مشکین کمند
خردمند و هشیار و با رای و شرم	سخن گفتنش خوب و آوای نرم
برین سان زنی داشت پرمایه شاه	به بالای سرو و به دیدار ماه
بدین مسیحا بد این ماهروی	ز دیدار او شهر پر گفت و گوی
یکی کودک آمدش خورشید چهر	ز ناهید تابنده‌تر بر سپهر
ورا نامور خواندی نوش‌زاد	نجستی ز ناز از برش تندباد
ببالید برسان سرو سهی	هنرمند و زیبای شاهنشهی
چو دوزخ بدانست و راه بهشت	عزیز و مسیح و ره زردهشت

نیامد همی‌زند و استش درست
دو رخ را بب مسیحا بشست

ز دین پدر کیش مادر گرفت
زمانه بدو مانده اندر شگفت

چنان تنگدل گشته زو شهریار
که از گل نیامد جز از خار بار

در کاخ و فرخنده ایوان او
ببستند و کردند زندان او

نشستنگهش جند شاپور بود
از ایران وز باختر دور بود

بسی بسته و پر گزندان بدند
برین بهره با او به زندان بدند

بدان گه که باز آمد از روم شاه
بنالید زان جنبش و رنج راه

چنان شد ز سستی که از تن بماند
ز ناتندرستی باردن بماند

کسی برد زی نوش‌زاد آگهی
که تیره شد آن فر شاهنشهی

جهانی پر آشوب گردد کنون
بیارند هر سو به بد رهنمون

جهاندار بیدار کسری بمرد
زمان و زمین دیگری را سپرد

ز مرگ پدر شاد شد نوش‌زاد
که هرگز ورا نام نوشین مباد

برین داستان زد یکی مرد پیر
که گر شادی از مرگ هرگز ممیر

پسر کو ز راه پدر بگذرد
ستم‌کاره خوانیمش ار بی‌خرد

اگر بیخ حنظل بود تر و خشک
نشاید که بار آورد شاخ مشک

چرا گشت باید همی زان سرشت
که پالیزبانش ز اول بکشت

اگر میل یابد همی سوی خاک
ببرد ز خورشید وز باد و خاک

نه زو بار باید که یابد نه برگ
ز خاکش بود زندگانی و مرگ

بیمار شدن نوشیروان و فتنه بر پا کردن نوش زاد

یکی داستان کردم از نوش‌زاد
نگه کن مگر سر نپیچی ز داد

اگر چرخ را کوش صدری بدی
همانا که صدریش کسری بدی

پسر سر چرا پیچد از راه اوی
نشست که جوید ابر گاه اوی

ز من بشنو این داستان سر به سر
بگویم تو را ای پسر در بدر

چو گفتار دهقان بیاراستم
بدین خویشتن را نشان خواستم

که ماند ز من یادگاری چنین
بدان آفرین کو کند آفرین

پس از مرگ بر من که گوینده‌ام / بدین نام جاوید جوینده‌ام
چنین گفت گوینده‌ی پارسی / که بگذشت سال از برش چار سی
که هر کس که بر دادگر دشمنست / نه مردم نژادست که آهرمنست
هم از نوش‌زاد آمد این داستان / که یاد آمد از گفته باستان
چو بشنید فرزند کسری که تخت / بپردخت زان خسروانی درخت
در کاخ بگشاد فرزند شاه / برو انجمن شد فراوان سپاه
کسی کو ز بند خرد جسته بود / به زندان نوشین‌روان بسته بود
ز زندانها بندها برگرفت / همه شهر ازو دست بر سر گرفت
به شهر اندرون هرک ترسا بدند / اگر جاثلیق ار سکوبا بدند
بسی انجمن کرد بر خویشتن / سواران گردنکش و تیغ‌زن
فراز آمدندش تنی سی‌هزار / همه نیزه‌داران خنجرگزار
یکی نامه بنوشت نزدیک خویش / ز قیصر چو آیین تاریک خویش
که بر جندشاپور مهتر تویی / هم‌آواز و هم‌کیش قیصر تویی
همه شهر ازو پرگنهکار شد / سر بخت برگشته بیدار شد
خبر زین به شهر مداین رسید / ازان که آمد از پور کسری پدید
نگهبان مرز مداین ز راه / سواری برافگند نزدیک شاه
سخن هرچ بشنید با او بگفت / چنین آگهی کی بود در نهفت
فرستاده برسان آب روان / بیامد به نزدیک نوشین‌روان
بگفت آنچ بشنید و نامه بداد / سخنها که پیدا شد از نوش‌زاد
ازو شاه بشنید و نامه بخواند / غمی گشت زان کار و تیره بماند
جهاندار با موبد سرفراز / نشست و سخن رفت چندی به راز
چو گشت آن سخن بر دلش جای گیر / بفمود تا نزد او شد دبیر
یکی نامه بنوشت با داغ و درد / پرآژنگ رخ لب پر از باد سرد
نخستین بران آفرین گسترید / که چرخ و زمان و زمین آفرید
نگارنده‌ی هور و کیوان و ماه / فروزنده‌ی فر و دیهیم و گاه
ز خاشاک ناچیز تا شیر و پیل / ز گرد پی مور تا رود نیل
همه زیر فرمان یزدان بود / وگر در دم سنگ و سندان بود
نه فرمان او را کرانه پدید / نه زو پادشاهی بخواهد برید
بدانستم این نامه‌ی ناپسند / که آمد ز فرزند چندین گزند

وزان پرگناهان زندان‌شکن
که گشتند با نوش‌زاد انجمن

چنین روز اگر چشم دارد کسی
سزد گر نماند به گیتی بسی

که جز مرگ را کس ز مادر نزاد
ز کسری بر آغاز تا نوش‌زاد

رها نیست از چنگ و منقار مرگ
پی پشه و مور با پیل و کرگ

زمین گر گشاده کند راز خویش
بپیماید آغاز و انجام خویش

کنارش پر از تاجداران بود
برش پر ز خون سواران بود

پر از مرد دانا بود دامنش
پر از خوب رخ جیب پیراهنش

چه افسر نهی بر سرت بر چه ترگ
بدو بگذرد زخم پیکان مرگ

گروهی که یارند با نوش‌زاد
که جز مرگ کسری ندارند یاد

اگر خود گذر یابی از روز بد
به مرگ کسی شاه باشی سزد

و دیگر که از مرگ شاهان داد
نگیرد کسی یاد جز بدنژاد

سر نوش‌زاد از خرد بازگشت
چنین دیو با او هم‌آواز گشت

نباشد برو پایدار این سخن
برافراخت چون خواست آمد ببن

نبایست کو نزد ما دستگاه
بدین آگهی خیره کردی تباه

اگر تخت گشتی ز خسرو تهی
همو بود زیبای شاهنشهی

چنین بود خود در خور کیش اوی
سزاوار جان بداندیش اوی

ازین بر دل اندیشه و باک نیست
اگر کیش فرزند ما پاک نیست

وزین کس که با او بهم ساختند
وز آزرم ما دل بپرداختند

وزان خواسته کو تبه کرد نیز
همی بر دل ما نسنجد به چیز

بداندیش و بیکار و بدگوهرند
بدین زیردستی نه اندر خورند

ازین دست خوارست بر ما سخن
ز کردار ایشان تو دل بد مکن

مرا بیم و باک از جهانداورست
که از دانش برتو ران برترست

نباید که شد جان ما بی‌سپاس
به نزدیک یزدان نیکی‌شناس

مرا داد پیروزی و فرهی
فزونی و دیهیم شاهنشهی

سزای دهش گر نیایش بدی
مرا بر فزونی فزایش بدی

گر از پشت من رفت یک قطره آب
به جای دگر یافته جای خواب

چو بیدار شد دشمن آمد مرا
بترسم که رنج از من آمد مرا

وگر گاه خشم جهاندار نیست
مرا از چنین کار تیمار نیست

وزان کس که با او شدند انجمن
همه زار و خوارند بر چشم من

وزان نامه کز قیصر آمد بدوی	همی آب تیره درآمد به جوی
ازان کو هم‌آواز و هم کیش اوست	گمانند قیصر بتن خویش اوست
کسی را که کوتاه باشد خرد	بدین نیاکان خود ننگرد
گران بی‌خرد سر بپیچد ز داد	به دشنام او لب نباید گشاد
که دشنام او ویژه دشنام ماست	کجا از پی و خون و اندام ماست
تو لشکر بیارای و بر ساز جنگ	مدارا کن اندر میان با درنگ
ور ای دون که تنگ اندر آید سخن	به جنگ اندرون هیچ تندی مکن
گرفتنش بهتر ز کشتن بود	مگرش از گنه بازگشتن بود
از آبی کزو سرو آزاد رست	سزد گر نباید بدو خاک شست
وگر خوار گیرد تن ارجمند	به پستی نهد روی سرو بلند
سرش برگراید ز بالین ناز	مدار ایچ ازو گرز و شمشیر باز
گرامی که خواری کند آرزوی	نشاید جدا کرد او را ز خوی
یکی ارجمندی بود کشته خوار	چو با شاه گیتی کند کارزار
تواز کشتن او مدار ایچ باک	چوخون سرخویش گیرد به خاک
سوی کیش قیصر گراید همی	ز دیهیم ما سر بتابدهمی
عزیزی بود زار و خوار و نژند	گزیده به شاهی ز چرخ بلند
بدین داستان زد یکی مهرنوش	پرستار با هوش و پشمینه پوش
که هرکو به مرگ پدر گشت شاد	ورا رامش و زندگانی مباد
تو از تیرگی روشنایی مجوی	که با آتش آب اندر آید به جوی
نه آسانیی دید بی رنج کس	که روشن زمانه برینست و بس
تو با چرخ گردان مکن دوستی	که‌گه مغز اویی و گه پوستی
چه جویی زکردار او رنگ و بوی	بخواهد ربودن چو به نمود روی
بدان گه بود بیم رنج و گزند	که گردون گردان برآرد بلند
سپاهی که هستند با نوش زاد	کجا سر به پیچند چندین ز داد
تو آن را جز از باد و بازی مدان	گزاف زنان بود و رای بدان
هران کس که ترساست از لشکرش	همی از پی کیش پیچد سرش
چنینست کیش مسیحا که دم	زنی تیز و گردد کسی زو دژم
نه پروای رای مسیحابود	به فرجام خصمش چلیپا بود
دگر هرکه هست از پراگندگان	بدآموز و بدخواه و از بندگان

۱۵۱۶

از ایشان یکی برتری رای نیست   دم باد با رای ایشان یکیست
به جنگ ار گرفته شود نوش‌زاد   برو زین سخنها مکن هیچ یاد
که پوشیده رویان او در نهان   سرآرند برخویشتن بر زمان
هم ایوان او ساز زندان اوی   ابا آنک بردند فرمان اوی
در گنج یک سر بدو برمبند   وگر چه چنین خوار شد ارجمند
ز پوشیده رویان و از خوردنی   ز افگندنی هم ز گستردنی
برو هیچ تنگی نباید به چیز   نباید که چیزی نیابد به نیز
وزین مرزبانان ایرانیان   هران کس که بستند با او میان
چو پیروز گردی مپیچان سخن   میانشان به خنجر به دو نیم کن
هران کس که او دشمن پادشاست   به کام نهنگش سپاری رواست
جزان هرک ما را به دل دشمنست   ز تخم جفا پیشه آهرمنست
ز ما نیکوییها نگیرند یاد   تو را آزمایش بس ازنوش زاد
ز نظاره هرکس که دشنام داد   زبانش بجنبید بر نوش زاد
بران ویژه دشنام ما خواستند   به هنگام بدگفتن آراستند
مباش اندرین نیزهمداستان   که بدخواه راند چنین داستان
گراو بی هنرشد هم ازپشت ماست   دل ما برین راستی برگواست
زبان کسی کو ببد کرد یاد   وزو بود بیداد برنوش زاد
همه داغ کن برسر انجمن   مبادش زبان ومبادش دهن
کسی کو بجوید همی روزگار   که تا سست گردد تن شهریار
به کار آورد کژی و دشمنی   بداندیشی و کیش آهرمنی
بدین پادشاهی نباشد رواست   که فر و سر و افسر و چهر ماست
نهادند برنامه بر مهر شاه   فرستاده برگشت پویان به راه
چو از ره سوی رام برزین رسید   بگفت آنچ از شاه کسری شنید
چو آن گفته شد نامه او بداد   به فرمان که فرمود با نوش زاد
سپه کردن و جنگ را ساختن   وز آزرم او مغز پرداختن
چوآن نامه برخواند مرد کهن   شنید از فرستاده چندی سخن
بدانگه که خیزد خروش خروس   ز درگاه برخاست آوای کوس
سپاهی بزرگ از مداین برفت   بشد رام برزین سوی جنگ تفت
پس آگاهی آمد سوی نوش‌زاد   سپاه انجمن کرد و روزی بداد

همه جاثلیقان و به طریق روم	که بودند زان مرز آبادبوم
سپهدار شماس پیش اندرون	سپاهی همه دست شسته به خون
برآمد خروش از در نوشزاد	بجنبید لشکر چو دریا ز باد
به هامون کشیدند یکسر ز شهر	پر از جنگ سر دل پر از کین و زهر
چو گرد سپه رام برزین بدید	بزد نای رویین وصف بر کشید
ز گرد سواران جوشنوران	گراییدن گرزهای گران
دل سنگ خارا همی‌بردرید	کسی روی خورشید تابان ندید
به قلب سپاه اندرون نوشزاد	یکی ترگ رومی به سر برنهاد
سپاهی بد از جاثلقیان روم	که پیدا نبد از پی نعل بوم
تو گفتی مگر خاک جوشان شدست	هوا بر سر او خروشان شدست
زره دار گردی بیامد دلیر	کجا نام اوبود پیروز شیر
خروشید کای نامور نوشزاد	سرت را که پیچید چونین ز داد
بگشتی ز دین کیومرسی	هم از راه هوشنگ و تهمورسی
مسیح فریبنده خود کشته شد	چو از دین یزدان سرش گشته شد
ز دین آوران کین آنکس مجوی	کجا کارخود را ندانست روی
اگر فر یزدان برو تافتی	جهود اندرو راه کی یافتی
پدرت آن جهاندار آزادمرد	شنیدی که با روم و قیصر چه کرد
تو با او کنون جنگ سازی همی	سرت به آسمان برفرازی همی
بدین چهرچون ماه و این فرو برز	برین یال و کتف و برین دست و گرز
نبینم خرد هیچ نزدیک تو	چنین خیره شد جان تاریک تو
دریغ آن سرو تاج و نام و نژاد	که اکنون همی‌داد خواهی به باد
تو با شاه کسری بسنده نه‌ای	وگر پیل و شیر دمنده نه‌ای
چو دست و عنان توای شهریار	بایوان شاهان ندیدم نگار
چو پای و رکیب تو و یال تو	چنین شورش و دست و کوپال تو
نگارنده‌ی چین نگاری ندید	زمانه چو تو شهریاری ندید
جوانی دل شاه کسری مسوز	مکن تیره این آب گیتی‌فروز
پیاده شو از باره زنهار خواه	به خاک افگن این گرز و رومی کلاه
اگر دور از ایدر یکی باد سرد	نشاند بروی تو بر تیره گرد
دل شهریار از تو بریان شود	ز روی تو خورشید گریان شود

۱۵۱۸

به گیتی همه تخم زفتی مکار	ستیزه نه خوب آید از شهریار
گر از رای من سر به یک سو بری	بلندی گزینی و کنداوری
بسی پند پیروز یاد آیدت	سخن هی ابد گوی یاد آیدت
چنین داد پاسخ ورانوش‌زاد	کهای پیر فرتوت سر پر ز باد
ز لشکر مرا زینهاری مخواه	سرافراز گردان و فرزند شاه
مرا دین کسری نباید همی	دلم سوی مادر گراید همی
که دین مسیحاست آیین اوی	نگردم من از فره و دین اوی
مسیحای دین دار اگر کشته شد	نه فر جهاندار ازو گشته شد
سوی پاک یزدان شد آن رای پاک	بلندی ندید اندرین تیره خاک
اگر من شوم کشته زان باک نیست	کجا زهر مرگست و تریاک نیست
بگفت این سخن پیش پیروز پیر	بپوشید روی هوا را بتیر
برفتند گردان لشکر ز جای	خروش آمد از کوس وز کرنای
سپهبد چو آتش برانگیخت اسب	بیامد بکردار آذر گشسب
چپ لشکر شاه ایران ببرد	به پیش سپه در نماند ایچ گرد
فراوان ز مردان لشکر بکشت	ازان کار شد رام برزین درشت
بفرمود تا تیرباران کنند	هوا چون تگرگ بهاران کنند
بگرد اندرون خسته شد نوش‌زاد	بسی کرد از پند پیروز یاد
بیامد به قلب سپه پر ز درد	تن از تیر خسته رخ از درد زرد
چنین گفت پیش دلیران روم	که جنگ پدر زار و خوارست و شوم
بنالید و گریان سقف را بخواند	سخن هرچ بودش به دل در براند
بدو گفت کین روزگارم دژم	ز من بر من آورد چندین ستم
کنون چون به خاک اندر آید سرم	سواری برافگن بر مادرم
بگویش که شد زین جهان نوش‌زاد	سرآمد بدو روز بیداد و داد
تو از من مگر دل نداری به رنج	که اینست رسم سرای سپنج
مرا بهره اینست زین تیره روز	دلم چون بدی شاد و گیتی‌فروز
نزاید جز از مرگ را جانور	اگر مرگ دانی غم من مخور
سر من ز کشتن پر از دود نیست	پدر بتر از من که خشنود نیست
مکن دخمه و تخت و رنج دراز	به رسم مسیحا یکی گور ساز
نه کافور باید نه مشک و عبیر	که من زین جهان کشته گشتم بتیر

بگفت این و لب را بهم برنهاد
شد آن نامور شیردل نوش‌زاد

چو آگاه شد لشکر از مرگ شاه
پراگنده گشتند زان رزمگاه

چو بشنید کو کشته شد پهلوان
غریوان به بالین او شد دوان

ازان رزمگه کس نکشتند نیز
نبودند شاد و نبردند چیز

و را کشته دیدند و افگنده خوار
سکوبای رومی سرش بر کنار

همه رزمگه گشت زو پر خروش
دل رام برزین پر از درد و جوش

زاسقف بپرسید کزنوش زاد
از اندرز شاهی چه داری به یاد

چنین داد پاسخ که جز مادرش
برهنه نباید که بیند برش

تن خویش چون دید خسته به تیر
ستودان نفرمود و مشک و عبیر

نه افسر نه دیبای رومی نه تخت
چو از بندگان دید تاریک بخت

برسم مسیحا کنون مادرش
کفن سازد و گور و هم چادرش

کنون جان او با مسیحا یکیست
همانست کاین خسته بردار نیست

مسیحی بشهر اندرون هرک بود
نبد هیچ ترسای رخ ناشخود

خروش آمد از شهروز مرد و زن
که بودند یک سر شدند انجمن

تن شهریار دلیر و جوان
دل و دیده شاه نوشین‌روان

به تابوتش از جای برداشتند
سه فرسنگ بر دست بگذاشتند

چوآگاه شد زان سخن مادرش
به خاک اندرآمد سر و افسرش

ز پرده برهنه بیامد به راه
برو انجمن گشته بازارگاه

سراپرده‌ای گردش اندر زدند
جهانی همه خاک بر سر زدند

به خاکش سپردند و شد نوش‌زاد
ز باد آمد و ناگهان شد به باد

همه جند شاپور گریان شدند
ز درد دل شاه بریان شدند

چه پیچی همی خیره در بند آز
چودانی که ایدر نمانی دراز

گذرجوی و چندین جهان را مجوی
گلش زهر دارد به سیری مبوی

مگردان سرازدین وز راستی
که خشم خدای آورد کاستی

چو این بشنوی دل زغم بازکش
مزن بر لبت بر ز تیمار تش

گرت هست جام می‌زرد خواه
به دل خرمی را مدان از گناه

نشاط وطرب جوی وستی مکن
گزافه مپرداز مغزسخن

اگر در دلت هیچ حب علیست
تو را روز محشر به خواهش ولیست

خواب دیدن نوشیروان و گزارش کردن بوزرجمهر آنرا

نگر خواب را بیهده نشمری
یکی بهره دانی ز پیغمبری

به ویژه که شاه جهان بیندش
روان درخشنده بگزیندش

ستاره زند رای با چرخ و ماه
سخنها پراگنده کرده به راه

روانهای روشن ببینند به خواب
همه بودنیها چوآتش برآب

شبی خفته بد شاه نوشین روان
خردمند و بیدار و دولت جوان

چنان دید درخواب کز پیش تخت
برستی یکی خسروانی درخت

شهنشاه را دل بیاراستی
می‌و رود و رامشگران خواستی

بر او بران گاه آرام و ناز
نشستی یکی تیزدندان گراز

چو بنشست می خوردن آراستی
وزان جام نوشین‌روان خواستی

چوخورشید برزد سر از برج گاو
ز هر سو برآمد خروش چگاو

نشست از بر تخت کسری دژم
ازان دیده گشته دلش پر ز غم

گزارنده‌ی خواب را خواندند
ردان را ابر گاه بنشاندند

بگفت آن کجا دید در خواب شاه
بدان موبدان نماینده راه

گزارنده‌ی خواب پاسخ نداد
کزان دانش او را نبد هیچ یاد

به نادانی آنکس که خستو شود
ز فام نکوهنده یک سو شود

ز داننده چون شاه پاسخ نیافت
پراندیشه دل را سوی چاره تافت

فرستاد بر هر سویی مهتری
که تا باز جوید ز هر کشوری

یکی بدره با هر یکی یار کرد
به برگشتن امید بسیار کرد

به هر بدره‌ای بد درم ده هزار
بدان تاکند در جهان خواستار

گزارنده خواب دانا کسی
به هر دانشی راه جسته بسی

که بگزارد این خواب شاه جهان
نهفته بر آرد ز بند نهان

یکی بدره آگنده او را دهند
سپاسی به شاه جهان برنهند

به هر سو بشد موبدی کاردان
سواری هشیوار بسیار دان

یکی از ردان نامش آزادسرو
ز درگاه کسری بیامد به مرو

بیامد همه گرد مرو او بجست / یکی موبدی دید بازند و است
همی کودکان را بیاموخت زند / به تندی و خشم و ببانگ بلند
یکی کودکی مهتر ایدر برش / پژوهنده زند وا ستا سرش
همی‌خواندندیش بوزرجمهر / نهاده بران دفتر از مهر چهر
عنانرا بپیچید موبد ز راه / بیامد بپرسید زو خواب شاه
نویسنده گفت این نه کارمنست / زهر دانشی زند یارمنست
ز موبد چو بشنید بوزرجمهر / بدو داد گوش و بر افروخت چهر
باستاد گفت این شکارمنست / گزاریدن خواب کارمنست
یکی بانگ برزد برو مرد است / که تو دفتر خویش کردی درست
فرستاده گفت ای خردمند مرد / مگر داند او گرد دانا مگرد
غمی شد ز بوزرجمهر اوستاد / بگوی آنچ داری بدو گفت یاد
نگویم من این گفت جز پیش شاه / بدانگه که بنشاندم پیش گاه
بدادش فرستاده اسب و درم / دگر هرچ بایستش از بیش و کم
برفتند هر دو برابر ز مرو / خرامان چو زیر گل اندر تذرو
چنان هم گرازان و گویان ز شاه / ز فرمان وز فر وز تاج و گاه
رسیدند جایی کجا آب بود / چو هنگامه خوردن و خواب بود
به زیر درختی فرود آمدند / چوچیزی بخوردند و دم بر زدند
بخفت اندران سایه بوزرجمهر / یکی چادر اندرکشیده به چهر
هنوز این گرانمایه بیدار بود / که با او به راه اندرون یار بود
نگه کرد و پیسه یکی مار دید / که آن چادر از خفته اندر کشید
ز سر تا به پایش ببویید سخت / شد ازپیش اونرم سوی درخت
چو مار سیه بر سر دار شد / سر کودک از خواب بیدار شد
چو آن اژدها شورش او شنید / بران شاخ باریک شد ناپدید
فرستاده اندر شگفتی بماند / فراوان برو نام یزدان بخواند
به دل گفت کین کودک هوشمند / بجایی رسد در بزرگی بلند
وزان بیشه پویان به راه آمدند / خرامان به نزدیک شاه آمدند
فرستاده از پیش کودک برفت / برتخت کسری خرامید تفت
بدو گفت کای شاه نوشین‌روان / تویی خفته بیدار و دولت جوان
برفتم ز درگاه شاها به مرو / بگشتم چو اندر گلستان تذرو

۱۵۲۲

ز فرهنگیان کودکی یافتم   بیاوردم و تیز بشتافتم
بگفت آن سخن کزلب او شنید   ز مار سیاه آن شگفتی که دید
جهاندار کسری ورا پیش خواند   وزان خواب چندی سخنها براند
چوبشنید دانا ز نوشین روان   سرش پرسخن گشت و گویا زبان
چنین داد پاسخ که در خان تو   میان بتان شبستان تو
یکی مرد برناست کز خویشتن   به آرایش جامه کردست زن
ز بیگانه پردخته کن جایگاه   برین رای ما تا نیابند راه
بفرمای تا پیش تو بگذرند   پی خویشتن بر زمین بسپرند
بپرسیم زان ناسزای دلیر   که چون اندر آمد به بالین شیر
ز بیگانه ایوانش پردخت کرد   درکاخ شاهنشهی سخت کرد
بتان شبستان آن شهریار   برفتند پر بوی و رنگ و نگار
سمن بوی خوبان با ناز و شرم   همه پیش کسری برفتند نرم
ندیدند ازین سان کسی در میان   برآشفت کسری چو شیر ژیان
گزارنده گفت این نه اندر خورست   غلامی میان زنان اندرست
شمن گفت رفتن بافزون کنید   رخ از چادر شرم بیرون کنید
دگر باره بر پیش بگذاشتند   همه خواب را خیره پنداشتند
غلامی پدید آمد اندر میان   به بالای سرو و بچهر کیان
تنش لرز لرزان به کردار بید   دل از جان شیرین شده نا امید
کنیزک بدان حجره هفتاد بود   که هر یک به تن سرو آزاد بود
یکی دختری مهتر چاج بود   به بالای سرو و ببر عاج بود
غلامی سمن پیکر و مشک‌بوی   به خان پدر مهربان بد بدوی
بسان یکی بنده در پیش اوی   به هر جا که رفتی بدی خویش اوی
بپرسید ز و گفت کین مرد کیست   کسی کو چنین بنده پرورد کیست
چنین برگزیدی دلیر و جوان   میان شبستان نوشین‌روان
چنین گفت زن کین ز من کهترست   جوانست و با من ز یک مادرست
چنین جامه پوشید کز شرم شاه   نیارست کردن به رویش نگاه
برادر گر از تو بپوشید روی   ز شرم توبود آن بهانه مجوی
چو بشنید این گفته نوشین‌روان   شگفت آمدش کار هر دو جوان
برآشفت زان پس به دژخیم گفت   که این هر دو در خاک باید نهفت

کشنده ببرد آن دو تن را دوان
پس پرده‌ی شاه نوشین‌روان

برآویختشان درشبستان شاه
نگونسار پرخون و تن پر گناه

گزارنده‌ی خواب را بدره داد
ز اسب وز پوشیدنی بهره داد

فرومانده از دانش او شگفت
ز گفتارش اندازه‌ها برگرفت

نوشتند نامش به دیوان شاه
بر موبدان نماینده راه

فروزنده شد نام بوزرجمهر
بدو روی بنمود گردان سپهر

همی روز روزش فزون بود بخت
بدو شادمان بد دل شاه سخت

دل شاه کسری پر از داد بود
به دانش دل ومغزش آباد بود

بدرگاه بر موبدان داشتی
ز هر دانشی بخردان داشتی

همیشه سخن گوی هفتاد مرد
به درگاه بودی بخواب و بخورد

هرانگه که پردخته گشتی ز کار
ز داد و دهش وز می و میگسار

زهر موبدی نوسخن خواستی
دلش را بدانش بیاراستی

بدانگاه نو بود بوزرجمهر
سراینده وزیرک وخوب چهر

چنان بدکزان موبدان و ردان
ستاره شناسان و هم بخردان

همی دانش آموخت و اندر گذشت
و زان فیلسوفان سرش برگذشت

بزم نخستین بزرگمهر با شهریار و دانایان

چنان بد که بنشست روزی بخوان
بفرمود کاین موبدان را بخوان

که باشند دانا و دانش پذیر
سراینده و باهش و یاد گیر

برفتند بیداردل موبدان
زهر دانشی راز جسته ردان

چو نان خورده شد جام می‌خواستند
به می جان روشن بیاراستند

بدانندگان شاه بیدار گفت
که دانش گشاده کنید از نهفت

هران کس که دارد به دل دانشی
بگوید مرا زو بود رامشی

ازیشان هران کس که دانا بدند
بگفتن دلیر و توانا بدند

زبان برگشادند برشهریار
کجا بود داننده را خواستار

چو بوزرجمهر آن سخنها شنید
بدانش نگه کردن شاه دید

یکی آفرین کرد و بر پای خاست	چنین گفت کای داور داد و راست
زمین بنده تاج و تخت تو باد	فلک روشن از روی و بخت تو باد
گر ای دون که فرمان دهی بنده را	که بگشاید از بند گوینده را
بگویم و گر چند بی‌مایه‌ام	بدانش در از کمترین پایه‌ام
نکوهش نباشد که دانا زبان	گشاده کند نزد نوشین‌روان
نگه کرد کسری بداننده گفت	که دانش چرا باید اندر نهفت
چو آن برزبان پادشاهی نمود	ز گفتار او روشنایی فزود
بدو گفت روشن روان آنکسی	که کوتاه گوید به معنی بسی
کسی را که مغزش بود پرشتاب	فراوان سخن باشد و دیر یاب
چو گفتار بیهوده بسیار گشت	سخن گوی در مردمی خوار گشت
هنرجوی و تیمار بیشی مخور	که گیتی سپنجست و ما بر گذر
همه روشنیهای تو راستیست	ز تاری وکژی بباید گریست
دل هرکسی بنده‌ی آرزوست	وزو هر یکی را دگرگونه خوست
سر راستی دانش ایزدست	چو دانستیش زو نترسی بدست
خردمند ودانا و روشن روان	تنش زین جهانست وجان زان جهان
هران کس که در کار پیشی کند	همه رای وآهنگ بیشی کند
بنایافت رنجه مکن خویشتن	که تیمار جان باشد و رنج تن
ز نیرو بود مرد را راستی	ز سستی دروغ آید وکاستی
ز دانش چوجان تو را مایه نیست	به از خامشی هیچ پیرایه نیست
چو بردانش خویش مهرآوری	خرد را ز تو بگسلد داوری
توانگر بود هر کرا آز نیست	خنک بنده کش آز انباز نیست
مدارا خرد را برادر بود	خرد بر سر جان چو افسر بود
چو دانا تو را دشمن جان بود	به از دوست مردی که نادان بود
توانگر شد آنکس که خشنود گشت	بدو آز و تیمار او سود گشت
بموختن گر فروتر شوی	سخن را ز دانندگان بشنوی
به گفتار گرخیره شد رای مرد	نگردد کسی خیره همتای مرد
هران کس که دانش فرامش کند	زبان را به گفتار خامش کند
چو داری بدست اندرون خواسته	زر و سیم و اسبان آراسته
هزینه چنان کن که بایدت کرد	نشاید گشاد و نباید فشرد

خردمند کز دشمنان دور گشت	تن دشمن او را چو مزدور گشت
چو داد تن خویشتن داد مرد	چنان دان که پیروز شد در نبرد
مگو آن سخن کاندرو سود نیست	کزان آتشت بهره جز دود نیست
میندیش ازان کان نشاید بدن	نداند کس آهن به آب آژدن
فروتن بود شه که دانا بود	به دانش بزرگ و توانا بود
هر آنکس که او کرده‌ی کردگار	بداند گذشت از بد روزگار
پرستیدن داور افزون کند	ز دل کاوش دیو بیرون کند
بپرهیزد از هرچ ناکردنیست	نیازارد آن را که نازردنیست
به یزدان گراییم فرجام کار	که روزی ده اویست و پروردگار
ازان خوب گفتار بوزرجمهر	حکیمان همه تازه کردند چهر
یکی انجمن ماند اندر شگفت	که مرد جوان آن بزرگی گرفت
جهاندار کسری درو خیره ماند	سرافراز روزی دهان را بخواند
بفرمود تا نام او سر کنند	بدانگه که آغاز دفتر کنند
میان مهان بخت بوزرجمهر	چو خورشید تابنده شد بر سپهر
ز پیش شهنشاه برخاستند	برو آفرینی نو آراستند
بپرسش گرفتند زو آنچ گفت	که مغز ودلش باخرد بود جفت
زبان تیز بگشاد مرد جوان	که پاکیزه دل بود و روشن‌روان
چنین گفت کز خسرو دادگر	نپیچید باید به اندیشه سر
کجا چون شبانست ما گوسفند	و گر ما زمین او سپهر بلند
نشاید گذشتن ز پیمان اوی	نه پیچیدن از رای و فرمان اوی
بشادیش باید که باشیم شاد	چو داد زمانه بخواهیم داد
هنرهاش گسترده اندرجهان	همه راز او داشتن درنهان
مشو با گرامیش کردن دلیر	کزآتش بترسد دل نره شیر
اگر کوه فرمانش دارد سبک	دلش خیره خوانیم و مغزش تنک
همه بد ز شاهست و نیکی زشاه	کزو بند و چاهست و هم تاج و گاه
سرتاجور فر یزدان بود	خردمند ازو شاد وخندان بود
ازآهرمنست آن کزو شاد نیست	دل و مغزش از دانش آباد نیست
شنیدند گفتار مرد جوان	فروبست فرتوت را زو زبان
پراگنده گشتند زان انجمن	پر از آفرین روز و شبشان دهن

بزم دویم بزرگمهر با شهریار

دگر هفته روشن دل شهریار همی‌بود دانندہ را خواستار
دل از کار گیتی به یکسو کشید کجا خواست گفتار دانا شنید
کسی کو سرافراز درگاه بود به دانندگی درخور شاه بود
برفتند گویندگان سخن جوان و جهاندیده مرد کهن
سرافراز بوزرجمهر جوان بشد باحکیمان روشن‌روان
حکیمان داننده و هوشمند رسیدند نزدیک تخت بلند
نهادند رخ سوی بوزرجمهر که کسری همی زو برافروخت چهر
ازیشان یکی بود فرزانه‌تر بپرسید ازو از قضا و قدر
که انجام و فرجام چونین سخن چه گونه‌است و این برچه آید ببن
چنین داد پاسخ که جوینده مرد دوان وشب و روز با کار کرد
بود راه روزی برو تارو تنگ بجوی اندرون آب او با درنگ
یکی بی هنر خفته بر تخت بخت همی گل فشاند برو بر درخت
چنینست رسم قضا و قدر ز بخشش نیابی به کوشش گذر
جهاندار دانا و پروردگار چنین آفرید اختر روزگار
دگرگفت کان چیز کافزون ترست کدامست و بیشی که را در خورست
چنین گفت کان کس که داننده تر به نیکی کرا دانش آید ببر
دگرگفت کز ما چه نیکوترست ز گیتی کرانیکویی درخورست
چنین داد پاسخ که آهستگی کریمی وخوبی وشایستگی
فزونتر بکردن سرخویش پست ببخشد نه از بهر پاداش دست
بکوشد بجوید بگرد جهان خرامد به هنگام با همرهان
دگر گفت کاندر خردمند مرد هنرچیست هنگام ننگ و نبرد
چنین گفت کان کس که آهوی خویش ببیند بگرداند آیین وکیش
بپرسید دیگر که در زیستن چه سازی که کمتر بود رنج تن
چنین داد پاسخ که گر با خرد دلش بردبارست رامش برد

بداد وستد در کند راستی   ببندد در کژی و کاستی
ببخشد گنه چون شود کامکار   نباشد سرش تیز و نا بردبار
بپرسید دیگر که از انجمن   نگهبان کدامست برخویشتن
چنین گفت کان کو پس آرزوی   نرفت از کریمی وز نیک خوی
دگر کو بسستی نشد پیش کار   چو دید او فزونی بدروزگار
دگرگفت کزبخشش نیک‌خوی   کدامست نیکوتر از هر دو سوی
کجا در دو گیتیش بارآورد   بسالی دو بارش بهارآورد
چنین گفت کان کس که با خواسته   ببخشش کند جانش آراسته
وگر بر ستاننده آرد سپاس   ز بخشنده بازارگانی شناس
دگر گفت کز مرد پیرایه چیست   وزان نیکوییها گرانمایه چیست
چنین داد پاسخ که بخشنده مرد   کجا نیکویی با سزاوار کرد
ببالد به کردار سرو بلند   چو بالید هرگز نباشد نژند
وگر ناسزا را بسایی به مشک   نبوید نروید گل از خار خشک
سخن پرسی از گنگ گر مرد کر   به بار آید ورای ناید ببر
یکی گفت کاندر سرای سپنج   نباشد خردمند بی‌درد و رنج
چه سازیم تا نام نیک آوریم   درآغاز فرجام نیک آوریم
بدو گفت شو دور باش از گناه   جهان را همه چون تن خویش خواه
هران چیزکانت نیاید پسند   تن دوست و دشمن دران برمبند
دگرگفت کوشش ز اندازه بیش   چن گویی کزین دوکدامست پیش
چنین داد پاسخ که اندر خرد   جز اندیشه چیزی نه اندر خورد
بکوشی چو در پیش کار آیدت   چوخواهی که رنجی به بار آیدت
سزای ستایش دگر گفت کیست   اگر برنکوهیده باید گریست
چنین گفت کان کو به یزدان پاک   فزون دارد امید و هم بیم و باک
دگر گفت کای مرد روشن‌خرد   ز گردون چه بر سر همی‌بگذرد
کدامست خوشتر مرا روزگار   ازین برشده چرخ ناپایدار
سخن گوی پاسخ چنین داد باز   که هرکس که گشت ایمن و بی‌نیاز
به خوبی زمانه ورا داد داد   سزد گر نگیری جز از داد یاد
بپرسید دیگر که دانش کدام   به گیتی که باشیم زو شادکام
چنین گفت کان کو بود بردبار   به نزدیک اومرد بی‌شرم خوار

دگر گفت کان کو نجوید گزند	ز خوها کدامش بود سودمند
بگفت آنک مغزش نجوشد زخشم	بخوابد بخشم از گنهکار چشم
دگر گفت کان چیست ای هوشمند	که آید خردمند را آن پسند
چنین گفت کان کو بود پر خرد	ندارد غم آن کزو بگذرد
وگر ارجمندی سپارد به خاک	نبندد دل اندر غم و درد پاک
دگر کو ز نادیدنیها امید	چنان بگسلد دل چو از باد بید
دگر گفت بد چیست بر پادشای	کزو تیره گردد دل پارسای
چنین داد پاسخ که بر شهریار	خردمند گوید که آهو چهار
یکی آنک ترسد ز دشمن به جنگ	و دیگر که دارد دل از بخش تنگ
دگر آنک رای خردمند مرد	به یک سو نهد روز ننگ و نبرد
چهارم که باشد سرش پرشتاب	نجوید به کار اندر آرام و خواب
بپرسید دیگر که بی عیب کیست	نکوهیدن آزادگان را بچیست
چنین گفت کین رابه بخشیم راست	که جان وخرد درسخن پادشاست
گرانمایگان را فسون ودروغ	به کژی و بیداد جستن فروغ
میانه بود مرد کنداوری	نکوهشگر و سر پر از داوری
منش پستی وکام برپادشا	به بیهوده خستن دل پارسا
زبان راندن و دیده بی‌آب شرم	گزیدن خروش اندر آواز نرم
خردمند مردم که دارد روا	خرد دور کردن ز بهر هوا
بپرسید دیگر یکی هوشمند	که اندرجهان چیست آن بی‌گزند
چنین داد پاسخ او کز نخست	درپاک یزدان بدانست وجست
کزویت سپاس و بدویت پناه	خداوند روز و شب و هور و ماه
دل خویش راآشکار و نهان	سپردن به فرمان شاه جهان
تن خویشتن پروریدن به ناز	برو سخت بستن در رنج وآز
نگه داشتن مردم خویش را	گسستن تن از رنج درویش را
سپردن به فرهنگ فرزند خرد	که گیتی بنادان نشاید سپرد
چوفرمان پذیرنده باشد پسر	نوازنده باید که باشد پدر
بپرسید دیگر که فرزند راست	به نزد پدر جایگاهش کجاست
چنین داد پاسخ که نزد پدر	گرامی چوجانست فرخ پسر
پس ازمرگ نامش بماند به جای	ازیرا پسرخواندش رهنمای

بپرسید دیگر که ازخواسته	که دانی که دارد دل آراسته
چنین داد پاسخ که مردم به چیز	گرامیست وز چیز خوارست نیز
نخست آنکه یابی بدو آرزوی	ز هستیش پیدا کنی نیک‌خوی
وگر چون بباید نیاری به کار	همان سنگ وهم گوهر شاهوار
دگر گفت با تاج و نام بلند	کرا خوانی از خسروان سودمند
چنین داد پاسخ کزان شهریار	که ایمن بود مرد پرهیزکار
وز آواز او بدهراسان بود	زمین زیر تختش تن آسان بود
دگر گفت مردم توانگر بچیست	به گیتی پر از رنج و درویش کیست
چنین گفت آنکس که هستش بسند	ببخش خداوند چرخ بلند
کسی را کجا بخت انباز نیست	بدی در جهان بتر از آز نیست
ازو نامداران فروماندند	همه همزبان آفرین خواندند

بزم سیوم بزرگمهر با شهریار

چو یک هفته بگذشت هشتم پگاه	نشست از بر تخت پیروز شاه
بخواند آنکسی راکه دانا بدند	به گفتار ودانش توانا بدند
بگفتند هرگونه‌ای هرکسی	همانا پسندش نیامد بسی
چنین گفت کسری به بوزرجمهر	که از چادر شرم بگشای چهر
سخن گوی دانا زبان برگشاد	ز هرگونه دانش همی‌کرد یاد
نخست آفرین کرد بر شهریار	که پیروز بادا سر تاجدار
دگر گفت مردم نگردد بلند	مگر سر بپیچد ز راه گزند
چو باید که دانش بیفزایدت	سخن یافتن را خرد بایدت
در نام جستن دلیری بود	زمانه ز بد دل به سیری بود
وگر تخت جویی هنر بایدت	چوسبزی بود شاخ و بر بایدت
چوپرسند پرسندگان از هنر	نشاید که پاسخ دهیم ازگهر
گهر بی‌هنر ناپسندست وخوار	برین داستان زد یکی هوشیار
که گر گل نبوید به رنگش مجوی	کز آتش بروید مگر آب جوی

توانگر به بخشش بود شهریار	به گنج نهفته نه‌ای پایدار
به گفتار خوب ار هنر خواستی	به کردار پیدا کند راستی
فروتر بود هرک دارد خرد	سپهرش همی درخرد پرورد
چنین هم بود مردم شاد دل	ز کژیش خون گردد آزاد دل
خرد درجهان چون درخت وفاست	وزو بار جستن دل پادشاست
چوخرسند باشی تن آسان شوی	چو آز آوری زو هراسان شوی
مکن نیک مردی به جان کسی	که پاداش نیکی نیابی بسی
گشاده دلانرا بود بخت یار	انوشه کسی کو بود بردبار
هران کس که جوید همی برتری	هنرها بباید بدین داوری
یکی رای وفرهنگ باید نخست	دوم آزمایش بباید درست
سیوم یار باید بهنگام کار	ز نیک وز بد برگرفتن شمار
چهارم که مانی بجا کام را	ببینی ز آغاز فرجام را
به پنجم اگر زورمندی بود	به تن کوشش آری بلندی بود
وزین هر دری جفت گردد سخن	هنرخیره بی‌آزمایش مکن
ازان پس چو یارت بود نیکساز	بروبر به هنگامت آید نیاز
چو کوشش نباشد تن زورمند	نیارد سر آرزوها ببند
چو کوشش ز اندازه اندر گذشت	چنان دان که کوشنده نومید گشت
خوی مرد دانا بگوییم پنج	کزان عادت او خود نباشد به رنج
چونادان عادت کند هفت چیز	ز وان هفت چیز به رنجست نیز
نخست آنک هرکس که دارد خرد	ندارد غم آن کزو بگذرد
نه شادان کند دل بنایافته	نه گر بگذرد زو شود تافته
چو از رنج وز بد تن آسان شود	ز نابودنیها هراسان شود
چو سختیش پیش آید از هر شمار	شود پیش و سستی نیارد به کار
ز نادان که گفتیم هفتست راه	یکی آنک خشم آورد بی‌گناه
گشاده کند گنج بر ناسزای	نه زو مزد یابد بهر دو سرای
سه دیگر به یزدان بود ناسپاس	تن خویش را در نهان ناشناس
چهارم که با هر کسی راز خویش	بگوید برافرازد آواز خویش
به پنجم به گفتار ناسودمند	تن خویش دارد بدرد و گزند
ششم گردد ایمن ز نا استوار	همی پرنیان جوید از خار بار

به هفتم که بستیهد اندر دروغ	به بی‌شرمی اندر بجوید فروغ
چنان دان توای شهریار بلند	که از وی نبیند کسی جز گزند
چو بر انجمن مرد خامش بود	ازان خامشی دل به رامش بود
سپردن به دانای داننده گوش	به تن توشه یابد به دل رای و هوش
شنیده سخنها فرامش مکن	که تاجست برتخت شاهی سخن
چوخواهی که دانسته آید به بر	به گفتار بگشای بند از هنر
چوگسترد خواهی به هر جای نام	زبان برکشی همچو تیغ از نیام
چو بامرد دانات باشد نشست	زبردست گردد سر زیر دست
ز دانش بود جان و دل را فروغ	نگر تا نگردی به گرد دروغ
سخنگوی چون بر گشاید سخن	بمان تا بگوید تو تندی مکن
زبان را چو با دل بود راستی	ببندد ز هر سو درکاستی
ز بیکار گویان تو دانا شوی	نگویی ازان سان کزو بشنوی
ز دانش دربی‌نیازی مجوی	و گر چند ازو سخنی آید بروی
همیشه دل شاه نوشین‌روان	مبادا ز آموختن ناتوان
بپرسید پس موبد تیز مغز	که اندر جهان چیست کردار نغز
کجا مرد را روشنایی دهد	ز رنج زمانه رهایی دهد
چنین داد پاسخ که هر کو خرد	بیابد ز هر دو جهان بر خورد
بدو گفت گرنیستش بخردی	خرد خلعتی روشنست ایزدی
چنین داد پاسخ که دانش بهست	چو دانا بود برمهان برمهست
بدو گفت گر راه دانش نجست	بدین آب هرگز روان را نشست
چنین داد پاسخ که از مرد گرد	سرخویش را خوار باید شمرد
اگر تاو دارد به روز نبرد	سر بدسگال اندر آرد بگرد
گرامی بود بر دل پادشا	بود جاودان شاد و فرمانروا
بدو گفت گرنیستش بهره زین	ندارد پژوهیدن آیین و دین
چنین داد پاسخ که آن به که مرگ	نهد بر سر او یکی تیره ترگ
دگر گفت کزبار آن میوه دار	که دانا بکارد به باغ بهار
چه سازیم تاهرکسی برخوریم	وگر سایه‌ی او به پی بسپریم
چنین داد پاسخ که هر کو زبان	ز بد بسته دارد نرنجد روان
کسی را ندرد به گفتار پوست	بود بر دل انجمن نیز دوست

همه کار دشوارش آسان شود
ورا دشمن ودوست یکسان شود
دگر گفت کان کو ز راه گزند
بگردد بزرگست و هم ارجمند
چنین داد پاسخ که کردار بد
بسان درختیست با بار بد
اگر نرم گوید زبان کسی
درشتی به گوشش نیاید بسی
بدان کز زبانست گوشش به رنج
چو رنجش نجویی سخن را بسنج
همان کم سخن مرد خسروپرست
جز از پیش گاهش نشاید نشست
دگر از بدیهای نا آمده
گریزد چو از دام مرغ و دده
سه دیگر که بر بد توانا بود
بپرهیزد ار ویژه دانا بود
نیازد به کاری که ناکردنیست
نیازارد آن را که نازردنیست
نماند که نیکی برو بگذرد
پی روز نا آمده نشمرد
بدشمن ز نخچیر آژیرتر
برو دوست همواره چون تیر و پر
ز شادی که فرجام او غم بود
خردمند را ارز وی کم بود
تن آسانی و کاهلی دور کن
بکوش وز رنج تنت سور کن
که ایدر تو را سود بی‌رنج نیست
چنان هم که بی‌پاسبان گنج نیست
ازین باره گفتار بسیار گشت
دل مردم خفته بیدار گشت
جهان زنده باد به نوشین‌روان
همیشه جهاندار و دولت جوان
برو خواندند آفرین موبدان
کنارنگ و بیداردل بخردان
ستودند شاه جهان را بسی
برفتند با خرمی هرکسی

بزم چهارم نوشیروان با بوزرجمهر و موبدان

دوهفته برین نیز بگذشت شاه
بپردخت روزی ز کاری سپاه
بفرمود تا موبدان و ردان
به ایوان خرامند با بخردان
بپرسید شاه ازبن و از نژاد
ز تیزی و آرام و فرهنگ و داد
ز شاهی وز داد کنداوران
ز آغاز وفرجام نیک اختران
سخن کرد زین موبدان خواستار
به پرسش گرفت آنچ آید به کار
به بوزرجمهر آن زمان شاه گفت
که رخشنده گوهر برآر از نهفت

یکی آفرین کرد بوزرجمهر	کهای شاه روشن‌دل و خوب‌چهر
چنان دان که اندر جهان نیز شاه	یکی چون تو ننهاد برسرکلاه
به داد و به دانش به تاج و به تخت	به فر و به چهر و برای و به بخت
چوپرهیزکاری کند شهریار	چه نیکوست پرهیز با تاجدار
ز یزدان بترسد گه داوری	نگردد به میل و بکنداوری
خرد راکند پادشا بر هوا	بدانگه که خشم آورد پادشا
نباید که اندیشه‌ی شهریار	بود جز پسندیده‌ی کردگار
ز یزدان شناسد همه خوب و زشت	به پاداش نیکی بجوید بهشت
زبان راست گوی و دل آزرم‌جوی	همیشه جهان را بدو آبروی
هران کس که باشد ورا رای‌زن	سبک باشد اندر دل انجمن
سخن گوی وروشن دل و دادده	کهان را بکه دارد و مه به مه
کسی کو بود شاه را زیر دست	نباید که یابد به جائی شکست
بدانگه شد تاج خسرو بلند	که دانا بود نزد او ارجمند
نگه داشتن کار درگاه را	به زهر آژدن کام بدخواه را
چو دارد ز هر دانشی آگهی	بماند جهاندار با فرهی
نباید که خسبد کسی دردمند	که آید مگر شاه را زو گزند
کسی کو به بادافره اندرخورست	کجا بدنژادست و بد گوهرست
کند شاه دور از میان گروه	بی‌آزار تا زو نگردد ستوه
هران کس که باشد به زندان شاه	گنهکار گر مردم بیگناه
به فرمان یزدان بباید گشاد	بزند و باست آنچ کردست یاد
سپهبد به فرهنگ دارد سپاه	براساید از درد فریادخواه
چو آژیر باشی ز دشمن برای	بداندیش را دل برآید ز جای
همه رخنه‌ی پادشاهی بمرد	بداری به هنگام پیش از نبرد
به چیزی که گردد نکوهیده شاه	نکوهش بود نیز با فر و گاه
ازو دور گشتن به رغم هوا	خرد را بران رای کردن گوا
فزودن به فرزند برمهر خویش	چو در آب دیدن بود چهر خویش
ز فرهنگ وز دانش آموختن	سزد گر دلت یابد افروختن
گشادن برو بر در گنج خویش	نباید که یادآورد رنج خویش
هرانگه که یازد ببد کار دست	دل شاه بچه نباید شکست

چو بر بدکنش دست گردد دراز	به خون جز به فرمان یزدان میاز
و گر دشمنی یابی اندر دلش	چو خوباشد از بوستان بگسلش
که گر دیر ماند بنیرو شود	وزو باغ شاهی پرآهو شود
چوباشد جهانجوی با فر و هوش	نباید که دارد به بدگوی گوش
ز دستور بد گوهر و گفت بد	تباهی به دیهیم شاهی رسد
نباید شنیدن ز نادان سخن	چو بد گوید از داد فرمان مکن
همه راستی باید آراستن	نباید که دیو آورد کاستن
چواین گفتها بشنود پارسا	خرد راکند بر دلش پادشا
کند آفرین تاج برشهریار	شود تخت شاهی برو پایدار
بنازد بدو تاج شاهی و تخت	بداندیش نومید گردد زبخت
چو برگردد این چرخ ناپایدار	ازو نام نیکو بود یادگار
بماناد تا روز باشد جوان	هنر یافته جان نوشین‌روان
ز گفتار او انجمن خیره شد	همه رای دانندگان تیره شد
چو نوشین‌روان آن سخنها شنود	به روزیش چندانک بد برفزود
وزان پندها دیده پر آب کرد	دهانش پر از در خوشاب کرد
یکی انجمن لب پر از آفرین	برفتند ز ایوان شاه زمین
برین نیز بگذشت یک هفته روز	بهشتم چو بفروخت گیتی‌فروز

بزم پنجم نوشیروان با بوزرجمهر و موبدان

بیانداخت آن چادر لاژورد	بیاراست گیتی به دیبای زرد
شهنشاه بنشست با موبدان	جهاندیده و کار کرده ردان
سرموبد موبدان اردشیر	چو شاپور وچون یزدگرد دبیر
ستاره شناسان و جویندگان	خردمند و بیدار گویندگان
سراینده بوزرجمهر جوان	بیامد برشاه نوشین‌روان
بدانندگان گفت شاه جهان	که باکیست این دانش اندر نهان
کزو دین یزدان به نیرو شود	همان تخت شاهی بی‌آهو شود

چوبشنید زو موبد موبدان   زبان برگشاد از میان ردان
چنین داد پاسخ که از داد شاه   درفشان شود فر دیهیم و گاه
چو با داد بگشاید از گنج بند   بماند پس از مرگ نامش بلند
دگر کو بشوید زبان از دروغ   نجوید به کژی ز گیتی فروغ
سپهبد چو با داد و بخشایشست   ز تاجش زمانه پرآسایشست
و دیگر که از کهتر پرگناه   چو پوزش کند باز بخشدش شاه
به پنجم جهاندار نیکوسخن   که نامش نگردد به گیتی کهن
همه راست گوید سخن کم وبیش   نگردد بهر کار ز آیین خویش
ششم بر پرستنده‌ی تخت خویش   چنان مهر دارد که بر بخت خویش
به هفتم سخن هرک دانا بود   زبانش بگفتن توانا بود
نگردد دلش سیر ز آموختن   از اندیشگان مغز را سوختن
به آزادیست ازخرد هرکسی   چنانچون ببالد ز اختر بسی
دلت مگسل ای شاه راد از خرد   خرد نام و فرجام را پرورد
منش پست وکم دانش آنکس که گفت   کنم کم ز گیتی کسی نیست جفت
چنین گفت پس یزدگرد دبیر   که ای شاه دانا و دانش‌پذیر
ابرشاه زشتست خون ریختن   به اندک سخن دل برآهیختن
همان چون سبک سر بود شهریار   بداندیش دست اندآرد به کار
همان با خردمند گیرد ستیز   کند دل ز نادانی خویش تیز
دل شاه گیتی چو پر آز گشت   روان ورا دیو انباز گشت
و رایدون که حاکم بود تیزمغز   نیاید ز گفتار او کار نغز
دگر کارزاری که هنگام جنگ   بترسد ز جان و نترسد ز ننگ
توانگر که باشد دلش تنگ و زفت   شکم زمین بهتر او را نهفت
چو بر مرد درویش کنداوری   نه کهتر نه زیبنده‌ی مهتری
چوکژی کند پیر ناخوش بود   پس ازمرگ جانش پرآتش بود
چو کاهل بود مرد برنا به کار   ازو سیر گردد دل روزگار
نماند ز نا تندرستی جوان   مبادش توان و مبادش روان
چو بوزرجمهر این سخنهای نغز   شنید و بدانش بیاراست مغز
چنین گفت باشاه خورشید چهر   که بادا به کام تو روشن سپهر
چنان دان که هرکس که دارد خرد   بدانش روان را همی‌پرورد

نکوهیده ده کار بر ده گروه	نکوهیده‌تر نزد دانش پژوه
یکی آنک حاکم بود با دروغ	نگیرد بر مرد دانا فروغ
سپهبد که باشد نگهبان گنج	سپاهی که او سر بپیچد ز رنج
دگر دانشومند کو از بزه	نترسد چو چیزی بود بامزه
پزشکی که باشد به تن دردمند	ز بیمار چون باز دارد گزند
چو درویش مردم که نازد به چیز	که آن چیز گفتن نیرزد به نیز
همان سفله کز هر کس آرام و خواب	ز دریا دریغ آیدش روشن آب
وگرباد نوشین بتو برجهد	سپاسی ازان برسرت برنهد
بهفتم خردمند کاید به خشم	به چیز کسان برگمارد دو چشم
بهشتم به نادان نماینده راه	سپردن به کاهل کسی کارگاه
همان بیخرد کو نیابد خرد	پشیمان شود هم ز گفتار بد
دل مردم بیخرد به آرزوی	برین گونه آویزد ای نیک‌خوی
چوآتش که گوگرد یابد خورش	گرش درنیستان بود پرورش
دل شاه نوشین‌روان زنده باد	سران جهان پیش او بنده باد

بزم ششم نوشیروان با بوزرجمهر و موبدان

برین نیز یک هفته بگذشت شاه	بفرمود آراستن بارگاه
به یک دست موبد که بودش وزیر	بدست دگر یزدگرد دبیر
همان گرد بر گرد او موبدان	سخن گو چو بوزرجمهر جوان
به بوزرجمهر آن زمان گفت شاه	کهای مرد پر دانش و نیک‌خواه
سخنها که جان را بود سودمند	همی مرد بی‌ارز گردد بلند
ازو گنج گویا نگیرد کمی	شنودن بود مرد را خرمی
چنین گفت موبد به بوزرجمهر	کهای نامورتر ز گردان سپهر
چه دانی که بیشیش بگزایدت	چوکمی بود روز بفزایدت
چنین داد پاسخ که کمتر خوری	تن آسان شوی هم روان پروری
ز کردار نیکی چو بیشی کنی	همی برهماورد پیشی کنی

چنین گفت پس یزدگرد دبیر — که‌ای مرد گوینده و یاد گیر
سه آهو کدامند با دل به راز — که دارند وهستند زان بی‌نیاز
چنین داد پاسخ که باری نخست — دل از عیب جستن ببایدت شست
بی‌آهو کسی نیست اندر جهان — چه در آشکار و چه اندر نهان
چومهتر بود بر تو رشک آوری — چوکهتر بود زو سرشک آوری
سه دیگر سخن چین و دوروی مرد — بران تا برانگیزد از آب گرد
چو گوینده‌یی کو نه برجایگاه — سخن گفت و زو دور شد فر و جاه
همان کو سخن سر به سر نشنود — نداند به گفتار و هم نگرود
به چیزی ندارد خردمند چشم — کزو بازماند بپیچد ز خشم
بپرسید پس موبد موبدان — که این برتر از دانش بخردان
کسی نیست بی‌آرزو درجهان — اگر آشکارست و گر در نهان
همان آرزو را پدیدست راه — که پیدا کند مرد را دستگاه
کدامین ره آید تو را سودمند — کدامست با درد و رنج و گزند
چنین داد پاسخ که راه از دو سوست — گذشتن تو را تا کدام آرزوست
ز گیتی یکی بازگشتن به خاک — که راهی درازست با بیم و باک
خرد باشدت زین سخن رهنمون — بدین پرسش اندر چرایی و چون
خرد مرد راخلعت ایزدیست — سزاوار خلعت نگه کن که کیست
تنومند را کو خرد یار نیست — به گیتی کس او را خریدار نیست
نباشد خرد جان نباشد رواست — خرد جان پاکست و ایزد گو است
چوبنیاد مردی بیاموخت مرد — سرافراز گردد به ننگ و نبرد
ز دانش نخستین به یزدان گرای — که او هست و باشد همیشه به جای
بدو بگروی کام دل یافتی — رسیدی به جایی که بشتافتی
دگر دانش آنست کز خوردنی — فراز آوری روی آوردنی
بخورد و بپوشش به یزدان گرای — بدین دار فرمان یزدان به جای
گر آیدت روزی به چیزی نیاز — به دشت و به گنج و به پیلان مناز
هم از پیشه‌ها آن گزین کاندروی — ز نامش نگردد نهان آبروی
همان دوستی باکسی کن بلند — که باشد بسختی تو را سودمند
تو در انجمن خامشی برگزین — چوخواهی که یک سر کنند آفرین
چو گویی همان گوی کموختی — به آموختن درجگر سوختی

سخن سنج و دینار گنجی مسنج	که در دانشی مرد خوارست گنج
روان در سخن گفتن آژیر کن	کمان کن خرد را سخن تیر کن
چو رزم آیدت پیش هشیار باش	تنت را ز دشمن نگهدار باش
چو بدخواه پیش توصف برکشید	تو را رای و آرام باید گزید
برابر چو بینی کسی هم نبرد	نباید که گردد تو را روی زرد
تو پیروزی ار پیشدستی کنی	سرت پست گردد چوسستی کنی
بدانگه که اسب افگنی هوش دار	سلیح هم آورد را گوش دار
گرو تیز گردد تو زو برمگرد	هشیوار یاران گزین در نبرد
چودانی که با او نتابی مکوش	ببرگشتن از رزم باز آر هوش
چنین هم نگه دار تن در خورش	نباید که بگزایدت پرورش
بخور آن چنان کان بنگزایدت	ببیشی خورش تن بنفزایدت
مکن درخورش خویش را چار سوی	چنان خور که نیزت کند آرزوی
ز می نیزهم شادمانی گزین	که مست ازکسی نشنود آفرین
چو یزدان پسندی پسندیده‌ای	جهان چون تنست و تو چون دیده‌ای
بسی از جهان آفرین یاد کن	پرستش برین یاد بنیاد کن
بشر رفی نگه دار هنگام را	به روز و به شب گاه آرام را
چودانی که هستی سرشته ز خاک	فرامش مکن راه یزدان پاک
پرستش ز خورد ایچ کمتر مکن	تو نو باش گرهست گیتی کهن
به نیکی گرای و غنیمت شناس	همه ز آفریننده دار این سپاس
مگرد ایچ گونه به گرد بدی	به نیکی گر ای اگر بخردی
ستوده‌تر آنکس بود در جهان	که نیکش بود آشکار و نهان
هوا را مبر پیش رای وخرد	کزان پس خرد سوی تو ننگرد
چوخواهی که رنج تو آید به بر	ز آموزگاران مپرتاب سر
دبیری بیاموز فرزند را	چوهستی بود خویش و پیوند را
دبیری رساند جوان را به تخت	کند نا سزا را سزاوار بخت
دبیریست از پیشه‌ها ارجمند	کزو مرد افگنده گردد بلند
چو با آلت و رای باشد دبیر	نشیند بر پادشا ناگزیر
تن خویش آژیر دارد ز رنج	بیابد بی‌اندازه از شاه گنج
بلاغت چو با خط گرد آیدش	براندیشه معنی بیفزایدش

ز لفظ آن گزینند که کوتاه‌تر بخط آن نماید که دلخواه‌تر
خردمند باید که باشد دبیر همان بردبار و سخن یادگیر
هشیوار و سازیده‌ی پادشا زبان خامش از بد به تن پارسا
شکیبا و با دانش و راست‌گوی وفادار و پاکیزه و تازه‌روی
چو با این هنرها شود نزد شاه نشاید نشستن مگر پیش گاه
سخنها چوبشنید از و شهریار دلش تازه شد چون گل اندر بهار
چنین گفت کسری به موبد که رو ورا پایگاهی بیارای نو
درم خواه وخلعت سزاوار اوی که در دل نشستست گفتار اوی

بزم هفتم نوشیروان با بوزرجمهر و موبدان

دگر هفته چون هور بفراخت تاج بیامد نشست از بر تخت عاج
ابا نامور موبدان و ردان جهاندار و بیدار دل بخردان
همی‌خواست ز ایشان جهاندارشاه همان نیز فرخ دبیر سپاه
هم از فیلسوفان وز مهتران ز هر کشوری کار دیده سران
همان ساوه و یزدگرد دبیر به پیش اندرون بهمن تیزویر
به بوزرجمهر آن زمان گفت شاه که دل را بیارای و بنمای راه
زمن راستی هرچ دانی بگوی به کژی مجو ازجهان آبروی
پرستش چگونه است فرمان من نگه داشتن رای و پیمان من
ز گیتی چو آگه شوند این مهان شنیده بگویند با همرهان
چنین گفت با شاه بیدار مرد که ای برتر از گنبد لاژورد
پرستیدن شهریار زمین نجوید خردمند جز راه دین
نباید به فرمان شاهان درنگ نباید که باشد دل شاه تنگ
هرآنکس که برپادشا دشمنست روانش پرستار آهرمنست
دلی کو ندارد تن شاه دوست نباید که باشد ورا مغز و پوست
چنان دان که آرام گیتیست شاه چونیکی کنیم او دهد دستگاه
به نیک و بد او را بود دست رس نیازد بکین و بزرم کس

تو مپسند فرزند را جای اوی — چوجان دار در دل همه رای اوی
به شهری که هست اندرو مهرشاه — نیابد نیاز اندران بوم راه
بدی را تو از فر او بگذرد — که بختش همه نیکویی پرورد
جهان را دل ازشاه خندان بود — که بر چهر او فر یزدان بود
چو از نعمتش بهره‌یابی بکوش — که داری همیشه به فرمانش گوش
به اندیشه گر سربپیچی ازوی — نبیند به نیکی تو را بخت روی
چو نزدیک دارد مشو برمنش — وگر دور گردی مشو بدکنش
پرستنده گر یابد از شاه رنج — نگه کن که با رنج نامست و گنج
نباید که سیر آید از کارکرد — همان تیز گردد ز گفتار سرد
اگر گشن شد بنده را دستگاه — به فر و به نام جهاندار نه شاه
گر از ده یکی باژ خواهد رواست — چنان رفت باید که او را هواست
گرامی‌تر آنکس بود نزد شاه — که چون گشن بیند ورا دستگاه
ز بهری که اورا سراید ز گنج — نماند که باشد بدو درد و رنج
ز یزدان بود آنک ماند سپاس — کند آفرین مرد یزدان‌شناس
و دیگر که اندر دلش راز شاه — بدارد نگوید به خورشید وماه
به فرمان شاه آنک سستی کند — همی از تن خویش مستی کند
نکوهیده باشد گل آن درخت — که نپراگند بار بر تاج وتخت
ز کسهای او پیش او بدمگوی — که کمتر کنی نزد او آبروی
و گر پرسدت هرچ دانی نگوی — به بسیار گفتن مبر آبروی
هرآنکس که بسیار گوید دروغ — به نزدیک شاهان نگیرد فروغ
سخن کان نه اندر خورد با خرد — بکوشد که بر پادشا نشمرد
فزونست زان دانش اندر جهان — که بشنید گوش آشکار و نهان
کسی را که شاه جهان خوار کرد — بماند همیشه روان پر ز درد
همان در جهان ارجمند آن بود — که با او لب شاه خندان بود
چو بنوازدت شاه کشی مکن — اگر چه پرستنده باشی کهن
که هرچند گردد پرستش دراز — چنان دان که هست او ز تو بی‌نیاز
اگر با تو گردد ز چیزی دژم — به پوزش گرای و مزن هیچ دم
اگر پرورد دیگری را همان — پرستار باشد چو تو بی گمان
و گر نیستت آگهی زان گناه — برهنه دلت را ببر نزد شاه

وگر نه هیچ تاب اندر آری به دل	بدو روی منمای و پی برگسل
به فرش ببیند نهان تو را	دل کژ و تیره روان تو را
ازان پس نیابی تو زو نیکوی	همان گرم گفتار او نشنوی
در پادشا همچو دریا شمر	پرستنده ملاح و کشتی هنر
سخن لنگر و بادبانش خرد	به دریا خردمند چون بگذرد
همان بادبان را کند سایه‌دار	که هم سایه‌دارست و هم مایه‌دار
کسی کو ندارد روانش خرد	سزد گر در پادشا نسپرد
اگر پادشا کوه آتش بدی	پرستنده را زیستن خوش بدی
چو آتش گه خشم سوزان بود	چو خشنود باشد فروزان بود
ازو یک زمان شیروشهدست بهر	به دیگر زمان چون گزاینده زهر
به کردار دریا بود کارشاه	به فرمان او تابد از چرخ ماه
ز دریا یکی ریگ دارد به کف	دگر دربیابد میان صدف
جهان زنده بادا بنوشین‌روان	همیشه به فرمانش کیوان روان
نگه کرد کسری بگفتا راوی	دلش گشت خرم به دیدار اوی
چو گفتی که زه بدره بودی چهار	بدین گونه بد بخشش شهریار
چو با زه بگفتی زهازه بهم	چهل بدره بودی ز گنجش درم
چو گنجور باشاه کردی شمار	به هر بدره بودی درم ده هزار
شهنشاه با زه زهازه بگفت	که گفتار او با درم بود جفت
بیاورد گنجور خورشید چهر	درم بدره‌ها پیش بوزرجمهر
برین داستان برسخن ساختم	به مهبود دستور پرداختم
میاسای ز آموختن یک زمان	ز دانش میفگن دل اندرگمان
چوگویی که فام خرد توختم	همه هرچ بایستم آموختم
یکی نغز بازی کند روزگار	که بنشاندت پیش آموزگار
ز دهقان کنون بشنو این داستان	که برخواند از گفته‌ی باستان

داستان مهبود با زروان و کشتن انوشیروان مهبود و پسرانش را

چنین گفت موبد که بر تخت عاج	چو کسری کسی نیز ننهاد تاج
به بزم و برزم و به پرهیز وداد	چنو کس ندارد ز شاهان به یاد
ز دانندگان دانش آموختی	دلش را بدانش برافروختی
خور وخواب با موبدان داشتی	همی سر به دانش برافراشتی
برو چون روا شد به چیزی سخن	تو ز آموختن هیچ سستی مکن
نباید که گویی که دانا شدم	به هر آرزو بر توانا شدم
چو این داستان بشنوی یادگیر	ز گفتار گوینده دهقان پیر
بپرسیدم از روزگار کهن	ز نوشین روان یاد کرد این سخن
که او را یکی پاک دستور بود	که بیدار دل بود و گنجور بود
دلی پرخرد داشت و رای درست	ز گیتی به جز نیکنامی نجست
که مهبود بدنام آن پاک مغز	روان و دلش پر ز گفتار نغز
دو فرزند بودش چو خرم بهار	همیشه پرستنده‌ی شهریار
شهنشاه چون بزم آراستی	و گر به رسم موبدی خواستی
نخوردی جز ازدست مهبود چیز	هم ایمن بدی زان دو فرزند نیز
خورش خانه در خان او داشتی	تن خویش مهمان او داشتی
دو فرزند آن نامور پارسا	خورش ساختندی بر پادشا
بزرگان ز مهبود بردند رشک	همی‌ریختندی برخ بر سرشک
یکی نامور بود زروان به نام	که او را بدی بر در شاه کام
کهن بود و هم حاجب شاه بود	فروزنده‌ی رسم درگاه بود
ز مهبود وفرخ دو فرزند اوی	همه ساله بودی پر از آبروی
همی‌ساختی تا سر پادشا	کند تیز برکار آن پارسا
ببد گفت از ایشان ندید ایچ راه	که کردی پرآزار زان جان شاه
خردمند زان بد نه آگاه بود	که او را به درگاه بدخواه بود
ز گفتار و کردار آن شوخ مرد	نشد هیچ مهبود را روی زرد

چنان بد که یک روز مردی جهود	ز زروان درم خواست از بهر سود
شد آمد بیفزود در پیش اوی	برآمیخت با جان بدکیش اوی
چو با حاجب شاه گستاخ شد	پرستنده‌ی خسروی کاخ شد
ز افسون سخن رفت روزی نهان	ز درگاه وز شهریار جهان
ز نیرنگ وز تنبل و جادویی	ز کردار کژی وز بدخویی
چو زروان به گفتار مرد جهود	نگه کرد وزان سان سخنها شنود
برو راز بگشاد و گفت این سخن	به جز پیش جان آشکارا مکن
یکی چاره باید تو را ساختن	زمانه ز مهبود پرداختن
که او را بزرگی به جایی رسید	که پای زمانه نخواهد کشید
ز گیتی ندارد کسی رابکس	تو گویی که نوشین روانست و بس
جز از دست فرزند مهبود چیز	خورشها نخواهد جهاندار نیز
شدست از نوازش چنان پرمنش	که هزمان ببوسد فلک دامنش
چنین داد پاسخ به زروان جهود	کزین داوری غم نباید فزود
چو برسم بخواهد جهاندار شاه	خورشها ببین تا چه آید به راه
نگر تابود هیچ شیر اندروی	پذیره شو وخوردنیها ببوی
همان بس که من شیر بینم ز دور	نه مهبود بینی تو زنده نه پور
که گر زو خورد بی‌گمان روی و سنگ	بریزد هم اندر زمان بی‌درنگ
نگه کرد زروان به گفتار اوی	دلش تازه‌تر شد به دیدار اوی
نرفتی به درگاه بی‌آن جهود	خور و شادی و کام بی او نبود
چنین تا برآمد برین چندگاه	بد آموز پویان به درگاه شاه
دو فرزند مهبود هر بامداد	خرامان شدندی برشاه راد
پس پرده‌ی نامور کدخدای	زنی بود پاکیزه و پاک رای
که چون شاه کسری خورش خواستی	یکی خوان زرین بیاراستی
سه کاسه نهادی برو از گهر	به دستار زربفت پوشیده سر
زدست دو فرزند آن ارجمند	رسیدی به نزدیک شاه بلند
خورشها زشهد وز شیر و گلاب	بخوردی وآراستی جای خواب
چنان بد که یک روز هر دو جوان	ببردند خوان نزدنوشین‌روان
به سر برنهاده یکی پیشکار	که بودی خورش نزد او استوار
چو خوان اندرآمد به ایوان شاه	بدو کرد زروان حاجب نگاه

چنین گفت خندان به هر دو جوان	که ای ایمن از شاه نوشین‌روان
یکی روی بنمای تا زین خورش	که باشد همی شاه را پرورش
چه رنگست کاید همی بوی خوش	یکی پرنیان چادر از وی بکش
جوان زان خورش زود بگشاد روی	نگه کرد زروان ز دور اند روی
همیدون جهود اندرو بنگرید	پس آمد چو رنگ خورشها بدید
چنین گفت زان پس به سالار بار	که آمد درختی که کشتی به بار
ببردند خوان نزد نوشین‌روان	خردمند و بیدار هر دو جوان
پس خوان همی‌رفت زروان چو گرد	چنین گفت با شاه آزادمرد
که ای شاه نیک اختر و دادگر	تو بی‌چاشنی دست خوردن مبر
که روی فلک بخت خندان تست	جهان روشن از تخت و میدان تست
خورشگر بیامیخت با شیر زهر	بداندیش را باد زین زهر بهر
چو بشنید زو شاه نوشین‌روان	نگه کرد روشن به هر دو جوان
که خوالیگرش مام ایشان بدی	خردمند و با کام ایشان بدی
جوانان ز پاکی وز راستی	نوشتند بر پشت دست آستی
همان چون بخوردند از کاسه شیر	توگویی بخستند هر دو به تیر
بخفتند برجای هر دو جوان	بدادند جان پیش نوشین‌روان
چو شاه جهان اندران بنگرید	برآشفت و شد چون گل شنبلید
بفرمود کز خان مهبود خاک	برآرید وز کس مدارید باک
بر آن خاک باید بریدن سرش	مه مهبود مانا مه خوالیگرش
به ایوان مهبود در کس نماند	ز خویشان او درجهان بس نماند
به تاراج داد آن همه خواسته	زن و کودک و گنج آراسته
رسیده از آن کار زروان به کام	گهی کام دید اندر آن گاه نام
به نزدیک او شد جهود ارجمند	برافراخت سر تا بابر بلند
بگشت اندرین نیز چندی سپهر	درستی نهان کرده از شاه چهر
چنان بد که شاه جهان کدخدای	به نخچیر گوران همی‌کرد رای
بفرمود تا اسب نخچیرگاه	بسی بگذرانند در پیش شاه
ز اسبان که کسری همی‌بنگرید	یکی را بران داغ مهبود دید
ازان تازی اسبان دلش برفروخت	به مهبود بر جای مهرش بسوخت
فروریخت آب از دو دیده بدرد	بسی داغ دل یاد مهبود کرد

۱۵۴۵

چنین گفت کان مرد با جاه و رای	ببردش چنان دیو ریمن ز جای
بدان دوستداری و آن راستی	چرا زد روانش درکاستی
نداند جز از کردگار جهان	ازان آشکارا درستی نهان
وزان جایگه سوی نخچیرگاه	بیامد چنان داغ دل کینه خواه
ز هر کس بره برسخن خواستی	ز گفتارها دل بیاراستی
سراینده بسیار همراه کرد	به افسانه‌ها راه کوتاه کرد
دبیران و زروان و دستور شاه	برفتند یک روز پویان به راه
سخن رفت چندی ز افسون و بند	ز جادوی و آهرمن پرگزند
به موبد چنین گفت پس شهریار	که دل رابه نیرنگ رنجه مدار
سخن جز به یزدان و از دین مگوی	ز نیرنگ جادو شگفتی مجوی
بدو گفت زروان انوشه بدی	خرد را به گفتار توشه بدی
ز جادو سخن هرچ گویند هست	نداند جز از مرد جادوپرست
اگر خوردنی دارد از شیر بهر	پدیدار گرداند از دور زهر
چو بشنید نوشین‌روان این سخن	برو تازه شد روزگار کهن
ز مهبود و هر دو پسر یاد کرد	برآورد بر لب یکی باد سرد
به ز روان نگه کرد و خامش بماند	سبک با ره گامزن را براند
روانش ز اندیشه پر دود بود	که زروان بداندیش مهبود بود
همی‌گفت کین مرد ناسازگار	ندانم چه کرد اندران روزگار
که مهبود بردست ماکشته شد	چنان دوده را روز برگشته شد
مگر کردگار آشکارا کند	دل و مغز ما را مدارا کند
که آلوده بینم همی زو سخن	پر از دردم از روزگار کهن
همی‌رفت با دل پر از درد وغم	پرآژنگ رخ دیدگان پر ز نم
به منزل رسید آن زمان شهریار	سراپرده زد بر لب جویبار
چو زروان بیامد به پرده سرای	ز بیگانه پردخت کردند جای
ز جادو سخن رفت وز شهد و شیر	بدو گفت شد این سخن دلپذیر
ز مهبود زان پس بپرسید شاه	ز فرزند او تا چرا شد تباه
چو پاسخ ازو لرز لرزان شنید	ز زروان گنهکاری آمد پدید
بدو گفت کسری سخن راست گوی	مکن کژی و هیچ چاره مجوی
که کژی نیارد مگر کار بد	دل نیک بد گردد از یار بد

سراسر سخن راست زروان بگفت / نهفته پدید آورید از نهفت
گنه یک سر افگند سوی جهود / تن خویش راکرد پر درد و دود
چو بشنید زو شهریار بلند / هم اندر زمان پای کردش ببند
فرستاد نزد مشعبد جهود / دواسبه سواری به کردار دود
چوآمد بدان بارگاه بلند / بپرسید زو نرم شاه بلند
که این کار چون بود با من بگوی / بدست دروغ ایچ منمای روی
جهود از جهاندار زنهار خواست / که پیداکند راز نیرنگ راست
بگفت آنچ زروان بدو گفته بود / سخن هرچ اندر نهان رفته بود
جهاندار بشنید خیره بماند / رد و موبد و مرزبان را بخواند
دگر باره کرد آن سخن خواستار / به پیش ردان دادگر شهریار
بفرمود پس تا دو دار بلند / فروهشته از دار پیچان کمند
بزد مرد دژخیم پیش درش / نظاره بروبر همه کشورش
به یک دار زروان و دیگر جهود / کشنده برآهخت و تندی نمود
بباران سنگ و بباران تیر / بدادند سرها به نیرنگ شیر
جهان را نباید سپردن ببد / که بر بد گمان بی‌گمان بد رسد
ز خویشان مهبود چندی بجست / کزیشان بیابد کسی تندرست
یکی دختری یافت پوشیده‌روی / سه مرد گرانمایه و نیک‌خوی
همه گنج زروان بدیشان نمود / دگر هرچ آن داشت مرد جهود
روانش ز مهبود بریان شدی / شب تیره تا روز گریان بدی
ز یزدان همی‌خواستی زینهار / همی‌ریختی خون دل برکنار
به درویش بخشید بسیار چیز / زبانی پر از آفرین داشت نیز
که یزدان گناهش ببخشد مگر / ستمگر نخواند ورا دادگر
کسی کو بود پاک و یزدان پرست / نیازد به کردار بد هیچ دست
که گرچند بد کردن آسان بود / به فرجام زو جان هراسان بود
اگر بد دل سنگ خارا شود / نماند نهان آشکارا شود
وگر چند نرمست آواز تو / گشاده شود زو همه راز تو
ندارد نگه راز مردم زبان / همان به که نیکی کنی درجهان
چو بیرنج باشی و پاکیزه‌رای / ازو بهره یابی به هر دو سرای
کنون کار زروان و مرد جهود / سرآمد خرد را بباید ستود

اگر دادگر باشی و سرفراز / نمانی و نامت بماند دراز
تن خویش را شاه بیدادگر / جز از گور و نفرین نیارد به سر
اگر پیشه دارد دلت راستی / چنان دان که گیتی بیاراستی
چه خواهی ستایش پس ازمرگ تو / خرد باید این تاج و این ترگ تو
چنان کز پس مرگ نوشین‌روان / ز گفتار من داد او شد جوان
ازان پس که گیتی بدوگشت راست / جز از آفرین در بزرگی نخواست
بخفتند در دشت خرد و بزرگ / به آبشخور آمد همی میش وگرگ
مهان کهتری را بیاراستند / به دیهیم بر نام او خواستند
بیاسود گردن ز بند زره / ز جوشن گشادند گردان گره
ز کوپال وخنجر بیاسود دوش / جز آواز رامش نیامد به گوش
کسی را نبد با جهاندار تاو / بپیوست با هرکسی باژ و ساو
جهاندار دشواری آسان گرفت / همه ساز نخچیر و میدان گرفت
نشست اندر ایوان گوهرنگار / همی رای زد با می ومیگسار
یکی شارستان کرد به آیین روم / فزون از دو فرسنگ بالای بوم
بدو اندرون کاخ و ایوان و باغ / به یک دست رود و به یک دست راغ
چنان بد بروم اندرون پادشهر / که کسری بپیمود و برداشت بهر
برآورد زو کاخهای بلند / نبد نزد کس درجهان ناپسند
یکی کاخ کرد اندران شهریار / بدو اندر ایوان گوهرنگار
همه شوشه‌ی طاقها سیم و زر / بزر اندرون چند گونه گهر
یکی گنبد از آبنوس وز عاج / به پیکر ز پیلسته و شیز و ساج
ز روم وز هند آنک استاد بود / وز استاد خویشش هنر یاد بود
ز ایران وز کشور نیمروز / همه کارداران گیتی‌فروز
همه گرد کرد اندران شارستان / که هم شارستان بود و هم کارستان
اسیران که از بربر آورده بود / ز روم وز هر جای کازرده بود
وزین هر یکی را یکی خانه کرد / همه شارستان جای بیگانه کرد
چو از شهر یک سر بپرداختند / بگرد اندرش روستا ساختند
بیاراست بر هر سویی کشتزار / زمین برومند و هم میوه دار
ازین هریکی را یکی کار داد / چوتنها بد از کارگر یار داد
یکی پیشه کار و دگر کشت ورز / یکی آنک پیمود فرسنگ و مرز

چه بازارگان و چه یزدان‌پرست
یکی سرفراز و دگر زیردست

بیاراست آن شارستان چون بهشت
ندید اندرو چشم یک جای زشت

ورا سورستان کرد کسری به نام
که درسور یابد جهاندار کام

جز از داد و آباد کردن جهان
نبودش به دل آشکار و نهان

زمانه چو او را ز شاهی ببرد
همه تاج دیگر کسی را سپرد

چنان دان که یک سر فریبست و بس
بلندی وپستی نماند بکس

کنون جنگ خاقان و هیتال گیر
چو رزم آیدت پیش کوپال گیر

چه گوید سخنگوی باآفرین
ز شاه وز هیتال وخاقان چین

رزم خاقان چین با هیتالیان

چنین گفت پرمایه دهقان پیر
سخن هرچ زو بشنوی یادگیر

که از نامداران با فر و داد
ز مردان جنگی به فر ونژاد

چوخاقان چینی نبود از مهان
گذشته ز کسری بگرد جهان

همان تا لب رود جیحون ز چین
برو خواندندی بداد آفرین

سپهدار با لشکر و گنج و تاج
بگلزریون بودزان روی چاج

سخنهای کسری به گرد جهان
پراگنده شد درمیان مهان

به مردی و دانایی و فرهی
بزرگی وآیین شاهنشهی

خردمند خاقان بدان روزگار
همی دوستی جست با شهریار

یکی چند بنشست با رای‌زن
همه نامداران شدند انجمن

بدان دوستی را همی جای جست
همان از رد و موبدان رای جست

یکی هدیه آراست پس بی‌شمار
همه یاد کرد از در شهریار

ز اسبان چینی و دیبای چین
ز تخت وز تاج وز تیغ و نگین

طرایف که باشد به چین اندرون
بیاراست از هر دری برهیون

ز دینار چینی ز بهر نثار
به گنجور فرمود تا سی هزار

بیاورد و با هدیه‌ها یار کرد
دگر را همه بار دینار کرد

سخنگوی مردی بجست از مهان
خردمند و گردیده گرد جهان

بفرمود تا پیش اوشد دبیر	ز خاقان یکی نامه‌ای بر حریر
نبشتند برسان ارژنگ چین	سوی شاه با صد هزار آفرین
گذر مرد را سوی هیتال بود	همه ره پر از تیغ و کوپال بود
ز سغد اندرون تا به جیحون سپاه	کشیده رده پیش هیتال شاه
گوی غاتفر نام سالارشان	به جنگ اندورن نامبردارشان
چو آگه شد از کار خاقان چین	وزان هدیه‌ی شهریار زمین
ز لشکر جهاندیده گان را بخواند	سخن سر به سر پیش ایشان براند
چنین گفت با سرکشان غاتفر	که مارا بدآمد ز اختر به سر
اگر شاه ایران و خاقان چین	بسازند وز دل کنند آفرین
هراسست زین دوستی بهر ما	برین روی ویران شود شهرما
بباید یکی تاختن ساختن	جهان از فرستاده پرداختن
زلشکر یکی نامور برگزید	سرافراز جنگی چنانچون سزید
بتاراج داد آن همه خواسته	هیونان واسبان آراسته
فرستاده را سر بریدند پست	ز ترکان چینی سواری نجست
چوآگاهی آمد به خاقان چین	دلش گشت پر درد و سر پر ز کین
سپه را ز قجغارباشی براند	به چین وختن نامداری نماند
ز خویشان ارجاسب وافراسیاب	نپرداخت یک تن به آرام و خواب
برفتند یکسر به گلزریون	همه سر پر از خشم و دل پر زخون
سپهدار خاقان چین سنجه بود	همی به آسمان بر زد از خاک دود
ز جوش سواران به چاچ اندرون	چو خون شد به رنگ آب گلزریون
چو آگاه شد غاتفر زان سخن	که خاقان چینی چه افگند بن
سپاهی ز هیتالیان برگزید	که گشت آفتاب ازجهان ناپدید
زبلخ وز شگنان و آموی و زم	سلیح وسپه خواست و گنج درم
ز سومان وز ترمذ و ویسه گرد	سپاهی برآمد زهرسوی گرد
ز کوه و بیابان وز ریگ و شخ	بجوشید لشکر چو مور و ملخ
چو بگذشت خاقان برود برک	توگفتی همی تیغ بارد فلک
سپاه انجمن کرد بر مای و مرغ	سیه گشت خورشید چون پر چرغ
ز بس نیزه وتیغهای بنفش	درفشیدن گونه گونه درفش
به خارا پر از گرد وکوپال بود	که لشکرگه شاه هیتال بود

1550

بشد غاتفر با سپاهی چو کوه / ز هیتال گرد آور دیده گروه
چو تنگ اندرآمد ز هر سو سپاه / ز تنگی ببستند بر باد راه
درخشیدن تیغهای سران / گراییدن گرزهای گران
توگفتی که آهن زبان داردی / هوا گرز را ترجمان داردی
یکی باد برخاست و گردی سیاه / بشد روشنایی ز خورشید و ماه
کشانی وسغدی شدند انجمن / پر از آب رو کودک و مرد وزن
که تا چون بود کارآن رزمگاه / کرا بردهد گردش هور وماه
یکی هفته آن لشکر جنگجوی / بروی اندر آورده بودند روی
به هر جای برتوده‌ای کشته بود / ز خون خاک وسنک ارغوان گشته بود
ز بس نیزه و گرز و کوپال و تیغ / توگفتی همی سنگ بارد ز میغ
نهان شد بگرد اندرون آفتاب / پر از خاک شد چشم پران عقاب
بهشتم سوی غاتفر گشت گرد / سیه شد جهان چوشب لاژورد
شکست اندر آمد به هیتالیان / شکستی که بستنش تا سالیان
ندیدند وهرکس کزیشان بماند / به دل در همی نام یزدان بخواند
پراگنده بر هر سویی خسته بود / همه مرز پرکشته وبسته بود
همی این بدان آن بدین گفت جنگ / ندیدیم هرگز چنین با درنگ
همانا نه مردم بدند آن سپاه / نشایست کردن بدیشان نگاه
به چهره همه دیو بودند و دد / به دل دور ز اندیشه نیک و بد
ز ژوپین وز نیزه و گرز و تیغ / توگفتی ندانند راه گریغ
همه چهره‌ی اژدها داشتند / همه نیزه بر ابر بگذاشتند
همه چنگهاشان بسان پلنگ / نشد سیر دلشان توگویی ز جنگ
یکی زین ز اسبان نبرداشتند / بخفتند و بر برف بگذاشتند
خورش بارگی راهمه خار بود / سواری بخفتی دو بیدار بود
نداریم ما تاب خاقان چین / گذر کرد باید به ایران زمین
گر ای دون که فرمان برد غاتفر / ببندد به فرمان کسری کمر
سپارد بدو شهر هیتال را / فرامش کند گرز و کوپال را
وگرنه خود از تخمه‌ی خوشنواز / گزینیم جنگاوری سرفراز
که اوشاد باشد بنوشین‌روان / بدو دولت پیر گردد جوان
بگوید بدو کار خاقان چین / جهانی بروبر کنند آفرین

که با فر و برزست و بخش و خرد / همی راستی را خرد پرورد
نهادست بر قیصران باژ و ساو / ندارند با او کسی زور و تاو
ز هیتالیان کودک و مرد وزن / برین یک سخن برشدند انجمن
چغانی گوی بود فرخ‌نژاد / جهانجوی پر دانش و بخش و داد
خردمند و نامش فغانیش بود / که با گنج و با لشکر خویش بود
بزرگان هیتال وخاقان چین / به شاهی برو خواندند آفرین
پس آگاهی آمد به شاه بزرگ / ز خاقان که شد نامدار سترگ
ز هیتال و گردان آن انجمن / که آمد ز خاقان بریشان شکن
ز شاه چغانی که با بخت نو / بیامد نشست از بر تخت نو
پراندیشه بنشست شاه جهان / ز گفتار بیدار کارآگهان
به ایوان بیاراست جای نشست / برفتند گردان خسروپرست
ابا موبد موبدان اردشیر / چوشاپور وچون یزدگرد دبیر
همان بخردان نماینده راه / نشستند یک سر بر تخت شاه
چنین گفت کسری که ای بخردان / جهان گشته و کار دیده ردان
یکی آگهی یافتم ناپسند / سخنهای ناخوب و ناسودمند
ز هیتال وز ترک وخاقان چین / وزان مرزبانان توران زمین
بی اندازه لشکر شدند انجمن / ز چاچ وز چین وز ترک و ختن
یکی هفته هیتال با ترک و چین / ز اسبان نبرداشتند ایچ زین
به فرجام هیتال برگشته شد / دو بهره مگر خسته و کشته شد
بدان نامداری که هیتال بود / جهانی پر از گرز وکوپال بود
شگفتست کمد بریشان شکست / سپهبد مباد ایچ با رای پست
اگر غاتفر داشتی نام و رای / نبردی سپهر آن سپه را ز جای
چوشد مرز هیتالیان پر ز شور / بجستند از تخم بهرام گور
نو آیین یکی شاه بنشاندند / به شاهی برو آفرین خواندند
نشستست خاقان بدان روی چاج / سرافراز با لشگر و گنج تاج
ز خویشان ارجاسب و افراسیاب / جز از مرز ایران نبینند به خواب
ز پیروزی لشکر غاتفر / همی‌برفرازد به خورشید سر
سزد گر نباشیم همداستان / که خاقان نخواند چنین داستان
که تا آن زمین پادشاهی مراست / که دارند ازو چینیان پشت راست

همه زیردستان از ایشان به رنج سپرده بدیشان زن و مرد و گنج
چه بینید یکسر کنون اندرین چه سازیم با ترک وخاقان چین
بزرگان داننده برخاستند همه پاسخش را بیاراستند
گرفتند یک سر برو آفرین که ای شاه نیک اختر و پاکدین
همه مرز هیتال آهرمنند دورویند واین مرز را دشمنند
بریشان سزد هرچ آید ز بد هم از شاه گفتار نیکو سزد
ازیشان اگر نیستی کین و درد جز از خون آن شاه آزادمرد
بکشتند پیروز را ناگهان چنان شهریاری چراغ جهان
مبادا که باشند یک روز شاد که هرگز نخیزد ز بیداد داد
چنینست بادافره دادگر همان بدکنش را بد آید به سر
ز خاقان اگر شاه راند سخن که دارد به دل کین و درد کهن
سزد گر ز خویشان افراسیاب بدآموز دارد دو دیده پرآب
دگر آنک پیروز شد دل گرفت اگر زو بترسی نباشد شگفت
ز هیتال وز لشکر غاتفر مکن یاد وتیمار ایشان مخور
ز خویشان ارجاسب و افراسیاب زخاقان که بنشست ازان روی آب
به روشن روان کار ایشان بساز تویی درجهان شاه گردن فراز
فروغ از تو گیرد روان و خرد انوشه کسی کو روان پرورد
تو داناتری از بزرگ انجمن نبایدت فرزانه و رای زن
تو را زیبد اندر جهان تاج وتخت که با فر و برزی و با رای و بخت
اگر شاه سوی خراسان شود ازین پادشاهی هراسان شود
هرآن گه که بینند بی‌شاه بوم زمان تا زمان لشکر آید ز روم
از ایرانیان باز خواهند کین نماند بروبوم ایران زمین
نه کس پای برخاک ایران نهاد نه زین پادشاهی ببد کرد یاد
اگر شاه را رای کینست وجنگ ازو رام گردد به دریا نهنگ
چو بشنید ز ایرانیان شهریار ز بزم وز پرخاش وز کارزار
کسی را نبد گرد رزم آرزوی به بزم و بناز اندرون کرده خوی
بدانست شاه جهان کدخدای که اندر دل بخردان چیست رای
چنین داد پاسخ که یزدان سپاس کزو دارم اندر دو گیتی هراس
که ایشان نجستند جز خواب وخورد فراموش کردند گرد نبرد

شما را بر آسایش و بزمگاه
گران شد چنینتان سر از رزمگاه

تن آسان شود هرک رنج آورد
ز رنج تنش باز گنج آورد

به نیروی یزدان سرماه را
بسیجیم یک سر همه راه را

به سوی خراسان کشم لشکری
بخواهم سپاهی ز هرکشوری

جهان از بدان پاک بی‌خوکنم
بداد ودهش کشوری نو کنم

همه نامداران فروماندند
به پوزش برو آفرین خواندند

که ای شاه پیروز با فر و داد
زمانه به دیدار توشاد باد

همه نامداران تو را بنده‌ایم
به فرمان و رایت سرافگنده‌ایم

هرآنگه که فرمان دهد کارزار
نبیند ز ما کاهلی شهریار

ازان پس چو بنشست با رای‌زن
بزرگان وکسری شدند انجمن

همی‌بود ازین گونه تا ماه نو
برآمد نشست از برگاه نو

تو گفتی که جامی ز یاقوت زرد
نهادند بر چادر لاژورد

بدیدند بر چهره‌ی شاه ماه
خروشی برآمد ز درگاه شاه

چو برزد سر از کوه رخشان چراغ
زمین شد به کردار زرین جناغ

خروش آمد و ناله‌ی گاو دم
ببستند بر پیل رویینه خم

دمادم به لشکر گه آمد سپاه
تبیره زنان برگرفتند راه

بدرگاه شد یزدگرد دبیر
ابا رای‌زن موبد اردشیر

نبشتند نامه به هر کشوری
بهر نامداری و هرمهتری

که شد شاه با لشکر از بهر رزم
شما کهتری را مسازید بزم

بفرمود نامه بخاقان چین
فغانیش راهم بکرد آفرین

یکی لشکری از مداین براند
که روی زمین جز بدریا نماند

زمین کوه تاکوه یک سر سپاه
درفش جهاندار بر قلبگاه

یکی لشکری سوی گرگان کشید
که گشت آفتاب از جهان ناپدید

بیاسود چندی ز بهر شکار
همی‌گشت درکوه و در مرغزار

بسغد اندرون بود خاقان که شاه
به گرگان همی رای زد با سپاه

ز خویشان ارجاسب و افراسیاب
شده سغد یکسر چو دریای آب

همی‌گفت خاقان سپاه مرا
زمین برنتابد کلاه مرا

از ایدر سپه سوی ایران کشیم
وز ایران به دشت دلیران کشیم

همه خاک ایران به چین آوریم
همان تازیان را بدین آوریم

نمانم که کس تاج دارد نه تخت — نه اورنگ شاهی نه از تخت بخت
همی‌بود یک چند باگفت وگوی — جهانجوی با لشکری جنگجوی

پیام فرستادن خاقان چین به کسری

چنین تا بیامد ز شاه آگهی — کز ایران بجنبید با فرهی
وزان به خت پیروزی و دستگاه — ز دریا به دریا کشیده سپاه
بپیچید خاقان چو آگاه شد — به رزم اندرون راه کوتاه شد
به اندیشه بنشست با رای‌زن — بزرگان لشکر شدند انجمن
سپهدار خاقان به دستور گفت — که این آگهی خوار نتوان نهفت
شنیدم که کسری به گرگان رسید — همه روی کشور سپه گسترید
ندارد همانا ز ما آگاهی — وگر تارک از رای دارد تهی
ز چین تا به جیحون سپاه منست — جهان زیر فر کلاه منست
مرا پیش او رفت باید به جنگ — بپوشد درم آتش نام وننگ
گماند کزو بگذری راه نیست — و گر در زمانه جز او شاه نیست
بیاگاهد اکنون چومن جنگجوی — شوم با سواران چین پیش اوی
خردمند مردی به خاقان چین — چنین گفت کای شهریار زمین
تو با شاه ایران مکن رزم یاد — مده پادشاهی و لشکر به باد
ز شاهان نجوید کسی جای اوی — مگر تیره باشد دل و رای اوی
که با فر او تخت را شاه نیست — بدیدار او در فلک ماه نیست
همی باژ خواهد ز هند وز روم — ز جایی که گنجست و آباد بوم
خداوند تاجست و زیبای تخت — جهاندار و بیدار و پیروز بخت
چوبشنید خاقان ز موبد سخن — یکی رای شایسته افگند بن
چنین گفت با کاردان راه‌جوی — که این را چه بیند خردمند روی
دوکارست پیش اندرون ناگزیر — که خامش نشاید بدن خیره خیر
که آن را به پایان جز از رنج نیست — به از بر پراگندن گنج نیست
ز دینار پوشش نیاید نه خورد — نه گستردنی روز ننگ و نبرد

بدو ایمنی باید و خوردنی همان پوشش و نغز گستردنی
هرآنکس که از بد هراسان شود درم خوار گیرد تن آسان شود
ز لشکر سخنگوی ده برگزید که دانند گفتار دانا شنید
یکی نامه بنبشت با آفرین سخندان چینی چو ار تنگ چین
برفت آن خرد یافته ده سوار نهان پرسخن تا درشهریار
به کسری چو برداشتند آگهی بیاراست ایوان شاهنشهی
بفرمود تا پرده برداشتند ز درگاهشان شاد بگذاشتند
برفتند هر ده برشهریار ابا نامه و هدیه و با نثار
جهاندار چون دید بنواختشان ز خاقان بپرسید و بنشاختشان
نهادند سر پیش او بر زمین بدادند پیغام خاقان چین
به چینی یکی نامه‌ای برحریر فرستاده بنهاد پیش دبیر
دبیر آن زمان نامه خواندن گرفت همه انجمن ماند اندر شگفت
سر نامه بود از نخست آفرین ز دادار بر شهریار زمین
دگر سر فرازی و گنج و سپاه سلیح وبزرگی نمودن به شاه
سه دیگر سخن آنک فغفور چین مراخواند اندر جهان آفرین
مرا داد بی‌آرزو دخترش نجویند جز رای من لشکرش
وزان هدیه کز پیش نزدیک شاه فرستاد وهیتال بستد ز راه
بران کینه رفتم من از شهر چاج که بستانم از غاتفر گنج وتاج
بدان گونه رفتم ز گلزریون که شد لعلگون آب جیحون ز خون
چو آگاهی آمد به ماچین و چین بگوینده برخواندیم آفرین
ز پیروزی شاه ومردانگی خردمندی و شرم و فرزانگی
همه دوستی بودی اندرنهان که جوییم باشهریار جهان
چو آن نامه بشنید و گفتار اوی بزرگی ومردی وبازار اوی
فرستاده راجایگه ساختند ستودند بسیار و بنواختند
چو خوان ومی آراستی میگسار فرستاده راخواستی شهریار
ببودند یک ماه نزدیک شاه به ایوان بزم و به نخچیرگاه
یکی بارگه ساخت روزی به دشت ز گردسواران هوا تیره گشت
همه مرزبانان زرین کمر بلوچی و گیلی به زرین سپر
سراسر بدان بارگاه آمدند پرستنده نزدیک شاه آمدند

چوسیصدز پیلان زرین ستام — ببردند وشمشیر زرین نیام
درخشیدن تیغ و ژوپین وخشت — توگویی که زر اندر آهن سرشت
بدیبا بیاراسته پشت پیل — بدو تخت پیروزه هم رنگ نیل
زمین پرخروش وهوا پر ز جوش — همی کر شد مردم تیزگوش
فرستاده‌ی بردع وهند و روم — ز هر شهریاری ز آباد بوم
ز دشت سواران نیزه گزار — برفتند یک سر سوی شهریار
به چینی نمود آنک شاهی کراست — ز خورشید تا پشت ماهی کراست
هوا پر شد از جوش گرد سوار — زمین پرشد از آلت کار زار
به دشت اندر آورد گه ساختند — سواران جنگی همی‌تاختند
به کوپال و تیغ و بتیر و کمان — بگشتند گردنکشان یک زمان
همه دشت ژوپین‌زن و نیزه‌دار — به یک سو پیاده به یک سو سوار
فرستاده‌گان را ز هر کشوری — ز هر نامداری و هر مهتری
شگفت آمد از لشکر و ساز اوی — همان چهره و نام وآواز اوی
فرستادگان یک به دیگر به راز — بگفتند کین شاه گردن‌فراز
هنر جوید وهیچ پیچد عنان — به کردار پیکر نماید سنان
هنرگرد نمودی به ما شهریار — ازو داشتی هر یکی یادگار
چو هریک برفتی برشاه خویش — سخن داشتی یارهمراه خویش
بگفتی که چون شاه نوشین‌روان — بدیده نبینند پیر و جوان
سخن هرچ گفتند اندر نهان — بگفتند با شهریار جهان
به گنجور فرمود پس شهریار — که آرد به دشت آلت کارزار
بیاورد خفتان وخود و زره — بفرمود تا برگشاید گره
گشاده برون کرد زورآزمای — نبرداشتی جوشن او زجای
همان خود و خفتان و کوپال اوی — نبرداشتی جز بر و یال اوی
کمانکش نبودی به لشکر چنوی — نه ازنامداران چنان جنگجوی
به آوردگه رفت چون پیل مست — یکی گرزه گاو پیکر به دست
به زیر اندرون با ره‌ی گامزن — ز بالای او خیره شد انجمن
خروش آمد و ناله کرنای — هم از پشت پیلان جرنگ درای
تبیره زنان پیش بردند سنج — زمین آمد از سم اسبان به رنج
شهنشاه با خود و گبر و سنان — چپ و راست گردان و پیچان عنان

فرستادگان خواندند آفرین یکایک نهادند سر بر زمین
به ایوان شد از دشت شاه جهان یکایک برفتند با اومهان
بفرمود تا پیش او شد دبیر ابا موبد موبدان اردشیر
به قرطاس برنامه‌ی خسروی نویسنده بنوشت بر پهلوی
قلم چون دو رخ را به عنبر بشست سرنامه کرد آفرین از نخست
بران دادگر کوسپهر آفرید بلندی وتندی و مهر آفرید
همه بنده‌گانیم و او پادشاست خرد برتوانایی او گواست
نفس جز به فرمان اونشمرد پی مور بی او زمین نسپرد
ازو خواستم تا مگر آفرین رساند ز ما سوی خاقان چین
نخست آنک گفتی ز هیتالیان کزان گونه بستند بد را میان
به بیداد برخیره خون ریختند به دام نهاده خود آویختند
اگر بد کنش زور دارد چو شیر نباید که باشد به یزدان دلیر
چوایشان گرفتند راه پلنگ تو پیروز گشتی برایشان به جنگ
و دیگر که گفتی ز گنج و سپاه ز نیروی فغفور و تخت و کلاه
کسی کز بزرگی زند داستان نباشد خردمند همداستان
توتخت بزرگی ندیدی نه تاج شگفت آمدت لشکر و مرز چاج
چنین باکسی گفت باید که گنج نبیند نه لشکر نه رزم و نه رنج
بزرگان گیتی مرا دیده‌اند کسان کم ندیدند بشنیده‌اند
که دریای چین را ندارم بب شود کوه از آرام من درشتاب
سراسر زمین زیر گنج منست کجا آب وخاکست رنج منست
سه دیگر کجا دوستی خواستی به پیوند ما دل بیاراستی
همی بزم جویی مرا نیست رزم نه خرد کسی رزم هرگز به بزم
و دیگر که با نامبردار مرد نجوید خردمند هرگز نبرد
بویژه که خود کرده باشد به جنگ گه رزم جستن نجوید درنگ
بسی دیده باشد گه کارزار نخواهد که رزم آموزگار
دل خویش باید که درجنگ سخت چنان رام دارد که با تاج و تخت
تو را یار بادا جهان آفرین بماناد روشن کلاه و نگین
نهادند برنامه بر مهر شاه بیاراست آن خسروی تاج و گاه
برسم کیان خلعت آراستند فرستاده را پیش اوخواستند

ز پیغام هرچش به دل بود نیز به گفتار بر نامه بفزود نیز
بخوبی برفتند ز ایوان شاه ستایش کنان برگرفتند راه
رسیدند پس پیش خاقان چین سراسر زبانها پر از آفرین
جهاندیده خاقان بپردخت جای بیامد برتخت او رهنمای
فرستاده‌گان راهمه پیش خواند ز کسری فراوان سخنها براند
نخست ازهش و دانش و رای اوی ز گفتار و دیدار و بالای او
دگر گفت چندست با او سپاه ازیشان که دارد نگین و کلاه
ز داد وز بیداد وز کشورش هم از لشکر و گنج وز افسرش
فرستاده گویا زبان برگشاد همه دیدها پیش او کرد یاد
به خاقان چین گفت کای شهریار تواو را بدین زیردستی مدار
بدین روزگاری که ما نزد اوی ببودیم شادان دل و تازه روی
به ایوان رزم و به دشت شکار ندیدیم هرگز چنو شهریار
به بالای سروست و هم زور پیل به بخشندگی همچو دریای نیل
چو برگاه باشد سپهر وفاست به آورد گه هم نهنگ بلاست
اگر تیز گردد بغرد چو ابر از آواز او رام گردد هژبر
وگر می‌گسارد به آواز نرم همی دل ستاند به گفتار گرم
خجسته سرو شست بر گاه و تخت یکی بارور شاخ زیبا درخت
همه شهر ایران سپاه ویند پرستندگان کلاه ویند
چوسازد به دشت اندرون بارگاه نگنجد همی درجهان آن سپاه
همه گرزداران با زیب وفر همه پیشکاران به زرین کمر
ز پیل وز بالا و از تخت عاج ز اورنگ وز یاره و طوق و تاج
کس آیین او راندانند شمار به گیتی جز از دادگر شهریار
اگر دشمنش کوه آهن شود برخشم اوچشم سوزن شود
هرآنکس که سیر آید از روزگار شود تیز وبا او کند کارزار
چوخاقان چین آن سخنها شنید بپژمرد وشد چون گل شنبلید
دلش زان سخنها بدو نیم شد وز اندیشه مغزش پر از بیم شد
پراندیشه بنشست با رای‌زن چنین گفت با نامدار انجمن
که ای بخردان روی این کارچیست پراندیشه وخسته ز آزار کیست
نباید که پیروز گشته به جنگ همه نامها بازگردد به ننگ

ز هرگونه‌ی موبدان خواستند چپ و راست گفتند و آراستند
چنین گفت خاقان که اینست راه که مردم فرستیم نزدیک شاه
به اندیشه در کار پیشی کنیم بسازیم با شاه وخویشی کنیم
پس پرده ما بسی دخترست که برتارک بانوان افسرست
یکی را به نام شهنشه کنیم ز کار وی اندیشه کوته کنیم
چو پیوند سازیم با او به خون نباشد کس اورا به بد رهنمون
بدو نازش وسرفرازی بود وزو بگذری جنگ و بازی بود
ردان را پسند آمد این رای‌شاه به آواز گفتند کاین است راه
ز لشکر سه پرمایه را برگزید که گویند و دانند پاسخ شنید
درگنج دینار بگشاد و گفت که گوهر چرا باید اندر نهفت
اگر نام رابابد و ننگ را وگر بخشش و رزم و آهنگ را
یکی هدیه‌ای ساخت کاندر جهان کسی آن ندید از کهان ومهان

پاسخ نامه کسری ار خاقان چین

دبیر جهاندیده را پیش خواند سخن هرچ بودش به دل در براند
نخست آفرین کرد برکردگار توانا ودانا و پروردگار
خداوند کیوان و خورشید وماه خداوند پیروزی ودستگاه
ز بنده نخواهد جز از راستی نجوید به داد اندرون کاستی
ازو باد برشاه ایران درود خداوند شمشیر و کوپال و خود
خداوند دانایی وتاج وتخت ز پیروزگر یافته کام و بخت
بداند جهاندار خسرونژاد خردمند با سنگ و فرهنگ و راد
که مردم به مردم بوند ارجمند اگر چند باشد بزرگ و بلند
فرستادگان خردمند من که بودند نزدیک پیوند من
ازان بارگه چون بدین بارگاه رسیدند وگفتند چندی ز شاه
ز داد وخردمندی و بخت اوی ز تاج و سرافرازی و تخت اوی
چنان آرزو خاست کز فر تو بباشیم در سایه‌ی پرتو

گرامی‌تو راز خون دل چیز نیست / هنرمند فرزند با دل یکیست
یکی پاک دامن که آهسته‌تر / فزون‌تر بدیدار وشایسته‌تر
بخواهد ز من گر پسند آیدش / همانا که این سودمند آیدش
نباشد جدا مرز ایران ز چین / فزاید ز ما درجهان آفرین
پس اندر نبشتند چینی حریر / ببردند با مهر پیش وزیر
سه مرد گرانمایه وچرب‌گوی / گزین کرد خاقان ز خویشان اوی
برفتند زان بارگاه بلند / به ایران به نزدیک شاه ارجمند
چو بشنید کسری بیاراست تاج / نشست از بر خسروی تخت عاج
سه مرد گرانمایه و هوشمند / رسیدند نزدیک تخت بلند
سه بدره ز دینار چون سی هزار / ببردند و کردند پیشش نثار
ز زرین و سیمین و دیبای چین / درفشان‌تر ازآسمان بر زمین
فرستادگان را چو بنشاختند / به چینی زبان آفرین ساختند
سزاوار ایشان یکی جایگاه / همانگه بیاراست دستور شاه
بگشت اندرین نیز یک شب سپهر / چو برزد سر از کوه تابنده مهر
نشست از برتخت پیروز شاه / ز یاقوت بنهاد بر سر کلاه
بفرمود تاموبد و رای‌زن / برفتند با نامدار انجمن
چنین گفت کان نامه‌ی برحریر / بیارند و بنهند پیش دبیر
همه نامداران نشستند گرد / خرامان بر شاه شد یزدگرد
چو آن نامه بر شاه ایران بخواند / همه انجمن در شگفتی بماند
ز بس خوبی و پوزش وآفرین / که پیدا بد از گفت خاقان چین
همه سرفرازان پرهیزکار / ستایش گرفتند برشهریار
که یزدان سپاس و بدویم پناه / که ننشست یک شاه بر پیشگاه
به پیروزی و فرو اورند شاه / بخوبی ونرمی و پیوند شاه
همه دشمنان پیش تو بنده‌اند / وگر کهتری راسرافگنده‌اند
همه بیم زان لشکر چاچ بود / ز خاقان که با گنج و با تاج بود
به فر شهنشاه شد نیک‌خواه / همی راه جوید به نزدیک شاه
هرآنکس که دارد ز گردان خرد / تن آسانی و راستی پرورد
چودانست خاقان که او تاو شاه / ندارد به پیوند او جست راه
نباید بدین کار کردن درنگ / که کس را ز پیوند اونیست ننگ

ز چین تا بخارا سپاه ویند   همه مهتران نیک خواه ویند
چو بشنید گفتار آن بخردان   بزرگان و بیداردل موبدان
ز بیگانه ایوان بپرداختند   فرستاده را پیش بنشاختند
شهنشاه بسیار بنواختشان   به نزدیکی تخت بنشاختشان
پیام جهاندار بگزاردند   براسب سخن پای بفشاردند
چو بشنید شاه آن سخنهای گرم   ز گردان چینی به آواز نرم
چنین داد پاسخ که خاقان چین   بزرگست و با دانش وآفرین
به فرزند پیوند جوید همی   رخ دوستی را بشوید همی
هرآنکس که دارد روانش خرد   به چشم خرد کارها بنگرد
بسازیم و این رای فرخ نهیم   سخن هرچ گفتست پاسخ دهیم
چنان باید اکنون که خاقان چین   دل ماکند شاد بر به گزین
کسی را فرستم که دارد خرد   شبستان او سر به سر بنگرد
یکی برگزیند که نامی ترست   به خاقان چین برگرامی ترست
ببیند که تا چون بود مادرش   بود از نژاد کیان گوهرش
چواین کرده باشد که کردیم یاد   سخن را به پیوستگی داد داد
فرستادگان خواندند آفرین   که از شاه شادست خاقان چین
که در پرده پوشیده رویان اوی   ز دیدار آنکس نپوشند روی
شهنشاه بشنید ز ایشان سخن   برو تازه شد روزگار کهن

فرستادن انوشیروان مهران ستاد را برای دیدن و آوردن دخت خاقان

نویسنده‌ی نامه را پیش خواند   ز خاقان فراوان سخنها براند
بفرمود تا نامه پاسخ نبشت   گزینده سخنهای فرخ نبشت
نخست آفرین کرد بر کردگار   جهاندار پیروز و پروردگار
به فرمان اویست گیتی به پای   همویست بر نیک و بد رهنمای
کسی راکه خواهد کند ارجمند   ز پستی برآرد به چرخ بلند
دگر مانده اندر بد روزگار   چو نیکی نخواهد بدو کردگار

بهرنیکی از وی شناسم سپاس — وگر بد کنم زو دل اندر هراس
نباید که جان باشد اندر تنم — اگر بیم و امید از و برکنم
رسید این فرستاده‌ی به آفرین — ابا گرم گفتار خاقان چین
شنیدم ز پیوستگی هرچ گفت — ز پاکان که او دارد اندر نهفت
مرا شاد شد دل زپیوند تو — بویژه ز پوشیده فرزند تو
فرستادم اینک یکی هوشمند — که دارد خرد جان او را ببند
بیاید بگوید همه راز من — ز فرجام پیوند و آغاز من
همیشه تن و جانت پرشرم باد — دلت شاد و پشتت به ما گرم باد
نویسنده چون خامه بیکار گشت — بیاراست قرطاس واندر نوشت
همان چون سرشک قلم کرد خشک — نهادند مهری بروبر ز مشک
برایشان یکی خلعت افگند شاه — کزان ماند اندر شگفتی سپاه
گزین کرد کسری خردمند و راد — کجا نام او بود مهران ستاد
ز ایرانیان نامور صد سوار — سخنگوی و شایسته و نامدار
چنین گفت کسری به مهران ستاد — که رو شاد و پیروز با مهر و داد
زبان وگمان بایدت چرب‌گوی — خرد رهنمای ودل آزر مجوی
شبستان او را نگه کن نخست — بد و نیک بایدکه دانی درست
به آرایش چهره و فر و زیب — نباید که گیرندت اندر فریب
پس پرده‌ی او بسی درخترست — که با فر و بالا و با افسرست
پرستار زاده نیاید به کار — اگر چند باشد پدر شهریار
نگر تا کدامست با شرم و داد — به مادر که دارد ز خاتون نژاد
نبیره جهاندار فغفور چین — ز پشت سپهدار خاقان چین
اگر گوهرتن بود با نژاد — جهان زو شود شاد او نیز شاد
چوبشنید مهران ستاد این ز شاه — بسی آفرین کرد بر تاج و گاه
برفت از بر گاه گیتی‌فروز — به فرخنده فال و بخرداد روز
به خاقان چین آگهی شد که شاه — فرستاده مهران ستاد و سپاه
چوآمد به نزدیک خاقان چین — زمین را ببوسید و کرد آفرین
جهانجوی چون دید بنواختش — یکی نامور جایگه ساختش
ازان کارخاقان پراندیشه گشت — به سوی شبستان خاتون گذشت
سخنهای نوشین‌روان برگشاد — ز گنج وز لشکر بسی کرد یاد

بدو گفت کین شاه نوشین‌روان	جوانست و بیدار و دولت جوان
یکی دختری داد باید بدوی	که ما را فزاید بدو آبروی
تو را در پس پرده یک دخترست	کجا بر سر بانوان افسرست
مرا آرزویست از مهر اوی	که دیده نبردارم از چهر اوی
چهارست نیز از پرستندگان	پرستار و بیداردل بندگان
از ایشان یکی را سپارم بدوی	برآسایم از جنگ وز گفت و گوی
بدو گفت خاتون که با رای تو	نگیرد کس اندر جهان جای تو
برین گونه یک شب بپیمود خواب	چنین تا برآمد ز کوه آفتاب
بیامد بدر گاه مهران ستاد	برتخت او رفت و نامه بداد
چو آن نامه برخواند خاقان چین	ز پیمان بخندید وز به گزین
کلید شبستان بدو داد و گفت	برو تا کرا بینی اندر نهفت
پرستار با او بیامد چهار	که خاقان بدیشان بدی استوار
چو مهران ستاد آن سخنها شنید	بیاورد با استواران کلید
درحجره بگشاد و اندر شدند	پرستندگان داستانها زدند
که آن راکه اکنون تو بینی بداد	ستاره ندیدست و خورشید و باد
شبستان بهشتی شد آراسته	پر از ماه و خورشید و پرخواسته
پری چهره بر گاه بنشست پنج	همه برسران تاج و در زیر گنج
مگر دخت خاتون که افسر نداشت	همان یاره وطوق وگوهرنداشت
یکی جامه‌ی کهنه بد بر برش	کلاهی زمشک ایزدی بر سرش
ز گرده برخ برنگارش نبود	جز آرایش کردگارش نبود
یکی سرو بد بر سرش ماه نو	فروزان ز دیدار او گاه نو
چو مهران ستاد اندرو بنگرید	یکی را بدیدار چون او ندید
بدانست بینادل رای راد	که دورند خاقان وخاتون ز داد
به دستار ودستان همی چشم اوی	بپوشید وزان تازه شد خشم اوی
پرستنده را گفت نزدیک شاه	فراوان بود یاره و تاج و گاه
من این را که بی‌تاج و آرایشست	گزیدم که این اندر افزایشست
به رنج از پی به گزین آمدم	نه از بهر دیبای چین آمدم
بدو گفت خاتون که ای مرد پیر	نگویی همی یک سخن دلپذیر
تو آن را با فر و زیبست و رای	دل فروز گشته رسیده به جای

به بالای سرو و برخ چون بهار بداند پرستیدن شهریار
همی کودکی نارسیده به جای برو برگزینی نه ای پاکرای
چنین پاسخ آورد مهران ستاد که خاقان اگر سر بپیچد ز داد
بداند که شاه جهان کدخدای بخواند مرا نیز ناپاک رای
من این را پسندم که بی‌تخت عاج ندارد ز بن یاره وطوق وتاج
اگر مهتران این نبینند رای چوفرمان بود باز گردم به جای
نگه کرد خاقان به گفتار اوی شگفت آمدش رای وکردار اوی
بدانست کان پیر پاکیزه مغز بزرگست و شاسیته کار نغز
خردمند بنشست با رای‌زن بپالود زایوان شاه انجمن
چو پردخته شد جایگاه نشست برفتند با زیج رومی بدست
ستاره شناسان و کندآوران هرآنکس که بودند ز ایشان سران
بفرمود تا هر کرا بود مهر بجستند یک سر شمار سپهر
همی‌کرد موبد به اختر نگاه زکردار خاقان و پیوند شاه
چنین گفت فرجام کای شهریار دلت را ببد هیچ رنجه مدار
که این کار جز بر بهی نگذرد ببد رای دشمن جهان نسپرد
چنینست راز سپهر بلند همان گردش اختر سودمند
کزین دخت خاقان وز پشت شاه بیاید یکی شاه زیبای گاه
برو شهریاران کنند آفرین همان پرهنر سرفرازان چین
چو بشنید خاقان دلش گشت خوش بخندید خاتون خورشیدفش
چو از چاره دلها بپرداختند فرستاده را پیش بنشاختند
بگفتند چیزی که بایست گفت ز فرزند خاتون که بد در نهفت
بپذرفت مهران ستاد از پدر به نام شهنشاه پیروزگر
میانجی بپذرفت خاقان به داد همان راکه دارد ز خاتون نژاد
پرستندگان با نثار آمدند به شادی بر شهریار آمدند
وزان پس یکی گنج آراسته بدو در ز هر گونه‌ای خواسته
ز دینار و ز گوهر و طوق و تاج همان مهر پیروزه و تخت عاج
یکی دیگر ازعود هندی به زر برو بافته چند گونه گهر
ابا هر یکی افسری شاهوار صد اسب و صد استر به زین و به بار
شتر بارکرده ز دیبای چین بیاراسته پشت اسبان به زین

چهل را ز دیبای زربفت گون ‌‌ کشیده زبر جد به زر اندرون
صد اشتر ز گستردنی بار کرد ‌‌ پرستنده سیصد پدیدار کرد
همی‌بود تاهرکسی برنشست ‌‌ برآیین چین با درفشی بدست
بفرمود خاقان پیروزبخت ‌‌ که بنهند برکوهه‌ی پیل تخت
برو بافته شوشه‌ی سیم و زر ‌‌ به شوشه درون چند گونه گهر
درفشی درفشان به دیبای چین ‌‌ که پیدا نبودی ز دیبا زمین
به صد مردش از جای برداشتند ‌‌ ز هامون به گردون برافراشتند
ز دیبا بیاراست مهدی به زر ‌‌ به مهد اندرون نابسوده گهر
چو سیصد پرستار با ماهروی ‌‌ برفتند شادان‌دل و راه‌جوی
فرستاد فرزند را نزد شاه ‌‌ سپاهی همی‌رفت با او به راه
پرستنده پنجاه و خادم چهل ‌‌ برو برگذشتند شادان به دل
چوپردخته شد زان بیامد دبیر ‌‌ بیاورد مشک و گلاب وحریر
یکی نامه بنوشت ار تنگ‌وار ‌‌ پر آرایش و بوی و رنگ و نگار
نخستین ستود آفریننده را ‌‌ جهاندار و بیدار و بیننده را
که هرچیز کو سازد اندر بوش ‌‌ بران سو بود بندگان را روش
شهنشاه ایران مرا افسرست ‌‌ نه پیوند او از پی دخترست
که تامن شنیدستم از بخردان ‌‌ بزرگان و بیدار دل موبدان
ز فر و بزرگی و اورند شاه ‌‌ بجستم همی رای و پیوند شاه
که اندر جهان سر به سر دادگر ‌‌ جهاندار چون او نبندد کمر
به مردی و پیروزی و دستگاه ‌‌ به فر و بنیرو و تخت و کلاه
به رادی و دانش به رای وخرد ‌‌ ورا دین یزدان همی‌پرورد
فرستادم اینک جهان بین خویش ‌‌ سوی شاه کسری به آیین خویش
بفرموده‌ام تا بود بنده‌وار ‌‌ چوشاید پس پرده‌ی شهریار
خردگیرد از فر و فرهنگ اوی ‌‌ بیاموزد آیین وآهنگ اوی
که بخت وخرد رهنمون تو باد ‌‌ بزرگی ودانش ستون تو باد
نهادند مهر از بر مشک چین ‌‌ فرستاده را داد و کرد آفرین
یکی خلعت از بهر مهران ستاد ‌‌ بیاراست کان کس ندارد به یاد
که دادی کسی از مهان جهان ‌‌ فرستاده را آشکار ونهان
همان نیز یارانش را هدیه داد ‌‌ ز دینار وز مشکشان کرد شاد

همی‌رفت با دختر وخواسته / سواران و پیلان آراسته
چنین تا لب رود جیحون کشید / به مژگان همی از دلش خون کشید
همی‌بود تا رود بگذاشتند / ز خشکی بران روی برداشتند
ز جیحون دلی پر ز خون بازگشت / ز فرزند با درد انباز گشت
چو آگاهی آمد ز مهران ستاد / همی هر کس آن مرده را هدیه داد
یکایک همی‌خواندند آفرین / ابرشاه ایران وسالار چین
دلی شاد با هدیه و با نثار / همه مهربان و همه دوستار
ببستند آذین به شهر و به راه / درم ریختند از بر تخت شاه
به آموی و راه بیابان مرو / زمین بود یک سر چو پر تذرو
چنین تا به بسطام وگرگان رسید / تو گفتی زمین آسمان را ندید
زآیین که بستند بر شهر و دشت / براهی که لشکر همی‌برگذشت
وز ایران همه کودک و مرد و زن / به راه بت چین شدند انجمن
ز بالا بر ایشان گهر ریختند / به پی زعفران و درم بیختند
برآمیخته طشتهای خلوق / جهان پرشد از ناله‌ی کوس و بوق
همه یال اسبان پر از مشک ومی / شکر با درم ریخته زیر پی
ز بس ناله‌ی نای و چنگ و رباب / نبد بر زمین جای آرام وخواب
چوآمد بت اندر شبستان شاه / به مهد اندرون کرد کسری نگاه
یکی سرو دین از برش گرد ماه / نهاده به مه بر ز عنبر کلاه
کلاهی به کردار مشکین زره / ز گوهر کشیده گره برگره
گره بسته از تار و برتافته / به افسون یک اندر دگر بافته
چو از غالیه برگل انگشتری / همه زیر انگشتری مشتری
درو شاه نوشین‌روان خیره ماند / برو نام یزدان فراوان بخواند
سزاوار او جای بگزید شاه / بیاراستند از پی ماه گاه

بازگشتن خاقان و کشیدن انوشیروان از گرگان به تیسفون

چو آگاهی آمد به خاقان چین   ز ایران و ز شاه ایران زمین
وزان شادمانی به فرزند اوی   شدن شاد وخرم به پیوند اوی
بپردخت سغد وسمرقند وچاج   به قجغار باشی فرستاد تاج
ازین شهرها چون برفت آن سپاه   همی مرزبانان فرستاد شاه
جهان شد پر از داد نوشین‌روان   بخفتند بردشت پیر و جوان
یکایک همی‌خواندند آفرین   ز هر جای برشهریار زمین
همه دست برداشته به آسمان   که ای کردگارمکان و زمان
تواین داد برشاه کسری بدار   بگردان ز جانش بد روزگار
که از فر و اورند او در جهان   بدی دور گشت آشکار و نهان
به نخجیر چون او به گرگان رسید   گشاده کسی روی خاقان ندید
بشد خواب وخورد از سواران چین   سواری نبرداشت از اسب زین
پراگنده شد ترک سیصد هزار   به جایی نبد کوشش کارزار
کمانی نبایست کردن به زه   نه که بد از ایدر نه چینی نه مه
بدین سان بود فر و برز کیان   به نخچیر آهنگ شیر ژیان
که نام وی و اختر شاه بود   که هم تخت و هم بخت همراه بود
وزان پس بزرگان شدند انجمن   از آموی تا شهر چاچ و ختن
بگفتند کاین شهرهای فراخ   پر از باغ و میدان و ایوان و کاخ
ز چاچ و برک تا سمرقند و سغد   بسی بود ویران و آرام جغد
چغانی وسومان وختلان و بلخ   شده روز بر هر کسی تار و تلخ
بخارا وخوارزم وآموی و زم   بسی یاد دارمی با درد و غم
ز بیداد وز رنج افراسیاب   کسی را نبد جای آرام وخواب
چوکیخسرو آمد برستیم از اوی   جهانی برآسود از گفت وگوی
ازان پس چو ارجاسب شد زورمند   شد این مرزها پر ز درد وگزند
از ایران چو گشتاسب آمد به جنگ   ندید ایچ ارجاسب جای درنگ

برآسود گیتی ز کردار اوی / که هرگز مبادا فلک یاراوی
ازان پس چونرسی سپهدار شد / همه شهرها پر ز تیمار شد
چوشاپور ارمزد بگرفت جای / ندانست نرسی سرش را ز پای
جهان سوی داد آمد و ایمنی / ز بد بسته شد دست آهرمنی
چوخاقان جهان بستد از یزدگرد / ببد تیزدستی برآورد گرد
بیامد جهاندار بهرام گور / ازو گشت خاقان پر از درد و شور
شد از داد او شهرها چون بهشت / پراگنده شد کار ناخوب و زشت
به هنگام پیروز چون خوشنواز / جهان کرد پر درد و گرم و گداز
مبادا فغانیش فرزند اوی / مه خویشان مه تخت ومه اورند اوی
جهاندار کسری کنون مرز ما / بپذرفت و پرمایه شد ارز ما
بماناد تا جاودان این بر اوی / جهان سر به سر چون تن و چون سر اوی
که از وی زمین داد بیند کنون / نبینیم رنج ونه ریزیم خون
ازان پس ز هیتال وترک وختن / به گلزریون برشدند انجمن
به هر سو که بد موبدی کاردان / ردی پاک وهشیار و بسیاردان
ز پیران هرآنکس که بد رای‌زن / بروبر ز ترکان شدند انجمن
چنان رای دیدند یک سر سپاه / که آیند با هدیه نزدیک شاه
چو نزدیک نوشین‌روان آمدند / همه یک دل و یک زبان آمدند
چنان گشت ز انبوه درگاه شاه / که بستند برمور و بر پشه راه
همه برنهادند سر برزمین / همه شاه راخواندند آفرین
بگفتند کای شاه ما بنده‌ایم / به فرمان تو در جهان زنده‌ایم
همه سرفرازیم با ساز جنگ / به هامون بدریم چرم پلنگ
شهنشاه پذرفت ز ایشان نثار / برستند پاک از بد روزگار
از ایشان فغانیش بد پیشرو / سپاهی پسش جنگ سازان نو
ز گردان چو خشنود شد شهریار / بیامد به درگاه سالار بار
بپرسید بسیار و بنواختشان / بهر برزنی جایگه ساختشان
وزان پس شهنشاه یزدان‌پرست / به خاک آمد از جایگاه نشست
ستایش همی‌کرد برکردگار / که ای برتر از گردش روزگار
تودادی مرا فر وفرهنگ و رای / تو باشی بهر نیکی رهنمای
هر آنکس که یابد ز من آگهی / ازین پس نجوید کلاه مهی

همه کهتری را بسازند کار   ندارد کسی زهره‌ی کارزار
به کوه اندرون مرغ و ماهی بر آب   چو من خفته باشم نجویند خواب
همه دام ودد پاسبان منند   مهان جهان کهتران منند
کرا برگزینی تو او خوار نیست   جهان را جز از تو جهاندار نیست
تو نیرو دهی تا مگر در جهان   نخسبد ز من مور خسته روان
چنین پیش یزدان فراوان گریست   نگر تا چنین درجهان شاه کیست
به تخت آمد از جایگه نماز   ز گرگان برفتن گرفتند ساز
برآمد خروشیدن گاودم   ز درگاه آواز رویینه خم
سپه برنشست و بنه برنهاد   ز یزدان نیکی دهش کرد یاد
ز دینار و دیبا و تاج و کمر   ز گنج درم هم ز در و گهر
ز اسبان و پوشیده رویان و تاج   دگر مهد پیروزه و تخت عاج
نشستند بر زین پرستندگان   بت آرای وهرگونه‌ای بندگان
فرستاد یکسر سوی طیسفون   شبستان چینی به پیش اندرون
به فرخنده فال و به روز آسمان   برفتند گرد اندرش خادمان
سرموبدان بود مهران ستاد   بشد با شبستان خاقان نژاد
سوی طیسفون رفت گنج و بنه   سپاهی نماند از یلان یک تنه
همه ویژه گردان آزداگان   بیامد سوی آذرآبادگان
سپاهی بیامد ز هر کشوری   ز گیلان و ز دیلمان لشکری
ز کوه بلوج و ز دشت سروچ   گرازان برفتند گردان کوچ
همه پاک با هدیه و با نثار   به پیش سراپرده‌ی شهریار
بدان شهرشد شهریار بزرگ   که ازمیش کوته کند چنگ گرگ
به فر جهاندار کسری سپهر   دگرگونه‌تر شد به کین و به مهر
به شهری کجا برگذشتی سپاه   نیازارد زان کشتمندی به راه
نجستی کسی ازکسی نان وآب   بره‌بر بیاراستی جای خواب
برینسان همی گرد گیتی بگشت   نگه کرد هرجای هامون و دشت
جهان دید یک سر پر از کشتمند   در و دشت پرگاو و پرگوسفند
زمینی که آباد هرگز نبود   بروبر ندیدند کشت و درود
نگه کرد کسری برومند یافت   بهرخانه‌ای چند فرزند یافت
خمیده سر از بار شاخ درخت   به فر جهاندار بیداربخت

به منزل رسیدند نزدیک شاه	فرستاده‌ی قیصر آمد به راه
ابا هدیه و جامه و سیم و زر	ز دیبای رومی و چینی کمر
نثاری که پوشیده شد روی بوم	چنان باژ هرگز نیامد ز روم
ز دینار پر کرده ده چرم گاو	سه ساله فرستاده شد باژ و ساو
ز قیصر یکی نامه‌ای با نثار	نبشته سوی نامور شهریار
فرستاده را پیش بنشاندند	نگه کرد و نامه برو خواندند
بسی نرم پیغام‌ها داده بود	ز چیزی که پیشش فرستاده بود
کزین پس فزون‌تر فرستیم چیز	که این ساو بد باژ بایست نیز
بپذرفت شاه آنک او دید رنج	فرستاد یکسر همه سوی گنج
وزان تخت شاه اندر آمد به اسب	همی‌راند تا خان آذرگشسب
چو از دور جای پرستش بدید	شد از آب دیده رخش ناپدید
فرود آمد از اسب برسم بدست	به زمزم همی‌گفت ولب را ببست
همان پیش آتش ستایش گرفت	جهان آفرین را نیایش گرفت
همه زر و گوهر فزونی که برد	سراسر به گنجور آتش سپرد
پراگند بر موبدان سیم و زر	همه جامه بخشیدشان با گهر
همه موبدان زو توانگر شدند	نیایش کنان پیش آذر شدند
به زمزم همی‌خواندند آفرین	بران دادگر شهریار زمین
و زانجا بیامد سوی طیسفون	زمین شد ز لشکر که بیستون
ز بس خواسته کان پراگنده شد	ز زر و درم کشور آگنده شد
وزان شهر سوی مداین کشید	که آنجا بدی گنجها را کلید
گلستان چین با چهل اوستاد	همی‌راند در پیش مهران ستاد
چو کسری بیامد برتخت خویش	گرازان و انباز با بخت خویش
جهان چون بهشتی شد آراسته	ز داد و ز خوبی پر از خواسته
نشستند شاهان ز آویختن	به هر جای بیداد و خون ریختن
جهان پرشد از فره ایزدی	ببستند گفتی دو دست از بدی
ندانست کس غارت و تاختن	دگر دست سوی بدی آختن
جهانی به فرمان شاه آمدند	ز کژی و تاری به راه آمدند
کسی کو بره بر درم ریختی	ازان خواسته دزد بگریختی
ز دیبا و دینار بر خشک و آب	برخشنده روز و به هنگام خواب

۱۵۷۱

بپیوست نامه به هر کشوری	به هرنامداری و هر مهتری
ز بازارگانان ترک و ز چین	ز سقلاب وهرکشوری همچنین
ز بس نافه‌ی مشک و چینی پرند	از آرایش روم وز بوی هند
شد ایران به کردار خرم بهشت	همه خاک عنبر شد و زر خشت
جهانی به ایران نهادند روی	بر آسوده از رنج وز گفت وگوی
گلابست گویی هوا را سرشک	بر آسوده از رنج مرد و پزشک
ببارید برگل به هنگام نم	نبد کشتورزی ز باران دژم
جهان گشت پرسبزه وچارپای	در و دشت گل بود و بام سرای
همه رودها همچو دریا شده	به پالیز گلبن ثریا شده
به ایران زبانها بیاموختند	روانها بدانش برافروختند
ز بازارگانان هر مرز و بوم	ز ترک و ز چین و ز سقلاب و روم
ستایش گرفتند بر رهنمای	فزایش گرفت از گیا چارپای
هرآنکس که از دانش آگاه بود	ز گویندگان بر در شاه بود
رد وموبد و بخردان ارجمند	بداندیش ترسان ز بیم گزند
چوخورشید گیتی بیاراستی	خروشی ز درگاه برخاستی
که ای زیردستان شاه جهان	مدارید یک تن بد اندر نهان
هرآنکس که از کار دیده‌ست رنج	نیابد به اندازه‌ی رنج گنج
بگویند یکسر به سالار بار	کز آنکس کند مزد او خواستار
وگر فام خواهی بیاید ز راه	درم خواهد از مرد بی‌دستگاه
نباید که یابد تهیدست رنج	که گنجور فامش بتوزد ز گنج
کسی کو کند در زن کس نگاه	چوخصمش بیاید به درگاه شاه
نبیند مگر چاه ودار بلند	که با دار تیرست و با چاه بند
وگر اسب یابند جایی یله	که دهقان بدر بر کند زان گله
بریزند خونش بران کشتمند	برد گوشت آنکس که یابد گزند
پیاده بماند سوارش ز اسب	به پوزش رود نزد آذرگشسب
عرض بسترد نام دیوان اوی	به پای اندر آرند ایوان اوی
گناهی نباشد کم و بیش ازین	ز پستر بود آنک بد پیش ازین
نباشد بران شاه همداستان	بدر بر نخواهد جز از راستان
هرآنکس که نپسندد این راه ما	مبادا که باشد به درگاه ما

سخن گفتن بزرگمهر پیش انوشیروان

جهاندار یک روز بنشست شاد　　بزرگان داننده را بار داد
سخن گفت خندان و بگشاد چهر　　برتخت بنشست بوزرجمهر
یکی آفرین کرد برکردگار　　خداوند پیروز و پروردگار
چنین گفت کای داور تازه روی　　که بر تو نیابد سخن زشت گوی
خجسته شهنشاه پیروزگر　　جهاندار بادانش و با گهر
نبشتم سخن چند بر پهلوی　　ابر دفتر و کاغذ خسروی
سپردم به گنجور تا روزگار　　برآید بخواند مگر شهریار
بدیدم که این گنبد دیرساز　　نخواهد همی لب گشادن به راز
اگرمرد برخیزد از تخت بزم　　نهد برکف خویش جان را برزم
زمین را بپردازد از دشمنان　　شود ایمن از رنج آهرمنان
شود پادشا بر جهان سر به سر　　بیابد سخنها همه دربدر
شود دستگاهش چو خواهد فراخ　　کند گلشن و باغ و میدان و کاخ
نهد گنج و فرزند گرد آورد　　بسی روز برآرزو بشمرد
فر از آورد لشکر وخواسته　　شود کاخ و ایوانش آراسته
گر ای دون که درویش‌باشد به رنج　　فراز آرد از هر سویی نام و گنج
ز روی ریا هرچ گرد آورد　　ز صد سال بودنش برنگذرد
شود خاک وبی‌بر شود رنج اوی　　به دشمن بماند همه گنج اوی
نه فرزند ماند نه تخت و کلاه　　نه ایوان شاهی نه گنج و سپاه
چو بشنید آن جستن و باد اوی　　ز گیتی نگیرد کسی‌یاد اوی
بدین کار چون بگذرد روزگار　　ازو نام نیکی بود یادگار
ز گیتی دوچیزیست جاوید بس　　دگر هرچ‌باشد نماند به کس
سخن گفتن نغز و کردار نیک　　نگردد کهن تا جهانست ریک
بدین سان بود گردش روزگار　　خنک مرد با شرم و پرهیزگار
مکن شهریارا گنه تا توان　　بویژه کزو شرم دارد روان

بی‌آزاری وسودمندی گزین	که اینست فرهنگ آیین و دین
ز من یادگارست چندی سخن	گمانم که هرگز نگردد کهن
چو بگشاد روشن دل شهریار	فروان سخن کرد زو خواستار
بدو گفت فرخ کدامست مرد	که دارد دلی شاد بی‌باد سرد
چنین گفت کانکو بود بیگناه	نبردست آهرمن او راز راه
بپرسیدش از کژی و راه دیو	ز راه جهاندار کیهان خدیو
بدو گفت فرمان یزدان بهیست	که اندر دوگیتی ازو فرهیست
دربرتری راه آهرمنست	که مرد پرستنده را دشمنست
خنک درجهان مرد پیمان منش	که پاکی وشرمست پیرامنش
چوجانش تنش را نگهبان بود	همه زندگانیش آسان بود
بماند بدو رادی و راستی	نکوبد درکژی وکاستی
هران چیز کان بهره تن بود	روانش پس از مرگ روشن بود
ازین هر دو چیزی ندارد دریغ	که به هر نیامست گر به هر تیغ
کسی کو بود برخرد پادشا	روان را ندارد به راه هوا
سخن نشنو ازمرد افزون منش	که با جان روشن بود بدکنش
چوخستو بیاید به دیگر سرای	هم ایدر پر از درد ماند به جای
کزین بگذری سفله آن را شناس	که از پاک یزدان ندارد سپاس
دریغ آیدش بهره‌ی تن ز تن	شود ز آرزوها ببندد دهن
همان بهر جانش که دانش بود	نداند نه از دانشی بشنود
بپرسید کسری که از کهتران	کرا باشد اندیشه‌ی مهتران
چنین گفت کان کس که داناترست	بهر آرزو بر تواناترست
کدامست دانا بدوشاه گفت	که دانش بود مرد را درنهفت
چنین گفت کان کو به فرمان دیو	نپردازد از راه کیهان خدیو
دهاند اهرمن هم به نیروی شیر	که آرند جان وخرد را به زیر
بدو گفت کسری که ده دیو چیست	کزیشان خرد را بباید گریست
چنین داد پاسخ که آز و نیاز	دو دیوند با زور و گردن فراز
دگر خشم ور شکست وننگست وکین	چو نمام و دوروی و ناپاک دین
دهم آنک از کس ندارد سپاس	به نیکی وهم نیست یزدان شناس
بدو گفت ازین شوم ده باگزند	کدامست آهرمن زورمند

چنین داد پاسخ به کسری که آز	ستمکاره دیوی بود دیرساز
که اورا نبینند خشنود ایچ	همه درفزونیش باشد بسیچ
نیاز آنک او را ز اندوه و درد	همی کور بینند و رخساره زرد
کزین بگذری خسرو ادیو رشک	یکی دردمندی بود بی‌پزشک
اگر در زمانه کسی بی‌گزند	به تندی شود جان او دردمند
دگر ننگ دیوی بود با ستیز	همیشه ببد کرده چنگال تیز
دگر دیو کینست پرخشم وجوش	ز مردم بتابد گه خشم هوش
نه بخشایش آرد بروبر نه مهر	دژآگاه دیوی پرآژنگ چهر
دگر دیو نمام کو جز دروغ	نداند نراند سخن با فروغ
بماند سخن چین ودوروی دیو	بریده دل از بیم کیهان خدیو
میان دوتن کین وجنگ آورد	بکوشد که پیوستگی بشکرد
دگر دیو بی‌دانش وناسپاس	نباشد خردمند و نیکی شناس
به نزدیک او رای و شرم اندکیست	به چشمش بدو نیک هردو یکیست
ز دانا بپرسید پس شهریار	که چون دیو با دل کند کارزار
ببنده چه دادست کیهان خدیو	که از کار کوته کند دست دیو
چنین داد پاسخ که دست خرد	ز کردار آهرمنان بگذرد
خرد باد جان تو را رهنمون	که راهی درازست پیش اندرون
ز شمشیر دیوان خرد جوشنست	دل وجان داننده زو روشنست
گذشته سخن یاد دارد خرد	به دانش روان را همی‌پرورد
وگر خود بود آنک خوانیم خیم	که با او ندارد دل از دیو بیم
جهان خوش بود بردل نیکخوی	نگردد بگرد در آرزوی
سخنهای باینده گویم کنون	که دلرا به شادی بود رهنمون
همیشه خردمند و امیدوار	نبیند جز از شادی روزگار
نیندیشد از کار بد یک زمان	ره راست گیرد نگیرد کمان
دگر هر که خشنود باشد به گنج	نیازد نیارد تنش را به رنج
کسی کو به گنج و درم ننگرد	همه روز او برخوشی بگذرد
دگر دین یزدان پرستست و بس	به رنج و به گنج و به آزرم کس
ز فرمان یزدان نگردد سرش	سرشت بدی نیست هم گوهرش
برین همنشانست پرهیز نیز	که نفروشد او راه یزدان به چیز

۱۵۷۵

بدو گفت زین ده کدامست شاه	سوی نیکویها نماینده راه
چنین داد پاسخ که راه خرد	ز هر دانشی بی‌گمان بگذرد
همان خوی نیکوکه مردم بدوی	بماند همه ساله با آب روی
وزین گوهران گوهر استوار	تن خشندی دیدم از روزگار
وزیشان امیدست آهسته‌تر	برآسوده از رنج و شایسته‌تر
وزین گوهران آز دیدم به رنج	که همواره سیری نیابد ز گنج
بدو گفت شاه از هنرها چه به	که گردد بدو مرد جوینده مه
چنین داد پاسخ که هر کو ز راه	نگردد بود با تنی بیگناه
بیابد ز گیتی همه کام ونام	از انجام فرجام و آرام و کام
بپرسید ازو نامبردار گو	کزین ده کدامین بود پیشرو
چنین داد پاسخ به آواز نرم	سخنهای دانش به گفتار گرم
فزونی نجوید برین بر خرد	خرد بی‌گمان برهنر بگذرد
وزان پس ز دانا بپرسید مه	که فرهنگ مردم کدامست به
چنین داد پاسخ که دانش بهست	خردمند خود برجهان برمهست
که دانا بلندی نیازد به گنج	تن خویش را دور دارد ز رنج
ز نیروی خصمش بپرسید شاه	که چون جست خواهی همی دستگاه
چنین داد پاسخ که کردار بد	بود خصم روشن‌روان وخرد
ز دانا بپرسید پس دادگر	که فرهنگ بهتر بود گر گهر
چنین داد پاسخ بدو رهنمون	که فرهنگ باشد ز گوهر فزون
گهر بی هنر زار وخوارست وسست	به فرهنگ باشد روان تندرست
بدو گفت جان را زدودن بچیست	هنرهای تن را ستودن بچیست
بگویم کنون گفتها سر به سر	اگر یادگیری همه دربدر
خرد مرد را خلعت ایزدیست	ز اندیشه دورست ودور از بدیست
هنرمند کز خویشتن درشگفت	بماند هنر زو نباید گرفت
همان خوش منش مردم خویش دار	نباشد به چشم خردمند خوار
اگر بخشش ودانش و رسم و داد	خردمند گرد آورد با نژاد
بزرگی و افزونی و راستی	همی‌گیرد از خوی بدکاستی
ازان پس بپرسید کسری ازوی	کهای نامور مرد فرهنگ جوی
بزرگی به کوشش بود گر به بخت	که یابد جهاندار ازو تاج وتخت

چنین داد پاسخ که بخت وهنر　　چنانند چون جفت با یکدیگر
چنان چون تن وجان که یارند وجفت　　تنومند پیدا و جان در نهفت
همان کالبد مرد را پوششست　　اگر بخت بیدار در کوششست
به کوشش نیاید بزرگی به جای　　مگر بخت نیکش بود رهنمای
و دیگر که گیتی فسانه ست و باد　　چو خوابی که بیننده دارد به یاد
چو بیدار گردد نبیند به چشم　　اگر نیکویی دید اگر درد وخشم
دگر پرسشی برگشاد از نهفت　　بدانا ستوده کدامست گفت
چنین داد پاسخ که شاهی که تخت　　بیاراید و زور یابد ز بخت
اگر دادگر باشد و نیک‌نام　　بیابد ز گفتار و کردار کام
بدو گفت کاندر جهان مستمند　　کدامست بدروز و ناسودمند
چنین داد پاسخ که درویش زشت　　که نه کام یابد نه خرم بهشت
بپرسید و گفتا که بدبخت کیست　　که همواره از درد باید گریست
چنین داد پاسخ که داننده مرد　　که دارد ز کردار بد روی زرد
بپرسید ازو گفت خرسند کیست　　به بیشی ز چیز آرزومند کیست
چنین داد پاسخ که آنکس که مهر　　ندارد برین گرد گردان سپهر
بدو گفت ما را چه شایسته‌تر　　چنین گفت کان کس که آهسته‌تر
بپرسید ازو گفت آهسته کیست　　که بر تیز مردم بباید گریست
چنین داد پاسخ که از عیب جوی　　نگر تاکه پیچد سر از گفتگوی
به نزدیک او شرم و آهستگی　　هنرمندی و رای و شایستگی
بپرسید ازو نامور شهریار　　که ازمردمان کیست امیدوار
چنین گفت کان کس که کوشاترست　　دوگوشش بدانش نیوشاترست
بپرسید ازو شهریار جهان　　از آگاهی نیک و بد در نهان
چنین داد پاسخ که از آگهی　　فراوان بود کژ ومغزش تهی
مگر آنک گفتند خاکست جای　　ندانم چه گویم ز دیگر سرای
بدو گفت کسری که آباد شهر　　کدامست و مازو چه داریم بهر
چنین داد پاسخ که آبادجای　　ز داد جهاندار باشد به پای
بپرسید کسری که بیدارتر　　پسندیده‌تر مرد وهشیارتر
به گیتی کدامست بامن بگوی　　که بفزاید از دانش آبروی
چنین داد پاسخ که دانای پیر　　که با آزمایش بود یادگیر

بدو گفت کسری که رامش کراست / که دارد به شادی همی پشت راست
چنین داد پاسخ که هر کو زبیم / بود ایمن و باشدش زر و سیم
بدو گفت ما را ستایش به چیست / به نزدیک هرکس پسندیده کیست
چنین داد پاسخ که او را نیاز / بپوشد همی رشک با ننگ و آز
همان رشک و کینش نباشد نهان / پسندیده او باشد اندر جهان
ز مرد شکیبا بپرسید شاه / که از صبر دارد به سر بر کلاه
چنین گفت کان کس که نومید گشت / دل تیره‌رایش چوخورشید گشت
دگرآنک روزش بباید شمرد / به کار بزرگ اندرون دست برد
بدو گفت غم دردل کیست بیش / کز اندوه سیرآید از جان خویش
چنین داد پاسخ که آنکو ز تخت / بیفتاد و نومید گردد ز بخت
بپرسید ازو شهریار بلند / که از ما که دارد دلی دردمند
چنین گفت کان کو خردمند نیست / توانگر کش از بخت فرزند نیست
بپرسید شاه از دل مستمند / نشسته به گرم اندرون بی گزند
بدو گفت با دانشی پارسا / که گردد برو ابلهی پادشا
بپرسید نومیدتر کس کدام / که دارد توانایی و نیک نام
چنین گفت کان کو ز کار بزرگ / بیفتد بماند نژند وسترگ
بپرسید ازو شاه نوشین‌روان / که ای مرد دانا و روشن‌روان
که دانی که بی‌نام وآرایشست / که او از در مهر و بخشایشست
بدو گفت مرد فراوان گناه / گنهکار درویش و بی‌دستگاه
بپرسید وگفتش که برگوی راست / که تا از گذشته پشیمان کراست
چنین داد پاسخ که آن تیره ترگ / که بر سر نهد پادشا روز مرگ
پشیمان شود دل کند پرهراس / که جانش به یزدان بود ناسپاس
ودیگر که کردار دارد بسی / به نزدیک آن ناسپاسان کسی
بپرسید وگفت ای خرد یافته / هنرها یک اندر دگر بافته
چه دانی کزو تن بود سودمند / همان بر دل هر کسی ارجمند
چنین داد پاسخ که ناتندرست / که دل را جز از شادمانی نجست
چو از درد روزی بستی بود / همه آرزو تندرستی بود
بپرسید و گفتش که از آرزوی / چه بیشست پیداکن ای نیک خوی
بدو گفت چون سرفرازی بود / همه آرزو بی‌نیازی بود

چو ازبی‌نیازی بود تندرست　　نباید جز از کام دل چیز جست
ازان پس چنین گفت با رهنمون　　که بردل چه اندیشه آید فزون
چنین داد پاسخ که ای را سه روی　　بسازد خردمند با راه‌جوی
یکی آنک اندیشد از روز بد　　مگر بی‌گنه برتنش بد رسد
بترسد ز کار فریبنده دوست　　که با مغز جان خواهد وخون وپوست
سه دیگر ز بیدادگر شهریار　　که بیگار بستاند از مرد کار
چه نیکو بود گردش روزگار　　خردیافته مرد آموزگار
جهان روشن وپادشا دادگر　　ز گردون نیابی فزون زین هنر
بپرسیدش از دین و از راستی　　کزو دور باشد بدو کاستی
بدو گفت شاها بدینی گرای　　کزو نگسلد یاد کرد خدای
همان دوری از کژی و راه دیو　　بترس از جهانبان و کیهان خدیو
به فرمان یزدان نهاده دو گوش　　وزیشان نباشد کسی با خروش
ازان پس بپرسیدش از پادشا　　که فرماروانست بر پارسا
کزایشان کدامست پیروزبخت　　که باشد به گیتی سزاوار تخت
چنین گفت کان کوبود دادگر　　خرد دارد و رای و شرم و هنر
بپرسیدش از دوستان کهن　　که باشند هم کوشه و یک‌سخن
چنین داد پاسخ که از مرد دوست　　جوانمردی وداد دادن نکوست
نخواهد به تو بد به آزرم کس　　به سختی بود یار و فریادرس
بدو گفت کسری کرا بیش دوست　　که با او یکی بود از مغز و پوست
چنین داد پاسخ که از نیک دل　　جدایی نخواهد جز از دل گسل
دگر آنکسی کو نوازنده‌تر　　نکوتر به کردار و سازنده‌تر
بپرسید دشمن کرا بیشتر　　که باشد بدو بر بداندیش‌تر
چنین داد پاسخ که برترمنش　　که باشد فروان بدو سرزنش
همان نیز کاو از دارد درشت　　پرآژنگ رخساره و بسته مشت
بپرسید تا جاودان دوست کیست　　ز درد جدایی که خواهد گریست
چنین داد پاسخ که کردار نیک　　نخواهد جدا بودن از یار نیک
چه ماند بدو گفت جاوید چیز　　که آن چیز کمی نگیرد به نیز
چنین داد پاسخ که انباز مرد　　نه کاهد نه سوزد نه ترسد ز درد
چنین گفت کین جان دانا بود　　که بر آرزوها توانا بود

بدو گفت شاه ای خداوند مهر	چه باشد به پهنا فزون از سپهر
چنین گفت کان شاه بخشنده دست	ودیگر دل مرد یزدان‌پرست
بپرسید وگفتا چه با زیب‌تر	کزان برفرازد خردمند سر
چنین داد پاسخ که ای پادشا	مده گنج هرگز بناپارسا
چو کردار با ناسپاسان کنی	همی خشن خشک اندر آب افگنی
بدو گفت اندر چه چیزست رنج	کزو کم شود مرد را آز گنج
بدو داد پاسخ که ای شهریار	همیشه دلت باد چون نوبهار
پرستنده‌ی شاه بدخو ز رنج	نخواهد تن و زندگانی و گنج
بپرسید وگفتش چه دیدی شگفت	کزان برتر اندازه نتوان گرفت
چنین گفت با شاه بوزرجمهر	که یک سر شگفتست کار سپهر
یکی مرد بینیم با دستگاه	کلاهش رسیده بابر سیاه
که او دست چپ را نداند ز راست	ز بخشش فزونی نداند نه کاست
یکی گردش آسمان بلند	ستاره بگوید که چونست وچند
فلک رهنمونش به سختی بود	همه بهر او شوربختی بود
گرانتر چه دانی بدو گفت شاه	چنین داد پاسخ که سنگ گناه
بپرسید کز برتری کارها	ز گفتارها هم ز کردارها
کدامست با ننگ و با سرزنش	که باشد ورا هر کسی بدکنش
چنین داد پاسخ که ز فتی ز شاه	ستیهیدن مردم بیگناه
توانگرکه تنگی کند درخورش	دریغ آیدش پوشش و پرورش
زنانی که ایشان ندارند شرم	بگفتن ندارند آواز نرم
همان نیک‌مردان که تندی کنند	وگر تنگ‌دستان بلندی کنند
دروغ آنک بی‌رنگ و زشتست وخوار	چه بر نابکار و چه بر شهریار
به گیتی ز نیکی چه چیزست گفت	که هم آشکارست و هم در نهفت
کزو مرد داننده جوشن کند	روان را بدان چیز روشن کند
چنین داد پاسخ که کوشان بدین	به گیتی نیابد جز از آفرین
دگر آنک دارد ز یزدان سپاس	بود دانشی مرد نیکی شناس
بدو گفت کسری که کرده چه به	چه ناکرده از شاه وز مرد مه
چه بهتر کزو باز داریم چنگ	گرفته چه بهتر ز بهر درنگ
چه بهتر ز فرمودن وداشتن	وگر مرد را خوار بگذاشتن

به پاسخ نگه داشتن گفت خشم	که از بیگناهان بخوابند چشم
دگر آنک بیدار داری روان	بکوشی تو در کارها تا توان
فروهشته کین برگرفته امید	بتابد روان زو به کردار شید
ز کار بزه چند یابی مزه	بیفگن مزه دور باش از بزه
سپاس ازخداوند خورشید و ماه	که رستم ز بوزرجمهر و ز شاه
چو این کار دلگیرت آمد ببن	ز شطرنج باید که رانی سخن

داستان در نهادن شترنگ

چنین گفت موبد که یک روز شاه	به دیبای رومی بیاراست گاه
بیاویخت تاج از بر تخت عاج	همه جای عاج و همه جای تاج
همه کاخ پر موبد و مرزبان	ز بلخ و ز بامین و ز کرزبان
چنین آگهی یافت شاه جهان	ز گفتار بیدار کارآگهان
که آمد فرستاده‌ی شاه هند	ابا پیل و چتر و سواران سند
شتروار بارست با او هزار	همی راه جوید بر شهریار
همانگه چو بشنید بیدار شاه	پذیره فرستاد چندی سپاه
چو آمد بر شهریار بزرگ	فرستاده‌ی نامدار و سترگ
برسم بزرگان نیایش گرفت	جهان آفرین را ستایش گرفت
گهرکرد بسیار پیشش نثار	یکی چتر و ده پیل با گوشوار
بیاراسته چتر هندی به زر	بدو بافته چند گونه گهر
سر بار بگشاد در بارگاه	بیاورد یک سر همه نزد شاه
فراوان ببار اندرون سیم و زر	چه از مشک و عنبر چه از عود تر
ز یاقوت والماس وز تیغ هند	همه تیغ هندی سراسر پرند
ز چیزی که خیزد ز قنوج و رای	زده دست و پای آوریده به جای
ببردند یک سر همه پیش تخت	نگه کرد سالار خورشید بخت
ز چیزی که برد اندران رای رنج	فرستاد کسری سراسر به گنج
بیاورد پس نامه‌ای بر پرند	نبشته بنوشین‌روان رای هند

یکی تخت شطرنج کرده به رنج | تهی کرده از رنج شطرنج گنج
بیاورد پیغام هندی ز رای | که تا چرخ باشد تو بادی به جای
کسی کو بدانش برد رنج بیش | بفرمای تا تخت شطرنج پیش
نهند و ز هر گونه رای آورند | که این نغز بازی به جای آورند
بدانند هرمهره‌ای را به نام | که گویند پس خانه‌ی او کدام
پیاده بدانند و پیل و سپاه | رخ واسب و رفتار فرزین و شاه
گراین نغز بازی به جای آورند | درین کار پاکیزه رای آورند
همان باژ و ساوی که فرمودشاه | به خوبی فرستم بران بارگاه
وگر نامداران ایران گروه | ازین دانش آیند یک سر ستوه
چو با دانش ما ندارند تاو | نخواهند زین بوم و بر باژ و ساو
همان باژ باید پذیرفت نیز | که دانش به از نامبردار چیز
دل و گوش کسری بگوینده داد | سخنها برو کرد گوینده یاد
نهادند شطرنج نزدیک شاه | به مهره درون کرد چندی نگاه
ز تختش یکی مهره از عاج بود | پر از رنگ پیکر دگر ساج بود
بپرسید ازو شاه پیروزبخت | ازان پیکر ومهره ومشک وتخت
چنین داد پاسخ که ای شهریار | همه رسم و راه از در کارزار
ببینی چویابی به بازیش راه | رخ و پیل و آرایش رزمگاه
بدو گفت یک هفته ما را زمان | ببازیم هشتم به روشن‌روان
یکی خرم ایوان بپرداختند | فرستاده را پایگه ساختند
رد وموبدان نماینده راه | برفتند یک سر به نزدیک شاه
نهادند پس تخت شطرنج پیش | نگه کرد هریک ز اندازه بیش
بجستند و هر گونه‌ای ساختند | ز هر دست یکبارش انداختند
یکی گفت وپرسید و دیگر شنید | نیاورد کس راه بازی پدید
برفتند یکسر پرآژنگ چهر | بیامد برشاه بوزرجمهر
ورا زان سخن نیک ناکام دید | به آغاز آن رنج فرجام دید
به کسری چنین گفت کای پادشا | جهاندار و بیدار و فرمانروا
من این نغز بازی به جای آورم | خرد را بدین رهنمای آورم
بدو گفت شاه این سخن کارتست | که روشن‌روان بادی وتندرست
کنون رای قنوج گوید که شاه | ندارد یکی مرد جوینده راه

شکست بزرگ است بر موبدان	به در گاه و بر گاه و بر بخردان
بیاورد شطرنج بوزرجمهر	پراندیشه بنشست و بگشاد چهر
همی‌جست بازی چپ و دست راست	همی‌راند تا جای هریک کجاست
به یک روز و یک شب چو بازیش یافت	از ایوان سوی شاه ایران شتافت
بدو گفت کای شاه پیروزبخت	نگه کردم این مهره و مشک و تخت
به خوبی همه بازی آمد به جای	به بخت بلند جهان کدخدای
فرستاده‌ی شاه را پیش خواه	کسی را که دارند ما را نگاه
شهنشاه باید که بیند نخست	یکی رزمگاهست گویی درست
ز گفتار او شاد شد شهریار	ورا نیک پی خواند و به روزگار
بفرمود تا موبدان و ردان	برفتند با نامور بخردان
فرستاده رای را پیش خواند	بران نامور پیشگاهش نشاند
بدو گفت گوینده بوزرجمهر	که ای موبد رای خورشید چهر
ازین مهرها رای با توچه گفت	که همواره با توخرد باد جفت
چنین داد پاسخ که فرخنده‌رای	چو از پیش او من برفتم ز جای
مرا گفت کین مهره‌ی ساج و عاج	ببر پیش تخت خداوند تاج
بگویش که با موبد و رای‌زن	بنه پیش و بنشان یکی انجمن
گر این نغز بازی به جای آورند	پسندیده و دلربای آورند
همین بدره و برده و باژ و ساو	فرستیم چندانک داریم تاو
و گر شاه و فرزانگان این به جای	نیارند روشن ندارند رای
وگر شاه وفرزانگان این بجای	نیارند روشن ندارند رای
نباید که خواهد ز ما باژ و گنج	دریغ آیدش جان دانا به رنج
چو بیند دل و رای باریک ما	فزونتر فرستد به نزدیک ما
برتخت آن شاه بیداربخت	بیاورد و بنهاد شطرنج وتخت
چنین گفت با موبدان و ردان	کهای نامور پاک دل بخردان
همه گوش دارید گفتار اوی	هم آن را هشیار سالار اوی
بیاراست دانا یکی رزمگاه	به قلب اندرون ساخته جای شاه
چپ و راست صف برکشیده سوار	پیاده به پیش اندرون نیزه دار
هشیوار دستور در پیش شاه	به رزم اندرونش نماینده راه
مبارز که اسب افگند بر دو روی	به دست چپش پیل پرخاشجوی

وزو برتر اسبان جنگی به پای بدان تاکه آید به بالای رای
چو بوزرجمهر آن سپه را براند همه انجمن درشگفتی بماند
غمی شد فرستاده‌ی هند سخت بماند اندر آن کار هشیار بخت
شگفت اندرو مرد جادو بماند دلش را به اندیشه اندر نشاند
که این تخت شطرنج هرگز ندید نه از کاردانان هندی شنید
چگونه فراز آمدش رای این به گیتی نگیرد کسی جای این
چنان گشت کسری ز بوزرجمهر که گفتی بدوبخت بنمود چهر
یکی جام فرمود پس شهریار که کردند پرگوهر شاهوار
یکی بدره دینار واسبی به زین بدو داد و کردش بسی آفرین
بشد مرد دانا به آرام خویش یکی تخت و پرگار بنهاد پیش
به شطرنج و اندیشه‌ی هندوان نگه کرد و بفزود رنج روان
خرد بادل روشن انباز کرد به اندیشه بنهاد برتخت نرد
دومهره بفرمود کردن ز عاج همه پیکر عاج همرنگ ساج
یکی رزمگه ساخت شطرنج وار دو رویه برآراسته کارزار
دولشکر ببخشید بر هشت بهر همه رزمجویان گیرنده شهر
زمین وار لشکر گهی چارسوی دوشاه گرانمایه و نیک خوی
کم و بیش دارند هر دو به هم یکی از دگر برنگیرد ستم
به فرمان ایشان سپاه از دو روی به تندی بیاراسته جنگجوی
یکی را چوتنها بگیرد دو تن ز لشکر برین یک تن آید شکن
به هرجای پیش وپس اندر سپاه گرازان دو شاه اندران رزمگاه
همی این بران آن برین برگذشت گهی رزم کوه و گهی رزم دشت
برین گونه تا بر که بودی شکن شدندی دو شاه و سپاه انجمن
بدین سان که گفتم بیاراست نرد برشاه شد یک به یک یاد کرد
وزان رفتن شاه برترمنش همانش ستایش همان سرزنش
ز نیروی و فرمان و جنگ سپاه بگسترد و بنمود یک یک شاه
دل شاه ایران ازو خیره ماند خرد را باندیشه اندر نشاند
همی‌گفت کای مرد روشن‌روان جوان بادی و روزگارت جوان

نامه کسری به رای هند

بفرمود تا ساروان دو هزار	بیارد شتر تا در شهریار
ز باری که خیزد ز روم و ز چین	ز هیتال و مکران و ایران زمین
ز گنج شهنشاه کردند بار	بشد کاروان از در شهریار
چوشد بارهای شتر ساخته	دل شاه زان کار پرداخته
فرستاده‌ی رای را پیش خواند	ز دانش فراوان سخنها براند
یکی نامه بنوشت نزدیک اوی	پر از دانش و رامش و رنگ و بوی
سر نامه کرد آفرین بزرگ	به یزدان پناهش ز دیو سترگ
دگر گفت کای نامور شاه هند	ز دریای قنوج تا پیش سند
رسید این فرستاده‌ی رای‌زن	ابا چتر و پیلان بدین انجمن
همان تخت شطرنج و پیغام رای	شنیدیم و پیغامش امد بجای
ز دانای هندی زمان خواستیم	به دانش روان را بیاراستیم
بسی رای زد موبد پاک‌رای	پژوهید وآورد بازی به جای
کنون آمد این موبد هوشمند	به قنوج نزدیک رای بلند
شتروار بار گران دو هزار	پسندیده بار از در شهریار
نهادیم برجای شطرنج نرد	کنون تا به بازی که آرد نبرد
برهمن فر وان بود پاک‌رای	که این بازی آرد به دانش به جای
ز چیزی که دید این فرستاده رنج	فرستد همه رای هندی به گنج
ورای دون کجا رای با راهنمای	بکوشند بازی نیاید به جای
شتروار باید که هم زین شمار	به پیمان کند رای قنوج بار
کند بار همراه با بار ما	چنینست پیمان و بازار ما
چو خورشید رخشنده شد بر سپهر	برفت از در شاه بوزرجمهر
چو آمد ز ایران به نزدیک رای	برهمن بشادی و را رهنمای
ابا بار با نامه و تخت نرد	دلش پر ز بازار ننگ ونبرد
چو آمد به نزدیکی تخت اوی	بدید آن سر و افسر و بخت اوی

فراوانش بستود بر پهلوی
بدو داد پس نامه‌ی خسروی

ز شطرنج وز راه وز رنج رای
بگفت آنچه آمد یکایک به جای

پیام شهنشاه با او بگفت
رخ رای هندی چوگل برشگفت

بگفت آن کجا دید پاینده مرد
چنان هم سراسر بیاورد نرد

ز بازی و از مهره و رای شاه
وزان موبدان نماینده راه

به نامه دورن آنچه کردست یاد
بخواند بداند نپیچد ز داد

ز گفتار اوشد رخ شاه زرد
چو بشنید گفتار شطرنج و نرد

بیامد یکی نامور کدخدای
فرستاده را داد شایسته‌جای

یکی خرم ایوان بیاراستند
می و رود و رامشگران خواستند

زمان خواست پس نامور هفت روز
برفت آنک بودند دانش فروز

به کشور ز پیران شایسته مرد
یکی انجمن کرد و بنهاد نرد

به یک هفته آنکس که بد تیزویر
ازان نامداران برنا و پیر

همی‌بازجستند بازی نرد
به رشک و برای وبه ننگ و نبرد

بهشتم چنین گفت موبد به رای
که این را نداند کسی سر زپای

مگر با روان یار گردد خرد
کزین مهره بازی برون آورد

بیامد نهم روز بوزرجمهر
پر از آرزو دل پرآژنگ چهر

که کسری نفرمود ما را درنگ
نباید که گردد دل شاه تنگ

بشد موبدان را ازان دل دژم
روان پر زغم ابروان پر زخم

بزرگان دانا به یک سو شدند
به نادانی خویش خستو شدند

چو آن دید بنشست بوزرجمهر
همه موبدان برگشادند چهر

بگسترد پیش اندرون تخت نرد
همه گردش مهرها یاد کرد

سپهدار بنمود و جنگ سپاه
هم آرایش رزم و فرمان شاه

ازو خیره شد رای با رای‌زن
ز کشور بسی نامدار انجمن

همه مهتران آفرین خواندند
ورا موبد پاک دین خواندند

ز هر دانشی زو بپرسید رای
همه پاسخ آمد یکایک به جای

خروشی برآمد ز دانندگان
ز دانش پژوهان وخوانندگان

که اینت سخنگوی داننده مرد
نه از بهر شطرنج و بازی نرد

بیاورد زان پس شتر دو هزار
همه گنج قنوج کردند بار

ز عود و ز عنبر ز کافور و زر
همه جامه وجام پیکر گهر

ابا باژ یکساله از پیشگاه	فرستاد یک سر به درگاه شاه
یکی افسری خواست از گنج رای	همان جامه‌ی زر ز سر تا به پای
بدو داد وچند آفرین کرد نیز	بیارانش بخشید بسیار چیز
شتر دو ازار آنک از پیش برد	ابا باژ و هدیه مر او را سپرد
یکی کاروان بد که کس پیش ازان	نراند و نبد خواسته بیش ازان
بیامد ز قنوج بوزرجمهر	برافراخته سر بگردان سپهر
دلی شاد با نامه شاه هند	نبشته به هندی خطی بر پرند
که رای و بزرگان گوایی دهند	نه از بیم کزنیک رایی دهند
که چون شاه نوشین‌روان کس ندید	نه از موبد سالخورده شنید
نه کس دانشی تر ز دستور اوی	ز دانش سپهرست گنجور اوی
فرستاده شد باژ یک ساله پیش	اگر بیش باید فرستیم بیش
ز باژی که پیمان نهادیم نیز	فرستاده شد هرچ بایست چیز
چو آگاهی آمد ز دانا به شاه	که با کام و با خوبی آمد ز راه
ازان آگهی شاد شد شهریار	بفرمود تاهرک بد نامدار
ز شهر و ز لشکر خبیره شدند	همه نامداران پذیره شدند
به شهر اندر آمد چنان ارجمند	به پیروزی شهریار بلند
به ایوان چو آمد به نزدیک تخت	برو شهریار آفرین کرد سخت
ببر در گرفتش جهاندار شاه	بپرسیدش از رای وز رنج راه
بگفت آنک جا رفت بوزرجمهر	ازان بخت بیدار و مهر سپهر
پس آن نامه رای پیروزبخت	بیاورد و بنهاد در پیش تخت
بفرمود تا یزدگرد دبیر	بیامد بر شاه دانش‌پذیر
چو آن نامه رای هندی بخواند	یکی انجمن درشگفتی بماند
هم از دانش و رای بوزرجمهر	ازان بخت سالار خورشید چهر
چنین گفت کسری که یزدان سپاس	که هستم خردمند و نیکی‌شناس
مهان تاج وتخت مرا بنده‌اند	دل وجان به مهر من آگنده‌اند
شگفتی‌تر از کار بوزرجمهر	که دانش بدو داد چندین سپهر
سپاس از خداوند خورشید وماه	کزویست پیروزی و دستگاه
برین داستان برسخن ساختم	به طلخند و شطرنج پرداختم

۱۵۸۷

داستان پدید آمدن شترنج در هندوستان

چنین گفت شاهوی بیداردل	که ای پیر دانای و بسیار دل
ایا مرد فرزانه و تیز ویر	ز شاهوی پیر این سخن یادگیر
که درهند مردی سرافراز بود	که با لشکر و خیل و با ساز بود
خنیده بهر جای جمهور نام	به مردی بهر جای گسترده گام
چنان پادشا گشته برهندوان	خردمند و بیدار و روشن‌روان
ورا بود کشمیر تا مرز چین	برو خواندندی به داد آفرین
به مردی جهانی گرفته بدست	ورا سندلی بود جای نشست
همیدون بدش تاج و گنج و سپاه	همیدون نگین وهمیدون کلاه
هنرمند جمهور فرهنگ جوی	سرافراز با دانش و آبروی
بدو شادمان زیردستان اوی	چه شهری چه از در پرستان اوی
زنی بود هم گوهرش هوشمند	هنرمند و با دانش و بی‌گزند
پسر زاد زان شاه نیکو یکی	که پیدا نبود از پدر اندکی
پدر چون بدید آن جهاندار نو	هم اندر زمان نام کردند گو
برین برنیامد بسی روزگار	که بیمار شد ناگهان شهریار
به کدبانو اندرز کرد و به مرد	جهانی پر از دادگو را سپرد
ز خردی نشایست گو بخت را	نه تاج و کمر بستن و تخت را
سران راهمه سر پر از گرد بود	ز جمهورشان دل پر از درد بود
ز بخشیدن و خوردن و داد اوی	جهان بود یک سر پر از یاد اوی
سپاهی و شهری همه انجمن	زن و کودک و مرد شد رای زن
که این خرد کودک نداند سپاه	نه داد و نه خشم و نه تخت و کلاه
همه پادشاهی شود پرگزند	اگر شهریاری نباشد بلند
به دنبر برادر بد آن شاه را	خردمند وشایسته‌ی گاه را
کجا نام آن نامور مای بود	به دنبر نشسته دلارای بود
جهاندیدگان یک به یک شاه‌جوی	ز سندل به دنبر نهادند روی

بزرگان کشمیر تا مرز چین	به شاهی بدو خواندند آفرین
ز دنبر بیامد سرافراز مای	به تخت کیان اندر آورد پای
همان تاج جمهور بر سر نهاد	بداد و ببخشش در اندر گشاد
چو با سازشد مام گو را بخواست	بپرورد و با جان همی‌داشت راست
پری چهره آبستن آمد ز مای	پسر زاد ازین نامور کدخدای
ورا پادشا نام طلخند کرد	روان را پر از مهر فرزند کرد
دوساله شد این خرد و گو هفت سال	دلاور گوی بود با فر و یال
پس از چند گه مای بیمار شد	دل زن برو پر ز تیمار شد
دوهفته برآمد به زاری بمرد	برفت وجهان دیگری را سپرد
همه سندلی زار و گریان شدند	ز درد دل مای بریان شدند
نشستند یک ماه باسوگ شاه	سرماه یک سر بیامد سپاه
همه نامداران وگردان شهر	هرآنکس که او را خرد بود بهر
سخن رفت هرگونه بر انجمن	چنین گفت فرزانه‌ای رای‌زن
که این زن که از تخم جمهور بود	همیشه ز کردار بد دور بود
همه راستی خواستی نزد شوی	نبود ایچ تابود جز دادجوی
نژادیست این ساخته داد را	همه راستی را و بنیاد را
همان به که این زن بود شهریار	که او ماند زین مهتران یادگار
زگفتار او رام گشت انجمن	فرستاده شد نزد آن پاک تن
که تخت دو فرزند را خود بگیر	فزاینده کاریست این ناگزیر
چوفرزند گردد سزاوار گاه	بدو ده بزرگی و گنج و سپاه
ازان پس هم آموزگارش تو باش	دلارام و دستور و رایش تو باش
به گفتار ایشان زن نیک بخت	بیفراخت تاج و بیاراست تخت
فزونی وخوبی وفرهنگ وداد	همه پادشاهی بدو گشت شاد
دوموبد گزین کرد پاکیزه‌رای	هنرمند و گیتی سپرده به پای
بدیشان سپرد آن دو فرزند را	دو مهتر نژاد خردمند را
نبودند ز ایشان جدا یک زمان	بدیدار ایشان شده شادمان
چو نیرو گرفتند و دانا شدند	بهر دانشی بر توانا شدند
زمان تا زمان یک ز دیگر جدا	شدندی برمادر پارسا
که ازماکدامست شایسته‌تر	به دل برتر و نیز بایسته‌تر

چنین گفت مادر به هر دو پسر	که تا از شما باکه یابم هنر
خردمندی ورای و پرهیز و دین	زبان چرب و گوینده و بفرین
چودارید هر دو ز شاهی نژاد	خرد باید و شرم و پرهیز وداد
چوتنها شدی سوی مادر یکی	چنین هم سخن راندی اندکی
که از ما دو فرزند کشور کراست	به شاهی و این تخت و افسرکراست
بدو مام گفتی که تخت آن تست	هنرمندی و رای و بخت آن تست
به دیگر پسرهم ازینسان سخن	همی‌راندی تا سخن شد کهن
دل هرد وان شاد کردی به تخت	به گنج وسپاه وبنام و به بخت
رسیدند هر دو به مردی به جای	بدآموز شد هر دو را رهنمای
زرشک اوفتادند هردو به رنج	برآشوفتند ازپی تاج وگنج
همه شهرزایشان بدونیم گشت	دل نیک مردان پرازبیم گشت
زگفت بدآموز جوشان شدند	به نزدیک مادرخروشان شدند
بگفتند کزماکه زیباترست	که برنیک وبد برشکیباترست
چنین پاسخ آورد فرزانه زن	که باموبدی یکدل ورای زن
شمارابباید نشستن نخست	برام وباکام فرجام جست
ازان پس خنیده بزرگان شهر	هرآنکس که اودارد از رای بهر
یکایک بگوییم با رهنمون	نه خوبست گرمی به کاراندرون
کسی کو بجوید همی تاج وگاه	خردباید ورای وگنج وسپاه
چو بیدادگر پادشاهی کند	جهان پر ز گرم وتباهی کند
به مادر چنین گفت پرمایه گو	کزین پرسش اندر زمانه مرو
اگر کشور ازمن نگیرد فروغ	به کژی مکن هیچ رای دروغ
به طلخند بسپار گنج وسپاه	من او را یکی کهترم نیکخواه
وگر من به سال وخرد مهترم	هم از پشت جمهور کنداورم
بدو گوی تا از پی تاج و تخت	نگیرد به بی‌دانشی کارسخت
بدو گفت مادر که تندی مکن	براندیشه باید که رانی سخن
هرآنکس که برتخت شاهی نشست	میان بسته باید گشاده دو دست
نگه داشتن جان پاک از بدی	بدانش سپردن ره بخردی
هم از دشمن آژیر بودن به جنگ	نگه داشتن بهره‌ی نام و ننگ
ز داد و ز بیداد شهر و سپاه	بپرسد خداوند خورشید و ماه

اگر پشه از شاه یابد ستم
روانش به دوزخ بماند دژم

جهان از شب تیره تاریک‌تر
دلی باید ازموی باریک‌تر

که از بد کند جان و تن را رها
بداند که کژی نیارد بها

چو بر سرنهد تاج بر تخت داد
جهانی ازان داد باشند شاد

سرانجام بستر ز خشتست وخاک
وگر سوخته گردد اندر مغاک

ازین دودمان شاه جمهور بود
که رایش ز کردار بد دور بود

نه هنگام بد مردن او را بمرد
جهان را به کهتر برادر سپرد

زد نبر بیامد سرافراز مای
جوان بود و بینا دل وپاک رای

همه سندلی پیش اوآمدند
پر از خون دل و شاه جو آمدند

بیامد به تخت مهی برنشست
میان تنگ بسته گشاده دو دست

مرا خواست انباز گشتیم وجفت
بدان تا نماند سخن درنهفت

اگر زانک مهتر برادر تویی
به هوش وخرد نیز برتر تویی

همان کن که جان را نداری به رنج
ز بهر سرافرازی و تاج وگنج

یکی ازشما گرکنم من گزین
دل دیگری گردد از من بکین

مریزید خون از پی تاج وگنج
که برکس نماند سرای سپنج

ز مادر چو بشنید طلخند پند
نیامدش گفتار او سودمند

بمارد چنین گفت کز مهتری
همی از پی گو کنی داوری

به سال ار برادر ز من مهترست
نه هرکس که او مهتر او بهترست

بدین لشکر من فروان کسست
که همسال او به آسمان کرکسست

که هرگز نجویند گاه وسپاه
نه تخت و نه افسر نه گنج و کلاه

پدر گر به روز جوانی بمرد
نه تخت بزرگی کسی راسپرد

دلت جفت بینم همی سوی گو
برآنی که او را کنی پیشرو

من ازگل برین گونه مردم کنم
مبادا که نام پدر گم کنم

یکی مادرش سخت سوگند خورد
که بیزارم از گنبد لاژورد

اگرهرگز این آرزو خواستم
ز یزدان وبردل بیاراستم

مبر زین سن جز به نیکی گمان
مشو تیز باگردش آسمان

که آن راکه خواهد دهد نیکوی
نگر جز به یزدان به کس نگروی

من انداختم هرچ آمد ز پند
اگر نیست پند منت سودمند

نگر تاچه بهتر ز کارآن کنید
وزین پند من توشه‌ی جان کنید

وزان پس همه بخردان را بخواند	همه پندها پیش ایشان براند
کلید درگنج دو پادشا	که بودند بادانش و پارسا
بیاورد وکرد آشکارا نهان	به پیش جهاندیدگان ومهان
سراسر بر ایشان ببخشید راست	همه کام آن هر دو فرزند خواست
چنین گفت زان پس به طلخند گو	که ای نیک دل نامور یار نو
شنیدم که جمهور چندی ز مای	سرافرازتر بد به سال و برای
پدرت آن گرانمایه نیکخوی	نکرد ایچ ازان پیش تخت آرزوی
نه ننگ آمدش هرگز از کهتری	نجست ایچ بر مهتران مهتری
نگر تا پسندد چنین دادگر	که من پیش کهتر ببندم کمر
نگفت مادر سخن جز به داد	تو را دل چرا شد ز بیداد شاد
ز لشکر بخوانیم چندی مهان	خردمند و برگشته گرد جهان
ز فرزانگان چون سخن بشنویم	برای و به گفتارشان بگرویم
ز ایوان مادر بدین گفت‌وگوی	برفتند ودلشان پر از جست‌وجوی
برین برنهادند هر دو جوان	کزان پس ز گردان وز پهلوان
ز دانا وپاکان سخن بشنویم	بران سان که باشد بدان بگرویم
کز ایشان همی دانش آموختیم	به فرهنگ دلها برافروختیم
بیامد دو فرزانه رهنمای	میانشان همی‌رفت هر گونه رای
همی‌خواست فرزانه گو که گو	بود شاه درسندلی پیشرو
هم آنکس که استاد طلخند بود	به فرزانگی هم خردمند بود
همی این بران بر زد وآن برین	چنین تا دو مهتر گرفتند کین
نهاده بدند اندر ایوان دو تخت	نشسته به تخت آن دو پیروز بخت
دلاور دو فرزانه بردست راست	همی هریکی ازجهان بهرخواست
گرانمایگان را همه خواندند	بایوان چپ و راست بنشاندند
زبان برگشادند فرزانگان	که ای سرفرازان ومردانگان
ازین نامداران فرخ‌نژاد	که دارید رسم پدرشان به یاد
که خواهید برخویشتن پادشا	که دانید زین دوجوان پارسا
فروماندند اندران موبدان	بزرگان و بیدار دل بخردان
نشسته همی دوجوان بر دو تخت	بگفت دو فرزانه نیکبخت
بدانست شهری و هم لشکری	کزان کارجنگ آید و داوری

همه پادشاهی شود بر دو نیم	خردمند ماند به رنج وبه بیم
یکی ز انجمن سر برآورد راست	به آوا سخن گفت و برپای خاست
که ما از دو دستور دو شهریار	چه یاریم گفتن که آید به کار
بسازیم فردا یکی انجمن	بگوییم با یکدگر تن به تن
وزان پس فرستیم یک یک پیام	مگر شهریاران بیابند کام
برفتند ز ایوان ژکان و دژم	لبان پر ز باد و روان پر ز غم
بگفتند کین کار با رنج گشت	ز دست جهاندیده اندر گذشت
برادر ندیدیم هرگز دو شاه	دو دستور بدخواه در پیشگاه
ببودند یک شب پرآژنگ چهر	بدانگه که برزد سر از کوه مهر
برفتند یک سر بزرگان شهر	هرآنکس که شان بود زان کار بهر
پر آواز شد سندلی چار سوی	سخن رفت هرگونه بی‌آرزوی
یکی راز ز گردان بگو بود رای	یکی سوی طلخند بد رهنمای
زبانها ز گفتارشان شد ستوه	نگشتند همرای و با هم گروه
پراگنده گشت آن بزرگ انجمن	سپاهی وشهری همه تن به تن
یکی سوی طلخند پیغام کرد	زبان را زگو پر ز دشنام کرد
دگر سوی گر رفت با گرز و تیغ	که از شاه جان را ندارم دریغ
پرآشوب شد کشور سندلی	بدان نیکخواهی و آن یک دلی
خردمند گوید که در یک سرای	چوفرمان دوگردد نماند به جای
پس آگاهی آمد به طلخند و گو	که هر بر زنی بایکی پیشرو
همه شهر ویران کنند از هوا	نباید که دارند شاهان روا
ببودند زان آگهی پر هراس	همی‌داشتندی شب و روز پاس
چنان بد که روزی دو شاه جوان	برفتند بی‌لشکر و پهلوان
زبان برگشادند یک با دگر	پرآژنگ روی و پراز جنگ سر
به طلخند گفت ای برادر مکن	کز اندازه بگذشت ما را سخن
بتا روی بر خیره چیزی مجوی	که فرزانگان آن نبینند روی
شنیدی که جمهور تا زنده بود	برادر ورا چون یکی بنده بود
بمرد او و من ماندم خوار و خرد	یکی خرد را گاه نتوان سپرد
جهان پر ز خوبی بد از رای اوی	نیارست جستن کسی جای اوی
برادر ورا همچو جان بود و تن	بشاهی ورا خواندند انجمن

اگر بودمی من سزاوار گاه	نکردی به مای اندرون کس نگاه
بر آیین شاهان گیتی رویم	ز فرزانگان نیک و بد بشنویم
من از تو به سال و خرد مهترم	توگویی که من کهترم بهترم
مکن ناسزا تخت شاهی مجوی	مکن روی کشور پر از گفت‌وگوی
چنین پاسخ آورد طلخند پس	به افسون بزرگی نجستست کس
من این تاج و تخت از پدر یافتم	ز تخمی که او کشت بریافتم
همه پادشاهی و گنج و سپاه	ازین پس به شمشیر دارم نگاه
ز جمهور وز مای چندین مگوی	اگر آمنی تخت را رزم جوی
سرانشان پر از جنگ باز آمدند	به شهر اندرون رزمساز آمدند
سپاهی وشهری همه جنگجوی	بدرگاه شاهان نهادند روی
گروهی به طلخند کردند رای	دگر را بگو بود دل رهنمای
برآمد خروش از در هر دو شاه	یکی را نبود اندر آن شهر راه

رزم تلخند

نخستین بیاراست طلخند جنگ	نبودش به جنگ دلیران درنگ
سرگنجهای پدر بر گشاد	سپه را همه ترگ وجوشن بداد
همه شهر یکسر پر از بیم شد	دل مرد بخرد بدو نیم شد
که تا چون بود گردش آسمان	کرا برکشد زین دومهتر زمان
همه کشور آگاه شد زین دو شاه	دمادم بیامد زهر سو سپاه
بپوشید طلخند جوشن نخست	به خون ریختن چنگها را بشست
بیاورد گو نیز خفتان وخود	همی‌داد جان پدر را درود
بدان تندی ازجای برخاستند	همی پشت پیلان بیاراستند
نهادند برکوهه پیل زین	توگفتی همی راه جوید زمین
همه دشت پر زنگ وهندی درای	همه گوش پر ناله کرنای
به لشکر گه آمد دوشاه جوان	همه بهر بیشی نهاده روان
سپهر اندران رزمگه خیره شد	ز گرد سپه چشمها تیره شد

بر آمد خروشیدن گاو دم   ز دو رویه آواز رویینه خم
بیاراست با میمنه میسره   تو گفتی زمین کوه شد یکسره
دولشکر کشیدند صف بر دو میل   دو شاه سرافراز بر پشت پیل
درفشی درفشان به سر بر به پای   یکی پیکرش ببر و دیگر همای
پیاده به پیش اندرون نیزه‌دار   سپردار و شایسته‌ی کار زار
نگه کرد گو اندران دشت جنگ   هوا دید چون پشت جنگی پلنگ
همه کام خاک وهمه دشت خون   بگرد اندرون نیزه بد رهنمون
به طلخند هرچند جانش بسوخت   ز خشم او دو چشم خرد رابدوخت
گزین کرد مردی سخنگوی گو   کزان مهتران او بدی پیشرو
که رو پیش طلخند و او را بگوی   که بیداد جنگ برادر مجوی
که هر خون که باشد برین ریخته   تو باشی بدان گیتی آویخته
یکی گوش بگشای بر پندگو   به گفتار بدگوی غره مشو
نباید که از ما بدین کارزار   نکوهش بود در جهان یادگار
که این کشور هند ویران شود   کنام پلنگان و شیران شود
بپرهیز ازین جنگ و آویختن   به بیداد بر خیره خون ریختن
دل من بدین آشتی شاد کن   ز فام خرد گردن آزاد کن
ازین مرز تا پیش دریای چین   تو راباد چندانک خواهی زمین
همه مهر با جان برابر کنیم   تو را بر سرخویش افسر کنیم
ببخشیم شاهی به کردار گنج   که این تخت و افسر نیرزد به رنج
وگر چند بیداد جویی همه   پراگندن گرد کرده رمه
بدین گیتی اندر نکوهش بود   همین رابدان سر پژوهش بود
مکن ای برادر به بیداد رای   که بیداد را نیست با داد پای
فرستاده چون پیش طلخند شد   به پیغام شاه از در پند شد
چنین داد پاسخ که او را بگوی   که درجنگ چندین بهانه مجوی
برادر نخوانم تو را من نه دوست   نه مغز تو از دوده‌ی ما نه پوست
همه پادشاهی تو ویران کنی   چوآهنگ جنگ دلیران کنی
همه بدسگالان به نزد تواند   به بهرام روز اورمزد تواند
گنهکار هم پیش یزدان تویی   که بد نام و بد گوهر و بد خویی
ز خونی که ریزند زین پس به کین   تو باشی به نفرین و من به آفرین

و دیگر که گفتی ببخشیم تاج   هم این مرزبانی و این تخت عاج
هر آنگه که تو شهریاری کنی   مرا مرز بخشی و یاری کنی
نخواهم که جان باشد اندر تنم   وگر چشم برتاج شاه افگنم
کنون جنگ را بر کشیدم رده   هوا شد چو دیبا به زر آژده
ز تیر و ز ژوپین و نوک سنان   نداند کنون گورکیب ازعنان
برآورد گه بر سرافشان کنم   همه لشکرش را خروشان کنم
بران سان سپاه اندر آرم به جنگ   که سیرآید ازجنگ جنگی پلنگ
بیارند گو را کنون بسته دست   سپاهش ببینند هر سو شکست
که ازبندگان نیز با شهریار   نپوشد کسی جوشن کارزار
چو پاسخ شنید آن خردمند مرد   بیامد همه یک به یک یاد کرد
غمی شد دل گوچو پاسخ شنید   که طلخند را رای پاسخ ندید
پر اندیشه فرزانه را پیش خواند   ز پاسخ فراوان سخنها براند
بدو گفت کای مرد فرهنگ جوی   یکی چاره‌ی کار با من بگوی
همه دشت خونست و بی تن سرست   روان را گذر بر جهانداورست
نباید کزین جنگ فرجام کار   به ما بازماند بد روزگار
بدو گفت فرزانه کای شهریار   نباید تو را پندآموزگار
گر از من همی بازجویی سخن   به جنگ برادر درشتی مکن
فرستاده‌ای تیز نزدیک اوی   سرافراز با دانش و نرم گوی
بباید فرستاد و دادن پیام   بگردد مگر او ازین جنگ رام
بدو ده همه گنج نابرده رنج   تو جان برادر گزین کن ز گنج
چو باشد تو را تاج و انگشتری   به دینار با او مکن داوری
نگه کردم از گردش آسمان   بدین زودی او را سرآید زمان
ز گردنده هفت اختر اندر سپهر   یکی را ندیدم بدو رای ومهر
تبه گردد او هم بدین دشت جنگ   نباید گرفتن خود این کار تنگ
مگر مهر شاهی و تخت و کلاه   بدان تات بد دل نخواند سپاه
دگر هرچ خواهد ز اسب و ز گنج   بده تا نباشد روانش به رنج
تو گر شهریاری و نیک‌اختری   به کار سپهری تواناتری
ز فرزانه بشنید شاه این سخن   دگر باره رای نوافگند بن
ز درد برادر پر از آب روی   گزین کرد نیک اختری چرب‌گوی

بدو گفت گو پیش طلخند شو		بگویش که پر درد و رنجست گو
ازین گردش رزم و این کارزار		همی‌خواهد از داور کردگار
که گرداند اندر دلت هوش و مهر		به تابی ز جنگ برادر توچهر
به فرزانه‌ای کو به نزدیک تست		فروزنده‌ی جان تاریک تست
بپرس از شمار ده و دو و هفت		که چون خواهد این کار بیداد رفت
اگر چند تندی و کنداوری		هم از گردش چرخ برنگذری
همه گرد بر گرد ما دشمنست		جهانی پر از مردم ریمنست
همان شاه کشمیر و فغفور چین		که تنگست از ایشان به ما بر زمین
نکوهیده باشیم ازین هر دو روی		هم از نامداران پرخاشجوی
که گویند کز بهر تخت و کلاه		چرا ساخت طلخند و گو رزمگاه
به گوهر مگر هم نژاده نیند		همان از گهر پاکزاده نیند
ز لشکر گر آیی به نزدیک من		درفشان کنی جان تاریک من
ز دینار و دیبا و از اسب و گنج		ببخشم نمانم که مانی به رنج
هم از دست من کشور و مهر و تاج		بیابی همان یاره و تخت عاج
ز مهر برادر تو را ننگ نیست		مگر آرزویت جز از جنگ نیست
اگر پند من سر به سر نشنوی		به فرجام زین بد پشیمان شوی
فرستاده آمد چو باد دمان		به نزدیک طلخند تیره روان
بگفت آنچ بشنید و بفزود نیز		ز شاهی و ز گنج و دینار و چیز
چو بشنید طلخند گفتار اوی		خردمندی و رای و دیدار اوی
ازان کسمان را دگر بود راز		بگفت برادر نیامد فراز
چنین داد پاسخ که گو را بگوی		که هرگز مبادی جزا ز چاره جوی
بریده زوانت بشمشیر بد		تنت سوخته ز آتش هیربد
شنیدم همه خام گفتار تو		نبینم جزا ز چاره بازار تو
چگونه دهی گنج و شاهی بمن		تو خود کیستی زین بزرگ انجمن
توانایی و گنج و شاهی مراست		ز خورشید تا آب و ماهی مراست
همانا زمانت فراز آمدست		کت اندیشه‌های دراز آمدست
سپاه ایستاده چنین بر دو میل		ز آورد مردان و پیکار پیل
بیارای لشکر فراز آر جنگ		به رزم آمدی چیست رای درنگ
چنان بینی اکنون ز من دستبرد		که روزت ستاره بباید شمرد

ندانی جز افسون و بند و فریب	چو دیدی که آمد بپیشت نشیب
ازاندیشه‌ای دور و ز تاج و تخت	نخواند تو را دانشی نیکبخت
فرستاده آمد سری پر ز باد	همه پاسخ پادشا کرد یاد
چنین تا شب تیره بنمود روی	فرستاده آمد همی زین بدوی
فرود آمدند اندران رزمگاه	یکی کنده کندند پیش سپاه
طلایه همی‌گشت بر گرد دشت	بدین گونه تارامش اندر گذشت
چو برزد سر از برج شیر آفتاب	زمین شد بکردار دریای آب
یکی چادر آورد خورشید زرد	بگسترد برکشور لاژورد
برآمد خروشیدن کرنای	هم آواز کوس از دو پرده سرای
درفش دو شاه نوآمد به دید	سپه میمنه میسره برکشید
دو شاه سرافراز در قلبگاه	دو دستور فرزانه درپیش شاه
به فرزانه‌ی خویش فرمود گو	که گوید به آواز با پیشرو
که بر پای دارید یکسر درفش	کشیده همه تیغهای بنفش
یکی ازیلان پیش منهید پای	نباید که جنبد پیاده ز جای
که هرکس تندی کند روز جنگ	نباشد خردمند یا مرد سنگ
ببینم که طلخند با این سپاه	چگونه خرامد به آوردگاه
نباشد جز از رای یزدان پاک	ز رخشنده خورشید تا تیره خاک
ز پند آزمودیم وز مهر چند	نبود ایچ ازین پندها سودمند
گر ایدون که پیروز گردد سپاه	مرا بردهد گردش هور و ماه
مریزید خون از پی خواسته	که یابید خود گنج آراسته
وگر نامداری بود زین سپاه	که اسب افگند تیز برقلبگاه
چو طلخند را یابد اندر نبرد	نباید که بر وی فشانند گرد
نیایش کنان پیش پیل ژیان	بباید شدن تنگ بسته میان
خروشی برآمد که فرمان کنیم	ز رای توآرایش جان کنیم
وزان روی طلخند پیش سپاه	چنین گفت با پاسبانان گاه
گر ایدون که باشیم پیروزگر	دهد گردش اختر نیک بر
همه تیغها کینه را بر کشیم	به یزدان پناهیم و دم در کشیم
چو یابید گو را نبایدش کشت	نه با اوسخن نیز گفتن درشت
بگیریدش از پشت آن پیل مست	به پیش من آرید بسته دو دست

همانگه خروشیدن کرنای	برآمد زدهلیز پرده‌سرای
همه کوه و دریا پر آواز گشت	توگفتی سپهر روان بازگشت
ز بس نعره و چاک چاک تبر	ندانست کس پای گیتی ز سر
ز رخشنده پیکان و پر عقاب	همی دامن اندر کشید آفتاب
زمین شد به کردار دریای خون	در ودشت بد زیرخون اندرون
دو پیل ژیان شاهزاده دو شاه	براندند هر دو ز قلب سپاه
برآمد خروشی ز طلخند وگو	که از باد ژوپین من دور شو
به جنگ برادر مکن دست پیش	نگه دار ز آواز من جای خویش
همی این بدان گفت وآن هم بدین	چودریای خون شد سراسر زمین
یلانی که بودند خنجر گزار	بگشتند پیرامن کارزار
ز زخم دوشاه آن دو پرخاشجوی	همی خون و مغز اندر آمد به جوی
برین گونه تا خور ز گنبد بگشت	وز اندازه آویزش اندرگذشت
خروش آمد از دشت و آواز گو	که ای جنگسازان و گردان نو
هرآنکس که خواهد زما زینهار	مدارید ازو کینه در کارزدار
بدان تا برادر بترسد ز جنگ	چوتنها بماند نسازد درنگ
بسی خواستند از یلان زینهار	بسی کشته شد در دم کار زار
چو طلخند بر پیل تنها بماند	گو او را به آواز چندی بخواند
که رو ای برادر به ایوان خویش	نگه کن به ایوان و دیوان خویش
نیابی همانا بسی زنده تن	از آن تیغزن نامدار انجمن
همه خوب کاری ز یزدان شاس	وزو دار تا زنده باشی سپاس
که زنده برفتی توازپیش جنگ	نه هنگام رایست و روز درنگ

پیام فرستادن تلخند به گو

چوبشنید طلخند آواز اوی	شد از ننگ پیچان و پر آب روی
به مرغ آمد از دشت آوردگاه	فراز آمدندش زهر سو سپاه
در گنج بگشاد و روزی بداد	سپاهش شد آباد و با کام وشاد

سزاوار خلعت هر آنکس که دید	بیاراست او را چنانچون سزید
به دینار چون لشکر آباد گشت	دل جنگجوی از غم آزاد گشت
پیامی فرستاد نزدیک گو	که ای تخت را چون بپالیز خو
بر آنی که از من شدی بیگزند	دلت را به زنار افسون مبند
به آتش شوی ناگهان سوخته	روان آژده چشمها دوخته
چو بشنید گو آن پیام درشت	دلش راز مهر برادر بشست
دلش زان سخن گشت اندوهگین	به فرزانه گفت این شگفتی ببین
بدو گفت فرزانه کای شهریار	تویی از پدر تخت را یادگار
ز دانش پژوهان تو داناتری	هم از تاجداران تواناتری
مرا این درستست و گفتم بشاه	ز گردنده خورشید و تابنده ماه
که این نامور تا نگردد هلاک	بگردد چو مار اندرین تیره خاک
به پاسخ تو با او درشتی مگوی	بپیوند و آزرم او را بجوی
اگر جنگ سازد بسازیم جنگ	که او با شتابست و ما با درنگ
سپهبد فرستاده را پیش خواند	به خوبی فراوان سخنها براند
بدو گفت رو با برادر بگوی	که چندین درشتی و تندی مجوی
درشتی نه زیباست با شهریار	پدر نامور بود و تو نامدار
مرا این درستست کز پند من	تو دوری نجویی ز پیوند من
ولیکن مرا ز آنک هست آرزوی	که تو نامور باشی و نامجوی
بگویم همه آنچ اندر دلست	سخنها که جانم برو مایلست
تو را سر بپیچد ز دستور بد	ز آسانی و رای و راه خرد
مگوی ای برادر سخن جز بداد	که گیتی سراسر فسونست و باد
سوی راستی یاز تا هرچ هست	ز گنج و مردان خسروپرست
فرستم همه سر به سر پیش تو	ببیند روان بداندیش تو
که اندر دل من جز از داد نیست	مباد آنک از جان تو شاد نیست
برینست رایم که دادم پیام	اگر بشنود مهتر خویش کام
ور ایدون که رایت جز از جنگ نیست	به خوبی و پیوندت آهنگ نیست
بسازم کنون جنگ را لشکری	که باید سپاه مرا کشوری
ازین مرز آباد ما بگذریم	سپه را همه پیش دریا بریم
یکی کنده سازیم گرد سپاه	برین جنگجویان ببندیم راه

ز دریا بکنده در آب افگنیم
سراسر سر اندر شتاب افگنیم

بدان تا هرآنکس که بیند شکست
ز کنده نباشد ورا راه جست

ز ماهرک پیروز گردد به جنگ
بریزیم خون اندرین جای تنگ

سپه را همه دستگیر آوریم
مبادا که شمشیر و تیر آوریم

فرستاده برگشت و آمد چو باد
بروبر سخنهای گو کرد یاد

چوطلخند بشنید گفتار گو
ز لشکر هرآنکس که بد پیشرو

بفرمود تا پیش او خواندند
سزاوار هر جای بنشاندند

همه پاسخ گو بدیشان بگفت
همه رازها برگشاد از نهفت

به لشکر چنین گفت کین جنگ نو
به دریا که اندیشه کردست گو

چه بینید واین را چه رای آوریم
که اندیشه او به جای آوریم

اگر بود خواهید با من یکی
نپیچید سر را ز داد اندکی

اگر جنگ جویم چه دریا چه کوه
چو در جنگ لشکر بود هم گروه

اگر یار باشید با من به جنگ
از آواز روبه نترسد پلنگ

هر آنکس که جویند نام بزرگ
ز گیتی بیابند کام بزرگ

جهانجوی اگر کشته گردد به نام
به از زنده دشمن بدو شادکام

هر آنکس که درجنگ تندی کند
همی از پی سودمندی کند

بیابید چندان ز من خواسته
پرستنده و اسب آراسته

ز کشمیر تا پیش دریای چین
به هر شهر برماکنند آفرین

ببخشم همه شهرها بر سپاه
چوفرمان مرا گردد و تاج و گاه

بپاسخ همه مهتران پیش اوی
یکایک نهادند برخاک روی

که ما نام جوییم و تو شهریار
ببینی کنون گردش روزگار

ز درگاه طلخند برشد خروش
ز لشکر همه کشور آمد بجوش

سپه را همه سوی دریا کشید
وزان پس سپاه گوآمد پدید

برابر فرود آمدند آن دو شاه
که بوند با یکدگر کینه خواه

بگرد اندرون کنده‌ای ساختند
چوشد ژرف آب اندر انداختند

دو لشکر برابر کشیدند صف
سواران همه بر لب آورده کف

بیاراست با میسره میمنه
کشیدند نزدیک دریا بنه

دو شاه گرانمایه پر درد و کین
نهادند برپشت پیلان دو زین

به قلب اندرون ساخته جای خویش
شده هر یکی لشکر آرای خویش

زمین قار شد آسمان شد بنفش ... ز بس نیزه و پرنیانی درفش
هوا شد ز گرد سپاه آبنوس ... ز نالیدن بوق وآوای کوس
تو گفتی که دریا بجوشد همی ... نهنگ اندرو خون خروشد همی
ز زخم تبرزین و گوپال و تیغ ... ز دریا برآمد یکی تیره میغ
چو بر چرخ خورشید دامن کشید ... چنان شد که کس نیز کس را ندید
توگفتی هوا تیغ بارد همی ... بخاک اندرون لاله کارد همی
ز افگنده گیتی بران گونه گشت ... که کرکس نیارست برسرگذشت
گروهی بکنده درون پر ز خون ... دگر سر بریده فگنده نگون
ز دریا همی‌خاست از باد موج ... سپاه اندر آمد همی فوج فوج
همه دشت مغز و جگر بود و دل ... همه نعل اسبان ز خون پر ز گل
نگه کرد طلخند از پشت پیل ... زمین دید برسان دریای نیل
همه باد بر سوی طلخند گشت ... به راه و به آب آرزومند گشت
ز باد و ز خورشید و شمشیر تیز ... نه آرام دید و نه راه گریز
بران زین زرین بخفت و بمرد ... همه کشور هند گو راسپرد
ببیشی نهادست مردم دو چشم ... ز کمی بود دل پر از درد وخشم
نه آن ماند ای مرد دانا نه این ... ز گیتی همه شادمانی گزین
اگر چند بفزاید از رنج گنج ... همان گنج گیتی نیرزد به رنج
زقلب سپه چون نگه کرد گو ... ندید آن درفش سپهدار نو
سواری فرستاد تا پشت پیل ... بگردد بجوید همه میل میل
ببیند که آن لعل رخشان درفش ... کزو بود روی سواران بنفش
کجاشد که بنشست جوش نبرد ... مگر چشم من تیره گون شد ز گرد
سوار آمد و سر به سر بنگرید ... درفش سرنامداران ندید
همه قلب گه دید پر گفت و گوی ... سواران کشور همه شاه جوی
فرستاده برگشت و آمد چو باد ... سخنها همه پیش او کرد یاد
سپهبد فرود آمد از پشت پیل ... پیاده همی‌رفت گریان دو میل
بیامد چوطلخند را مرده دید ... دل لشکر از درد پژمرده دید
سراپای او سر به سر بنگرید ... به جایی برو پوست خسته ندید
خروشان همه گوشت بازو بکند ... نشست از برش سوگوار و نژند
همی‌گفت زار ای نبرده جوان ... برفتی پر از درد و خسته روان

تو راگردش اختر بد بکشت   وگرنه نزد بر تو بادی درشت
بپیچید ز آموزگاران سرت   تو رفتی ومسکین دل مادرت
بخوبی بسی راندم با تو پند   نیامد تو را پند من سودمند
چو فرزانه گو بد آنجا رسید   جهان جوی طلخند را مرده دید
برادرش گریان و پر درد گشت   خروش سواران بران پهن دشت
خروشان بغلتید در پیش گو   همی‌گفت زار ای جهان‌دار نو
ازان پس بیاراست فرزانه پند   بگو گفت کای شهریار بلند
ازین زاری و سوگواری چه سود   چنین رفت و این بودنی کار بود
سپاس از جهان آفرینت یکیست   که طلخند بر دست تو کشته نیست
همه بودنی گفته بودم به شاه   ز کیوان و بهرام و خورشید و ماه
که چندان به پیچید برزم این جوان   که برخویشتن بر سر آرد زمان
کنون کار طلخند چون بادگشت   بنادانی و تیزی اندر گذشت
سپاهست چندان پر از درد و خشم   سراسر همه برتو دارند چشم
بیارام و ما را تو آرام ده   خرد را به آرام دل کام ده
که چون پادشا را ببیند سپاه   پر از درد و گریان پیاده به راه
بکاهدش نزد سپاه آبروی   فرومایه گستاخ گردد بروی
به کردار جام گلابست شاه   که از گرد یکباره گردد تباه
ز دانا خردمند بشنید پند   خروشی ز لشکر برآمد بلند
که آن لشکر اکنون جدا نیست زین   همه آفرین باد بر آن و این
همه پاک در زینهار منید   وزین بر منش یادگار منید
ازان پس چو دانندگان را بخواند   به مژگان بسی خون دل برفشاند
ز پند آنچ طلخند را داده بود   بدیاشن بگفت آنچ ازو هم شنود
یکی تخت تابوت کردش ز عاج   ز زر و ز پیروزه و خوب ساج
بپوشید رویش به چینی پرند   شد آن نامور نامبردار هند
بدبق و بقیر و بکافور و مشک   سرتنگ تابوت کردند خشک
وزان جایگه تیز لشکر براند   به راه و به منزل فراوان نماند
چو شاهان گزیدند جای نبرد   بشد مادر از خواب و آرام و خورد
همیشه بره دیدبان داشتی   به تلخی همی روز بگذاشتی
چوازراه برخاست گرد سپاه   نگه کرد بینادل از دیده‌گاه

همی دیده‌بان بنگرید از دو میل	که بیند مگر تاج طلخند و پیل
ز بالا درفش گو آمد پدید	همه روی کشور سپه گسترید
نیامد پدید از میان سپاه	سواری برافگند از دیده‌گاه
که لشکر گذر کرد زین روی کوه	گو وهرک بودند با او گروه
نه طلخند پیدا نه پیل و درفش	نه آن نامداران زرینه کفش
ز مژگان فروریخت خون مادرش	فراوان به دیوار بر زد سرش
ازان پس چوآمد به مام آگهی	که تیره شد آن فر شاهنشهی
جهاندار طلخند بر زین بمرد	سرگاه شاهی بگو در سپرد
همی جامه زد چاک و رخ را بکند	به گنجور گنج آتش اندر فگند
به ایوان او شد دمان مادرش	به خون اندرون غرقه گشته سرش
همه کاخ وتاج بزرگی بسوخت	ازان پس بلند آتشی برفروخت
که سوزد تن خویش به آیین هند	ازان سوگ پیداکند دین هند
چو از مادر آگاهی آمد بگو	برانگیخت آن باره‌ی تیزرو
بیامد ورا تنگ در بر گرفت	پر از خون مژه خواهش اندر گرفت
بدو گفت کای مهربان گوش دار	که ما بیگناهیم زین کارزار
نه من کشتم او را نه یاران من	نه گردی گمان برد زین انجمن
که خود پیش او دم توان زد درشت	ورا گردش اختر بد بکشت
بدو گفت مادر که ای بدکنش	ز چرخ بلند آیدت سرزنش
برادر کشی از پی تاج و تخت	نخواند تو را نیکدل نیکبخت
چنین داد پاسخ که ای مهربان	نشاید که برمن شوی بدگمان
بیارام تا گردش روزمگاه	نمایم تو را کار شاه و سپاه
که یارست شد پیش او رزمجوی	کرا بود در سر خود این گفت وگوی
به دادار کو داد ومهر آفرید	شب و روز و گردان سپهر آفرید
کزین پس نبیند مرا مهر و گاه	نه اسب و نه گرز و نه تخت و کلاه
مگر کین سخن آشکارا کنم	ز تندی دلت پرمداراکنم
که او را بدست کسی بد زمان	که مردم رهایی نیابد ازان
که یابد به گیتی رهایی ز مرگ	وگر جان بپوشد به پولاد ترگ
چنان شمع رخشان فرو پژمرد	بگیت کسی یک نفس نشمرد
وگر چون نمایم نگردی تو رام	به دادار دارنده کوراست کام

که پیشت به آتش بر خویش را	بسوزم ز بهر بداندیش را
چو بشنید مادر سخنهای گو	دریغ آمدش برز و بالای گو
بدو گفت مادر که بنمای راه	که چون مرد بر پیل طلخند شاه
مگر بر من این آشکارا شود	پر آتش دلم پرمدارا شود
پر از در شد گو بایوان خویش	جهاندیده فرزانه را خواند پیش
بگفت آنچ با مادرش رفته بود	ز مادر که برآتش آشفته بود
نشستند هر دو بهم رای زن	گو و مرد فرزانه بی‌انجمن
بدو گفت فرزانه کای نیکخوی	نگردد بما راست این آرزوی
ز هر سو بخوانیم برنا و پیر	کجا نامداری بود تیزویر
ز کشمیر وز دنبر و مرغ و مای	وزان تیزویران جوینده رای
ز دریا و از کنده وزرمگاه	بگوییم با مرد جوینده راه
سواران بهر سو پراگند گو	بجایی که بد موبدی پیشرو
سراسر بدرگاه شاه آمدند	بدان نامور بارگاه آمدند
جهاندار بنشست با موبدان	بزرگان دانادل و بخردان
صفت کرد فرزانه آن رزمگاه	که چون رفت پیکار جنگ وسپاه
ز دریا و از کنده و آبگیر	یکایک بگفتند با تیزویر
نخفتند زایشان یکی تیره شب	نه بر یکدگر برگشادند لب
ز میدان چو برخاست آواز کوس	جهاندیدگان خواستند آبنوس
یکی تخت کردند از چارسوی	دومرد گرانمایه و نیکخوی
همانند آن کنده و رزمگاه	بروی اندر آورده روی سپاه
بران تخت صدخانه کرده نگار	صفی کرد او لشکر کارزار
پس آنگه دولشکر زساج و زعاج	دو شاه سرافراز با پیل وتاج
پیاده بدید اندرو با سوار	همه کرده آرایش کارزار
ز اسبان و پیلان و دستور شاه	مبارز که اسب افگند بر سپاه
همه کرده پیکر به آیین جنگ	یک تیز وجنبان یکی با درنگ
بیاراسته شاه قلب سپاه	ز یک دست فرزانه‌ی نیک‌خواه
ابر دست شاه از دو رویه دو پیل	ز پیلان شده گرد همرنگ نیل
دو اشتر بر پیل کرده به پای	نشانده برایشان دو پاکیزه رای
به زیر شتر در دو اسب و دو مرد	که پرخاش جویند روز نبرد

۱۶۰۵

مبارز دو رخ بر دو روی دوصف ز خون جگر بر لب آورده کف
پیاده برفتی ز پیش و ز پس کجا بود در جنگ فریادرس
چو بگذاشتی تا سر آوردگاه نشستی چو فرزانه بر دست شاه
همان نیزه فرزانه یک خانه بیش نرفتی نبودی ازین شاه پیش
سه خانه برفتی سرافراز پیل بدیدی همه رزم گه از دو میل
سه خانه برفتی شتر همچنان برآورد گه بر دمان و دنان
نرفتی کسی پیش رخ کینه‌خواه همی‌تاختی او همه رزمگاه
همی‌راند هر یک به میدان خویش برفتن نکردی کسی کم و بیش
چو دیدی کسی شاه را در نبرد به آواز گفتی که شاها بگرد
ازان پس ببستند بر شاه راه رخ و اسب و فرزین و پیل و سپاه
نگه کرد شاه اندران چارسوی سپه دید افگنده چین در بروی
ز اسب و ز کنده بر و بسته راه چپ و راست و پیش و پس اندر سپاه
شد از رنج وز تشنگی شاه مات چنین یافت از چرخ گردان برات
ز شطرنج طلخند بد آرزوی گوآن شاه آزاده و نیکخوی
همی‌کرد مادر ببازی نگاه پر از خون دل از بهر طلخند شاه
نشسته شب و روز پر درد وخشم ببازی شطرنج داده دو چشم
همه کام و رایش به شطرنج بود ز طلخند جانش پر از رنج بود
همیشه همی‌ریخت خونین سرشک بران درد شطرنج بودش پزشک
بدین گونه بد تاچمان و چران چنین تا سر آمد بروبر زمان
سرآمد کنون برمن این داستان چنان هم که بشنیدم ازباستان

گفتار اندر آوردن داستان کلیله و دمنه

نگه کن که شادان برزین چه گفت بدانگه که بگشاد راز ازنهفت
بدرگه شهنشاه نوشین روان که نامش بماناد تا جاودان
زهردانشی موبدی خواستی که درگه بدیشان بیاراستی
پزشک سخنگوی وکنداوران بزرگان وکارآزموده سران

ابرهردری نامور مهتری — کجا هرسری رابدی افسری
پزشک سراینده برزوی بود — بنیرو رسیده سخنگوی بود
زهردانشی داشتی بهره‌ای — بهربهره‌ای درجهان شهره‌ای
چنان بد که روزی بهنگام بار — بیامد برنامور شهریار
چنین گفت کای شاه دانش‌پذیر — پژوهنده ویافته یادگیر
من امروز دردفتر هندوان — همی‌بنگریدم بروشن روان
چنین بدنبشته که برکوه هند — گیاییست چینی چورومی پرند
که آن را چو گردآورد رهنمای — بیامیزد ودانش آرد بجای
چو بر مرده بپراگند بی‌گمان — سخنگوی گرددهم اندر زمان
کنون من بدستوری شهریار — بپیمایم این راه دشوار خوار
بسی دانشی رهنمای آورم — مگر کین شگفتی بجای آورم
تن مرده گرزنده گردد رواست — که نوشین روان برجهان پادشاست
بدو گفت شاه این نشاید بدن — مگر آزموده رابباید شدن
ببر نامه‌ی من بر رای هند — نگر تاکه باشد بت آرای هند
بدین کارباخویشتن یارخواه — همه یاری ازبخت بیدار خواه
اگر نوشگفتی شود درجهان — که این گفته رمزی بود درنهان
ببر هرچ باید به نزدیک رای — کزو بایدت بی‌گمان رهنمای
درگنج بگشاد نوشین روان — زچیزی که بد درخور خسروان
ز دینار و دیبا و خز و حریر — ز مهر و ز افسر ز مشک و عبیر
شتروار سیصد بیاراست شاه — فرستاده برداشت آمد به راه
بیامد بر رای ونامه بداد — سربارها پیش اوبرگشاد
چو برخواند آن نامه‌ی شاه رای — بدو گفت کای مرد پاکیزه رای
زکسری مرا گنج بخشیده نیست — همه لشکر وپادشاهی یکیست
ز داد و ز فر و ز اورند شاه — وزان روشنی بخت وآن دستگاه
نباشد شگفت ازجهاندار پاک — که گر مردگان را برآرد زخاک
برهمن بکوه اندرون هرک هست — یکی دارد این رای رابا تودست
بت آرای وفرخنده دستور من — هم آن گنج وپرمایه گنجور من
بدونیک هندوستان پیش تست — بزرگی مرا درکم وبیش تست
بیاراستندش به نزدیک رای — یکی نامور چون ببایست جای

خورشگر فرستاد هم خوردنی
همان پوشش نغز وگستردنی

برفت آن شب وروای زد با ردان
بزرگان قنوج با بخردان

چوبرزد سر از کوه رخشنده روز
پدید آمد آن شمع گیتی فروز

پزشکان فرزانه را خواند رای
کسی کو بدانش بدی رهنمای

چو برزوی بنهاد سرسوی کوه
برفتند بااو پزشکان گروه

پیاده همه کوهساران بپای
بپیمود با دانشی رهنمای

گیاها ز خشک و ز تر برگزید
ز پژمرده و آنچ رخشنده دید

ز هرگونه دارو ز خشک و ز تر
همی بر پراگند بر مرده بر

یکی مرده زنده نگشت ازگیا
همانا که سست آمد آن کیمیا

همه کوه بسپرد یک یک بپای
ابر رنج اوبرنیامد بجای

بدانست کان کار آن پادشا ست
که زنده است جاوید و فرمانرواست

دلش گشت سوزان ز تشویر شاه
هم ازنامداران هم از رنج راه

وزان خواسته نیز کورده بود
زگفتار بیهوده آزرده بود

زکارنبشته ببد تنگدل
که آن مرد بیدانش و سنگدل

چرا خیره بر باد چیزی نبشت
که بد بار آن رنج گفتار زشت

چنین گفت زان پس بران بخردان
که‌ای کاردیده ستوده ردان

که دانید داناتر از خویشتن
کجا سرفرازد بدین انجمن

به پاسخ شدند انجمن همسخن
که داننده پیرست ایدر کهن

به سال و خرد او ز ما مهترست
به دانش ز هر مهتری بهترست

چنین گفت برزوی با هندوان
که ای نامداران روشن روان

برین رنجها برفزونی کنید
مرا سوی او رهنمونی کنید

مگر کان سخنگوی دانای پیر
بدین کار باشد مرا دستگیر

ببردند برزوی رانزد اوی
پراندیشه دل سرپرازگفت وگوی

چونزدیک اوشد سخنگوی مرد
همه رنجها پیش او یاد کرد

زکار نبشته که آمد پدید
سخنها که ازکاردانان شنید

بدو پیر دانا زبان برگشاد
ز هر دانشی پیش اوک رد یاد

که من در نبشته چنین یافتم
بدان آرزو تیز بشتافتم

چو زان رنجها برنیامد پدید
ببایست ناچار دیگر شنید

گیا چون سخن دان و دانش چو کوه
که همواره باشد مر او راشکوه

تن مرده چون مرد بیدانشست
که دانا بهرجای با رامشست

بدانش بود بی‌گمان زنده مرد
چودانش نباشد بگردش مگرد

چومردم زدانایی آید ستوه
گیاچوکلیله ست ودانش چوکوه

کتابی بدانش نماینده راه
بیابی چوجویی توازگنج شاه

چو بشنید برزوی زو شاد شد
همه رنج برچشم اوبادشد

بروآفرین کرد وشد نزد شاه
بکردار آتش بپیمود راه

بیامد نیایش کنان پیش رای
که تا جای باشد توبادی بجای

کتابیست ای شاه گسترده کام
که آن را بهندی کلیله ست نام

به مهرست تا درج درگنج شاه
برای وبدانش نماینده راه

به گنجور فرمان دهد تا زگنج
سپارد بمن گر ندارد به رنج

دژم گشت زان آرزو جان شاه
بپیچید برخویشتن چندگاه

ببرزوی گفت این کس از ما نجست
نه اکنون نه از روزگار نخست

ولیکن جهاندار نوشین روان
اگر تن بخواهد ز ما یا روان

نداریم ازو باز چیزی که هست
اگر سرفرازست اگر زیردست

ولیکن بخوانی مگر پیش ما
بدان تا روان بداندیش ما

نگوید به دل کان نبشتست کس
بخوان و بدان و ببین پیش و پس

بدو گفت برزوی کای شهریار
ندارم فزون ز آنچ گویی مدار

کلیله بیاورد گنجور شاه
همی‌بود او را نماینده راه

هران در که ازنامه بو خواندی
همه روز بر دل همی‌راندی

ز نامه فزون ز آنک بودیش یاد
ز برخواندی نیز تا بامداد

همی‌بود شادان دل و تن درست
بدانش همی جان روشن بشست

چو زو نامه رفتی بشاه جهان
دری از کلیله نبشتی نهان

بدین چاره تا نامه‌ی هندوان
فرستاد نزدیک نوشین روان

بدین گونه تا پاسخ نامه دید
که دریای دانش برما رسید

ز ایوان بیامد به نزدیک رای
بدستوری بازگشتن به جای

چو بگشاد دل رای بنواختش
یکی خلعت هندویی ساختش

دو یاره بهاگیر و دو گوشوار
یکی طوق پرگوهر شاهوار

هم از شاره‌ی هندی و تیغ هند
همه روی آهن سراسر پرند

بیامد ز قنوج برزوی شاد
بسی دانش نوگرفته بیاد

ز ره چون رسید اندر آن بارگاه / نیایش کنان رفت نزدیک شاه
بگفت آنچ از رای دید و شنید / بجای گیا دانش آمد پدید
بدو گفت شاه‌ای پسندیده مرد / کلیله روان مرا زنده کرد
تواکنون ز گنجور بستان کلید / ز چیزی که باید بباید گزید
بیامد خرد یافته سوی گنج / به گنجور بسیار ننمود رنج
درم بود و گوهر چپ و دست راست / جز از جامه‌ی شاه چیزی نخواست
گرانمایه دستی بپوشید و رفت / بر گاه کسری خرامید تفت
چو آمد به نزدیک تختش فراز / برو آفرین کرد و بردش نماز
بدو گفت پس نامور شهریار / که بی بدره و گوهر شاهوار
چرا رفتی ای رنج دیده ز گنج / کسی را سزد گنج کو دید رنج
چنین پاسخ آورد برزو بشاه / که ای تاج تو برتر از چرخ ماه
هرآنکس که او پوشش شاه یافت / ببخت و بتخت مهی راه یافت
دگر آنک با جامه‌ی شهریار / ببینند مرا مرد ناسازگار
دل بدسگالان شود تار و تنگ / بماند رخ دوست با آب و رنگ
یکی آرزو خواهم از شهریار / که ماند ز من در جهان یادگار
چو بنویسد این نامه بوزرجمهر / گشاید برین رنج برزوی چهر
نخستین در از من کند یادگار / به فرمان پیروزگر شهریار
بدان تا پس از مرگ من در جهان / ز داننده رنجم نگردد نهان
بدو گفت شاه این بزرگ آروزست / بر اندازه‌ی مرد آزاده خوست
ولیکن به رنج تو اندر خورست / سخن گرچه از پایگه برترست
به بوزرجمهر آن زمان شاه گفت / که این آرزو را نشاید نهفت
نویسنده از کلک چون خامه کرد / ز بر زوی یک در سرنامه کرد
نبشت او بران نامه‌ی خسروی / نبود آن زمان خط جز پهلوی
همی‌بود با ارج در گنج شاه / بدو ناسزا کس نکردی نگاه
چنین تا بتازی سخن راندند / ورا پهلوانی همی‌خواندند
چو مامون روشن روان تازه کرد / خور روز بر دیگر اندازه کرد
دل موبدان داشت و رای کیان / ببسته بهر دانشی بر میان
کلیله به تازی شد از پهلوی / بدین سان که اکنون همی‌بشنوی
بتازی همی‌بود تا گاه نصر / بدانگه که شد در جهان شاه نصر

گرانمایه بوالفضل دستور اوی	که اندر سخن بود گنجور اوی
بفرمود تا پارسی و دری	نبشتند و کوتاه شد داوری
وزان پس چو پیوسته رای آمدش	بدانش خرد رهنمای آمدش
همی‌خواست تا آشکار و نهان	ازو یادگاری بود درجهان
گزارنده را پیش بنشاندند	همه نامه بر رودکی خواندند
بپیوست گویا پراگنده را	بسفت اینچنین در آگنده را
بدان کو سخن راند آرایشست	چو ابله بود جای بخشایشست
حدیث پراگنده بپراگند	چوپیوسته شد جان و مغزآگند
جهاندار تا جاودان زنده باد	زمان و زمین پیش او بنده باد
از اندیشه دل را مدار ایچ تنگ	که دوری تو از روزگار درنگ
گهی برفراز و گهی بر نشیب	گهی با مراد و گهی با نهیب
ازین دو یکی نیز جاوید نیست	ببودن تو را راه امید نیست
نگه کن کنون کار بوزرجمهر	که از خاک برشد به گردان سپهر
فراز آوریدش بخاک نژند	همان کس که بردش با بر بلند

اندر آزار کسری از بزرگمهر

چنان بد که کسری بدان روزگار	برفت از مداین ز بهر شکار
همی‌تاخت با غرم و آهو به دشت	پراگند شد غرم و او مانده گشت
ز هامون بر مرغزاری رسید	درخت و گیا دید و هم سایه دید
همی‌راند با شاه بوزرجمهر	ز بهر پرستش هم از بهر مهر
فرود آمد از بارگی شاه نرم	بدان تاکند برگیا چشم گرم
ندید از پرستندگان هیچکس	یکی خوب رخ ماند با شاه بس
بغلتید چندی بران مرغزار	نهاده سرش مهربان برکنار
همیشه ببازوی آن شاه بر	یکی بند بازو بدی پرگهر
برهنه شد از جامه بازوی او	یکی مرغ رفت از هوا سوی او
فرودآمد از ابر مرغ سیاه	ز پرواز شد تا ببالین شاه

ببازو نگه کرد وگوهر بدید
کسی رابه نزدیک او برندید

همه لشکرش گرد آن مرغزار
همی‌گشت هرکس ز بهر شکار

همان شاه تنها بخواب اندرون
نه بر گرد او برکسی رهنمون

چومرغ سیه بند بازوی بدید
سر در ز آن گوهران بردرید

چوبدرید گوهر یکایک بخورد
همان در خوشاب و یاقوت زرد

بخورد و ز بالین او بر پرید
همانگه ز دیدار شد ناپدید

دژم گشت زان کار بوزرجمهر
فروماند از کارگردان سپهر

بدانست کمد بتنگی نشیب
زمانه بگیرد فریب و نهیب

چوبیدارشد شاه و او را بدید
کزان سان همی لب بدندان گزید

گمانی چنان برد کو را بخواب
خورش کرد بر پرورش برشتاب

بدو گفت کای سگ تو را این که گفت
که پالایش طبع بتوان نهفت

نه من اورمزدم و گر بهمنم
ز خاکست وز باد و آتش تنم

جهاندار چندی زبان رنجه کرد
ندید ایچ پاسخ جز ار باد سرد

بپژمرد بر جای بوزرجمهر
ز شاه و ز کردار گردان سپهر

که بس زود دید آن نشان نشیب
خردمند خامش بماند از نهیب

همه گرد بر گرد آن مرغزار
سپه بود و اندر میان شهریار

نشست از بر اسب کسری بخشم
ز ره تا در کاخ نگشاد چشم

همه ره ز دانا همی لب گزید
فرود آمد از باره چندی ژکید

بفرمود تا روی سندان کنند
بداننده بر کاخ زندان کنند

دران کاخ بنشست بوزرجمهر
ازو برگسسته جهاندار مهر

یکی خویش بودش دلیر وجوان
پرستنده‌ی شاه نوشین‌روان

بهرجای با شاه در کاخ بود
به گفتار با شاه گستاخ بود

بپرسید یک روز بوزرجمهر
ز پرورده‌ی شاه خورشید چهر

که او را پرستش همی چون کنی
بیاموز تا کوشش افزون کنی

پرستنده گفت ای سر موبدان
چنان دان که امروز شاه ردان

چو از خوان برفت آب بگساردم
زمین ز آبدستان مگر یافت نم

نگه سوی من بنده زان گونه کرد
که گفتم سرآمد مرا خواب وخورد

جهاندار چون گشت بامن درشت
مراسست شد آبدستان بمشت

بدو دانشی گفت آب آر خیز
چنان چون که بر دست شاه آب ریز

بیاورد مرد جوان آب گرم	همی‌ریخت بر دست او نرم نرم
بدو گفت کین بار بر دستشوی	تو با آب جو هیچ تندی مجوی
چو لب را ببالاید از بوی خوش	تو از ریخت آبدستان نکش
چو روز دگر شاه نوشین‌روان	بهنگام خوردن بیاورد خوان
پرستنده را دل پراندیشه گشت	بدان تا دگر بار بنهاد تشت
چنان هم چو داناش فرموده بود	نه کم کرد ازان نیز و نه برفزود
به گفتار دانا فرو ریخت آب	نه نرم ونه از ریختن برشتاب
بدو گفت شاه ای فزاینده مهر	که گفت این تو راگفت بوزرجمهر
مرا اندرین دانش او داد راه	که بیند همی این جهاندار شاه
بدو گفت رو پیش دانا بگوی	کزان نامور جاه و آن آبروی
چراجستی از برتری کمتری	ببد گوهر و ناسزا داوری
پرستنده بشنید و آمد دوان	برخال شد تند وخسته روان
ز شاه آنچ بشیند با او بگفت	چین یافت زو پاسخ اندر نهفت
که حال من از حال شاه جهان	فراوان بهست آشکار و نهان
پرستنده برگشت و پاسخ ببرد	سخنها یکایک برو برشمرد
فراوان ز پاسخ برآشفت شاه	ورا بند فرمود و تاریک چاه
دگر باره پرسید زان پیشکار	که چون دارد آن کم خرد روزگار
پرستنده آمد پر از آب چهر	بگفت آن سخنها به بوزرجمهر
چنین داد پاسخ بدو نیکخواه	که روز من آسانتر از روز شاه
فرستاده برگشت وآمد چو باد	همه پاسخش کرد بر شاه یاد
ز پاسخ بر آشفت و شد چون پلنگ	ز آهن تنوری بفرمود تنگ
ز پیکان وز میخ گرد اندرش	هم از بند آهن نهفته سرش
بدو اندرون جای دانا گزید	دل از مهر دانا بیکسو کشید
نبد روزش آرام و شب جای خواب	تنش پر ز سختی دلش پرشتاب
چهارم چنین گفت شاه جهان	ابا پیشکارش سخن درنهان
که یک بار نزدیک دانا گذار	ببر زود پیغام و پاسخ بیار
بگویش که چون‌بینی اکنون تنت	که از میخ تیزست پیراهنت
پرستنده آمد بداد آن پیام	که بشنید زان مهر خویش کام
چنین داد پاسخ بمرد جوان	که روزم به از روز نوشین‌روان

چو برگشت و پاسخ بیاورد مرد
ز گفتار شد شاه را روی زرد
ز ایوان یکی راستگوی گزید
که گفتار دانا بداند شنید
ابا او یکی مرد شمشیر زن
که دژخیم بود اندران انجمن
که رو تو بدین بد نهان را بگوی
که گر پاسخت را بود رنگ و بوی
و گرنه که دژخیم با تیغ تیز
نماید تو را گردش رستخیز
که گفتی که زندان به از تخت شاه
تنوری پر از میخ با بند و چاه
بیامد بگفت آنچ بشنید مرد
شد از درد دانا دلش پر ز درد
بدان پاکدل گفت بوزرجمهر
که ننمود هرگز بمابخت چهر
چه با گنج و تختی چه با رنج سخت
ببندیم هر دو بناکام رخت
نه این پای دارد بگیتی نه آن
سرآید همی نیک و بد بی‌گمان
ز سختی گذر کردن آسان بود
دل تاجداران هراسان بود
خردمند ودژخیم باز آمدند
بر شاه گردن فراز آمدند
شنیده بگفتند با شهریار
دلش گشت زان پاسخ او فگار
به ایوانش بردند زان تنگ جای
به دستوری پاکدل رهنمای
برین نیز بگذشت چندی سپهر
پر آژنگ شد روی بوزرجمهر
دلش تنگتر گشت و باریک شد
دوچمش ز اندیشه تاریک شد
چو با گنج رنجش برابر نبود
بفرسود ازان درد و در غم بسود

آوردن فرستاده قیصر، درجی بسته و پرسیدن درباره آن

چنان بد که قیصر بدان چندگاه
رسولی فرستاد نزدیک شاه
ابا نامه و هدیه و با نثار
یکی درج و قفلی برو استوار
که با شاه کنداوران وردان
فراوان بود پاکدل موبدان
بدین قفل و این درج نابرده دست
نهفته بگویند چیزی که هست
فرستیم باز ار بگویند راست
جز از باژ چیزی که آیین ماست
گرای دون که زین دانش ناگزیر
بماند دل موبد تیزویر
نباید که خواهد ز ما باژ شاه
نراند بدین پادشاهی سپاه

برین گونه دارم ز قیصر پیام — تو پاسخ گزار آنچ آیدت کام
فرستاده راگفت شاه جهان — که این هم نباشد ز یزدان نهان
من از فر او این بجای آورم — همان مرد پاکیزه رای آورم
یکی هفته ایدر ز می شاد باش — برامش دل آرای وآزاد باش
ازان پس بران داستان خیره ماند — بزرگان و فرزانگانرا بخواند
نگه کرد هریک زهر باره‌ای — که سازد مر آن بند را چاره‌ای
بدان درج و قفلی چنان بی‌کلید — نگه کرد و هر موبدی بنگرید
ز دانش سراسر بیکسو شدند — بنادانی خویش خستو شدند
چو گشتند یک انجمن ناتوان — غمی شد دل شاه نوشین‌روان
همی‌گفت کین راز گردان سپهر — بیارد باندیشه بوزرجمهر
شد از درد دانا دلش پر ز درد — برو پر ز چین کرد و رخساره زرد
شهنشاه چون دید ز اندیشه رنج — بفرمود تا جامه دستی ز گنج
بیاورد گنجور و اسبی گزین — نشست شهنشاه کردند زین
به نزدیک دانا فرستاد و گفت — که رنجی که دیدی نشاید نهفت
چنین راند بر سر سپهر بلند — که آید ز ما بر تو چندی گزند
زبان تو مغز مرا کرد تیز — همی با تن خویش کردی ستیز
یکی کار پیش آمدم ناگزیر — کزان بسته آمد دل تیزویر
یکی درج زرین سرش بسته خشک — نهاده برو قفل و مهری ز مشک
فرستاد قیصر برما ز روم — یکی موبدی نامبردار بوم
فرستاده گوید که سالار گفت — که این راز پیدا کنید از نهفت
که این درج را چیست اندر نهان — بگویند فرزانگان جهان
به دل گفتم این راز پوشیده چهر — ببینند مگر جان بوزرجمهر
چوبشنید بوزرجمهر این سخن — دلش پرشد از رنج و درد کهن
ز زندان بیامد سرو تن بشست — به پیش جهانداور آمد نخست
همی‌بود ترسان ز آزار شاه — جهاندار پر خشم و او بیگناه
شب تیره و روز پیدا نبود — بدان سان که پیغام خسرو شنود
چو خورشید بنمود تاج از فراز — بپوشید روی شب تیره باز
باختر نگه کرد بوزرجمهر — چوخورشید رخشنده بد بر سپهر
به آب خرد چشم دل را بشست — ز دانندگان استواری بجست

بدو گفت بازار من خیره گشت / چو چشمم ازین رنجها تیره گشت
نگه کن که پیشت که آید به راه / ز حالش بپرس ایچ نامش مخواه
به راه آمد از خانه بوزرجمهر / همی‌رفت پویان زنی خوب چهر
خردمند بینا بدانا بگفت / سخن هرچ بر چشم او بد نهفت
چنین گفت پرسنده را راه جوی / که بپژوه تا دارد این ماه شوی
زن پاکدامن بپرسنده گفت / که شویست و هم کودک اندر نهفت
چو بشنید داننده گفتار زن / بخندید بر باره‌ی گامزن
همانگه زنی دیگر آمد پدید / بپرسید چون ترجمانش بدید
کهای زن تو را بچه وشوی هست / وگر یک تنی باد داری بدست
بدو گفت شویست اگر بچه نیست / چو پاسخ شنیدی بر من مه ایست
همانگه سدیگر زن آمد پدید / بیامد بر او بگفت و شنید
که ای خوب رخ کیست انباز تو / برین کش خرامیدن و ناز تو
مرا گفت هرگز نبودست شوی / نخواهم که پیداکنم نیز روی
چو بشنید بوزرجمهر این سخن / نگر تا چه اندیشه افگند بن
بیامد دژم روی تازان به راه / چو بردند جوینده را نزد شاه
بفرمود تا رفت نزدیک تخت / دل شاه کسری غمی گشت سخت
که داننده را چشم بینا ندید / بسی باد سرد از جگر بر کشید
همی‌کرد پوزش ازان کار شاه / کزو داشت آزار بر بیگناه
پس از روم و قیصر زبان برگشاد / همی‌کرد زان قفل و زان درج یاد
بشاه جهان گفت بوزرجمهر / که تابان بدی تا بتابد سپهر
یکی انجمن درج در پیش شاه / به پیش بزرگان جوینده راه
بنیروی یزدان که اندیشه داد / روان مرا راستی پیشه داد
بگویم بدرج اندرون هرچ هست / نسایم بران قفل وآن درج دست
اگر تیره شد چشم دل روشنست / روان راز دانش همی‌جوشنست
ز گفتار او شاد شد شهریار / دلش تازه شد چون گل اندر بهار
ز اندیشه شد شاه را پشت راست / فرستاده و درج را پیش خواست
همه موبدان وردان را بخواند / بسی دانشی پیش دانا نشاند
ازان پس فرستاده را گفت شاه / که پیغام بگزار و پاسخ بخواه
چو بشنید رومی زبان برگشاد / سخنهای قیصر همه کرد یاد

که گفت از جهاندار پیروز جنگ / خرد باید و دانش و نام و ننگ
تو را فر و بر ز جهاندار هست / بزرگی و دانایی و زور دست
همان بخرد و موبد راه جوی / گو بر منش کو بود شاه جوی
همه پاک در بارگاه تواند / وگر در جهان نیکخواه تواند
همین درج با قفل و مهر و نشان / ببینند بیدار دل سرکشان
بگویند روشن که زیرنهفت / چه چیزست وآن با خرد هست جفت
فرستیم زین پس بتو باژ و ساو / که این مرز دارند با باژ تاو
وگر باز مانند ازین مایه چیز / نخواهند ازین مرزها باژ نیز
چودانا ز گوینده پاسخ شنید / زبان برگشاد آفرین گسترید
که همواره شاه جهان شاد باد / سخن دان و با بخت و با داد باد
سپاس از خداوند خورشید و ماه / روان را بدانش نماینده راه
نداند جز او آشکارا و راز / بدانش مرا آز و او بی نیاز
سه درست رخشان بدرج اندرون / غلافش بود ز آنچ گفتم برون
یکی سفته و دیگری نیم سفت / دگر آنک آهن ندیدست جفت
چو بشنید دانای رومی کلید / بیاورد و نوشین‌روان بنگرید
نهفته یکی حقه بد در میان / بحقه درون پرده‌ی پرنیان
سه گوهر بدان حقه اندر نهفت / چنان هم که دانای ایران بگفت
نخستین ز گوهر یکی سفته بود / دوم نیم سفت و سیم نابسود
همه موبدان آفرین خواندند / بدان دانشی گوهر افشاندند
شهنشاه رخساره بی‌تاب کرد / دهانش پر از در خوشاب کرد
ز کار گذشته دلش تنگ شد / بپیچید و رویش پر آژنگ شد
که با او چراکرد چندان جفا / ازان پس کزو دید مهر و وفا
چو دانا رخ شاه پژمرده یافت / روانش بدرد اندر آزرده یافت
برآورد گوینده راز از نهفت / گذشته همه پیش کسری بگفت
ازان بند بازوی و مرغ سیاه / از اندیشه گوهر و خواب شاه
بدو گفت کین بودنی کار بود / ندارد پشیمانی و درد سود
چو آرد بد و نیک رای سپهر / چه شاه وچه موبد چه بوزرجمهر
ز تخمی که یزدان باختر بکشت / بیابدش برتارک ما نبشت
دل شاه نوشین روان شادباد / همیشه ز درد وغم آزاد باد

اگر چند باشد سرافراز شاه	بدستور گردد دلارای گاه
شکارست کار شهنشاه و رزم	می و شادی و بخشش و داد و بزم
بداند که شاهان چه کردند پیش	بورزد بدان همنشان رای خویش
ز آگندن گنج و رنج سپاه	ز آزرم گفتار وز دادخواه
دل وجان دستورباشد به رنج	ز اندیشه‌ی کدخدایی و گنج
چنین بود تا گاه نوشین‌روان	همو بود شاه و همو پهلوان
همو بود جنگی و موبد همو	سپهبد همو بود و بخرد همو
بهرجای کارآگهان داشتی	جهان را بدستور نگذاشتی
ز بسیار و اندک ز کار جهان	بدو نیک زو کس نکردی نهان
ز کار آگهان موبدی نیکخواه	چنان بد که برخاست بر پیش گاه
که گاهی گنه بگذرانی همی	ببد نام آنکس نخوانی همی
هم این را دگر باره آویز شست	گنهکار اگر چند با پوزشست
بپاسخ چنین بود توقیع شاه	که آنکس که خستو شود بر گناه
چو بیمار زارست و ما چون پزشک	ز دارو گریزان و ریزان سرشک
بیک دارو ار او نگردد درست	زوان از پزشکی نخواهیم شست
دگر موبدی گفت انوشه بدی	بداد و دهش نیز توشه بدی
سپهدار گرگان برفت از نهفت	ببیشه درآمد زمانی بخفت
بنه برد ار گیل و او برهنه	همی‌بازگردد ز بهر بنه
بتوقیع پاسخ چنین داد باز	که هستیم ازان لشکری بی‌نیاز
کجا پاسپانی کند بر سپاه	ز بد خویشتن راندارد نگاه
دگر گفت انوشه بدی جاودان	نشست و خور و خواب با موبدان
یکی نامور مایه دار ایدرست	که گنجش ز گنج تو افزونترست
چنین داد پاسخ که آری رواست	که از فره پادشاهی ماست
دگر گفت کای شهریار بلند	انوشه بدی وز بدی بی‌گزند
اسیران رومی که آورده‌اند	بسی شیرخواره درو برده‌اند
به توقیع گفت آنچه هستند خرد	ز دست اسیران نباید شمرد
سوی مادرانشان فرستید باز	به دل شاد وز خواسته بی‌نیاز
نبشتند کز روم صدمایه‌ور	همی بازخرند خویشان به زر
اگر باز خرند گفت از هراس	بهر مایه داری یک مایه کاس

۱۶۱۸

فروشید و افزون مجویید نیز
که ما بی‌نیازیم ز ایشان بچیز

بشمشیر خواهیم ز ایشان گهر
همان بدره و برده و سیم و زر

بگفتند کز مایه داران شهر
دو بازارگانند کز شب دو بهر

یکی را نیاید سراندر بخواب
از آواز مستان وچنگ ور باب

چنین داد پاسخ کزین نیست رنج
جز ایشان هرآنکس که دارند گنج

همه همچنان شاد وخرم زیند
که‌آزاد باشند و بی‌غم زیند

نوشتند خطی کانوشه بدی
همیشه ز تو دور دست بدی

به ایوان چنین گفت شاه یمن
که نوشین‌روان چون گشاید دهن

همه مردگان را کند بیش یاد
پر از غم شود زنده را جان شاد

چنین داد پاسخ که از مرده یاد
کند هرک دارد خرد با نژاد

هرآنکس که از مردگان دل بشست
نباشد ورا نیکویها درست

یکی گفت کای شاه کهتر پسر
نگردد همی گرد داد پدر

بریزد همی بر زمین بر درم
که باشد فروشنده‌ی او دژم

چنین داد پاسخ که این نارواست
بهای زمین هم فروشنده راست

دگر گفت کای شاه برترمنش
که دوری ز بیغاره و سرزنش

دلی داشتی پیش ازین پر ز شرم
چرا شد برین سان بی‌آزرم و گرم

چنین داد پاسخ که دندان نبود
مکیدن جز از شیر پستان نبود

چودندان برآمد ببالید پشت
همی گوشت جویم چو گشتم درشت

یکی گفت گیرم کنون مهتری
برای و بدانش ز ما مهتری

چرا برگذشتی ز شاهنشهان
دو دیده برای تو دارد جهان

چنین داد پاسخ که ما را خرد
ز دیدار ایشان همی‌بگذرد

هش و دانش و رای دستور ماست
زمین گنج و اندیشه گنجور ماست

دگر گفت باز تو ای شهریار
عقابی گرفتست روز شکار

چنین گفت کو را بکوبید پشت
که با مهتر خود چرا شد درشت

بیاویز پایش ز دار بلند
بدان تا بدو بازگردد گزند

که از کهتران نیز در کارزار
فزونی نجویند با شهریار

دگر نامداری ز کارآگهان
چنین گفت کای شهریار جهان

به شبگیر برزین بشد با سپاه	ستاره‌شناسی بیامد ز راه
چنین گفت کای مرد گردن فراز	چنین لشکری گشن وزین گونه ساز
چو برگاشت او پشت بر شهریار	نبیند کس او را بدین روزگار
بتوقیع گفت آنک گردان سپهر	گشادست با رای او چهر و مهر
ببرزین سالار و گنج و سپاه	نگردد تباه اختر هور و ماه
دگر موبدی گفت کز شهریار	چنین بود پیمان بیک روزگار
که مردی گزینند فرخ نژاد	که در پادشاهی بگردد بداد
رساند بدین بارگاه آگهی	ز بسیار واندک بدی گر بهی
گشسب سرافراز مردیست پیر	سزد گر بود داد را دستگیر
چنین داد پاسخ که او را ز آز	کمر برمیانست دور از نیاز
کسی را گزینید کز رنج خویش	بپرهیز وباشدش گنج خویش
جهاندیده مردی درشت و درست	که او رای درویش سازد نخست
یکی گفت سالار خوالیگران	همی‌نالد از شاه وز مهتران
که آن چیز کو خود کند آرزوی	سپارد همه کاسه بر چار سوی
نبوید نیازد بدو نیز دست	بلرزد دل مرد خسروپرست
چنین داد پاسخ که از بیش خورد	مگر آرزو بازگردد بدرد
دگر گفت هرکس نکوهش کند	شهنشاه را چون پژوهش کند
که بی‌لشکر گشن بیرون شود	دل دوستداران پر از خون شود
مگر دشمنی بد سگالد بدوی	بیاید به چاره بنالد بدوی
چنین داد پاسخ که داد وخرد	تن پادشا راهمی‌پرورد
اگر دادگر چند بی‌کس بود	ورا پاسبان راستی بس بود
دگر گفت کای با خرد گشته جفت	به میدان خراسان سالار گفت
که گرزاسب را بازکرد او ز کار	چه گفت اندرین کار او شهریار
چنین داد پاسخ که فرمان ما	نورزید و بنهفت پیمان ما
بفرمودمش تا به ارزانیان	گشاید در گنج سود و زیان
کسی کودهش کاست باشد به کار	بپوشد همه فره شهریار
دگر گفت باهرکسی پادشا	بزرگست وبخشنده و پارسا
پرستار دیرینه مهرک چه کرد	که روزیش اندک شد و روی زرد
چنین داد پاسخ که او شد درشت	بران کرده‌ی خویش بنهاد پشت

بیامد بدرگاه و بنشست مست همیشه جز از می‌ندارد بدست
ز کارآگهان موبدی گفت شاه چو راند سوی جنگ قیصر سپاه
نخواهد جز ایرانیان را به جنگ جهان شد به ایران بر از روم تنگ
چنین داد پاسخ که آن دشمنی به طبعست و پرخاش آهرمنی
دگر باره پرسید موبد که شاه ز شاهان دگرگونه خواهد سپاه
کدامست وچون بایدت مرد جنگ ز مردان شیرافگن تیز چنگ
چنین داد پاسخ که جنگی سوار نباید که سیر آید از کارزار
همان بزمش آید همان رزمگاه برخشنده روز و شبان سیاه
نگردد بهنگام نیروش کم ز بسیار واندک نباشد دژم
دگر گفت کای شاه نوشین‌روان همیشه بزی شاد و روشن‌روان
بدر بر یکی مرد بد از نسا پرستنده و کاردار بسا
درم ماند بر وی سیصد هزار بدیوان چوکردند با او شمار
بنالد همی کین درم خورده شد برو مهتر وکهتر آزرده شد
چو آگاه شد زان سخن شهریار که موبد درم خواست ازکاردار
چنین گفت کز خورده منمای رنج ببخشید چیزی مر او را ز گنج
دگر گفت جنگی سواری بخست بدان خستگی دیرماند و برست
به پیش صف رومیان حمله برد بمرد او وزو کودکان ماند خرد
چه فرمان دهد شهریار جهان ز کار چنان خرد کودک نوان
بفرمود کان کودکانرا چهار ز گنج درم داد باید هزار
هرآنکس که شد کشته در کارزار کزو خرد کودک بود یادگار
چونامش ز دفتر بخواند دبیر برد پیش کودک درم ناگزیر
چنین هم بسال اندرون چار بار مبادا که باشد ازین کارخوار
دگر گفت انوشه بدی سال و ماه به مرو اندرون پهلوان سپاه
فراوان درم گرد کرد و بخورد پراگنده گشتند زان مرز مرد
چنین داد پاسخ که آن خواسته که از شهر مردم کند کاسته
چرا باید از خون درویش گنج که او شاد باشد تن وجان به رنج
ازان کس که بستد بدو بازده ازان پس به مرو اندر آواز ده
بفرمای داری زدن بر درش ببیداری کشور و لشکرش
ستمکاره را زنده بر دار کن دو پایش ز بر سرنگونسار کن

بدان تا کس از پهلوانان ما	نپیچد دل و جان ز پیمان ما
دگر گفت کای شاه یزدان پرست	بدر بر بسی مردم زیردست
همی داد او را ستایش کنند	جهان آفرین را نیایش کنند
چنین داد پاسخ که یزدان سپاس	که از ما کسی نیست اندر هراس
فزون کرد باید بدیشان نگاه	اگر با گناهند و گر بیگناه
دگر گفت کای شاه با فر و هوش	جهان شد پرآواز خنیا و نوش
توانگر و گر مردم زیردست	شب آید شود پر ز آوای مست
چنین داد پاسخ که اندر جهان	بما شاد بادا کهان و مهان
دگر گفت کای شاه برترمنش	همی زشتگویت کند سرزنش
که چندین گزافه ببخشید گنج	ز گرد آوریدن ندیدست رنج
چنین داد پاسخ که آن خواسته	کزو گنج ما باشد آراسته
اگر بازگیریم ز ارزانیان	همه سود فرجام گردد زیان
دگر گفت مای شهریار بلند	که هرگز مبادا به جانت گزند
جهودان و ترسا تو را دشمنند	دو رویند و با کیش آهرمنند
چنین داد پاسخ که شاه سترگ	ابی زینهاری نباشد بزرگ
دگر گفت کای نامور شهریار	ز گنج توافزون ز سیصد هزار
درم داده‌ای مرد درویش را	بسی پروریده تن خویش را
چنین گفت کاین هم بفرمان ماست	به ارزانیان چیز بخشی رواست
دگر گفت کای شاه نادیده رنج	ز بخشش فراوان تهی ماند گنج
چنین داد پاسخ که دست فراخ	همی مرد را نو کند یال و شاخ
جهاندار چون گشت یزدان‌پرست	نیازد ببد درجهان نیز دست
جهان تنگ دیدیم بر تنگخوی	مرا آز و زفتی نبد آرزوی
چنین گفت موبد که ای شهریار	فراخان سالار سیصد هزار
درم بستد از بلخ بامی به رنج	سپرده نهادند یکسر به گنج
چنین داد پاسخ که ما را درم	نباید که باشد کسی زو دژم
که رنج آید از بیشی گنج ما	نه چونین بود داد از پادشا
از آنکس که بستد بدو هم دهید	ز گنج آنچ خواهد بران سر نهید
که درد دل مردم زیردست	نخواهد جهاندار یزدان‌پرست
پی کاخ آباد را بر کنید	بگل بام او را توانگر کنید

۱۶۲۲

شود کاخ ویران تو را ز هرچ بود / بماند پس از مرگ نفرین و دود
ز دیوان ما نام او بسترید / بدر بر چنو را بکس مشمرید
دگر گفت کای شاه فرخ نژاد / بسی‌گیری از جم و کاوس یاد
بدان گفت تا از پس مرگ من / نگردد نهان افسر و ترگ من
دگر گفت کز بهمن سرفراز / چرا شاه ایران بپوشید راز
چنین داد پاسخ که او را خرد / بپیچد همی وز هوا برخورد
یکی گفت کای شاه کهتر نواز / چرا گشتی اکنون چنین دیر یاز
چنین داد پاسخ که با بخردان / همانم همان نیز با موبدان
چوآواز آهرمن آید بگوش / نماند به دل رای و با مغزهوش
بپرسید موبد ز شاه زمین / سخن راند از پادشاهی و دین
که بی دین جهان به که بی پادشا / خردمند باشد برین بر گوا
چنین داد پاسخ که گفتم همین / شنید این سخن مردم پاکدین
جهاندار بی‌دین جهان را ندید / مگر هرکسی دین دگیر گزید
یکی بت پرست و یکی پاکدین / یکی گفت نفرین به از آفرین
ز گفتار ویران نگردد جهان / بگو آنچ رایت بود در نهان
هرآنگه که شد تخت بی‌پادشا / خردمندی ودین نیارد بها
یکی گفت کای شاه خرم نهان / سخن راندی چند پیش مهان
یکی آنکه گفتی زمانه منم / بد و نیک او را بهانه منم
کسی کو کند آفرین بر جهان / بما بازگردد درودش نهان
چنین داد پاسخ که آری رواست / که تاج زمانه سر پادشاست
جهان را چنین شهریاران سرند / ازیرا چنین بر سران افسرند
گذشتم ز توقیع نوشین‌روان / جهان پیر و اندیشه من جوان
مرا طبع نشگفت اگر تیز گشت / به پیری چنین آتش‌آمیز گشت
ز منبر چومحمود گوید خطیب / بدین محمد گراید صلیب
همی‌گفتم این نامه را چند گاه / نهان بد ز خورشید و کیوان و ماه
چو تاج سخن نام محمود گشت / ستایش به آفاق موجود گشت
زمانه بنام وی آباد باد / سپهر ازسرتاج او شاد باد
جهان بستند از بت پرستان هند / بتیغی که دارد چو رومی پرند

نامه کسری به هرمزد

شنیدم کجا کسری شهریار به هرمز یکی نامه کرد استوار
ز شاه جهاندار خورشید دهر مهست و سرافراز و گیرنده شهر
جهاندار بیدار و نیکو کنش فشاننده گنج بی سرزنش
فزاینده نام و تخت قباد گراینه تاج و شمشیر و داد
که با فر و برزست و فرهنگ و نام ز تاج بزرگی رسیده بکام
سوی پاک هرمزد فرزند ما پذیرفته از دل همی پند ما
ز یزدان بدی شاد و پیروز بخت همیشه جهاندار با تاج و تخت
به ماه خجسته به خرداد روز به نیک اختر و فال گیتی فروز
نهادیم برسر تو را تاج زر چنان هم که ما یافتیم از پدر
همان آفرین نیز کردیم یاد که برتاج ماکرد فرخ قباد
تو بیدارباش و جهاندار باش خردمند و راد و بی آزار باش
بدانش فزای و به یزدان گرای که اویست جان تو را رهنمای
بپرسیدم از مرد نیکوسخن کسی کو بسال و خرد بد کهن
که از ما به یزدان که نزدیکتر کرا نزد او راه باریکتر
چنین داد پاسخ که دانش گزین چوخواهی ز پروردگار آفرین
که نادان فزونی ندارد ز خاک بدانش بسنده کند جان پاک
بدانش بود شاه زیبای تخت که داننده بادی و پیروزبخت
مبادا که گردی تو پیمان شکن که خاکست پیمان شکن را کفن
ببادا فره بیگناهان مکوش به گفتار بدگوی مسپارگوش
بهر کار فرمان مکن جز بداد که از داد باشد روان تو شاد
زبان را مگردان بگرد دروغ چوخواهی که تخت تو گیرد فروغ
وگر زیردستی بود گنج‌دار تو او را ازان گنج بی‌رنج دار
که چیز کسان دشمن گنج تست بدان گنج شو شاد کز رنج تست
وگر زیردستی شود مایه دار همان شهریارش بود سایه دار

همی در پناه تو باید نشست — اگر زیردستست اگر در پرست
چو نیکی کند با تو پاداش کن — ابا دشمن دوست پرخاش کن
وگر گردی اندر جهان ارجمند — ز درد تن اندیش و درد گزند
سرای سپنجست هرچون که هست — بدو اندر ایمن نشاید نشستت
هنر جوی با دین و دانش گزین — چوخواهی که یابی ز بخت آفرین
گرامی کن او را که درپیش تو — سپر کرده جان بر بداندیش تو
بدانش دو دست ستیزه ببند — چو خواهی که از بد نیابی گزند
چو بر سر نهی تاج شاهنشهی — ره برتری بازجوی از بهی
همیشه یکی دانشی پیش دار — ورا چون روان و تن خویش دار
بزرگان وبازارگانان شهر — همی داد باید که یابند بهر
کسی کو ندارد هنر بانژاد — مکن زو به نیز از کم و بیش یاد
مده مرد بی‌نام را ساز جنگ — که چون بازجویی نیاید به چنگ
به دشمن دهد مر تو را دوستدار — دو کار آیدت پیش دشوار و خوار
سلیح تو درکارزار آورد — همان بر تو روزی به کار آورد
ببخشای برمردم مستمند — ز بد دور باش و بترس از گزند
همیشه نهان دل خویش جوی — مکن رادی و داد هرگز بروی
همان نیز نیکی باندازه کن — ز مرد جهاندیده بشنو سخن
بدنیی گرای و بدین دار چشم — که از دین بود مرد را رشک وخشم
هزینه باندازه‌ی گنج کن — دل از بیشی گنج بی‌رنج کن
بکردار شاهان پیشین نگر — نباید که باشی مگر دادگر
که نفرین بود بهر بیداد شاه — تو جز داد مپسند و نفرین مخواه
کجا آن سر و تاج شاهنشهان — کجا آن بزرگان و فرخ مهان
ازایشان سخن یادگارست و بس — سرای سپنجی نماند بکس
گزافه مفرمانی خون ریختن — وگر جنگ را لشکر انگیختن
نگه کن بدین نامه پندمند — دل اندر سرای سپنجی مبند
بدین من تو را نیکویی خواستم — بدانش دلت را بیاراستم
به راه خداوند خورشید و ماه — ز بن دور کن دیو را دستگاه
به روز و شب این نامه را پیش دار — خرد را به دل داور خویش دار
اگر یادگاری کنی درجهان — که نام بزرگی نگردد نهان

خداوند گیتی پناه تو باد   زمان و زمین نیکخواه تو باد
بکام تو گردنده چرخ بلند   ز کردار بد دور و دور از گزند
شهنشاه کو داد دارد خرد   بکوشد که با شرم گرد آورد
دلیری به رزم اندرون زور دست   بود پاکدینی و یزدان پرست
به گیتی نگر کین هنرها کراست   چو دیدی ستایش مر او را سزاست
مجوی آنک چون مشتری روشنست   جهانجوی و با تیغ و با جوشنست
جهان بستد از مردم بت پرست   ز دیبای دین بر دل آیین ببست
کنو لاجرم جود موجود گشت   چو شاه جهان شاه محمود گشت
اگر بزم جوید همی گر نبرد   جهان‌بخش را این بود کار کرد
ابوالقاسم آن شاه پیروز و داد   زمانه بدیدار او شاد باد

سخن پرسیدن موبد از کسری

یکی پیر بد پهلوانی سخن   به گفتار و کردار گشته کهن
چنین گوید از دفتر پهلوان   که پرسید موبد ز نوشین‌روان
که آن چیست کز کردگار جهان   بخواهد پرستنده اندر نهان
بدان آرزو نیز پاسخ دهد   بدان پاسخش بخت فرخ نهد
یکی دست برداشته به آسمان   همی‌خواهد از کردگار جهان
نیابد بخواهش همه آرزو   دوچشمش پر از آب و پر چینش رو
به موبد چنین گفت پیروز شاه   که خواهش ز یزدان به اندازه خواه
کزان آرزو دل پراز خون شود   که خواهد که زاندازه بیرون شود
بپرسید نیکی کرا درخورست   بنام بزرگی که زیباترست
چنین داد پاسخ که هرکس که گنج   بیابد پراگنده نابرده رنج
نبخشد نباشد سزاوار تخت   زمان تا زمان تیره گرددش بخت
ز هستی وبخشش بود مرد مه   تو ار گنج داری نبخشی نه به
بگفت‌ش خرد راکه بنیاد چیست   بشاخ و ببرگ خرد شاد کیست
چنین داد پاسخ که داناست شاد   دگر آنک شرمش بود با نژاد

برسید دانش کرا سودمند — کدامست بی‌دانش و بی‌گزند
چنین داد پاسخ که هر کو خرد — بپرورد جان را همی‌پرورد
ز بیشی خرد را بود سودمند — همان بی خرد باشد اندر گزند
بگفت‌ش که دانش به از فر شاه — که فرر و بزرگیست زیبای گاه
چنین داد پاسخ که دانا بفر — بگیرد جهان سر به سر زیر پر
خرد باید و نام و فرو نژاد — بدین چار گیرد سپهر از تو یاد
چنین گفت زان پس که زیبای تخت — کدامست وز کیست ناشاد بخت
چنین داد پاسخ که یاری نخست — بباید ز شاه جهاندار جست
دگر بخشش و دانش و رسم گاه — دلش پر ز بخشایش دادخواه
ششم نیز کانرا دهد مهتری — که باشد سزوار بر بهتری
به هفتم که از نیک و بد درجهان — سخنها بروبر نماند نهان
چوفر و خرد دارد و دین و بخت — سزوار تاجست و زیبای تخت
بهشتم که دشمن بداند ز دوست — بی‌آزاری از شهریاران نکوست
نماند پس ازمرگ او نام زشت — بیابد به فرجام خرم بهشت
بپرسیدش از داد و خردک منش — ز نیکی وز مردم بدکنش
چنین داد پاسخ که آز و نیاز — دو دیوند بدگوهر و دیر ساز
هرآنکس که بیشی کند آرزوی — بدو دیو او باز گردد بخوی
وگر سفلگی برگزید او ز رنج — گزیند برین خاک آگنده گنج
چو بیچاره دیوی بود دیرساز — که هر دو بیک خو گرایند باز
بپرسید و گفتا که چندست و چیست — که بهری برو هم بباید گریست
دگر بهر ازو گنج و تاجست و نام — ازان مستمندیم و زین شادکام
چنین داد پاسخ که دانا سخن — ببخشید واندیشه افگند بن
نخستین سخن گفتن سودمند — خوش آواز خواند ورا بی‌گزند
دگر آنک پیمان سخن خواستن — سخنگوی و بینا دل آراستن
که چندان سراید که آید به کار — وزو ماند اندر جهان یادگار
سه دیگر سخنگوی هنگام جوی — بماند همه ساله بر آب روی
چهارم که دانا دلارای خواند — سراینده را مرد بارای خواند
که پیوسته گوید سراسر سخن — اگر نو بود داستان گر کهن
به پنجم که باشد سخنگوی گرم — بشیرین سخن هم به آواز نرم

Shahname

سخن چون یک اندر دگر بافتی ازو بی‌گمان کام دل یافتی
بپرسید چندی که آموختی روان را به دانش بیفروختی
چنین گفت کز هرک آموختم همه فام جان وخرد توختم
همی‌پرسم از ناسزایان سخن چه گویی که دانش کی آید بن
بدانش نگر دور باش از گناه که دانش گرامی‌تر از تاج و گاه
بپرسید کس را از آموختن ستایش ندیدم و افروختن
که نیزش ز دانا بباید شنید نگویم کسی کو بجایی رسید
چنین داد پاسخ که از گنج سیر که آید مگر خاکش آرد بزیر
در دانش از گنج نامی ترست همان نزد دانا گرامی ترست
سخن ماند از ما همی یادگار تو با گنج دانش برابر مدار
بپرسید دانا شود مرد پیر گر آموزشی باشد و یادگیر
چنین داد پاسخ که دانای پیر ز دانش جوانی بود ناگزیر
بر ابله جوانی گزینی رواست که بی‌گور اوخاک او بی‌نواست
بپرسید کز تخت شاهنشهان بکردی همه شهریار جهان
کنون نامشان بیش یاد آوریم بیاد از جگر سرد باد آوریم
چنین داد پاسخ که در دل نبود که آن رسم را خود نباید ستود
بشمشیر و داد این جهان داشتن چنین رفتن و خوار بگذاشتن
بپرسید با هر کسی پیش ازین سخن راندی نامور بیش ازین
سبک دارد اکنون نگوید سخن نه از نو نه از روزگار کهن
چنین داد پاسخ که گفتاربس بکردار جویم همه دسترس
بپرسید هنگام شاهان نماز نبودی چنین پیش ایشان دراز
شما را ستایش فزونست ازان خروش و نیایش فزونست ازان
چنین داد پاسخ که یزدان‌پاک پرستنده را سر برآرد ز خاک
فلک را گزارنده او کند جهان راهمه بنده‌ی او کند
گر این بنده آن را نداند بها مبادا ز درد و ز سختی رها
بپرسید تا توشدی شهریار سپاست فزون چیست از کردگار
کزان مر تو را دانش افزون شدست دل بدسگالان پر از خون شدست
چنین داد پاسخ که از کردگار سپاس آنک گشتیم به روزگار
کسی پیش من برفزونی نجست وز آواز من دست بد را بشست

زبون بود بدخواه در جنگ من	چو گوپال من دید و اورنگ من
بپرسید درجنگ خاور بدی	چنان تیز چنگ و دلاور بدی
چو با باختر ساختی ساز جنگ	شکیبایی آراستی با درنگ
چنین داد پاسخ که مرد جوان	نیندیشد از رنج و درد روان
هرآنگه که سال اندر آید بشست	به پیش مدارا بباید نشست
سپاس از جهاندار پروردگار	کزویست نیک وبد روزگار
که روز جوانی هنر داشتیم	بد و نیک را خوار نگذاشتیم
کنون روز پیروی بدانندگی	برای و به گنج وفشانندگی
جهان زیر آیین و فرهنگ ماست	سپهر روان جوشن جنگ ماست
بدو گفت شاهان پیشین دراز	سخن خواستند آشکارا و راز
شما را سخن کمتر و داد بیش	فزون داری از نامداران پیش
چنین داد پاسخ که هرشهریار	که باشد ورا یار پروردگار
ندارد تن خویش با رنج و درد	جهان را نگهبان هرآنکس که کرد
بپرسید شادان دل شهریار	پر اندیشه بینم بدین روزگار
چنین داد پاسخ که بیم گزند	ندارد به دل مردم هوشمند
بدو گفت شاهان پیشین ز بزم	نبردند جان را باندازه رزم
چنین داد پاسخ که ایشان ز جام	نکردند هرگز به دل یاد نام
مرا نام بر جام چیره شدست	روانم زمانرا پذیره شدست
بپرسید هرکس که شاهان بدند	تن خویشتن را نگهبان بدند
بدارو و درمان و کار پزشک	بدان تا نپالود باید سرشک
چنین داد پاسخ که تن بی‌زمان	که پیش آید از گردش آسمان
بجایست دارو نیاید به کار	نگه داردش گردش روزگار
چو هنگامه رفتن آمد فراز	زمانه نگردد بپرهیز باز
بپرسید چندان ستایش کنند	جهان آفرین را نیایش کنند
زمانی نباشد بدان شادمان	باندیشه دارد همیشه روان
چنین داد پاسخ که اندیشه نیست	دل شاه با چرخ گردان یکیست
بترسم که هرکو ستایش کند	مگر بیم ما را نیایش کند
ستایش نشاید فزون زآنک هست	نجوییم راز دل زیردست
بدو گفت شادی ز فرزند چیست	همان آرزوها ز پیوند چیست

چنین داد پاسخ که هرکو جهان	بفرزند ماند نگردد نهان
چو فرزند باشد بیابد مزه	ز بهر مزه دور گردد بزه
وگر بگذرد کم بود درد اوی	که فرزند بیند رخ زرد اوی
بپرسد که گیتی تن آسان کراست	ز کردار نیکو پشیمان چراست
چنین داد پاسخ که یزدان‌پرست	بگیرد عنان زمانه بدست
فزونی نجوید تن آسان شود	چو بیشی سگالد هراسان شود
دگر آنک گفتی ز کردار نیک	نهان دل وجان ببازار نیک
ز گیتی زبونتر مر آن را شناس	که نیکی سگالید با ناسپاس
بپرسید کان کس که بد کرد و مرد	ز دیوان جهان نام او را سترد
هران کس که نیکی کند بگذرد	زمانه نفس را همی‌بشمرد
چه باید همی نیکویی را ستود	چومرگ آمد و نیک و بد را درود
چنین داد پاسخ که کردار نیک	بیابد بهر جای بازار نیک
نمرد آنک او نیک کردار مرد	بیاسود و جان را به یزدان سپرد
وزان کس که ماند همی نام بد	از آغاز بد بود و فرجام بد
نیاسود هرکس کزو باز ماند	وزو در زمانه بد آواز ماند
بپرسد چه کارست برتر ز مرگ	اگر باشد این را چه سازیم برگ
چنین داد پاسخ کزین تیره خاک	اگر بگذری یافتی جان پاک
هرآنکس که در بیم و اندوه زیست	بران زندگی زار باید گریست
بپرسد کزین دو گرانتر کدام	کزوییم پر درد و ناشادکام
چنین داد پاسخ که هم سنگ کوه	جز اندوه مشمر که گردد ستوه
چه بیمست اگر بیم اندوه نیست	بگیتی جز اندوه نستوه نیست
بپرسید کزما که با گنجتر	چنین گفت کام کس که بی‌رنجتر
بپرسید کهو کدامست زشت	که از ارج دورست و دور از بهشت
چنین داد پاسخ که زنرا که شرم	نباشد بگیتی نه آواز نرم
ز مردان بتر آنک نادان بود	همه زندگانی به زندان بود
بگرود به یزدان وتن پرگناه	بدی بر دل خویش کرده سیاه
بپرسید مردم کدامست راست	که جان وخرد بر دل او گواست
چنین گفت کانکو بسود و زیان	نگوید نبندد بدی را میان
بپرسید کزو خو چه نیکوترست	که آن بر سر مردمان افسرست

چنین داد پاسخ که چون بردبار	بود مرد نایدش افسون به کار
نه آن کز پی سودمندی کند	وگر نیز رای بلندی کند
چو رادی که پاداش رادی نجست	ببخشید و تاریکی از دل بشست
سه دیگر چو کوشایی ایزدی	که از جان پاک آید و بخردی
بپرسید در دل هراس از چه بیش	بدو گفت کز رنج و کردار خویش
بپرسید بخشش کدامست به	که بخشنده گردد سرافراز و مه
چنین داد پاسخ کز ارزانیان	مدارید باز ایچ سود و زیان
بپرسید موبد ز کار جهان	سخن برگشاد آشکار و نهان
که آیین کژ بینم و نا پسند	دگر گردش کارناسودمند
چنین داد پاسخ که زین چرخ پیر	اگر هست بادانش و یادگیر
بزرگست و داننده و برترست	که بر داوران جهان داورست
بد آیین مشو دور باش از پسند	مبین ایچ ازو سود و ناسودمند
بد و نیک از او دان کش انباز نیست	به کاریش فرجام و آغاز نیست
چوگوید بباش آنچ گوید بدست	همو بود تا بود و تا هست هست
بپرسید کز درد بر کیست رنج	که تن چون سرایست و جان را سپنج
چنین داد پاسخ که این پوده پوست	بود رنجه چندانک مغز اندروست
چوپالود زو جان ندارد خرد	که برخاک باشد چو جان بگذرد
بپرسید موبد ز پرهیز و گفت	که آز و نیاز از که باید نهفت
چنین داد پاسخ که آز و نیاز	سزد گر ندارد خردمند باز
تو از آز باشی همیشه به رنج	که همواره سیری نیابی ز گنج
بپرسید کز شهریاران که بیش	بهوش و به آیین و با رای و کیش
چنین داد پاسخ که آن پادشا	که باشد پرستنده و پارسا
ز دادار دارنده دارد سپاس	نباشد کس از رنج او در هراس
پرامید دارد دل نیک مرد	دل بدکمنش را پراز بیم و درد
سپه را بیاراید از گنج خویش	سوی بدسگال افگند رنج خویش
سخن پرسد از بخردان جهان	بد و نیک دارد ز دشمن نهان
بپرسید کار پرستش بچیست	به نیکی یزدان گراینده کیست
چنین داد پاسخ که تاریک خوی	روان اندر آرد بباریک موی
نخست آنک داند که هست و یکیست	تر ازین نشان رهنمای اندکیست

ازو دارد از کار نیکی سپاس	بدو باشد ایمن و زو در هراس
هراس تو آنگه که جویی گزند	وزو ایمنی چون بود سودمند
وگر نیک دل باشی و راه جوی	بود نزد هر کس تو را آبروی
وگر بدکنش باشی و بد تنه	به دوزخ فرستاده باشی بنه
مباش ایچ گستاخ با این جهان	که او راز خویش از تو دارد نهان
گراینده باشی بکردار دین	بداری بدین روزگار گزین
خرد را کنی با دل آموزگار	بکوشی که نفریبدت روزگار
همان نیز یاد گنهکار مرد	نباشی به بازار ننگ و نبرد
غم آن جهان از پی این جهان	نباید که داری به دل در نهان
نشستنت همواره با بخردان	گراینده رامش جاودان
گراینده بادی به فرهنگ و رای	به یزدان خرد بایدت رهنمای
از اندازه بر نگذرانی سخن	که تو نو به کاری گیتی کهن
نگرداندت رامش و رود مست	نباشدت با مردم بد نشست
بپیچی دل از هرچ نابودنیست	به بخشای آن را که بخشودنیست
نداری دریغ آنچه داری ز دوست	اکر دیده خواهد اگر مغز و پوست
اگر دوست با دوست گیرد شمار	نباید که باشد میانجی به کار
چو با مرد بدخواه باشد نشست	چنان کن که نگشاید او بر تو دست
چو جوید کسی راه بایستگی	هنر باید و شرم و شایستگی
نباید زبان از هنر چیره‌تر	دروغ از هنر نشمرد دادگر
نداند کسی را بزرگی بچیز	نه خواری بناچیز دارد بنیز
اگر بدگمانی گشاید زبان	توتندی مکن هیچ با بدگمان
ازان پس چو سستی گمانی برد	وز اندازه گفتار او بگذرد
تو پاسخ مر او را باندازه گوی	سخنهای چرب آور و تازه‌گوی
به آزرم اگر بفگنی سوی خویش	پشیمانی آید به فرجام پیش
چو بیکار باشی مشو رامشی	نه کارست بیکاری ار باهشی
ز هرکار کردن تو را ننگ نیست	اگر چند با بوی و با رنگ نیست
به نیکی بهر کار کوشا بود	همیشه بدانش نیوشا بود
به کاری نیازد که فرجام اوی	پشیمانی و تندی آرد بروی
ببخشاید از درد بر مستمند	نیارد دلش سوی درد و گزند

خردمند کو دل کند بردبار	نباشد به چشم جهاندار خوار
بداند که چندست با او هنر	باندازه یابد ز هر کاربر
گر افزون ازان دوست بستایدش	بلندی و کژی بیفزایدش
همان مرد ایزد ندارد به رنج	وگر چند گردد پراگنده گنج
پرستش کند پیشه و راستی	بپیچد ز بیراهی و کاستی
برین برگ واین شاخها آخت دست	هنرمند دینی و یزدان پرست
همانست رای و همینست راه	به یزدان گرای و به یزدان پناه
اگر دادگر باشدی شهریار	ازو ماند اندر جهان یادگار
چنان هم که از داد نوشین روان	کجا خاک شد نام ماندش جوان

آگاهی یافتن کسری از مرگ قیصر روم

چنین گوید از نامه‌ی باستان	ز گفتار آن دانشی راستان
که آگاهی آمد به آباد بوم	بنزد جهاندار کسری ز روم
که تو زنده بادی که قیصر بمرد	زمان و زمین دیگری را سپرد
پراندیشه شد جان کسری ز مرگ	شد آن لعل رخساره چون زرد برگ
گزین کرد ز ایران فرستاده‌ای	جهاندیده و راد آزاده‌ای
فرستاد نزدیک فرزند اوی	برشاخ سبز برومند اوی
سخن گفت با او به چربی بسی	کزین بد رهایی نیابد کسی
یکی نامه بنوشت با سوگ و درد	پر از آب دیده دو رخساره زرد
که یزدان تو را زندگانی دهاد	همت خوبی و کامرانی دهاد
نزاید جز از مرگ را جانور	سرای سپنجست و ما بر گذر
اگر تاج ساییم و گر خود و ترگ	رهایی نیابیم از چنگ مرگ
چه قیصر چه خاقان چو آید زمان	بخاک اندر آید سرش بیگمان
ز قیصر تو را مزد بسیار باد	مسیحا روان تو را یار باد
شنیدم که بر نامور تخت اوی	نشستی بیاراستی بخت اوی
ز ما هرچ باید ز نیرو بخواه	ز اسب و سلیح و ز گنج و سپاه

فرستاده از پیش کسری برفت	به نزدیک قیصر خرامید تفت
چو آمد بدرگه گشادند راه	فرستاده آمد بر تخت و گاه
چو قیصر نگه کرد وعنوان بدید	ز بیشی کسری دلش بردمید
جوان نیز بد مهتر نونشست	فرستاده را نیز نبسود دست
بپرسید ناکام پرسیدنی	نگه کردنی سست و کژ دیدنی
یکی جای دورش فرود آورید	بدان نامه پادشا ننگرید
یکی هفته هرکش که بد رای زن	به نزدیک قیصر شدند انجمن
سرانجام گفتند ما کهتریم	ز فرمان شاه جهان نگذریم
سزا خود ز کسری چنین نامه بود	نه برکام بایست بدکامه بود
که امروز قیصر جوانست و نو	به گوهر بدین مرزها پیشرو
یک امسال با مرد برنا مکاو	به عنوان بیشی و با باژ و ساو
بهرپایمردی و خودکامه‌ای	نبشتند بر ناسزا نامه‌ای
بعنوان ز قیصر سرافراز روم	جهان سر به سر هرچ جز روم شوم
فرستاده‌ی شاه ایران رسید	بگوید ز بازار ما هرچ دید
از اندوه و شادی سخن هرچ گفت	غم و شادمانی نباید نهفت
بشد قیصر و تازه شد قیصری	که سر بر فرازد ز هرمهتری
ندارد ز شاهان کسی را بکس	چه کهتر بود شاه فریادرس
چو قرطاس رومی بیاراستند	بدربر فرستاده را خواستند
چوبشنید دانا که شد رای راست	بیامد بدر پاسخ نامه خواست
ورا ناسزا خلعتی ساختند	ز بیگانه ایوان بپرداختند
بدو گفت قیصر نه من چاکرم	نه از چین و هیتالیان کمترم
ز مهتر سبک داشتن ناسزاست	وگر شاه تو بر جهان پادشاست
بزرگ آنک او را بسی دشمنست	مرا دشمن و دوست بردامنست
چه داری بزرگی تو از من دریغ	همی آفتاب اندر آری بمیغ
نه از تابش او همی کم شود	وگر خون چکاند برونم شود
چو کار آیدم شهریارم تویی	همان از پدر یادگارم تویی
سخن هرچ دیدی بخوبی بگوی	وزین پاسخ نامه زشتی مجوی
تنش را بخلعت بیاراستند	ز درباره‌ی مرزبان خواستند
فرستاده برگشت و آمد دمان	به منزل زمانی نجستی زمان

بیامد به نزدیک کسری رسید ... بگفت آن کجا رفت و دید و شنید
ز گفتار او تنگدل گشت شاه ... بدو گفت برخوردی از رنج راه
شنیدم که هرکو هوا پرورد ... بفرجام کردار کیفر برد
گر از دوست دشمن نداند همی ... چنین راز دل بر تو خواند همی
گماند که ما را همو دوست نیست ... اگر چند او را پی و پوست نیست
کنون نیز یک تن ز رومی نژاد ... نمانم که باشد ازان تخت شاد
همی سر فرازد که من قیصرم ... گر از نامداران یکی مهترم
کنم زین سپس روم را نام شوم ... برانگیزم آتش ز آباد بوم
به یزدان پاک و بخورشید و ماه ... به آذر گشسب و بتخت و کلاه
که کز هرچ در پادشاهی اوست ... ز گنج کهن پرکند گاو پوست
نساید سرتیغ ما رانیام ... حلال جهان باد بر من حرام
بفرمود تا بر درش کرنای ... دمیدند با سنج و هندی درای
همه کوس بر کوهه‌ی ژنده پیل ... ببستند و شد روی گیتی چونیل
سپاهی گذشت از مداین به دشت ... که دریای سبز اندرو خیره گشت
ز نالیدن بوق و رنگ درفش ... ز جوش سواران زرینه کفش
ستاره توگفتی به آب اندرست ... سپهر روان هم بخواب اندرست
چوآگاهی آمد بقیصر ز شاه ... که پرخشم ز ایوان بشد با سپاه
بیامد ز عموریه تا حلب ... جهان کرد پر جنگ و جوش و جلب
سواران رومی چو سیصد هزار ... حلب را گرفتند یکسر حصار
سپاه اندر آمد ز هرسو به جنگ ... نبد جنگشانرا فراوان درنگ
بیاراست بر هر دری منجنیق ... ز گردان روم آنک بدجا ثلیق
حصار سقیلان بپرداختند ... کزان سو همی‌تاختن ساختند
حلب شد بکردار دریای خون ... به زنهار شد لشکر باطرون
بدو هفته از رومیان سی هزار ... گرفتند و آمد بر شهریار
بی‌اندازه کشتند ز ایشان بتیر ... به رزم اندرون چند شد دستگیر
به پیش سپه کنده‌ای ساختند ... بشبگیر آب اندر انداختند
بکنده ببستند برشاه راه ... فروماند از جنگ شاه و سپاه
برآمد برین روزگاری دراز ... بسیم و زر آمد سپه را نیاز
سپهدار روزی‌دهان را بخواند ... وزان جنگ چندی سخنها براند

که این کار با رنج بسیار گشت — بب وبکنده نشاید گذشت
سپه را درم باید و دستگاه — همان اسب وخفتان و رومی کلاه
سوی گنج رفتند روزی‌دهان — دبیران و گنجور شاه جهان
از اندازه لشکر شهریار — کم آمد درم تنگ سیصد هزار
بیامد برشاه موبد چوگرد — به گنج آنچ بود از درم یاد کرد
دژم کرد شاه اندران کار چهر — بفرمود تا رفت بوزرجمهر
بدو گفت گر گنج شاهی تهی — چه باید مرا تخت شاهنشهی
بروهم کنون ساروان را بخواه — هیونان بختی برافگن به راه
صد از گنج مازندران بارکن — وزو بیشتر بار دینار کن
بشاه جهان گفت بوزرجمهر — که ای شاه با دانش و داد و مهر
سوی گنج ایران درازست راه — تهی دست و بیکار باشد سپاه
بدین شهرها گرد ماهرکسست — کسی کو درم بیش دارد بدست
ز بازارگان و ز دهقان درم — اگر وام خواهی نگردد دژم
بدین کار شد شاه همداستان — که دانای ایران بزد داستان
فرستاده‌ای جست بوزرجمهر — خردمند و شادان دل و خوب چهر
بدو گفت ز ایدر سه اسبه برو — گزین کن یکی نامبردار گو
ز بازارگان و ز دهقان شهر — کسی را کجا باشد از نام بهر
ز بهر سپه این درم فام خواه — بزودی بفرماید از گنج شاه
بیامد فرستاده‌ی خوش منش — جوان وخردمندی و نیکوکنش
پیمبر باندیشه باریک بود — بیامد بشهری که نزدیک بود
درم خواست فام از پی شهریار — برو انجمن شد بسی مایه دار

داستان موزه فروش با کسری

یکی کفشگر بود و موزه فروش — به گفتار او تیز بگشاد گوش
درم چند باید بدو گفت مرد — دلاور شمار درم یاد کرد
چنین گفت کای پرخرد مایه دار — چهل من درم هرمنی صدهزار

بدو کفشگر گفت من این دهم / سپاسی ز گنجور بر سر نهم

بیاورد قپان و سنگ و درم / نبد هیچ دفتر به کار و قلم

چو بازارگان را درم سخته شد / فرستاده زان کار پردخته شد

بدو کفشگر گفت کای خوب چهر / به رنجی بگویی به بوزرجمهر

که اندر زمانه مرا کودکیست / که بازار او بر دلم خوار نیست

بگویی مگر شهریار جهان / مرا شاد گرداند اندر نهان

که او را سپارد بفرهنگیان / که دارد سرمایه و هنگ آن

فرستاده گفت این ندارم به رنج / که کوتاه کردی مرا راه گنج

بیامد بر مرد دانا به شب / وزان کفشگر نیز بگشاد لب

برشاه شد شاد بوزرجمهر / بران خواسته شاه بگشاد چهر

چنین گفتن زان پس که یزدان سپاس / مبادم مگر پاک و یزدان شناس

که در پادشاهی یکی موزه دوز / برین گونه شادست و گیتی فروز

که چندین درم ساخته باشدش / مبادا که بیداد بخراشدش

نگر تا چه دارد کنون آرزوی / بماناد بر ما همین راه و خوی

چو فامش بتوزی درم صدهزار / بده تا بماند ز ما یادگار

بدان زیردستان دلاور شدند / جهانجوی با تخت وافسر شدند

مبادا که بیدادگر شهریار / بود شاد برتخت و به روزگار

بشاه جهان گفت بوزرجمهر / که ای شاه نیک اختر خوب چهر

یکی آرزو کرد موزه فروش / اگر شاه دارد بمن بنده گوش

فرستاده گوید که این مرد گفت / که شاه جهان با خرد باد جفت

یکی پور دارم رسیده بجای / بفرهنگ جوید همی رهنمای

اگر شاه باشد بدین دستگیر / که این پاک فرزند گردد دبیر

ز یزدان بخواهم همی جان شاه / که جاوید باد این سزاوار گاه

بدو گفت شاه ای خردمند مرد / چرا دیو چشم تو را تیره کرد

برو همچنان بازگردان شتر / مبادا کزو سیم خواهیم و در

چو بازارگان بچه گردد دبیر / هنرمند و بادانش و یادگیر

چو فرزند ما برنشیند بتخت / دبیری ببایدش پیروزبخت

هنر باید از مرد موزه فروش / بدین کار دیگر تو با من مکوش

بدست خردمند و مرد نژاد / نماند بجز حسرت وسرد باد

شود پیش او خوار مردم شناس
چوپاسخ دهد زو پذیرد سپاس

بما بر پس از مرگ نفرین بود
چوآیین این روزگار این بود

نخواهیم روزی جز از گنج داد
درم زو مخواه و مکن هیچ یاد

هم اکنون شتر بازگردان به راه
درم خواه وز موزه دوزان مخواه

فرستاده برگشت و شد با درم
دل کفشگر گشت پر درد و غم

شب آمد غمی شد ز گفتار شاه
خروش جرس خاست از بارگاه

طلایه پراگنده بر گرد دشت
همه شب همی گرد لشکر بگشت

پوزش خواستن قیصر از نوشیروان

ز ماهی چو بنمود خورشید تاج
برافگند خلعت زمین را ز عاج

طلایه چو گشت از لب کنده باز
بیامد بر شاه گردن فراز

که پیغمبر قیصر آمد بشاه
پر از درد و پوزش کنان از گناه

فرستاده آمد همانگه دوان
نیایش کنان پیش نوشین روان

چو رومی سر تاج کسری بدید
یکی باد سرد از جگر برکشید

به دل گفت کینت سزاوار گاه
بشاهی ومردی وچندین سپاه

وزان فیلسوفان رومی چهل
زبان برگشادند پر باد دل

ز دینار با هرکسی سی هزار
نثار آوریده بر شهریار

چو دیدند رنگ رخ شهریار
برفتند لرزان و پیچان چومار

شهنشاه چو دید بنواختشان
بیین یکی جایگه ساختشان

چنین گفت گوینده پیشرو
که ای شاه قیصر جوانست و نو

پدر مرده و ناسپرده جهان
نداند همی آشکار و نهان

همه سر به سر باژدار توایم
پرستار و در زینهار توایم

تو را روم ایران و ایران چو روم
جدایی چرا باید این مرز و بوم

خرد در زمانه شهنشاه راست
وزو داشت قیصر همی‌پشت راست

چه خاقان چینی چه در هند شاه
یکایک پرستند این تاج و گاه

اگر کودکی نارسیده بجای
سخن گفت بی‌دانش و رهنمای

ندارد شهنشاه ازو کین و درد که شادست ازو گنبد لاژورد
همان باژ روم آنچ بود از نخست سپاریم و عهدی بتازه درست
بخندید نوشین روان زان سخن که مرد فرستاده افگند بن
بدو گفت اگر نامور کودکست خرد با سخن نزد او اندکست
چه قیصر چه آن بی خرد رهنمون ز دانش روان را گرفته زبون
همه هوشمندان اسکندری گرفتند پیروزی و برتری
کسی کو بگردد ز پیمان ما بپیچید دل از رای و فرمان ما
از آباد بومش بر آریم خاک زگنج و ز لشکر نداریم باک
فرستادگان خاک دادند بوس چنانچون بود مردم چاپلوس
که ای شاه پیروز برترمنش ز کار گذشته مکن سرزنش
همه سر به سر خاک رنج توایم همه پاسبانان گنج توایم
چوخشنود گردد ز ما شهریار نباشیم ناکام و بد روزگار
ز رنجی که ایدر شهنشاه برد همه رومیان آن ندارند خرد
ز دینار پرکرده ده چرم گاو به گنج آوریم از درباژ وساو
بکمی وبیشیش فرمان رواست پذیرد ز ما گرچه آن ناسزاست
چنین داد پاسخ که ازکار گنج سزاوار دستور باشد به رنج
همه رومیان پیش موبد شدند خروشان و با اختر بد شدند
فراوان ز هر در سخن راندند همه راز قیصر برو راندند
ز دینار گفتند وز گاو پوست ز کاری که آرام روم اندروست
چنین گفت موبد اگر زر دهید ز دیبا چه مایه بران سرنهید
بهنگام برگشتن شهریار ز دیبای زربفت باید هزار
که خلعت بود شاه را هر زمان چه با کهتران و چه با مهتران
برین برنهادند و گشتند باز همه پاک بردند پیشش نماز
ببد شاه چندی بران رزمگاه چوآسوده شد شهریار و سپاه
ز لشکر یکی مرد بگزید گرد که داند شمار نبشت و سترد
سپاهی بدو داد تا باژ روم ستاند سپارد به آباد بوم
وز آنجا بیامد سوی طیسفون سپاهی پس پشت و پیش اندرون
همه یکسر آباد از سیم و زر به زرین ستام و به زرین کمر
ز بس پرنیانی درفش سران تو گفتی هوا شد همه پرنیان

در و دشت گفتی که زرین شدست	کمرها ز گوهر چو پروین شدست
چو نزدیک شهر اندر آمد ز راه	پذیره شدندش فراوان سپاه
همه پیش کسری پیاده شدند	کمر بسته و دل گشاده شدند
هر آنکس که پیمود با شاه راه	پیاده بشد تا در بارگاه
همه مهتران خواندند آفرین	بران شاه بیدار باداد و دین
چو تنگ اندر آمد به جای نشست	بهرمهتری شاه بنمود دست
سرآمد سخن گفتن موزه دوز	ز ماه محرم گذشته سه روز
جهانجوی دهقان آموزگار	چه گفت اندرین گردش روزگار
که روزی فرازست و روزی نشیب	گهی با خرامیم و گه با نهیب
سرانجام بستر بود تیره خاک	یکی را فراز و یکی را مغاک
نشانی نداریم ازان رفته‌گان	که بیدار و شادند اگر خفته‌گان
بدان گیتی ار چندشان برگ نیست	همان به که آویزش مرگ نیست
اگر صد سال بود سال اگر بیست و پنج	یکی شد چو یاد آید از روز رنج
چه آنکس که گوید خرامست و ناز	چه گوید که دردست و رنج و نیاز
کسی را ندیدم بمرگ آرزوی	نه بی راه و از مردم نیکخوی
چه دینی چه اهریمن بت پرست	ز مرگند بر سر نهاده دو دست
چوسالت شد ای پیر برشست و یک	میو جام وآرام شد بی‌نمک
نبندد دل اندر سپنجی سرای	خرد یافته مردم پاکرای
بگاه بسیجیدن مرگ می	چو پیراهن شعر باشد بدی
فسرده تن اندر میان گناه	روان سوی فردوس گم کرده راه
ز یاران بسی ماند و چندی گذشت	تو با جام همراه مانده به دشت
زمان خواهم ازکردگار زمان	که چندی بماند دلم شادمان
که این داستانها و چندین سخن	گذشته برو سال و گشته کهن
ز هنگام کی شاه تا یزدگرد	ز لفظ من آمد پراگنده گرد
بپیوندم و باغ بی‌خو کنم	سخنهای شاهنشهان نو کنم
هماناکه دل را ندارم به رنج	اگر بگذرم زین سرای سپنج

گزیدن کسری هرمزد را به جانشیتی خود

چه گوید کنون مرد روشن روان	ز رای جهاندار نوشین روان
چوسال اندر آمد بهفتاد و چار	پراندیشه‌ی مرگ شد شهریار
جهان راهمی کدخدایی بجست	که پیراهن داد پوشد نخست
دگر کو بدرویش بر مهربان	بود راد و بی‌رنج روشن‌روان
پسر بد مر او را گرانمایه شش	همه راد وبینادل وشاه فش
بمردی و فرهنگ و پرهیز و رای	جوانان با دانش و دلگشای
از ایشان خردمند و مهتر بسال	گرانمایه هرمزد بد بی‌همال
سر افراز و بادانش و خوب چهر	بر آزادگان بر بگسترده مهر
بفرمود کسری به کارآگهان	که جویند راز وی اندر نهان
نگه داشتندی به روز و به شب	اگر داستان را گشادی دو لب
ز کاری که کردی بدی با بهی	رسیدی بشاه جهان آگهی
به بوزرجمهر آن زمان شاه گفت	که رازی همی‌داشتم در نهفت
ز هفتاد چون سالیان درگذشت	سر و موی مشکین چو کافور گشت
چومن بگذرم زین سپنجی سرای	جهان رابباید یکی کدخدای
که بخشایش آرد به درویش بر	به بیگانه و مردم خویش بر
ببخشد بپرهیزد از مهر گنج	نبندد دل اندر سرای سپنج
سپاسم ز یزدان که فرزند هست	خردمند و دانا و ایزد پرست
وز ایشان بهرمزد یازان ترم	برای و بهوشش فرازان ترم
ز بخشایش و بخشش و راستی	نبینم همی در دلش کاستی
کنون موبدان و ردان را بخواه	کسی کو کند سوی دانش نگاه
بخوانیدش و آزمایش کنید	هنر بر هنر بر فزایش کنید
شدند اندران موبدان انجمن	زهر در پژوهنده و رای زن
جهانجوی هرمزد را خواندند	بر نامدارنش بنشاندند
نخستین سخن گفت بوزرجمهر	که ای شاه نیک اختر خوب چهر

چه دانی کزو جان پاک و خرد / شود روشن وکالبد برخورد
چنین داد پاسخ که دانش به است / که داننده برمهتران بر مه است
بدانش بود مرد را ایمنی / ببندد ز بد دست اهریمنی
دگر بردباری و بخشایشست / که تن را بدو نام و آرایشست
بپرسید کز نیکوی سودمند / بگو ازچه گردد چو گردد بلند
چنین داد پاسخ که آنک از نخست / بنیک و بد آزرم هرکس بجست
بکوشید تا بردل هرکسی / ازو رنج بردن نباشد بسی
چنین داد پاسخ که هرکس که داد / بداد از تن خود همو بود شاد
نگه کرد پرسنده بوزرجمهر / بدان پاکدل مهتر خوب چهر
بدو گفت کز گفتنی هرچ هست / بگویم تو بشمر یکایک بدست
سراسر همه پرسشم یادگیر / به پاسخ همه داد بنیاد گیر
سخن را مگردان پس و پیش هیچ / جوانمردی وداد دادن بسیچ
اگر یادگیری چنین بی‌گمان / گشادست برتو در آسمان
که چندین به گفتار بشتافتم / ز پرسنده پاسخ فزون یافتم
جهاندار آموزگار تو باد / خرد جوشن و بخت یار تو باد
کنون هرچ دانم بپرسم ز داد / توپاسخ گزار آنچ آیدت یاد
ز فرزند کو بر پدر ارجمند / کدامست شایسته و بی‌گزند
ببخشایش دل سزاوار کیست / که بر درد او بر بباید گریست
ز کردار نیکی پشیمان کراست / که دل بر پشیمانی او گواست
سزاکیست کو را نکوهش کنیم / ز کردار او چون پژوهش کنیم
ز گیتی کجا بهتر آید گریز / که خیزد از آرام او رستخیز
بدین روزگار از چه باشیم شاد / گذشته چه بهتر که گیریم یاد
زمانه که او را بباید ستود / کدامست وما از چه داریم سود
گرانمایه‌تر کیست از دوستان / کز آواز او دل شود بوستان
کرا بیشتر دوست اندر جهان / که یابد بدو آشکار ونهان
همان نیز دشمن کرا بیشتر / که باشد برو بر بداندیش‌تر
سزاوار آرام بودن کجاست / که دارد جهاندار ازو پشت راست
ز گیتی زیانکارتر کارچیست / که بر کرده خود بباید گریست
ز چیزی که مردم همی‌پرورد / چه چیزیست کان زودتر بگذرد

ستمکاره کش نزد اوشرم نیست	کدامست کش مهر و آزرم نیست
تباهی بگیتی ز گفتار کیست	دل دوستانرا پر آزار کیست
چه چیزیست کان ننگ پیش آورد	همان بد ز گفتار خویش آورد
بیک روز تا شب برآمد ز کوه	ز گفتار دانا نیامد ستوه
چو هنگام شمع آمد از تیرگی	سرمهتران تیره از خیرگی
ز گفتار ایشان غمی گشت شاه	همی‌کرد خامش بپاسخ نگاه
گرانمایه هرمزد برپای خاست	یکی آفرین کرد بر شاه راست
که از شاه گیتی مبادا تهی	همی‌باد بر تخت شاهنشهی
مبادا که بی‌تو ببینیم تاج	گر آیین شاهی وگر تخت عاج
به پوزش جهان پیش تو خاک باد	گزند تو را چرخ تریاک باد
سخن هرچ او گفت پاسخ دهم	بدین آرزو رای فرخ نهم
ز فرزند پرسید دانا سخن	وزو بایدم پاسخ افگند بن
به فرزند باشد پدر شاددل	ز غمها بدو دارد آزاد دل
اگر مهربان باشد او بر پدر	به نیکی گراینده و دادگر
دگر آنک بر جای بخشایست	برو چشم را جای پالایشست
بزرگی که بختش پراگنده گشت	به پیش یکی ناسزا بنده گشت
ز کار وی ار خون خروشی رواست	که ناپارسایی برو پادشاست
دگر هر که با مردم ناسپاس	کند نیکویی ماند اندر هراس
هران کس که نیکی فرامش کند	خرد رابکوشد که بیهش کند
دگر گفت ازآرام راه گریز	گرفتن کجا خوبتر از ستیز
به شهری که بیداد شد پادشا	ندارد خردمند بودن روا
ز بیدادگر شاه باید گریز	کزن خیزد اندر جهان رستخیز
چه گوید که دانی که شادی بدوست	برادر بود با دلارام دوست
دگر آنک پرسد ز کار زمان	زمانی کزو گم شود بدگمان
روا باشد ار چند بستایدش	هم اندر ستایش بیفزایدش
دگر آنک پرسید ازمرد دوست	ز هر دوستی یارمندی نکوست
توانگر بود چادر او بپوش	چو درویش باشد تو با او بکوش
کسی کو فروتن‌تر و رادتر	دل دوستانش بدو شادتر
دگر آنک پرسد که دشمن کراست	کزو دل همیشه بدرد و بلاست

چوگستاخ باشد زبانش ببد ز گفتار او دشمن آید سزد
دگر آنک پرسید دشوار چیست بی‌آزار را دل پر آواز کیست
چو بد بود وبد ساز با وی نشست یکی زندگانی بود چون کبست
دگر آنک گوید گوا کیست راست که جان وخرد برگوا برگواست
به از آزمایش ندیدم گوا گوای سخنگوی و فرمانروا
زیانکارتر کار گفتی که چیست که فرجام ازان بد بباید گریست
چوچیره شود بر دلت بر هوا هوا بگذرد همچو باد هوا
پشیمانی آرد بفرجام سود گل آرزو را نشاید بسود
دگر آنک گوید که گردان ترست که چون پای جویی بدستت سرست
چنین دوستی مرد نادان بود سرشتش بدو رای گردان بود
دگر آنک گوید ستمکاره کیست بریده دل ازشرم و بیچاره کیست
چوکژی کند مرد بیچاره خوان چوبی شرمی آرد ستمکاره خوان
هرآنکس که او پیشه گیرد دروغ ستمکاره‌ای خوانمش بی‌فروغ
تباهی که گفتی ز گفتار کیست پرآزارتر درد آزار کیست
سخن چین و دو رومی و بیکار مرد دل هوشیاران کند پر ز درد
بپرسید دانا که عیب از چه بیش که باشد پشیمان ز گفتار خویش
هرآنکس که راند سخن بر گزاف بود بر سر انجمن مرد لاف
بگاهی که تنها بود در نهفت پشیمان شود زان سخنها که گفت
هم اندر زمان چون گشاید سخن به پیش آرد آن لافهای کهن
خردمند و گر مردم بی‌هنر کس از آفرنیش نیابد گذر
چنین بود تا بود دوران دهر یکی زهر یابد یکی پای زهر
همه پرسش این بود و پاسخ همین که برشاه باد از جهان آفرین
زبانها بفرمانش گوینده باد دل راد او شاد و جوینده باد
شهنشاه کسری ازو خیره ماند بسی آفرین کیانی بخواند
ز گفتار او انجمن شاد شد دل شهریار از غم آزاد شد
نبشتند عهدی بفرمان شاه که هرمزد را داد تخت و کلاه
چوقرطاس رومی شد از باد خشک نهادند مهری بروبر ز مشک
به موبد سپردند پیش ردان بزرگان و بیدار دل بخردان
جهان را نمایش چو کردار نیست نهانش جز از رنج وتیمار نیست

اگر تاج داری اگر گرم و رنج
همان بگذری زین سرای سپنج

بپیوستم این عهد نوشین روان
به پیروزی شهریار جوان

یکی نامه‌ی شهریاران بخوان
نگر تاکه باشد چو نوشین روان

برای و بداد و ببزم و به جنگ
چو روزش سرآمد نبودش درنگ

توای پیر فرتوت بی‌توبه مرد
خرد گیر وز بزم و شادی بگرد

جهان تازه شد چون قدح یافتی
روانرا ز توبه تو برتافتی

چه گفت آن سراینده سالخورد
چو اندرز نوشین روان یاد کرد

سخنهای هرمزد چون شد بن
یکی نو پی افگند موبد سخن

هم آواز شد رایزن با دبیر
نبشتند پس نامه‌ای بر حریر

دلارای عهدی ز نوشین روان
به هرمزد ناسالخورده جوان

سرنامه از دادگر کرد یاد
دگر گفت کین پند پور قباد

بدان ای پسر کین جهان بی‌وفاست
پر از رنج و تیمار و درد و بلاست

هرآنگه که باشی بدو شادتر
ز رنج زمانه دل آزادتر

همه شادمانی بمانی به جای
بباید شدن زین سپنجی سرای

چو اندیشه رفتن آمد فراز
برخشنده روز و شب دیریاز

بجستیم تاج کیی را سری
که بر هر سری باشد او افسری

خردمند شش بود ما را پسر
دل فروز و بخشنده و دادگر

تو را برگزیدم که مهتر بدی
خردمند و زیبای افسر بدی

بهشتاد بر بود پای قباد
که در پادشاهی مرا کرد یاد

کنون من رسیدم به هفتاد و چار
تو راکردم اندر جهان شهریار

جز آرام وخوبی نجستم برین
که باشد روان مرا آفرین

امیدم چنانست کز کردگار
نباشی جز از شاد و به روزگار

گر ایمن کنی مردمان را بداد
خود ایمن بخسبی و از داد شاد

به پاداش نیکی بیابی بهشت
بزرگ آنک او تخم نیکی بکشت

نگر تا نباشی به جز بردبار
که تندی نه خوب آید از شهریار

جهاندار وبیدار و فرهنگ‌جوی
بماند همه ساله با آبروی

بگرد دروغ ایچ گونه مگرد
چوگردی شود بخت را روی زرد

دل ومغز را دور دار از شتاب
خرد را شتاب اندرآرد به خواب

به نیکی گرای و به نیکی بکوش
بهرنیک و بد پند دانا نیوش

نباید که گردد بگرد تو بد	کزان بد تو را بی گمان بد رسد
همه پاک پوش و همه پاک خور	همه پندها یادگیر از پدر
ز یزدان گشای و به یزدان گرای	چو خواهی که باشد تو را رهنمای
جهان را چو آباد داری بداد	بود تخت آباد و دهر از تو شاد
چو نیکی نمایند پاداش کن	ممان تا شود رنج نیکی کهن
خردمند را شاد و نزدیک دار	جهان بر بداندیش تاریک دار
بهرکار با مرد دانا سگال	به رنج تن از پادشاهی منال
چویابد خردمند نزد تو راه	بماند بتو تاج و تخت و کلاه
هرآنکس که باشد تو را زیردست	مفرمای در بینوایی نشست
بزرگان وآزادگان را بشهر	ز داد تو باید که یابند بهر
ز نیکی فرومایه را دور دار	به بیدادگر مرد مگذار کار
همه گوش ودل سوی درویش دار	همه کار او چون غم خویش دار
ور ای دونک دشمن شود دوستدار	تو در بوستان تخم نیکی بکار
چو از خویشتن نامور داد داد	جهان گشت ازو شاد و او از تو شاد
بر ارزانیان گنج بسته مدار	ببخشای بر مرد پرهیزکار
که گر پند ما را شوی کاربند	همیشه بماند کلاهت بلند
که نیکی دهش نیک خواه تو باد	همه نیکی اندر پناه تو باد
مبادت فراموش گفتار من	اگر دور مانی ز دیدار من
سرت سبز باد و دلت شادمان	تنت پاک و دور از بد بدگمان
همیشه خرد پاسبان تو باد	همه نیکی اندر گمان تو باد
چو من بگذرم زین جهان فراخ	برآورد باید یکی خوب کاخ
بجای کزو دور باشد گذر	نپرد بدو کرکس تیزپر
دری دور برچرخ ایوان بلند	ببالا برآورده چون ده کمند
نبشته برو بارگاه مرا	بزرگی و گنج و سپاه مرا
فراوان ز هر گونه افگندنی	هم از رنگ و بوی و پراگندنی
بکافور تن را توانگر کنید	زمشک از بر ترگم افسر کنید
ز دیبای زربفت پرمایه پنج	بیارید ناکار دیده ز گنج
بپوشید برما به رسم کیان	بر آیین نیکان ما در میان
بسازید هم زین نشان تخت عاج	بر آویخته ازبر عاج تاج

همان هرچه زرین به پیش اندرست	اگر طاس و جامست اگر گوهرست
گلاب و می و زعفران جام بیست	ز مشک و ز کافور و عنبر دویست
نهاده ز دست چپ و دست راست	ز فرمان فزونی نباید نه کاست
ز خون کرد باید تهیگاه خشک	بدو اندر افگنده کافور و مشک
ازان پس برآرید درگاه را	نباید که بیند کسی شاه را
چو زین گونه بد کار آن بارگاه	نیابد بر ما کسی نیز راه
ز فرزند وز دوده‌ی ارجمند	کسی کش ز مرگ من آید گزند
بیاساید از بزم و شادی دو ماه	که این باشد آیین پس از مرگ شاه
سزد گر هرآنکو بود پارسا	بگرید برین نامور پادشا
ز فرمان هرمزد برمگذرید	دم خویش بی رای او مشمرید
فراوان بران نامه هرکس گریست	پس از عهد یک سال دیگر بزیست
برفت و بماند این سخن یادگار	تو این یادگارش بزنهار دار
کنون زین سپس تاج هرمزد شاه	بیارایم و برنشانم بگاه

پادشاهی هرمزد

پادشاهی هرمزد نوشین‌روان

بخندید تموز بر سرخ سیب	همی‌کرد با بار و برگش عتاب
که آن دسته گل بوقت بهار	بمستی همی‌داشتی درکنار
همی باد شرم آمد از رنگ اوی	همی یاد یار آمد از چنگ اوی
چه کردی که بودت خریدار آن	کجا یافتی تیز بازار آن
عقیق و زبرجد که دادت بهم	ز بار گران شاخ تو هم بخم
همانا که گل را بها خواستی	بدان رنگ رخ را بیاراستی
همی رنگ شرم آید از گردنت	همی مشک بوید ز پیراهنت
مگر جامه از مشتری بستدی	به لوئل بر از خون نقط برزدی
زبرجدت برگست و چرمت بنفش	سرت برتر از کاویانی درفش
بپیرایه زرد وسرخ وسپید	مرا کردی از برگ گل ناامید
نگارا بهارا کجا رفته‌ای	که آرایش باغ بنهفته‌ای
همی مهرگان بوید از باد تو	بجام می‌اندر کنم یاد تو
چورنگت شود سبز بستایمت	چو دیهیم هرمز بیارایمت
که امروز تیزست بازار من	نبینی پس از مرگ آثار من
یکی پیر بد مرزبان هری	پسندیده و دیده ازهر دی
جهاندیده‌ای نام او بود ماخ	سخندان و با فر و با یال و شاخ
بپرسیدمش تا چه داری بیاد	ز هرمز که بنشست بر تخت داد
چنین گفت پیرخراسان که شاه	چو بنشست بر نامور پیشگاه
نخست آفرین کرد بر کردگار	توانا و داننده روزگار
دگر گفت ما تخت نامی کنیم	گرانمایگان را گرامی کنیم
جهان را بداریم در زیر پر	چنان چون پدر داشت با داد و فر
گنه کردگانرا هراسان کنیم	ستم دیدگان را تن آسان کنیم
ستون بزرگیست آهستگی	همان بخشش و داد و شایستگی
بدانید کز کردگار جهان	بد و نیک هرگز نماند نهان

نیاگان ما تاجداران دهر
که از دادشان آفرین بود بهر

نجستند جز داد و بایستگی
بزرگی و گردی و شایستگی

ز کهتر پرستش ز مهتر نواز
بداندیش را داشتن در گداز

بهرکشوری دست و فرمان مراست
توانایی و داد و پیمان مراست

کسی را که یزدان کند پادشا
بنازد بدو مردم پارسا

که سرمایه شاه بخشایشست
زمانه ز بخشش بسایشست

به درویش برمهربانی کنیم
بپرمایه بر پاسبانی کنیم

هرآنکس که ایمن شد از کار خویش
برما چنان کرد بازار خویش

شما را بمن هرچ هست آرزوی
مدارید راز از دل نیکخوی

ز چیزی که دلتان هراسان بود
مرا داد آن دادن آسان بود

هرآنکس که هست از شما نیکبخت
همه شاد باشید زین تاج وتخت

میان بزرگان درخشش مراست
چوبخشایش داد و بخشش مراست

شما مهربانی بافزون کنید
ز دل کینه و آز بیرون کنید

هر آنکس که پرهیز کرد از دو کار
نبیند دو چشمش بد روزگار

بخشنودی کردگار جهان
بکوشید یکسر کهان و مهان

دگر آنک مغزش بود پرخرد
سوی ناسپاسی دلش ننگرد

چو نیکی فزایی بروی کسان
بود مزد آن سوی تو نارسان

میامیز با مردم کژ گوی
که او را نباشد سخن جز بروی

وگر شهریارت بود دادگر
تو بر وی بسستی گمانی مبر

گر ای دون که گویی نداند همی
سخنهای شاهان بخواند همی

چو بخشایش از دل کند شهریار
تو اندر زمین تخم کژی مکار

هرآنکس که او پند ما داشت خوار
بشوید دل از خوبی روزگار

چوشاه از تو خشنود شد راستیست
وزو سر بپیچی درکاستیست

درشتیش نرمیست در پند تو
بجوید که شد گرم پیوند تو

ز نیکی مپرهیز هرگز به رنج
مکن شادمان دل به بیداد گنج

چو اندر جهان کام دل یافتی
رسیدی بجایی که بشتافتی

چو دیهیم هفتاد بر سرنهی
همه گرد کرده به دشمن دهی

بهر کار درویش دارد دلم
نخواهم که اندیشه زو بگسلم

همی‌خواهم از پاک پروردگار
که چندان مرا بر دهد روزگار

که درویش را شاد دارم به گنج	نیارم دل پارسا را به رنج
هرآنکس که شد در جهان شاه فش	سرش گردد از گنج دینار کش
سرش را بپیچم ز کندواری	نباید که جوید کسی مهتری
چنین است انجام و آغاز ما	سخن گفتن فاش و هم راز ما
درود جهان آفرین برشماست	خم چرخ گردان زمین شماست
چو بشنید گفتار او انجمن	پر اندیشه گشتند زان تن بتن
سرگنج داران پر از بیم گشت	ستمکاره را دل به دو نیم گشت
خردمند ودرویش زان هرک بود	به دلش اندرون شادمانی فزود

کشتن هرمزد وزیران و یاران پدرش را

چنین بود تا شد بزرگیش راست	هرآن چیز درپادشاهی که خواست
برآشفت وخوی بد آورد پیش	به یکسو شد از راه آیین وکیش
هرآنکس که نزد پدرش ارجمند	بدی شاد و ایمن زبیم گزند
یکایک تبه کردشان بی‌گناه	بدین گونه بد رای و آیین شاه
سه مرد از دبیران نوشین روان	یکی پیر ودانا و دیگر جوان
چو ایزد گشسب و دگر برزمهر	دبیر خردمند با فر وچهر
سه دیگر که ماه آذرش بود نام	خردمند و روشن دل و شادکام
برتخت نوشین روان این سه پیر	چو دستور بودند وهمچون وزیر
همی‌خواست هرمز کزین هرسه مرد	یکایک برآرد بناگاه گرد
همی‌بود ز ایشان دلش پرهراس	که روزی شوند اندرو ناسپاس
بایزد گشسب آن زمان دست آخت	به بیهوده بربند و زندانش ساخت
دل موبد موبدان تنگ شد	رخانش ز اندیشه بی‌رنگ شد
که موبد بد وپاک بودش سرشت	بمردی ورا نام بد زردهشت
ازان بند ایزدگشسب دبیر	چنان شد که دل خسته گردد به تیر
چو روزی برآمد نبودش زوار	نه خورد ونه پوشش نه انده گسار
ز زندان پیامی فرستاد دوست	به موبد که ای بنده را مغز و پوست

منم بی‌زواری به زندان شاه	کسی را به نزدیک من نیست راه
همی خوردنی آرزوی آیدم	شکم گرسنه رنج بفزایدم
یکی خوردنی پاک پیشم فرست	دوایی بدین درد ریشم فرست
دل موبد از درد پیغام اوی	غمی گشت زان جای و آرام اوی
چنان داد پاسخ که از کار بند	منال ار نیاید به جانت گزند
ز پیغام اوشد دلش پرشکن	پراندیشه شد مغزش از خویشتن
به زاندان فرستاد لختی خورش	بلرزید زان کار دل در برش
همی‌گفت کاکنون شود آگهی	بدین ناجوانمرد بی‌فرهی
که موبد به زندان فرستاد چیز	نیرزد تن ما برش یک پشیز
گزند آیدم زین جهاندار مرد	کند برمن از خشم رخساره زرد
هم از بهر ایزد گشسب دبیر	دلش بود پیچان و رخ چون زریر
بفرمود تا پاک خوالیگرش	به زندان کشد خوردنیها برش
ازان پس نشست از بر تازی اسب	بیامد به نزدیک ایزد گشسب
گرفتند مر یکدگر را کنار	پر از درد ومژگان چو ابر بهار
ز خوی بد شاه چندی سخن	همی‌رفت تا شد سخنها کهن
نهادند خوان پیش ایزدگشسب	گرفتند پس واژ و برسم بدست
پس ایزد گشسب آنچ اندرز بود	به زمزم همی‌گفت و موبد شنود
ز دینار وز گنج وز خواسته	هم از کاخ و ایوان آراسته
به موبد چنین گفت کای نامجوی	چو رفتی از ایدر به هرمزد گوی
که گر سرنپیچی ز گفتار من	براندیشی از رنج و تیمار من
که از شهریاران توخورده‌ام	تو را نیز در بر بپرورده‌ام
بدان رنج پاداش بند آمدست	پس از رنج بیم گزند آمدست
دلی بیگنه پرغم ای شهریار	به یزدان نمایم به روز شمار
چوموبد سوی خانه شد در زمان	ز کارآگهان رفت مردی دمان
شنیده یکایک بهرمزد گفت	دل شاه با رای بد گشت جفت
ز ایزد گشسب آنگهی شد درشت	به زندان فرستاد و او را بکشت
سخنهای موبد فراوان شنید	بروبر نکرد ایچ گونه پدید
همی‌راند اندیشه برخوب و زشت	سوی چاره کشتن زردهشت
بفرمود تا زهر خوالیگرش	نهانی برد پیش دریک خورش

۱۶۵۳

چو موبد بیامد بهنگام بار / به نزدیکی نامور شهریار
بدو گفت کامروز ز ایدر مرو / که خوالیگری یافتستیم نو
چو بنشست موبد نهادند خوان / ز موبد بپالود رنگ رخان
بدانست کان خوان زمان ویست / همان راستی در گمان ویست
خورشها ببردند خوالیگران / همی‌خورد شاه از کران تا کران
چو آن کاسه زهر پیش آورید / نگه کرد موبد بدان بنگرید
بران بدگمان شد دل پاک اوی / که زهرست بر خوان تریاک اوی
چوهرمز نگه کرد لب را ببست / بران کاسه زهر یازید دست
بران سان که شاهان نوازش کنند / بران بندگان نیز نازش کنند
ازان کاسه برداشت مغز استخوان / بیازید دست گرامی بخوان
به موبد چنین گفت کای پاک مغز / تو راکردم این لقمه‌ی پاک ونغز
دهن بازکن تا خوری زین خورش / کزین پس چنین باشدت پرورش
بدو گفت موبد به جان و سرت / که جاوید بادا سر وافسرت
کزین نوشه خوردن نفرماییم / به سیری رسیدم نیفزاییم
بدو گفت هرمز به خورشید وماه / به پاکی روان جهاندار شاه
که بستانی این نوشه ز انگشت من / برین آرزو نشکنی پشت من
بدو گفت موبد که فرمان شاه / بیامد نماند مرا رای و راه
بخورد و ز خوان زار و پیچان برفت / همی‌راند تا خانه‌ی خویش تفت
ازان خوردن ز هر باکس نگفت / یکی جامه افگند ونالان بخفت
بفرمود تا پای زهر آورند / ازان گنجها گر ز شهر آورند
فرو خورد تریاک و نامد به کار / ز هرمز به یزدان بنالید زار
یکی استواری فرستاد شاه / بدان تا کند کار موبد نگاه
که آن زهرشد بر تنش کارگر / گر اندیشه‌ی ما نیامد ببر
فرستاده را چشم موبد بدید / سرشکش ز مژگان برخ بر چکید
بدو گفت رو پیش هرمزد گوی / که بختت ببر گشتن آورد روی
بدین داوری نزد داور شویم / بجایی که هر دو برابر شویم
ازین پس تو ایمن مشو از بدی / که پاداش پیش آیدت ایزدی
تو پدرود باش ای بداندیش مرد / بد آید برویت ز بد کارکرد
چو بشنید گریان بشد استوار / بیاورد پاسخ بر شهریار

سپهبد پشیمان شد از کار اوی	بپیچید ازان راست گفتار اوی
مر آن درد را راه چاره ندید	بسی باد سرد از جگر برکشید
بمرد آن زمان موبد موبدان	برو زار وگریان شده بخردان
چنینست کیهان همه درد و رنج	چه یازد بتاج وچه نازی به گنج
که این روزگار خوشی بگذرد	زمانه نفس را همی‌بشمرد
چوشد کار دانا بزاری به سر	همه کشور از درد زیر و زبر
جهاندار خونریز و ناسازگار	نکرد ایچ یاد از بد روزگار
میان تنگ خون ریختن را ببست	به بهرام آذرمهان آخت دست
چوشب تیره‌تر شد مر او را بخواند	به پیش خود اندر به زانو نشاند
بدو گفت خواهی که ایمن شوی	نبینی ز من تیزی و بدخوی
چو خورشید بر برج روشن شود	سرکوه چون پشت جوشن شود
تو با نامداران ایران بیای	همی‌باش در پیش تختم بپای
ز سیمای برزینت پرسم سخن	چو پاسخ گزاری دلت نرم کن
بپرسم که این دوستار توکیست	بدست ار پرستنده ایزدیست
تو پاسخ چنین ده که این بدتنست	بداندیش وز تخم آهرمنست
وزان پس ز من هرچ خواهی بخواه	پرستنده و تخت و مهر و کلاه
بدو گفت بهرام کایدون کنم	ازین بد که گفتی صدافزون کنم
بسیمای برزین که بود از مهان	گزین پدرش آن چراغ جهان
همی‌ساخت تا چاره‌ای چون کند	که پیراهن مهر بیرون کند
چو پیدا شد آن چادر عاج گون	خور از بخش دوپیکر آمد برون
جهاندار بنشست بر تخت عاج	بیاویختند آن بهاگیر تاج
بزرگان ایران بران بارگاه	شدند انجمن تا بیامد سپاه
ز در پرده برداشت سالار بار	برفتند یکسر بر شهریار
چو بهرام آذرمهان پیشرو	چو سیمان برزین و گردان نو
نشستند هریک به آیین خویش	گروهی ببودند بر پای پیش
به بهرام آذرمهان گفت شاه	که سیمای برزین بدین بارگاه
سزاوار گنجست اگر مرد رنج	که بدخواه زیبا نباشد به گنج
بدانست بهرام آذرمهان	که آن پرسش شهریار جهان
چگونست وآن راپی و بیخ چیست	کزان بیخ اورا بباید گریست

سرانجام جز دخمه‌ی بی‌کفن
نیابد ازین مهتر انجمن

چنین داد پاسخ که ای شاه راد
زسیمای بر زین مکن ای یاد

که ویرانی شهر ایران ازوست
که مه مغز بادش بتن بر مه پوست

نگوید سخن جز همه بتری
بر آن بتری بر کند داوری

چو سیمای برزین شنید این سخن
بدو گفت کای نیک یار کهن

ببد برتن من گوایی مده
چنین دیو را آشنایی مده

چه دیدی ز من تا تو یار منی
ز کردار و گفتار آهرمنی

بدو گفت بهرام آذرمهان
که تخمی پراگنده‌ای در جهان

کزان بر نخستین توخواهی درود
از آتش نیابی مگر تیره دود

چو کسری مرا و تو را پیش خواند
بر تخت شاهنشهی برنشاند

ابا موبد موبدان برزمهر
چوایزدگشسب آن مه خوب چهر

بپرسید کین تخت شاهنشهی
کرا زیبد و کیست با فرهی

بکهتر دهم گر به مهتر پسر
که باشد بشاهی سزاوارتر

همه یکسر از جای برخاستیم
زبان پاسخش را بیاراستیم

که این ترکزاده سزاوارنیست
بشاهی کس او را خریدار نیست

که خاقان نژادست و بد گوهرست
ببالا و دیدار چون مادرست

تو گفتی که هرمز بشاهی سزاست
کنون زین سزا مر تو را این جزاست

گوایی من از بهر این دادمت
چنین لب به دشنام بگشادمت

ز تشویر هرمز فروپژمرید
چو آن راست گفتار او را شنید

به زندان فرستادشان تیره شب
وز ایشان ببد تیز بگشاد لب

سیم شب چو برزد سر از کوه ماه
ز سیمای برزین بپردخت شاه

به زندان دزدان مر او را بکشت
ندارد جز از رنج و نفرین بمشت

چو بهرام آذرمهان آن شنید
که آن پاکدل مرد شد ناپدید

پیامی فرستاد نزدیک شاه
که ای تاج تو برتر از چرخ ماه

تو دانی که من چند کوشیده‌ام
که تا رازهای تو پوشیده‌ام

به پیش پدرت آن سزاوار شاه
نبودم تو را جز همه نیکخواه

یکی پند گویم چوخوانی مرا
بر تخت شاهی نشانی مرا

تو را سودمندیست از پند من
به زندان بمان یک زمان بند من

به ایران تو راسودمندی بود
خردمند را بی‌گزندی بود

پیامش چو نزدیک هرمز رسید	یکی رازدار از میان برگزید
که بهرام را پیش شاه آورد	بدان نامور بارگاه آورد
شب تیره بهرام را پیش خواند	به چربی سخن چند با او براند
بدو گفت برگوی کان پند چیست	که ما را بدان روزگار بهیست
چنین داد پاسخ که در گنج شاه	یکی ساده صندوق دیدم سیاه
نهاده به صندوق در حقه‌ای	بحقه درون پارسی رقعه‌ای
نبشتست بر پرنیان سپید	بدان باشد ایرانیان را امید
به خط پدرت آن جهاندار شاه	تو را اندران کرد باید نگاه
چوهرمز شنید آن فرستاد کس	به نزدیک گنجور فریادرس
که در گنجهای پدر بازجوی	یکی ساده صندوق و مهری بروی
بران مهر بر نام نوشین‌روان	که جاوید بادا روانش جوان
هم اکنون شب تیره پیش من آر	فراوان بجستن مبر روزگار
شتابید گنجور و صندوق جست	بیاورد پویان به مهر درست
جهاندار صندوق را برگشاد	فراوان ز نوشین‌روان کرد یاد
به صندوق در حقه با مهر دید	شتابید وزو پرنیان برکشید
نگه کرد پس خط نوشین‌روان	نبشته بران رقعه‌ی پرنیان
که هرمز بده سال و بر سر دوسال	یکی شهریاری بود بی‌همال
ازان پس پرآشوب گردد جهان	شود نام و آواز او درنهان
پدید آید ازهرسویی دشمنی	یکی بدنژادی وآهرمنی
پراگنده گردد ز هر سو سپاه	فروافگند دشمن او را ز گاه
دو چشمش کند کور خویش زنش	ازان پس برآرند هوش از تنش
به خط پدر هرمز آن رقعه دید	هراسان شد و پرنیان برکشید
دوچشمش پر از خون شد و روی زرد	ببهرام گفت ای جفاپیشه مرد
چه جستی ازین رقعه اندرهمی	بخواهی ربودن ز من سرهمی
بدو گفت بهرام کای ترک زاد	به خون ریختن تا نباشی تو شاد
توخاقان نژادی نه از کیقباد	که کسری تو را تاج بر سر نهاد
بدانست هرمز که او دست خون	بیازد همی زنده بی‌رهنمون
شنید آن سخن‌های بی‌کام را	به زندان فرستاد بهرام را
دگر شب چو برزد سر از کوه ماه	به زندان دژ آگاه کردش تباه

نماند آن زمان بر درش بخردی همان رهنمائی و هم موبدی
ز خوی بد آید همه بدتری نگر تا سوی خوی بد ننگری
وزان پس نبد زندگانیش خوش ز تیمار زد بر دل خویش تش
بسالی با صطخر بودی دو ماه که کوتاه بودی شبان سیاه
که شهری خنک بود و روشن هوا از آنجا گذشتن نبودی روا
چوپنهان شدی چادر لاژورد پدید آمدی کوه یاقوت زرد
منادیگری برکشیدی خروش که این نامداران با فر و هوش
اگر کشتمندی شود کوفته وزان رنج کارنده آشوفته
وگر اسب در کشت زاری رود کس نیز بر میوه داری رود
دم و گوش اسبش بباید برید سر دزد بردار باید کشید
بدو ماه گردان بدی درجهان بدو نیکویی زو نبودی نهان
بهر کشوری داد کردی چنین ز دهقان همی‌یافتی آفرین
پسر بد مر او را گرامی یکی که از ماه پیدا نبود اندکی
مر او را پدر کرده پرویز نام گهش خواندی خسرو شادکام
نبودی جدا یک زمان از پدر پدر نیز نشگیفتی از پسر
چنان بد که اسبی ز آخر بجست که بد شاه پرویز را بر نشست
سوی کشتمند آمد اسب جوان نگهبان اسب اندر آمد دوان
بیامد خداوند آن کشت زار به پیش موکل بنالید زار
موکل بدو گفت کین اسب کیست که بر دم و گوشش بباید گریست
خداوند گفت اسب پرویز شاه ندارد همی کهترانرا نگاه
بیامد موکل بر شهریار بگفت آنچ بشنید از کشت زار
بدو گفت هرمز برفتن بکوش ببر اسب را در زمان دم و گوش
زیانی که آمد بران کشتمند شمارش بباید شمردن که چند
ز خسرو زیان باز باید ستد اگر صد زیانست اگر پانصد
درمهای گنجی بران کشت زار بریزند پیش خداوند کار
چو بشنید پرویز پوزش کنان برانگیخت از هر سویی مهتران
بنزد پدر تا ببخشد گناه نبرد دم وگوش اسب سیاه
برآشفت ازان پس برو شهریار بتندی بزد بانگ بر پیشکار
موکل شد از بیم هرمز دوان بدان کشت نزدیک اسب جوان

بخنجر جداکرد زو گوش و دم	بران کشت زاری که آزرد سم
همان نیز تاوان بدان دادخواه	رسانید خسرو بفرمان شاه
وزان پس بنخچیر شد شهریار	بیاورد هر کس فراوان شکار
سواری ردی مرد کنداوری	سپهبدنژادی بلند اختری
بره بر یکی رز پراز غوره دید	بفرمود تاکهتر اندر دوید
ازان خوشه‌ی چند ببردی و برد	بایوان و خوالیگرش را سپرد
بیامد خداوندش اندر زمان	بدان مرد گفت ای بد بدگمان
نگهبان این رز نبودی به رنج	نه دینار دادی بها را نه گنج
چرا رنج نابرده کردی تباه	بنالم کنون از تو در پیش شاه
سوار دلاور ز بیم زیان	بزودی کمر بازکرد از میان
بدو داد پرمایه زرین کمر	بهر مهره‌ای در نشانده گهر
خداوند رز چون کمر دید گفت	که کردار بد چند باید نهفت
تو با شهریار آشنایی مکن	خریده نداری بهایی مکن
سپاسی نهم بر تو بر زین کمر	بپیچی اگر بشنود دادگر
یکی مرد بد هرمز شهریار	به پیروزی اندر شده نامدار
بمردی ستوده بهرانجمن	که از رزم هرگز ندیدی شکن
که هم دادده بود و هم دادخواه	کلاه کیی برنهاده بماه
نکردی بشهر مداین درنگ	دلاور سری بود با نام وننگ
بهار و تموز و زمستان وتیر	نیاسود هرمز یل شیرگیر
همی‌گشت گرد جهان سر به سر	همی‌جست در پادشاهی هنر
چو ده سال شد پادشاهیش راست	ز هرکشور آواز بدخواه خاست
بیامد ز راه هری ساوه شاه	ابا پیل و با کوس و گنج و سپاه
گر از لشکر ساوه گیری شمار	برو چارصد بار بشمر هزار
ز پیلان جنگی هزار و دویست	توگفتی مگر برزمین راه نیست
ز دشت هری تا در مرورود	سپه بود آگنده چون تار و پود
وزین روی تا مرو لشکر کشید	شد از گرد لشکر زمین ناپدید
بهرمز یکی نامه بنوشت شاه	که نزدیک خود خوان ز هر سو سپاه
برو راه این لشکر آباد کن	علف سازو از تیغ ما یادکن
برین پادشاهی بخواهم گذشت	بدریا سپاهست و بر کوه و دشت

۱۶۵۹

Shahname

چو برخواند آن نامه را شهریار بپژمرد زان لشکر بی‌شمار
وزان روی قیصر بیامد ز روم به لشکر بزیر اندر آورد بوم
سپه بود رومی عدد صد هزار سواران جنگ آور و نامدار
ز شهری که بگرفت نوشین روان که از نام او بود قیصر نوان
بیامد ز هر کشوری لشکری به پیش اندرون نامور مهتری
سپاهی بیامد ز راه خزر کز ایشان سیه شد همه بوم و بر
جهاندیده بدال درپیش بود که با گنج و با لشکر خویش بود
ز ارمینیه تا در اردبیل پراگنده شد لشکرش خیل خیل
ز دشت سواران نیزه گزار سپاهی بیامد فزون از شمار
چوعباس و چو حمزه شان پیشرو سواران و گردن فرازان نو
ز تاراج ویران شد آن بوم ورست که هرمز همی باژ ایشان بجست
بیامد سپه تابه آب فرات نماند اندر آن بوم جای نبات
چو تاریک شد روزگار بهی ز لشکر بهرمز رسید آگهی
چو بشنید گفتار کارآگهان به پژمرد شاداب شاه جهان
فرستاد و ایرانیان را بخواند سراسر همه کاخ مردم نشاند
برآورد رازی که بود از نهفت بدان نامداران ایران بگفت
که چندین سپه روی به ایران نهاد کسی در جهان این ندارد بیاد
همه نامداران فرو ماندند ز هر گونه اندیشه‌ها راندند
بگفتند کای شاه با رای و هوش یکی اندرین کار بگشای گوش
خردمند شاهی و ما کهتریم همی خویشتن موبدی نشمریم
براندیش تا چاره‌ی کار چیست برو بوم ما را نگهدار کیست
چنین گفت موبد که بودش وزیر که ای شاه دانا و دانش پذیر
سپاه خزر گر بیاید به جنگ نیابند جنگی زمانی درنگ
ابا رومیان داستانها زنیم زبن پایه تازیان برکنیم
ندارم به دل بیم ازتازیان که ازدیدشان دیده دارد زیان
که هم مارخوارند وهم سوسمار ندارند جنگی گه کارزار
تو را ساوه شاهست نزدیکتر وزو کار ما نیز تاریکتر
ز راه خراسان بود رنج ما که ویران کند لشکر و گنج ما
چو ترک اندر آید ز جیحون به جنگ نباید برین کار کردن درنگ

به موبد چنین گفت جوینده راه | که اکنون چه سازیم با ساوه شاه
بدو گفت موبد که لشکر بساز | که خسرو به لشکر بود سرفراز
عرض را بخوان تا بیارد شمار | که چندست مردم که آید به کار
عرض با جریده به نزدیک شاه | بیامد بیاورد بی‌مر سپاه
شمار سپاه آمدش صد هزار | پیاده بسی در میان سوار
بدو گفت موبد که با ساوه شاه | سزد گر نشوریم با این سپاه
مگر مردمی جویی و راستی | بدور افگنی کژی و کاستی
رهانی سر کهتر آنرا ز بد | چنان کز ره پادشاهان سزد
شنیدستی آن داستان بزرگ | که ارجاسب آن نامدارسترگ
بگشتاسب و لهراسب از بهر دین | چه بد کرد با آن سواران چین
چه آمد ز تیمار برشهر بلخ | که شد زندگانی بران بوم تلخ
چنین تا گشاده شد اسفندیار | همی‌بود هر گونه کارزار
ز مهتر بسال ار چه من کهترم | ازو من باندیشه بر بگذرم
به موبد چنین گفت پس شهریار | که قیصر نجوید ز ما کارزار
همان شهرها راکه بگرفت شاه | سپارم بدو بازگردد ز راه
فرستاده‌ای جست گرد و دبیر | خردمند و گویا و دانش پذیر
به قیصر چنین گوی کزشهر روم | نخواهم دگر باژ آن مرز و بوم
تو هم پای در مرز ایران منه | چو خواهی که مه باشی و روزبه
فرستاده چون پیش قیصر رسید | بگفت آنچ از شاه ایران شنید
ز ره بازگشت آن زمان شاه روم | نیاورد جنگ اندران مرز و بوم
سپاهی از ایرانیان برگزید | که از گردشان روز شد ناپدید
فرستادشان تا بران بوم و بر | به پای اندر آرند مرز خزر
سپهدارشان پیش خراد بود | که با فر و اورنگ و با داد بود
چو آمد بار مینیه در سپاه | سپاه خزر برگرفتند راه
وز ایشان فراوان بکشتند نیز | گرفتند زان مرز بسیار چیز
چو آگاهی آمد به نزدیک شاه | که خراد پیروز شد با سپاه
بجز کینه‌ی ساوه شاهش نماند | خرد را به اندیشه اندر نشاند
یکی بنده بد شاه را شادکام | خردمند و بینا و نستوه نام
به شاه جهان گفت انوشه بدی | ز تو دور بادا همیشه بدی

بپرسید باید ز مهران ستاد / که از روزگاران چه دارد بیاد
به کنجی نشستست با زند و است / زامید گیتی شده پیروسست
بدین روزگاران بر او شدم / یکی روز ویک شب بر او بدم
همی‌گفت او را من از ساوه شاه / ز پیلان جنگی و چندان سپاه
چنین داد پاسخ چو آمد سخن / ازان گفته روزگار کهن
بپرسیدم از پیر مهران ستاد / که از روزگاران چه داری بیاد
چنین داد پاسخ که شاه جهان / اگر پرسدم بازگویم نهان
شهنشاه فرمود تا در زمان / بشد نزد او نامداری دمان
تن پیر ازان کاخ برداشتند / به مهد اندرون تیز بگذاشتند
چو آمد برشاه مرد کهن / دلی پر زدانش سری پرسخن
بپرسید هرمز ز مهران ستاد / کزین ترک جنگی چه داری بیاد
چنین داد پاسخ بدو مرد پیر / که‌ای شاه گوینده ویادگیر
بدانگه کجا مادرت راز چین / فرستاد خاقان به ایران زمین
بخواهندگی من بدم پیشرو / صدو شست مرد از دلیران گو
پدرت آن جهاندار دانا و راست / ز خاقان پرستارزاده نخواست
مرا گفت جز دخت خاتون مخواه / نزیبد پرستار در پیشگاه
برفتم به نزدیک خاقان چین / به شاهی برو خواندم آفرین
ورا دختری پنج بد چون بهار / سراسر پر از بوی و رنگ و نگار
مرا در شبستان فرستاد شاه / برفتم بران نامور پیشگاه
رخ دختران را بیاراستند / سر زلف بر گل بپیراستند
مگر مادرت بر سر افسر نداشت / همان یاره و طوق وگوهر نداشت
از ایشان جز او دخت خاتون نبود / به پیرایه و رنگ وافسون نبود
که خاتون چینی ز فغفور بود / به گوهر زکردار بد دور بود
همی مادرش را جگر زان بخست / که فرزند جایی شود دوردست
دژم بود زان دختر پارسا / گسی کردن از خانه‌ی پادشا
من او را گزین کردم از دختران / نگه داشتم چشم زان دیگران
مرا گفت خاتون که دیگر گزین / که هر پنج خوبند و با آفرین
مرا پاسخ این بد که این بایدم / چو دیگر گزینم گزند آیدم
فرستاد و کنداوران را بخواند / برتخت شاهی به زانو نشاند

بپرسش گرفت اختر دخترش	که تا چون بود گردش اخترش
ستاره‌شمر گفت جز نیکویی	نبینی وجز راستی نشنوی
ازین دخت و از شاه ایرانیان	یکی کودک آید چو شیر ژیان
ببالا بلند و ببازوی ستبر	به مردی چو شیر و ببخشش ابر
سیه چشم و پر خشم و نابردبار	پدر بگذرد او بود شهریار
فراوان ز گنج پدر بر خورد	بسی روزگاران ببد نشمرد
وزان پس یکی شاه خیزد سترگ	ز ترکان بیارد سپاهی بزرگ
بسازد که ایران و شهریمن	سراسر بگیرد بران انجمن
ازو شاه ایران شود دردمند	بترسد ز پیروز بخت بلند
یکی کهتری باشدش دوردست	سواری سرافراز مهترپرست
ببالا دراز و به اندام خشک	به گرد سرش جعد مویی چومشک
سخن آوری جلد و بینی بزرگ	سه چرده و تندگوی و سترگ
جهانجوی چوبینه دارد لقب	هم از پهلوانانشان باشد نسب
چو این مرد چاکر باندک سپاه	ز جایی بیاید به درگاه شاه
مرین ترک را ناگهان بشکند	همه لشکرش را بهم برزند
چو بشنید گفت ستاره شمر	ندیدم ز خاقان کسی شادتر
به نوشین روان داد پس دخترش	که از دختران او بدی افسرش
پذیرفتم او را من ازبهر شاه	چو آن کرده بد بازگشتم به راه
بیاورد چندی گهرها ز گنج	که ما یافتیم از کشیدنش رنج
همان تا لب رود جیحون براند	جهان بین خود را بکشتی نشاند
ز جیحون دلی پر ز غم بازگشت	ز فرزند با درد انباز گشت
کنون آنچ دیدم بگفتم همه	به پیش جهاندار شاه رمه
ازین کشور این مرد را باز جوی	بپوینده شاید که گویی بپوی
که پیروزی شاه بر دست اوست	بدشمن ممان این سخن گر بدوست
بگفت این و جانش برآمد ز تن	برو زار و گریان شدند انجمن
شهنشاه زو در شگفتی بماند	به مژگان همی خون دل برفشاند
به ایرانیان گفت مهران ستاد	همی‌داشت این راستیها بیاد
چو با من یکایک بگفت و بمرد	پسندیده جانش به یزدان سپرد
سپاسم ز یزدان کزین مرد پیر	برآمد چنین گفتن ناگزیر

۱۶۶۳

نشان جست باید ز هر مهتری	اگر مهتری باشد ار کهتری
بجویید تا این بجای آورید	همه رنجها را به پای آورید

آمدن بهرام پور گشسب نزد هرمز

یکی مهتری نامبردار بود	که بر آخر اسب سالار بود
کجا راد فرخ بدی نام اوی	همه شادی شاه بد کام اوی
بیامد بر شاه گفت این نشان	که داد این ستوده به گردنکشان
ز بهرام بهرام پورگشسب	سواری سرافراز و پیچنده اسب
ز اندیشه‌ی من بخواهد گذشت	ندیدم چنو مرزبانی به دشت
که دادی بدو بردع و اردبیل	یکی نامور گشت باکوس وخیل
فرستاد و بهرام را مژده داد	سخنهای مهران برو کرد یاد
جهانجوی پویان ز بردع برفت	ز گردنکشان لشکری برد تفت
چو بهرام تنگ اندر آمد ز راه	بفرمود تا بار دادند شاه
جهاندیده روی شهنشاه دید	بران نامدار آفرین گسترید
نگه کرد شاه اندرو یک زمان	نبودش بدو جز به نیکی گمان
نشاینهای مهران ستاد اندروی	بدید و بخندید وشد تازه روی
ازان پس بپرسید و بنواختش	یکی نامور جایگه ساختش
شب تیره چون چادر مشک‌بوی	بیفگند وخورشید بنمود روی
به درگاه شد مرزبان نزد شاه	گرانمایگان برگشادند راه
جهاندار بهرام را پیش خواند	به تخت از بر نامداران نشاند
بپرسید زان پس که با ساوه شاه	کنم آشتی گر فرستم سپاه
چنین داد پاسخ بدو جنگجوی	که با ساوه شاه آشتی نیست روی
گر او جنگ را خواهد آراستن	هزیمت بود آشتی خواستن
و دیگر که بدخواه گردد دلیر	چوبیند که کام توآمد بزیر
گه رزم چون بزم پیش آوری	به فرمانبری ماند این داوری
بدو گفت هرمز که پس چیست رای	درنگ آورم گر بجنبم ز جای

چنین داد پاسخ که گر بدسگال
بپیچد سر از داد بهتر به فال

چه گفت آن گرانمایه‌ی نیک رای
که بیداد را نیست با داد جای

تو با دشمن بدکنش رزم جوی
که با آتش آب اندر آری به جوی

وگر خود دگرگونه باشد سخن
شهی نو گزیند سپهر کهن

چونیرو ببازوی خویش آوریم
هنر هرچ داریم پیش آوریم

نه از پاک یزدان نکوهش بود
نه شرم از یلان چون پژوهش بود

چو ناکشته ز ایرانیان ده هزار
بتابیم خیره سر از کارزار

چه گوید تو را دشمن عیبجوی
که بی‌جنگ پیچی ز بدخواه روی

چو بر دشمنان تیرباران کنیم
کمان را چو ابر بهاران کنیم

همان تیغ و گوپال چون صدهزار
شکسته شود درصف کارزار

چون پیروزی ما نیاید پدید
دل از نیک بختی نباید کشید

وزان پس بفرمان دشمن شویم
که بی‌هشو و بیجان و بیتن شویم

بکوشیم با گردش آسمان
اگر درمیانه سر آرد زمان

چو گفتار بهرام بشنید شاه
بخندید و رخشنده شد پیشگاه

ز پیش جهاندار بیرون شدند
جهاندیدگان دل پر از خون شدند

ببهرام گفتند کاندر سخن
چو پرسد تو را بس دلیری مکن

سپاهست چندان ابا ساوه شاه
که بر مور و بر پیشه بستند راه

چنان چون تو گویی همی پیش شاه
که یارد بدن پهلوان سپاه

چنین گفت بهرام با مهتران
که ای نامداران و کندآوران

چو فرمان دهد نامبردار شاه
منم ساخته پهلوان سپاه

برفتند بیدار کارآگهان
هم آنگه بر شهریار جهان

سخنهای بهرام چندانک بود
بهر یک سراینده ده برفزود

شهنشاه ایران ازان شاد شد
ز تیمار آن لشکر آزاد شد

ورا کرد سالار بر لشکرش
بابر اندر آورد جنگی سرش

هرآنکس که جست از یلان نام را
سپهبد همی‌خواند بهرام را

سپهبد بیامد بر شهریار
که خوانم عرض را ز بهر شمار

ببینم ز لشکر که جنگی که‌اند
که نام جستن درنگی که‌اند

بدو گفت سالار لشکر تویی
بتو باز گردد بد و نیکویی

سپهبد بشد تا عرض گاه شاه
بفرمود تا پی او شد سپاه

گزین کرد ز ایرانیان لشکری	هرآنکس که بود از سران افسری
نبشتند نام ده و دو هزار	زره دار و بر گستوانور سوار
چهل سالگون را نبشتند نام	درم و برکم و بیش ازین شد حرام
سپهبد چو بهرام بهرام بود	که در جنگ جستن ورا نام بود
یکی را کجا نام یل سینه بود	کجا سینه و دل پر از کینه بود
سرنامداران جنگیش کرد	که پیش صف آید به روز نبرد
بگرداند اسب و بگوید نژاد	کند بر دل جنگیان جنگ یاد
دگر آنک بد نام ایزدگشسب	کز آتش نه برگاشتی روی اسب
بفرمود تا گوش دارد بنه	کند میسره راست با میمنه
به پشت سپه بود همدان گشسب	کجا دم شیران گرفتی به اسب
به لشکر چنین گفت پس پهلوان	که ای نامداران روشن روان
کم آزار باشید و هم کم زیان	بدی را مبندید هرگز میان
چوخواهید کایزد بود یارتان	کند روشن این تیره بازارتان
شب تیره چون ناله کرنای	برآمد بجنبید یکسر ز جای
بران گونه رانید یکسر ستور	که گر خیزد اندر شب تیره هور
ز نیروی و آسودگی اسب و مرد	نیندیشد از روزگار نبرد
چوآگاهی آمد بر شهریار	که داننده بهرام چون ساخت کار
ز گفتار و کردار او گشت شاد	در گنج بگشاد و روزی بداد
همه گنجهای سلیح نبرد	به پارس و اهواز و در باز کرد
ز اسبان جنگ آنچ بودش یله	بشهر اندر آورد چندی گله
بفرمود تا پهلوان سپاه	بخواهد هرآنچش بباید ز شاه
چنین گفت بهرام را شهریار	که از هر دری دیده کارزار
شنیدی که با نامور ساوه شاه	چه مایه سلیحست و گنج و سپاه
هم از جنگ ترکان او روز کین	به آوردگه بر بلرزد زمین
گزیدی ز لشکر ده و دو هزار	زره دار و بر گستوانور سوار
بدین مایه مردم به روز نبرد	ندانم که چون خیزد این کار کرد
به جای جوانان شمشیرزن	چهل سالگان خواستی ز انجمن
سپهبد چنین داد پاسخ بدوی	که ای شاه نیک اختر و راست گوی
شنیدستی آن داستان مهان	که در پیش بودند شاه جهان

که چون بخت پیروز یاور بود   روا باشد ار یار کمتر بود
برین داستان نیز دارم گوا   اگر بشنود شاه فرمانروا
که کاوس کی را بهاماوران   ببستند با لشکری بی‌کران
گزین کرد رستم ده و دو هزار   ز شایسته مردان گرد وسوا ر
بیاورد کاوس کی را ز بند   بران نامداران نیامد گزند
همان نیز گودرز کشوادگان   سرنامداران آزادگان
به کین سیاوش ده و دو هزار   بیاورد برگستوانور سوار
همان نیز پر مایه اسفندیار   بیاو در جنگی ده و دو هزا ر
بار جاسب بر چارده کرد آنچ کرد   ازان لشکر و دز برآورد گرد
از این مایه گر لشکر افزون بود   ز مردی و از رای بیرون بود
سپهبد که لشکر فزون ازسه چار   به جنگ آورد پیچد از کار زار
دگر آنک گفتی چهل ساله مرد   ز برنا فزونتر نجوید نبرد
چهل ساله با آزمایش بود   به مردانگی در فزایش بود
بیاد آیدش مهر نان و نمک   برو گشته باشد فراوان فلک
ز گفتار بدگوی وز نام و ننگ   هراسان بود سر نپیچد ز جنگ
زبهر زن و زاده و دوده را   بپیچد روان مرد فرسوده را
جوان چیز بیند پذیرد فریب   بگاه درنگش نباشد شکیب
ندارد زن و کودک و کشت و ورز   بچیزی ندارد ز نا ارز ارز
چوبی آزمایش نیابد خرد   سرمایه کارها ننگرد
گر ای دون کهه پیروز گردد به جنگ   شود شاد وخندان وسازد درنگ
وگر هیچ پیروز شد بر تنش   نبیند جز از پشت او دشمنش
چو بشنید گفتار او شهریار   چنان تازه شد چون گل اندر بهرا
بدو گفت رو جوشن کار زار   بپوش و ز ایوان به میدان گذار
سپهبد بیامد زنزدیک شاه   کمر خواست و خفتان و درع و کلاه
برافگند برگستوان بر سمند   بفتراک بر بست پیچان کمند
جهان جوی باگوی و چوگان و تیر   به میدان خرامید خود با وزیر
سپهبد بیامد به میدان شاه   بغلتید در خاک پیش سپاه
چو دیدش جهاندار کرد آفرین   سپهبد ببوسید روی زمین
بیاورد پس شهریار آن درفش   که بد پیکرش اژدهافش بنفش

که در پیش رستم بدی روز جنگ	سبک شاه ایران گرفت آن به چنگ
چو ببسود خندان ببهرام داد	فراوان برو آفرین کرد یاد
به بهرام گفت آنک جدان من	همی‌خواندندش سر انجمن
کجا نام او رستم پهلوان	جهانگیر و پیروز و روشن روان
درفش ویست اینک داری بدست	که پیروزی بادی وخسروپرست
گمانم که تو رستم دیگری	به مردی و گردی و فرمانبری
برو آفرین کرد پس پهلوان	که پیروزگر باش و روشن روان
ز میدان بیامد بجای نشست	سپهبد درفش تهمتن بدست
پراگنده گشتند گردان شاه	همان شادمان پهلوان سپاه
سپیده چو برزد سر از کوه بر	پدید آمد آن زرد رخشان سپر
سپهبد بیامد بایوان شاه	بکش کرده دست اندر آن بارگاه
بدو گفت من بی‌بهانه شدم	بفر تو تاج زمانه شدم
یکی آرزو خواهم از شهریار	که با من فرستد یکی استوار
که تا هر کسی کو نبرد آورد	سر دشمنی زیر گرد آورد
نویسد به نامه درون نام اوی	رونده شود در جهان کام اوی
چنین گفت هر مزد که مهران دبیر	جوانست و گوینده و یادگیر
بفرمود تا با سپهبد برفت	سپهبد سوی جنگ تازید تفت
بشد لشکر از کشور طیسفون	سپهدار بهرام پیش اندرون
سپاهی خردمند و گرد و دلیر	سپهدار بیدار چون نره شیر

کشیدن بهرام پورگشسب لشکر را بجنگ ساوه شاه

به موبد چنین گفت هرمز که مرد	دلیرست و شادان به دشت نبرد
ازان پس چه گویی چه شاید بدن	همه داستانها بباید زدن
بدو گفت موبد که جاوید زی	که خود جاودان زندگی را سزی
بدین برز و بالای این پهلوان	بدین تیزگفتار روشن روان
نباشد مگر شاد و پیروزگر	وزو دشمن شاه زیر و زبر
بترسم که او هم به فرجام کار	بپیچد سر از شاه پرودگار

همی درسخن بس دلیری نمود	به گفتار با شاه شیری نمود
بدو گفت هرمز که در پای زهر	میالای زهرای بداندیش دهر
چون اوگشت پیروز بر ساوه شاه	سزد گر سپارم بدو تاج وگاه
چنین باد و هرگز مبادا جز این	که او شهریاری شود به آفرین
چو موبد ز شاه این سخنها شنید	بپژمرد و لب را بدندان گزید
همی‌داشت اندر دل این شهریار	چنین تا بر آمد برین روزگار
ز درگه یکی راز داری بجست	که تا این سخن بازجوید درست
بدو گفت تیز از پس پهلوان	برو تا چه بینی به من بر بخوان
بیامد سخنگوی پویان ز پس	نبود آگه از کار او هیچکس
که هم راهبر بود و هم فال گوی	سرانجام هر کار گفتی بدوی
چو بهرام بیرون شد از طیسفون	همی‌راند با نیزه پیش اندرون
به پیش آمدش سر فروشی به راه	ازو دور بد پهلوان سپاه
یکی خوانچه بر سر به پیوسته داشت	بروبر فراوان سرشسته داشت
سپهبد برانگیخت اسب از شگفت	بنوک سنان زان سری برگرفت
همی‌راند تا نیزه برداشت راست	بینداخت آنرا بران سو که خواست
یکی اختری کرد زان سر به راه	کزین سان ببرم سر ساوه شاه
به پیش سپاهش به راه افگنم	همه لشکرش را بهم بر زنم
فرستاده‌ی شاه چون آن بدید	پی افگند فالی چنان چون سزید
چنین گفت کین مرد پیروزبخت	بیابد به فرجام زین رنج تخت
ازان پس چو کام دل آرد بمشت	بپیچد سر از شاه و گردد درشت
بیامد برشاه و این را بگفت	جهاندار با درد وغم گشت جفت
ورا آن سخن بتر آمد ز مرگ	بپژمرد و شد تیره آن سبز برگ
فرستاده‌ای خواست از در جوان	فرستاد تازان پس پهلوان
بدو گفت رو با سپهبد بگوی	که امشب ز جایی که هستی مپوی
به شبگیر برگرد و پیش من آی	تهی کرد خواهم ز بیگانه جای
بگویم بتو هرچ آید ز پند	سخن چند یاد آمدم سودمند
فرستاده آمد بر پهلوان	بگفت آنچ بشنید مرد جوان
چنین داد پاسخ که لشکر ز راه	نخوانند باز ای خردمند شاه
زره بازگشتن بد آید بفال	به نیرو شود زین سخن بدسگال

چو پیروز گردم بیایم برت / درفشان کنم لشکر و کشورت
فرستاده آمد به نزدیک شاه / بگفت آنچه بشنید زان رزمخواه
ز گفتار اوشاه خشنود گشت / همه رنج پوینده بی‌سودگشت
سپهدار شبگیر لشکر براند / بر ایشان همی نام یزدان بخواند
همی‌رفت تا کشور خوزیان / ز لشکر کسی را نیامد زیان
زنی با جوالی میان پر ز کاه / همی‌رفت پویان میان سپاه
سواری بیامد خرید آن جوال / ندادش بها و بپیچید یال
خروشان بیامد ببهرام گفت / که کاهست لختی مرا در نهفت
بهای جوالی همی‌داشتم / به پیش سپاه تو بگذاشتم
کنون بستد ازمن سواری به راه / که دارد به سر بر ز آهن کلاه
بجستند آن مرد را در زمان / کشیدند نزد سپهبد دمان
ستاننده را گفت بهرام گرد / گناهی که کردی سرت را ببرد
دوانش به پیش سراپرده برد / سرو دست و پایش شکستند خرد
میانش به خنجر به دو نیم کرد / بدو مرد بیداد را بیم کرد
خروشی برآمد ز پرده سرای / که‌ای نامداران پاکیزه‌رای
هرآنکس که او برگ کاهی ز کس / ستاند نباشدش فریادرس
میانش به خنجر کنم به دونیم / بخرید چیزی که باید بسیم
همی‌بود ز اندیشه هرمز به رنج / ازان لشکرساوه و پیل و گنج
به دل بر چو اندیشه بسیارگشت / ز بهرام پر درد و تیمار گشت
روانش پر از غم دلش به دو نیم / همی‌داشتی زان به دل ترس و بیم
شب تیره بر زد سر از برج ماه / بخراد برزین چنین گفت شاه
که بر ساز تا سوی دشمن شوی / بکوشی و ز تاختن نغنوی
سپاهش نگه کن که چند و چیند / سپهبد کدامند و گردان کیند
بفرمود تا نامه‌ی پندمند / نبشتند نزدیک آن پر گزند
یکی نامه با هدیه شاهوار / که آن را نشاید گرفتن شمار
فرستاده را گفت سوی هری / همی رو چو پیدا شود لشکری
چنان دان که بهرام کنداورست / مپندار کان لشکری دیگرست
ازان راه نزدیک بهرام پوی / سخن هرچ بشنیدی آن را بگوی
بگویش که من با نوید و خرام / بگسترد خواهم یکی خوب دام

نباید که پیدا شود راز تو	گر او بشنود نام و آواز تو
من او را بدامت فراز آورم	سخنهای چرب و دراز آورم
برآراست خراد برزین به راه	بیامد بران سو که فرمود شاه
چو بهرام را دید با او بگفت	سخنها کجا داشت اندر نهفت
وزان جایگه شد سوی ساوه شاه	بجایی که بد گنج و پیل و سپاه
ورا دید بستود و بردش نماز	شنیده همی‌گفت با او به راز
بیفزود پیغامش از هر دری	بدان تا شود لشکر اندر هری
چوآمد به دشت هری نامدار	سراپرده زد بر لب جویبار
طلایه بیامد ز لشکر به راه	بدیدند بهرام را با سپاه
طلایه بدید آن دلاور سپاه	بیامد دوان تا بر ساوه شاه
بگفت آنک با نامور مهتری	یکی لشکر آمد به دشت هری
سخنها چو بشنید زو ساوه شاه	پر اندیشه شد مرد جوینده راه
ز خیمه فرستاده را باز خواند	به تندی فراوان سخنها براند
بدو گفت کای ریمن پر فریب	مگر کز فرازی ندیدی نشیب
برفتی ز درگاه آن خوارشاه	بدان تا مرا دام سازی به راه
به جنگ آوری پارسی لشکری	زنی خیمه در مرغزار هری
چنین گفت خراد برزین به شاه	که پیش سپاه تو اندک سپاه
گر آید بزشتی گمانی مبر	که این مرزبانی بود بر گذر
وگر زینهاری یکی نامجوی	ز کشور سوی شاه بنهاد روی
ور ای دون که بازارگانی سپاه	بیاورد تا باشد ایمن به راه
که باشد که آرد بروی تو روی	ورگ کوه و دریا شود کینه جوی
ز گفتار او شاد شد ساوه شاه	بدو گفت ماناکه اینست راه
چو خراد برزین سوی خانه رفت	برآمد شب تیره از کوه تفت
بسیجید و بر ساخت راه گریز	بدان تا نیاید بدو رستخیز
بدان گه که شب تیره‌تر گشت شاه	به فغفور فرمود تا بی‌سپاه
ز پیش پدر تا در پهلوان	بیامد خردمند مرد جوان
چو آمد به نزدیک ایران سپاه	سواری برافگند فرزند شاه
که پرسد که این جنگجویان کیند	ازین تاختن ساخته بر چیند
ز ترکان سواری بیامد چوگرد	خروشید کای نامداران مرد

سپهبد کدامست و سالارکیست	به رزم اندرون نامبردار کیست
که فغفور چشم ودل ساوه شاه	ورا دید خواهد همی بی‌سپاه
ز لشکر بیامد یکی رزمجوی	به بهرام گفت آنچ بشنید زوی
سپهدار آمد ز پرده سرای	درفشی درفشان به سر بر بپای
چو فغفور چینی بدیدش بتاخت	سمند جهان را بخوی در نشاخت
بپرسید و گفت از کجا رانده‌ای	کنون ایستاده چرا مانده‌ای
شنیدم که از پارس بگریختی	که آزرده گشتی وخون ریختی
چنین گفت بهرام کین خود مباد	که با شاه ایران کنم کینه یاد
من ایدون به رزم آمدم با سپاه	ز بغداد رفتم به فرمان شاه
چو از لشکر ساوه‌شاه آگهی	بیامد بدان بارگاه مهی
مرا گفت رو راه ایشان بگیر	بگرز و سنان و بشمشیر و تیر
چو بشنید فغفور برگشت زود	به پیش پدر شد بگفت آنچه بود
شنید آن سخن شاه شد بدگمان	فرستاده را جست هم در زمان
یکی گفت خراد برزین گریخت	همی ز آمدن خون ز مژگان بریخت
چنین گفت پس با پسر ساوه شاه	که این بدگمان مرد چون یافت راه
شب تیره و لشکری بی‌شمار	طلایه چراشد چنین سست وخوار
وزان پس فرستاد مرد کهن	به نزدیک بهرام چیره سخن
بدو گفت رو پارسی را بگوی	که ایدر بخیره مریز آب روی
همانا که این مایه دانی درست	کزین پادشاه تو مرگ توجست
به جنگت فرستاد نزد کسی	که همتا ندارد به گیتی بسی
تو را گفت رو راه بر من بگیر	شنیدی تو گفتار نادلپذیر
اگر کوه نزد من آید به راه	بپای اندر آرم بپیل و سپاه
چو بشنید بهرام گفتار اوی	بخندید زان تیز بازار اوی
چنین داد پاسخ که شاه جهان	اگر مرگ من جوید اندر نهان
چوخشنود باشد ز من شایدم	اگر خاک بالا بپیمایدم
فرستاده آمد بر ساوه شاه	بگفت آنچ بشنید زان رزمخواه
بدو گفت رو پارسی را بگوی	که چندین چرا بایدت گفت وگوی
چرا آمدستی بدین بارگاه	ز ما آرزو هرچ باید بخواه
فرستاده آمد ببهرام گفت	که رازی که داری بر آر از نهفت

که این شهریاریست نیک اختری / بجوید همی چون تو فرمانبری
بدو گفت بهرام کو را بگوی / که گر رزمجویی بهانه مجوی
گر ای دون که با شهریار جهان / همی آشتی جویی اندر نهان
تو را اندرین مرز مهمان کنم / به چیزی که گویی تو فرمان کنم
ببخشم سپاه تو را سیم و زر / کرا درخور آید کلاه و کمر
سواری فرستیم نزدیک شاه / بدان تابه راه آیدت نیم راه
بسان همالان علف سازدت / اگر دوستی شاه بنوازدت
ور ای دون که ایدر به جنگ آمدی / بدریا به جنگ نهنگ آمدی
چنان بازگردی ز دشت هری / که برتو بگریند هر مهتری
ببرگشتنت پیش در چاه باد / پست باد و بارانت همراه باد
نیاوردت ایدر مگربخت بد / همی‌خواست تا بر سرت بد رسد
فرستاده برگشت و آمد چو باد / پیام جهان جوی یک یک بداد
چو بشنید پیغام او ساوه شاه / برآشفت زان نامور رزمخواه
ازان سرد گفتن دلش تنگ شد / رخانش ز اندیشه بی‌رنگ شد
فرستاده را گفت روباز گرد / پیامی ببر نزد آن دیومرد
بگویش که در جنگ تو نیست نام / نه از کشتنت نیز یابیم کام
چوشاه تو بر در مرا کهترند / تو را کمترین چاکران مهترند
گر ای دون که زنهار خواهی ز من / سرت برگذارم ازین انجمن
فراوان بیابی زمن خواسته / شود لشکرت یکسر آراسته
به گفتار بی سود و دیوانگی / نجوید جهانجوی مرد انگی
فرستاده‌ی مرد گردنفراز / بیامد به نزدیک بهرام باز
بگفت آن گزاینده پیغام اوی / همانا که بد زان سخن کام اوی
چو بشنید با مرد گوینده گفت / که پاسخ ز مهتر نباید نهفت
بگویش که گرمن چنین کهترم / نه ننگ آید از کهتری بر سرم
شهنشاه و آن لشکر از ننگ تو / بتندی نجوید همی جنگ تو
من از خردگی را نده‌ام با سپاه / که ویران کنم لشکر ساوه شاه
ببرم سرت را برم نزد شاه / نیرزد که برنیزه سازم به راه
چومن زینهاری بود ننگ تو / بدین خردگی کردم آهنگ تو
نبینی مرا جز به روز نبرد / درفشی پس پشت من لاژورد

که دیدار آن اژدها مرگ تست	نیام سنانم سرو ترگ تست
چو بشنید گفتارهای درشت	فرستاده ساوه بنمود پشت
بیامد بگفت آنچ دید و شنید	سرشاه ترکان ز کین بردمید
بفرمود تا کوس بیرون برند	سرافراز پیلان به هامون برند
سیه شد همه کشور از گرد سم	برآمد خروشیدن گاودم
چو بشنید بهرام کمد سپاه	در و دشت شد سرخ و زرد و سیاه
سپه را بفرمود تا برنشست	بیامد زره دار و گرزی بدست
پس پشت بد شارستان هری	به پیش اندرون تیغ زن لشکری
بیار است با میمنه میسره	سپاهی همه کینه کش یکسره
تو گفتی جهان یکسر از آهنست	ستاره ز نوک سنان روشنست
نگه کرد زان رزمگاه ساوه شاه	به آرایش و ساز آن رزمگان
هری از پس پشت بهرام بود	همه جای خود تنگ و ناکام بود
چنین گفت پس باسواران خویش	جهاندیده و غمگساران خویش
که آمد فریبنده‌ای نزد من	ازان پارسی مهتر انجمن
همی‌بود تا آن سپه شارستان	گرفتند و شد جای من خارستان
بدان جای تنگی صفی برکشید	هوا نیلگون شد زمین ناپدید
سپه بود بر میمنه چل هزار	که تنگ آمدش جای خنجرگزار
همان چل هزار از دلیران مرد	پس پشت لشکرش بر پای کرد
ز لشکر بسی نیز بیکار بود	بدان تنگی اندر گرفتار بود
چو دیوار پیلان به پیش سپاه	فراز آوریدند و بستند راه
پس اندر غمی شد دل ساوه شاه	که تنگ آمدش جایگاه سپاه
توگفتی بگرید همی بخت اوی	که بیکار خواهد بدن تخت اوی
دگر باره گردی زبان آوری	فریبنده مردی ز دشت هری
فرستاد نزدیک بهرام وگفت	که بخت سپهری تو رانیست جفت
همی‌بشنوی چندپند و سخن	خرد یار کن چشم دل بازکن
دو تن یافتستی که اندر جهان	چوایشان نبود از نژاد مهان
چو خورشید برآسمان روشنند	زمردی همه ساله در جوشنند
یکی من که شاهم جهان را بداد	دگر نیز فرزند فرخ نژاد
سپاهم فزونتر ز برگ درخت	اگربشمرد مردم نیکبخت

گراز پیل ولشکر بگیرم شمار   بخندی ز باران ابر بهار
سلیحست و خرگاه و پرده سرای   فزون زانک اندیشه آرد بجای
ز اسبان و مردان بیابان وکوه   اگر بشمرد نیز گردد ستوه
همه شهر یاران مرا کهترند   اگر کهتری را خود اندر خورند
اگر گرددی آب دریا روان   وگر کوه را پای باشد دوان
نبردارد از جای گنج مرا   سلیح مرا ساز رنج مرا
جز از پارسی مهترت در جهان   مرا شاه خوانند فرخ مهان
تو راهم زمانه بدست منست   به پیش روان من این روشنست
اگر من ز جای اندر آرم سپاه   ببندند بر مور و بر پشه راه
همان پیل بر گستوانور هزار   که بگریزد از بوی ایشان سوار
به ایران زمین هرک پیش آیدم   ازان آمدن رنج نفزایدم
از ایدر مرا تا در طیسفون   سپاهست مانا که باشد فزون
تو را ای بد اختر که بفریفتست   فریبنده‌ی تو مگر شیفتست
تو را بر تن خویشتن مهرنیست   و گرهست مهرتو را چهر نیست
که نشناسدی چشم اونیک وبد   گزاف از خرد یافته کی سزد
بپرهیز زین جنگ و پیش من آی   نمانم که مانی زمانی بپای
تو را کدخدایی و دختر دهم   همان ارجمندی و اختر دهم
بیابی به نزدیک من مهتری   شوی بی‌نیازی از بد کهتری
چوکشته شود شاه ایران به جنگ   تو را آید آن تاج و تختش بچنگ
وزان جایگه من شوم سوی روم   تو رامانم این لشکر و گنج و بوم
ازان گفتم این کم پسند آمدی   بدین کارها فرمند آمدی
سپه تاختن دانی وکیمیا   سپهبد بدستت پدر گر نیا
زما این نه گفتار آرایشست   مرا بر تو بر جای بخشایشست
بدین روز با خوارمایه سپاه   برابر یکی ساختی رزمگاه
نیابی جز این نیز پیغام من   اگر سربپیچانی از کام من
فرستاده گفت و سپهبد شنید   بپاسخ سخن تیره آمد پدید
چنین داد پاسخ که ای بدنشان   میان بزرگان و گردنکشان
جهاندار بی‌سود و بسیارگوی   نماندش نزد کسی آبروی
به پیشین سخن و آنچ گفتی ز پس   به گفتار دیدم تو را دسترس

کسی را که آید زمانه به سر ... ز مردم به گفتار جوید هنر
شنیدم سخنهای ناسودمند ... دلی گشته ترسان زبیم گزند
یکی آنک گفتی کشم شاه را ... سپارم بتو لشکر و گاه را
یکی داستان زد برین مرد مه ... که درویش راچون برانی زده
نگوید که جز مهتر ده بدم ... همه بنده بودند و من مه بدم
بدین کار ما بر نیاید دو روز ... که بفروزد از چرخ گیتی فروز
که بر نیزه‌ها برسرت خون فشان ... فرستم بر شاه گردنکشان
دگر آنک گفتی تو از دخترت ... هم از گنج وز لشکر و کشورت
مرا از تو آنگاه بودی سپاس ... تو را خواندمی شاه و نیکی شناس
که دختر به من دادیی آن زمان ... که از تخت ایران نبردی گمان
فرستادیی گنج آراسته ... به نزدیک من دختر و خواسته
چو من دوست بودی به ایران تو را ... نه رزم آمدی با دلیران تو را
کنون نیزه‌ی من بگوشت رسید ... سرت را بخنجر بخواهم برید
چو رفتی سر و تاج و گنجت مراست ... همان دختر و برده رنجت مراست
دگر آنک گفتی فزون از شمار ... مرا تاج و تختست وپیل وسوار
برین داستان زد یکی نامدار ... که پیچان شد اندر صف کارزار
که چندان کند سگ بتیزی شتاب ... که از کام او دورتر باشد آب
ببردند دیوان دلت را ز راه ... که نزدیک شاه آمدی رزمخواه
بپیچی ز باد افره ایزدی ... هم از کرده و کارهای بدی
دگر آنک گفتی مراکهترند ... بزرگان که با طوق و با افسرند
همه شارستانهای گیتی مراست ... زمانه برین بر که گفتم گواست
سوی شارستانها گشادست راه ... چه کهتر بدان مرز پوید چه شاه
اگر توبکوبی در شارستان ... بشاهی نیابی مگر خارستان
دگر آنک بخشیدنی خواستی ... زمردی مرا دوری آراستی
چوبینی سنانم ببخشاییم ... همان زیردستی نفرماییم
سپاه تو را کام و راه تو را ... همان زنده پیلان و گاه تو را
چوصف برکشیدم ندارم بچیز ... نه اندیشم از لشکرت یک پشیز
اگر شهریاری تو چندین دروغ ... بگویی نگیری بگیتی فروغ
زمان داده‌ام شاه را تاسه روز

بریده سرت را بدان بارگاه	که پیدا شود فرگیتی فروز
فرستاده آمد دو رخ چون زریر	ببینند برنیزه درپیش شاه
همی‌داد پیغام با ساوه شاه	شده بارور بخت برناش پیر
بدو گفت فغفور کین لابه چیست	چو بشنید شد روی مهتر سیاه
بیامد به دهلیز پرده سرای	بران مایه لشکر بباید گریست
بیارند با زنده پیلان و کوس	بفرمود تا سنج و هندی درای
چو این نامور جنگ را کرد ساز	کنند آسمان را برنگ آبنوس
بفرزند گفت ای گزین سپاه	پراندیشه شد شاه گردن فراز
شدند از دو رویه سپه باز جای	مکن جنگ تا بامداد پگاه
بر افراختند آتش از هر دو روی	طلایه بیامد ز پرده سرای
چو بهرام در خیمه تنها بماند	جهان شد ز لشکر پر از گفت وگوی
همی رای زد جنگ را با سپاه	فرستاد و ایرانیان را بخواند
بخفتند ترکان و پر مایگان	برینگونه تا گشت گیتی سیاه
چو بهرام جنگی بخیمه بخفت	جهان شد جهانجویی را رایگان
چنان دید درخواب بهرام شیر	همه شب دلش بود با جنگ جفت
سپاهش سراسر شکسته شدی	که ترکان شدندی به جنگش دلیر
همی‌خواسته از یلان زینهار	برو راه بی‌راه و بسته شدی
غمی شد چو از خواب بیدار شد	پیاده بماندی نبودیش یار
شب تیره با درد و غم بود جفت	سر پر هنر پر ز تیمار شد
همانگاه خراد برزین ز راه	بپوشید آن خواب و با کس نگفت
همی‌گفت ازان چاره اندر گریز	بیامد که بگریخت از ساوه شاه
که کس درجهان زان فزونتر سپاه	ازان لشکر گشن وآن رستخیز
ببهرام گفت ازچه سخت ایمنی	نبیند که هستند با ساوه شاه
مده جان ایرانیان را بباد	نگه کن بدین دام آهرمنی
زمردی ببخشای برجان خویش	نگه کن بدین نامداران بداد
بدو گفت بهرام کز شهر تو	که هرگز نیامد چنین کارپیش
که ماهی فروشند یکسر همه	زگیتی نیامد جزین بهر تو
تو راپیشه دامست بر آبگیر	بتموز تا روزگار دمه
چو خور برزند سر ز کوه سیاه	نه مردی بگوپال و شمشیر و تیر

۱۶۷۷

چو بر زد سر از چشمه شیر شید	نمایم تو را جنگ با ساوه شاه
بزد نای رویین و برشد خروش	جهان گشت چون روی رومی سپید
سپه را بیاراست و خود برنشست	زمین آمد از نعل اسبان بجوش
شمردند بر میمنه سه هزار	یکی گرز پرخاش دیده بدست
فرستاده بر میسره همچنین	زره دار و کارآزموده سوار
بیک دست بر بود آذر گشسب	سواران جنگی و مردان کین
بدست چپش بود پیدا گشسب	پرستنده فرخ ایزد گشسب
پس پشت ایشان یلان سینه بود	که بگذاشتی آب دریا براسب
به پیش اندرون بود همدان گشسب	که با جوشن و گرز دیرینه بود
ابا هر یکی سه هزار از یلان	که درنی زدی آتش از سم اسب
خروشی برآمد ز پیش سپاه	سواران جنگی و جنگ آوران
ز لشکر کسی کو گریزد ز جنگ	که ای گرزداران زرین کلاه
به یزدان که از تن ببرم سرش	اگر شیر پیش آیدش گر پلنگ
ز دو سوی لشکرش دو راه بود	به آتش بسوزم تن و پیکرش
برآورد ده رش بگل هر دو راه	که بگریختن راه کوتاه بود
دبیر بزرگ جهاندار شاه	همی بود خود در میان سپاه
بدو گفت کاین را خود اندازه نیست	بیامد بر پهلوان سپاه
زلشکر نگه کن برین رزمگاه	گزاف زبان تو را تازه نیست
بدین جنگ تنگی به ایران شود	چو موی سپیدیم و گاو سیاه
نه خاکست پیدا نه دریا نه کوه	برو بوم ما پاک ویران شود
یکی بر خروشید بهرام سخت	ز بس تیغ داران توران گروه
تو را از دواتست و قرطاس بر	ورا گفت کای بد دل شوربخت
بیامد بخراد بر زین بگفت	ز لشکر که گفتت که مردم شمر
دبیران بجستند راه گریز	که بهرام را نیست جز دیو جفت
ز بیم شهنشاه و بهرام شیر	بدان تا نبیند کسی رستخیز
یکی تند بالا بد از رزم دور	تلی برگزیدند هر دو دبیر
برفتند هر دو بران برز راه	بیکسو ز راه سواران تور
نهادند برترگ بهرام چشم	که شایست کردن بلشکر نگاه
چو بهرام جنگی سپه راست کرد	که تاچون کند جنگ هنگام خشم

1678

بغلتید درپیش یزدان بخاک   خروشان بیامد ز جای نبرد
گرین جنگ بیداد بینی همی   همی‌گفت کای داور داد و پاک
دلم را برزم اندر آرام ده   زمن ساوه را برگزینی همی
اگر من ز بهر تو کوشم همی   به ایرانیان بر ورا کام ده
مرا و سپاه مرا شاد کن   به رزم اندرون سر فروشم همی
خروشان ازان جایگه برنشست   وزین جنگ ما گیتی آباد کن
چنین گفت پس با سپه ساوه شاه   یکی گرزه‌ی گاو پیکر بدست
بدان تا دل و چشم ایرانیان   که از جادوی اندر آرید راه
همه جاودان جادوی ساختند   بپیچد نیاید شما را زیان
برآمد یکی باد و ابری سیاه   همی در هوا آتش انداختند
خروشید بهرام کای مهتران   همی تیر بارید ازو بر سپاه
بدین جادویها مدارید چشم   بزرگان ایران و کنداوران
که آن سر به سر تنبل وجادویست   به جنگ اندر آیید یکسر بخشم
خروشی برآمد ز ایرانیان   ز چاره برایشان بباید گریست
نگه کرد زان رزمگه ساوه شاه   ببستند خون ریختن را میان
بیاورد لشکر سوی میسره   که آن جادویی را ندادند راه
چویک روی لشکر به‌هم برشکست   چو گرگ اندر آمد به‌پیش بره
نگه کرد بهرام زان قلب‌گاه   سوی قلب بهرام یازید دست
بیامد به‌نیزه سه تن را ز زین   گریزان سپه دید پیش سپاه
همی‌گفت زین سان بود کارزار   نگون‌سار کرد و بزد بر زمین
ندارید شرم از خدای جهان   همین بود رسم و همین بود کار
و زان پس بیامد سوی میمنه   نه از نامداران فرخ مهان
چنان لشکری رابه‌هم بردرید   چو شیر ژیان کو شود گرسنه
و زان جایگه شد سوی قلب‌گاه   درفش سپه‌دار شد ناپدید
بدو گفت برگشت باد این سخن   بران سو که سالار بد با سپاه
پراکنده گردد به جنگ این سپاه   گر ای دون که این رزم گردد کهن
برفتند وجستند راهی نبود   نگه کن کنون تا کدامست راه
چنین گفت با لشکر آرای خویش   کزان راه شایست بالا نمود
هر آنکس که او رخنه داند زدن   که دیوار ما آهنینست پیش

شود ایمن و جان به ایران برد — ز دیوار بیرون تواند شدن
همه دل به خون ریختن برنهید — به نزدیک شاه دلیران برد
ز یزدان نباشد کسی ناامید — سپر بر سر آرید و خنجر دهید
چنین گفت با مهتران ساوه شاه — و گر تیره بینند روز سپید
به انبوه لشکر به جنگ آورید — که پیلان بیارید پیش سپاه
چو از دور بهرام پیلان بدید — بدیشان جهان تا رو تنگ آورید
از آن پس چنین گفت با مهتران — غمی گشت و تیغ از میان برکشید
کمانهای چاچی بزه برنهید — که ای نام‌داران و جنگ آوران
به‌جان و سر شهریار جهان — همه یکسره ترگ برسرنهید
که هرکس که بااو کمانست و تیر — گزین بزرگان و تاج مهان
خدنگی که پیکانش یازد به‌خون — کمان را بزه برنهد ناگزیر
نشانید و پس گرزها برکشید — سه چوبه به‌خرطوم پیل اندرون
سپهبد کمان را بزه برنهاد — به جنگ اندر آیید و دشمن کشید
به‌پیل اندرون تیر باران گرفت — یکی خود پولاد بر سر نهاد
پس پشت او اندر آمد سپاه — کمان را چو ابر بهاران گرفت
بخستند خرطوم پیلان به‌تیر — ستاره شد از پر و پیکان سیاه
از آن خستگی پشت برگاشتند — ز خون شد در و دشت چون آب‌گیر
چو پیل آن‌چنان زخم پیکان بدید — بدو دشت پیکار بگذاشتند
سپه بر هم افتاد و چندی بمرد — همه لشکر خویش را بسپرید
سپاه اندر آمد پس پشت پیل — همان بخت بد کام‌کاری ببرد
تلی بود خرم بدان جایگاه — زمین شد بکردار دریای نیل
یکی تخت زرین نهاده بروی — پس پشت آن رنج دیده سپاه
سپه دید چون کوه آهن روان — نشسته برو ساوه‌ی رزم‌جوی
پس پشت آن زنده پیلان مست — همه سر پر از گرد و تیره روان
پر از آب شد دیده‌ی ساوه شاه — همی‌کوفتند آن سپه را بدست
نشست از بر تازی اسب سمند — بدان تا چرا شد هزیمت سپاه
بر ساوه بهرام چون پیل مست — همی‌تاخت ترسان ز بیم گزند
به لشکر چنین گفت کای سرکشان — کمندی به بازو کمانی بدست
نه هنگام رازست و روز سخن — زبخت بد آمد بر ایشان نشان

بر ایشان یکی تیر باران کنید	بتازید با تیغ‌های کهن
بران تل بر آمد کجا ساوه شاه	بکوشید وکار سواران کنید
و را دید برتازیی چون هزبر	همی‌بود بر تخت زر با کلاه
خدنگی گزین کرد پیکان چو آب	همی‌تاخت در دشت برسان ابر
بمالید چاچی کمان را بدست	نهاده برو چار پر عقاب
چو چپ راست کرد و خم آورد راست	به چرم گوزن اندر آورد شست
چو آورد یال یلی رابه‌گوش	خروش از خم چرخ چاچی بخاست
چو بگذشت پیکان از انگشت اوی	ز شاخ گوزنان برآمد خروش
سر ساوه آمد بخاک اندرون	گذر کرد از مهره‌ی پشت اوی
شد آن نامور شاه و چندان سپاه	بزیر اندرش خاک شد جوی خون
چنینست کردار گردان سپهر	همان تخت زرین و زرین کلاه
نگر تا ننازی به‌تخت بلند	نه نامهربانیش پیدا نه مهر
چو بهرام جنگی رسید اندروی	چو ایمن شوی دورباش از گزند
برید آن سر شاهوارش ز تن	کشیدش بر آن خاک تفته بروی
چوترکان رسیدند نزدیک شاه	نیامد کسی پیشش از انجمن
همه برگرفتند یکسر خروش	فگنده تنی بود بی‌سر به راه
پسر گفت کاین ایزدی کار بود	زمین پر خروش و هوا پر ز جوش
ز تنگی کجا راه بد بر سپاه	که بهرام را بخت بیدار بود
بسی پیل بسپرد مردم به‌پای	فراوان بمردند زان تنگ راه
چه زیر پی پیل گشته تباه	نشد زان سپه ده یکی باز جای
چو بگذشت زان روز بد به زمان	چه سرها بریده به‌آوردگاه
مگرآنک بودند گشته اسیر	ندیدند زنده یکی بد گمان
همه راه برگستوان بود و ترگ	روان‌ها به غم خسته و تن به تیر
همان تیغ هندی و تیر و کمان	سران را ز ترگ آمده روز مرگ
ز کشته چو دریای خون شد زمین	به هرسوی افگنده بد بدگمان
همی‌گشت بهرام گرد سپاه	به هرگوشه‌ای مانده اسبی به زین
از آن پس بخراد برزین بگفت	که تا کشته ز ایران که یابد به راه
نگه کن کز ایرانیان کشته کیست	که یک روز با رنج ما باش جفت
به هرجای خراد برزین بگشت	کزان درد ما را بباید گریست

کم آمد زلشکر یکی نامور	به هر پرده و خیمه‌ای برگذشت
ز تخم سیاوش گوی مهتری	که بهرام بدنام آن پرهنر
همی‌رفت جوینده چون بیهشان	سپهبد سواری دلاور سری
تن خسته و کشته چندی کشید	مگر زو بیابد بجایی نشان
سپهدار زان کار شد دردمند	ز بهرام جایی نشانی ندید
زمانی برآمد پدید آمد اوی	همی‌گفت زار ای گو مستمند
ابا سرخ ترکی بد او گربه چشم	در بسته را چون کلید آمد اوی
چو بهرام بهرام را دید گفت	تو گفتی دل آزرده دارد بخشم
از آن پس بپرسیدش از ترک زشت	که هرگز مبادی تو با خاک جفت
چه مردی و نام نژاد تو چیست	که ای دوزخی روی دور از بهشت
چنین داد پاسخ که من جادوام	که زاینده را برتو باید گریست
هران کس که سالار باشد به جنگ	ز مردی و از مردمی یک‌سوام
به شب چیزهایی نمایم بخواب	به کارآیمش چون بود کارتنگ
تو را من نمودم شب آن خواب بد	که آهستگان را کنم پرشتاب
مرا چاره زان بیش بایست جست	بدان گونه تا بر سرت بد رسد
به‌ما اختر بد چنین بازگشت	چو نیرنگ‌ها را نکردم درست
اگر یابم از تو به جان زینهار	همان رنج با باد انباز گشت
چو بشنید بهرام و اندیشه کرد	یکی پر هنر یافتی دستوار
زمانی همی‌گفت کین روز جنگ	دلش گشت پر درد و رخساره زرد
زمانی همی‌گفت برساوه شاه	به کار آیدم چو شود کار تنگ
همه نیکویها ز یزدان بود	چه سود آمد ازجادویی برسپاه
بفرمود از تن بریدن سرش	کسی را کجا بخت خندان بود
چو او رابکشتند بر پای خاست	جدا کرد جان از تن بی‌برش
بزرگی و پیروزی و فرهی	چنین گفت کای داور داد وراست
نژندی و هم شادمانی ز تست	بلندی و نیروی شاهنشهی
و زان پس بیامد دبیر بزرگ	انوشه دلیری که راه توجست
فریدون یل چون تویک پهلوان	چنین گفت کای پهلوان سترگ
همت شیرمردی هم او رند و بند	ندید و نه کسری نوشین روان
همه شهر ایران به تو زنده‌اند	که هرگز به جانت مبادا گزند

بتو گشت بخت بزرگی بلند	همه پهلوانان تو را بنده‌اند
سپهبد تویی هم سپهبدنژاد	به‌تو زیردستان شوند ارجمند
که فرخ نژادی و فرخ سری	خنک مام کو چون تو فرزند زاد
پراگنده گشتند ز آوردگاه	ستون همه شهر و بوم و بری
شب تیره چون زلف را تاب داد	بزرگان و هم پهلوان سپاه

فرستادن بهرام سرساوه شاه را بنزد هرمز

پدید آمد آن پرده‌ی آبنوس	همان تاب او چشم را خواب داد
همی‌گشت گردون شتاب آمدش	بر آسود گیتی ز آواز کوس
بر آمد یکی زرد کشتی ز آب	شب تیره را دیریاب آمدش
سپهبد بیامد فرستاد کس	بپالود رنج و بپالود خواب
که تا هرک شد کشته از مهتران	به‌نزدیک یاران فریادرس
سران‌شان ببرید یکسر ز تن	بزرگان ترکان و جنگ آوران
درفشی درفشان پس هر سری	کسی راکه بد مهتر انجمن
اسیران و سرها همه گرد کرد	که بودند از آن جنگیان افسری
دبیر نویسنده را پیش خواند	ببردند ز آوردگاه نبرد
از آن لشکر نامور بی‌شمار	ز هر در فراوان سخن‌ها براند
از آن چاره و جنگ واز هر دری	از آن جنبش و گردش روزگار
و زان کوشش و جنگ ایرانیان	کجا رفته بد با چنان لشکری
چو آن نامه بنوشت نزدیک شاه	که نگشاد روزی سواری میان
نخستین سر ساوه برنیزه کرد	گزین کرد گوینده‌ای زان سپاه
سران بزرگان توران زمین	درفشی کجا داشتی در نبرد
بفرمود تا برستور نوند	چنان هم درفش سواران چین
اسیران و آن خواسته هرچ بود	به‌زودی برشاه ایران برند
بدان تا چه فرمان دهد شهریار	همی‌داشت اندر هری نابسود
همان تا بود نیز دستور شاه	فرستاد با سر فراوان سوار

ستور نوند اندر آمد ز جای سوی جنگ پرموده بردن سپاه
وزان روی ترکان همه برهنه به‌پیش سواران یکی رهنمای

آگاه شدن پرموده از کار ساوه شاه

رسیدند یکسر به‌توران زمین برفتند بی‌ساز واسب و بنه
چ وآمد بپرموده زان آگهی سواران ترک و دلیران چین
خروشی بر آمد ز ترکان به‌زار بینداخت از سر کلاه مهی
همه سر پر از گرد و دیده پر آب برآن مهتران تلخ شد روزگار
ازآن پس گوان‌را بر خویش خواند کسی رانبد خورد و آرام و خواب
بپرسید کز لشکر بی‌شمار به‌مژگان همی خون دل برفشاند
چنین داد پاسخ و را رهنمون که در رزم جستن نکردند کار
چو بهرام جنگی بهنگام کار که ما داشتیم آن سپه را زبون
ز رستم فزونست هنگام جنگ نبیند کس اندر جهان یک سوار
نبد لشکرش را ز ما صد یکی دلیران نگیرند پیشش درنگ
جهان‌دار یزدان و را برکشید نخست از دلیران ما کودکی
چو پرموده بشنید گفتار اوی ازین بیش گویم نباید شنید
بجوشید و رخسارگان کرد زرد پر اندیشه گشتش دل از کار اوی
سپه بودش از جنگیان صدهزار به‌درد دل آهنگ آورد کرد
ز خرگاه لشکر به‌هامون کشید همه نامدار از در کارزار
وزان پس کجا نامه پهلوان به نزدیکی رود جیحون کشید

رسیدن نامه بهرام پورگشسب به هرمز

نشسته جهان‌دار با موبدان بیامد بر شاه روشن روان
دو هفته بدین بارگاه مهی همی‌گفت کای نامور بخردان

چه گویید ازین پس چه شاید بدن	نیامد ز بهرام هیچ آگهی
همانگه که گفت این سخن شهریار	بباید بدین داستان‌ها زدن
شهنشاه را زان سخن مژده داد	بیامد ز درگاه سالار بار
که بهرام بر ساوه پیروز گشت	که جاوید بادا جهاندار شاد
سبک مرد بهرام را پیش خواند	به رزم اندرون گیتی افروز گشت
فرستاده گفت ای سر افراز شاه	وزان نامدارانش برتر نشاند
انوشه بدی شاد و رامش‌پذیر	به کام تو شد کام آن رزمگاه
سر ساوه شاهست و کهتر پسر	که بخت بد اندیش توگشت پیر
زده بر سرنیزه‌ها بر درست	که فغفور خواندیش وی‌را پدر
شهنشاه بشنید بر پای خاست	همه شهر نظاره آن سرست
همی‌بود بر پیش یزدان به‌پای	بزودی خم آورد بالای راست
بد اندیش ما را تو کردی تباه	همی‌گفت کای داور رهنمای
چنان زار و نومید بودم ز بخت	تویی آفریننده هور و ماه
سپهبد نکرد این نه جنگی سپاه	که دشمن نگون اندر آمد ز تخت
بیاورد زان پس صد و سی هزار	که یزدان بد این جنگ را نیک خواه
سه یک زان نخستین بدرویش داد	ز گنجی که بود از پدر یادگار
سه یک دیگر از بهر آتشکده	پرستندگان را درم بیش داد
فرستاد تا هیربد را دهند	همان بهر نوروز و جشن سده
سیم بهره جایی که ویران بود	که در پیش آتشکده برنهند
کند یکسر آباد جوینده مرد	رباطی که اندر بیابان بود
ببخشید پس چار ساله خراج	نباشد به راه اندرون بیم و درد
نبشتند پس نامه از شهریار	به درویش و آن را که بد تخت عاج
که بهرام پیروز شد بر سپاه	به هرکشوری سوی هرنامدار
پرستنده بد شاه در هفت روز	بریدند بی‌بر سر ساوه شاه
فرستاده‌ی پهلوان رابخواند	به هشتم چو بفروخت گیتی فروز
مر آن نامه را خوب پاسخ نبشت	به مهر از بر نامداران نشاند
یکی تخت سیمین فرستاد نیز	درختی به باغ بزرگی بکشت
ز هیتال تا پیش رود برک	دو نعلین زرین و هر گونه چیز
بفرمود کان خواسته بر سپاه	به بهرام بخشید و بنوشت چک

مگرگنج ویژه تن ساوه شاه ببخش آنچ آوردی از رزم‌گاه
وزان پس تو خود جنگ پرموده ساز که آورد باید بدین بارگاه
هم ایرانیان را فرستاد چیز ممان تا شود خصم گردن فراز
فرستاده را خلعت آراستند نبشته به هر شهر منشور نیز
فرستاده چون پیش بهرام شد پس اسب جهان پهلوان خواستند
غنیمت ببخشید پس بر سپاه سپهدار از و شاد و پدرام شد
فرستاد تا استواران خویش جز از گنج ناپاک دل ساوه شاه
ببردند یک‌سر به درگاه شاه جهان‌دیده ونام‌داران خویش
ازو چون بپرموده شد آگهی سپهبد سوی جنگ شد با سپاه
دزی داشت پرموده افراز نام که جوید همی تخت شاهنشهی
نهاد آنچ بودش بدز در درم کزان دز بدی ایمن و شادکام
ز جیحون گذر کرد خود با سپاه ز دینار وز گوهر و بیش و کم
دو لشکر به تنگ اندر آمد به جنگ بیامد گرازان سوی زرم‌گاه
بدو منزل بلخ هر دو سپاه به‌ره بر نکردند جایی درنگ
میان دو لشکر دو فرسنگ بود گزیدند شایسته دو رزم‌گاه
دگر روز بهرام جنگی برفت که پهنای دشت از در جنگ بود
نگه کرد پرموده را بدید به دیدار گردان پرموده تفت
سپه را سراسر همه برنشاند ز هامون یکی تند بالا گزید
سپه دید پرموده چندانک دشت چنان شد که در دشت جایی نماند
و را دید در پیش آن لشکرش ز دیدار ایشان همی خیره گشت
غمی گشت و با لشکر خویش گفت به گردون برآورده جنگی سرش
شمار سپاهش پدیدار نیست که این پیش‌رو را هزبرست جفت
سپهدار گردن‌کش و خشمناک هم این رزم را کس خریدار نیست
چو شب تیره گردد شبیخون کنیم همی خون شود زیر او تیره خاک
چو پرموده آمد به پرده سرای ز دل بیم و اندیشه بیرون کنیم
همی‌گفت کین از هنرها یکیست همی‌زد ز هر گونه از جنگ رای
سواران و گردان پر مایه‌اند اگر چه سپه‌شان کنون اندکیست
سلیحست وبهرام‌شان پیش‌رو ز گردن‌کشان برترین پایه‌اند
به پیروزی ساوه شاه اندرون که گردد سنان پیش او خار و خو

اگر یار باشد جهان آفرین	گرفته دل و مست گشته به خون
بدانگه که بهرام شد جنگ‌جوی	به خون پدر خواهم از کوه کین
ستاره شمر گفت بهرام را	از ایران سوی ترک بنهاد روی
اگر زین به پیچی گزند آیدت	که در چارشنبه مزن گام را
یکی باغ بد در میان سپاه	همه کار ناسودمند آیدت
بشد چارشنبه هم از بامداد	ازین روی و زان روی بد رزمگاه
ببردند پرمایه گستردنی	بدان باغ کامروز باشیم شاد
بیامد بدان باغ و می درکشید	می و رود و رامشگر و خوردنی
طلایه بیامد بپرموده گفت	چوپاسی ز تیره شب اندر کشید
سپهدار ازان جنگیان شش هزار	که بهرام را جام و باغست جفت
فرستاد تا گرد بر گرد باغ	زلشکر گزین کرد گرد و سوار
چو بهرام آگه شد از کارشان	بگیرند گردنکشان بی‌چراغ
یلان سینه را گفت کای سرافراز	زرای جهانجوی و بازارشان
پس آنگاه بهرام و ایزد گشسب	بدیوار باغ اندرون رخنه ساز
ازان رخنه باغ بیرون شدند	نشستند با جنگجویان بر اسب
برآمد ز در ناله‌ی کرنای	که دانست کان سرکشان چون شدند
سبک رخنه‌ی دیگر اندر زدند	سپهبد باسب اندر آورد پای
هم تاخت بهرام خشتی بدست	سپه را یکایک بهم بر زدند
نجستند گردان کس از دست اوی	چناچون بود مردم نیم مست
برآمد چکاچاک و بانگ سران	به خون گشت یازان سر شست اوی
ازان باغ تا جای پرموده شاه	چو پولاد را پتک آهنگران
چوآمد بلشکر گه خویش باز	تن بی‌سران بد فگنده به راه
چو نیمی زتیره شب اندر گذشت	شبیخون سگالید گردن فراز
سپهبد بران سوی لشکر کشید	سپهدار جنگی برون شد به دشت
چو آمد به نزدیکی رزمگاه	زترکان طلایه کس او را ندید
چو آواز کوس آمد و کرنای	دم نای رویین برآمد ز راه
زلشکر بران سان برآمد خروش	بجستند ترکان جنگی ز جای
به تاریکی اندر دهاده بخاست	که شیر ژیان را بدرید گوش
یکی مر دگر را ندانست باز	ز دست چپ لشکر و دست راست

بخنجر همی آتش افروختند — شب تیره و نیزه‌های دراز
ز ترکان جنگی فراوان نماند — زمین و هوا را همی‌سوختند
گریزان همی‌رفت مهتر چو گرد — ز خون سنگها جز به مرجان نماند
چنین تا سپیده‌دمان بردمید — دهن خشک و لبها شده لاجورد
سپهدار ایران بترکان رسید — شب تیره گون دامن اندر کشید
بپرموده گفت ای گریزنده مرد — خروشی چوشیر ژیان برکشید
نه مردی هنوز ای پسر کودکی — تو گرد دلیران جنگی مگرد
بدو گفت شاه ای گراینده شیر — روا باشد ار شیرمادر مکی
زخون سران سیر شد روز جنگ — به خون ریختن چند باشی دلیر
نخواهی شد از خون مردم تو سیر — بخشکی پلنگ و بدریا نهنگ
بریده سر ساوه شاه آنک مهر — برآنم که هستی تو درنده شیر
سپاهی بران گونه کردی تباه — برو داشت تا بود گردان سپهر
ازان شاه جنگی منم یادگار — که بخشایش آورد خورشید و ماه
ز ما در همه مرگ را زاده‌ایم — مراهم چنان دان که کشتی بزار
گریزانم و تو پس اندر دمان — ار ای دون که ترکیم ار آزاده‌ایم
اگر باز گردم سلیحی بچنگ — نیابی مرا تا نیاید زمان
مکن تیز مغزی و آتش سری — مگر من شوم کشته گر تو به جنگ
من ایدون شوم سوی خرگاه خویش — نه زین سان بود مهتر لشکری
نویسم یک نامه زی شهریار — یکی بازجویم سر راه خویش
گر ای دون که اندر پذیرد مرا — مگر زو شوم ایمن از روزگار
من آن بارگه رایکی بنده‌ام — ازین ساختن پس گزیرد مرا
ز سرکینه وجنگ را دورکن — دل از مهتری پاک برکنده‌ام
چوبشنید بهرام زو بازگشت — بخوبی منش بریکی سورکن
چو از جنگ آن لشکر آسوده شد — که برساز شاهی خوش آواز گشت
همی‌گشت بر گرد دشت نبرد — بلشکر گه شاه پرموده شد
چوبرهم نهاده بد انبوه گشت — سرسرکشان را زتن دورکرد
مرآن جای را نامداران یل — ببالا و پهنا یکی کوه گشت
سلیح سواران وچیزی که دید — همی هرکسی خواند بهرام تل
یکی نامه بنوشت زی شهریار — بجایی که بد سوی آن تل کشید

بگفت آنک ما را چه آمد بروی	ز پر موده و لشکر بی‌شمار
که از بیم تیغ او سوی چاره شد	ز ترکان و آن شاه پرخاشجوی
وزین روی خاقان در دز ببست	وزان جایگه شد خوار و آواره شد
بگشتند گرد در دز بسی	بانبوه و اندیشه اندر نشست
چنین گفت زان پس که سامان جنگ	ندانست سامان جنگش کسی
یلان سینه راگفت تا سه هزار	کنون نیست در کارکردن درنگ
چهار از یلان نیز آذرگشسب	ازان جنگیان برگزیند سوار
بفرمود تا هر که را یافتند	ازان جنگیان برنشاند بر اسب
مگر نامدار از دز آید برون	بگردن زدن تیز بشتافتند
ببد بر در دز ازین سان سه روز	چوبیند همه دشت را رود خون
پیامی فرستاد پرموده را	چهارم چو بفروخت گیتی فروز
کهای مهتر و شاه ترکان چین	مر آن مهتر کشور و دوده را
کجا آن جهان جستن ساوه شاه	زگیتی چرا کردی این دز گزین
کجا آن همه پیل و برگستوان	کجا آن همه گنج و آن دستگاه
کجا آن همه تنبل و جادوی	کجا آن بزرگان روشن روان
همی شهر ترکان تو را بس نبود	که اکنون از ایشان تو بر یکسوی
نشستی برین باره بر چون زنان	چو باب تو اندر جهان کس نبود
درباره بگشای و زنهار خواه	پرازخون دل ودست بر سر زنان
ز دز گنج دینار بیرون فرست	برشاه کشور مرا یارخواه
اگرگنج داری ز کشور بیار	بگیتی نخورد آنک برپای بست
بدرگاه شاهت میانجی منم	که دینار خوارست برشهریار
تو را بر همه مهتران مه کنم	که بر شهرایران گوانجی منم
ور ای دون که رازیست نزدیک تو	ازاندیشه ورای تو به کنم
گشاده کن آن راز و با من بگوی	که روشن کند جان تاریک تو
وگر جنگ را یار داری کسی	چوکارت چنین گشت دوری مجوی
بزن کوس و این کینها بازخواه	همان گنج و دینار داری بسی
چوآمد فرستاده داد این پیام	بود خواسته تنگ ناید سپاه
چنین داد پاسخ که او را بگوی	چوبشنید زو مرد جوینده کام
تو گستاخ گشتی بگیتی مگر	که راز جهان تا توانی مجوی

۱۶۸۹

به پیروزی اندر تو کشی مکن   که رنج نخستینت آمد ببر
نداند کسی راز گردان سپهر   اگر تو نوی هست گیتی کهن
زمهتر نه خوبست کردن فسوس   نه هرگز نماید بما نیز چهر
دروغ آزمایست چرخ بلند   مرا هم سپه بود و هم پیل وکوس
پدرم آن دلیر جهاندیده مرد   تودل را بگستاخی اندر مبند
زمین سم اسب ورا بنده بود   که دیدی ورا روزگار نبرد
بجست آنک اورا نبایست جست   برایش فلک نیز پوینده بود
هنر زیرافسوس پنهان شود   بپیچید ز اندریشه نادرست
دگر آنک گفتی شمار سپهر   همان دشمن از دوست خندان شود
ستوران و پیلان چوتخم گیا   فزونست از تابش هور ومهر
بران کو چنین بود برگشت روز   شد اندر دم پره‌ی آسیا
همی ترس ازین برگراینده دهر   نمانی توهم شاد و گیتی فروز
کسی را که خون ریختن پیشه گشت   مگر زهر سازد بدین پای زهر
بریزند خونش بران هم نشان   دل دشمنان پر ز اندیشه گشت
گر از شهر ترکان برآری دمار   که او ریخت خون سر سرکشان
نیایم همان پیش تو ناگهان   همی کین بخواهند فرجام کار
یکی بنده‌ای من یکی شهریار   بترسم که برمن سرآید زمان
به جنگ‌ت نیایم همان بی‌سپاه   بربنده من کی شوم زار وخوار
اگر خواهم از شاه تو زینهار   که دیوانه خواند مرا نیکخواه
وزان پس در گنج و دز مر تو راست   چوتنگی بروی آیدم نیست عار
فرستاده آمد بگفت این پیام   بدین نامور بوم کامت رواست
نبشتند پس نامه سودمند   زپیغام بهرام شد شادکام
که خاقان چین زینهاری شدست   به نزدیک پیروز شاه بلند
یکی مهر و منشور باید همی   ز جنگ درازم حصاری شدست
که خاقان زما زینهاری شود   بدین مژده بر سور باید همی
چونامه بیامد به نزدیک شاه   ازان برتری سوی خواری شود
فرستاد و ایرانیان رابخواند   بابر اندر آورد فرخ کلاه
بفرمود تا نامه برخواندند   برنامور تخت شاهی نشاند
به آزادگان گفت یزدان سپاس   بخواننده بر گوهر افشاندند

که خاقان چین کهتر ما بود — نیاش کنم من بپیشش سه پاس
همی سر به چرخ فلک بر فراخت — سپهر بلند افسر ما بود
کنون پیش برترمنش بنده‌ای — همی خویشتن شاه گیتی شناخت
چنان شد که بر ما کند آفرین — سپهبد سری گرد و جوینده‌ای
سپاس از خداوند خورشید وماه — سپهدار سالار ترکان چین
بدرویش بخشیم گنج کهن — کجا داد بر بهتری دستگاه
شما هم به یزدان نیایش کنید — چو پیدا شود راستی زین سخن
فرستاده‌ی پهلوان را بخواند — همه نیکویی در فزایش کنید
کمر خواست پرگوهر شاهوار — بچربی سخنها فراوان براند
ستامی بران بارگی پر ز زر — یکی باره و جامه زرنگار
فرستاده را نیز دینار داد — به مهر مهره‌ای بر نشانده گهر
چو خلعت بدان مرد دانا سپرد — یکی بدره و چیز بسیار داد
بفرمود پس تا بیامد دبیر — ورا مهتر پهلوانان شمرد
که پرموده خاقان چویار منست — نبشتند زو نامه‌ای بر حریر
برین مهر و منشور یزدان گواست — بهرمزد در زینهار منست
جهانجوی را نیز پاسخ نبشت — که ما بندگانیم و او پادشاست
بدو گفت پرموده را با سپاه — پر از آرزو نامه‌ای چون بهشت
غنیمت که ازلشکرش یافتی — گسی کن بخوبی بدین بارگاه
بدرگه فرست آنچ اندر خورست — بدان بندگی تیز بشتافتی
نگه کن بجایی که دشمن بود — تو را کردگار جهان یاورست
بگیر ونگه دار وخانش بسوز — وگر دشمنی را نشیمن بود
گر ای دون که لشکر فزون بایدت — به فرخ پی وفال گیتی فروز
بدین نامه‌ی دیگر از من بخواه — فزونتر بود رنج بگزایدت
وز ایرانیان هرکه نزدیک تست — فرستیم چندانک باید سپاه
بدین نامه در نام ایشان ببر — که کردی همه راستی را درست
سپاه تو را مرزبانی دهم — ز رنجی که بردند یابند بر
چو نامه بیامد بر پهلوان — تو را افسر و پهلوانی دهم

رسیدن نامه هرمز به بهرام و خشم گرفتن بهرام بر پرموده

ازان نامه اندر شگفتی بماند	دل پهلو نامور شد جوان
همان خلعت شاه پیش آورید	فرستاده و ایرانیان را بخواند
سخنهای ایرانیان هرچ بود	برو آفرین کرد هرکس که دید
ز گردان برآمد یکی آفرین	بران نامه اندر بدیشان نمود
همان نامور نامه‌ی زینهار	که گفتی بجنبید روی زمین
بدان دز فرستاد نزدیک اوی	که پرموده را آمد از شهریار
فرود آمد از باره‌ی نامدار	درخشنده شد جان تاریک اوی
همه خواسته هرچ بد در حصار	بسی آفرین خواند برشهریار
فرود آمد از دز سرافراز مرد	نبشتند چیزی که آید به کار
همی‌رفت با لشکر از دز به راه	باسب نبرد اندر آمد چوگرد
چوآن دید بهرام ننگ آمدش	نکرد ایچ بهرام یل را نگاه
فرستاد و او را همانگه ز راه	وگر چند شاهی بچنگ آمدش
چنین گفت پرموده او را که من	پیاده بیاورد پیش سپاه
کنون بی‌منش زینهاری شدم	سرافراز بودم بهر انجمن
بدین روز خود نیستی خوش منش	ز ارج بلندی بخواری شدم
کنون یافتم نامه‌ی زینهار	که پیش آمدم ای بد بد کنش
مگر با من او چون برادر شود	همی‌رفت خواهم بر شهریار
تو را با من اکنون چه کارست نیز	ازو رنج بر من سبکتر شود
برآشفت بهرام و شد شوخ چشم	سپردم تو را تخت شاهی و چیز
بتندیش یک تازیانه بزد	زگفتار پرموده آمد بخشم
ببستند هم در زمان پای اوی	بران سان که از ناسزایان سزد
چو خراد برزین چنان دید گفت	یکی تنگ خرگاه شد جای اوی
بیامد بنزد دبیر بزرگ	که این پهلوان را خرد نیست جفت
بیک پر پشه ندارد خرد	بدو گفت کین پهلوان سترگ

ببایدش گفتن کزین چاره نیست ازی را کسی را بکس نشمرد
به نزدیک بهرام رفت آن دو مرد ورا بتر از خشم پتیاره نیست
بگفتند کین رنج دادی بباد زبانها پراز بند و رخ لاژورد
بدانست بهرام کان بود زشت سر نامور پر ز آتش مباد
پشیمان شد وبند او برگرفت باب اندرافگند و تر گشت خشت
فرستاد اسبی بزرین ستام ز کردار خود دست بر سرگرفت
هم اندر زمان شد به نزدیک اوی یکی تیغ هندی بزرین نیام
همی‌بود تا او میان را ببست که روشن کند جان تاریک اوی
سپهبد همی‌راند با اوبه راه یکی باره‌ی تیزتگ برنشست
بهنگام پدرود کردنش گفت بدید آنک تازه نبد روی شاه
گرت هست با شاه ایران مگوی که آزار داری ز من درنهفت
بدو گفت خاقان که ما راگله نیاید تو را نزد او آب روی
نه من زان شمارم که از هرکسی زبختست و کردم به یزدان یله
اگر شهریار تو زین آگهی سخنها همی‌راند خواهم بسی
مرا بند گردون گردنده کرد نیابد نزیبد برو بر مهی
ز گفتار اوگشت بهرام زرد نگویم که با من بدی بنده کرد
چنین داد پاسخ که آمد نشان بپیچید و خشم از دلیری بخورد
که تخم بدی تا توانی مکار ز گفتار آن مهتر سرکشان
بدو گفت بهرام کای نامجوی چوکاری برت بر دهد روزگار
چرا من بتو دل بیاراستم سخنها چنین تا توانی مگوی
ز تو نامه کردم بشاه جهان ز گیتی تو را نیکویی خواستم
بدو گفت خاقان که آن بد گذشت همی زشت تو داشتم در نهان
ولیکن چو در جنگ خواری بود گذشته سخنها همه باد گشت
تو راخشم با آشتی گر یکیست که آشتی بردباری بود
چو سالار راه خداوند خویش خرد بی‌گمان نزد تواندکیست
همان راه یزدان بباید سپرد بگیرد نیفتد بهرکار پیش
سخن گر نیفزایی اکنون رواست ز دل تیرگیها بباید سترد
زخاقان چوبشنید بهرام گفت که آن بد که شد گشت با باد راست
کنون زان گنه گر بباید زیان که پنداشتم کین بماند نهفت

چوآنجارسی هرچ باید بگوی — نپوشم برو چادر پرنیان
بدو گفت خاقان که هرشهریار — نه زان مر مراکم شود آب روی
ببد کردن بنده خامش بود — که ازنیک وبد برنگیرد شمار
چواز دور بیند ورا بدسگال — برمن چنان دان که بیهش بود
تو را ناسزا خواند وسرسبک — وگر نیک خواهی بود گر همال
بجوشید بهرام وشد زردروی — ورا شاه ایران ومغزی تنگ
بترسید زان تیزخونخوار مرد — نگه کرد خراد برزین بروی
ببهرام گفت ای سزاوار گاه — که اورا زباد اندرآرد بگرد
که خاقان همی راست گوید سخن — بخور خشم وسر بازگردان ز راه
سخن گر نرفتی بدین گونه سرد — توبنیوش واندیشه بدمکن
بدو گفت کین بدرگ بی‌هنر — تو را نیستی دل پرآزار و درد
بدو گفت خاقان که این بد مکن — بجوید همی خاک وخون پدر
بگیتی هرآنکس که او چون تو بود — بتیزی بزرگی بگردد کهن
همه بد سگالید وباکس نساخت — سرش پر ز گرد ودلش پر ز دود
همی ازشهنشاه ترسانییم — بکژی ونابخردی سر فراخت
زگردنکشان اوهمال منست — سزا زو بود رنج وآسانییم
هشیوار وآهسته و با نژاد — نه چون بنده اوبدسگال منست
به جان و سرشاه ایران سپاه — بسی نامبردار دارد بیاد
بپاسخ نیفزایی وبدخوی — کز ایدر کنون بازگردی به راه
چوبشنید بهرام زوگشت باز — نگویی سخن نیز تا نشنوی
چو خراد برزین وآن بخردان — بلشکر گه آمد گورزمساز
نبشتند نامه بشاه جهان — دبیر بزرگ ودگر موبدان
سپهدار با موبد موبدان — سخن هرچ بد آشکار ونهان
هم اکنون از ایدر بدز درشوید — بخشم آن زمان گفت کای بخردان
بدز بر ببینند تا خواسته — بکوشید و با باد همبر شوید
دبیران برفتند دل پرهراس — چه مایه بود گنج آراسته
سیه شد بسی یازگار از شمار — ز شبگیر تاشب گذشته سه پاس
بدز بر نبد راه زان خواسته — نبشته نشد هم بفرجام کار
ز هنگام ارجاسب و افراسیاب — گذشته بدو سال و ناکاسته

همان نیز چیزی که کانی بود / ز دینار و گوهر که خیزد ز آب
همه گنجها اندر آورده بود / کجا رستنش آسمانی بود
زچیز سیاوش نخستین کمر / کجا نام او در جهان برده بود
همان گوشوارش که اندر جهان / بهرمهره‌ای در سه یاره گهر
که کیخسرو آن رابه لهراسب داد / کسی را نبود ازکهان ومهان
که ارجاسب آن را بدز درنهاد / که لهراسب زان پس بگشتاسب داد
شمارش ندانست کس در جهان / که هنگام آنکس ندارد بیاد
نبشتند یک یک همه خواسته / ستاره شناسان و فرخ مهان
فرستاد بهرام مردی دبیر / که بود اندر آن گنج آراسته
بیامد همه خواسته گرد کرد / سخن گوی و روشن دل و یادگیر
ابا خواسته بود دو گوشوار / که بد در دز وهم به دشت نبرد
همان شوشه زر وبرو بافته / دو موزه درو بود گوهرنگار
دو برد یمانی همه زربفت / بگوهر سر شوشه برتافته
سپهبد زکشی و کنداوری / بسختند هر یک بمن بود هفت
دو برد یمانی بیکسونهاد / نبود آگه از جستن داوری
بفرمود زان پس که پیداگشسب / دو موزه به نامه نکرد ایچ یاد
زلشکر گزین کرد مردی هزار / همی با سواران نشیند براسب
زخاقان شتر خواست ده کاروان / که با اوشود تا درشهریار
سواران پس پشت وخاقان زپیش / شمرد آن زمان جمله بر ساروان
چو خاقان بیامد به نزدیک شاه / همی‌راند با نامداران خویش

آمدن خاقان به نزد هرمز

چوبشنید شاه جهان برنشست / ابا گنج دیرینه و با سپاه
بیامد چنین تا بدرگه رسید / به سر بر یکی تاج و گرزی بدست
همی‌بود تا چونش بیند به راه / ز دهلیز چون روی خاقان بدید
ببیندش و برگردد از پیش اوی / فرود آید او همچنان با سپاه
پس آنگاه خاقان چنان هم بر اسب / پراندیشه بد زان سخن نامجوی

فرود آمد از اسب خاقان همان
درنگی ببد تا جهاندار شاه
شهنشاه اسب تگاور براند
چوخاقان برفت از در شهریار
پیاده شد از باره پرموده زود
پیاده همان شاه دستش بدست
خرامان بیامد به نزدیک تخت
بپرسید و بنشاختش پیش خویش
سزاوار او جایگه ساختند
ببردند چیزی که شایسته بود
سپه را به نزدیک او جای کرد
چو آگه شد از کار آن خواسته
به میدان فرستاده تا همچنان
چوآسود پرموده از رنج راه
چو خاقان زپیش جهاندار شاه
بفرمود تابار آن شتران
کسی برگرفت از کشیدن شمار
دگر روز هم بامداد پگاه
زمیدان ببردند پنجه هزار
از آورده صد گنج شد ساخته
یکی تخت جامه بفرمود شاه
همان بر کمر گوهر شاهوار
یکی آفرین خاست از بزمگاه
ببین گشسب آن زمان شاه گفت
که چون بینی این کار چوبینه را
چنین گفت آیین گشسب دبیر
بسوری که دستانش چوبین بود
ز گفتار او شاه شد بدگمان
هیونی بیامد همانگه سترگ

ابا موبد خویش پیداگشسب
بیامد برشاه ایران دمان
نشست از بر تازی اسبی سیاه
بدهلیز با او زمانی بماند
عنانش گرفت آن زمان پرده دار
بران کهتری جادوییها نمود
بیا و در او را بجای نشست
مراورا شهنشاه بنواخت سخت
بگفتند بسیار ز انداره بیش
یکی خرم ایوان بپرداختند
همان پیش پرموده بایسته بود
دبیری بدان کاربر پای کرد
که آورد پرموده آراسته
برد بار پرمایه با ساروان
بهشتم یکی سور فرمود شاه
نشستند برخوان او پیش گاه
بپشت اندر آرند پیش سران
بیک روز مزدور بدصدهزار
بخوان برمی‌آورد وبنشست شاه
هم ازتنگ بر پشت مردان کار
دل شاه زان کار پرداخته
کز آنجا بیارند پیش سپاه
که نامد همی ارز او در شمار
که پیروز باداین جهاندار شاه
که با او بدش آشکار و نهفت
بمردی به کار آورد کینه را
که‌ای شاه روشن دل و یادگیر
چنان دان که خوانش نو آیین بود
روانش پراندیشه بدیک زمان

که شاه جهان جاودان شادباد   یکی نامه‌ای از دبیر بزرگ
چنان دان که برد یمانی دوبود   همه کار اوبخشش وداد باد
همان گوشوار سیاوش رد   همه موزه از گوهر نابسود
ازین چار دو پهلوان برگرفت   کزو یادگارست ما را خرد
زشاهک بپرسید پس نامجوی   چو او دید رنج این نباشد شگفت
سخن گفت شاهک برین‌همنشان   کزین هرچ دیدی یکایک بگوی
هم اندر زمان گفت چوبینه راه   برآشفت زان شاه گردنکشان
یکی آنک خاقان چین رابزد   همی گم کند سربرآرد بماه
دگر آنک چون گوشوارش به کار   ازان سان که ازگوهر بد سزد
همه رنج او سر به سر بادگشت   بیامد مگرشد یکی شهریار
بگفت این و پرموده را پیش خواند   همه داد دادنش بیداد گشت
ببودند وخوردند تا شب زراه   بران نامور پیشگاهش نشاند
بخاقان چین گفت کز بهر من   بیفشاند آن تیره زلف سیاه
نشسته بیازید ودستش گرفت   بسی زنج دیدی توازشهرمن
بدو گفت سوگند ما تازه کن   ازو ماند پرموده اندر شگفت
بخوردند سوگندهای گران   همان کار بر دیگر اندازه کن
که از شاه خاقان نپیچد به دل   به یزدان پاک وبه جان سران
بگاه وبتاج و بخورشیدوماه   ندارد به کاری ورا دلگسل
به یزدان که او برتر ازبرتریست   بذرگشسب و به آذرپناه
که چون بازگردی نپیچی زمن   نگارنده‌ی زهره ومشتریست
بگفتند وز جای برخاستند   نه از نامداران این انجمن
چوبرزد سرازکوه زرد آفتاب   سوی خوابگه رفتن آراستند
یکی خلعت آراسته بود شاه   سرتاجداران برآمد زخواب
به نزدیک خاقان فرستاد شاه   ز زرین وسیمین و اسب وکلاه
سه دیگر نپیمود راه دراز   دومنزل همی‌رفت با او به راه
چو آگاهی آمد سوی پهلوان   درودش فرستاد وزو گشت باز

بازگشت خاقان

زخاقان چینی که از نزد شاه
ازان خلعت شهریار جهان
پذیره شدش پهلوان سوار
چنان شاد برگشت و آمد به راه
علف ساخت جایی که اوبرگذشت
از ایران هرآنکس که بد نامدار
همی‌ساخت پوزش کنان پیش اوی
به شهروده و منزل وکوه دشت
چوپرموده را دید کرد آفرین
پراز شرم جان بداندیش اوی
نپذرفت ازو هرچ آورده بود
ازو سرپیچید خاقان چین
همی‌راند بهرام با او به راه
علفت بود اگر بدره وبرده بود
بدین گونه برتاسه منزل براند
نکرد ایچ خاقان بدو بر نگاه
چهارم فرستاد خاقان کسی
که یک روز پرموده اورانخواند
چوبشنید بهرام برگشت از وی
که برگرد چون رنج دیدی بسی
همی‌بود دربلخ چندی دژم
بتندی سوی بلخ بنهاد روی

نامه سرزنش هرمز بببهرام و فرستادن دوکدان و جامه زنان برای او

جهاندار زو هم نه خشنودبود
زکرده پشیمان ودل پر زغم
از آزار خاقان چینی نخست
زتیزی روانش پراز دود بود
دگر آنک چیزی که فرمان نبود
که بهرام آزار او را بجست
یکی نامه بنوشت پس شهریار
ببرداشتن چون دلیری نمود
ندانی همی خویشتن راتوباز
ببهرام کای دیو ناسازگار
هنرها ز یزدان نبینی همی
چنین رابزرگان شدی بی‌نیاز
زفرمان من سربپیچیده‌ای
به چرخ فلک برنشینی همی
نیاید همی یادت از رنج من
دگرگونه کاری بسیجیده‌ای
ره پهلوانان نسازی همی
سپاه من و کوشش وگنج من

کنون خلعت آمد سزاوار تو	سرت به آسمان برفرازی همی
چوبنهاد برنامه برمهرشاه	پسندیده و در خور کار تو
بیارند با دوک و پنبه دروی	بفرمود تا دو کدانی سیاه
هم از شعر پیراهن لاژورد	نهاده بسی ناسزا رنگ وبوی
فرستاده پر منش برگزید	یکی سرخ مقناع و شلوار زرد
بدو گفت کاین پیش بهرام بر	که آن خلعت ناسزا را سزید
توخاقان چین را ببندی همی	بگو ای سبک مایه بی‌هنر
زتختی که هستی فرود آرمت	گزند بزرگان پسندی همی
فرستاده با خلعت آمد چوباد	ازین پس بکس نیزنشمارمت

پوشیدن بهرام جامه زنان را و نمودن آن بسران سپاه

چو بهرام با نامه خلعت بدید	شنیده سخنها همه کرد یاد
همی‌گفت کینست پاداش من	شکیبایی وخامشی برگزید
چنین بد ز اندیشه شاه نیست	چنین از پی شاه پرخاش من
که خلعت ازینسان فرستد بمن	جز ار ناسزا گفت بدخواه نیست
جهاندار بر بندگان پادشاست	بدان تا ببینند هر انجمن
گمانی نبردم که نزدیک شاه	اگر مر مرا خوار گیرد رواست
ولیکن چوهرمز مرا خوار کرد	بداندیشگان تیز یابند راه
زشاه جهان اینچنین کارکرد	به گفتار آهرمنان کارکرد
ازان پس که با خار مایه سپاه	نزیبد به پیش خردمند مرد
همه دیده‌اند آنچ من کرده‌ام	بتندی برفتم زدرگاه شاه
چوپاداش آن رنج خواری بود	غم و رنج وسختی که من برده‌ام
به یزدان بنالم ز گردان سپهر	گر ازبخت ناسازگاری بود
زدادار نیکی دهش یاد کرد	که از من چنین پاک بگسست مهر
به پیش اندرون دوکدان سیاه	بپوشید پس جامه‌ی سرخ و زرد
بفرمود تا هرک بود ازمهان	نهاده هرآنچش فرستاد شاه
زلشکر برفتند نزدیک اوی	ازان نامداران شاه جهان

چورفتند و دیدند پیر وجوان
پراندیشه بد جان تاریک اوی
بماندند زان کار یکسر شگفت
بران گونه آن پوشش پهلوان
چنین گفت پس پهلوان با سپاه
دل هرکس اندیشه‌ای برگرفت
جهاندار شاهست وما بنده‌ایم
که خلعت بدین سان فرستاد شاه
چه بینید بینندگان اندرین
دل و جان به مهر وی آگنده‌ایم
بپاسخ گشادند یکسر زبان
چه گوییم با شهریار زمین
چو ارج تو اینست نزدیک شاه
که‌ای نامور پرهنر پهلوان
نگر تا چه گفت آن خردمند پیر
سگانند بر بارگاهش سپاه
سری پر زکینه دلی پر زدرد
به ری چون دلش تنگ شد ز اردشیر
بیامد دمان تا باصطخر پارس
زبان و روان پر زگفتار سرد
که بیزارم از تخت وز تاج شاه
که اصطخر بد بر زمین فخر پارس
بدو گفت بهرام کین خود مگوی
چونیک وبد من ندارد نگاه
همه سر به سر بندگان وییم
که از شاه گیرد سپاه آبروی
چنین یافت پاسخ ز ایرانیان
دهنده‌ست وخواهندگان وییم
به ایران کس اورا نخوانیم شاه
که ماخود نبندیم زین پس میان
بگفتند وز پیش بیرون شدند
نه بهرام را پهلوان سپاه
سپهبد سپه را همی‌داد پند
ز کاخ همایون به هامون شدند
چنین تا دوهفته برین برگذشت
همی‌داشت با پند لب را ببند

دیدن بهرام زنی را در کاخ و آگاهی دادن او از پیشامدها

یکی بیشه پیش آمدش پر درخت
سپهبد ز ایوان بیامد به دشت
یکی گور دید اندر آن مرغزار
سزاوار میخواره‌ی نیکبخت
پس اندر همی‌راند بهرام نرم
کزان خوبتر کس نبیند نگار
بدان بیشه در جای نخچیرگاه
برو بارگی را نکرد ایچ گرم
ز تنگی چو گور ژیان برگذشت
به پیش اندر آمد یکی تنگ راه
گرازنده بهارم و تا زنده گور
بیابان پدید آمد و راغ ودشت

ازان دشت بهرام یل بنگرید	ز گرمای آن دشت تفسیده هور
بران کاخ بنهاد بهرام روی	یکی کاخ پرمایه آمد پدید
همی‌راند تا پیش آن کاخ اسب	همان گور پیش اندرون راه جوی
عنان تگاور بدو داد وگفت	پس پشت او بود ایزد گشسب
پیاده ز دهلیز کاخ اندرون	که با تو همیشه خرد باد جفت
زمانی بدر بود ایزد گشسب	همی‌رفت بهرام بی‌رهنمون
یلان سینه آمد پس او دوان	گرفته بدست آن گرانمایه اسب
بدو گفت ایزد گشسب دلیر	براسب تگاور ببسته میان
ببین تا کجا رفت سالار ما	که‌ای پرهنر نامبرد ارشیر
یلان سینه درکاخ بنهاد روی	سپهبد یل نامبردار ما
یکی طاق و ایوان فرخنده دید	دلی پر ز اندیشه سالار جوی
نهاده بایوان او تخت زر	کزان سان به ایران نه دید وشنید
بران تخت فرشی ز دیبای روم	نشانده بهر پایه‌ای درگهر
نشسته برو بر زنی تاجدار	همه پیکرش گوهر و زر بوم
بر تخت زرین یکی زیرگاه	ببالا چو سرو و برخ چون بهار
فراوان پرستنده بر گرد تخت	نشسته برو پهلوان سپاه
چو آن زن یلان سینه را دید گفت	بتان پری روی بیدار بخت
برو تیز و آن شیر دل را بگوی	پرستنده‌ای راکه‌ای خوب جفت
همی‌باش نزدیک یاران خویش	که ایدر تو را آمدن نیست روی
بدین سان پیامش ز بهرام ده	هم اکنون بیادت بهرام پیش
همانگه پرستنده‌گان را به راه	دلش را به برگشتن آرام ده
که تا اسب گردان به آخر برند	ز ایوان برافگند نزد سپاه
درباغ بگشاد پالیزبان	پرآگند زینها همه بشمرند
بیامد یکی مرد مهترپرست	بفرمان آن تا زه رخ میزبان
نهادند خوان گرد باغ اندرون	بباغ از پی و واژ و برسم بدست
چونان خورده شد اسب گردنگشان	خورش ساختند ازگمانی فزون
بدان زن چوبرگشت بهرام گفت	ببردند پویان بجای نشان
بدو گفت پیروزگر باش زن	که با تاج تو مشتری باد جفت
چوبهرام زان کاخ آمد برون	همیشه شکیبا دل ورای زن

منش را دگر کرد و پاسخ دگر	تو گفتی ببارید از چشم خون
بیامد هم اندر پی نره گور	توگفتی بپروین برآورد سر
چنین تا ازان بیشه آمد برون	سپهبد پس اندر همی‌راند بور
بشهر اندر آمد زنخچیرگاه	همی‌بود بهرام را رهنمون
نگه کرد خراد برزین بدوی	ازان کار بگشاد لب برسپاه
بنخچیرگاه این شگفتی چه بود	چنین گفت کای مهتر راست گوی
ورا پهلوان هیچ پاسخ نداد	که آنکس ندید و نه هرگز شنود
دگر روز چون سیمگون گشت راغ	دژم بود سر سوی ایوان نهاد
بگسترد فرشی ز دیبای چین	پدید آمد آن زرد رخشان چراغ
همه کاخ کرسی زرین نهاد	تو گفتی مگر آسمان شد زمین
نهادند زرین یکی زیرگاه	ز دیبای زربفت بالین نهاد
نشستی بیاراست شاهنشهی	نشسته برو پهلوان سپاه
نگه کرد کارش دبیر بزرگ	نهاده به سر بر کلاه مهی
چو نزدیک خراد برزین رسید	بدانست کو شد دلیر و سترگ
چو خراد برزین شنید این سخن	بگفت آنچ دانست و دید و شنید
چنین گفت پس با گرامی دبیر	بدانست کان رنجها شد کهن
نباید گشاد اندرین کارلب	که کاری چنین بر دل آسان مگیر
چوبهرام را دل پراز تاج گشت	بر شاه باید شدن تیره شب
زدند اندران کار هرگونه رای	همان تخت زیراندرش عاج گشت
چورنگ گریز اندر آمیختند	همه چاره از رفتن آمد بجای
سپهبد چو آگه شد ازکارشان	شب تیره از بلخ بگریختند
یلان سیه را گفت با صد سوار	ز روشن روانهای بیدارشان
بیامد از آنجا بکردار گرد	بتاز از پس این دو ناهوشیار
همی‌راند تا در دبیر بزرگ	ابا و دلیران روز نبرد
ازو چیز بستد همه هرچ داشت	رسید و برآشفت برسان گرگ
به نزدیک بهرام بردش ز راه	ببند گرانش ز ره بازگشت
بدو گفت بهرام کای دیوساز	بدان تاکند بیگنه را تباه
چنین داد پاسخ که ای پهلوان	چرارفتی از پیش من بی‌جواز
همی‌گفت کایدر بدن روی نیست	مراکرد خراد برزین نوان

مرا و تو را بیم کشتن بود	درنگ تو جز کام بدگوی نیست
چو بهرام را پهلوان سپاه	ز ایدر مگر بازگشتن بود
بدو گفت بهرام شاید بدن	ببردند آب اندران بارگاه
زیانی که بودش همه باز داد	بنیک وبد رای باید زدن
بدو گفت زان پس که تو ساز خویش	هم از گنج خویشش بسی ساز داد
وزین روی خراد برزین نهان	بژرفی نگه دار و مگریز بیش
همه گفتنیها بدو بازگفت	همی‌تاخت تا نزد شاه جهان
چنین تا ازان بیشه و مرغزار	همه رازها برگشاد از نهفت
وزان رفتن گور و آن راه تنگ	یکایک همی‌گفت با شهریار
وزان رفتن کاخ گوهرنگار	ز آرام بهرام و چندین درنگ
یکایک بگفت آن کجا دیده بود	پرستندگان و زن تاجدار
ازان تاجورماند اندر شگفت	دگر هرچ ازکار پرسیده بود
چو گفتار موبد بیاد آمدش	سخن هرچ بشنید در دل گرفت
همان نیز گفتار آن فالگوی	ز دل بر یکی سرد باد آمدش
سبک موبد موبدان را بخواند	که گفت او بپیچید ز تخت تو روی
بخراد برزین چنین گفت شاه	بران جای خراد برزین نشاند
بفرمان هرمز زبان برگشاد	که بگشای لب تا چه دیدی به راه
بدو شاه گفت این چه شاید بدن	سخنها یکایک همه کرد یاد
که در بیشه گوری بود رهنمای	همه داستانها باید زدن
بر تخت زرین یکی تاجدار	میان بیابان بی‌بر سرای
بکردار خوابیست این داستان	پرستار پیش اندرون شاهوار
چنین گفت موبد بشاه جهان	که برخواند از گفته باستان
چو بهرام را خواند از راستی	که آن گور دیوی بود درنهان
	پدید آمد اندر دلش کاستی
چنین گفت موبد بشاه جهان	که آن گور دیوی بود درنهان
چو بهرام را خواند از راستی	پدید آمد اندر دلش کاستی
همان کاخ جادوستانی شناس	بدان تخت جادو زنی ناسپاس
که بهرام را آن سترگی نمود	چنان تاج و تخت بزرگی نمود
چو برگشت ازو پرمنش گشت ومست	چنان دان که هرگز نیاید بدست

۱۷۰۳

کنون چاره‌ای کن که تا آن سپاه ز بلخ آوری سوی این بارگاه
پشیمان شد از دوکدان شهریار وزان پنبه وجامه‌ی نابکار
برین بر نیامد بسی روزگار که آمد کس از پهلوان سوار
یکی سله پرخنجری داشته یکایک سرتیغ برگاشته
بیاورد وبنهاد درپیش شاه همی‌کرد شاه اندر آهن نگاه
بفرمود تا تیغها بشکنند دران سله‌ی نابکار افگنند
فرستاد نزدیک بهرام باز سخنهای پیکار و رزم دراز
بدو نیمه کرده نهاده‌بجای پراندیشه شد مرد برگشته رای
فرستاد وایرانیان را بخواند همه گرد آن سله اندرنشاند
چنین گفت کین هدیه‌ی شهریار ببینید واین را مدارید خوار
پراندیشه شد لشکر ازکار شاه به گفتار آن پهلوان سپاه
که یک روزمان هدیه شهریار بود دوک وآن جامه‌ی پرنگار
شکسته دگر باره خنجر بود ز زخم و ز دشنام بتر بود
چنین شاه برگاه هرگز مباد نه آنکس که گیرد ازونیزباد
اگر نیز بهرام پورگشسب بران خاک درگاه بگذارد اسب
زبهرام مه مغز بادا مه پوست نه آن راکم بها راکه بهرام ازوست
سپهبد چو گفتار ایشان شنید دل لشکر از تاجور خسته دید
بلشکر چنین گفت پس پهلوان که بیدار باشید و روشن روان
که خراد برزین برشهریار سخنهای پوشیده کردآشکار
کنون یک بیک چاره‌ی جان کنید همه بامن امروز پیمان کنید
مگر کس فرستم زلشکر به راه که دارند ما را زلشکر نگاه
وگرنه مرا روز برگشته گیر سپه رایکایک همه کشته گیر
بگفت این وخود ساز دیگر گرفت نگه کن کنون تا بمانی شگفت
پراگند بر گرد کشور سوار بدان تا مگر نامه شهریار
بیاید به نزدیک ایرانیان ببندند پیکار وکین رامیان
برین نیز بگذشت یک روزگار نخواندند کس نامه شهریار
ازان پس گرانمایگان را بخواند بسی رازها پیش ایشان براند
چوهمدان گشسب ودبیر بزرگ یلان سینه آن نامدار سترگ
چوبهرام گرد آن سیاوش نژاد چوپیدا گشسب آن خردمند وراد

همی رای زد با چنین مهتران
که بودند شیران کنداوران

چنین گفت پس پهلوان سپاه
بدان لشکر تیزگم کرده راه

که‌ای نامداران گردن فراز
برای شما هرکسی را نیاز

ز ما مهتر آزرده شد بی‌گناه
چنین سرپیچید زآیین وراه

چه سازید ودرمان این کارچیست
نباید که برخسته باید گریست

هرآنکس که پوشید درد ازپزشک
زمژگان فروریخت خونین سرشک

زدانندگان گر بپوشیم راز
شود کارآسان بما بر دراز

کنون دردمندیم اندرجهان
بداننده گوییم یکسر نهان

برفتیم ز ایران چنین کینه خواه
بدین مایه لشکر بفرمان شاه

ازین بیش لشکر نبیند کسی
وگر چند ماند بگیتی بسی

چوپرموده‌ی گرد با ساوه شاه
اگر سوی ایران کشیدی سپاه

نیرزید ایران بیک مهره موم
وزان پس همی‌داشت آهنگ روم

بپرموده و ساوه شاه آن رسید
که کس درجهان آن شگفتی ندید

اگر چه فراوان کشیدیم رنج
نه شان پیل ماندیم زان پس نه گنج

بنوی یکی گنج بنهاد شاه
توانگر شد آشفته شد بر سپاه

کنون چاره‌ی دام او چون کنیم
که آسان سر از بند بیرون کنیم

شهنشاه راکارهاساختست
وزین چاره بی‌رنج پرداختست

شما هریکی چاره‌ی جان کنید
بدین خستگی تاچه درمان کنید

من از راز پردخته کردم دلم
زتیمارجان را همی‌بگسلم

پس پرده‌ی نامور پهلوان
یکی خواهرش بود روشن روان

خردمند راگردیه نام بود
دلارام وانجام بهرام بود

چواز پرده گفت برادر شنید
برآشفت وز کین دلش بردمید

بران انجمن شد سری پرسخن
زبان پر ز گفتارهای کهن

برادر چو آواز خواهر شنید
زگفتار وپاسخ فرو آرمید

چنان هم زگفتار ایرانیان
بماندند یکسر زبیم زیان

چنین گفت پس گردیه با سپاه
که‌ای نامداران جوینده راه

زگفتار خامش چرا ماندید
چنین از جگر خون برافشاندید

ز ایران سرانید وجنگ‌آوران
خردمند ودانا وافسونگران

چه بینید یکسر به کار اندرون
چه بازی نهید اندرین دشت خون

چنین گفت ایزد گشسب سوار | که‌ای ازگرانمایگان یادگار
زبانهای ماگر شود تیغ نیز | زدریای رای تو گیرد گریز
همه کارهای شما ایزدیست | زمردی و ز دانش و بخردیست
نباید که رای پلنگ آوریم | که با هرکسی رای جنگ آوریم
مجویید ازین پس کس ازمن سخن | کزین باره‌ام پاسخ آمد ببن
اگر جنگ سازید یاری کنیم | به پیش سواران سواری کنیم
چوخشنود باشد ز من پهلوان | برآنم که جاوید مانم جوان
چوبهرام بشنید گفتار اوی | میانجی همی‌دید کردار اوی
ازان پس یلان سینه را دید وگفت | که اکنون چه داری سخن درنهفت
یلان سینه گفت ای سپهدار گرد | هرآنکس که اوراه یزدان سپرد
چو پیروزی و فرهی یابد اوی | بسوی بدی هیچ‌نشتابد اوی
که آن آفرین باز نفرین شود | وزو چرخ گردنده پرکین شود
چو یزدان تو را فرهی داد و بخت | همه لشکر گنج با تاج وتخت
ازو گر پذیری بافزون شود | دل از ناسپاسی پرازخون شود
ازان پس ببهرام بهرام گفت | که‌ای با خردیاروبا رای جفت
چه گویی کزین جستن تخت وگنج | بزرگیست فرجام گر درد ورنج
بخندید بهرام ازان داوری | ازان پس برانداخت انگشتری
بدو گفت چندانک این در هوا | بماند شود بنده‌ای پادشا
بدو گفت کین را مپندار خرد | که دیهیم را خرد نتوان شمرد
چنین گفت زان پس بپیداگشسب | که‌ای تیغ زن شیر تا زنده اسب
چه بینی چه گویی بدین کار ما | بود گاه شاهی سزاوار ما
چنین گفت پیداگشسب سوار | که‌ای از یلان جهان یادگار
یکی موبدی داستان زد برین | که هرکس که دانا بد وپیش بین
اگر پادشاهی کند یک زمان | روانش ببرد سوی آسمان
به ازبنده بندن بسال دراز | به گنج جهاندار بردن نیاز
چنین گفت پس با دبیر بزرگ | که بگشای لب را تو ای پیرگرگ
دبیر بزرگ آن زمان لب ببست | بانبوه اندیشه اندر نشست
ازان پس چنین گفت بهرام را | که هرکس جویا بود کامرا
چودرخور بجوید بیابد همان | درازست ویازنده دست زمان

زچیزی که بخشش کند دادگر / چنان دان که کوشش بیاید ببر
بهمدان گشسب آن زمان گفت باز / که‌ای گشته اندر نشیب وفراز
سخن هرچ‌گویی بروی کسان / شود باد وکردار او نارسان
بگو آنچ دانی به کار اندورن / زنیک وبد روزگار اندرون
چنین گفت همدان گشسب بلند / که‌ای نزد پرمایگان ارجمند
زنا‌آمده بد بترسی همی / زدیهیم شاهان چه پرسی همی
بکن کار وکرده به یزدان سپار / بخرما چه یازی چوترسی زخار
تن آسان نگردد سرانجمن / همه بیم جان باشد ورنج تن
زگفتارشان خواهر پهلوان / همی‌بود پیچان وتیره روان
بران داوری هیچ نگشاد لب / زبرگشتن هور تا نیم شب
بدو گفت بهرام کای پاک تن / چه بینی به گفتار این انجمن
ورا گردیه هیچ پاسخ نداد / نه از رای آن مهتران بود شاد
چنین گفت اوبا دبیر بزرگ / که‌ای مرد بدساز چون پیرگرگ
گمانت چنینست کین تاج وتخت / سپاه بزرگی و پیروزبخت
ز گیتی کسی را نبد آرزوی / ازان نامداران آزاده خوی
مگر شاهی آسانتر از بندگیست / بدین دانش تو بباید گریست
بر آیین شاهان پیشین رویم / سخن‌های آن برتو ران بشنویم
چنین داد پاسخ مر او را دبیر / که گر رای من نیستت جایگیر
هم آن گوی وآن کن که رای آیدت / بران رو که دل رهنمای آیدت
همان خواهرش نیز بهرام را / بگفت آن سواران خودکام را
نه نیکوست این دانش ورای تو / بکژی خرامد همی پای تو
بسی بد که بیکار بدتخت شاه / نکرد اندرو هیچ‌کهتر نگاه
جهان را بمردی نگه داشتند / یکی چشم برتخت نگماشتند
هرآنکس که دانا بدو پاک مغز / زهرگونه اندیشه‌ای راند نغز
بداند که شاهی به ازبندگیست / همان سرافرازی زافگندگیست
نبودند یازان بتخت کیان / همه بندگی را کمر برمیان
ببستند و زیشان بهی خواستند / همه دل بفرمانش آراستند
نه بیگانه زیبای افسر بود / سزای بزرگی بگوهر بود
زکاوس شاه اندرآیم نخست / کجا راه یزدان همی‌بازجست

که برآسمان اختران بشمرد — خم چرخ گردنده رابشکرد
به خواری و زاری بساری فتاد — از اندیشه‌ی کژ وز بدنهاد
چوگودرز وچون رستم پهلوان — بکردند رنجه برین بر روان
ازان پس کجا شد بهاماوران — ببستند پایش ببند گران
کس آهنگ این تخت شاهی نکرد — جز از گرم و تیمار ایشان نخورد
چوگفتند با رستم ایرانیان — که هستی تو زیبای تخت کیان
یکی بانگ برزد برآنکس که گفت — که با دخمه‌ی تنگ باشید جفت
که باشاه باشد کجا پهلوان — نشستند ببین وروشن روان
مرا تخت زر باید و بسته شاه — مباد این گمان ومباد این کلاه
گزین کرد زایران ده ودوهزار — جهانگیر وبرگستوانور سوار
رهانید ازبند کاوس را — همان گیو و گودرز وهم طوس را
همان شاه پیروز چون کشته شد — بایرانیان کار برگشته شد
دلاور شد از کار آن خوشنوار — برام بنشست برتخت ناز
چو فرزند قارن بشد سوفزای — که آورد گاه مهی بازجای
ز پیروزی او چو آمد نشان — ز ایران برفتند گردنکشان
که بروی بشاهی کنند آفرین — شود کهتری شهریار زمین
بایرانیان گفت کین ناسزاست — بزرگی وتاج ازپی پادشاست
قباد ارچه خردست گردد بزرگ — نیاریم دربیشه‌ی شیرگرگ
چوخواهی که شاهی کنی بی‌نژاد — همه دوده را داد خواهی بباد
قباد آن زمان چون بمردی رسید — سرسوفزای از درتاج دید
به گفتار بدگوهرانش بکشت — کجا بود درپادشاهیش پشت
وزان پس ببستند پای قباد — دلاور سواری گوی کی نژاد
بزرمهر دادش یکی پرهنر — که کین پدربازخواهد مگر
نگه کرد زرمهر کس راندید — که با تاج برتخت شاهی سزید
چوبرشاه افگند زرمهر مهر — بروآفرین خواند گردان سپهر
ازو بند برداشت تاکار خویش — بجوید کند تیز بازار خویش
کس ازبندگان تاج هرگز نجست — وگر چند بودی نژادش درست
زترکان یکی نامور ساوه‌شاه — بیامد که جوید نگین وکلاه
چنان خواست روشن جهان آفرین — که اونیست گردد به ایران زمین

تو را آرزو تخت شاهنشهی	چراکرد زان پس که بودی رهی
همی بر جهاند یلان سینه اسب	که تامن زبهرام پورگشسب
بنو درجهان شهریاری کنم	تن خویش را یادگاری کنم
خردمند شاهی چونوشین روان	بهرمز بدی روز پیری جوان
بزرگان کشور ورا یاورند	اگر یاورانند گر کهترند
به ایران سوارست سیصدهزار	همه پهلوان وهمه نامدار
همه یک بیک شاه را بنده‌اند	بفرمان و رایش سرافگنده‌اند
شهنشاه گیتی تو را برگزید	چنان کز ره نامداران سزید
نیاگانت را همچنین نام داد	بفرجام بر دشمنان کام داد
تو پاداش آن نیکویی بد کنی	چنان داد که بد باتن خودکنی
مکن آز را برخرد پادشا	که دانا نخواند تو را پارسا
اگر من زنم پند مردان دهم	ببسیار سال ازبرادر کهم
مده کارکرد نیاکان بباد	مبادا که پند من آیدت یاد
همه انجمن ماند زودرشگفت	سپهدار لب را بدندان گرفت
بدانست کو راست گوید همی	جز از راه نیکی نجوید همی
یلان سینه گفت ای گرانمایه زن	تو درانجمن رای شاهان مزن
که هرمز بدین چندگه بگذرد	زتخت مهی پهلوان برخورد
زهرمز چنین باشد اندر خبر	برادرت را شاه ایران شمر
بتاج کیی گر ننازد همی	چراخلعت از دوک سازد همی
سخن بس کن ازهرمز ترک زاد	که اندر زمانه مباد آن نژاد
گر از کیقباد اندرآری شمار	برین تخمه‌ی بر سالیان صدهزار
که با تاج بودند برتخت زر	سرآمد کنون نام ایشان مبر
ز پرویز خسرو میندیش نیز	کزویاد کردن نیرزد بچیز
بدرگاه او هرک ویژه‌ترند	برادرت راکهتر وچاکرند
چو بهرام گوید بران کهتران	ببندند پایش ببند گران
بدو گردیه گفت کای دیو ساز	همی دیوتان دام سازد براز
مکن برتن وجام ما برستم	که از تو ببینم همی باد و دم
پدر مرزبان بود مارا بری	تو افگندی این جستن تخت پی
چو بهرام را دل بجوش آوری	تبار مرا درخروش آوری

شود رنج این تخمه‌ی ما بباد	به گفتار تو کهتر بدنژاد
کنون راهبر باش بهرام را	پرآشوب کن بزم و آرام را
بگفت این وگریان سوی خانه شد	به دل با برادر چو بیگانه شد
همی‌گفت هرکس که این پاک زن	سخن گوی و روشن دل و رای زن
تو گویی که گفتارش از دفترست	بدانش ز جا ماسب نامی ترست
چو بهرام را آن نیامد پسند	همی‌بود ز آواز خواهر نژند
دل تیره اندیشه‌ی دیریاب	همی تخت شاهی نمودش بخواب
چنین گفت پس کین سرای سپنج	نیابند جویندگان جز به رنج
بفرمود تا خوان بیاراستند	می و رود و رامشگران خواستند
برامشگری گفت کامروز رود	بیارای با پهلوانی سرود
نخوانیم جز نامه‌ی هفتخوان	برین می‌گساریم لختی بخوان
که چون شد برویین دز اسفندیار	چه بازی نمود اندران روزگار
بخوردند بر یاد او چند می	که آباد بادا برو بوم ری
کزان بوم خیزد سپهبد چو تو	فزون آفریناد ایزد چو تو
پراگنده گشتند چون تیره شد	سرمیگساران ز می‌خیره شد
چو برزد سنان آفتاب بلند	شب تیره گشت از درفشش نژند
سپهدار بهرام گرد سترگ	بفرمود تا شد دبیر بزرگ
بخاقان یکی نامه ار تنگ وار	نبشتند پربوی ورنگ ونگار
بپوزش کنان گفت هستم بدرد	دلی پرپشیمانی و باد سرد
ازین پس من آن بوم و مرز تو را	نگه دارم از بهر ارز تو را

درم زدم بهرام بنام خسرو

اگر بر جهان پاک مهتر شوم	تو را همچو کهتر برادر شوم
توباید که دل را بشویی زکین	نداری جدا بوم ایران ز چین
چوپردخته شد زین دگر ساز کرد	درگنج گرد آمده باز کرد
سپه را درم داد واسب ورهی	نهانی همی‌جست جای مهی
زلشکر یکی پهلوان برگزید	که سالار بوم خراسان سزید

پراندیشه از بلخ شد سوی ری بخرداد فرخنده درماه دی
همی‌کرد اندیشه دربیش وکم بفرمود پس تا سرای درم
بسازند وآرایشی نو کنند درم مهر برنام خسرو کنند
ز بازارگان آنک بد پاک مغز سخنگوی و اندرخور کار نغز
به مهر آن درمها ببدره درون بفرمود بردن سوی طیسفون
بیارید پرمایه دیبای روم که پیکر بریشم بد و زرش بوم
بخرید تا آن درم نزدشاه برند وکند مهر او را نگاه
فرستاده‌ای خواند با شرم و هوش دلاور بسان خجسته سروش
یکی نامه بنوشت با باد و دم سخن گتف هرگونه ازبیش و کم
ز پرموده و لشکر ساوه شاه ز رزمی کجا کرده بد با سپاه
وزان خلعتی کمد او را ز شاه ز مقناع وز دوکدان سیاه
چنین گفت زان پس که هرگز بخواب نبینم رخ شاه با جاه و آب
هرآنگه که خسرو نشیند بتخت پسرت آن گرانمایه‌ی نیکبخت
بفرمان او کوه هامون کنم بیابان زدشمن چو جیحون کنم
همی‌خواست تا بردرشهریار سرآرد مگر بی‌گنه روزگار
همی‌یادکرد این به نامه درون فرستاده آمد سوی طیسفون
ببازارگان گفت مهر درم چو هرمزد بیند بپیچد زغم
چو خسرو نباشد ورا یاروپشت ببیند ز من روزگار درشت
چو آزرمها بر زمین برزنم همی بیخ ساسان زبن برکنم
نه آن تخمه‌ی را کرد یزدان زمین گه آمد برخیزد آن آفرین

آگاه شدن هرمز از کار بهرام و گریختن خسرو از تیسفون

بیامد فرستاده‌ی نیک پی ببغداد با نامداران ری
چونامه به نزدیک هرمز رسید رخش گشت زان نامه چون شنبلید
پس آگاهی آمد ز مهر درم یکایک بران غم بیفزود غم
بپیچید و شد بر پسر بدگمان بگفت این به آیین گشسب آن زمان

که خسرو بمردی بجایی رسید	که از ما همی سر بخواهد کشید
درم را همی مهر سازد بنیز	سبک داشتن بیشتر زین چه چیز
به پاسخ چنین گفت آیین گشسب	که بی‌تو مبیناد میدان و اسب
بدو گفت هرمز که درناگهان	مر این شوخ را گم کنم ازجهان
نهانی یکی مرد راخواندند	شب تیره با شاه بنشاندند
بدو گفت هرمزد فرمان گزین	ز خسرو بپرداز روی زمین
چنین داد پاسخ که ایدون کنم	به افسون ز دل مهر بیرون کنم
کنون زهر فرماید از گنج شاه	چو او مست گردد شبان سیاه
کنم زهر با می‌بجام اندرون	ازان به کجا دست یازم به خون
ازین ساختن حاجب آگاه شد	برو خواب وآرام کوتاه شد
بیامد دوان پیش خسرو بگفت	همه رازها برگشاد ازنهفت
چوبشنید خسروکه شاه جهان	همی‌کشتن او سگالد نهان
شب تیره از طیسفون درکشید	توگفتی که گشت از جهان ناپدید
نداد آن سر پر بها رایگان	همی‌تاخت تا آذر ابادگان
چو آگاهی آمد بهرمهتری	که بد مرزبان و سرکشوری
که خسرو بیازرد از شهریار	برفتست با خوار مایه سوار
بپرسش گرفتند گردنکشان	بجایی که بود از گرامی نشان
چو بادان پیروز و چون شیر زیل	که با داد بودند و با زور پیل
چو شیران و وستوی یزدان پرست	ز عمان چو خنجست و چون پیل مست
ز کرمان چو بیورد گرد و سوار	ز شیران چون سام اسفندیار
یکایک بخسرو نهادند روی	سپاه و سپهبد همه شاهجوی
همی‌گفت هرکس که ای پور شاه	تو را زیبد این تاج و تخت وکلاه
از ایران و از دشت نیزه وران	ز خنجر گزاران و جنگی سران
نگر تا نداری هراس از گزند	بزی شاد و آرام و دل ارجمند
زمانی بنخچیر تازیم اسب	زمانی نوان پیش آذر کشسب
برسم نیاکان نیایش کنیم	روان را به یزدان نمایش کنیم
گراز شهر ایران چو سیصد هزار	گزند تو را بر نشیند سوار
همه پیش تو تن بکشتن دهیم	سپاسی بران کشتگان برنهیم
بدیشان چنین گفت خسرو که من	پرازبیمم از شاه و آن انجمن

اگرپیش آذر گشسب این سران	بیایند و سوگندهای گران
خورند و مرا یکسر ایمن کنند	که پیمان من زان سپس نشکنند
بباشم بدین مرز با ایمنی	نترسم ز پیکار آهرمنی
یلان چون شنیدند گفتار اوی	همه سوی آذر نهادند روی
بخوردند سوگند زان سان که خواست	که مهرتو با دیده داریم راست
چوایمن شد از نامداران نهان	ز هر سو برافگند کارآگهان
بفرمان خسرو سواران دلیر	بدرگاه رفتند برسان شیر
که تا از گریزش چه گوید پدر	مگر چاره‌ی نو بسازد دگر

بند کردن هرمز گستهم و بندوی خالان خسرو را

چوبشنید هرمز که خسرو برفت	هم اندر زمان کس فرستاد تفت
چوگستهم و بندوی را کرد بند	به زندان فرستاد ناسودمند
کجا هردو خالان خسرو بدند	بمردانگی در جهان نو بدند
جزین هرک بودند خویشان اوی	به زندان کشیدند با گفت وگوی
به آیین گشسب آن زمان شاه گفت	که از رای دوریم و با باد جفت
چو او شد چه سازیم بهرام را	چنان بنده‌ی خرد و بدکام را
شد آیین گشسب اندران چاره جوی	که آن کار را چون دهد رنگ وبوی
بدو گفت کای شاه گردن فراز	سخنهای بهرام چون شد دراز
همه خون من جوید اندر نهان	نخستین زمن گشت خسته روان
مرا نزد او پای کرده ببند	فرستی مگر باشدت سودمند
بدو گفت شاه این نه کارمنست	که این رای بدگوهر آهرمنست
سپاهی فرستم تو سالار باش	برزم اندرون دست بردار باش
نخستین فرستیش یک رهنمون	بدان تا چه بینی به سرش اندرون
اگر مهتری جوید و تاج و تخت	بپیچد بفرجام ازو روی بخت
وگر همچنین نیز کهتر بود	بفرجامش آرام بهتر بود
ز گیتی یکی بهره او را دهم	کلاه یلانش به سر برنهم

مرا یکسر از کارش آگاه کن درنگی مکن کارکوتاه کن

فرستادن هرمز آیین گشسب را بنزد بهرام

همی‌ساخت آیین گشسب این سخن کجا شاه فرزانه افگند بن
یکی مرد بد بسته از شهر اوی به زندان شاه اندرون چاره جوی
چوبشنید کیین گشسب سوار همی‌رفت خواهد سوی کارزار
کسی را ززندان به نزدیک اوی فرستاد کای مهتر نامجوی
زشهرت یکی مرد زندانیم نگویم همانا که خود دانیم
مرا گر بخواهی توازشهریار دوان با توآیم برین کارزار
به پیش تو جان رابکوشم به جنگ چو یابم رهایی ز زندان تنگ
فرستاد آیین گشسب آن زمان کسی را بر شاه گیتی دمان
که همشهری من ببند اندرست به زندان ببیم و گزند اندرست
بمن بخشد او را جهاندار شاه بدان تاکنون با من آید به راه
بدو گفت شاه آن بد نابکار به پیش تو درکی کند کارزار
یکی مرد خونریز و بیکار و دزد بخواهی ز من چشم داری بمزد
ولیکن کنون زین سخن چاره نیست اگر زو بتر نیز پتیاره نیست
بدو داد مرد بد آمیز را چنان بدکنش دیو خونریز را
بیاورد آیین گشسب آن سپاه همی‌راند چون باد لشکر به راه
بدین گونه تا شهر همدان رسید بجایی که لشکر فرود آورید
بپرسید تا زان گرانمایه شهر کسی دارد از اختر و فال بهر
بدو گفت هر کس که اخترشناس بنزد تو آید پذیرد سپاس
یکی پیرزن مایه دار ایدرست که گویی مگر دیده‌ی اخترست
سخن هرچ گوید نیاید جز آن بگوید بتموز رنگ خزان
چوبشنید گفتارش آیین گشسب هم اندر زمان کس فرستاد و اسب
چوآمد بپرسیدش ازکارشاه وزان کو بیاورد لشکر به راه
بدو گفت ازین پس تو درگوش من یکی لب بجنبان که تا هوش من

ببستر برآید ز تیره تنم / وگر خسته از خنجر دشمنم
همی‌گفت با پیرزن راز خویش / نهان کرده از هر کس آواز خویش
میان اندران مرد کو را زشاه / رهانید و با او بیامد به راه
به پیش زن فالگو برگذشت / بمهتر نگه کرد و اندر گذشت
بدو پیرزن گفت کین مرد کیست / که از زخم او بر تو باید گریست
پسندیده هوش تو بر دست اوست / که مه مغز بادش بتن در مه پوست
چو بشنید آیین گشسب این سخن / بیاد آمدش گفت و گوی کهن
که از گفت اخترشناسان شنید / همی‌کرد بر خویشتن ناپدید
که هوش تو بر دست همسایه‌ای / یکی دزد و بیکار و بیمایه‌ای
برآید به راه دراز اندرون / تو زاری کنی او بریزدت خون
یکی نامه بنوشت نزدیک شاه / که این را کجا خواستستم به راه
نبایست کردن ز زندان رها / که این بتر از تخمه‌ی اژدها
همی‌گفت شاه این سخن با رهی / رهی را نبد فر شاهنشهی
چو آید بفرمای تا در زمان / ببرد بخنجر سرش بدگمان
نبشت و نهاد از برش مهر خویش / چو شد خشک همسایه را خواند پیش
فراوانش بستود و بخشید چیز / بسی بر منش آفرین کرد نیز
بدو گفت کین نامه اندر نهان / ببرزود نزدیک شاه جهان
چو پاسخ کند زود نزد من آر / نگر تا نباشی بر شهریار
ازو بستد آن نامه مرد جوان / ز رفتن پر اندیشه بودش روان
همی‌گفت زندان و بندگران / کشیدم بدم ناچمان و چران
رهانید یزدان از آن سختیم / از آن گرم و تیمار و بدبختیم
کنون باز گردم سوی طیسفون / بجوش آمد اندر تنم مغز و خون
زمانی همی بد بره بر نژند / پس از نامه شاه بگشاد بند
چو آن نامه‌ی پهلوان را بخواند / ز کار جهان در شگفتی بماند
که این مرد همسایه جانم بخواست / همی‌گفت کین مهتری را سزاست
به خونم کنون گر شتاب آمدش / مگر یاد زین بد بخواب آمدش
ببیند کنون رای خون ریختن / بیاساید از رنج و آویختن
پراندیشه دل ز ره بازگشت / چنان بد که با باد انباز گشت
چو نزدیک آن نامور شد ز راه / کسی را ندید اندران بارگاه

نشسته بخیمه درآیین گشسب	نه کهتر نه یاور نه شمشیر و اسب
دلش پر ز اندیشه شهریار	نگر تا چه پیش آردش روزگار
چو همسایه آمد بخیمه درون	بدانست کو دست یازد به خون
بشمشیر زد دست خونخوار مرد	جهانجوی چندی برو لابه کرد
بدو گفت کای مرد گم کرده راه	نه من خواستم رفته جانت ز شاه
چنین داد پاسخ که گرخواستی	چه کردم که بدکردن آراستی
بزد گردن مهتر نامدار	سرآمد بدو بزم و هم کارزار
زخیمه بیاورد بیرون سرش	که آگه نبد زان سخن لشکرش
مبادا که تنها بود نامجوی	بویژه که دارد سوی جنگ روی
چو از خون آن کشته بدنام شد	همی‌تاخت تا پیش بهرام شد
بدو گفت اینک سردشمنت	کجا بد سگالیده بد برتنت
که با لشکر آمد همی پیش تو	نبد آگه از رای کم بیش تو
بپرسید بهرام کین مرد کیست	بدین سربگیتی که خواهد گریست
بدو گفت آیین گشسب سوار	که آمد به جنگ از در شهریار
بدو گفت بهرام کین پارسا	بدان رفته بود از در پادشا
که با شاه ما را دهد آشتی	بخواب اندرون سرش برداشتی
تو باد افره یابی اکنون زمن	که بر تو بگریند زار انجمن
بفرمود داری زدن بر درش	نظاره بران لشکر و کشورش
نگون بخت را زنده بردار کرد	دل مرد بدکار بیدار کرد
سواران که آیین گشسب سوار	بیاورده بود از در شهریار

شکستن ایرانیان زندان هرمز را

چو کار سپهبد بفرجام شد	زلشکر بسی پیش بهرام شد
بسی نیز نزدیک خسرو شدند	بمردانگی در جهان نو شدند
چنان شد که از بی شبانی رمه	پراگنده گردد به روز دمه
چو آگاهی آمد بر شهریار	ز آیین گشسب آنک بد نامدار

ز تنگی دربار دادن ببست	ندیدش کسی نیز بامی بدست
برآمد ز آرام وز خورد و خواب	همی‌بود با دیدگان پر آب
بدربر سخن رفت چندی ز شاه	که پرده فروهشت از بارگاه
یکی گفت بهرام شد جنگجوی	بتخت بزرگی نهادست روی
دگر گفت خسرو ز آزار شاه	همی سوی ایران گذارد سپاه
بماندند زان کار گردان شگفت	همی هرکسی رای دیگر گرفت
چو در طیسفون برشد این گفتگوی	ازان پادشاهی بشد رنگ وبوی
سربندگان پرشد از درد و کین	گزیدند نفرینش بر آفرین
سپاه اندکی بد بدرگاه بر	جهان تنگ شد بر دل شاه بر
ببند وی و گستهم شد آگهی	که تیره شد آن فر شاهنشهی
همه بستگان بند برداشتند	یکی را بران کار بگماشتند
کزان آگهی بازجوید که چیست	ز جنگ آوران بر در شاه کیست
ز کار زمانه چو آگه شدند	ز فرمان بگشتند و بی‌ره شدند
شکستند زندان و برشد خروش	بران سان که هامون برآید بجوش
بشهر اندرون هرک به دلشکری	بماندند بیچاره زان داوری
همی‌رفت گستهم و بندوی پیش	زره دار با لشکر و ساز خویش
یکایک ز دیده بشستند شرم	سواران بدرگاه رفتند گرم
ز بازار پیش سپاه آمدند	دلاور بدرگاه شاه آمدند
که گر گشت خواهید با مایکی	مجویید آزرم شاه اندکی
که هرمز بگشتست از رای وراه	ازین پس مر اورا مخوانید شاه
بباد افره او بیازید دست	برو بر کنید آب ایران کبست
شما را بویم اندرین پیشرو	نشانیم برگاه اوشاه نو
وگر هیچ پستی کنید اندرین	شما را سپاریم ایران زمین
یکی گوشه‌ای بس کنیم ازجهان	بیک سو خرامیم باهمرهان
بگفتار گستهم یکسر سپاه	گرفتند نفرین برام شاه
که هرگز مبادا چنین تاجور	کجا دست یازد به خون پسر
به گفتار چون شوخ شد لشکرش	هم آنگه زدند آتش اندر درش
شدند اندرایوان شاهنشهی	به نزدیک آن تخت بافرهی
چوتاج از سرشاه برداشتند	ز تختش نگونسار برگاشتند

نهادند پس داغ بر چشم شاه شد آنگاه آن شمع رخشان سیاه

ورا همچنان زنده بگذاشتند زگنج آنچ بد پاک برداشتند

چنینست کردار چرخ بلند دل اندر سرای سپنجی مبند

گهی گنج بینیم ازوگاه رنج براید بما بر سرای سپنج

اگر صد بود سال اگر صدهزار گذشت آن سخن کید اندر شمار

کسی کو خریدار نیکوشود نگوید سخن تا بدی نشنود

پادشاهی خسرو پرویز

پادشاهی خسرو پرویز

چو گستهم وبندوی به آذرگشسپ	فگندند مردی سبک بر دو اسپ
که در شب به نزدیک خسرو شود	از ایران به آگاهی نو شود
فرستاده آمد بر شاه نو	گذشته شبی تیره از ماه نو
ز آشوب بغداد گفت آنچ دید	جوان شد چو برگ گل شنبلید
چنین گفت هرکو زراه خرد	بتیزی ز بی‌دانشی بگذرد
نترسد ز کردار چرخ بلند	شود زندگانیش ناسودمند
گر این بد که گفتی خوش آمد مرا	خور و خواب در آتش آمد مرا
ولیکن پدر چون به خون آخت دست	از ایران نکردم سران نشست
هم او را کنون چون یکی بنده‌ام	سخن هرچ گوید نیوشنده‌ام
هم اندر زمان داغ دل با سپاه	بکردار آتش بیامد ز راه
سپاهی بد از بردع و اردبیل	همی‌رفت با نامور خیل خیل
از ارمینیه نیز چندی سپاه	همی‌تاخت چون باد با پور شاه
چو آمد ببغداد زو آگهی	که آمد خریدار تخت مهی
همه شهر ز آگاهی آرام یافت	جهانجوی از آرامشان کام یافت
پذیره شدندش بزرگان شهر	کسی را که از مهتری بود بهر
نهادند بر پیشگه تخت عاج	همان طوق زرین وپرمایه تاج
بشهر اندرون رفت خسرو بدرد	بنزد پدر رفت با بادسرد
چه جوییم زین گنبد تیزگرد	که هرگز نیاساید از کارکرد
یکی راهمی تاج شاهی دهد	یکی را بدریا بماهی دهد
یکی را برهنه سروپای و سفت	نه آرام و خواب و نه جای نهفت
یکی را دهد توشه‌ی شهد و شیر	بپوشد بدیبا و خز و حریر
سرانجام هردو بخاک اندرند	بتارک بدام هلاک اندرند
اگر خود نزادی خردمند مرد	ندیدی ز گیتی چنین گرم و سرد
ندیدی جهان ازبنه به بدی	اگر که بدی مرد اگر مه بدی

۱۷۲۰

کنون رنج در کارخسرو بریم   بخواننده آگاهی نو بریم

نشستن خسرو بر تخت شاهی

چو خسرو نشست از برتخت زر   برفتند هرکس که بودش هنر
گرانمایگان را همه خواندند   بر آن تاج نو گوهر افشاندند
به موبد چنین گفت کاین تاج وتخت   نیابد مگر مردم نیک بخت
مبادا مرا پیشه جز راستی   که بیدادی آرد همه کاستی
ابا هرکسی رای ما آشتیست   ز پیکار کردن سرماتهیست
ز یزدان پذیرفتم این تخت نو   همین روشن و مایه وربخت نو
شما نیز دلها بفرمان دهید   بهرکار بر ما سپاسی نهید
از آزردن مردم پارسا   و دیگر کشیدن سر از پادشا
سوم دور بودن ز چیز کسان   که دودش بود سوی آنکس رسان
که درگاه و بی‌گه کسی رابسوخت   ببی مایه چیزی دلش برفروخت
دگر هرچ در مردمی در خورد   مر آن را پذیرنده باشد خرد
نباشد مرا باکسی داوری   اگر تاج جوید گر انگشتری
کرا گوهر تن بود با نژاد   نگوید سخن با کسی جز بداد
نباشد شما را جز از ایمنی   نیازد بکردار آهرمنی
هرآنکس که بشنید گفتار شاه   همی آفرین خواند برتاج و گاه
برفتند شاد از بر تخت او   بسی آفرین بود بر بخت او
سپهبد فرود آمد از تخت شاد   همه شب ز هرمز همی‌کرد یاد
چو پنهان شد آن چادر آبنوس   بگوش آمد از دوربانگ خروش
جهانگیر شد تابنزد پدر   نهانش پر ازدرد وخسته جگر
چو دیدش بنالید و بردش نماز   همی‌بود پیشش زمانی دراز
بدو گفت کای شاه نابختیار   ز نوشین روان در جهان یادگار
تو دانی که گر بودمی پشت تو   بسوزن نخستی سر انگشت تو
نگر تا چه فرمایی اکنون مرا   غم آمد تو را دل پر از خون مرا

گر ای دون که فرمان دهی بر درت	یکی بنده‌ام پاسبان سرت
نجویم کلاه و نخواهم سپاه	ببرم سر خویش در پیش شاه
بدو گفت هر مزد ای پرخرد	همین روز سختی ز من بگذرد
مرا نزد تو آرزو بد سه چیز	برین بر فزونی نخواهیم نیز
یکی آنک شبگیر هر بامداد	کنی گوش ما را به آواز شاد
و دیگر سواری ز گردنکشان	که از رزم دیرینه دارد نشان
بر من فرستی که از کارزار	سخن گوید و کرده باشد شکار
دگر آنک داننده مرد کهن	که از شهریاران گزارد سخن
نوشته یکی دفتر آرد مرا	بدان درد و سختی سرآرد مرا
سیم آرزوی آنک خال تواند	پرستنده و ناهمال تواند
نبینند زین پس جهان را بچشم	بریشان برانی برین سوک خشم
بدو گفت خسرو که ای شهریار	مباد آنک برچشم تو سوکوار
نباشد و گرچه بود درنهان	که بدخواه تو دور باد از جهان
ولیکن نگه کن بروشن روان	که بهرام چو بینه شد پهلوان
سپاهست با او فزون از شمار	سواران و گردان خنجرگزار
اگر ما بگستهم یازیم دست	بگیتی نیابیم جای نشست
دگر آنک باشد دبیر کهن	که برشاه خواند گذشته سخن
سواری که پرورده باشد برزم	بداند همان نیز آیین بزم
ازین هر زمان نو فرستم یکی	تو با درد پژمان مباش اندکی
مدان این زگستهم کاین ایزدیست	ز گفتار و کردار نابخردیست
دل تو بدین درد خرسند باد	همان با خرد نیز پیوند باد
بگفت این و گریان بیامد زپیش	نکرد آشکارا بکس راز خویش
پسر مهربان‌تر بد از شهریار	بدین داستان زد یکی هوشیار
که یار زبان چرب و شیرین سخن	که از پیر نستوه گشته کهن
هنرمند گر مردم بی‌هنر	بفرجام هم خاک دارد ببر

آگاهی بهرام از کور شدن هرمز و لشکر کشیدن او بجنگ خسرو

چوبشنید بهرام کز روزگار — چه آمد بران نامور شهریار
نهادند بر چشم روشنش داغ — بمرد آن چراغ دو نرگس بباغ
پسر برنشست از بر تخت اوی — بپا اندر آمد سر وبخت اوی
ازان ماند بهرام اندر شگفت — بپژمرد واندیشه اندر گرفت
بفرمود تا کوس بیرون برند — درفش بزرگی به هامون برند
بنه برنهاد وسپه برنشست — بپیکار خسرو میان را ببست
سپاهی بکردار کوه روان — همی‌راند گستاخ تا نهروان
چوآگاه شد خسرو از کاراوی — غمی گشت زان تیز بازار اوی
فرستاد بیدار کارآگهان — که تا بازجویند کارجهان
به کارآگهان گفت راز ازنخست — زلشکر همی‌کرد باید درست
که بااو یکی اند لشکر به جنگ — وگر گردد این کار ما با درنگ
دگر آنک بهرام در قلبگاه — بود بیشتر گر میان سپاه
چگونه نشیند بهنگام بار — برفتن کند هیچ رای شکار
برفتند کارآگهان از درش — نبود آگه از کار وز لشکرش
چو رفتند و دیدند و بازآمدند — نهانی بر او فراز آمدند
که لشکر بهرکار با اویکیست — اگر نامدارست وگر کودکیست
هرانگه که لشکر براند به راه — بود یک زمان در میان سپاه
زمانی شود بر سوی میمنه — گهی بر چپ و گاه سوی بنه
همه مردم خویش دارد براز — ببیگانگانشان نیاید نیاز
بکردار شاهان نشیند ببار — همان در در و دشت جوید شکار
چواز رزم شاهان نراند همی — همه دفتر دمنه خواهد همی
چنین گفت خسرو بدستور خویش — که کاری درازست ما را به پیش
چو بهرام بر دشمن اسپ افکند — بدریا دل اژدها بشکند
دگر آنک آیین شاهنشهان — بیاموخت از شهریار جهان

سیم کش کلیله است ودمنه وزیر — چون او رای زن کس ندارد دبیر
ازان پس ببندوی و گستهم گفت — که ما با غم و رنج گشتیم جفت
چوگردوی و شاپور و چون اندیان — سپهدار ارمینیه رادمان
نشستند با شاه ایران براز — بزرگان فرزانه رزمساز
چنین گفت خسرو بدان مهتران — که ای سرفرازان و جنگ آوران
هرآن مغز کو را خرد روشنست — زدانش یکی بر تنش جوشنست
کس آنرا نبرد مگر تیغ مرگ — شود موم ازان زخم پولاد ترگ
کنون من بسال ازشما کهترم — برای جوانی جهان نسپرم
بگویید تا چاره‌ی کارچیست — بران خستگیها پرآزار کیست
بدو گفت موبد انوشه بدی — همه مغز را فر وتوشه بدی
چوپیدا شد این راز گردنده دهر — خرد را ببخشید بر چاربهر
چونیمی ازو بهره‌ی پادشاست — که فر و خرد پادشا را سزاست
دگر بهره‌ی مردم پارسا — سدیگر پرستنده پادشا
چو نزدیک باشد بشاه جهان — خرد خویشتن زو ندارد نهان
کنون از خرد پاره‌یی ماند خرد — که دانا ورا بهر دهقان شمرد
خرد نیست با مردم ناسپاس — نه آنرا که او نیست یزدان شناس
اگر بشنود شهریار این سخن — که گفتست بیدار مرد کهن
بدو گفت شاه این سخن گر بزر — نویسم جز این نیست آیین و فر
سخن گفتن موبدان گوهرست — مرا در دل اندیشه دیگرست
که چون این دو لشکر برابر شود — سر نیزه‌ها بر دو پیکر شود
نباشد مرا ننگ کز قلبگاه — برانم شوم پیش او بی‌سپاه
بخوانم به آواز بهرام را — سپهدار بدنام خودکام را
یکی ز آشتی روی بنمایمش — نوازمش بسیار و بستایمش
اگر خود پذیرد سخن به بود — که چون او بدرگاه برکه بود
وگر جنگ جوید منم جنگ جوی — سپه را بروی اندر آریم روی
همه کاردانان بدین داستان — کجا گفت گشتند همداستان
بزرگان برو آفرین خواندند — ورا شهریار زمین خواندند
همی‌گفت هرکس که ای شهریار — زتو دور بادا بد روزگار
تو را باد پیروزی و فرهی — بزرگی و دیهیم شاهنشهی

چنین گفت خسرو که این باد وبس   شکست و جدایی مبیناد کس
سپه را ز بغداد بیرون کشید   سراپرده‌ی نور به هامون کشید
دو لشکر چو تنگ اندر آمد به راه   ازان روسپهبد وزین روی شاه
چوشمع جهان شد بخم اندرون   بیفشاند زلف شب تیره گون
طلایه بیامد زهردوسپاه   که دارد زبدخواه خود را نگاه
چو از خنجر روز بگریخت شب   همی‌تاخت سوزان دل وخشک لب
تبیره برآمد زهر دو سرای   بدان رزم خورشید بد رهنمای
بگستهم وبندوی فرمود شاه   که تا برنهادند زآهن کلاه
چنین با بزرگان روشن روان   همی‌راند تا چشمه‌ی نهروان
طلایه ببهرام شد ناگزیر   که آمد سپه بر دو پرتاب تیر
چوبشنید بهرام لشکر براند   جهاندیدگان را برخویش خواند
نشست از برابلق مشک دم   خنیده سرافراز رویینه سم
سلیحش یکی هندوی تیغ بود   که درزخم چون آتش میغ بود
چوبرق درفشان همی‌راند اسپ   بدست چپش ریمن آذرگشسپ
چو آیینه گشسپ ویلان سینه نیز   برفتند پرکینه و پرستیز
سه ترک دلاور ز خاقانیان   بران کین بهرام بسته میان
پذیرفته هر سه که چون روی شاه   ببینیم دور ازمیان سپاه
اگربسته گرکشته اورابرت   بیاریم و آسوده شد لشکرت
زیک روی خسرو دگر پهلوان   میان اندرون نهروان روان
نظاره بران از دو رویه سپاه   که تا پهلوان چون رود نزد شاه
رسیدند بهرام و خسرو بهم   گشاده یکی روی و دیگر دژم
نشسته جهاندار بر خنگ عاج   فریدون یل بود با فر وتاج
زدیبای زربفت چینی قبای   چو گردوی پیش اندرون رهنمای
چو بندوی و گستهم بردست شاه   چو خراد برزین زرین کلاه
هه غرقه در آهن و سیم و زر   نه یاقوت پیدانه زرین کمر
چو بهرام روی شهنشاه دید   شد از خشم رنگ رخش ناپدید
ازان پس چنین گفت با سرکشان   که این روسپی زاده‌ی بدنشان
زپستی و کندی بمردی رسید   توانگر شد و رزمگه برکشید
بیاموخت آیین شاهنشهان   بزودی سرآرم بدو برجهان

ببینید لشکرش راسر به سر	که تا کیست زیشان یکی نامور
سواری نبینم همی رزم جوی	که بامن بروی اندر آرند روی
ببیند کنون کار مردان مرد	تگ اسپ وشمشیر وگرز نبرد
همان زخم گوپال وباران تیر	خروش یلان بر ده ودار وگیر
ندارد بوردگه پیل پای	چومن با سپاه اندر آیم زجای
ز آواز من کوه ریزان شود	هژبر دلاور گریزان شود
بخنجر بدریا بر افسون کنیم	بیابان سراسر پرازخون کنیم
بگفت و برانگیخت ابلق زجای	توگفتی شد آن باره پران همای
یکی تنگ آورد گاهی گرفت	بدو مانده بد لشکر اندر شگفت
ز آورد گه شد سوی نهروان	همی‌بود بر پیش فرخ جوان
تنی چند با او ز ایرانیان	همه بسته برجنگ خسرو میان
چنین گفت خسرو که ای سرکشان	ز بهرام چوبین که دارد نشان
بدو گفت گردوی کای شهریار	نگه کن بران مرد ابلق سوار
قبایش سپید و حمایل سیاه	همی‌راند ابلق میان سپاه
جهاندار چون دید بهرام را	بدانستش آغاز و فرجام را
چنین گفت کان دودگون دراز	نشسته بران ابلق سرفراز
بدو گفت گردوی که آری همان	نبردست هرگز به نیکی گمان
چنین گفت کز پهلو کوژپشت	بپرسی سخن پاسخ آرد درشت
همان خوک بینی و خوابیده چشم	دل آگنده دارد تو گویی بخشم
بدیده ندیدی مر او را بدست	کجا در جهان دشمن ایزدست
نبینم همی در سرش کهتری	نیابد کس او را بفرمانبری
ازان پس به بندوی و گستهم گفت	که بگشایم این داستان از نهفت
که گر خر نیاید به نزدیک بار	توبار گران را بنزد خر آر
چو بفریفت چوبینه را نره دیو	کجا بیند او راه گیهان خدیو
هرآن دل که از آز شد دردمند	نیایدش کار بزرگان پسند
جز از جنگ چو بینه را رای نیست	به دلش اندرون داد را جای نیست
چوبر جنگ رفتن بسی شد سخن	نگه کرد باید ز سر تا بن
که داندکه در جنگ پیروز کیست	بدان سردگر لشکر افروز کیست
برین گونه آراسته لشکری	بپرخاش بهرام یل مهتری

دژاگاه مردی چو دیو سترگ	سپاهی بکردار درنده گرگ
گر ای دون که باشیم همداستان	نباشد مرا ننگ زین داستان
بپرسش یکی پیش دستی کنم	ازان به که در جنگ سستی کنم
اگر زو بر اندازه یابم سخن	نوآیین بدیهاش گردد کهن
زگیتی یکی گوشه اورا دهم	سپاسی ز دادن بدو برنهم
همه آشتی گردد این جنگ ما	برین رزمگه جستن آهنگ ما
مرا ز آشتی سودمندی بود	خرد بی‌گمان تاج بندی بود
چو بازارگانی کند پادشا	ازو شاد باشد دل پارسا
بدو گفت گستهم کای شهریار	انوشه بدی تا بود روزگار
همی گوهر افشانی اندر سخن	تو داناتری هرچ باید بکن
تو پردادی و بنده بیدادگر	توپرمغزی و او پر از باد سر
چو بشنید خسرو بپیمود راه	خرامان بیامد به پیش سپاه
بپرسید بهرام یل را ز دور	همی‌جست هنگامه‌ی رزم سور
ببهرام گفت ای سرافراز مرد	چگونست کارت به دشت نبرد
تودرگاه را همچو پیرایه‌ای	همان تخت ودیهیم را مایه‌ای
ستون سپاهی بهنگام رزم	چوشمع درخشنده هنگام بزم
جهانجوی گردی و یزدان پرست	مداراد دارنده باز از تودست
سگالیده‌ام روزگار تو را	بخوبی بسیجیده کارتو را
تو را با سپاه تو مهمان کنم	زدیدار تو رامش جان کنم
سپهدار ایرانت خوانم بداد	کنم آفریننده را بر تو یاد
سخنهاش بشنید بهرام گرد	عنان باره‌ی تیزتگ را سپرد
هم از پشت آن باره بردش نماز	همی‌بود پیشش زمانی دراز
چنین داد پاسخ مر ابلق سوار	که من خرمم شاد وبه روزگار
تو را روزگار بزرگی مباد	نه بیداد دانی ز شاهی نه داد
الان شاه چون شهریاری کند	ورا مرد بدبخت یاری کند
تو را روزگاری سگالیده‌ام	بنوی کمندیت مالیده‌ام
بزودی یکی دار سازم بلند	دو دستت ببندم بخم کمند
بیاویزمت زان سزاوار دار	ببینی ز من تلخی روزگار
چو خسرو ز بهرام پاسخ شنید	برخساره شد چون گل شنبلید

۱۷۲۷

چنین داد پاسخ که ای ناسپاس   نگوید چنین مرد یزدان شناس
چو مهمان بخوان توآید ز دور   تو دشنام سازی بهنگام سور
نه آیین شاهان بود زین نشان   نه آن سواران گردنکشان
نه تازی چنین کرد ونه پارسی   اگر بشمری سال صدبار سی
ازین ننگ دارد خردمند مرد   بگرد در ناسپاسی مگرد
چو مهمانت آواز فرخ دهد   برین گونه بر دیو پاسخ دهد
بترسم که روز بد آیدت پیش   که سرگشته بینمت بر رای خویش
تو را چاره بر دست آن پادشاست   که زندست جاوید وفرانرواست
گنهکار یزدانی وناسپاس   تن اندر نکوهش دل اندر هراس
مرا چون الان شاه خوانی همی   زگوهر بیک سوم دانی همی
مگر ناسزایم بشاهنشهی   نزیباست برمن کلاه مهی
چون کسری نیا وچوهرمز پدر   کرا دانی ازمن سزاوارتر
ورا گفت بهرام کای بدنشان   به گفتار و کردار چون بیهشان
نخستین ز مهمان گشادی سخن   سرشتت بدوداستانت کهن
تو را با سخنهای شاهان چه کار   نه فرزانه مردی نه جنگی سوار
الان شاه بودی کنون کهتری   هم ازبنده‌ی بندگان کمتری
گنه کارتر کس توی درجهان   نه شاهی نه زیباسری ازمهان
بشاهی مرا خواندند آفرین   نمانم که پی برنهی برزمین
دگرآنک گفتی که بداختری   نزیبد تو را شاهی و مهتری
ازان گفتم ای ناسزاوار شاه   که هرگز مبادی تو درپیش گاه
که ایرانیان بر تو بر دشمنند   بکوشند و بیخت زبن برکنند
بدرند بر تنت بر پوست ورگ   سپارند پس استخوانت بسگ
بدو گفت خسرو کهای بدکنش   چراگتشه‌ای تند وبرتر منش
که آهوست بر مرد گفتار زشت   تو را اندر آغاز بود این سرشت
ز مغز تو بگسست روشن خرد   خنک نامور کو خرد پرودرد
هرآن دیو کاید زمانش فراز   زبانش به گفتار گردد دراز
نخواهم که چون تو یکی پهلوان   بتندی تبه گردد و ناتوان
سزد گر ز دل خشم بیرون کنی   نجوشی وبر تیزی افسون کنی
ز دارنده‌ی دادگر یادکن   خرد را بدین یاد بنیاد کن

یکی کوه داری بزیر اندورن — که گر بنگری برتر از بیستون
گر از تو یکی شهریار آمدی — مغیلان بی‌بر ببار آمدی
تو را دل پراندیشه مهتریست — ببینیم تا رای یزدان بچیست
ندانم که آمختت این بد تنی — تو را با چنین کیش آهرمنی
هران کاین سخن با تو گوید همی — به گفتار مرگ تو جوید همی
بگفت وفرود آمد از خنگ عاج — ز سر بر گرفت آن بهاگیر تاج
بنالید و سر سوی خورشید کرد — زیزدان دلش پرزامید کرد
چنین گفت کای روشن دادگر — درخت امید از تو آید ببر
تو دانی که بر پیش این بنده کیست — کزین ننگ بر تاج باید گریست
وزانجا سبک شد بجای نماز — همی‌گفت با داور پاک راز
گر این پادشاهی زتخم کیان — بخواهد شدن تا نبندم میان
پرستنده باشم بتشکده — نخواهم خورش جز زشیر دده
ندارم به گنج اندرون زر وسیم — بگاه پرستش بپوشم گلیم
گر ای دون که این پادشاهی مراست — پرستنده و ایمن و داد و راست
تو پیروز گردان سپاه مرا — به بنده مده تاج وگاه مرا
اگرکام دل یابم این تاج واسپ — بیارم دمان پیش آذرگشسپ
همین یاره وطوق واین گوشوار — همین جامه‌ی زر گوهرنگار
همان نیزده بدره دینار زرد — فشانم برین گنبد لاژورد
پرستندگان رادهم ده هزار — درم چون شوم برجهان شهریار
زبهرامیان هرک گردد اسیر — به پیش من آرد کسی دستگیر
پرستنده فرخ آتش کنم — دل موبد و هیربد خوش کنم
بگفت این وز خاک برپای خاست — ستمدیده گوینده‌ی بود راست
زجای نیایش بیامد چوگرد — به بهرام چوبینه آواز کرد
که‌ای دوزخی بنده‌ی دیو نر — خرد دور و دور از تو آیین وفر
ستمگاره دیویست با خشم و زور — کزین گونه چشم تو را کرد کور
بجای خرد خشم و کین یافتی — زدیوان کنون آفرین یافتی
تو را خارستان شارستانی نمود — یکی دوزخی بوستانی نمود
چراغ خرد پیش چشمت بمرد — زجان و دلت روشنایی ببرد
نبودست جز جادوی پرفریب — که اندر بلندی نمودت نشیب

بشاخی همی یازی امروز دست	که برگش بود زهر وبارش کبست
نجستست هرگز تبار تواین	نباشد بجوینده بر آفرین
تو را ایزد این فر و برزت نداد	نیاری ز گرگین میلاد یاد
ایا مرد بدبخت وبیدادگر	بنابودنیها گمانی مبر
که خرچنگ رانیست پرعقاب	نپرد عقاب از بر آفتاب
به یزدان پاک وبتخت وکلاه	که گر من بیابم تو را بی‌سپاه
اگر برزنم بر تو بربادسرد	ندارمت رنجه زگرد نبرد
سخنها شنیدیم چندی درشت	به پیروزگر بازهشتیم پشت
اگر من سزاوار شاهی نیم	مبادا که در زیر دستی زیم
چنین پاسخش داد بهرام باز	که ای بی خرد ریمن دیوساز
پدرت آن جهاندار دین دوست مرد	که هرگز نزد برکسی باد سرد
چنو مرد را ارج نشناختی	بخواری زتخت اندرانداختی
پس او جهاندار خواهی بدن	خردمند و بیدار خواهی بدن
تو ناپاکی و دشمن ایزدی	نبینی زنیکی دهش جزبدی
گر ای دون که هرمزد بیداد بود	زمان و زمین زو بفریاد بود
تو فرزند اویی نباشد سزا	به ایران و توران شده پادشا
تو را زندگانی نباید نه تخت	یکی دخمه یی بس که دوری زبخت
هم ان کین هرمز کنم خواستار	دگرکاندر ایران منم شهریار
کنون تازه کن برمن این داستان	که از راستان گشت همداستان
که تو داغ بر چشم شاهان نهی	کسی کو نهد نیز فرمان دهی
ازان پس بیابی که شاهی مراست	ز خورشید تا برج ماهی مراست
بدو گفت خسرو که هرگز مباد	که باشد بدرد پدر بنده شاد
نوشته چنین بود وبود آنچ بود	سخن بر سخن چند باید فزود
تو شاهی همی‌سازی از خویشتن	که گر مرگت آید نیابی کفن
بدین اسپ و برگستوان کسان	یکی خسروی برزو نارسان
نه خان و نه مان و نه بوم ونژاد	یکی شهریاری میان پر زباد
بدین لشکر و چیز ونامی دروغ	نگیری بر تخت شاهی فروغ
زتو پیش بودند کنداوران	جهانجوی و با گرزهای گران
نجستند شاهی که کهتر بدند	نه اندر خور تخت و افسر بدند

همی هرزمان سرفرازی بخشم　　همی آب خشم اندرآری بچشم
بجوشد همی برتنت بدگمان　　زمانه بخشم آردت هر زمان
جهاندار شاهی ز داد آفرید　　دگر از هنر وز نژاد آفرید
بدان کس دهد کو سزاوارتر　　خرددارتر هم بی آزارتر
الان شاه ما را پدر کرده بود　　کجا برمن ازکارت آزرده بود
کنون ایزدم داد شاهنشهی　　بزرگی و تخت و کلاه مهی
پذیرفتم این از خدای جهان　　شناسنده آشکار ونهان
بدستوری هرمز شهریار　　کجا داشت تاج پدر یادگار
ازان نامور پر هنر بخردان　　بزرگان وکارآزموده ردان
بدان دین که آورده بود از بهشت　　خردیافته پیرسر زردهشت
که پیغمبر آمد بلهراسپ داد　　پذیرفت زان پس بگشتاسپ داد
هرآنکس که ما را نمودست رنج　　دگر آنک ازو یافتستیم گنج
همه یکسر اندر پناه منند　　اگر دشمن ار نیک خواه منند
همه بر زن وزاده بر پادشا　　نخوانیم کس را مگر پارسا
ز شهری که ویران شداندر جهان　　بجایی که درویش باشد نهان
توانگر کمن مرد درویش را　　پراگنده و مردم خویش را
همه خارستانها کنم چون بهشت　　پر از مردم و چارپایان وکشت
بمانم یکی خوبی اندر جهان　　که نامم‌پس از مرگ نبود نهان
بیاییم و دل را تو رازو کنیم　　بسنجیم ونیرو ببازو کنیم
چو هرمز جهاندار وباداد بود　　زمین و زمانه بدو شاد بود
پسر بی‌گمان از پدر تخت یافت　　کلاه و کمر یافت و هم بخت یافت
تو ای پرگناه فریبنده مرد　　که جستی نخستین ز هرمز نبرد
نبد هیچ بد جز بفرمان تو　　وگر تنبل و مکر ودستان تو
گر ایزد بخواهد من از کین شاه　　کنم بر تو خورشید روشن سیاه
کنون تاج را درخور کار کیست　　چو من ناسزایم سزاوار کیست
بدو گفت بهرام کای مرد گرد　　سزا آن بود کز تو شاهی ببرد
چو از دخت بابک بزاد اردشیر　　که اشکانیان را بدی دار وگیر
نه چون اردشیر اردوان را بکشت　　بنیرو شد و تختش آمد بمشت
کنون سال چون پانصد برگذشت　　سر تاج ساسانیان سرد گشت

کنون تخت و دیهیم را روز ماست　　سرو کار با بخت پیروز ماست
چو بینیم چهر تو وبخت تو　　سپاه وکلاه تو وتخت تو
بیازم بدین کار ساسانیان　　چوآشفته شیری که گردد ژیان
زدفتر همه نامشان بسترم　　سر تخت ساسانیان بسپرم
بزرگی مر اشکانیان را سزاست　　اگر بشنود مرد داننده راست
چنین پاسخ آورد خسرو بدوی　　که‌ای بیهده مرد پیکار جوی
اگر پادشاهی زتخم کیان　　بخواهد شدن تو کیی درجهان
همه رازیان از بنه خود کنید　　دو روینده وز مردمی برچیند
نخست از ری آمد سپاه اندکی　　که شد با سپاه سکندر یکی
میان را ببستند با رومیان　　گرفتند ناگاه تخت کیان
ز ری بود ناپاکدل ماهیار　　کزو تیره شد تخم اسفندیار
ازان پس ببستند ایرانیان　　بکینه یکایک کمر بر میان
نیامد جهان آفرین را پسند　　ازیشان به ایران رسید آن گزند
کلاه کیی بر سر اردشیر　　نهاد آن زمان داور دستگیر
بتاج کیان او سزاوار بود　　اگر چند بی‌گنج ودینار بود
کنون نام آن نامداران گذشت　　سخن گفتن ماهمه بادگشت
کنون مهتری را سزاوار کیست　　جهان را بنوی جهاندار کیست
بدو گفت بهرام جنگی منم　　که بیخ کیان را زبن برکنم
چنین گفت خسرو که آن داستان　　که داننده یادآرد ازباستان
که هرگز بنادان وبی‌راه وخرد　　سلیح بزرگی نباید سپرد
که چون بازخواهی نیاید بدست　　که دارنده زان چیزگشتست مست
چه گفت آن خردمند شیرین سخن　　که گر بی‌بنانرا نشانی ببن
بفرجام کارآیدت رنج ودرد　　بگرد درناسپاسان مگرد
دلاور شدی تیز وبرترمنش　　ز بد گوهر آمد تو را بدکنش
تو را کرد سالار گردنکشان　　شدی مهتر اندر زمین کشان
بران تخت سیمین وآن مهرشاه　　سرت مست شد بازگشتی ز راه
کنون نام چوبینه بهرام گشت　　همان تخت سیمین تو را دام گشت
بران تخت برماه خواهی شدن　　سپهبد بدی شاه خواهی شدن
سخن زین نشان مرد دانا نگفت　　برآنم که با دیو گشتی تو جفت

بدو گفت بهرام کای بدکنش | نزیبد همی بر تو جز سرزنش
تو پیمان یزدان نداری نگاه | همی ناسزا خوانی این پیشگاه
نهی داغ بر چشم شاه جهان | سخن زین نشان کی بود درنهان
همه دوستان بر تو بر دشمنند | به گفتار با تو به دل بامنند
بدین کار خاقان مرا یاورست | همان کاندر ایران وچین لشکرست
بزرگی من از پارس آرم بری | نمانم کزین پس بود نام کی
برافرازم اندر جهان داد را | کنم تازه آیین میلاد را
من از تخمه‌ی نامور آرشم | چو جنگ آورم آتش سرکشم
نبیره جهانجوی گرگین منم | هم آن آتش تیز برزین منم
به ایران بران رای بد ساوه‌شاه | که نه تخت ماند نه مهر وکلاه
کند با زمین راست آتشکده | نه نوروز ماند نه جشن سده
همه بنده بودند ایرانیان | برین بوم تا من ببستم میان
تو خودکامه را گر ندانی شمار | بروچارصد بار بشمر هزار
زپیلان جنگی هزار و دویست | که گفتی که بر راه برجای نیست
هزیمت گرفت آن سپاه بزرگ | من از پس خروشان چودیو سترگ
چنان دان که کس بی‌هنر درجهان | بخیره نجوید نشست مهان
همی بوی تاج آید ازمغفرم | همی تخت عاج آید از خنجرم
اگر با تو یک پشه کین آورد | زتختت بروی زمین آورد
بدو گفت خسرو که‌ای شوم پی | چرا یاد گرگین نگیری بری
که اندر جهان بود وتختش نبود | بزرگی و اورنگ وبختش نبود
ندانست کس نام او در جهان | فرومایه بد درمیان مهان
بیامد گرانمایه مهران ستاد | بشاه زمانه نشان تو داد
زخاک سیاهت چنان برکشید | شد آن روز برچشم تو ناپدید
تو را داد گنج وسلیح وسپاه | درفش تهمتن درفشان چو ماه
نبد خواست یزدان که ایران زمین | بویرانی آرند ترکان چین
تو بودی بدین جنگشان یارمند | کلاهت برآمد بابر بلند
چو دارنده چرخ گردان بخواست | که آن پادشا را شود کار راست
تو زان مایه مر خویشتن را نهی | که هرگز ندیدی بهی و مهی
گرین پادشاهی زتخم کیان | بخواهد شدن تو چه بندی میان

چواسکندری باید اندر جهان / که تیره کند بخت شاهنشهان
توبا چهره‌ی دیو و با رنگ وخاک / مبادی بگیتی جزاندر مغاک
زبی راهی وکارکرد تو بود / که شد روز برشاه ایران کبود
نوشتی همان نام من بر درم / زگیتی مرا خواستی کرد کم
بدی را تو اندر جهان مایه‌ای / هم از بی‌رهان برترین پایه‌ای
هران خون که شد درجهان ریخته / توباشی بران گیتی آویخته
نیابی شب تیره آن را بخواب / که جویی همی روز در آفتاب
ایا مرد بدبخت بیدادگر / همه روزگارت بکژی مبر
زخشنودی ایزد اندیشه کن / خردمندی و راستی پیشه کن
که این بر من و تو همی‌بگذرد / زمانه دم ما همی‌بشمرد
که گوید کژی به از راستی / بکژی چرا دل بیاراستی
چو فرمان کنی هرچ خواهی تو راست / یکی بهر ازین پادشاهی تو راست
بدین گیتی اندر بزی شادمان / تن آسان و دور از بد بدگمان
وگر بگذری زین سرای سپنج / گه بازگشتن نباشی به رنج
نشاید کزین کم کنیم ارفزون / که زردشت گوید بزند اندرون
که هرکس که برگردد از دین پاک / زیزدان ندارد به دل بیم وباک
بسالی همی‌داد بایدش پند / چو پندش نباشد ورا سودمند
ببایدش کشتن بفرمان شاه / فکندن تن پرگناهش به راه
چو بر شاه گیتی شود بدگمان / ببایدش کشتن هم اندر زمان
بریزند هم بی‌گمان خون تو / همین جستن تخت وارون تو
کنون زندگانیت ناخوش بود / وگر بگذری جایت آتش بود
وگر دیر مانی برین هم نشان / سر از شاه وز داد یزدان کشان
پشیمانی آیدت زین کار خویش / ز گفتار ناخوب و کردار خویش
تو بیماری وپند داروی تست / بگوییم تا تو شوی تن درست
وگر چیزه شد بردلت کام ورشک / سخن گوی تا دیگر آرم پزشک
پزشک تو پندست و دارو خرد / مگر آز تاج از دلت بسترد
به پیروزی اندر چنین کش شدی / وز اندیشه گنج سرکش شدی
شنیدی که ضحاک شد ناسپاس / ز دیو و ز جادو جهان پرهراس
چو زو شد دل مهتران پر ز درد / فریدون فرخنده با او چه کرد

سپاهت همه بندگان منند
به دل زنده و مردگان منند

ز تو لختکی روشنی یافتند
بدین سان سر از داد برتافتند

چومن گنج خویش آشکارا کنم
دل جنگیان پرمدارا کنم

چو پیروز گشتی تو برساوه شاه
برآن برنهادند یکسر سپاه

که هرگز نبینند زان پس شکست
چو از خواسته سیر گشتند ومست

نباید که بردست من بر هلاک
شوند این دلیران بی‌بیم وباک

تو خواهی که جنگی سپاهی گران
همه نامداران و کنداوران

شود بوم ایران ازیشان تهی
شکست اندر آید بتخت مهی

که بد شاه هنگام آرش بگوی
سرآید مگر بر من این گفت وگوی

بدو گفت بهرام کان گاه شاه
منوچهر بد با کلاه و سپاه

بدو گفت خسرو که‌ای بدنهان
چودانی که او بود شاه جهان

ندانی که آرش ورا بنده بود
بفرمان و رایش سرافکنده بود

بدو گفت بهرام کز راه داد
تواز تخم ساسانی ای بد نژاد

که ساسان شبان وشبان زاده بود
نه بابک شبانی بدو داده بود

بدو گفت خسرو که‌ای بدکنش
نه از تخم ساسان شدی برمنش

دروغست گفتار تو سر به سر
سخن گفتن کژ نباشد هنر

تو از بدتنان بودی وبی‌بنان
نه از تخم ساسان رسیدی بنان

بدو گفت بهرام کاندر جهان
شبانی ز ساسان نگردد نهان

ورا گفت خسرو که دارا بمرد
نه تاج بزرگی بساسان سپرد

اگر بخت گم شد کجا شد نژاد
نیاید ز گفتار بیداد داد

بدین هوش واین رای واین فرهی
بجویی همی تخت شاهنشهی

بگفت و بخندید وبرگشت زوی
سوی لشکر خویش بنهاد روی

زخاقانیان آن سه ترک سترگ
که ارغنده بودند برسان گرگ

کجا گفته بودند بهرام را
که ما روز جنگ از پی نام را

اگر مرده گر زنده بالای شاه
بنزد تو آریم پیش سپاه

ازیشان سواری که ناپاک بود
دلاور بد و تند و ناباک بود

همی‌راند پرخاشجوی و دژم
کمندی ببازو و درون شست خم

چو نزدیکتر گشت با خنگ عاج
همی‌بود یازان بپرمایه تاج

بینداخت آن تاب داده کمند
سرتاج شاه اندرآمد ببند

یکی تیغ گستهم زد برکمند		سرشاه را زان نیامد گزند
کمان را بزه کرد بندوی گرد		بتیر از هوا روشنایی ببرد
بدان ترک بدساز بهرام گفت		که جز خاک تیره مبادت نهفت
که گفتت که با شاه رزم آزمای		ندیدی مرا پیش اوبرپای
پس آمد بلشکر گه خویش باز		روانش پر ازدرد وتن پرگداز

پند دادن گردیه برادرش را

چوخواهرش بشنید کامد سپاه		برادرش پر درد زان رزمگاه
بینداخت آن نامدار افسرش		بیاورد فرمانبری چادرش
بیامد بنزد برادر دمان		دلش خسته ازدرد و تیره روان
بدو گفت کای مهتر جنگجوی		چگونه شدی پیش خسرو بگوی
گر او ازجوانی شود تیزوتند		مگردان تو درآشتی رای کند
بخواهر چنین گفت بهرام گرد		که او را زشاهان نباید شمرد
نه جنگی سواری نه بخشنده‌یی		نه داناسری گر درخشنده یی
هنر بهتر از گوهر نامدار		هنرمند باید تن شهریار
چنین گفت داننده خواهر بدوی		که‌ای پرهنر مهتر نامجوی
تو را چند گویم سخن نشنوی		به پیش آوری تندی وبدخوی
نگر تاچه گوید سخن گوی بلخ		که باشد سخن گفتن راست تلخ
هرآنکس که آهوی تو باتوگفت		همه راستیها گشاد ازنهفت
مکن رای ویرانی شهر خویش		ز گیتی چو برداشتی بهرخویش
برین بریکی داستان زد کسی		کجا بهره بودش ز دانش بسی
که خر شد که خواهد زگاوان سروی		بیکباره گم کرد گوش وبروی
نکوهش مخواه از جهان سر به سر		نبود از تبارت کسی تاجور
اگر نیستی درمیان این جوان		نبودی من از داغ تیره روان
پدرزنده و تخت شاهی بجای		نهاده تو اندر میان پیش پای
ندانم سرانجام این چون بود		همیشه دو چشمم پر از خون بود

جز از درد و نفرین نجویی همی	گل زهر خیره ببویی همی
چو گویند چوبینه بدنام گشت	همه نام بهرام دشنام گشت
برین نیز هم خشم یزدان بود	روانت به دوزخ به زندان بود
نگر تا جز از هرمز شهریار	که بد درجهان مر تو را خواستار
هم آن تخت و آن کاله‌ی ساوه شاه	بدست آمد و برنهادی کلاه
چو زو نامور گشتی اندر جهان	بجویی کنون گاه شاهنشهان
همه نیکوییها ز یزدان شناس	مباش اندرین تاجور ناسپاس
برزمی که کردی چنین کش مشو	هنرمند بودی منی فش مشو
به دل دیو را یار کردی همی	به یزدان گنهکار گردی همی
چو آشفته شد هرمز وبردمید	به گفتار آذرگشسپ پلید
تو را اندرین صبر بایست کرد	نبد بنده را روزگار نبرد
چو او را چنان سختی آمد بروی	ز بردع بیامد پسر کینه جوی
ببایست رفتن برشاه ند	بکام وی آراستن گاه نو
نکردی جوان جز برای تو کار	ندیدی دلت جز به روزگار
تن آسان بدی شاد وپیروزبخت	چراکردی آهنگ این تاج وتخت
تودانی که ازتخمه‌ی اردشیر	بجایند شاهان برنا و پیر
ابا گنج وبا لشکر بیشمار	به ایران که خواند تو را شهریار
اگر شهریاری به گنج وسپاه	توانست کردن به ایران نگاه
نبودی جز از ساوه سالار چین	که آورد لشکر به ایران زمین
تو راپاک یزدان بروبرگماشت	بد او ز ایران و توران بگاشت
جهاندار تا این جهان آفرید	زمین کرد و هم آسمان آفرید
ندیدند هرگز سواری چوسام	نزد پیش او شیردرنده گام
چو نوذر شد از بخت بیدادگر	بپا اندر آورد رای پدر
همه مهتران سام را خواستند	همان تخت پیروزه آراستند
بران مهتران گفت هرگز مباد	که جان سپهبد کند تاج یاد
که خاک منوچهر گاه منست	سر تخت نوذر کلاه منست
بدان گفتم این ای برادر که تخت	نیابد مگر مرد پیروزبخت
که دارد کفی راد وفر ونژاد	خردمند و روشن دل و پر ز داد
ندانم که بر تو چه خواهد رسید	که اندر دلت شد خرد ناپدید

۱۷۳۷

بدو گفت بهرام کاینست راست برین راستی پاک یزدان گواست
ولیکن کنون کار ازین درگذشت دل و مغز من پر ز تیمار گشت
اگر مه شوم گر نهم سر بمرگ که مرگ اندر آید بپولاد ترگ

سگالش کردن خسرو با سران سپاه خود

وزان روی شد شهریار جوان چوبگذشت شاد از پل نهروان
همه مهتران را زلشکر بخواند سزاوار بر تخت شاهی نشاند
چنین گفت کای نیکدل سروران جهاندیده و کار کرده سران
بشاهی مرا این نخستین سرست جز از آزمایش نه اندرخورست
بجای کسی نیست ما را سپاس وگر چند هستیم نیکی شناس
شمارا زما هیچ نیکی نبود که چندین غم ورنج باید فزود
نیاکان ما را پرستیده‌اید بسی شور و تلخ جهان دیده‌اید
بخواهم گشادن یکی راز خویش نهان دارم از لشکر آواز خویش
سخن گفتن من بایرانیان نباید که بیرون برند ازمیان
کزین گفتن اندیشه من تباه شود چون بگویند پیش سپاه
من امشب سگالیده‌ام تاختن سپه را به جنگ اندر انداختند
که بهرام را دیده‌ام در سخن سواریست اسپ افگن وکارکن
همی کودکی بی‌خرد داندم بگرز و بشمشیر ترساندم
نداند که من شب شبیخون کنم برزم اندرون بیم بیرون کنم
اگریار باشید بامن به جنگ چو شب تیره گردد نسازم درنگ
چو شوید بعنبر شب تیره روی بیفشاند این گیسوی مشکبوی
شما برنشینید با ساز جنگ همه گرز و خنجر گرفته بچنگ
بران برنهادند یکسر سپاه که یک تن نگردد زفرمان شاه
چو خسرو بیامد بپرده سرای زبیگانه مردم بپردخت جای
بیاورد گستهم وبندوی را جهاندیده و گرد گردوی را
همه کارزار شبیخون بگفت که با او مگر یار باشند و جفت

بدو گفت گستهم کای شهریار	چرایی چنین ایمن از روزگار
تو با لشکر اکنون شبیخون کنی	ز دلها مگر مهر بیرون کنی
سپاه تو با لشکر دشمنند	ابا او همه یک دل و یک تنند
ز یک سو نبیره ز یک سو نیا	به مغز اندرون کی بود کیمیا
ازین سو برادر وزان سو پدر	همه پاک بسته یک اندر دگر
پدر چون کند با پسر کارزار	بدین آروز کام دشمن مخار
نبایست گفت این سخن با سپاه	چو گفتی کنون کار گردد تباه
بدو گفت گردوی کاین خود گذشت	گذشته همه باد گردد به دشت
توانایی و کام وگنج وسپاه	سر مرد بینا نپیچد ز راه
بدین رزمگه امشب اندر مباش	ممان تا شود گنج و لشکر به لاش
که من بی‌گمانم کزین راز ما	وزین ساختن در نهان سازما
بدان لشکر اکنون رسید آگهی	نباید که تو سر بدشمن دهی
چو بشنید خسرو پسند آمدش	به دل رای او سودمند آمدش
گزین کرد زان سرکشان مرد چند	که باشند برنیک وبد یارمند
چو خرداد برزین و گستهم شیر	چوشاپور و چون اندیان دلیر
چو بندوی خراد لشکر فروز	چو نستود لشکرکش نیوسوز
تلی بود پر سبزه وجای سور	سپه را همی‌دید خسرو ز دور
وزین روی بنشست بهرام گرد	بزرگان برفتند با او وخرد
سپهبد بپرسید زان سرکشان	که آمد زخویشان شما را نشان
فرستید هرکس که دارید خویش	که باشند یکدل به گفتار وکیش
گریشان بیایند وفرمان کنند	به پیمان روان را گروگان کنند
سپه ماند از بردع واردبیل	از ارمنیه نیز بی‌مرد وخیل
ازیشان برزم اندرون نیست باک	چه مردان بردع چه یک مشت خاک
شنیدند گردنکشان این سخن	که بهرام جنگ آور افگند بن
زلشکر گزیدند مردی دبیر	سخن گوی و داننده ویادگیر
بیامد گوی با دلی پر ز راز	همی‌بود پویان شب دیریاز
بگفت آنچ بشنید زان مهتران	ازان نامداران وکنداوران
از ایرانیان پاسخ ایدون شنید	که تا رزم لشکر نیاید پدید
یکی مازخسرو نگردیم باز	بترسیم کین کارگردد دراز

۱۷۳۹

مباشید ایمن بران رزمگاه	که خسرو شبیخون کند با سپاه
چو پاسخ شنید آن فرستاده مرد	سوی لشکر پهلوان شد چو گرد
همه لشکر آتش برافروختند	بهر جای شمعی همی‌سوختند
ز لشکر گزین کرد بهرام شیر	سپاهی جهانگیر و گرد دلیر
چوکردند و با او دبیران شمار	سپه بود شمشیر زن صد هزار
ز خاقانیان آن سه ترک سترگ	که بودند غرنده برسان گرگ
به جنگ‌آوران گفت چون زخم کوس	برآید بهنگام بانگ خروس
شما بر خروشید و اندر دهید	سران را ز خون بر سرافسر نهید
بشد تیز لشکر بفرمان گو	سه ترک سر افرازشان پیش رو
برلشکر شهریار آمدند	جفاپیشه و کینه دار آمدند
خروش آمد از گرز و گوپال و تیغ	از آهن زمین بود وز گرد میغ
همی‌گفت هرکس که خسرو کجاست	که امروز پیروزی روز ماست
ببالا همی‌بود خسرو بدرد	دودیده پر از خون و رخ لاژورد
چنین تا سپیده برآمد ز کوه	شد از زخم شمشیر و کشته ستوه
چوشد دامن تیره شب تا پدید	همه رزمگه کشته و خسته دید
بگردنکشان گفت یاری کنید	برین دشمنان کامگاری کنید
که پیروزگر پشت و یارمنست	همان زخم شمشیر کارمنست
بیامد دمان تا بر آن سه ترک	نه ترک دلاور سه پیل سترگ
یکی تاخت تا نزد خسرو رسید	پرنداوری از میان برکشید
همی‌خواست زد بر سر شهریار	سپر بر سرآورد شاه سوار
بزیر سپر تیغ زهر آبگون	بزد تیغ و انداختش سرنگون
خروشید کای نامداران جنگ	زمانی دگر کرد باید درنگ
سپاهش همه پشت برگاشتند	جهانجوی را خوار بگذاشتند
به بندوی و گستهم گفت آن زمان	که اکنون شدم زین سخن بدگمان
رسیده مرا هیچ فرزند نیست	همان از در تاج پیوند نیست
اگر من شوم کشته در کارزار	جهان را نماند یکی شهریار
بدو گفت بندوی کای سرفراز	بدین روز هرگز مبادت نیاز
سپه رفت اکنون تو ایدر مه ایست	که کس در زمانه تو را یار نیست
بزنگوی گفت آن زمان شهریار	کز ایدر برو تازیان تاتخوار

۱۷۴۰

ازین ماندگان بر سواری هزار / بران رزمگاه آنچ یا بی بیار
سراپرده دیبه وگنج وتاج / همان بدره وبرده وتخت عاج
بزرگان بنه برنهادند وگنج / فراوان ببردن کشیدند رنج
هم آنگه یکی اژدهافش درفش / پدید آمد و گشت گیتی بنفش
پس اندر همی‌راند بهرام گرد / به جنگ از جهان روشنایی ببرد
رسیدند بهرام و خسرو بهم / دلاور دو جنگی دو شیر دژم
چوپیلان جنگی بر آشوفتند / همی برسریکدگر کوفتند
همی‌گشت بهرام چون شیر نر / سلیحش نیامد برو کارگر
برین گونه تا خور ز گنبد بگشت / از اندازه آویزش اندر گذشت
تخوار آن زمان پیش خسرو رسید / که گنج وبنه زان سوی پل کشید
چوبشنید خسرو بگستهم گفت / که با ما کسی نیست در جنگ جفت
که ما ده تنیم این سپاهی بزرگ / به پیش اندرون پهلوانی سترگ
هزیمت بهنگام بهتر زجنگ / چو تنها شدی نیست جای درنگ
همی‌راند ناکار دیده جوان / برین گونه بر تا پل نهروان
پس اندر همی‌تاخت بهرام تیز / سری پر ز کینه دلی پر ستیز
چو خسرو چنان دید بر پل بماند / جهاندیده گستهم را پیش خواند
بیارید گفتا کمان مرا / به جنگ اندرون ترجمان مرا
کمانش ببرد آنک گنجور بود / بران کار گستهم دستور بود
کمان بر گرفت آن سپهدار گرد / بتیر از هوا روشنایی ببرد
همی تیر بارید همچون تگرگ / بیک چوبه با سر همی‌دوخت ترگ
پس اندر همی‌تاخت بهرام شیر / کمندی بدست اژدهایی بزیر
چوخسرو و را دید برگشت شاد / دو زاغ کمان را بزه برنهاد
یکی تیر زد بر بربارگی / بشد کار آن باره یکبارگی
پیاده سپهبد سپر برگرفت / ز بیچارگی دست بر سرگرفت
یلان سینه پیش اندر آمد چوگرد / جهانجوی کی داشت او را بمرد
هم اندر زمان اسپ او رابخست / پیاده یلان سینه را پل بجست
سپه بازگشت از پل نهروان / هرآنکس که بودند پیر و جوان
چو بهرام برگشت خسرو چوگرد / پل نهروان سر به سر باز کرد
همی‌راند غمگین سوی طیسفون / دلی پر زغم دیدگان پر زخون

در شارستانها بهن ببست بانبوه اندیشگان درنشست
زهر بر زنی مهتران را بخواند بدور ازه بر پاسبانان نشاند

رفتن خسرو بنزد پدر و کشته شدن هرمز

وزان جایگه شد به پیش پدر دودیده پراز آب و پر خون جگر
چو روی پدر دید بردش نماز همی‌بود پیشش زمانی دراز
بدو گفت کاین پهلوان سوار که او را گزین کردی ای شهریار
بیامد چوشاهان که دارند فر سپاهی بیاورد بسیارمر
بگفتم سخن هرچ آمد ز پند برو پند من بر نبد سودمند
همه جنگ و پرخاش بدکام اوی که هرگز مبادا روان نام اوی
بناکام رزمی گران کرده شد فراوان کس از اختر آزرده شد
زمن بازگشتند یکسر سپاه ندیدند گفتی مرا جزبه راه
همی شاه خوانند بهرام را ندیدند آغاز فرجام را
پس من کنون تا پل نهروان بیاورد لشکر چو کوهی گران
چوشد کاربی برگ بگریختم بدام بلا در نیاویختم
نگه کردم اکنون به سود و زیان نباشند یاور مگر تازیان
گر ای دون که فرمان دهد شهریار سواران تازی برم بی‌شمار
بدو گفت هرمز که این رای نیست که اکنون تو را پای برجای نیست
نباشند یاور تو را تازیان چوجایی نبینند سود و زیان
بدرد دل اندر تو را زار نیز بدشمن سپارند از بهر چیز
بدین کار پشت تو یزدان بود هما و از توبخت خندان بود
چو بگذاشت خواهی همی مرز وبوم از ایدر برو تازیان تا بروم
سخنهای این بنده‌ی چاره جوی چو رفتی یکایک بقیصر بگوی
بجایی که دین است و هم وخواستست سلیح و سپاه وی آراستست
فریدونیان نیز خویش تواند چوکارت شود سخت پیش تواند
چو بشنید خسرو زمین بوس داد بسی بر نهان آفرین کرد یاد

ببندوی و گردوی و گستهم گفت / که ما با غم و رنج گشتیم جفت
بسازید و یکسر بنه برنهید / برو بوم ایران بدشمن دهید
بگفت این و از دیده آواز خاست / که‌ای شاه نیک اختر و داد وراست
یکی گرد تیره برآمد ز راه / درفشی درفشان میان سپاه
درفشی کجا پیکرش اژدهاست / که چوبینه بر نهروان کرد راست
چوبشنید خسرو بیامد بدر / گریزان برفت او ز پیش پدر
همی‌شد سوی روم برسان گرد / درفشی پس پشت او لاژورد
بپیچید یال و بر و روی را / نگه کرد گستهم و بند وی را
همی‌راندند آن دو تن نرم نرم / خروشید خسرو به آوای گرم
همانا سران تان ز پیش آمدست / که بدخواه تان همچو خویش آمدست
اگر نه چنین نرم راندن چراست / که بهرام نزدیک پشت شماست
بدو گفت بندوی کای شهریار / دلت را ببهرام رنجه مدار
کجا گرد ما را نبیند ز راه / که دورست ز ایدر درفش سیاه
چنین است یارانت را گفت و گوی / که ما را بدین تاختن نیست روی
چو چوبینه آید بایوان شاه / هم آنگه به هرمز دهد تاج وگاه
نشیند چو دستور بردست اوی / بدریا رسد کارگر شست اوی
بقیصر یکی نامه از شهریار / نویسد که این بنده‌ی نابکار
گریزان برفتست زین مرز وبوم / نباید که آرام گیرد بروم
هم آنگه که او خویشتن کرد راست / نژندی وکژی ازین بهر ماست
چو آید بران مرز بندش کنید / دل شادمان را گزندش کنید
بدین بارگاهش فرستید باز / ممانید تا گردد او سرفراز
ببندید هم در زمان با سپاه / فرستید گریان بدین جایگاه
چنین داد پاسخ که از بخت بد / سزد زین نشان هرچ بر ما رسد
سخنها درازست و کاری درشت / به یزدان کنون باز هشتیم پشت
براند اسپ وگفت آنچ از خوب و زشت / جهاندار برتارک ما نبشت
بباشد نگردد باندیشه باز / مبادا که آید بدشمن نیاز
چو او برگذشت این دو بیدادگر / ازو بازگشتند پر کینه سر
زراه اندر ایوان شاه آمدند / پراز رنج و دل پرگناه آمدند
ز در چون رسیدند نزدیک تخت / زهی از کمان باز کردند سخت

فگندند ناگاه در گردنش	بیاویختند آن گرامی تنش
شد آن تاج و آن تخت شاهنشهان	توگفتی که هرمز نبد درجهان
چنین است آیین گردنده دهر	گهی نوش بار آورد گاه زهر
اگر مایه اینست سودش مجوی	که درجستنش رنجت آید بروی
چوشد گردش روز هرمز بپای	تهی ماند زان تخت فرخنده جای
هم آنگاه برخاست آواز کوس	رخ خونیان گشت چون سندروس
درفش سپهبد هم آنگه ز راه	پدید آمد اندر میان سپاه
جفا پیشه گستهم و بند وی تیز	گرفتند زان کاخ راه گریز
چنین تا بخسرو رسید این دومرد	جهانجوی چون دیدشان روی زرد
بدانست کایشان دو دل پر ز راز	چرا از جهاندار گشتند باز
برخساره شد چون گل شنبلید	نکرد آن سخن بر دلیران پدید
بدیشان چنین گفت کزشاه راه	بگردید کامد بتنگی سپاه
بیابان گزینید وراه دراز	مدارید یکسر تن از رنج باز

گریختن خسرو با گستهم و بندوی

چوبهرام رفت اندر ایوان شاه	گزین کرد زان لشکر کینه خواه
زرهدار و شمشیر زن سی‌هزار	بدان تا شوند از پس شهریار
چنین لشکری نامبردار و گرد	ببهرام پور سیاوش سپرد
وزان روی خسرو بیابان گرفت	همی از بد دشمنان جان گرفت
چنین تا بنزد رباطی رسید	سر تیغ دیوار او ناپدید
کجا خواندندیش یزدان سرای	پرستشگهی بود و فرخنده جای
نشستنگه سوکواران بدی	بدو در سکوبا و مطران بدی
چنین گفت خسرو به یزدان پرست	که از خوردنی چیست کاید بدست
سکوبا بدو گفت کای نامدار	فطیرست با ترهی جویبار
گرای دون که شاید بدین سان خورش	مبادت جز از نوشه این پرورش
ز اسب اندر آمد سبک شهریار	همان آنک بودند با اوسوار

۱۷۴۴

جهانجوی با آن دو خسرو پرست ‌‌ گرفت از پی و از برسم بدست
بخوردند با شتاب چیزی که بود ‌‌ پس آنگه به زمزم بگفتند زود
چنین گفت پس با سکوبا که می ‌‌ نداری تو ای پیرفرخنده پی
بدو گفت ما می‌زخرما کنیم ‌‌ به تموز وهنگام گرما کنیم
کنون هست لختی چو روشن گلاب ‌‌ به سرخی چو بیجاده در آفتاب
هم آنگه بیاورد جامی نبید ‌‌ که شد زنگ خورشید زو ناپدید
بخورد آن زمان خسرو از می سه جام ‌‌ می و نان کشکین که دارد بنام
چو مغزش شد از باده‌ی سرخ گرم ‌‌ هم آنگه بخفت از بر ریگ نرم
نهاد از بر ران بندوی سر ‌‌ روانش پر از درد و خسته جگر
همان چون بخواب اندر آمد سرش ‌‌ سکوبای مهتر بیامد برش
که از راه گردی برآمد سیاه ‌‌ دران گرد تیره فراوان سپاه
چنین گفت خسرو که بد روزگار ‌‌ که دشمن بدین گونه شد خواستا ر
نه مردم به کارست و نه بارگی ‌‌ فراز آمد آن روز بیچارگی
بدو گفت بندوی بس چاره ساز ‌‌ که آمدت دشمن بتنگی فراز
بدو گفت خسرو که ای نیک خواه ‌‌ مرا اندرین کار بنمای راه
بدو گفت بندوی کای شهریار ‌‌ تو را چاره سازم بدین روزگار
ولیکن فدا کرده باشم روان ‌‌ به پیش جهانجوی شاه جهان
بدو گفت خسرو که دانای چین ‌‌ یکی خوب زد داستانی برین
که هرکو کند بر درشاه کشت ‌‌ بیابد بدان گیتی اندر بهشت
چو دیوار شهر اندر آمد زپای ‌‌ کلاته نباید که ماند بجای
چو ناچیز خواهد شدن شارستان ‌‌ مماناد دیوار بیمارستان
توگر چاره‌جویی دانی اکنون بساز ‌‌ هم از پاک یزدان نه‌ای بی‌نیاز
بدو گفت بندوی کاین تاج زر ‌‌ مرا ده همین گوشوار و کمر
همان لعل زرین چینی قبای ‌‌ چو من پوشم این را تو ایدر مپای
برو با سپاهت هم اندر شتاب ‌‌ چو کشتی که موجش درآرد ز آب
بکرد آن زمان هرچ بندوی گفت ‌‌ وزانجایگه گشت با باد جفت
چو خسرو برفت از بر چاره جوی ‌‌ جهاندیده سوی سقف کرد روی
که اکنون شما را بدین بر ز کوه ‌‌ بباید شدن ناپدید از گروه
خود اندر پرستشگه آمد چو گرد ‌‌ بزودی در آهنین سخت کرد

بپوشید پس جامه‌ی زرنگار
به سر برنهاد افسر شهریار

بران بام برشد نه بر آرزوی
سپه دید گرد اندورن چارسوی

همی‌بود تا لشکر رزمساز
رسیدند نزدیک آن دژ فراز

ابرپای خاست آنگه از بام زود
تن خویشتن را به لشکر نمود

بدیدندش از دور با تاج زر
همان طوق و آن گوشوار و کمر

همی‌گفت هر کس که این خسروست
که با تاج و با جامه‌های نوست

چو بند وی شد بی‌گمان کان سپاه
همی‌بازنشناسد او را ز شاه

فرود آمد و جامه‌ی خویش تفت
بپوشید ناکام و بربام رفت

چنین گفت کای رزمسازان نو
کرا خوانم اندر شما پیش رو

که پیغام دارم ز شاه جهان
بگویم شنیده به پیش مهان

چو پور سیاووش دیدش ببام
منم پیش رو گفت بهرام نام

بدو گفت گوید جهاندار شاه
که من سخت پیچانم از رنج راه

ستوران همه خسته و کوفته
زراه دراز اندر آشوفته

بدین خانه‌ی سوکواران به رنج
فرود آمدستیم با یار پنج

چوپیدا شود چاک روز سپید
کنم دل زکار جهان ناامید

بیاییم با تو به راه دراز
به نزدیک بهرام گردن فراز

برین برکه گفتم نجویم زمان
مگر یارمندی کند آسمان

نیاکان ماآنک بودند پیش
نگه داشتندی هم آیین وکیش

اگرچه بدی بختشان دیر ساز
ز کهتر نبرداشتندی نیاز

کنون آنچ ما را به دل راز بود
بگفتیم چون بخت ناساز بود

زرخشنده خورشید تا تیره خاک
نباشد مگر رای یزدان پاک

چو سالار بشنید زو داستان
به گفتار او گشت همداستان

دگر هرکه بشنید گفتار اوی
پر از درد شد دل ز کردار اوی

فرود آمد آن شب بدانجا سپاه
همی‌داشتی رای خسرو نگاه

دگر روز بندوی بربام شد
ز دیوار تا سوی بهرام شد

بدو گفت کامروز شاه از نماز
همانا نیاید به کاری فراز

چنین هم شب تیره بیدار بود
پرستنده‌ی پاک دادار بود

همان نیز خورشید گردد بلند
زگرما نباید که یابد گزند

بیاساید امروز و فردا پگاه
همی‌راند اندر میان سپاه

چنین گفت بهرام با مهتران
که کاریست این هم سبک هم گران

چو بر خسرو این کار گیریم تنگ
مگر تیز گردد بیاید به جنگ

بتنها تن او یکی لشکرست
جهانگیر و بیدار و کنداورست

وگر کشته آید به دشت نبرد
برآرد ز ما نیز بهرام گرد

هم آن به که امروز باشیم نیز
وگر خوردنی نیست بسیار چیز

مگر کو بدین هم نشان خوش منش
بیاید به از جنگ وز سرزنش

چنان هم همی‌بود تا شب ز کوه
برآمد بگرد اندر آمد گروه

سپاه اندرآمد ز هر پهلوی
همی‌سوختند آتش از هر سوی

چوروی زمین گشت خورشید فام
سخن گوی بندوی برشد ببام

ببهرام گفت ای جهاندیده مرد
برانگه که برخاست از دشت گرد

چو خسرو شما را بدید او برفت
سوی روم با لشکر خویش تفت

کنون گر تو پران شوی چون عقاب
وگر برتر آری سر از آفتاب

نبیند کسی شاه را جز بروم
که اکنون کهن شد بران مرز وبوم

کنون گر دهیدم به جان زینهار
بیایم بر پهلوان سوار

بگویم سخن هرچ پرسد زمن
ز کمی و بیشی آن انجمن

وگرنه بپوشم سلیح نبرد
به جنگ اندر آیم بکردار گرد

چو بهرام بشنید زو این سخن
دل مرد برنا شد از غم کهن

به یاران چنین گفت کاکنون چه سود
اگر من برآرم ز بندوی دود

همان به که او را برپهلوان
برم هم برین گونه روشن روان

بگوید بدو هرچ داند ز شاه
اگر سر دهد گر ستاند کلاه

به بندوی گفت ای بد چاره‌جوی
تو این داوریها ببهرام گوی

فرود آمد از بام بندوی شیر
همی‌راند با نامدار دلیر

چوبشنید بهرام کامد سپاه
سوی روم شد خسرو کینه خواه

زپور سیاوش بر آشفت سخت
بدو گفت کای بدرگ شوربخت

نه کار تو بود اینک فرمودمت
همی بی‌هنر خیره بستودمت

جهانجوی بندوی را پیش خواند
همی خشم بهرام با او براند

بدو گفت کای بدتن بدکنش
فریبنده مرد از در سرزنش

سپاه مرا خیره بفریفتی
زبد گوهر خویش نشکیفتی

تو با خسرو شوم گشتی یکی
جهاندیده یی کردی از کودکی

کنون آمدی با دلی پر سخن	که من نو کنم روزگار کهن
بدو گفت بندوی کای سرفراز	زمن راستی جوی و تندی مساز
بدان کان شهنشاه خویش منست	بزرگیش ورادیش پیش منست
فداکردمش جان وبایست کرد	تو گر مهتری گرد کژی مگرد
بدو گفت بهرام من زین گناه	که کردی نخواهمت کردن تباه
ولیکن تو هم کشته بر دست اوی	شوی زود و خوانی مرا راست گوی
نهادند بر پای بندوی بند	ببهرام دادش ز بهر گزند
همی‌بود تا خور شد اندر نهفت	بیامد پر اندیشه دل بخفت
چو خورشید خنجر کشید از نیام	پدید آمد آن مطرف زردفام
فرستاد و گردنکشان را بخواند	برتخت شاهی به زانو نشاند
بهرجای کرسی زرین نهاد	چوشاهان پیروز بنشست شاد
چنین گفت زان پس به بانگ بلند	که هرکس که هست ازشما ارجمند
ز شاهان ز ضحاک بتر کسی	نیامد پدیدار بجویی بسی
که از بهر شاهی پدر را بکشت	وزان کشتن ایرانش آمد بمشت
دگر خسرو آن مرد بیداد و شوم	پدر را بکشت آنگهی شد بروم
کنون ناپدیدست اندر جهان	یکی نامداری ز تخت مهان
که زیبا بود بخشش و بخت را	کلاه و کمر بستن وتخت را
که دارید که اکنون ببندد میان	بجا آورد رسم و راه کیان
بدارنده‌ی آفتاب بلند	که باشم شما را بدین یارمند
شنیدند گردنکشان این سخن	که آن نامور مهتر افکند بن
نپیچید کس دل ز گفتار راست	یکی پیرتر بود بر پای خاست
کجا نام او بود شهران گراز	گوی پیرسر مهتری دیریاز
چنین گفت کای نامدار بلند	توی در جهان تابوی سودمند
بدی گر نبودی جز از ساوه شاه	که آمد بدین مرز ما با سپاه
ز آزادگان بندگان خواست کرد	کجا در جهانش نبد هم نبرد
ز گیتی بمردی تو بستی میان	که آن رنج بگذشت ز ایرانیان
سپه چاربار از یلان صدهزار	همه گرد و شایسته‌ی کارزار
بیک چوبه تیر تو گشتند باز	برآسود ایران ز گرم و گداز
کنون تخت ایران سزاوار تست	برین برگوا بخت بیدارتست

کسی کو بپیچد ز فرمان ما
وگر دور ماند ز پیمان ما

بفرمانش آریم اگر چه گوست
و گر داستان را همه خسروست

بگفت این و بنشست بر جای خویش
خراسان سپهبد بیامد به پیش

چنین گفت کاین پیر دانش پژوه
که چندین سخن گفت پیش گروه

بگویم که او از چه گفت این سخن
جهانجوی و داننده مرد کهن

که این نیکویها ز تو یاد کرد
دل انجمن زین سخن شاد کرد

ولیکن یکی داستانست نغز
اگر بشنود مردم پاک مغز

که زر دشت گوید باستا و زند
که هرکس که از کردگاربلند

بپیچد بیک سال پندش دهید
همان مایه‌ی سودمندش دهید

سرسال اگر بازناید به راه
ببایدش کشتن بفرمان شاه

چو بر دادگر شاه دشمن شود
سرش زود باید که بی‌تن شود

خراسان بگفت این و لب راببست
بیامد بجایی که بودش نشست

ازان پس فرخ زاد برپای خاست
ازان انجمن سر برآورد راست

چنین گفت کای مهتر سودمند
سخن گفتن داد به گر پسند

اگر داد بهتر بود کس مباد
که باشد به گفتار بی‌داد شاد

ببهرام گوید که نوشه بدی
جهان را بدیدار توشه بدی

اگر ناپسندست گفتار ما
بدین نیست پیروزگر یارما

انوشه بدی شاد تاجاودان
زتو دور دست و زبان بدان

بگفت این و بنشست مرد دلیر
خزروان خسرو بیامد چو شیر

بدو گفت اکنون که چندین سخن
سراینده برنا و مرد کهن

سرانجام اگر راه جویی بداد
هیونی برافگن بکردار باد

ممان دیر تا خسرو سرفراز
بکوبد بنزد تو راه دراز

ز کار گذشته به پوزش گرای
سوی تخت گستاخ مگذار پای

که تا زنده باشد جهاندار شاه
نباشد سپهبد سزاوار گاه

وگر بیم داری ز خسرو به دل
پی از پارس وز طیسفون برگسل

بشهر خراسان تن آسان بزی
که آسانی و مهتری را سزی

به پوزش یک اندر دگر نامه ساز
مگر خسرو آید برای تو باز

نه برداشت خسرو پی از جای خویش
کجا زاد فرخ نهد پای پیش

سخن گفت پس زاد فرخ بداد
که‌ای نامداران فرخ نژاد

شنیدم سخن گفتن مهتران   که هستند ز ایران گزیده سران
نخستین سخن گفتن بنده وار   که تا پهلوانی شود شهریار
خردمند نپسندد این گفت وگوی   کزان کم شود مرد راآب روی
خراسان سخن برمنش وار گفت   نگویم که آن با خرد بود جفت
فرخ زاد بفزود گفتار تند   دل مردم پرخرد کرد کند
چهارم خزروان سالاربود   که گفتار او با خرد یاربود
که تا آفرید این جهان کردگار   پدید آمد این گردش روزگار
ز ضحاک تازی نخست اندرآی   که بیدادگر بود و ناپاک رای
که جمشید برتر منش را بکشت   به بیداد بگرفت گیتی بمشت
پر از درد دیدم دل پارسا   که اندر جهان دیو بد پادشا
دگر آنک بد گوهر افراسیاب   ز توران بدانگونه بگذاشت آب
بزاری سر نوذر نامدار   بشمشیر ببرید و برگشت کار
سدیگر سکندر که آمد ز روم   به ایران و ویران شد این مرز وبوم
چو دارای شمشیر زن را بکشت   خور و خواب ایرانیان شد درشت
چهارم چو ناپاک دل خوشنواز   که گم کرد زین بوم و بر نام و ناز
چو پیروز شاهی بلند اختری   جهاندار وز نامداران سری
بکشتند هیتالیان ناگهان   نگون شد سرتخت شاه جهان
کس اندر جهان این شگفتی ندید   که اکنون بنوی به ایران رسید
که بگریخت شاهی چوخسرو زگاه   سوی دشمنان شد ز دست سپاه
بگفت این و بنشست گریان بدرد   ز گفتار او گشت بهرام زرد
جهاندیده سنباد برپای جست   میان بسته وتیغ هندی بدست
چنین گفت کاین نامور پهلوان   بزرگست و با داد و روشن روان
کنون تاکسی از نژادکیان   بیاید ببندد کمر بر میان
هم آن به که این برنشیند بتخت   که گردست و جنگاور و نیک بخت
سرجنگیان کاین سخنها شنید   بزد دست و تیغ از میان برکشید
چنین گفت کز تخم شاهان زنی   اگر باز یابیم در بر زنی
ببرم سرش را بشمشیر تیز   زجانش برآرم دم رستخیز
نمانم که کس تاجداری کند   میان سواران سورای کند
چوبشنید با بوی گرد ارمنی   که سالار ناپاک کرد آن منی

کشیدند شمشیر و برخاستند
یکی نو سخن دیگر آراستند
که بهرام شاهست و ماکهتریم
سر دشمنان را بپی بسپریم
کشیده چو بهرام شمشیر دید
خردمندی و راستی برگزید
چنین گفت کانکو ز جای نشست
برآید بیازد به شمشیر دست
ببرم هم اندر زمان دست اوی
هشیوار گردد سرت مست اوی
بگفت این و از پیش آزادگان
بیامد سوی گلشن شادگان
پراگنده گشت آن بزرگ انجمن
همه رخ پر آژنگ و دل پرشکن

پادشاهی بهرام پورگشسپ یکسال و شش ماه بود

چوپیدا شد آن چادر قیرگون
درفشان شد اختر بچرخ اندرون
چو آواز دارنده‌ی پاس خاست
قلم خواست بهرام و قرطاس خواست
بیامد دبیر خردمند و راد
دوات و قلم پیش دانا نهاد
بدو گفت عهدی ز ایرانیان
بباید نوشتن برین پرنیان
که بهرام شاهست و پیروزبخت
سزاوار تاج است و زیبای تخت
نجوید جز از راستی درجهان
چه در آشکار و چه اندر نهان
نوشته شد آن شمع برداشتند
شب تیره باندیشه بگذاشتند
چو پنهان شد آن چادر لاژورد
جهان شد ز دیدار خورشید زرد
بیامد یکی مرد پیروزبخت
نهاد اندر ایوان بهرام تخت
برفتند ایوان شاهی چو عاج
بیاویختند از برگاه تاج
برتخت زرین یکی زیرگاه
نهادند و پس برگشادند راه
نشست از بر تخت بهرامشاه
به سر برنهاد آن کیانی کلاه
دبیرش بیاورد عهد کیان
نوشته بران پربها پرنیان
گوایی نوشتند یکسر مهان
که بهرام شد شهریار جهان
بران نامه چون نام کردند یاد
بروبر یکی مهر زرین نهاد
چنین گفت کاین پادشاهی مراست
بدین بر شما پاک یزدان گواست
چنین هم بماناد سالی هزار
که از تخمه‌ی من بود شهریار

پسر بر پسر هم چنین ارجمند — بماناد با تاج و تخت بلند
بذر مه اندر بد و روز هور — که از شیر پر دخته شد پشت گور
چنین گفت زان پس بایرانیان — که برخاست پرخاش و کین از میان
کسی کوبرین نیست همداستان — اگر کژ باشید اگر راستان
به ایران مباشید بیش از سه روز — چهارم چو از چرخ گیتی فروز
بر آید همه نزد خسرو شوید — برین بوم و بر بیش ازین مغنوید
نه از دل برو خواندند آفرین — که پردخته از تو مبادا زمین
هرآنکس که با شاه پیوسته بود — بران پادشاهی دلش خسته بود
برفتند زان بوم تا مرز روم — پراگنده گشتند ز آباد بوم

چاره بندوی با بهرام سیاوشان در کشتن بهرام و گریختن او

همی‌بود بندوی بسته چو یوز — به زندان بهرام هفتاد روز
نگهبان بندوی بهرام بود — کزان بند او نیک ناکام بود
ورا نیز بندوی بفریفتی — ببند اندر از چاره نشکیفتی
که از شاه ایران مشو ناامید — اگر تیره شد روز گردد سپید
اگرچه شود بخت او دیرساز — شود بخت پیروز با خوشنواز
جهان آفرین برتن کیقباد — ببخشید و گیتی بدو باز داد
نماند به بهرام هم تاج وتخت — چه اندیشد این مردم نیک بخت
ز دهقان نژاد ایچ مردم مباد — که خیره دهد خویشتن راباباد
بانگشت بشمر کنون تا دوماه — که از روم بینی به ایران سپاه
بدین تاج و تخت آتش اندرزنند — همه ز یورش بر سرش بشکنند
بدو گفت بهرام گر شهریار — مرا داد خواهد به جان زینهار
زپند توآرایش جان کنم — همه هرچ گویی توفرمان کنم
یکی سخت سوگند خواهم بماه — به آذرگشسپ و بتخت و کلاه
که گر خسرو آید برین مرز وبوم — سپاه آرد از پیش قیصر ز روم
به خواهی مرا زو به جان زینهار — نگیری تو این کار دشوار خوار

ازو بر تن من نیاید زیان	نگردد به گفتار ایرانیان
بگفت این و پس دفتر زند خواست	به سوگند بندوی رابند خواست
چو بندوی بگرفت استا و زند	چنین گفت کز کردگار بلند
مبیناد بندوی جز درد ورنج	مباد ایمن اندر سرای سپنج
که آنگه که خسرو بیاید زجای	ببینم من او را نشینم ز پای
مگر کو به نزد تو انگشتری	فرستد همان افسر مهتری
چوبشنید بهرام سوگند او	بدید آن دل پاک و پیوند او
بدو گفت کاکنون همه راز خویش	بگویم بر افرازم آواز خویش
بسازم یکی دام چوبینه را	بچاره فراز آورم کینه را
به زهراب شمشیر در بزمگاه	بکوشش توانمش کردن تباه
بدریای آب اندرون نم نماند	که بهرام را شاه بایست خواند
بدو گفت بندوی کای کاردان	خردمند و بیدار و بسیاردان
بدین زودی اندر جهاندار شاه	بیاید نشیند برین پیشگاه
تودانی که من هرچ گویم بدوی	نپیچد ز گفتار این بنده روی
بخواهم گناهی که رفت از تو پیش	ببخشد به گفتار من تاج خویش
اگر خود برآنی که گویی همی	به دل رای کژی نجویی همی
ز بند این دو پای من آزاد کن	نخستین ز خسرو برین یادکن
گشاده شود زین سخن راز تو	بگوش آیدش روشن آواز تو
چو بشنید بهرام شد تازه روی	هم اندر زمان بند برداشت زوی
چو روشن شد آن چادر مشک رنگ	سپیده بدو اندر آویخت چنگ
ببندوی گفت ارث دلم نشکند	چو چوبینه امروز چوگان زند
سگالیده‌ام دوش با پنج یار	که از تارک او برآرمم دمار
چوشد روز بهرام چوبینه روی	به میدان نهاد و بچوگان و گوی
فرستاده آمد ز بهرام زود	به نزدیک پور سیاوش چودود
زره خواست و پوشید زیرقبای	ز درگاه باسپ اندر آورد پای
زنی بود بهرام یل را نه پاک	که بهرام را خواستی زیر خاک
به دل دوست بهرام چوبینه بود	که از شوی جانش پر از کینه بود
فرستاد نزدیک بهرام کس	که تن را نگه دار و فریاد رس
که بهرام پوشید پنهان زره	برافگند بند زره را گره

ندانم که در دل چه دارد ز بد	تو زو خویشتن دور داری سزد
چو بشنید چو بینه گفتار زن	که با او همی‌گفت چوگان مزن
هرآنکس که رفتی به میدان اوی	چو نزدیک گشتی بچوگان و گوی
زدی دست بر پشت اونرم نرم	سخن گفتن خوب و آواز گرم
چنین تا به پور سیاوش رسید	زره در برش آشکارا بدید
بدو گفت ای بتر از خار گز	به میدان که پوشد زره زیر خز
بگفت این و شمشیر کین برکشید	سراپای او پاک بر هم درید
چوبندوی زان کشتن آگاه شد	برو تابش روز کوتاه شد
بپوشید پس جوشن و برنشست	میان یلی لرزلرزان ببست
ابا چند تن رفت لرزان به راه	گریزان شد از بیم بهرامشاه
گرفت او ازان شهر راه گریز	بدان تا نبینند ازو رستخیز
به منزل رسیدند و بفزود خیل	گرفتند تازان ره اردبیل
زمیدان چو بهرام بیرون کشید	همی دامن ازخشم در خون کشید
ازان پس بفرمود مهر وی را	که باشد نگهدار بندوی را
ببهرام گفتند کای شهریار	دلت را ببندوی رنجه مدار
که اوچون ازین کشتن آگاه شد	همانا که با باد همراه شد
پشیمان شد از کشتن یار خویش	کزان تیره دانست بازار خویش
چنین گفت کنکس که دشمن ز دوست	نداند مبادا ورا مغز و پوست
یکی خفته بر تیغ دندان پیل	یکی ایمن از موج دریای نیل
دگر آنک بر پادشا شد دلیر	چهارم که بگرفت بازوی شیر
ببخشای برجان این هر چهار	کزیشان بپیچد سر روزگار
دگر هرک جنباند او کوه را	بران یارگر خواهد انبوه را
تن خویشتن را بدان رنجه داشت	وزان رنج تن باد در پنجه داشت
بکشتی ویران گذشتن برآب	به آید که بر کارکردن شتاب
اگر چشمه خواهی که بینی بچشم	شوی خیره زو بازگردی بخشم
کسی راکجا کور بد رهنمون	بماند به راه دراز اندرون
هرآنکس که گیرد بدست اژدها	شد او کشته و اژدها زو رها
وگر آزمون را کسی خورد زهر	ازان خوردنش درد و مرگست بهر
نکشتیم بندوی را از نخست	ز دستم رها شد در چاره جست

برین کرده خویش باید گریست ببینیم تا رای یزدان بچیست
وزان روی بندوی و اندک سپاه چوباد دمان بر گرفتند راه
همی‌برد هرکس که بد بردنی براهی که موسیل بود ارمنی
بیابان بی‌راه و جای دده سرا پرده یی دید جایی زده
نگه کرد موسیل بود ارمنی هم آب روان یافت هم خوردنی
جهان جوی بندوی تنها برفت سوی خیمه‌ها روی بنهاد تفت
چو مو سیل را دید بردش نماز بگفتند با او زمانی دراز
بدو گفت موسیل زایدر مرو که آگاهی آید تو را نوبنو
که در روم آباد خسرو چه کرد همی آشتی نو کند گر نبرد
چو بشنید بندوی آنجا بماند وزان دشت یاران خود رابخواند

گربختن خسرو

همی‌تاخت خسرو به پیش اندرون نه آب وگیا بود و نه رهنمون
عنان را بدان باره کرده یله همی‌راند ناکام تا به اهله
پذیره شدندش بزرگان شهر کسی را که از مردمی بود بهر
چو خسرو به نزدیک ایشان رسید بران شهر لشکر فرود آورید
همان چون فرود آمد اندر زمان نوندی بیامد ز ایران دمان
ز بهرام چوبین یکی نامه داشت همان نامه پوشیده در جامه داشت
نوشته سوی مهتری باهله که گرلشکر آید مکنشان یله
سپاه من اینک پس اندر دمان بشهر تو آید زمان تا زمان
چو مهتر برانگونه برنامه دید هم اندر زمان پیش خسرو دوید
چوخسرو نگه کرد و نامه بخواند ز کار جهان در شگفتی بماند
بترسید که آید پس او سپاه بران نامه بر تنگدل گشت شاه
ازان شهر هم در زمان برنشست میان کیی تاختن را ببست
همی‌تاخت تا پیش آب فرات ندید اندرو هیچ جای نبات
شده گرسنه مرد پیر وجوان یکی بیشه دیدند و آب روان
چوخسرو به پیش اندرون بیشه دید سپه را بران سبزه اندر کشید

شده گرسنه مرد ناهاروسست	کمان را بزه کرد نخچیر جست
ندیدند چیزی بجایی دوان	درخت و گیا بود و آب روان
پدید آمد اندر زمان کاروان	شتر بود و پیش اندرون ساروان
چو آن ساربان روی خسرو بدید	بدان نامدار آفرین گسترید
بدو گفت خسرو که نام تو چیست	کجا رفت خواهی و کام تو چیست
بدو گفت من قیس بن حارثم	ز آزادگان عرب وارثم
ز مصر آمدم با یکی کاروان	برین کاروان بر منم ساروان
به آب فراتست بنگاه من	از انجا بدین بیشه بد راه من
بدو گفت خسرو که از خوردنی	چه داری هم از چیز گستردنی
که ما ماندگانیم و هم گرسنه	نه توشست ما را نه بار و بنه
بدو گفت تازی که ایدر بایست	مرا با تو چیز و تن جان یکیست
چو بر شاه تازی بگسترد مهر	بیاورد فربه یکی ماده سهر
بکشتند و آتش بر افروختند	ترو خشک هیزم همی‌سوختند
بر آتش پراگند چندی کباب	بخوردن گرفتند یاران شتاب
گرفتند واژ آنک بد دین پژوه	بخوردن شتابید دیگر گروه
بخوردند بی‌نان فراوان کباب	بیاراست هر مهتری جای خواب
زمانی بخفتند و برخاستند	یکی آفرین نو آراستند
بدان دادگر کو جهان آفرید	توانایی و ناتوان آفرید
ازان پس به یاران چنین گفت شاه	که هرکس که او بیش دارد گناه
به پیش من آنکس گرامی ترست	وزان کهتران نیز نامی ترست
هرآنکس کجا بیش دارد بدی	بگشت از من و از ره بخردی
بما بیش باید که دارد امید	سراسر به نیکی دهیدش نوید
گرفتند یاران برو آفرین	که ای پاک دل خسرو پاک دین
بپرسید زان مرد تازی که راه	کدامست و من چون شوم با سپاه
بدو گفت هفتاد فرسنگ بیش	شما را بیابان و کوهست پیش
چودستور باشی من ازگوشت و آب	به راه آورم گر نسازی شتاب
بدو گفت خسرو جزین نیست رای	که با توشه باشیم و با رهنمای
هیونی بر افگند تازی به راه	بدان تا برد راه پیش سپاه
همی‌تاخت اندر بیابان و کوه	پر از رنج و تیمار با آن گروه

۱۷۵۶

یکی کاروان نیز دیگر به راه / پدید آمد از دور پیش سپاه
یکی مرد بازارگان مایه دار / بیامد هم آنگه بر شهریار
بدو گفت شاه از کجایی بگوی / کجا رفت خواهی چنین پوی پوی
بدو گفت کز خره‌ی اردشیر / یکی مرد بازارگانم دبیر
بدو گفت نامت چه کرد آنک زاد / چنین داد پاسخ که مهران ستاد
ازو توشه جست آن زمان شهریار / بدو گفت سالار کای نامدار
خورش هست چندانک اندازه نیست / اگر چهره بازارگان تازه نیست
بدو گفت خسرو که مهمان به راه / بیابی فزونی شود دستگاه
سر بار بگشاد بازارگان / درمگان به آمد ز دینارگان
خورش بر دو بنشست خود بر زمین / همی‌خواند بر شهریار آفرین
چونان خورده شد مرد مهمان پرست / بیامد گرفت آبدستان بدست
چو از دور خراد بر زین بدید / ز جایی که بد پیش خسرو دوید
ز بازارگان بستد آن آب گرم / بدن تا ندارد جهاندار شرم
پس آن مرد بازارگان پر شتاب / می‌آورد برسان روشن گلاب
دگر باره خراد بر زین ز راه / ازو بستد آن جام و شد نزد شاه
پرستش پرستنده را داشت سود / بران برتری برتریها فزود
ازان پس ببازارگان گفت شاه / که اکنون سپه را کدامست راه
نشست تو در خره اردشیر / کجا باشد ای مرد مهمان‌پذیر
بدو گفت کای شاه با داد ورای / ز بازارگانان منم پاک رای
نشانش یکایک به خسرو بگفت / همه رازها برگشاد از نهفت
بفرمود تا نام برنا و ده / نویسد نویسنده‌ی روزبه
ببازارگان گفت پدرود باش / خرد را به دل تار و هم پود باش
چو بگذشت لشکر بران تازه بوم / بتندی همی‌راند تا مرز روم
چنین تا بیامد بران شارستان / که قیصر ورا خواندی کارستان
چواز دور ترسا بدید آن سپاه / برفتند پویان ببی راه و راه
بدان باره اندر کشیدند رخت / در شارستان را ببستند سخت
فروماند زان شاه گیتی فروز / به بیرون بماندند لشکر سه روز
فرستاد روز چهارم کسی / که نزدیک ما نیست لشکر بسی
خورشها فرستید و یاری کنید / چه برما همی کامگاری کنید

به نزدیک ایشان سخن خوار بود / سپاهش همه سست و ناهار بود
هم آنگه برآمد یکی تیره ابر / بغرید برسان جنگی هژبر
وز ابر اندران شارستان باد خاست / بهر بر زنی بانگ و فریاد خاست
چونیمی ز تیره شب اندر کشید / ز باره یکی بهره شد ناپدید
همه شارستان ماند اندر شگفت / به یزدان سقف پوزش اندر گرفت
بهر بر زنی بر علف ساختند / سه پیر سکوبا برون تاختند
ز چیزی که بود اندران تازه بوم / همان جامه هایی که خیزد ز روم
ببردند بالا به نزدیک شاه / که پیدا شد ای شاه برما گناه
چو خسرو جوان بود و برتر منش / بدیشان نکرد از بدی سرزنش
بدان شارستان دریکی کاخ بود / که بالاش با ابر گستاخ بود
فراوان بدو اندرون برده بود / همان جای قیصر برآورده بود
ز دشت اندرآمد بدانجا گذشت / فراوان بدان شارستان دربگشت
همه رومیان آفرین خواندند / بپا اندرش گوهر افشاندند
چو آباد جایی به چنگ آمدش / برآسود و چندی درنگ آمدش
به قیصر یکی نامه بنوشت شاه / ازان باد وباران وابر سیاه
وزان شارستان سوی مانوی راند / که آن را جهاندار مانوی خواند
زما نوییان هرک بیدار بود / خردمند و راد و جهاندار بود
سکوبا و رهبان سوی شهریار / برفتند با هدیه و با نثار
همی‌رفت با شاه چندی سخن / ز باران و آن شارستان کهن
همی‌گفت هرکس که ما بنده‌ایم / به گفتار خسرو سر افگنده‌ایم

آگاهی دادن راهب خسرو را از آینده

ببود اندر آن شهر خسرو سه روز / چهارم چو بفروخت گیتی فروز
بابر اندر آورد برنده تیغ / جهانجوی شد سوی راه وریغ
که اوریغ بد نام آن شارستان / بدو در چلیپا و بیمارستان
ببی راه پیدا یکی دیر بود / جهانجوی آواز راهب شنود

به نزدیک دیر آمد آواز داد   که کردار تو جز پرستش مباد
گر از دیر دیرینه آیی فرود   زنیکی دهش باد برتو درود
هم آنگاه راهب چو آوا شنید   فرود آمد از دیر و او را بدید
بدو گفت خسرو تویی بی‌گمان   زتخت پدرگشته نا شادمان
زدست یکی بدکنش بنده‌یی   پلیدی منی فش پرستنده‌یی
چوگفتار راهب بی‌اندازه شد   دل خسرو از مهر او تازه شد
ز گفتار او در شگفتی بماند   برو بر جهان آفرین رابخواند
ز پشت صلیبی بیازید دست   بپرسیدن مرد یزدان پرست
پرستنده چون دید بردش نماز   سخن گفت با او زمانی دراز
یکی آزمون را بدو گفت شاه   که من کهتری‌ام ز ایران سپاه
پیامی همی نزد قیصر برم   چو پاسخ دهد سوی مهتر برم
گرین رفتن من همایون بود   نگه کن که فرجام من چون بود
بدو گفت راهب که چونین مگوی   توشاهی مکن خویشتن شاه جوی
چو دیدمت گفتم سراسر سخن   مرا هر زمان آزمایش مکن
نباید دروغ ایچ دردین تو   نه کژی برین راه و آیین تو
بسی رنج دیدی و آویختی   سرانجام زین بنده بگریختی
ز گفتار او ماند خسرو شگفت   چو شرم آمدش پوزش اندر گرفت
بدو گفت راهب که پوزش مکن   بپرس از من از بودنیها سخن
بدین آمدن شاد و گستاخ باش   جهان را یکی بارور شاخ باش
که یزدان تو را بی‌نیازی دهد   بلند اخترت سرفرازی دهد
ز قیصر بیابی سلیح و سپاه   یکی دختری از در تاج و گاه
چو با بندگان کار زارت بود   جهاندار بیدار یارت بود
سرانجام بگریزد آن بد نژاد   فراوان کند روز نیکیش یاد
وزان رزم جایی فتد دور دست   بسازد بران بوم جای نشست
چو دوری گزیند ز فرمان تو   بریزند خونش به پیمان تو
بدو گفت خسرو جزین خود مباد   که کردی تو ای پیرداننده یاد
چوگویی بدین چند باشد درنگ   که آید مرا پادشاهی بچنگ
چنین داد پاسخ که ده با دو ماه   برین برگذرد بازیابی کلاه
اگر بر سر آید ده وپنج روز   تو گردی شهنشاه گیتی فروز

بپرسید خسرو کزین انجمن	که کوشد به رنج و به آزار تن
چنین داد پاسخ که بستام نام	گوی برمنش باشد و شادکام
دگر آنک خوانی و را خال خویش	بدو تازه دانی مه و سال خویش
بپرهیز زان مرد ناسودمند	که باشدت زو درد و رنج و گزند
بر آشفت خسرو به بستام گفت	که با من سخن برگشا از نهفت
تو را مادرت نام گستهم کرد	تو گویی که بستامم اندر نبرد
به راهب چنین گفت کینست خال	به خون بود با مادر من همال
بدو گفت راهب که آری همین	ز گستهم بینی بسی رنج و کین
بدو گفت خسرو که ای رای زن	ازان پس چه گویی چه خواهد بدن
بدو گفت راهب که مندیش زین	کزان پس نبینی جز از آفرین
نیاید بروی تو دیگر بدی	مگر سخت کاری بود ایزدی
بر آشوبد این سرکش آرام تو	ازان پس نباشد بجز کام تو
اگر چند بد گردد این بدگمان	همانش بدست تو باشد زمان
بدو گفت گستهم کای شهریار	دلت را بدین هیچ رنجه مدار
به پاکیزه یزدان که ماه آفرید	جهان را بسان تو شاه آفرید
به آذرگشسپ و به خورشید و ماه	به جان و سر نامبردار شاه
به گفتار ترسا نگر نگروی	سخن گفتن ناسزا نشنوی
مرا ایمنی ده ز گفتار اوی	چوسوگند خوردم بهانه مجوی
که هرگز نسازم بدی درنهان	براندیش از کردگار جهان
بدو گفت خسرو که از ترسگار	نیاید سخن گفت نابکار
ز تو نیز هرگز ندیدم بدی	نیازی به کژی و نابخردی
ولیکن ز کار سپهر بلند	نباشد شگفت ار شوی پر گزند
چو بایسته کاری بود ایزدی	بیکسو شود دانش و بخردی
به راهب چنین گفت پس شهریار	که شاداب دل باش و به روزگار
وزان دیر چون برق رخشان زمیغ	بیامد سوی شارستان و ریغ
پذیره شدندش بزرگان شهر	کسی را که از مردمی بود بهر
چوآمد بران شارستان شهریار	سوار آمد از قیصر نامدار
که چیزی کزین مرز باید بخواه	مدار آرزو را ز شاهان نگاه
که هرچند این پادشاهی مراست	تو را با تن خویش داریم راست

بران شارستان ایمن و شاد باش
ز هر بد که اندیشی آزاد باش

همه روم یکسر تو را کهترند
اگر چند گردنکش و مهترند

تو را تا نسازم سلیح و سپاه
نجویم خور و خواب و آرام گاه

چو بشنید خسرو بدان شاد گشت
روانش از اندیشه آزاد گشت

بفرمود گستهم و بالوی را
همان اندیان جهانجوی را

بخراد برزین وشاپور شیر
چنین گفت پس شهریار دلیر

که اسپان چو روشن شود زین کنید
ببالای آن زین زرین کنید

بپوشید زربفت چینی قبای
همه یک دلانید و پاکیزه رای

ازین شارستان سوی قیصر شوید
بگویید و گفتار او بشنوید

خردمند باشید وروشن روان
نیوشنده و چرب و شیرین زبان

گر ای دون که قیصر به میدان شود
کمان خواهد ار نی به چوگان شود

بکوشید با مرد خسروپرست
بدان تا شما را نیاید شکست

سواری بداند کز ایران برند
دلیری و نیرو ز شیران برند

بخراد برزین بفرمود شاه
که چینی حریرآر و مشک سیاه

به قیصر یکی نامه باید نوشت
چو خورشید تابان بخرم بهشت

سخنهای کوتاه و معنی بسی
که آن یاد گیرد دل هر کسی

که نزدیک او فیلسوفان بوند
بدان کوش تا یاوه‌یی نشنوند

چونامه بخواند زبان برگشای
به گفتار با تو ندارند پای

ببالوی گفت آنچ قیصر ز من
گشاید زبان بر سرانجمن

ز فرمان و سوگند و پیمان و عهد
تو اندر سخن یاد کن همچو شهد

بدان انجمن تو زبان منی
بهر نیک و بد ترجمان منی

به چیزی که برما نیاید شکست
بکوشید و با آن بسایید دست

تو پیمان گفتار من در پذیر
سخن هرچ گفتم همه یادگیر

شنیدند آواز فرخ جوان
جهاندیده گردان روشن روان

همه خواندند آفرین سر به سر
که جز تو مبادا کسی تاجور

به نزدیک قیصر نهادند روی
بزرگان روشن دل و راست گوی

چو بشنید قیصر کز ایران مهان
فرستاده‌ی شهریار جهان

رسیدند نزدیک ایوان ز راه
پذیره فرستاد چندی سپاه

بیاراست کاخی به دیبای روم
همه پیکرش گوهر و زر بوم

نشست از بر نامور تخت عاج	به سر برنهاد آن دل افروز تاج
بفرمود تا پرده برداشتند	ز دهلیزشان تیز بگذاشتند
گرانمایه گستهم بد پیشرو	پس او چوبالوی و شاپور گو
چو خراد برزین و گرد اندیان	همه تاج بر سر کمر برمیان
رسیدند نزدیک قیصر فراز	چو دیدند بردند پیشش نماز
همه یک زبان آفرین خواندند	بران تخت زر گوهر افشاندند
نخستین بپرسید قیصر ز شاه	از ایران وز لشکر و رنج راه
چو بشنید خراد به رزین برفت	برتخت با نامه‌ی شاه تفت
بفرمان آن نامور شهریار	نهادند کرسی زرین چهار
نشست این سه پرمایه‌ی نیک رای	همی‌بود خراد برزین بپای
بفرمود قیصر که بر زیرگاه	نشیند کسی کو بپیمود راه
چنین گفت خراد برزین که شاه	مرا در بزرگی ندادست راه
که در پیش قیصر بیارم نشست	چنین نامه‌ی شاه ایران بدست
مگر بندگی را پسند آیمت	به پیغام او سودمند آیمت
بدو گفت قیصر که بگشای راز	چه گفت آن خردمند گردن فراز
نخست آفرین بر جهاندار کرد	جهان را بدان آفرین خوارکرد
که اویست برتر زهر برتری	توانا و داننده از هر دری
بفرمان او گردد این آسمان	کجا برترست از مکان و زمان
سپهر و ستاره همه کرده‌اند	بدین چرخ گردان برآورده‌اند
چو از خاک مرجانور بنده کرد	نخستین کیومرس را زنده کرد
چنان تا بشاه آفریدون رسید	کزان سرفرازان و را برگزید
پدید آمد آن تخمه‌ی اندرجهان	ببود آشکار آنچ بودی نهان
همی‌رو چنین تا سر کی قباد	که تاج بزرگی به سر برنهاد
نیامد بدین دوده هرگز بدی	نگه داشتندی ره ایزدی
کنون بنده یی ناسزاوار وگست	بیامد بتخت کیان برنشست
همی‌داد خواهم ز بیدادگر	نه افسر نه تخت و کلاه و کمر
هرآنکس که او برنشیند بتخت	خرد باید و نامداری و بخت
شناسد که این تخت و این فرهی	کرا بود و دیهیم شاهنشهی
مرا اندرین کار یاری کنید	برین بی‌وفا کامگاری کنید

که پوینده گشتیم گرد جهان بشرم آمدیم از کهان ومهان
چوقیصر بران سان سخنها شنید برخساره شد چون گل شنبلید
گل شنبلیدش پر از ژاله شد زبان و روانش پر ازناله شد
چوآن نامه برخواند بفزود درد شد آن تخت برچشم او لاژورد
بخراد بر زین جهاندار گفت که این نیست برمرد دانا نهفت
مرا خسرو از خویش و پیوند بیش ز جان سخن گوی دارمش پیش
سلیح است و هم گنج و هم لشکرست شما را ببین تا چه اندر خورست
اگر دیده خواهی ندارم دریغ که دیده به از گنج دینار و تیغ
دبیر جهاندیده را پیش خواند بران پیشگاه بزرگی نشاند
بفرمود تا نامه پاسخ نوشت بیاراست چون مرغزار بهشت
ز بس بند و پیوند و نیکو سخن ازان روز تا روزگار کهن
چوگشت از نوشتن نویسنده سیر نگه کرد قیصر سواری دلیر
سخن گوی و روشن دل و یادگیر خردمند و گویا و گرد و دبیر
بدو گفت رو پیش خسرو بگوی که ای شاه بینا دل و راه جوی
مرا هم سلیحست و هم زر به گنج نیاورد باید کسی را به رنج
وگر نیستیمان ز هر کشوری درم خواستیمی ز هر مهتری
بدان تا تواز روم با کام خویش به ایران گذشتی به آرام خویش
مباش اندرین بوم تیره روان چنین است کردار چرخ روان
که گاهی پناهست و گاهی گزند گهی با زیانیم و گه سودمند
کنون تا سلیح و سپاه و درم فراز آورم تو نباشی دژم
بر خسرو آمد فرستاده مرد سخنهای قیصر همه یاد کرد
ز بیگانه قیصر به پرداخت جای پر اندیشه بنشست با رهنمای
به موبد چنین گفت کای دادخواه ز گیتی گرفتست ما را پناه
بسازیم تا او بنیرو شود وزان کهتر بد بی‌آهوشود
به قیصر چنین گفت پس رهنمای که از فیلسوفان پاکیزه رای
بباید تنی چند بیداردل که بندند با ما بدین کار دل
فرستاد کس قیصر نامدار برفتند زان فیلسوفان چهار
جوانان و پیران رومی نژاد سخنهای دیرینه کردند یاد
که ما تا سکندر بشد زین جهان ز ایرانیانیم خسته نهان

ز بس غارت و جنگ و آویختن / همان بی‌گنه خیره خون ریختن
کنون پاک یزدان ز کردار بد / به پیش اندر آوردشان کار بد
یکی خامشی برگزین از میان / چوشد کندرو بخت ساسانیان
اگر خسرو آن خسروانی کلاه / بدست آورد سر بر آرد بماه
هم اندر زمان باژ خواهد ز روم / بپا اندر آرد همه مرز وبوم
گرین درخورد با خرد یاد دار / سخنهای ایرانیان باد دار
ازیشان چوبشنید قیصر سخن / یکی دیگر اندیشه افگند بن
سواری فرستاد نزدیک شاه / یکی نامه بنوشت و بنمود راه
ز گفتار بیدار دانندگان / سخنهای دیرینه خوانندگان
چو آمد به نزدیک خسرو سوار / بگفت آنچ بشنید با نامدار
همان نامه‌ی قیصر او را سپرد / سخنهای قیصر برو برشمرد
چو خسرو بدید آن دلش تنگ شد / رخانش ز اندیشه بی‌رنگ شد
چنین داد پاسخ که گر زین سخن / که پیش آمد از روزگار کهن
همی بر دل این یاد باید گرفت / همه رنجها باد باید گرفت
گرفتیم و گشتیم زین مرز باز / شما را مبادا به ایران نیاز
نگه کن کنون تا نیاکان ما / گزیده جهاندار و پاکان ما
به بیداد کردند جنگ ار بداد / نگر تا ز پیران که دارد بیاد
سزد گر بپرسد ز دانای روم / که این بد ز زاغ آمدست ار زبوم
که هرکس که در رزم شد سرفراز / همی ز آفریننده شد بی‌نیاز
نیاکان ما نامداران بدند / به گیتی درون کامگاران بدند
نبرداشتند از کسی سرکشی / بلندی و تندی و بی‌دانشی
کنون این سخنها نیارد بها / که باشد سراندر دم اژدها
یکی سوی قیصر بر از من درود / بگویش که گفتار بی‌تار و پود
بزرگان نیارند پیش خرد / به فرجام هم نیک و بد بگذرد
ازین پس نه آرام جویم نه خواب / مگر برکشم دامن از تیره آب
چو رومی نیابیم فریادرس / به نزدیک خاقان فرستیم کس
سخن هرچ گفتم همه خیره شد / که آب روان از بنه تیره شد
فرستادگانم چوآیند باز / بدین شارستان در نمانم دراز
به ایرانیان گفت فرمان کنید / دل خویش را زین سخن مشکنید

که یزدان پیروزگر یار ماست   جوانمردی و مردمی کارماست
گرفت این سخن بردل خویش خوار   فرستاد نامه بدست تخوار
برین گونه برنامه‌یی برنوشت   ز هرگونه‌یی اندر و خوب و زشت
بیامد ز نزدیک خسرو سوار   چنین تا در قیصر نامدار
چوقیصر نگه کرد و نامه بخواند   ز هر گونه اندیشه بر دل براند
ازان پس بدستور پرمایه گفت   که این راز را بازخواه از نهفت
نگه کن خسرو بدین کار زار   شود شاد اگر پیچد از روزگار
گرای دون که گویی که پیروز نیست   ازان پس و را نیز نوروز نیست
بمانیم تا سوی خاقان شود   چو بیمار شد نزد درمان شود
ور ای دون که پیروزگر باشد اوی   بشاهی بسان پدر باشد اوی
همان به کز ایدر شود با سپاه   گرکینه در دل ندارد نگاه
چو بشنید دستور دانا سخن   به فرمود تا زیجهای کهن
ببردند مردان اخترشناس   سخن راند تا ماند از شب سه پاس
سرانجام مرد ستاره شمر   به قیصر چنین گفت کای تاجور
نگه کردم این زیجهای کهن   کز اختر فلاطون فگندست بن
نه بس دیر شاهی به خسرو رسد   ز شاهنشهی گردش نو رسد
برین گونه تا سال بر سی وهشت   برو گرد تیره نیارد گذشت
چوبشنید قیصر به دستور گفت   که بیرون شد این آرزوی از نهفت
چه گوییم و این را چه پاسخ دهیم   بیا تا برین رای فرخ نهیم
گران مایه دستور گفت این سخن   که در آسمان اختر افگند بن
به مردی و دانش کجا داشت کس   جهان داورت باد فریاد رس
چو خسرو سوی مرز خاقان شود   ورا یاد خواهد تن آسان شود
چولشکر ز جای دگر سازد اوی   ز کین تو هرگز نپردازد اوی
نگه کن کنون تو که داناتری   بدین آرزوها تواناتری
چنین گفت قیصر که اکنون سپاه   فرستیم ناچار با پیل وگاه
سخن چند گوییم همان به که گنج   کنم خوار تا دور مانم ز رنج
هم آنگه یکی نامه بنوشت زود   بران آفرین آفرین بر فزود
که با موبد یکدل و پاک رای   ز دیم از بد و نیک ناباک رای
ز هرگونه‌یی داستانها زدیم   بران رای پیشینه باز آمدیم

کنون رای و گفتارها شد ببن	گشادم در گنجهای کهن
به قسطنیه در فراوان سپاه	ندارم که دارند کشور نگاه
سخنها ز هرگونه آراستیم	ز هر کشوری لشکری خواستیم
یکایک چو آیند هم در زمان	فرستیم نزدیک تو بی گمان
همه مولش و رای چندین زدن	برین نیشتر کام شیر آژدن
ازان بد که کردارهای کهن	همی یاد کرد آنک داند سخن
که هنگام شاپور شاه اردشیر	دل مرد برناشد از رنج سیر
ز بس غارت و کشتن و تاختن	به بیداد برکینها ساختن
کزو بگذری هرمز و کی قباد	که از داد یزدان نکردند یاد
نیای تو آن شاه نوشین روان	که از داد او پیر سر شد جوان
همه روم ازو شد سراسر خراب	چناچون که ایران ز افراسیاب
ازین مرز ما سی و نه شارستان	از ایرانیان شد همه خارستان
ز خون سران دشت شد آبگیر	زن و کودکانشان ببردند اسیر
اگر مرد رومی به دل کین گرفت	نباید که آید تو را آن شگفت
خود آزردنی نیست در دین ما	مبادا بدی کردن آیین ما
ندیدیم چیزی که از راستی	همان دوری از کژی و کاستی
ستمدیدگان را همه خواندم	وزین در فراوان سخن راندم
به افسون دل مردمان پاک شد	همه زهر گیرنده تریاک شد
بدان برنهادم کزین درسخن	نگوید کس از روزگار کهن
به چیزی که گویی تو فرمان کنم	روان را به پیمان گروگان کنم
شما را زبان داد باید همان	که بر ما نباشد کسی بدگمان
بگویی که تا من بوم شهریار	نگیرم چنین رنجها سست و خوار
نخواهم من از رومیان باژ نیز	نه بفروشم این رنجها را بچیز
دگر هرچ دارید زان مرز و بوم	از ایران کسی نسپرد مرز روم
بدین آرزو نیز بیشی کنید	بسازید با ما و خویشی کنید
شما را هر آنگه که کاری بود	وگر ناسزا کارزاری بود
همه دوستدار و برادر شویم	بود نیز گاهی که کهتر شویم
چو گردید زین شهر ما بی‌نیاز	به دلتان همه کینه آید فراز
ز تور و ز سلم اندر آمد سخن	ازان بیهوده روزگار کهن

۱۷۶۶

یکی عهد باید کنون استوار	سزاوار مهری برو یادگار
کزین باره از کین ایرج سخن	نرانیم و از روزگار کهن
ازین پس یکی باشد ایران و روم	جدایی نجوییم زین مرز و بوم
پس پرده‌ی ما یکی دخترست	که از مهتران برخرد بهترست
بخواهید بر پاکی دین ما	چنانچون بود رسم و آیین ما
بدان تا چو فرزند قیصر نژاد	بود کین ایرج نیارد بیاد
از آشوب وز جنگ روی زمین	بیاساید و راه جوید بدین
کنون چون بچشم خرد بنگری	مراین را بجز راستی نشمری
بماند ز پیوند پیمان ما	ز یزدان چنین است فرمان ما
ز هنگام پیروز تا خوشنواز	همانا که بگذشت سال دراز
که سرها بدادند هر دو بباد	جهاندار پیمان شکن خود مباد
مسیح پیمبر چنین کرد یاد	که پیچد خرد چون به پیچی زداد
بسی چاره کرد اندران خوشنواز	که پیروز را سر نیاید به گاز
چو پیروز با او درشتی نمود	بدید اندران جایگه تیره دود
شد آن لشکر و تخت شاهی بباد	بپیچد و شد شاه را سر زداد
تو برنایی و نوز نادیده کار	چو خواهی که بر یابی از روزگار
مکن یاری مرد پیمان شکن	که پیمان شکن کس نیرزد کفن
بدان شاه نفرین کند تاج و گاه	که پیمان شکن باشد و کینه خواه
کنون نامه‌ی من سراسر بخوان	گر انگشتها چرب داری مخوان
سخنها نگه دار و پاسخ نویس	همه خوبی اندیش و فرخ نویس
نخواهم که این راز داند دبیر	تو باشی نویسنده‌ی تیز و یر
چو برخوانم این پاسخ نامه را	ببینم دل مرد خود کامه را
همانا سلیح و سپاه و درم	فرستیم تا دل نداری دژم
هرآنکس که برتو گرامی ترست	وگر نزد تو نیز نامی ترست
ابا آنک زو کینه داری به دل	به مردی ز دل کینه‌ها برگسل
گناهش بیزدان دارنده بخش	مکن روز بر دشمن و دوست دخش
چو خواهی که داردت پیروزبخت	جهاندار و با لشکر و تاج و تخت
زچیزکسان دست کوتاه دار	روان را سوی راستی راه دار
چو عنوان آن نامه برگشت خشک	برو برنهادند مهری زمشک

بران مهر بنهاد قیصر نگین   فرستاده را داد وکرد آفرین

پاسخ خسرو و پیمان

چو آن نامه نزدیک خسرو رسید   زپیوستن آگاهی نو رسید
به ایرانیان گفت کامروز مهر   دگرگونه گردد همی برسپهر
زقیصر یک نامه آمد بلند   سخن گفتنش سر به سر سودمند
همی راه جوید که دیرینه کین   ببرد ز روم و ز ایران زمین
چنین یافت پاسخ زایرانیان   که هرگز نه برخاست کین ازمیان
چواین راست گردد بهنگام تو   نویسند برتاجها نام تو
چوایشان بران گونه دیدند رای   بپردخت خسرو زبیگانه جای
دوات و قلم خواست وچینی حریر   بفرمود تا پیش او شد دبیر
یکی نامه بنوشت بر پهلوی   برآیین شاهان خط خسروی
که پذرفت خسرو زیزدان پاک   ز گردنده خورشید تا تیره خاک
که تا او بود شاه در پیشگاه   ورا باشد ایران و گنج و سپاه
نخواهد ز دارندگان باژ روم   نه لشکر فرستد بران مرز وبوم
هران شارستانی کزان مرز بود   اگر چند بیکار و بی‌ارز بود
بقیصر سپارد همه یک بیک   ازین پس نوشته فرستیم و چک
همان نیز دختر کزان مادرست   که پاکست وپیوسته‌ی قیصرست
بهمداستان پدرخواستیم   بدین خواستن دل بیاراستیم
هران کس که در بارگاه تواند   ازایران و اندر پناه تواند
چوگستهم و شاپور و چون اندیان   چو خراد بر زین زتخم کیان
چو لشکر فرستی بدیشان سپار   خرد یافته دختر نامدار
بخویشی چنانم کنون باتو من   چو از پیش بود آن بزرگ انجمن
نخستین کیومرس با جمشید   کزو بود گیتی ببیم وامید
دگر هرچ هستند ایرج نژاد   که آیین و فر فریدون نهاد
بدین همنشان تا قباد بزرگ   که از داد او خویش بدمیش وگرگ

همه کینه برداشتیم از میان	یکی گشت رومی و ایرانیان
ز قیصر پذیرفتم آن دخترش	که از دختران باشد او افسرش
ازین بر نگردم که گفتم یکی	ز کردار بسیار تا اندکی
تو چیزی که گفتی درنگی مساز	که بودن درین شارستان شد دراز
چو کرد این سخن‌ها برین گونه یاد	نوشته بخورشید خراد داد
سپهبد چو باد اندر آمد زجای	باسپ کمیت اندر آورد پای
همی‌تاخت تا پیش قیصر چوباد	سخنهای خسرو بدو کرد یاد
چو قیصر ازان نامه بگسست بند	بدید آن سخنهای شاه بلند
بفرمود تا هر که دانا بدند	به گفتارها بر توانا بدند
به نزدیک قیصر شدند انجمن	بپرسید زیشان همه تن بتن
که اکنون مر این را چه درمان کنیم	ابا شاه ایران چه پیمان کنیم
بدین نامه ما بی‌بهانه شدیم	همی روم و ایران یگانه شدیم
بزرگان فرزانه برخاستند	زبان را به پاسخ بیاراستند
که ما کهترانیم و قیصر تویی	جهاندار با تخت و افسر تویی
نگه کن کنون رای و فرمان تو راست	ز ما گر بخواهی تن و جان تو راست
چو بشنید قیصر گرفت آفرین	بدان نامداران با رای و دین
همی‌بود تا شمع گردان سپهر	دگرگونه ترشد به آیین و چهر

طلسم کردن قیصر و گشادن خرّاد برزین آنرا

چو خورشید گردنده بی‌رنگ شد	ستاره به برج شباهنگ شد
به فرمود قیصر به نیرنگ ساز	که پیش آرد اندیشه‌های دراز
بسازید جای شگفتی طلسم	که کس بازنشناسد او را به جسم
نشسته زنی خوب برتخت ناز	پراز شرم با جامه‌های طراز
ازین روی و زان رو پرستندگان	پس پشت و پیش اندرش بندگان
نشسته بران تخت بی گفت و گوی	بگریان زنی ماند آن خوب روی
زمان تا زمان دست برآفتی	سرشکی ز مژگان بینداختی

هرآنکس که دیدی مر او را ز دور / زنی یافتی شیفته پر ز نور
که بگریستی بر مسیحا بزار / دو رخ زرد و مژگان چو ابر بهار
طلسم بزرگان چو آمد بجای / بر قیصر آمد یکی رهنمای
ز دانا چو بشنید قیصر برفت / به پیش طلسم آمد آنگاه تفت
ازان جادویی در شگفتی بماند / فرستاد و گستهم را پیش خواند
بگستهم گفت ای گو نامدار / یکی دختری داشتم چون نگار
ببالید و آمدش هنگام شوی / یکی خویش بد مرو را نامجوی
به راه مسیحا بدو دادمش / ز بی‌دانشی روی بگشادمش
فرستادم او رابخان جوان / سوی آسمان شد روان جوان
کنون او نشستست با سوک و درد / شده روز روشن برو لاژورد
نه پندم پذیرد نه گوید سخن / جهان نو از رنج او شد کهن
یکی رنج بردار و او رابیین / سخنهای دانندگان برگزین
جوانی و از گوهر پهلوان / مگر با تو او برگشاید زبان
بدو گفت گستهم کایدون کنم / مگر از دلش رنج بیرون کنم
بنزد طلسم آمد آن نامدار / گشاده دل و بر سخن کامگار
چوآمد به نزدیک تختش فراز / طلسم از بر تخت بردش نماز
گرانمایه گستهم بنشست خوار / سخن گفت با دختر سوکوار
دلاور نخست اندر آمد بپند / سخنها که او را بدی سودمند
بدو گفت کای دخت قیصر نژاد / خردمند نخروشد از کار داد
رهانیست از مرگ پران عقاب / چه در بیشه شیر و چه ماهی در آب
همه باد بد گفتن پهلوان / که زن بی‌زبان بود و تن بی‌روان
به انگشت خود هر زمانی سرشک / بینداختی پیش گویا پزشک
چوگستهم ازو در شگفتی بماند / فرستاد قیصر کس او را بخواند
چه دیدی بدوگفت از دخترم / کزو تیره گردد همی افسرم
بدو گفت بسیار دادمش پند / نبد پند من پیش او کاربند
دگر روز قیصر به بالوی گفت / که امروز با اندیان باش جفت
همان نیز شاپور مهتر نژاد / کنند جان ما رابدین دخت شاد
شوی پیش این دختر سوکوار / سخن گویی ازنامور شهریار
مگر پاسخی یابی از دخترم / کزو آتش آید همی برسرم

مگر بشنود پند و اندرزتان	بداند سرماهی وارزتان
برآنم که امروز پاسخ دهد	چوپاسخ بواز فرخ دهد
شود رسته زین انده سوکوار	که خوناب بارد همی برکنار
برفت آن گرامی سه آزادمرد	سخن گوی وهریک بننگ نبرد
ازیشان کسی روی پاسخ ندید	زن بی‌زبان خامشی برگزید
ازان چاره نزدیک قیصر شدند	ببیچارگی نزد داور شدند
که هرچند گفتیم ودادیم پند	نبد پند ما مر ورا سودمند
چنین گفت قیصر که بد روزگار	که ما سوکواریم زین سوکوار
ازان نامداران چو چاره نیافت	سوی رای خراد بر زین شتاف
بدو گفت کای نامدار دبیر	گزین سر تخمه‌ی اردشیر
یکی سوی این دختر اندر شوی	مگر یک ره آواز او بشنوی
فرستاد با او یکی استوار	ز ایوان به نزدیک آن سوکوار
چوخراد بر زین بیامد برش	نگه کرد روی و سر و افسرش
همی‌بود پیشش زمانی دراز	طلسم فریبنده بردش نماز
بسی گفت و زن هیچ پاسخ نداد	پراندیشه شد مرد مهتر نژاد
سراپای زن راهمی‌بنگرید	پرستندگان را بر او بدید
همی‌گفت گر زن زغم بیهش است	پرستنده باری چرا خامش است
اگر خود سرشکست در چشم اوی	سزیدی اگر کم شدی خشم اوی
به پیش برش بر چکاند همی	چپ وراست جنبش نداند همی
سرشکش که انداخت یک جای رفت	نه جنبان شدش دست ونه پای رفت
اگرخود درین کالبد جان بدی	جز از دست جاییش جنبان بدی
سرشکش سوی دیگر انداختی	وگر دست جای دگر آختی
نبینم همی جنبش جان و جسم	نباشد جز از فیلسوفی طلسم
بر قیصر آمد بخندید وگفت	که این ماه رخ را خرد نیست جفت
طلسمست کاین رومیان ساختند	که بالوی و گستهم نشناختند
بایرانیان بربخندی همی	وگر چشم ما را ببندی همی
چواین بشنود شاه خندان شود	گشاده رخ و سیم دندان شود

۱۷۷۱

گزارش دادن خراد برزین از دیدن هندوان و پند دادن او به قیصر

بدو گفت قیصر که جاوید زی ... که دستور شاهنشهان را سزی
یکی خانه دارم در ایوان شگفت ... کزین برتو را نداره نتوان گرفت
یکی اسب و مردی بروبر سوار ... کز انجا شگفتی شود هوشیار
چوبینی ندانی که این بند چیست ... طلسمست گر کرده‌ی ایزدیست
چو خراد برزین شنید این سخن ... بیامد بران جایگاه کهن
بدیدش یکی جای کرده بلند ... سوار ایستاده درو ارجمند
کجا چشم بیننده چونان ندید ... بدان سان توگفتی خدای آفرید
بدید ایستاده معلق سوار ... بیامد بر قیصر نامدار
چنین گفت کز آهنست آن سوار ... همه خانه از گوهر شاهوار
که دانا و را مغنیاطیس خواند ... که رومیش بر اسپ هندی نشاند
هرآنکس که او دفتر هندوان ... بخواند شود شاد و روشن روان
بپرسید قیصر که هندی زراه ... همی تا کجا برکشد پایگاه
زدین پرستندگان بر چیند ... همه بت پرستند گر خود کیند
چنین گفت خراد برزین که راه ... بهند اندرون گاو شاهست و ماه
به یزدان نگروند و گردان سپهر ... ندارد کسی برتن خویش مهر
ز خورشید گردنده بر بگذرند ... چوما را ز دانندگان نشمرند
هرآنکس که او آتشی بر فروخت ... شد اندر میان خویشتن را بسوخت
یکی آتشی داند اندر هوا ... به فرمان یزدان فرمان روا
که دانای هندوش خواند اثیر ... سخنهای نعز آورد دلپذیر
چنین گفت که آتش به آتش رسید ... گناهش ز کردار شد ناپدید
ازان ناگزیر آتش افروختن ... همان راستی خواند این سوختن
همان گفت وگوی شما نیست راست ... برین بر روان مسیحا گواست
نبینی که عیسی مریم چه گفت ... بدانگه که بگشاد راز ازنهفت
که پیراهنت گر ستاند کسی ... می‌آویز با او به تندی بسی

وگر بر زند کف به رخسار تو — شود تیره زان زخم دیدار تو
مزن هم چنان تابه ماندت نام — خردمند رانام بهتر ز کام
بسو تام را بس کن از خوردنی — مجو ار نباشدت گستردنی
بدین سر بدی رابید مشمرید — بی‌آزار ازین تیرگی بگذرید
شما را هوا بر خرد شاه گشت — دل از آز بسیار بیراه گشت
که ایوانهاتان بکیوان رسید — شماری که شد گنجتان را کلید
ابا گنجتان نیز چندان سپاه — زره‌های رومی و رومی کلاه
بهر جای بیداد لشکر کشید — ز آسودگی تیغها برکشید
همی چشمه گردد بیابان ز خون — مسیحا نبود اندرین رهنمون
یکی بینوا مرد درویش بود — که نانش ز رنج‌تن خویش بود
جز از ترف و شیرش نبودی خورش — فزونیش رخبین بدی پرورش
چو آورد مرد جهودش بمشت — چوبی یار وبیچاره دیدش بکشت
همان کشته رانیز بردار کرد — بران دار بر مرو را خوار کرد
چو روشن روان گشت و دانش‌پذیر — سخن گوی و داننده و یادگیر
به پیغمبری نیز هنگام یافت — ببر نایی از زیرکی کام یافت
تو گویی که فرزند یزدان بد اوی — بران دار برگشته خندان بد اوی
بخندد برین بر خردمند مرد — تو گر بخردی گرد این فن مگرد
که هست او ز فرزند و زن بی‌نیاز — به نزدیک او آشکارست راز
چه پیچی ز دین کیومرسی — هم از راه و آیین تهمورسی
که گویند دارا ی گیهان یکیست — جز از بندگی کردنت رای نیست
جهاندار دهقان یزدان پرست — چوبر واژه برسم بگیرد بدست
نشاید چشیدن یکی قطره آب — گر از تشنگی آب بیند بخواب
به یزدان پناهند به روز نبرد — نخواهد به جنگ اندرون آب سرد
همان قبله شان برترین گوهرست — که از آب و خاک و هوا برترست
نباشند شاهان ما دین فروش — بفرمان دارنده دارند گوش
بدینار وگوهر نباشند شاد — نجویند نام و نشان جز بداد
ببخشیدن کاخهای بلند — دگر شاد کردن دل مستمند
سدیگر کسی کو به روز نبرد — بپوشد رخ شید گردان بگرد
بروبوم دارد زدشمن نگاه — جزین را نخواهد خردمند شاه

جزاز راستی هرک جوید زدین	بروباد نفرین بی‌آفرین
چو بشنید قیصر پسند آمدش	سخنهای او سودمند آمدش
بدو گفت آن کو جهان آفرید	تو را نامدار مهان آفرید
سخنهای پاک ازتو باید شنید	تو داری در رازها را کلید
کسی راکزین گونه کهتربود	سرش ز افسر ماه برتر بود
درم خواست از گنج و دینار خواست	یکی افسری نامبردار خواست
بدو داد و بسیارکرد آفرین	که آباد باد ازتوایران زمین

فرستادن قیصر لشکر و دختر خود را نزد خسرو

وزان پس چو دانست کامد سپاه	جهان شد ز گرد سواران سیاه
گزین کرد زان رومیان صدهزار	همه نامدار ازدرکارزار
سلیح و درم خواست واسپان جنگ	سرآمد برو روزگار درنگ
یکی دخترش بود مریم بنام	خردمند و با سنگ و با رای وکام
بخسرو فرستاد به آیین دین	همی‌خواست ازکردگار آفرین
بپذرفت دخترش گستهم گرد	به آیین نیکو بخسرو سپرد
وزان پس بیاورد چندان جهیز	کزان کند شد بارگیهای تیز
ز زرینه و گوهر شاهوار	ز یاقوت وز جامه‌ی زرنگار
ز گستردنیها و دیبای روم	به زر پیکر و از بریشمش بوم
همان یاره و طوق با گوشوار	سه تاج گرانمایه گوهرنگار
عماری بیاراست زرین چهار	جلیلش پر ازگوهر شاهوار
چهل مهد دیگر بد از آبنوس	ز گوهر درفشان چو چشم خروس
ازان پس پرستنده ماه روی	زایوان برفتند با رنگ وبوی
خردمند و بیدار پانصد غلام	بیامد بزرین وسیمین ستام
ز رومی همان نیز خادم چهل	پری چهره و شهره ودلگسل
وزان فیلسوفان رومی چهار	خردمند و با دانش ونامدار
بدیشان بگفت آنچ بایست گفت	همان نیز با مریم اندرنهفت

از آرام وز کام و بایستگی / همان بخشش و خورد و شایستگی
پس از خواسته کرد رومی شمار / فزون بد ز سیصد هزاران هزار
فرستاد هر کس که بد بردرش / ز گوهر نگار افسری بر سرش
مهان را همان اسپ و دینار داد / ز شایسته هر چیز بسیار داد
چنین گفت کای زیردستان شاه / سزد گر بر آرید گردن بماه
ز گستهم شایسته‌تر در جهان / نخیزد کسی از میان مهان
چوشاپور مهتر کرانجی بود / که اندر سخنها میانجی بود
یک راز دارست بالوی نیز / که نفروشد آزادگان را بچیز
چوخراد برزین نبیند کسی / اگر چند ماند بگیتی بسی
بران آفریدش خدای جهان / که تا آشکارا شود زو نهان
چو خورشید تابنده او بی‌بدیست / همه کار و کردار او ایزدیست
همه یاد کرد این به نامه درون / برفتند با دانش و رهنمون
ستاره شمر پیش با رهنمای / که تارفتنش کی به آید ز جای
به جنبید قیصر به بهرام روز / به نیک اختر و فال گیتی فروز
دو منزل همی‌رفت قیصر به راه / سدیگر بیامد به پیش سپاه
به فرمود تا مریم آمد به پیش / سخن گفت با او ز اندازه بیش
بدو گفت دامن ز ایرانیان / نگه دار و مگشای بند ازمیان
برهنه نباید که خسرو تو را / ببیند که کاری رسد نو تو را
بگفت این و بدرود کردش به مهر / که یار تو بادا برفتن سپهر
نیا طوس جنگی برادرش بود / بدان جنگ سالار لشکرش بود
بدو گفت مریم به خون خویش تست / بران برنهادم که هم کیش تست
سپردم تو را دختر وخواسته / سپاهی برین گونه آراسته
نیاطوس یکسر پذیرفت از وی / بگفت و گریان بپیچید روی
همی‌رفت لشکر به راه وریغ / نیا طوس در پیش با گرز وتیغ
چو بشنید خسروکه آمد سپاه / ازان شارستان برد لشکر به راه
چو آمد پدیدار گرد سران / درفش سواران جوشن وران
همی‌رفت لشکر بکردار گرد / سواران بیدار و مردان مرد
دل خسرو از لشکر نامدار / بخندید چون گل بوقت بهار
دل روشن راد راتیز کرد / مران باره را پاشنه خیز کرد

نیاطوس را دید و در برگرفت	بپرسیدن آزادی اندرگرفت
ز قیصر که برداشت زانگونه رنج	ابا رنج دیگر تهی کرد گنج
وزانجای سوی عماری کشید	بپرده درون روی مریم بدید
بپرسید و بر دست او بوس داد	ز دیدار آن خوب رخ گشت شاد
بیاورد لشکر به پرده سرای	نهفته یکی ماه را ساخت جای
سخن گفت و بنشست بااوسه روز	چهارم چو بفروخت گیتی فروز
گزیده سرایی بیاراستند	نیاطوس را پیش اوخواستند
ابا سرگس و کوت جنگی بهم	سران سپه را همه بیش و کم
بدیشان چنین گفت کاکنون سران	کدامند و مردان جنگاوران
نیاطوس بگزید هفتاد مرد	که آورد گیرند روز نبرد
که زیر درفشش برفتی هزار	گزیده سواران خنجر گزار
چو خسرو بدید آن گزیده سپاه	سواران گردنکش ورزمخواه
همی‌خواند بر کردگار آفرین	که چرخ آفرید و زمان و زمین
همان بر نیاطوس وبر لشکرش	چه برنامور قیصر وکشورش
بدان مهتران گفت اگر کردگار	مرا یارباشد که کارزار
توانایی خویش پیداکنم	زمین رابکوکب ثریاکنم
نباشد جزاندیشه‌ی دوستان	فلک یارومهر ردان بوستان
بهشتم بیاراست خورشید چهر	سپه را بکردار گردان سپهر
ز درگاه برخاست آوای کوس	هواشد زگرد سپاه آبنوس
سپاهی گزین کرد زآزادگان	بیام سوی آذرابادگان
دو هفته برآمد بفرمان شاه	بلشکر گه آمد دمادم سپاه
سرا پرده‌ی شاه بردشت دوک	چنان لشکری گشن وراهی سه دوک
نیاطوس را داد لشکر همه	بدو گفت مهتر تویی بررمه
وزان جایگه با سواران گرد	عنان باره‌ی تیزتگ راسپرد
سوی راه چیچست بنهاد روی	همی‌راند شادان دل وراه جوی
بجایی که موسیل بود ارمنی	که کردی میان بزرگان منی
به لشکر گهش یار بندوی بود	که بندوی خال جهانجوی بود
برفت این دوگرد ازمیان سپاه	ز لشکر نگه کرد خسرو به راه
به گستهم گفت آن دلاور دومرد	چنین اسپ تازان به دشت نبرد

برو سوی ایشان ببین تاکیند
برین گونه تازان زبهر چیند

چنین گفت گستهم کای شهریار
برانم که آن مرد ابلق سوار

برادرم بندوی کنداورست
همان یارش ازلشکری دیگرست

چنین گفت خسرو بگستهم شیر
که این کی بود ای سوار دلیر

کجاکار بندوی باشد درشت
مگر پاک یزدان بود یاروپشت

اگر زنده خواهی به زندان بود
وگر کشته بردار میدان بود

بدو گفت گستهم شاها درست
بدان سونگه کن که اوخال تست

گرآید به نزدیک وباشد جزاوی
ز گستهم گوینده جز جان مجوی

هم آنگه رسیدند نزدیک شاه
پیاده شدند اندران سایه گاه

چو رفتند نزدیک خسرو فراز
ستودند و بردند پیشش نماز

بپرسید خسرو به بندوی گفت
که گفتم تو راخاک یابم نهفت

به خسرو بگفت آنچ بر وی رسید
همان مردمی کو ز بهرام دید

وزان چاره جستن دران روزگار
وزان پوشش جامه‌ی شهریار

همی‌گفت وخسرو فراوان گریست
ازان پس بدو گفت کاین مردکیست

بدو گفت کای شاه خورشید چهر
تو مو سیل را چون نپرسی زمهر

که تا تو ز ایران شدستی بروم
نخفتست هرگز بباد بوم

سراپرده ودشت جای وی است
نه خرگاه وخیمه سرای وی است

فراوان سپاهست باوبهم
سلیح بزرگی وگنج درم

کنون تا تو رفتی برین راه بود
نیازش ببرگشتن شاه بود

جهاندار خسرو به موسیل گفت
که رنج تو کی ماند اندرنهفت

بکوشیم تا روز توبه شود
همان نامت از مهتران مه شد

بدو گفت موسیل کای شهریار
بمن بریکی تازه کن روزگار

که آیم ببوسم رکیب تو را
ستایش کنم فر و زیب تو را

بدو گفت خسرو که با رنج تو
درفشان کنم زین سخن گنج تو

برون کرد یک پای خویش از رکیب
شد آن مرد بیدار دل ناشکیب

ببوسید پای و رکیب ورا
همی خیره گشت از نهیب ورا

چو بیکار شد مرد خسروپرست
جهانجوی فرمود تا بر نشست

وزان دشت بی بر انگیخت اسپ
همی‌تاخت تا پیش آذر گشسپ

نوان اندر آمد به آتشکده
دلش بود یکسر بدرد آژده

بشد هیربد زند و استا بدست	به پیش جهاندار یزدان پرست
گشاد از میان شاه زرین کمر	بر آتش بر آگند چندی گهر
نیایش کنان پیش آذر بگشت	بنالید وز هیربد برگذشت
همی‌گفت کای داور داد وپاک	سردشمنان اندر آور بخاک
تودانی که برداد نالم همی	همه راه نیکی سگالم همی
توم‌پسند بیداد بیدادگر	بگفت این و بر بست زرین کمر
سوی دشت دوک اندر آورد روی	همی‌شد خلیده دل و راه‌جوی
چو آمد به لشکر گه خویش باز	همان تیره گشت آن شب دیریاز
فرستاد بیدار کارآگهان	که تا باز جویند کارجهان
چو آگاه شد لشکر نیمروز	که آمد ز ره شاه گیتی فروز
همه کوس بستند بر پشت پیل	زمین شد به کردار دریای نیل
ازان آگهی سر به سر نو شدند	بیاری به نزدیک خسرو شدند

آگاهی بهرام پورگشسب از آمدن خسرو از روم

چوآمد به بهرام زین آگهی	که تازه شد آن فر شاهنشهی
همانگه ز لشکر یکی نامجوی	نگه کرد با دانش و آب روی
کجا نام او بود دانا پناه	که بهرام را او بدی نیک خواه
دبیر سرافراز را پیش خواند	سخنهای بایسته چندی براند
بفرمود تا نامه‌های بزرگ	نویسد بران مهتران سترگ
بگستهم و گردوی و بندوی گرد	که از مهتران نام گردی ببرد
چو شاپور و چون اندیان سوار	هرآنکس که بود از یلان نامدار
سرنامه گفت از جهان آفرین	همی‌خواهم اندر نهان آفرین
چوبیدار گردید یکسر ز خواب	نگیرید بر بد ازین سان شتاب
که تا درجهان تخم ساسانیان	پدید آمد اندر کنار و میان
ازیشان نرفتست جزبرتری	بگرد جهان گشتن و داوری
نخست از سر بابکان اردشیر	که اندر جهان تازه شد داروگیر

زمانه ز شمشیر او تیره گشت	سر نامداران همه خیره گشت
نخستین سخن گویم از اردوان	ازان نامداران روشن روان
شنیدی که بر نامور سوفزای	چه آمد ز پیروز ناپاک رای
رها کردن ازبند پای قباد	وزان مهتران دادن او را بباد
قباد بد اندیش نیرو گرفت	هنرها بشست از دل آهو گرفت
چنان نامور نیک دل را بکشت	برو شد دل نامداران درشت
کسی کو نشاید به پیوند خویش	هوا بر گزیند ز فرزند خویش
به بیگانگان هم نشاید بنیز	نجوید کسی عاج از چوب شیز
بساسانیان تا ندارید امید	مجویید یاقوت از سرخ بید
چواین نامه آرند نزد شما	که فرخنده باد او رمزد شما
به نزدیک من جایتان روشنست	برو آستی هم ز پیراهنست
بیک جای مان بود آرام و خواب	اگر تیره بد گر بلند آفتاب
چو آیید یکسر به نزدیک من	شود روشن این جان تاریک من
نیندیشم از روم وز شاهشان	بپای اندر آرم سر و گاهشان
نهادند برنامه‌ها مهر اوی	بیامد فرستاده راه جوی
بکردار بازارگانان برفت	بدرگاه خسرو خرامید تفت
یکی کاروانی ز هرگونه چیز	ابا نامه‌ها هدیه‌ها داشت نیز
بدید آن بزرگی و چندان سپاه	که گفتی مگر بر زمین نیست راه
به دل گفت با این چنین شهریار	نخواهد ز بهرام یل زینهار
یکی مرد بی‌دشمنم پارسی	همان بار دارم شتروار سی
چراخویشتن کرد باید هلاک	بلندی پدیدار گشت ازمغاک
شوم نامه نزدیک خسروبرم	به نزدیک او هدیه‌ی نوبرم
باندیشه آمد به نزدیک شاه	ابا هدیه و نامه ونیک خواه
درم برد و با نامه‌ها هدیه برد	سخنهاش برشاه گیتی شمرد
جهاندار چون نامه‌ها را بخواند	مر او را بکرسی زرین نشاند
بدو گفت کای مرد بسیاردان	تو بهرام را نزد من خوار دان
کنون ز آنچ کردی رسیدی بکام	فزون‌تر مجو اندرین کار نام
بفرمود تا نزد او شد دبیر	مران پاسخ نامه را ناگزیر
نوشت اندران نامه‌های دراز	که این مهتر گرد گردن فراز

۱۷۷۹

همه نامه‌های تو برخواندیم	فرستاده را پیش بنشاندیم
به گفتار بیکار با خسرویم	به دل با تو همچون بهار نویم
چو لشکر بیاری بدین مرز وبوم	که اندیشد از گرز مردان روم
همه پاک شمشیرها برکشیم	به جنگ اندورن رومیان را کشیم
چو خسرو ببیند سپاه تو را	همان مردی و پایگاه تو را
دلش زود بیکار ولرزان شود	زپیشت چو روبه گریزان شود
بدان نامه‌ها مهر بنهاد شاه	ببرد ان پسندیده‌ی نیک خواه
بدو گفت شاه ای خردمند مرد	برش گنج یابی ازین کارکرد
مرو را گهر داد و دینار داد	گرانمایه یاقوت بسیار داد
بدو گفت کاین نزد چوبینه بر	شنیده سخنها برو بر شمر
بیامد به نزدیک چوبینه مرد	شنیده سخنها همه یادکرد
چو مرد جهانجوی نامه بخواند	هوارا بخواند وخرد را براند
ازان نامه‌ها ساز رفتن گرفت	بماندند ایرانیان درشگفت
برفتند پیران به نزدیک اوی	چو دیدند کردار تاریک اوی
همی‌گفت هرکس کز ایدر مرو	زرفتن کهن گردد این روز نو
اگر خسرو آید به ایران زمین	نبینی مگر گرز و شمشیر کین
برین تخت شاهی مخور زینهار	همی‌خیره بفریبدت روزگار
نیامد سخنها برو کارگر	بفرمود تا رفت لشکر بدر
همی‌تاخت تا آذر آبادگان	سپاهی دلاور ز آزادگان
سپاه اندر آمد بتنگ سپاه	ببستند بر مور و بر پشه راه
چنین گفت پس مهتر کینه خواه	که من کرد خواهم به لشکر نگاه
ببینم که رومی سواران کیند	سپاهی کدامند و گردان کیند
همه برنشستند گردان براسپ	یلان سینه و مهتر ایزد گشسپ
بدیدار آن لشکر کینه خواه	گرانمایگان برگرفتند راه
چو لشکر بدیدند باز آمدند	به نزدیک مهتر فراز آمدند
که این بی کرانه یکی لشکرند	ز اندیشه ما همی‌بگذرند
وزان روی رومی سواران شاه	برفتند پویان بدان بارگاه
ببستند بر پیش خسرو میان	که ما جنگ جوییم زایرانیان
بدان کار همداستان گشت شاه	کزو آرزو خواست رومی سپاه

رزم خسرو با بهرام و کشته شدن کوت رومی

چوخورشید برزد سراز تیره کوه — خروشی برآمد زهر دو گروه
که گفتی زمین گشت گردان سپهر — گر از تیغها تیره شد روی مهر
بیاراسته میمن و میسره — زمین کوه گشت آهنین یکسره
از آواز اسپان و بانگ سپاه — بیابان همی‌جست بر کوه راه
چو بهرام جنگی بدان بنگرید — یکی خنجر آبگون برکشید
نیامد به دل‌ش اندرون ترس وبیم — دل شیر دربیشه شد بد و نیم
به ایرانیان گفت صف برکشید — همه کشور دوک لشکر کشید
همی‌گشت گرد سپه یک تنه — که دارد نگه میسره ومیمنه
یلان سینه را گفت برقلبگاه — همی‌باش تا پیش روی سپاه
که از لشکر امروز جنگی منم — بگاه گریزش درنگی منم
نگه کرد خسرو بدان رزمگاه — جهان دید یکسر زلشکر سیاه
رخ شید تابان چوکام هژبر — همی تیغ بارید گفتی ز ابر
نیاطوس و بندوی و گستهم وشاه — ببالا گذشتند زان رزمگاه
نشستند بر کوه دوک آن سران — نهاده دو دیده بفرمانبران
ازان کوه لشکر همی‌دید شاه — چپ وراست و قلب و جناح سپاه
چوبرخاست آواز کوس از دو روی — برفتند مردان پر خاشجوی
تو گفتی زمین کوه آهن شدست — سپهر ا زبر خاک دشمن شدست
چو خسرو بران گونه پیکار دید — فلک تار دید و زمین قار دید
به یزدان همی‌گفت برپهلوی — که از برتو ران پاک وبرتر توی
که برگردد امروز از رزم شاد — که داند چنین جز تو ای پاک وراد
کرابخت خواهد شدن کندرو — سر نیزه که شود خار و خو
دل و جان خسرو پراندیشه بود — جهان پیش چشمش یکی بیشه بود
که بگسست کوت ازمیان سپاه — ز آهن بکردار کوهی سیاه
بیامد دمان تامیان گروه — چو نزدیک ترشد بران برز کوه

به خسرو چنین گفت کای سرفراز / نگه کن بدان بنده دیوساز
که باٰاو برزم اندر آویختی / چواو کامران شد تو بگریختی
ببین از چپ لشکر ودست راست / که تا از میان دلیران کجاست
کنون تا بیاموزمش کارزار / ببیند دل و رزم مردان کار
چو بشنید خسرو زکوت این سخن / دلش گشت پردرد و کین کهن
کجا گفت کز بنده بگریختی / سلیح سواران فروریختی
ورا زان سخن هیچ پاسخ نداد / دلش گشت پرخون و سر پر ز باد
چنین گفت پس کوت را شهریار / که روپیش آن مرد ابلق سوار
چوبیند تو را پیشت آید به جنگ / تومگریز تا لب نخایی زننگ
چوبشنید کوت این سخن بازگشت / چنان شد که با باد انباز گشت
همی‌رفت جوشان ونیزه بدست / به آوردگه رفت چون پیل مست
چو نزدیک شد خواست بهرام را / برافراخت زانگونه زونام را
یلان سینه بهرام را بانگ کرد / که بیدارباش ای سوار نبرد
که آمد یکی دیو چون پیل مست / کمندی بفتراک و نیزه بدست
چو بهرام بشنید تیغ از نیام / برآهخت چون باد و برگفت نام
چوخسرو چنان دید برپای خاست / ازان کوه‌سر سر برآورد راست
نهاده بکوت و به بهرام چشم / دو دیده پر از آب و دل پر ز خشم
چو رومی به نیزه درآمد زجای / جهانجوی بر جای بفشارد پای
چو نیزه نیامد برو کارگر / بر وی اندر آورد جنگی سپر
یکی تیغ زد بر سر و گردنش / که تاسینه ببرید تیره تنش
چو آواز تیغش به خسرو رسید / بخندید کان زخم بهرام دید
نیاطوس جنگی بتابید چشم / ازان خنده‌ی خسرو آمد بخشم
به خسرو چنین گفت کای نامدار / نه نیکو بود خنده درکارزار
تو رانیست از روم جز کیمیا / دلت خیره بینم بکین نیا
چو کوت هزاره به ایران و روم / نبینند هرگز به آباد بوم
بخندی کنون زانک اوکشته شد / چنان دان که بخت تو برگشته شد
بدو گفت خسرو من از کشتنش / نخندم همی وز بریده تنش
چنان دان که هرکس که دارد فسوس / همو یابد از چرخ گردنده کوس
مرا گفت کز بنده بگریختی / نبودت هنر تا نیاویختی

ازان بنده بگریختن نیست ننگ — که زخمش بدین سان بود روز جنگ
وزان روی بهرام آواز داد — که‌ای نامداران فرخ نژاد
یلان سینه و رام و ایزد گسسپ — مرین کشته را بست باید بر اسپ
فرستید ز ایدر به لشکر گهش — بدان تابریده ببینند شهش
تن کوت رازود برپشت زین — بتنگی ببستند مردان کین
دوان اسپ با مرد گردن فراز — همی‌شد به لشکر گه خویش باز
دل خسرو ازکوت شد دردمند — گشادند زان کشته بند کمند
بران زخم او بر پراگند مشک — بفرمود پس تا بکردند خشک
به کرباس بر دوختش همچنان — زره دربر و تنگ بسته میان
به نزدیک قیصر فرستاد باز — که شمشیر این بنده‌ی دیوساز
برین گونه برد همی روز جنگ — ازو گر هزیمت شدم نیست ننگ
همه رو میان دلشکسته شدند — به دل پاک بی‌جنگ خسته شدند
همی‌ریخت بطریق خونین سرشک — همی رخ پر از آب و دل پر ز رشک
بیامد ز گردنکشان ده هزار — همه جاثلیقان گرد و سوار
یکی حمله بردند زان سان که کوه — بدرید ز آواز رومی گروه
چکاچک برخاست و بانگ سران — همان زخم شمشیر و گرز گران
توگفتی که دریا بجوشد همی — سپهر روان بر خروشد همی
ز بس کشته اندر میان سپاه — بماندند بر جای بربسته راه
ازان رومیان کشته شد لشکری — هرآنکس که بود از دلیران سری
دل خسرو از درد ایشان بخست — تن خسته زندگان راببست
همه کشتگان رابهم برفکند — تلی گشت برسان کوه بلند
همی‌خواندندیش بهرام چید — ببرید خسرو ز رومی امید
همی‌گفت اگر نیز رومی دو بار — کند همی برین گونه بر کارزار
جهان را تو بی‌لشکر روم دان — همان تیغ پولاد را موم دان
به سرگس چنین گفت پس شهریار — که فردا مبر جنگیان را به کار
تو فردا بیاسای تا من سپاه — بیارم ز ایرانیان کینه خواه
بایرانیان گفت فردا به جنگ — شما را بباید شدن بی‌درنگ
همه ویژه گفتند کایدون کنیم — که کوه و بیابان پر از خون کنیم

دودیگر رزم خسرو با بهرام چوبینه و شکست خسرو

چو بر زد ز دریا درفش سپید
ستاره شد از تیرگی ناامید

تبیره زنان از دو پرده سرای
برفتند با پیل و باکرنای

خروش آمد و ناله‌ی گاودم
هم از کوهه‌ی پیل رویینه خم

تو گفتی بجنبد همی دشت وراغ
شده روی خورشید چون پر زاغ

چو ایرانیان برکشیدند صف
همه نیزه و تیغ هندی بکف

زمین سر به سر گفتی ازجوشنست
ستاره ز نوک سنان روشنست

چو خسرو بیاراست بر قلبگاه
همه دل گرفتند یکسر سپاه

ورامیمنه دار گردوی بود
که گرد ودلیر وجهانجوی بود

بدست چپش نامدار ارمنی
ابا جوشن وتیغ آهرمنی

مبارز چوشاپور وچون اندیان
بران جنگ بر تنگ بسته میان

همی‌بود گستهم بردست شاه
که دارد مر او را ز دشمن

چوبهرام یل رومیان راندید
درنگی شد وخامشی برگزید

بفرمود تاکوس برپشت پیل
ببستند وشد گرد لشکر چونیل

نشست ازبرپشت پیل سپید
هم آوردش ازبخت شد ناامید

همی‌راند آن پیل تامیمنه
بشاپور گفت ای بد بدتنه

نه پیمانت این بد به نامه درون
که پیش من آیی بدین دشت خون

نه این باشد آیین پرمایگان
همی تن بکشتن دهی رایگان

بدو گفت شاپور کای دیوفش
سرخویش دربندگی کرده کش

ازین نامه کی بود نام ونشان
که گویی کنون پیش گردنکشان

گرانمایه خسرو بشاپور گفت
من آن نامه با رای او بود جفت

به نامه توپاداش یابی زمن
هم ازنامداران این انجمن

چوهنگام باشد بگویم تو را
زاندیشه بد بشویم تو را

چوبهرام آواز خسرو شنید
باندیشه آن جادوی را بدید

برآشفت وزان کار تنگ آمدش
چوارغنده شد رای جنگ آمدش

جفا پیشه برپیل تنها برفت   سوی قلب خسرو خرامید تفت
چوخسرو چنان دید با اندیان   چین گفت کای نره شیر ژیان
برین پیل برتیرباران کنید   کمان را چوابر بهاران کنید
از ایرانیان آنک بد روزبه   کمان برنهادند یکسر بزه
زپیکان چنان گشت خرطوم پیل   توگفتی شد از خستگی پیل نیل
هم آنگاه بهرام بالای خواست   یکی مغفر خسرو آرای خواست
همان تیرباران گرفتند باز   برآشفت بهرام گردن فراز
پیاده شد آن مرد پرخاشخر   زره دامنش رابزد برکمر
سپر برسرآورد وشمشیر تیر   برآورد زان جنگیان رستخیز
پیاده زبهرام بگریختند   کمانهای چاچی فروریختند
یکی باره بردند هم درزمان   سپهبد نشست از بر اودمان
خروشان همی‌تاخت تا قلبگاه   بجایی کجا شاه بد بی‌سپاه
همه قلبگه پاک برهم درید   درفش جهاندار شد ناپدید
وزان جایگه شد سوی میسره   پس پشتش آزادگان یکسره
نگهبان آن دست گردوی بود   که مردی دلیر وجهانجوی بود
برادر چوروی برادر بدید   کمان را بزه کرد واندرکشید
دوخونی بران سان برآویختند   که گفتی بهمشان برآمیختند
بدین سان زمانی برآمد دراز   همی یک زدیگر نگشتند باز
بدو گفت بهرام کای بی‌پدر   به خون برادر چه بندی کمر
بدو گفت گردوی کای پیسه گرگ   تونشنیدی آن داستان بزرگ
که هرکو برادر بود دوست به   چو دشمن بود بی پی و پوست به
تو هم دشمن و بد تن و ریمنی   جهان آفرین را به دل دشمنی
به پیش برادر برادر به جنگ   نیاید اگر باشدش نام و ننگ
چوبشنید بهرام زو بازگشت   برآشفت و با او دژم ساز گشت
همی‌راند گردوی تا نزد شاه   ز آهن شده روی جنگی سیاه
برو آفرین کرد خسرو به مهر   که پاداش بادت ز گردان سپهر
فرستاده خسرو به شاپور کس   که موسیل راباش فریادرس
بکوشید تا پشت پشت آورید   مگر بخت روشن به مشت آورید
به گستهم گفت آن زمان شهریار   که گر هیچ رومی کند کارزار

چو بهرام جنگی شکسته شود	وگر نیز در جنگ خسته شود
همه رومیان سر به گردون برند	سخنها ز اندازه بیرون برند
نخواهم که رومی بود سرفراز	به ما برکنند اندرین جنگ ناز
بدیدم هنرهای رومی همه	بسان رمه روزگار دمه
هم آن به که من با سپاه اندکی	ز چوبینه آورد خواهم یکی
نخواهم درین کار یاری ز کس	امیدم به یزدان فریادرس
بدو گفت گستهم کای شهریار	به شیرین روانت مخور زینهار
چو رایت چنین است مردان کین	بخواه و مکن تیره روی زمین
بدو گفت خسرو که اینست روی	که گفتی ز لشکر کنون یار جوی
گزین کرد گستهم ز ایران سوار	ده و چار گردنکش نامدار
نخستین ازین جنگیان نام خویش	نوشت و بیاورد و بنهاد پیش
دگر گرد شاپور با اندیان	چو بند وی و گردوی پشت کیان
چو آذرگشسپ و دگر شیر ذیل	چو زنگوی گستاخ با شیر و پیل
تخواره که در جنگ غمخواره بود	یلان سینه را زشت پتیاره بود
فرخ زاد و چون خسرو سرفراز	چو اشتاد پیروز دشمن گداز
چو فرخنده خورشید با اور مزد	که دشمن بدی پیش ایشان فرزد
چومردان گزین کرد ز ایران دو هفت	ز لشکر بیک سو خرامید تفت
چنین گفت خسرو بدین مهتران	که ای سرفرازن و فرمانبران
همه پشت را سوی یزدان کنید	دل خویش را شاد و خندان کنید
جز از خواست یزدان نباشد سخن	چنین بود تا بود چرخ کهن
برزم اندرون کشته بهتر بود	که در خانه‌ات بنده مهتر بود
نگهدار من بود باید به جنگ	بهنگام جنبش نسازم درنگ
همه هم زبان آفرین خواندند	ورا شهریار زمین خواندند
بکردند پیمان که از شهریار	کسی برنگردد ازین کارزار
سپهدار بشنید و آرام یافت	خوش آمدش وز مهتران کام یافت
سپه را به بهرام فرخ سپرد	همی‌رفت با چارده مرد گرد
هم آنگه خروش آمد از دیده‌گاه	به بهرام گفتند کامد سپاه
جهان جوی بیدار دل برنشست	کمندی به فتراک و تیغی بدست
ز بالا چو آن مایه مردم بدید	تنی چند زان جنگیان برگزید

یلان سینه را گفت کاین بد نژاد	به جنگ اندرون دادمردی بداد
که من دانم کنون جزو نیست این	که یارد چمیدن برین دشت کین
برین مایه مردم به جنگ آمدست	وگر پیش کام نهنگ آمدست
فزون نیست با او سرافراز بیست	ازیشان کسی را ندانم که کیست
اگر پیشم آید جهان را بسم	اگر بر نیایم ازو ناکسم
به ایزد گشسپ ویلان سینه گفت	که مردان ندارند مردی نهفت
نباید که ما بیش باشیم چار	به خسرو مرا کس نیاید به کار
یکی بد کجا نام او جان فروز	که تیره شبان برگزیدی به روز
سپه را بدو داد و خود پیش رفت	همی تاخ با این سه بیدار تفت
چو بهرام را دید خسرو ز راه	به ایرانیان گفت کامد سپاه
کنون هیچ دل را مدارید تنگ	که آمد مرا روزگار درنگ
من و گرز و چوبینه بدنشان	شما رزم سازید با سرکشان
شما چارده یار و ایشان سه تن	مبادا که بینید هرگز شکن
نیاطوس با لشکر رومیان	ببستند ناچار یکسر میان
برفتند زان رزمگه سوی کوه	که دیدار بودی بهر دو گروه
همی‌گفت هرکس که پر مایه شاه	چرا جان فروشد ز بهر کلاه
بماند بدین دشت چندین سوار	شود خیره تنها سوی کارزار
همه دست برآسمان داشتند	که او را همه کشته پنداشتند
چو بهرام جنگی برانگیخت اسپ	یلان سینه و گرد ایزد گشسپ
بدیدند یاران خسروهمه	شد او گرگ و آن نامداران رمه
بماند آنگهی شاه ز آویختن	وزان شورش و باره انگیختن
جهاندار ناکام برگاشت اسپ	پس اندر همی‌رفت ایزدگشسپ
چوگستهم وبندوی وگردوی ماند	گوتاجور نام یزدان بخواند
بگستهم گفت آن زمان شهریار	که تنگ اندرآمد بد روزگار
چه بایست این بیهده رستخیز	بدیدند پشت من اندر گریز
بدو گفت گستهم کامد سوار	توتنهاشدی چون کنی کارزار
نگه کرد خسرو پس پشت خویش	ازان چار بهرام را دید پیش
همی‌داشت تن رازدشمن نگاه	ببرید برگستوان سیاه
ازوبازماندند هردوسوار	پس پشت اودشمن کینه دار

۱۷۸۷

به پیش اندر آمد یکی غار تنگ	سه جنگی پس اندر بسان پلنگ
بن غارهم بسته آمد زکوه	بماند آن جهاندار دور ازگروه
فرود آمد از اسپ فرخ جوان	پیاده بران کوه برشد دوان
پیاده شد وراه اوبسته شد	دل نامداران ازو خسته شد
نه جای درنگ ونه جای گریز	پس اندر همی‌رفت بهرام تیز
بخسرو چنین گفت کای پرفریب	به پیش فراز توآمد نشیب
برمن چراتاختی هوش خویش	نهاده برین گونه بردوش خویش
چوشد زان نشان کار برشاه تنگ	پس پشت شمشیر و در پیش سنگ
به یزدان چنین گفت کای کردگار	توی برتر از گردش روزگار
بدین جای بیچارگی دست گیر	تو باشی ننالم به کیوان و تیر
هم آنگه چو از کوه برشد خروش	پدید آمد از راه فرخ سروش
همه جامه‌اش سبز و خنگی به زیر	ز دیدار او گشت خسرو دلیر
چو نزدیک شد دست خسرو گرفت	ز یزدان پاک این نباشد شگفت
چواز پیش بدخواه برداشتش	به آسانی آورد و بگذاشتش
بدو گفت خسرو که نام تو چیست	همی‌گفت چندی و چندی گریست
فرشته بدو گفت نامم سروش	چو ایمن شدی دور باش از خروش
کزین پس شوی بر جهان پادشا	نباید که باشی جز از پارسا
بدین زودی اندر بشاهی رسی	بدین سالیان بگذرد هشت و سی
بگفت این سخن نیز و شد ناپدید	کس اندر جهان این شگفتی ندید
چو آن دید بهرام خیره بماند	جهان آفرین را فراوان بخواند
همی‌گفت تا جنگ مردم بود	مبادا که مردی ز من گم بود
برآنم که جنگم کنون با پریست	برین تخت تیره بباید گریست
نیاطوس زان روی بر کوهسار	همی‌خواست از دادگر زینهار
خراشید مریم دو رخسار خویش	ز تیمار جفت جهاندار خویش
سپه بود برکوه و هامون وراغ	دل رومیان زو پر از درد و داغ
نیاطوس چون روی خسرو ندید	عماری زرین به یکسو کشید
بمریم چنین گفت کاندر نشین	که ترسم که شد شاه ایران زمین
هم آنگاه خسرو بران روی کوه	پدید آمد از راه دور از گروه
همه لشکر نامور شاد شد	دل مریم از درد آزاد شد

چو آمد به مریم بگفت آنچ دید	وزان کوه خارا سر اندر کشید
چنین گفت کای ماه قیصر نژاد	مرا داور دادگر داد داد
نه از کاهلی بدنه از بد دلی	که در جنگ بد دل کند کاهلی
بدان غار بی‌راه در ماندم	به دل آفریننده را خواندم
نهان داشت دارنده کارجهان	برین بنده گشت آشکارا نهان
فریدون فرخ ندید این به خواب	نه تورو نه سلم و نه افراسیاب
که امروز من دیدم ای سرکشان	ز پیروزی و شهریاری نشان
بدیشان بگفت آن کجا دید شاه	از آن پس به فرمود تا آن سپاه
همه جنگ را تاختن نوکنند	برزم اندرون یاد خسرو کنند
وزان روی بهرام شد پر ز درد	پشیمان شده زان همه کارکرد
هم آنگه ز کوه اندر آمد سپاه	جهان شد ز گرد سواران سیاه
وزان روی بهرام لشکر براند	به روز اندرون روشنایی نماند
همی‌گفت هرکس که راند سپاه	خرد باید و مردی و دستگاه
دلیران که دیدند خشت مرا	همان پهلوانی سرشت مرا
مرا برگزیدند بر خسروان	به خاک افگنم نام نوشین روان
ز لشکر بر شاه شد خیره خیر	کمان را بزه کرد و یک چوبه تیر
بزد ناگهان بر کمرگاه شاه	بکژ اندر آویخت پیکان به راه
یکی بنده چون زخم پیکان بدید	بیامد ز دیباش بیرون کشید
سبک شهریار اندر آمد دمان	به بهرام چوبینه‌ی بد نشان
بزد نیزه‌یی بر کمربند اوی	زره بود نگسست پیوند اوی
سنان سر نیزه شد به دونیم	دل مرد بی‌راه شد پر ز بیم
چو بشکست نیزه بر آشفت شاه	بزد تیغ بر مغفر کینه خواه
سراسر همه تیغ برهم شکست	بدان پیکر مغفر اندر نشست
همی آفرین کرد هرکس که دید	هم آنکس که آواز آهن شنید
گرانمایگان از پس اندر شدند	چنان لشکری را بهم بر زدند
خرامید بندوی نزدیک شاه	کهای تاج تو برتو راز چرخ ماه
یکی لشکرست این چومور وملخ	گرفته بیابان همه ریگ و شخ
نه والا بود خیره خون ریختن	نه این شاه با بنده آویختن
هر آنکس که خواهد ز ما زینهار	به از کشته یا خسته در کارزار

۱۷۸۹

بدو گفت خسرو که هرگز گناه	بپیچید برو من نیم کینه خواه
همه پاک در زینهار منند	به تاج اندرون گوشوار منند
برآمد هم آنگه شب از تیره کوه	سپه بازگشتند هر دو گروه
چوآمد غوپاسبان و جرس	ز لشکر نبد خفته بسیار کس
جهان جوی بندوی ز آنجا برفت	میان دو لشکر خرامید تفت
ز لشکر نگه کرد کنداوری	خوش آواز و گویا منا دیگری
بفرمود تا بارگی برنشست	به بیدار کردن میان را ببست
چنین تا میان دولشکر براند	کزو تا بدشمن فراوان نماند
خروشی برآورد کای بندگان	گنه کرده و بخت جویندگان
هران کز شما او گنهکارتر	به جنگ اندرون نامبردارتر
به یزدانش بخشید شاه جهان	گناهی‌که کرد آشکار و نهان
به تیره شبان چون برآمد خروش	نهادند هرکس به آواز گوش
همه نامداران بهرامیان	برفتن ببستند یک سر میان
چو برزد سر از کوه گیتی فروز	زمین را به ملحم بیاراست روز
همه دشت بی‌مرد و خرگاه بود	که بهرام زان شب نه آگاه بود
بدان خیمه‌ها در ندیدند کس	جز از ویژه یاران بهرام و بس
چو بهرام زان لشکر آگاه گشت	بیامد بران خیمه‌ها برگذشت
به یاران چنین گفت کاکنون گریز	به آید ز آرام با رستخیز
شتر خواست از ساروان سه هزار	هیو نان کفک افگن و نامدار
ز چیزی که در گنج بد بردنی	ز گستردنیها و از خوردنی
ز زرین و سیمین وز تخت عاج	همان یاره و طوق زرین وتاج
همه بار کردند و خود برنشست	میان از پی بازگشتن ببست
چو خورشید روشن بیاراست گاه	طلایه بیامد ز نزدیک شاه
به پرده سرای اندرون کس ندید	همان خیمه بر پای بر بس ندید
طلایه بیامد بگفت این به شاه	دل شاه شد تنگ زان رزمخواه
گزین کرد زان جنگیان سه هزار	زره دار و برگستوان ور سوار
به نستود فرمود تا برنشست	میان یلی تاختن را ببست
همی‌راند نستود دل پر ز درد	نبد مرد بهرام روز نبرد
همان نیز بهرام با لشکرش	نبود ایمن از راه وز کشورش

۱۷۹۰

همی‌راند بی‌راه دل پر ز بیم — همی‌برد با خویشتن زر و سیم
یلان سینه و گرد ایزد گشسپ — ز یک سوی لشکر همی‌راند اسپ
به بی‌راه لشکر همی‌راندند — سخنهای شاهان همی‌خواندند
پدید آمد از دور یک پاره ده — کجا ده نبود از در مرد مه
همی‌راند بهرام پیش اندرون — پشیمان شده دل پر از درد و خون
چو از تشنگی خشک شدشان دهن — بیامد به خان یکی پیرزن
زبان را به چربی بیاراستند — وزان پیرزن آب و نان خواستند
زن پیر گفتار ایشان شنید — یکی کهنه غربیل پیش آورید
برو بر به گسترده یک پاره مشک — نهاده به غربیل بر نان کشک
یلان سینه به رسم به بهرام داد — نیامد همی در غم از واژ یاد
گرفتند واژ و بخوردند نان — نظاره بدان نامداران زنان
چو کشکین بخوردند می خواستند — زبانها به زمزم بیاراستند
زن پیر گفت ار میت آرزوست — میست و یکی نیز کهنه که دوست
بریدم کدو را که نوبد سرش — یکی جام کردم نهادم برش
بدو گفت بهرام چون می بود — ازان خوبتر جامها کی بود
زن پیر رفت و بیاورد جام — ازان جام بهرام شد شادکام
یکی جام پر بر کفش برنهاد — بدان تا شود پیرزن نیز شاد
بدو گفت کای مام با فرهی — ز کار جهان چیستت آگهی
بدو پیرزن گفت چندان سخن — شنیدم کزان گشت مغزم کهن
ز شهر آمد امروز بسیار کس — همی جنگ چوبینه گویند و بس
که شد لشکر او به نزدیک شاه — سپهبد گریزان به شد بی‌سپاه
بدو گفت بهرام کای پاک زن — مرا اندرین داستانی بزن
که این از خرد بود بهرام را — وگر برگزید از هوا کام را
بدو پیرزن گفت کای شهره مرد — چرا دیو چشم تو را تیره کرد
ندانی که بهرام پور گشسپ — چوبا پور هرمز بر انگیزد اسپ
بخندد برو هرک دارد خرد — کس اورا ز گردنکشان نشمرد
بدو گفت بهرام گر آرزوی — چنین کرد گو می‌خوران در کدوی
برین گونه غربیل بر نان جو — همی‌دار در پیش تا جو درو
بران هم خورش یک شب آرام یافت — همی کام دل جست و ناکام یافت

چو خورشید برچرخ بگشاد راز	سپهدار جنگی بزد طبل باز
بیاورد چندانک بودش سپاه	گرانمایگان برگرفتند راه
بره بر یکی نیستان بود نو	بسی اندرو مردم نی‌درو
چو از دور دیدند بهرام را	چنان لشکرگشن و خودکام را
به بهرام گفتند انوشه بدی	ز راه نیستان چرا آمدی
که بی‌مر سپاهست پیش اندرون	همه جنگ را دست شسته به خون
چنین گفت بهرام کایدر سوار	نباشد جز از لشکر شهریار
فرود آمدند اندران نیستان	همه جنگ را تنگ بسته میان
شنیدم که چون ما ز پرده سرای	بسی چیدن راه کردیم رای
جهاندار بگزید نستود را	جهان جوی بی‌تار و بی‌پود را
ابا سه هزار از سواران مرد	کجا پای دارند روز نبرد
بدان تا بیاید پس ما دمان	چو بینم مر او را سرآرم زمان
همه اسپ را تنگها برکشید	همه گرد این بیشه لشکر کشید
سواران سبک برکشیدند تنگ	گرفتند شمشیر هندی به چنگ
همه نیستان آتش اندر زدند	سپه را یکایک بهم بر زدند
نیستان سراسر شد افروخته	یکی کشته و دیگری سوخته
چونستود را دید بهرام گرد	عنان باره‌ی تیزتگ را سپرد
ز زین برگرفتش به خم کمند	بیاورد و کردش هم آنگه ببند
همی‌خواست نستود زو زینهار	همی‌گفت کای نامور شهریار
چرا ریخت خواهی همی خون من	ببخشای بر بخت و ارون من
مکش مر مرا تا دوان پیش تو	بیایم بوم زار درویش تو
بدو گفت بهرام من چون تو مرد	نخواهم که باشد به دشت نبرد
نبرم سرت را که ننگ آیدم	که چون تو سواری به جنگ آیدم
چو یابی رهایی ز دستم بپوی	ز من هرچ دیدی به خسرو بگوی
چو بشنید نستود روی زمین	ببوسید و بسیار کرد آفرین
وزان بیشه بهرام شد تابری	ابا او دلیران فرخنده پی
ببود و برآسود و ز آنجا برفت	به نزدیک خاقان خرامید تفت
ازین سوی خسرو بران رزمگاه	بیامد که بهرام بد با سپاه
همه رزمگاهش به تاراج داد	سپه را همه بدره و تاج داد

یکی باره‌ی تیز رو برنشست
میان را ز بهر پرستش ببست

به پیش اندر آمد یکی خارستان
پیاده ببود اندران کارستان

به غلتید در پیش یزدان به خاک
همی‌گفت کای داور داد و پاک

پی دشمن از بوم برداشتی
همه کار ز اندیشه بگذاشتی

پرستنده و ناسزا بنده‌ام
به فرمان و رایت سرافگنده‌ام

وزان جایگه شد به پرده سرای
بیامد به نزدیک او رهنمای

بفرمود تا پیش او شد دبیر
نوشتند زو نامه‌یی برحریر

ز چیزی که رفت اندران رزمگاه
به قیصر نوشت اندران نامه شاه

نخست آفرین کرد بر دادگر
کزو دید مردی و بخت و هنر

دگر گفت کز کردگار جهان
همه نیکوی دیدم اندر نهان

به آذرگشسپ آمدم با سپاه
دوان پیش بازآمدم کینه خواه

بدان گونه تنگ اندر آمد به جنگ
که بر من ببد کار پیکار تنگ

چو یزدان پاکش نبد دستگیر
بمرد آن دم آتش و دار و گیر

چوبیچاره‌تر گشت و لشکر نماند
گریزان به شبگیر ز آنجا براند

همه لشکرش را بهم بر زدیم
به لشکر گهش آتش اندرزدیم

به فرمان یزدان پیروزگر
ببندم برو نیز راه گذر

نهادند برنامه بر مهرشاه
فرستادگان بر گرفتند راه

فرستاده با نامه شهریار
بشد تا بر قیصر نامدار

چو آن نامه برخواند قیصر ز تخت
فرود آمد آن مرد بیداربخت

به یزدان چنین گفت کای رهنمای
همیشه توی جاودانه بجای

تو پیروز کردی مر آن بنده را
کشنده توی مرد افگنده را

فراوان به درویش دینار داد
همان خوردنیهای بسیار داد

مر آن نامه را نیز پاسخ نوشت
بسان درختی به باغ بهشت

سرنامه کرد از جهاندار یاد
خداوند پیروزی و فرو داد

خداوند ماه و خداوند هور
خداونت پیل و خداوند مور

بزرگی و نیک اختری زو شناس
وزو دار تا زنده باشی سپاس

جز از داد و خوبی مکن در جهان
چه در آشکار و چه اندر نهان

یکی تاج کز قیصران یادگار
همی‌داشتی تا کی آید به کار

همان خسروی طوق با گوشوار
صدوشست تا جامه‌ی زرنگار

دگر سی شتر بار دینار بود	همان در و یاقوت بسیار بود
صلیبی فرستاد گوهر نگار	یکی تخت پرگوهر شاهوار
یکی سبز خفتان به زر بافته	بسی شوشه زر برو تافته
ازان فیلسوفان رومی چهار	برفتند با هدیه و با نثار
چو زان کارها شد به شاه آگهی	ز قیصر شدش کاربا فرهی
پذیره فرستاد خسرو سوار	گرانمایگان گرامی هزار
بزرگان به نزدیک خسرو شدند	همه پاک با هدیه نو شدند
چو خسرو نگه کرد و نامه بخواند	ازان خواسته در شگفتی بماند
به دستور فرمود پس شهریار	که آن جامه‌ی روم گوهر نگار
نه آیین پرمایه دهقان بود	کجا جامه‌ی جاثلیقان بود
چو بر جامه‌ی ما چلیپا بود	نشست اندر آیین ترسا بود
وگر خود نپوشم بیازارد اوی	همانا دگرگونه پندارد اوی
وگر پوشم این نامداران همه	بگویند کاین شهریار رمه
مگر کز پی چیز ترسا شدست	که اندر میان چلیپا شدست
به خسرو چنین گفت پس رهنمای	که دین نیست شاها به پوشش بپای
تو بردین زر دشت پیغمبری	اگر چند پیوسته قیصری
بپوشید پس جامه‌ی شهریار	بیاویخت آن تاج گوهرنگار
برفتند رومی و ایرانیان	ز هر گونه مردم اندر میان
کسی کش خرد بود چون جامه دید	بدانست کور ای قیصر گزید
دگر گفت کاین شهریار جهان	همانا که ترسا شد اندر نهان
دگر روز خسرو بیاراست گاه	به سر برنهاد آن کیانی کلاه
نهادند در گلشن سور خوان	چنین گفت پس رومیان را بخوان
بیامد نیاطوس با رومیان	نشستند با فیلسوفان بخوان
چو خسرو فرود آمد از تخت بار	ابا جامه‌ی روم گوهر نگار
خرامید خندان و برخوان نشست	بشد نیز بند وی برسم بدست
جهاندار بگرفت و از نهان	به زمزم همی رای زد با مهان
نیاطوس کان دید بنداخت نان	از آشفتگی باز پس شد ز خوان
همی‌گفت و ازو چلیپا بهم	ز قیصر بود بر مسیحا ستم
چو بندوی دید آن بزد پشت دست	بخوان بر به روی چلیپا پرست

غمی گشت زان کار خسرو چو دید	بر خساره شد چون گل شنبلید
به گستهم گفت این گو بی خرد	نباید که بی داوری می خورد
ورا با نیاطوس رومی چه کار	تن خویش را کرد امروز خوار
نیاطوس زان جایگه بر نشست	به لشکرگه خویش شد نیم مست
بپوشید رومی زره رزم را	ز بهر تبه کردن بزم را
سواران رومی همه جنگ جوی	به درگاه خسرو نهادند روی
هم آنگه ز لشکر سواری چو باد	به خسرو فرستاد رومی نژاد
که بندوی ناکس چرا پشت دست	زند بر رخ مرد یزدان پرست
گر او را فرستی به نزدیک من	و گرنه ببین شورش انجمن
ز من بیش پیچی کنون کز رهی	که جوید همی تخت شاهنشهی
چو بشنید خسرو بر آشفت و گفت	که کس دین یزدان نیارد نهفت
کیومرس و جمشید تا کی قباد	کسی از مسیحا نکردند یاد
مبادا که دین نیاکان خویش	گزیده سرافراز و پاکان خویش
گذارم بدین مسیحا شوم	نگیرم بخوان واژ و ترسا شوم
تو تنها همی کژگیری شمار	هنر دیدم از رومیان روز کار
به خسرو چنین گفت مریم که من	بپا آورم جنگ این انجمن
به من ده سرافراز بندوی را	که تا رومیان از پی روی را
ببینند و باز آرمش تن درست	کسی بیهوده جنگ هرگز نجست
فرستاد بندوی را شهریار	به نزد نیاطوس با ده سوار
همان نیز مریم زن هوشمند	که بودی همیشه لبانش بپند
بدو گفت رو با برادر پدر	بگو ای بداندیش پرخاشخر
ندیدی که با شاه قیصر چه گفت	ز بهر بزرگی ورا بود جفت
ز پیوند خویشی و از خواسته	ز مردان وز گنج آراسته
تو پیوند خویشی همی بر کنی	همان فر قیصر ز من بفگنی
ز قیصر شنیدی که خسرو ز دین	بگردد چو آید به ایران زمین
مگو ایچ گفتار نا دلپذیر	تو بندوی را سر به آغوش گیر
ندانی که دهقان ز دین کهن	نپیچد چرا خام گویی سخن
مده رنج و کردار قیصر بباد	بمان تا به باشیم یک چند شاد
بکین پدر من جگر خسته‌ام	کمر بر میان سوک را بسته‌ام

۱۷۹۵

دل او سراسر پر از کین اوست	زبانش پر از رنج و تیماراوست
که او از پی واژ شد زشت گوی	تو از بی‌خرد هوشمندی مجوی
چو مریم برفت این سخنها بگفت	نیاطوس بشنید و کینه نهفت
هم از کار بندوی دل کرد نرم	کجا داشت از روی بندوی شرم
بیامد به نزدیک خسرو چو گرد	دل خویش خوش کرد زان گفته مرد
نیاطوس گفت ای جهاندیده شاه	خردمندی از مست رومی مخواه
توبس کن بدین نیاکان خویش	خردمند مردم نگردد ز کیش
برین گونه چون شد سخنها دراز	به لشکر گه آمد نیاطوس باز
بخراد برزین بفرمود شاه	که رو عرض گه ساز ودیوان بخواه
همه لشکر رومیان عرض کن	هر آنکس که هستند نوگر کهن
درمشان بده رومیان را زگنج	بدادن نباید که بینند رنج
کسی کو به خلعت سزاوار بود	کجا روز جنگ از در کار بود
بفرمود تا خلعت آراستند	ز در اسپ پرمایگان خواستند
نیاطوس را داد چندان گهر	چه اسپ و پرستار و زرین کمر
کز اندازه هدیه برتر گذاشت	سرش را ز پر مایگان برفراشت
هر آن شهرکز روم بستد قباد	چه هرمز چه کسری فرخ نژاد
نیاطوس را داد و بنوشت عهد	بران جام حنظل پراگند شهد
برفتند پس رومیان سوی روم	بدان مرز آباد و آباد بوم
دگر هفته برداشت با ده سوار	که بودند بینا دل و نامدار
ز لشکر گه آمد به آذرگشسپ	به گنبد نگه کرد و بگذاشت اسپ
پیاده همی‌رفت و دیده پر آب	به زردی دو رخساره چون آفتاب
چو از دربه نزدیک آتش رسید	شد از آب دیده رخش ناپدید
دو هفته همی‌خواند استا وزند	همی‌گشت بر گرد آذر نژند
بهشتم بیامد ز آتشکده	چو نزدیک شد روزگار سده
به آتش بداد آنچ پذیرفته بود	سخن هرچ پیش ردان گفته بود
ز زرین و سیمین گوهرنگار	ز دینار وز گوهر شاهوار
به درویش بخشید گنج درم	نماند اندران بوم و برکس دژم
وزان جایگه شد با ندیو شهر	که بردارد از روز شادیش بهر
کجا کشور شورستان بود مرز	کسی خاک او راندانست ارز

به ایوان که نوشین روان کرده بود   بسی روزگار اندر آن برده بود
گرانمایه کاخی بیاراستند   همان تخت زرین به پیراستند
بیامد به تخت پدر برنشست   جهاندار پیروز یزدان پرست
بفرمود تا پیش او شد دبیر   همان راهبر موبد تیزویر
نوشتند منشور ایرانیان   برسم بزرگان و فرخ مهان
بدان کار بندوی بد کدخدای   جهاندیده و راد و فرخنده‌رای
خراسان سراسر به گستهم داد   بفرمود تا نو کند رسم وداد
بهرکار دستور بد بر ز مهر   دبیری جهاندیده و خوب چهر
چو بر کام او گشت گردنده چرخ   ببخشید داراب گرد و صطرخ
به منشور برمهر زرین نهاد   یکی درکف رام برزین نهاد
بفرمود تا نزد شاپور برد   پرستنده و خلعت او را سپرد
دگر مهر خسرو سوی اندیان   بفرمود بردن برسم کیان
دگر کشوری را بگردوی داد   بران نامه بر مهر زرین نهاد
ببالوی داد آن زمان شهر چاچ   فرستاد منشور با تخت عاج
کلید در گنجها بر شمرد   سراسر بپور تخواره سپرد
بفرمود تا هر که مهتر بدند   به فرمان خراد برزین شدند
به گیتی رونده بود کام او   به منشورها بر بود نام او
ز لشکر هر آنکس که هنگام کار   بماندند با نامور شهریار
همی خلعت خسروی دادشان   به شاهی به مرزی فرستادشان
همی‌گشت گویا منادیگری   خوش آواز و بیدار دل مهتری
که ای زیردستان شاه جهان   مخوانید جز آفرین در نهان
مجویید کین و مریزید خون   مباشید بر کار بد رهنمون
گر از زیردستان بنالد کسی   گر از لشکری رنج یابد بسی
نیابد ستمگاره جز دار جای   همان رنج و آتش بدیگر سرای
همه پادشاهند برگنج خویش   کسی راکه گرد آمد از رنج خویش
خورید و دهید آنک دارید چیز   همان کز شماهست درویش نیز
چو باید خورش بامداد پگاه   سه من می بیابد ز گنجور شاه
به پیمان که خواند بران آفرین   که کوشد که آباد دارد زمین
گر ایدون که زین سان بود پادشا   به از دانشومند ناپارسا

گفتار فردوسی در سوگ فرزند

مرا سال بگذشت برشست و پنج	نه نیکو بود گر بیازم به گنج
مگر بهره بر گیرم از پند خویش	بر اندیشم از مرگ فرزند خویش
مرا بود نوبت برفت آن جوان	ز دردش منم چون تن بی‌روان
شتابم همی تا مگر یابمش	چو یابم به بیغاره بشتابمش
که نوبت مرا به بی‌کام من	چرا رفتی و بردی آرام من
ز بدها تو بودی مرا دستگیر	چرا چاره جستی ز همراه پیر
مگر همرهان جوان یافتی	که از پیش من تیز بشتافتی
جوان را چو شد سال برسی و هفت	نه بر آرزو یافت گیتی برفت
همی‌بود همواره با من درشت	برآشفت و یکباره بنمود پشت
برفت و غم و رنجش ایدر بماند	دل و دیده‌ی من به خون درنشاند
کنون او سوی روشنایی رسید	پدر را همی جای خواهد گزید
برآمد چنین روزگار دراز	کزان همرهان کس نگشتند باز
همانا مرا چشم دارد همی	ز دیر آمدن خشم دارد همی
ورا سال سی بد مرا شصت و هفت	نپرسید زین پیر و تنها برفت
وی اندر شتاب و من اندر درنگ	ز کردارها تا چه آید به چنگ
روان تو دارنده روشن کناد	خرد پیش جان تو جوشن کناد
همی‌خواهم از کردگار جهان	ز روزی ده آشکار و نهان
که یکسر ببخشد گناه مرا	درخشان کند تیره گاه مرا

رفتن بهرام پورگشسب بنزد خاقان چین

کنون داستانهای دیرینه گوی	سخنهای بهرام چوبینه گوی
که چون او سوی شهر ترکان رسید	به نزد دلیر و بزرگان رسید

ز گردان بیدار دل ده هزار	پذیره شدندش گزیده سوار
پسر با برادرش پیش اندرون	ابا هر یکی موبدی رهنمون
چو آمد بر تخت خاقان فراز	برو آفرین کرد و بردش نماز
چو خاقان ورا دید برپای جست	ببوسید و بسترد رویش بدست
بپرسید بسیارش از رنج راه	ز کار و ز پیکار شاه و سپاه
هم ایزد گشسپ و یلان سینه را	بپرسید و خراد برزینه را
چو بهرام برتخت سیمین نشست	گرفت آن زمان دست خاقان بدست
بدو گفت کای مهتر بافرین	سپهدار ترکان و سالار چین
تو دانی که از شهریار جهان	نباشد کسی ایمن اندر نهان
بر آساید از گنج و بگزایدش	تن آسان کند رنج بفزایدش
گر ایدون که اندر پذیری مرا	بهرنیک و بد دست‌گیری مرا
بدین مرز بی‌یار یار توام	بهر نیک و بد غمگسار توام
وگر هیچ رنج آیدت بگذرم	زمین را سراسر بپی بسپرم
گر ایدون که باشی تو همداستان	از ایدر شوم تا به هندوستان
بدو گفت خاقان که ای سرفراز	بدین روز هرگز مبادت نیاز
بدارم تو را همچو پیوند خویش	چه پیوند برتر ز فرزند خویش
همه بوم با من بدین یاورند	اگر کهترانند اگر مهترند
تو را بر سران سرفرازی دهم	هم از مهتران بی‌نیازی دهم
بدین نیز بهرام سوگند خواست	زیان بود بر جان او بند خواست
بدو گفت خاقان به برتر خدای	که هست او مرا و تو را رهنمای
که تا زنده‌ام ویژه یار توام	بهر نیک و بد غمگسار توام
ازان پس دو ایوان بیاراستند	زهر گونه‌یی جامه‌ها خواستند
پرستنده و پوشش و خوردنی	ز چیزی که بایست گستردنی
ز سیمین و زرین که آید به کار	ز دینار وز گوهر شاهوار
فرستاد خاقان به نزدیک اوی	درخشنده شد جان تاریک اوی
به چوگان و مجلس به دشت شکار	نرفتی مگر کو بدی غمگسار
برین گونه بر بود خاقان چین	همی‌خواند بهرام را آفرین
یکی نامبردار بد یار اوی	برزم اندرون دست بردار اوی
ازو مه به گوهر مقاتوره نام	که خاقان ازو یافتی نام و کام

به شبگیر نزدیک خاقان شدی
دولب را به انگشت خود بر زدی

بران سان که کهتر کند آفرین
بران نامبردار سالار چین

هم آنگه زدینار بردی هزار
ز گنج جهاندیده نامدار

همی‌دید بهرام یک چندگاه
به خاقان همی‌کرد خیره نگاه

بخندید یک روز گفت ای بلند
توی بر مهان جهان ارجمند

بهر بامدادی بهنگام بار
چنین مرد دینار خواهد هزار

ببخشش گرین بیستگانی بود
همه بهر او زرکانی بود

بدو گفت خاقان که آیین ما
چنین است و افروزش دین ما

که از ما هر آنکس که جنگی ترست
به هنگام سختی درنگی ترست

چو خواهد فزونی نداریم باز
ز مردان رزم آور جنگ ساز

فزونی مر او راست برما کنون
بدینار خوانیم بر وی فسون

چو زو بازگیرم بجوشد سپاه
ز لشکر شود روز روشن سیاه

جهانجوی گفت ای سر انجمن
تو کردی و را خیره بر خویشتن

چو باشد جهاندار بیدار و گرد
عنان را به کهتر نباید سپرد

اگر زو رهانم تو را شایدت
وگر ویژه آزرم او بایدت

بدو گفت خاقان که فرمان تو راست
بدین آرزو رای و پیمان تو راست

مرا گر توانی رهانید ازوی
سرآورده باشی همه گفت و گوی

بدو گفت بهرام که اکنون پگاه
چو آید مقاتوره دینار خواه

مخند و بر و هیچ مگشای چشم
مده پاسخ و گر دهی جز به خشم

گذشت آن شب و بامداد پگاه
بیامد مقاتوره نزدیک شاه

جهاندار خاقان بدو ننگرید
نه گفتار آن ترک جنگی شنید

ز خاقان مقاتوره آمد بخشم
یکایک برآشفت و بگشاد چشم

بخاقان چنین گفت کای نامدار
چرا گشتم امروز پیش تو خوار

همانا که این مهتر پارسی
که آمد بدین مرز با یار سی

بکوشد همی تا بپیچی ز داد
سپاه تو را داد خواهد بباد

بدو گفت بهرام که ای جنگوی
چرا تیزگشتی بدین گفت وگوی

چو خاقان برد راه و فرمان من
خرد را نپیچد ز پیمان من

نمانم که آیی تو هر بامداد
تن آسان دهی گنج او را به باد

بران نه که هستی تو سیصد سوار
به رزم اندرون شیرجویی شکار

نیرزد که هر بامداد پگاه	به خروار دینار خواهی ز شاه
مقاتوره بشنید گفتار اوی	سرش گشت پرکین ز آزار اوی
بخشم و به تندی بیازید چنگ	ز ترکش برآورد تیر خدنگ
به بهرام گفت این نشان منست	برزم اندرون ترجمان منست
چو فردا بیایی بدین بارگاه	همی‌دار پیکان ما را نگاه
چو بشنید بهرام شد تیز چنگ	یکی تیر پولاد پیکان خدنگ
بدو داد و گفتا که این یادگار	بدار و ببین تا کی آید به کار
مقاتوره از پیش خاقان برفت	بیامد سوی خرگه خویش تفت

کشته شدن مقاتوره بر دست بهرام چوبینه

چو شب دامن تیره اندر کشید	سپیده ز کوه سیه بر دمید
مقاتوره پوشید خفتان جنگ	بیامد یکی تیغ توری به چنگ
چو بهرام بشنید بالای خواست	یکی جوشم خسرو آرای خواست
گزیدند جایی که هرگز پلنگ	بران شخ بی‌آب ننهاد چنگ
چو خاقان شنید این سخن برنشست	برفتند ترکان خسرو پرست
بدان کارتازین دو شیردمان	کرا پیشتر خواه آمد زمان
مقاتوره چون شد به دشت نبرد	ز هامون به ابر اندر آورد گرد
به بهرام گردنکش آواز داد	که اکنون ز مردی چه داری بیاد
تو تازی بدین جنگ بر پیشدست	وگر شیر دل ترک خاقان پرست
بدو گفت بهرام پیشی تو کن	کجا پی تو افگنده‌ای این سخن
مقاتوره کرد از جهاندار یاد	دو زاغ کمان را به زه برنهاد
زه و تیر بگرفت شادان بدست	چو شد غرق پیکانش بگشاد شست
بزد بر کمربند مرد سوار	نسفت آهن از آهن آبدار
زمانی همی‌بود بهرام دیر	که تاشد مقاتوره از رزم سیر
مقاتوره پنداشت کو شد تباه	خروشید و برگشت زان رزمگاه
بدو گفت برهام کای جنگجوی	نکشتی مرا سوی خرگه مپوی
تو گفتی سخن باش و پاسخ شنو	اگر بشنوی زنده مانی برو

نگه کر جوشن گذاری خدنگ
که آهن شدی پیش او نرم و سنگ
بزد بر میان سوار دلیر
سپهبد شد از رزم و دینار سیر
مقاتوره چون جنگ را برنشست
برادر دو پایش بزین بر ببست
بروی اندر آمد دو دیده پرآب
همان زین توری شدش جای خواب
به خاقان چنین گفت کای کامجوی
همی گورکن خواهد آن نامجوی
بدو گفت خاقان که بهتر ببین
کجا زنده خفتست بر پشت زین
بدو گفت بهرام کای برمنش
هم اکنون به خاک اندر آید تنش
تن دشمن تو چنین خفته باد
که او خفت بر اسپ توری نژاد
سواری فرستاد خاقان دلیر
به نزدیک آن نامبردار شیر
ورا بسته و کشته دیدند خوار
بر آسوده از گردش روزگار
بخندید خاقان به دل در نهان
شگفت آمدش زان سوار جهان
پر اندیشه بد تا بایوان رسید
کلاهش ز شادی به کیوان رسید
سلیح و درم خواست و اسپ ورهی
همان تاج و هم تخت شاهنشهی
ز دینار وز گوهر شاهوار
ز هرگونه یی آلت کار زار
فرستاده از پیش خاقان ببرد
به گنج‌ور بهرام جنگی سپرد

کشتن بهرام چوبینه شیر را و دادن خاقان دختر خود را باو

چو چندی برآمد برین روزگار
شب و روز آسایش آموزگار
چنان بد که در کوه چین آن زمان
دد و دام بودی فزون از گمان
ددی بود مهتر ز اسپی بتن
فروهشته چون مشک گیسو رسن
به تن زرد و گوش و دهانش سیاه
ندیدی کس او را مگر گرمگاه
دو چنگش به کردار چنگ هژبر
خروشش همی‌برگذشتی ز ابر
همی سنگ را درکشیدی به دم
شده روز ازو بر بزرگان دژم
ورا شیر کپی همی‌خواندند
ز رنجش همه بوم در ماندند
یکی دختری داشت خاتون چوماه
اگر ماه دارد دو زلف سیاه
دو لب سرخ و بینی چو تیغ قلم
دو بی جاده خندان و نرگس دژم

بران دخت لرزان بدی مام وباب | اگر تافتی بر سرش آفتاب
چنان بد که روزی پیاده به دشت | همی گرد آن مرغزاران بگشت
جهاندار خاقان ز بهر شکار | بدشتی دگر بود زان مرغزار
همان نیز خاتون به کاخ اندورن | همی رای زد با یکی رهنمون
چوآن شیر کپی ز کوهش بدید | فرود آمد او را به دم درکشید
بیک دم شد او از جهان در نهان | سرآمد بران خوب چهره جهان
چو خاقان شنید آن سیه کرد روی | همان مادرش نیر بر کند موی
ز دردش همه ساله گریان بدند | چو بر آتش تیز بریان بدند
همی چاره جستند زان اژدها | که تا چین کی آید ز چنگش رها
چو بهرام جنگ مقاتوره کرد | وزان مرد جنگی برآورد گرد
همی‌رفت خاتون بدیدار اوی | بهر کس همی‌گفت کردار اوی
چنان بد که یک روز دیدش سوار | از ایران همان نیز صد نامدار
پیاده فراوان به پیش اندرون | همی‌راند بهرام با رهنمون
بپرسید خاتون که این مرد کیست | که با برز و با فره‌ی ایزدیست
بدو گفت کهتر که دوری ز کام | که بهرام یل راندانی بنام
به ایران یکی چند گه شاه بود | سرتاج او برتر از ماه بود
بزرگانش خوانند بهرام گرد | که از خسروان نام مردی ببرد
کنون تا بیامد ز ایران بچین | به لرزد همی زیر اسپش زمین
خداوند خواند همی مهترش | همی تاج شاهی نهد بر سرش
بدو گفت خاتون که با فراوی | سز دگر بنازیم در پر اوی
یکی آرزو زو بخواهم درست | چو خاقان نگردد بدان کارسست
بخواهد مگر ز اژدها کین من | برو بشنود درد و نفرین من
بدو گفت کهتر گر این داستان | بخواند برو مهتر راستان
تو از شیر کپی نیابی نشان | مگر کشته و گرگ پایش کشان
چو خاتون شنید این سخن شاد شد | ز تیمار آن دختر آزاد شد
همی‌تاخت تا پیش خاقان رسید | یکایک بگفت آنچ دید وشنید
بدو گفت خاقان که عاری بود | بجایی که چون من سواری بود
همی شر کپی خورد دخترم | بگوییم و ننگی شود گوهرم
ندانند کان اژدهای دژم | همی کوه آهن رباید به دم

اگر دختر شاه نامی بود	همان شاه را جان گرامی بود
بدو گفت خاتون که من کین خویش	بخواهم ز بهر جهان بین خویش
اگر ننگ باشد وگر نام من	بگویم برآید مگر کام من
برآمد برین نیز روز دراز	نهانی ز هرکس همی‌داشت راز
چنان بد که خاقان یکی سور کرد	جهان را بران سور پر نور کرد
فرستاد بهرام یل را بخواند	چو آمدش برتخت زرین نشاند
چو خاتون پس پرده آوا شنید	بشد تیز و بهرام یل را بدید
فراوانش بستود و کرد آفرین	که آباد بادا بتو ترک و چین
یکی آرزو خواهم از شهریار	که باشد بران آرزو کامگار
بدو گفت بهرام فرمان تو راست	برین آرزو کام و پیمان تو راست
بدو گفت خاتون کز ایدر نه دور	یکی مرغزارست زیبای سور
جوانان چین اندران مرغزار	یکی جشن سازند گاه بهار
ازان بیشه پرتاب یک تیروار	یکی کوه بینی سیه‌تر ز قار
بران کوه خارا یکی اژدهاست	که این کشور چین ازو در بلاست
یکی شیر کپیش خواند همی	دگر نیز نامش نداند همی
یکی دخترم بد ز خاقان چین	که خورشید کردی برو آفرین
از ایوان بشد نزد آن جشنگاه	که خاقان به نخچیر بد با سپاه
بیامد ز کوه اژدهای دژم	کشید آن بهار مرا او بدم
کنون هر بهاری بران مرغزار	چنان هم بیاید ز بهر شکار
برین شهر ما را جوانی نماند	همان نامور پهلوانی نماند
شدند از پی شیرکپی هلاک	برانگیخت از بوم آباد خاک
سواران چینی و مردان کار	بسی تاختند اندران کوهسار
چو از دور بینند چنگال اوی	برو پشت و گوش و سر و یال اوی
بغرد بدرد دل مرد جنگ	مر او را چه شیر و چه پیل و نهنگ
کس اندر نیارد شدن پیش اوی	چوگیرد شمار کم و بیش اوی
بدو گفت بهرام فردا پگاه	بیایم ببینم من این جشنگاه
به نیروی یزدان که او داد زور	بلند آفریننده‌ی ماه و هور
بپردازم از اژدها جشنگاه	چو بشگیر ما را نمایند راه
چو پیدا شد ازآسمان گرد ماه	شب تیره بفشاند گرد سیاه

پراکنده گشتند و مستان شدند
وز آنجای هرکس به ایوان شدند
چو پیداشد آن فرخورشید زرد
به پیچید زلف شب لاژورد
قژ آگند پوشید بهرام گرد
گرامی تنش را به یزدان سپرد
کمند و کمان برد و شش چوبه تیر
یکی نیزه دو شاخ نخچیرگیر
چوآمد به نزدیک آن برزکوه
بفرمود تا بازگردد گروه
بران شیر کپی چو نزدیک شد
تو گفتی برو کوه تاریک شد
میان اندارن کوه خارا ببست
بخم کمند از بر زین نشست
کمان را بمالید وبر زه نهاد
ز یزدان نیکی دهش کرد باد
چو بر اژدها برشدی موی‌تر
نبودی برو تیر کس کارگر
شد آن شیر کپی به چشمه درون
به غلتید و برخاست و آمد برون
بغرید و بر زد بران سنگ دست
همی آتش از کوه خارا بجست
کمان را بمالید بهرام گرد
به تیر از هوا روشنایی ببرد
خدنگی بینداخت شیر دلیر
برشیر کپی شد از جنگ سیر
دگر تیر بهرام زد بر سرش
فرو ریخت چون آب خون ازبرش
سیوم تیر و چارم بزد بر دهانش
که بردوخت برهم دهان و زبانش
به پنجم بزد تیر بر چنگ اوی
همی‌دید نیروی و آهنگ اوی
بهشتم میانش گشاد از کمند
بجست از بر کوهسار بلند
بزد نیزه‌یی بر میان دده
که شد سنگ خارا به خون آژده
وزان پس بشمشیر یازید مرد
تن اژدها را به دونیم کرد
سر از تن جدا کند و بفگند خوار
ازان پس فرود آمد از کوهسار
ازان بیشه خاقان و خاتون برفت
دمان و دنان تا برکوه تفت
خروشی برآمد ز گردان چین
کز آواز گفت بلرزد زمین
به بهرام برآفرین خواندند
بسی گوهر و زر برافشاندند
چو خاتون بشد دست او بوس داد
برفتند گردان فرخ نژاد
همه هم زبان آفرین خواندند
ورا شاه ایران زمین خواندند
گرفتش سپهدار چین در کنار
وزان پس ورا خواندی شهریار
چو خاقان چینی به ایوان رسید
فرستاده‌یی مهربان برگزید
فرستاد ده بدره گنجی درم
همن به دره و برده از بیش و کم
که رو پیش بهرام جنگی بگوی
که نزدیک ما یافتی آب روی

پس پرده‌ی ما یکی دخترست	که بر تارک اختران افسرست
کنون گر بخواهی ز من دخترم	سپارم بتو لشکر و کشورم
بدو گفت بهرام کاری رواست	جهاندار بر بندگان پادشاست
به بهرام داد آن زمان دخترش	به فرمان او شد همه کشورش
بفرمود تا پیش او شد دبیر	نوشتند منشور نو بر حریر
بدو گفت هرکس کز ایران سرست	ببخشش نگر تا کرا در خورست
بر آیین چین خلعت آراستند	فراوان کلاه و کمر خواستند
جزاز داد و خورد شکارش نبود	غم گردش روزگارش نبود
بزرگان چینی و گردنکشان	ز بهرام یل داشتندی نشان
همه چین همی‌گفت ما بنده‌ایم	ز بهر تو اندر جهان زنده‌ایم
همی‌خورد بهرام و بخشید چیز	برو بر بسی آفرین بود نیز

آگاه شدن خسرو از کار بهرام و نامه نوشتن بخاقان

چنین تا خبرها به ایران رسید	بر پادشاه دلیران رسید
که بهرام را پادشاهی و گنج	ازان تو بیش است نابرده رنج
پراز درد و غم شد ز تیمار اوی	دلش گشت پیچان ز کردار اوی
همی رای زد با بزرگان بهم	بسی گفت و انداخت از بیش و کم
شب تیره فرمود تا شد دبیر	سرخامه را کرد پیکان تیر
به خاقان چینی یکی نامه کرد	تو گفتی که از خنجرش خامه کرد
نخست آفرین کرد بر کردگار	توانا و دانا و به روزگار
برازنده‌ی هور و کیوان و ماه	نشاننده شاه بر پیش گاه
گزاینده‌ی هرکه جوید بدی	فزاینده‌ی دانش ایزدی
ز نادانی و دانش وراستی	ز کمی و کژی و از کاستی
بیابی چو گویی که یزدان یکیست	ورا یار وهمتا و انباز نیست
بیابد هر آنکس که نیکی بجست	مباد آنک او دست بد را بشست
یکی بنده بد شاه را ناسپاس	نه مهتر شناس و نه یزدان شناس

یکی خرد و بیکار و بی‌نام بود   پدر بر کشیدش که هنگام بود
نهان نیست کردار او در جهان   میان کهان و میان مهان
کس او را نپذیرفت کش مایه بود   وگر در خرد برترین پایه بود
بنزد تو آمد بپذرفتیش   چو پر مایگان دست بگرفتیش
کس این راه برگیرد از راستان ؟   نیم من بدین کار هم داستان
چو این نامه آرند نزدیک تو   پر اندیشه کن رای تاریک تو
گر آن بنده را پای کرده ببند   فرستی بر ما شوی سودمند
وگر نه فرستم ز ایران سپاه   به توران کنم روز روشن سیاه
چوآن نامه نزدیک خاقان رسید   بران گونه گفتار خسرو شنید
فرستاده را گفت فردا پگاه   چو آیی بدر پاسخ نامه خواه
فرستاده آمد دلی پر شتاب   نبد زان سپس جای آرام و خواب
همی‌بود تا شمع رخشان بدید   به درگاه خاقان چینی دوید
بیاورد خاقان هم آنگه دبیر   ابا خامه و مشک و چینی حریر
به پاسخ نوشت آفرین نهان   ز من بنده بر کردگار جهان
دگر گفت کان نامه برخواندم   فرستاده را پیش بنشاندم
توبا بندگان زین سان سخن   نزیبد از آن خاندان کهن
که مه را ندارند یکسر به مه   نه که را شناسند بر جای که
همه چین و توران سراسر مراست   به هیتال بر نیز فرمان رواست
نیم تا بدم مرد پیمان شکن   تو با من چنین داستانها مزن
چو من دست بهرام گیرم بدست   وزان پس به مهر اندرم آرم شکست
نخواند مرا داور از آب پاک   جز ار پاک ایزد مرا نیست باک
تو را گر بزرگی بیفزایدی   خرد بیشتر زین بدی شایدی
بران نامه بر مهر بنهاد و گفت   که با باد باید که باشید جفت
فرستاده آمد به نزدیک شاه   بیک ماه کهتر به پیمود راه
چو برخواند آن نامه را شهریار   بپیچید و ترسان شد از روزگار
فرستاد و ایرانیان را بخواند   سخنهای خاقان سراسر براند
همان نامه بنمود و برخواندند   بزرگان به اندیشه درماندند
چنین یافت پاسخ ز ایرانیان   که ای فرو آورند و تاج کیان
چنین کارها بر دل آسان مگیر   یکی رای زن با خردمند پیر

به نامه چنین کار آسان مکن	مکن تیره این فر و شمع کهن
گزین کن از ایران یکی مرد پیر	خردمند و زیبا و گرد و دبیر
کز ایدر به نزدیک خاقان شود	سخن گوید و راه او بشنود
بگوید که بهرام روز نخست	که بود و پس از پهلوانی چه جست
همی تا کار او گشت راست	خداوند را زان سپس بنده خواست
چو نیکو گردد به یک ماه کار	تمامی بسالی برد روزگار
چو بهرام داماد خاقان بود	ازو بد سرودن نه آسان بود
به خوبی سخن گفت باید بسی	نهانی نباید که داند کسی
ازان پس چو بشنید بهرام گرد	کز ایران به خاقان کسی نامه برد
بیامد دمان پیش خاقان چین	بدو گفت کای مهتر به آفرین
شنیدم که آن ریمن بد هنر	همی نامه سازد یک اندر دگر
سپاهی دلاور ز چین برگزین	بدان تا تو را گردد ایران زمین
بگیرم به شمشیر ایران و روم	تو راشاه خوانم بران مرز و بوم
بنام تو بر پاسبانان به شب	به ایران و توران گشایند لب
ببرم سر خسرو بی‌هنر	که مه پای بادا ازیشان مه سر
چون من کهتری را ببندم میان	ز بن برکنم تخم ساسانیان
چو بشنید خاقان پر اندیشه شد	ورا در دل اندیشه چون بیشه شد
بخواند آنکسان را که بودند پیر	سخنگوی و داننده و یادگیر
بدیشان بگفت آنچ بهرام گفت	همه رازها برگشاد از نهفت
چنین یافت پاسخ ز فرزانگان	ز خویشان نزدیک و بیگانگان
که این کارخوارست و دشوارنیز	که بر تخم ساسان پرآمد قفیز
ولیکن چو بهرم راند سپاه	نماید خردمند را رای و راه
به ایران بسی دوستدارش بود	چو خاقان یکی خویش و یارش بود
برآید ببخت تو این کار زود	سخنهای بهرام باید شنود
چو بشنید بهرام دل تازه شد	بخندید و بر دیگر اندازه شد
بران برنهادند یکسر گوان	که بگزید باید دو مردجوان
که زیبد بران هر دو بر مهتری	همان رنج کش باید و لشکری
به چین مهتری بود حسنوی نام	دگر سرکشی بود ز نگوی نام
فرستاد خاقان یلان رابخواند	به دیوان دینار دادن نشاند

چنین گفت مهتر بدین هر دو مرد / که هشیار باشید روز نبرد
همیشه به بهرام دارید چشم / چه هنگام شادی چه هنگام خشم
گذرهای جیحون بدارید پاک / ز جیحون به گردون برآرید خاک
سپاهی دلاور بدیشان سپرد / همه نامداران و شیران گرد
برآمد ز درگاه بهرام کوس / رخ خورشد از گرد چون آبنوس
ز چین روی یکسر به ایران نهاد / به روز سفندار مذ بامداد
چو آگاهی آمد به شاه بزرگ / که از بیشه بیرون خرامید گرگ
سپاهی بیاورد بهرام گرد / که از آسمان روشنایی ببرد

فرستادن خسرو خراد برزین را برای چاره گری در کار بهرام

بخراد بر زین چنین گفت شاه / که بگزین برین کار بر چارماه
یکی سوی خاقان بی‌مایه پوی / سخن هرچ دانی که باید بگوی
به ایران و نیران تو داناتری / همان بر زبان بر تواناتری
در گنج بگشاد و چندان گهر / بیاورد شمشیر و زرین کمر
که خراد برزین بران خیره ماند / همی در نهان نام یزدان بخواند
چو باهدیه‌ها راه چین بر گرفت / به جیحون یکی راه دیگر گرفت
چو نزدیک درگاه خاقان رسید / نگه کرد و گوینده‌یی برگزید
بدان تا بگوید که از نزد شاه / فرستاده آمد بدین بارگاه
چو بشنید خاقان بیاراست گاه / بفرمود تا برگشادند راه
فرستاده آمد به تنگی فراز / زبان کرد کوتاه و بردش نماز
بدو گفت هرگه که فرمان دهی / بگفتن زبان بر گشاید رهی
بدو گفت خاقان به شیرین زبان / دل مردم پیر گردد جوان
بگو آن سخنها که سود اندروست / سخن گفت مغزست و ناگفته پوست
چو خراد بر زین شنید آن سخن / بیاد آمدش کینهای کهن
نخست آفرین کرد بر کردگار / توانا داننده‌ی روزگار
که چرخ و مکان و زمان آفرید / توانایی و ناتوان آفرید

همان چرخ گردنده‌ی بی ستون / چرا نه به فرمان او در نه چون
بدان آفرین کو جهان آفرید / بلند آسمان و زمین گسترید
توانا و دانا و دارنده اوست / سپهر و زمین رانگارنده اوست
به چرخ اندرون آفتاب آفرید / شب و روز و آرام و خواب آفرید
توانایی اوراست ما بنده‌ایم / همه راستیهاش گوینده‌ایم
یکی را دهد تاج و تخت بلند / یکی را کند بنده و مستمند
نه با اینش مهر و نه با آنش کین / نداند کس این جز جهان آفرین
که یک سر همه خاک را زاده‌ایم / به بیچاره تن مرگ را داده‌ایم
نخست اندر آیم ز جم برین / جهاندار تهمورس بافرین
چنین هم برو تاسر کی قباد / همان نامداران که داریم یاد
برین هم نشان تا به اسفندیار / چو کیخسرو و رستم نامدار
ز گیتی یکی دخمه شان بود بهر / چشیدند بر جای تریاک زهر
کنون شاه ایران بتن خویش تست / همه شاد و غمگین به کم بیش تست
به هنگام شاهان با آفرین / پدر مادرش بود خاقان چین
بدین روز پیوند ما تازه گشت / همه کار بر دیگر اندازه گشت
ز پیروز گر آفرین بر تو باد / سرنامداران زمین تو باد
همی‌گفت و خاقان بدو داده گوش / چنین گفت کای مرد دانش فروش
به ایران اگر نیز چون توکسست / ستاینده آسمان او بسست
بران گاه جایی بپرداختش / به نزدیکی خویش به نشاختش
به فرمان او هدیه‌ها پیش برد / یکایک به گنجور او برشمرد
بدو گفت خاقان که بی‌خواسته / مبادی تو اندر جهان کاسته
گر از من پذیرفت خواهی تو چیز / بگو تا پذیرم من آن چیز نیز
وگر نه ز هدیه تو روشن‌تری / بدانندگان جهان افسری
یکی جای خرم بپرداختند / ز هر گونه‌یی جامه‌ها ساختند
بخوان و شکار و ببزم و به می / به نزدیک خاقان بدی نیک پی
همی‌جست و روزیش جایی بیافت / به مردی به گفتارش اندر شتافت
همی‌گفت بهرام بدگوهرست / از آهر من بد کنش بدترست
فروشد جهاندیدگان را به چیز / که آن چیزگفت نیرزد پشیز
ورا هرمز تاجور برکشید / بارجش ز خورشید برتر کشید

ندانست کس در جهان نام اوی	ز گیتی بر آمد همه کام اوی
اگر با تو بسیار خوبی کند	به فرجام پیمان تو بشکند
چنان هم که با شاه ایران شکست	نه خسرو پرست و نه یزدان پرست
گر او را فرستی به نزدیک شاه	سر شاه ایران بر آری به ماه
ازان پس همه چین و ایران تو راست	نشستن گه آنجا کنی کت هواست
چو خاقان شنید این سخن خیره شد	دو چشمش ز گفتار او تیره شد
بدو گفت زین سان سخنها مگوی	که تیره کنی نزد ما آب روی
نیم من بداندیش و پیمان شکن	که پیمان شکن خاک یابد کفن
چو بشنید خراد برزین سخن	بدانست کان کار او شد کهن
که بهرام دادش به ایران امید	سخن گفتن من شود باد و بید
چو امید خاقان بدو تیره گشت	به بیچارگی سوی خاتون گذشت
همی‌جست تا کیست نزدیک اوی	که روشن کند جان تاریک اوی
یکی کد خدایی بدست آمدش	همان نیز با او نشست آمدش
سخنهای خسرو بدو یاد کرد	دل مرد بی‌تن بدان شاد کرد
بدو گفت خاتون مرا دستگیر	بود تا شوم بر درش بر دبیر
چنین گفت با چاره گر کدخدای	کزو آرزوها نیاید بجای
که بهرام چوبینه داماد اوست	و زویست بهرام را مغز و پوست
تو مردی دبیری یکی چاره ساز	وزین نیز بر باد مگشای راز
چو خراد برزین شنید این سخن	نه سر دید پیمان او را نه بن

چاره جویی خراد برزین در کشتن بهرام

یکی ترک بد پیر نامش قلون	که ترکان ورا داشتندی زبون
همه پوستین بود پوشیدنش	ز کشک و ز ارزن بدی خوردنش
کسی را فرستاد و او را بخواند	بران نامور جایگاهش نشاند
مر او را درم داد و دینار داد	همان پوشش و خورد بسیار داد
چو بر خوان نشستی ورا خواندی	بر نامدارانش بنشاندی
پراندیشه بد مرد بسیاردان	شکیبا دل و زیرک و کاردان

وزان روی با کدخدای سرای   ز خاتون چینی همی‌گفت رای
همان پیش خاقان به روز و به شب   چو رفتی همی‌داشتی بسته لب
چنین گفت با مهتر آن مرد پیر   که چون تو سرافراز مردی دبیر
اگر در پزشکیت بهره بدی   وگر نامت از دور شهره بدی
یکی تاج نو بودیی بر سرش   به ویژه که بیمار شد دخترش
بدو گفت کاین دانشم نیز هست   چو گویی بسایم برین کاردست
بشد پیش خاتون دوان کد خدای   که دانا پزشکی نوآمد به جای
بدو گفت شادان زی و نوش خور   بیارش مخار اندرین کارسر
بیامد بخراد برزین بگفت   که این راز باید که داری نهفت
برو پیش او نام خود را مگوی   پزشکی کن از خویشتن تازه‌روی
به نزدیک خاتون شد آن چاره‌گر   تبه دید بیمار او را جگر
بفرمود تا آب نار آورند   همان تره‌ی جویبار آورند
کجا تره گر کاسنی خواندش   تبش خواست کز مغز بنشاندش
به فرمان یزدان چوشد هفت روز   شد آن دخت چون ماه‌گیتی فروز
بیاورد دینار خاتون ز گنج   یکی بدره و تای زربفت پنج
بدو گفت کاین ناسزاوار چیز   بگیر و بخواه آنچ بایدت نیز
چنین داد پاسخ که این را بدار   بخواهم هر آنگه که آید به کار
وزان روی بهرام شد تا به مرو   بیاراست لشکر چو پر تذرو
کس آمد به خاقان که از ترک و چین   ممان‌تا کس آید به ایران زمین
که آگاهی ما به خسرو برند   ورا زان سخن هدیه‌ی نو برند
منادیگری کرد خاقان چنین   که بی‌مهر ماکس به ایران زمین
شود تامیانش کنم بدو نیم   به یزدان که نفروشم او را به سیم
همی‌بود خراد برزین سه ماه   همی‌داشت این رازها را نگاه
به تنگی دل اندر قلون را بخواند   بران نامور جایگاهش نشاند
بدو گفت روزی که کس در جهان   ندارد دلی کش نباشد نهان
تو نان جو و ارزن و پوستین   فراوان به جستی ز هردر به چین
کنون خوردنیهات نان و بره   همان پوششت جامه‌های سره
چنان بود یک چند و اکنون چنین   چه نفرین شنیدی و چه آفرین

کنون روزگار تو بر سرگذشت   بسی روز و شب دیدی و کوه و دشت
یکی کار دارم تو را بیمناک   اگرتخت یابی اگر تیره خاک
ستانم یکی مهر خاقان چین   چنان رو که اندر نوردی زمین
به نزدیک بهرام باید شدن   به مروت فراوان بباید بدن
بپوشی همان پوستین سیاه   یکی کارد بستان و بنورد راه
نگه دار از آن ماه بهرام روز   برو تا در مرو گیتی فروز
وی آن روز را شوم دارد به فال   نگه داشتیم بسیار سال
نخواهد که انبوه باشد برش   به دیبای چینی بپوشد سرش
چنین گوی کز دخت خاقان پیام   رسانم برین مهتر شادکام
همان کارد در آستین برهنه   همی‌دار تا خواندت یک تنه
چو نزدیک چوبینه آیی فراز   چنین گوی کان دختر سرفراز
مرا گفت چون راز گویی بگوش   سخنها ز بیگانه مردم بپوش
چو گوید چه رازست با من بگوی   تو بشتاب و نزدیک بهرام پوی
بزن کارد و نافش سراسر بدر   وزان پس ب چه گر بیابی گذر
هر آنکس که آواز او بشنود   ز پیش سهبد به آخر دود
یکی سوی فرش و یکی سوی گنج   نیاید ز کشتن بروی تو رنج
وگر خود کشندت جهاندیده‌ای   همه نیک و بدها پسندیده‌ای
همانا بتو کس نپردازی   که با تو بدانگه بدی سازدی
گر ایدون که یابی زکشتن رها   جهان را خریدی و دادی بها
تو را شاه پرویز شهری دهد   همان از جهان نیز بهری دهد
چنین گفت با مرد دانا قلون   که اکنون بباید یکی رهنمون
همانا مرا سال بر صد رسید   به بیچارگی چند خواهم کشید
فدای تو بادا تن و جان من   به بیچارگی بر جهانبان من
چو بشنید خراد برزین دوید   ازان خانه تا پیش خاتون رسید
بدو گفت کامد که آرزوی   بگویم تو را ای زن نیک خوی
ببند اندرند این دو کسهای من   سزد گرگشاده کنی پای من
یکی مهر بستان ز خاقان مرا   چنان دان که بخشیده‌ای جان مرا
بدو گفت خاتون که خفتست مست   مگر گل نهم از نگینش بدست
ز خراد برزین گل مهر خواست   به بالین مست آمد از حجره راست

گل اندر زمان برنگینش نهاد بیامد بران مرد جوینده داد
بدو آفرین کرد مرد دبیر بیامد سپرد آن بدین مرد پیر

کشتن قلون بهرام را

قلون بستد آن مهر وت ازان چو غرو بیامد ز شهر کشان تا به مرو
همی‌بود تا روز بهرام شد که بهرام را آن نه پدارم شد
به خانه درون بود با یک رهی نهاده برش نار و سیب و بهی
قلون رفت تنها بدرگاه اوی به دربان چنین گفت کای نامجوی
من از دخت خاقان فرستاده‌ام نه جنگی کسی‌ام نه آزاده‌ام
یکی راز گفت آن زن پارسا بدان تا بگویم بدین پادشا
ز مهر ورا از در بستن است همان نیز بیمار و آبستن است
گر آگه کنی تا رسانم پیام بدین تاجور مهتر نیک نام
بشد پرده دار گرامی دوان چنین تا در خانه پهلوان
چننی گفت کامد یکی بدنشان فرستاده و پوستینی کشان
همی‌گوید از دخت خاقان پیام رسانم بدین مهتر شادکام
چنین گفت بهرام کورا بگوی که هم زان در خانه بنمای روی
بیامد قلون تا به نزدیک در بکاف در خانه بنهاد سر
چو دیدش یکی پیر بد سست و زار بدو گفت گرنامه داری بیار
قلون گفت شاها پیامست و بس نخواهم که گویم سخن پیش کس
ورا گفت زود اندر آی و بگوی بگوشم نهانی بهانه مجوی
قلون رفت با کارد در آستی پدیدار شد کژی و کاستی
همی‌رفت تا راز گوید بگوش بزد دشنه وز خانه برشد خروش
چو بهرام گفت آه مردم ز راه برفتند پویان به نزدیک شاه
چنین گفت کاین را بگیرید زود بپرسید زو تا که راهش نمود
برفتند هرکس که بد در سرای مران پیر سر را شکستند پای
همه کهتران زو بر آشوفتند به سیلی و مشتش بسی کوفتند

همی‌خورد سیلی و نگشاد لب / هم از نیمه‌ی روز تا نیم شب
چنین تا شکسته شدش دست و پای / فکندندش اندر میان سرای
به نزدیک بهرام بازآمدند / جگر خسته و پرگداز آمدند
همی‌رفت خون ازتن خسته مرد / لبان پر ز باد و رخان لاژورد
بیامد هم اندر زمان خواهرش / همه موی برکند پاک از سرش
نهاد آن سر خسته را بر کنار / همی‌کرد با خویشتن کار زار
همی‌گفت زار ای سوار دلیر / کزو بیشه بگذاشتی نره شیر
که برد این ستون جهان را ز جا / براندیشه‌ی بد که بد رهنما
الا ای سوار سپهبد تنا / جهانگیر و ناباک و شیر اوژنا
نه خسرو پرست و نه ایزدپرست / تن پیلوار سپهبد که خست
الا ای برآورده کوه بلند / ز دریای خوشاب بیخت که کند
که کند این چنین سبز سرو سهی / که افگند خوار این کلاه مهی
که آگند ناگاه دریا به خاک / که افگند کوه روان در مغاک
غریبیم و تنها و بی دوستدار / بشهر کسان در بماندیم خوار
همی‌گفتم ای خسرو انجمن / که شاخ وفا را تو از بن مکن
که از تخم ساسان اگر دختری / بماند به سر برنهد افسری
همه شهر ایرانش فرمان برند / ازان تخمه‌ی هرگز به دل نگذرند
سپهدار نشنید پند مرا / سخن گفتن سودمند مرا
برین کرده‌ها بر پشیمان بری / گنهکار جان پیش یزدان بری
بد آمد بدین خاندان بزرگ / همه میش گشتیم و دشمن چو گرگ
چو آن خسته بشنید گفتار او / بدید آن دل و رای هشیار او
به ناخن رخان خسته و کنده موی / پر از خون دل و دیده پر آب روی
به زاری و سستی زبان برگشاد / چنین گفت کای خواهر پاک وراد
ز پند تو کمی نبد هیچ چیز / ولیکن مرا خود پر آمد قفیز
همی پند بر من نبد کارگر / ز هر گونه چون دیو بد راه بر
نبد خسروی برتر از جمشید / کزو بود گیتی به بیم و امید
کجا شد به گفتار دیوان ز شاه / جهان کرد بر خویشتن بر سیاه
همان نیز بیدار کاوس کی / جهاندار نیک اختر و نیک پی
تبه شد به گفتار دیو پلید / شنیدی بدیها که او را رسید

۱۸۱۵

همان به آسمان شد که گردان سپهر	ببیند پراگندن ماه و مهر
مرا نیز هم دیو بی‌راه کرد	ز خوبی همان دست کوتاه کرد
پشیمانم از هرچ کردم ز بد	کنون گر ببخشد ز یزدان سزد
نوشته برین گونه بد بر سرم	غم کرده‌های کهن چون خورم
ز تارک کنون آب برتر گذشت	غم و شادمانی همه باد گشت
نوشته چنین بود وبود آنچ بود	نوشته نکاهد نه هرگز فزود
همان پند تو یادگار منست	سخنهای تو گوشوار منست
سرآمد کنون کار بیداد و داد	سخنهات بر من مکن نیز یاد
شماروی راسوی یزدان کنید	همه پشت بربخت خندان کنید
زبدها جهاندارتان یار بس	مگویید زاندوه وشادی بکس
نبودم بگیتی جزین نیز بهر	سرآمد کنون رفتنی‌ام ز دهر
یلان سینه راگفت یکسر سپاه	سپردم تو را بخت بیدارخواه
نگه کن بدین خواهر پاک تن	ز گیتی بس او مر تو را رای زن
مباشید یک تن ز دیگر جدا	جدایی مبادا میان شما
برین بوم دشمن ممانید دیر	که رفتیم وگشتیم ازگاه سیر
همه یکسره پیش خسرو شوید	بگویید و گفتار او بشنوید
گر آموزش آید شما راز شاه	جز او رام‌خوانید خورشید و ماه
مرا دخمه در شهر ایران کنید	بری کاخ بهرام ویران کنید
بسی رنج دیدم ز خاقان چین	ندیدم که یک روز کرد آفرین
نه این بود زان رنج پاداش من	که دیوی فرستد بپرخاش من
ولیکن همانا که او این سخن	اگر بشنود سر نداند ز بن
نبود این جز از کار ایرانیان	همی دیو بد رهنمون درمیان
بفرمود پس تا بیامد دبیر	نویسد یکی نامه‌یی بر حریر
بگوید بخاقان که بهرام رفت	به زاری و خواری و بی‌کام رفت
تو این ماندگان راز من یاددار	ز رنج و بد دشمن آزاد دار
که من با تو هرگز نکردم بدی	همی راستی جستم و بخردی
بسی پندها خواند بر خواهرش	ببر در گرفت آن گرامی سرش
دهن بر بنا گوش خواهر نهاد	دو چشمش پر از خون شد و جان بداد
برو هر کسی زار بگریستند	به درد دل اندر همی‌زیستند

همی خون خروشید خواهر ز درد
سخنهای او یک به یک یاد کرد

ز تیمار او شد دلش به دونیم
یکی تنگ تابوت کردش ز سیم

به دیبا بیاراست جنگی تنش
قصب کرد در زیر پیراهنش

همی‌ریخت کافور گرد اندرش
بدین گونه برتا نهان شد سرش

چنین است کار سرای سپنج
چودانی که ایدر نمانی مرنج

آگاهی خاقان از کشته شدن بهرام و برباد دادن خان و مان قلون را

چو بشنید خاقان که بهرام را
چه آمد بروی از پی نام را

چوآن نامه نزدیک خاقان رسید
شد از درد گریان هران کان شنید

از آن آگهی شد دلش پر ز درد
دو دیده پر از خون و رخ لاژورد

ازان کار او در شگفتی بماند
جهاندیدگان را همه پیش خواند

بگفت آنک بهرام یل را رسید
بشد زار و گریان هران کوشنید

همه چین برو زار و گریان شدند
ابی آتش تیز بریان شدند

یکایک همه کار او را بساخت
نگه کرد کاین بدبریشان که تاخت

قلون را به توران دو فرزند بود
ز هر گونه‌یی خویش و پیوند بود

چو دانسته شد آتشی بر فروخت
سرای و همه بر زن او بسوخت

دو فرزند او را بر آتش نهاد
همه چیز او را به تاراج داد

ازان پس چو نوبت به خاتون رسید
ز پرده به گیسوش بیرون کشید

به ایوان کشید آن همه گنج اوی
نکرد ایچ یاد از در رنج اوی

فرستاد هرسو هیونان مست
نیامدش خراد بر زین بدست

همه هرچ در چین و را بنده بود
به پوشیدشان جامه‌های کبود

بیک چند با سوک بهرام بود
که خاقان ازان کار بدنام بود

آگاه شدن خسرو از کشته شدن بهرام و نواختن وی خراد برزین را

چوخراد بر زین به خسرو رسید — بگفت آن کجا کرد و دید و شنید
دل شاه پرویز ازان شاد شد — کزان بد گهر دشمن آزاد شد
به درویش بخشید چندی درم — ز پوشیدنیها و از بیش وکم
بهر پادشاهی و خودکامه‌یی — نوشتند بر پهلوی نامه‌یی
که دارای دارنده یزدان چه کرد — ز دشمن چگونه برآورد گرد
به قیصر یکی نامه بنوشت شاه — چناچون بود درخور پیشگاه
به یک هفته مجلس بیاراستند — بهر بر زنی رود و می‌خواستند
به آتشکده هم فرستاد چیز — بران موبدان خلعت افگند نیز
بخراد برزین چنین گفت شاه — که زیبد تو راگر دهم تاج و گاه
دهانش پر از گوهر شاهوار — بیاگند و دینار چون صد هزار
همی‌ریخت گنجور در پای اوی — برین گونه تا تنگ شد جای اوی
بدو گفت هرکس که پیچد ز راه — شود روز روشن برو بر سیاه
چو بهرام باشد به دشت نبرد — کزو ترک پیرش برآورد گرد
همه موبدان خواندند آفرین — که بی تو مبیناد کهتر زمین
چو بهرام باد آنک با مهر تو — نخواهد که رخشان بود چهر تو

خواستار شدن خاقان گردیه را

ازآن پس چو خاقان به پردخت دل — ز خون شد همه کشور چین چوگل
چنین گفت یک روز کز مرد سست — نیاید مرگ کار نا تندرست
بدان نامداری که بهرام بود — مر ازو همه رامش و کام بود
کنون من ز کسهای آن نامدار — چرا بازماندم چنین سست و خوار
نکوهش کند هرک این بشنود — ازین پس به سوگند من نگرود

نخوردم غم خرد فرزند اوی	نه اندیشه‌ی خویش و پیوند اوی
چو با ما به فرزند پیوسته شد	به مهر و خرد جان او شسته شد
بفرمود تا شد برادرش پیش	سخن گفت با او زا ندازه بیش
که کسهای بهرام یل را ببین	فراوان برایشان بخواند آفرین
بگو آنک من خود جگر خسته‌ام	بدین سوک تا زنده‌ام بسته‌ام
به خون روی کشور بشستم ز کین	همه شهر نفرین بدو آفرین
بدین درد هر چند کین آورم	وگر آسمان بر زمین آورم
ز فرمان یزدان کسی نگذرد	چنین داند آنکس که دارد خرد
که او را زمانه بران گونه بود	همه تنبل دیو وارونه بود
بران زینهارم که گفتم سخن	بران عهد و پیمان نهادیم بن
سوی گردیه نامه‌یی بد جدا	که ای پاکدامن زن پارسا
همه راستی و همه مردمی	سرشتت فزونی و دور از کمی
ز کار تو اندیشه کردم دراز	نشسته خرد با دل من براز
به از تو ندیدم کسی کدخدای	بیار ای ایوان ما را برای
بدارم تو را همچوجان و تنم	بکوشم که پیمان تو نشکنم
وزان پس بدین شهر فرمان تو راست	گروگان کنم دل بدانچت هواست
کنون هرکه داری همه گرد کن	به پیش خردمند گوی این سخن
ازین پس ببین تاچه آیدت رای	به روشن روانت خرد رهنمای
خرد را بران مردمان شاه کن	مرا زآن سگالیده آگاه کن
همی‌رفت برسان قمری ز سرو	بیامد برادرش تازان به مرو
جهانجوی با نامور رام شد	به نزدیک کسهای بهرام شد
بگفت آنچ خاقان بدو گفته بود	که از کین آن کشته آشفته بود
ازان پس چنین گفت کای بخردان	پسندیده و کار دیده ردان
شما را بدین مزد بسیار باد	ورا داور دادگر یار باد
یکی ناگهان مرگ بود آن نه خرد	که کس در جهان ز آن گمانی نبرد
پس آن نامه پنهان به خواهرش داد	سخنهای خاقان همه کرد یاد
ز پیوند وز پند و نیکوسخن	چه از نو چه از روزگار کهن
ز پاکی و از پارسایی زن	که هم غمگسارست و هم رای زن
جوان گفت و آن پاکدامن شنید	ز گفتار او خامشی برگزید

وزان پس چو برخواند آن نامه را	سخنهای خاقان خود کامه را
خرد را چو با دانش انباز کرد	به دل پاسخ نامه را ساز کرد
بدو گفت کاین نامه برخواندم	خرد را بر خویش بنشاندم
چنان کرد خاقان که شاهان کنند	جهاندیده و پیشگاهان کنند
بد و باد روشن جهان بین من	که چونین بجوید همی کین من
دل او ز تیمار خسته مباد	امید جهان زو گسسته مباد
مباد ایچ گیتی ز خاقان تهی	بدو شاد بادا کلاه مهی
کنون چون نشستیم با یکدگر	بخوانیم نامه همه سر به سر
بدان کو بزرگست و دارد خرد	یکایک بدین آرزو بنگرد
کنون دوده را سر به سر شیونست	نه هنگامه‌ی این سخن گفتنست
چو سوگ چنان مهتر آید به سر	ز فرمان خاقان نباشد گذر
مرا خود به ایران شدن روی نیست	زن پاک را به تو راز شوی نیست
اگر من بدین زودی آیم به راه	چه گوید مرا آن خردمند شاه
خردمند بی‌شرم خواند مرا	چو خاقان بی آزرم داند مرا
بدین سوک چون بگذرد چار ماه	سواری فرستم به نزدیک شاه
همه بشنوم هرچ باید شنید	بگویندگان تا چه آید پدید
بگویم یکایک به نامه درون	چو آید به نزدیک او رهنمون
تو اکنون از ایدر به شادی خرام	به خاقان بگو آنچ دادم پیام
فراوان فرستاده را هدیه داد	جهاندیده از مرو برگشت شاد

رای زدن گردیه با بزرگان سپاه

وزان پس جوان و خردمند زن	به آرام بنشست با رای زن
چنین گفت کامد یکی نو سخن	که جاوید بر دل نگردد کهن
جهاندار خاقان بیاراستست	سخنها ز هر گونه پیراستست
ازو نیست آهو بزرگست شاه	دلیر و خداوند توران سپاه
ولیکن چو با ترک ایرانیان	بکوشد که خویشی بود در میان

ز پیوند وز بند آن روزگار / غم و رنج بیند به فرجام کار
نگر تا سیاوش از افراسیاب / چه برخورد جز تابش آفتاب
سر خویش داد از نخستین بباد / جوانی که چون او ز مادر نزاد
همان نیز پور سیاوش چه کرد / ز توران و ایران برآورد گرد
بسازید تا ما ز ترکان و نهان / به ایران بریم این سخن ناگهان
به گردوی من نامه یی کرده‌ام / هم از پیش تیمار این خورده‌ام
که بر شاه پیدا کند کار ما / بگوید ز رنج و ز تیمار ما
به نیروی یزدان چنو بشنود / بدین چرب گفتار من بگرود
بو گفت هرکس که بانو توی / به ایران و چین پشت و بازو توی
نجنباندت کوه آهن ز جای / یلان را به مردی توی رهنمای
زمرد خردمند بیدارتر / ز دستور داننده هشیارتر
همه کهترانیم و فرمان تو راست / برین آرزو رای و پیمان تو راست
چو بشنید زیشان عرض رابخواند / درم داد و او را به دیوان نشاند
بیامد سپه سر به سر بنگرید / هزار و صد و شست یل برگزید
کزان هر سواری بهنگام کار / نبر گاشتندی سر از ده سوار
درم داد و آمد سوی خانه باز / چنین گفت با لشکر رزمساز
که هرکس که دید او دوال رکیب / نپیچد دل اندر فراز ونشیب
نترسد ز انبوه مردم کشان / گر از ابر باشد برو سرفشان
به توران غریبیم و بی پشت و یار / میان بزرگان چنین سست و خوار
همی‌رفت خواهم چو تیره شود / سر دشمن از خواب خیره شود
شما دل به رفتن مدارید تنگ / که از چینیان لشکر آید به جنگ
که خود بی‌گمان از پس من سران / بیایند با گرزهای گران
همه جان یکایک به کف برنهید / اگر لشکر آید دمید و دهید
وگر بر چنین رویتان نیست رای / از ایدر مجنبید یک تن زجای
به آواز گفتند ما کهتریم / ز رای و ز فرمان تو نگذریم
برین برنهادند و برخاستند / همه جنگ چین را بیاراستند
یلان سینه و مهر و ایزد گشسپ / نشستند با نامداران بر اسپ
همی‌گفت هرکس که مردن به نام / به از زنده و چینیان شادکام
هم آنگه سوی کاروان برگذشت / شترخواست تاپیش او شد ز دشت

گزین کرد زان اشتران سه هزار		بدان تا بنه برنهادند و بار
چو شب تیره شد گردیه برنشست		چو گردی سرافراز و گرزی بدست
برافگند پر مایه بر گستوان		ابا جوشن و تیغ و ترگ گوان
همی‌راند چون باد لشکر به راه		به رخشنده روز و شبان سیاه

آگاه شدن خاقان از گریختن گردیه و ایرانیان

ز لشکر بسی زینهاری شدند		به نزدیک خاقان به زاری شدند
برادر بیامد به نزدیک اوی		که ای نامور مهتر جنگ جوی
سپاه دلاور به ایران کشید		بسی زینهاری بر ما رسید
ازین ننگ تا جاودان بر درت		بخندد همی لشکر و کشورت
سپهدار چین کان سخنها شنید		شد از خشم رنگ رخش ناپدید
بدو گفت بشتاب و برکش سپاه		نگه کن که لشکر کجا شد به راه
بریشان رسی هیچ تندی مکن		نخستین فراز آر شیرین سخن
ازیشان نداند کسی راه ما		مگر بشکنی پشت بدخواه ما
به خوبی سخن گوی و بنوازشان		به مردانگی سر بر افرازشان
وگر هیچ سازد کسی با تو جنگ		تو مردی کن و دور باش از درنگ
ازیشان یکی گورستان کن به مرو		که گردد زمین همچو پر تذرو
بیامد سپهدار با شش هزار		گزیده ز ترکان جنگی سوار
به روز چهارم بریشان رسید		زن شیر دل چون سپه را بدید
ازیشان به دل بر نکرد ایچ یاد		زلشکر سوی ساربان شد چوباد
یکایک بنه از پس پشت کرد		بیامد نگه کرد جای نبرد
سلیح برادر به پوشید زن		نشست از بر باره گام زن
دو لشکر برابر کشیدند صف		همه جانها برنهاده به کف
به پیش سپاه اندر آمد تبرگ		که خاقان ورا خواندی پیر گرگ
به ایرانیان گفت کان پاک زن		مگر نیست با این بزرگ انجمن
بشد گردیه با سلیح گران		میان بسته برسان جنگاوران

دلاور تبرگش ندانست باز	بزد پاشنه شد بر او فراز
چنین گفت کان خواهرکشته شاه	کجا جویمش در میان سپاه
که با او مرا هست چندی سخن	چه از نو چه از روزگار کهن
بدو گردیه گفت اینک منم	که بر شیر درنده اسپ افگنم
چو بشنید آواز او را تبرگ	بران اسپ جنگی چو شیر سترگ
شگفت آمدش گفت خاقان چین	تو را کرد زین پادشاهی گزین
بدان تا تو باشی و را یادگار	ز بهرام شیر آن گزیده سوار
همی‌گفت پاداش آن نیکوی	بجای آورم چون سخن بشنوی
مرا گفت بشتاب و او را بگوی	که گرز آنک گفتم ندیدی تو روی
چنان ان که این خود نگفتم ز بن	مگر نیز باز آمدم زان سخن
ازین مرز رفتن مرا روی نیست	مکن آرزو گر تو را شوی نیست
سخنها برین گونه پیوند کن	ورگ پند نپذیردت بند کن
همان را که او را بدان داشتست	سخنها ز اندازه بگذاشتست
بدو گردیه گفت کز رزمگاه	به یکسو شویم از میان سپاه
سخن هرچ گفتی تو پاسخ دهم	تو را اندرین رای فرخ نهم
ز پیش سپاه اندر آمد تبرگ	بیامد بر نامدار سترگ
چو تنها به دیدش زن چاره جوی	از آن مغفر تیره بگشاد روی
بدو گفت بهرام را دیده‌ای	سواری و رزمش پسندیده ای
مرا بود هم مادر و هم پدر	کنون روزگار وی آمد به سر
کنون من تو را آزمایش کنم	یکی سوی رزمت نمایش کنم
اگر از در شوی یابی بگوی	همانا مرا خود پسندست شوی
بگفت این وزان پس برانگیخت اسپ	پس او همی‌تاخت ایزد گشسپ
یکی نیزه زد بر کمربند اوی	که بگسست خفتان و پیوند اوی
یلان سینه با آن گزیده سپاه	برانگیخت اسپ اندر آن رزمگاه
همه لشکر چین بهم بر شکست	بس کشت و افگند و چندی بخست
دو فرسنگ لشکر همی‌شد ز پس	بر اسپان نماندند بسیار کس
سراسر همه دشت شد رود خون	یکی بی‌سر و دیگری سرنگون
چو پیروز شد سوی ایران کشید	بر شهریار دلیران کشید
به روز چهارم به آموی شد	ندیدی زنی کو جهانجوی شد

به آموی یک چند بنشست و بود	به دلش اندرون داوریها فزود

نامه گردیه به گردوی برادر خود و کشتن خسرو بندوی را

یکی نامه سوی برادر بدرد	نوشت و زهر کارش آگاه کرد
نخستین سخن گفت بهرام گرد	به تیمار و درد برادر بمرد
تو را و مرا مزد بسیار باد	روان وی از ما بی‌آزار باد
دگر گفت با شهریار بلند	بگوی آنچ از من شنیدی ز پند
پس ما بیامد سپاهی گران	همه نامداران جنگاوران
بر آن گونه برگاشتمشان ز رزم	که نه رزم بینند زان پس نه بزم
بسی نامور مهتران با منند	نبادی که آید بریشان گزند
نشستم به آموی تا پاسخم	بیارد مگر اختر فرخم
ازآن پس به آرام بنشست شاه	چو برخاست بهرام جنگی ز راه
ندید از بزرگان کسی کینه جوی	که با او بروی اندر آورد روی
به دستور پاکیزه یک روز گفت	که اندیشه تا کی بود در نهفت
کشنده‌ی پدر هر زمان پیش من	همی‌بگذرد چون بود خویش من
چو روشن روانم پر از خون بود	همی پادشاهی کنم چون بود
نهادند خوان و می چند خورد	هم آن روز بندوی را بند کرد
ازان پس چنین گفت با رهنما	که او را هم‌اکنون ببردست و پا
بریدند هم در زمان او بمرد	پر از خون روانش به خسرو سپرد
وزان پس بسوی خراسان کسی	گسی کرد و اندرز دادش بسی
بدو گفت با کس مجنبان زبان	از ایدر برو تا در مرزبان
به گستهم گو ایچ گونه مپا	چو این نامه من بخوانی بیا
فرستاده چون در خراسان رسید	به درگاه مرد تن آسان رسید
بگفت آنچ فرمان پرویز بود	که شاه جوان بود و خونریز بود
چو گستهم بشنید لشکر براند	پراگنده لشکر همه باز خواند
چنین تا به شهر بزرگان رسید	ز ساری و آمل به گرگان رسید

شنید آنک شد شاه ایران درشت	برادرش را او به مستی بکشت
چو بشنید دستش به دندان بکند	فرود آمد از پشت اسپ سمند
همه جامه‌ی پهلوی کرد چاک	خروشان به سر بر همی‌ریخت خاک
بدانست کو را جهاندار شاه	به کین پدر کرد خواهد تباه
خروشان ازان جایگه بازگشت	تو گفتی که با باد انباز گشت
سپاه پراگنده کرد انجمن	همی‌تاخت تا بیشه نارون
چو نزدیکی کوه آمل رسید	سپه را بدان بیشه اندر کشید
همی‌برد بر هر سوی تاختن	بدان تاختن بود کین آختن
به هر سو که بیکار مردم بدند	به نانی همی بنده‌ی او شدند
به جایی کجا لشکر شاه بود	که گستهم زان لشکر آگاه بود
همی بر سرانشان فرود آمدی	سپه رایکایک بهم برزدی
وزان پس چو گردوی شد نزد شاه	بگفت آن کجا خواهرش با سپاه
بدان مرزبانان خاقان چه کرد	که در مرو زیشان برآورد گرد
وزان روی گستهم بشنید نیز	که بهرام یل را پر آمد قفیز
همان گردیه با سپاه بزرگ	برفت از بر نامدار سترگ
پس او سپاهی بیامد بکین	چه کرد او بدان نامداران چین
پذیره شدن را سپه برنشاند	ازان جایگه نیز لشکر براند
چو آگاه شد گردیه رفت پیش	از آموی با نامدران خویش
چو گستهم دید آن سپه را ز راه	بر انگیخت اسپ از میان سپاه
بیامد بر گردیه پر ز درد	فراوان ز بهرام تیمار خورد
همان درد بندوی او رابگفت	همی به آستین خون مژگان برفت
یلان سینه را دید و ایزد گشسپ	فرود آمد از دور گریان زاسپ
بگفت آنک بندوی را شهریار	تبه کرد و بد شد مرا روزگار
تو گفتی نه از خواهرش زاده بود	نه از بهر او تن به خون داده بود

۱۸۲۵

برانگیختن خسرو گردوی گردیه را بکشتن شویش گستهم

به تارک مر او را روا داشتی	روان پیش خاکش فدا داشتی
نخستین ز تن دست و پایش برید	بران سان که از گوهر او سزید
شما را بدو چیست اکنون امید	کجا همچو هنگام با دست و بید
ابا همگنانتان بتر زان کند	به شهر اندرون گوشت ارزان کند
چو از دور بیند یلان سینه را	بر آشوبد و نو کند کینه را
که سالار بودی تو بهرام را	ازو یافتی در جهان کام را
ازو هرکه داندش پرهیز به	گلوی و را خنجر تیز به
گر ای دون که باشید با من بهم	ز نیم اندرین رای بر بیش و کم
پذیرفت ازو هر که بشنید پند	همی‌جست هر کس ز راه گزند
زبان تیز با گردیه بر گشاد	همی‌کرد کردار بهرام یاد
ز گفتار او گردیه گشت سست	شد اندیشه‌ها بر دلش بر درست
ببودند یکسر به نزدیک اوی	درخشان شد آن رای تاریک اوی
یلان سینه را گفت کاین زن بشوی	چه گوید بجوید بدین آب روی
چنین داد پاسخ که تا گویمش	به گفتار بسیار دل جویمش
یلان سینه با گردیه گفت زن	به گیتی تو را دیده‌ام رای زن
ز خاقان کرانه گزیدی سزید	که رای تو آزادگان را گزید
چه گویی ز گستهم یل خال شاه	توانگر سپهبد یلی با سپاه
بدو گفت شویی کز ایران بود	ازو تخمه‌ی ما نه ویران بود
یلان سینه او را بگستهم داد	دلاور گوی بود فرخ نژاد
همی‌داشتش چون یکی تازه سیب	که اندر بلندی ندیدی نشیب
سپاهی که از نزد خسرو شدی	برو روزگار کهن نو شدی
هر آنگه که دیدی شکست سپاه	کمان را بر افراشتی تا به ماه
چنین تا برآمد برین چندگاه	ز گستهم پر درد شد جان شاه
برآشفت روزی به گردوی گفت	که گستهم با گردیه گشت جفت

سوی او شدند آن بزرگ انجمن
برانم که او بودشان رای زن

از آمل کس آمد ز کارآگهان
همه فاش کرد آنچ بودی نهان

همی‌گفت زین گونه تا تیره گشت
ز گفتار چشم یلان خیره گشت

چو سازدندگان شمع ومی‌خواستند
همه کاخ ا ورا بیاراستند

ز بیگانه مردم بپردخت جای
نشست از بر تخت با رهنمای

همان نیز گردوی و خسرو بهم
همی‌رفت از گردیه بیش و کم

بدو گفت ز ایدر فراوان سپاه
به آمل فرستاده‌ام کینه خواه

همه خسته وکشته بازآمدند
پرازناله وبا گداز آمدند

کنون اندرین رای ما را یکیست
که از رای ما تاج و تخت اندکیست

چو بهرام چوبینه گم کرد راه
همیشه بدی گردیه نیک خواه

کنون چاره‌یی هست نزدیک من
مگو این سخن بر سر انجمن

سوی گردیه نامه باید نوشت
چو جویی پر از می بباغ بهشت

که با تو همی دوستداری کنم
بهر جای و هر کار یاری کنم

برآمد برین روزگاری دراز
زبان بر دلم هیچ نگشاد راز

کنون روزگار سخن گفتن است
که گردوی ما رابجای تنست

نگر تا چگونه کنی چاره‌یی
کزان گم شود زشت پتیاره‌یی

که گستهم را زیر سنگ‌آوری
دل وخانه‌ی ما به چنگ آوری

چو این کرده باشی سپاه تو را
همان در جهان نیک خواه تو را

مر آن را که خواهی دهم کشوری
بگردد بر آن کشور اندر سری

توآیی به مشکوی زرین من
سرآورده باشی همه کین من

برین برخورم سخت سوگند نیز
فزایم برین بندها بند نیز

اگر پیچم این دل ز سوگند من
مبادا ز من شاد پیوند من

بدو گفت گردوی نوشه بدی
چو ناهید در برج خوشه بدی

تو دانی که من جان و فرزند خویش
برو بوم آباد و پیوند خویش

بجای سر تو ندارم به چیز
گرین چیزها ارجمندست نیز

بدین کس فرستم به نزدیک اوی
درفشان کنم جان تاریک اوی

یکی رقعه خواهم برو مهر شاه
همان خط او چون درخشنده ماه

به خواره فرستم زن خویش را
کنم دور زین در بد اندیش را

که چونین سخن نیست جز کارزن
به ویژه زنی کو بود رای زن

برین نیز هر چون همی‌بنگرم
پیام تو باید بر خواهرم

بر آید بکام تو این کار زود
برین بیش و کم بر نباید فزود

چو بشنید خسرو بران شاد شد
همه رنجها بر دلش باد شد

هم آنگه ز گنجور قرطاس خواست
ز مشک سیه سوده انقاس خواست

یکی نامه بنوشت چون بوستان
گل بوستان چون رخ دوستان

پر از عهد و پیوند و سوگندها
ز هر گونه‌یی لابد و پندها

چو برگشت عنوان آن نامه خشک
نهادند مهری بر و بر ز مشک

نگینی برو نام پرویز شاه
نهادند بر مهر مشک سیاه

یکی نامه بنوشت گردوی نیز
بگفت اندرو پند و بسیار چیز

سرنامه گفت آنک بهرام کرد
همه دوده و بوم بدنام کرد

که بخشایش آراد یزدان بروی
مبادا پشیمان ازان گفت وگوی

هرآنکس که جانش ندارد خرد
کم و بیشی کارها ننگرد

رفتن گردیه بنزد خسرو و بزنی خواستن خسرو وی را

گر او رفت ما از پس اورویم
بداد خدای جهان بگرویم

چو جفت من آید به نزدیک تو
درخشان کند جان تاریک تو

ز گفتار او هیچ گونه مگرد
چو گردی شود بخت را روی زرد

نهاد آن خط خسرو اندر میان
بپیچید برنامه بر پرنیان

زن چاره گر بستد آن نامه را
شنید آن سخنهای خود کامه را

همی‌تاخت تا بیشه‌ی نارون
فرستاده‌ی زن به نزدیک زن

ازو گردیه شد چو خرم بهار
همان رخ پر از بوی و رنگ و نگار

زبهرام چندی سخن راندند
همی آب مژگان بر افشاندند

پس آن نامه‌ی شوی با خط شاه
نهانی بدو داد و بنمود راه

چو آن شیر زن نامه‌ی شاه دید
تو گفتی بر وی زمین ماه دید

بخندید و گفت این سخن رابه رنج
ندارد کسی کش بود یار پنج

بخواند آن خط شاه بر پنج تن
نهان داشت زان نامدار انجمن

چو بگشاد لب زود پیمان ببست	گرفت آن زمان دست او را بدست
همان پنج تن را بر خویش خواند	به نزدیکی خوابگه برنشاند
چو شب تیره شد روشنایی بکشت	لب شوی بگرفت ناگه بمشت
ازان مردمان نیز یار آمدند	به بالین آن نامدار آمدند
بکوشید بسیار با مرد مست	سر انجام گویا زبانش ببست
سپهبد به تاریکی اندر بمرد	شب و روز روشن به خسرو سپرد
بشهر اندرون بانگ و فریاد خاست	بهر بر زنی آتش و باد خاست
چو آواز بشنید ناباک زن	بخفتان رومی بپوشید تن
شب تیره ایرانیان رابخواند	سخنهای آن کشته چندی براند
پس آن نامه‌ی شاه بنمودشان	دلیری و تندی بی‌فزودشان
همه سرکشان آفرین خواندند	بران نامه برگوهر افشاندند
دوات و قلم خواست ناباک زن	ز هرگونه انداخت با رای زن
یکی نامه بنوشت نزدیک شاه	ز بدخواه وز مردم نیک خواه

هنر نمودن گردیه پیش خسرو

سر نامه کرد آفرین از نخست	بر آنکس که او کینه از دل بشست
دگر گفت کاری که فرمود شاه	بر آمد بکام دل نیک خواه
پراگنده گشت آن سپاه سترگ	به بخت جهاندار شاه بزرگ
ازین پس کنون تا چه فرمان دهی	چه آویزی از گوشوار رهی
چو آن نامه نزدیک خسرو رسید	از آن زن و را شادی نو رسید
فرستاده‌یی خواست شیرین سخن	که داند همه داستان کهن
یکی نامه برسان ارژنگ چین	نوشتند و کردند چند آفرین
گرانمایه زن را به درگاه خواند	به نامه و را افسر ماه خواند
فرستاده آمد بر زن چوگرد	سخنهای خسرو بدو یادکرد
زن شیر زان نامه‌ی شهریار	چو رخشنده گل شد به وقت بهار
سپه را به در خواند و روزی بداد	چو شد روز روشن بنه برنهاد

۱۸۲۹

چو آمد به نزدیکی شهریار	سپاهی پذیره شدش بی‌شمار
زره چون بدرگاه شد بار یافت	دل تاجور پر ز تیمار یافت
بیاورد زان پس نثاری گران	هر آنکس که بودند با اوسران
همان گنج و آن خواسته پیش برد	یکایک به گنجور اوبرشمرد
ز دینار وز گوهر شاهوار	کس آن را ندانست کردن شمار
ز دیبای زر بفت و تاج و کمر	همان تخت زرین و زرین سپر
نگه کرد خسرو بران زاد سرو	برخ چون بهار و برفتن تذرو
به رخساره روز و به گیسو چو شب	همی در بارد تو گویی ز لب
ورا در شبستان فرستاد شاه	ز هر کس فزون شد و را پایگاه
فرستاد نزد برادرش کس	همان نزد دستور فریادرس
بر آیین آن دین مر او رابخواست	بپذرفت با جان همی‌داشت راست
بیارانش بر خلعت افگند نیز	درم داد و دینار و هرگونه چیز
دو هفته برآمد بدو گفت شاه	به خورشید و ماه و به تخت و کلاه
که برگویی آن جنگ خاقانیان	ببندی کمر همچنان بر میان
بدو گفت شاها انوشه بدی	روان را به دیدار توشه بدی
بفرمای تا اسپ و زین آورند	کمان و کمند و کمین آورند
همان نیزه و خود و خفتان جنگ	یکی ترکش آگنده تیر خدنگ
پرستنده‌یی را بفرمود شاه	که درباغ گلشن بیارای گاه
برفتند بیدار دل بندگان	ز ترک و ز رومی پرستندگان
ز خوبان رومی هزار و دویست	تو گفتی به باغ اندرون راه نیست
چو خورشید شیرین به پیش اندرون	خرامان به بالای سیمین ستون

فرستادن خسرو مرزبان بد سرشت را به ری و تنگ کردن او زندگی را بر مردمان

بشد گردیه تا به نزدیک شاه	زره خواست از ترک و رومی کلاه
بیامد خرامان ز جای نشست	کمر بر میان بست و نیزه بدست
بشاه جهان گفت دستور باش	یکی چشم بگشا ز بد دور باش

بدان پر هنر زن بفرمود شاه	زن آمد به نزدیک اسپ سیاه
بن نیزه را بر زمین برنهاد	ز بالا بزین اندرآمد چوباد
به باغ اندر آورد گاهی گرفت	چپ وراست بیگانه راهی گرفت
همی هر زمان باره برگاشتی	وز ابر سیه نعره برداشتی
بدو گفت هنگام جنگ تبرگ	بدین گونه بودم چوغرنده گرگ
چنین گفت شیرین که ای شهریار	بدشمن دهی آلت کارزار
تو با جامه پاک بر تخت زر	ورا هر زمان برتو باشد گذر
بخنده به شیرین چنین گفت شاه	کزین زن جز از دوستداری مخواه
همی‌تاخت گرد اندرش گردیه	برآورد گاهی برش گردیه
بدو مانده بد خسرو اندر شگفت	بدان برز و بالا و آن یال و کفت
چنین گفت با گردیه شهریار	که بی‌عیبی از گردش روزگار
کنون تا ببینم که با جام می	یکی سست باشی اگر سخت پی
بگرد جهان چار سالار من	که هستند بر جان نگهبان من
ابا هریکی زان ده و دو هزار	ز ایران بپای اند جنگی سوار
چنین هم به مشکوی زرین من	چه در خانه‌ی گوهر آگین من
پرستار باشد ده و دو هزار	همه پاک با طوق و با گوشوار
ازان پس نگهدار ایشان توی	که با رنج و تیمار خویشان توی
نخواهم که گویند زیشان سخن	جز از تو اگر نو بود گر کهن
شنید آن سخن گردیه شاد شد	ز بیغاره‌ی دشمن آزاد شد
همی‌رفت روی زمین را بروی	همی آفرین خواند بر فر اوی
برآمد برین روزگاری دراز	نبد گردیه را به چیزی نیاز
چنین می همی‌خورد با بخردان	بزرگان و رزم آزموده ردان
بدان مجلس اندر یکی جام بود	نوشته برو نام بهرام بود
بفرمود تا جام بنداختند	وزان هرکسی دل بپرداختند
گرفتند نفرین به بهرام بر	بران جام و آرنده‌ی جام بر
چنین گفت که اکنون بر بوم ری	به کوبند پیلان جنگی بپی
همه مردم از شهر بیرون کنند	همه ری بپی دشت و هامون کنند
گرانمایه دستور با شهریار	چنین گفت کای از کیان یادگار
نگه کن که شهری بزرگست ری	نشاید که کوبند پیلان بپی

که یزدان دران کار همداستان	نباشد نه هم بر زمین راستان
به دستور گفت آن زمان شهریار	که بد گوهری باید و نابکار
که یک چند باشد بری مرزبان	یکی مرد بی دانش و بد زبان
بدو گفت بهمن که گر شهریار	بخواهد نشان چنین نابکار
بجوییم و این را بجا آوریم	نباید که بی‌رهنما آوریم
چنین گفت خسرو که بسیارگوی	نژند اختری بایدم سرخ موی
تنش سرخ و بینی کژ و روی زشت	همان دوزخی روی دور از بهشت
یکی مرد بدنام و رخساره زرد	بد اندیش و کوتاه دل پر ز درد
همان بد دل و سفله و بی‌فروغ	سرش پر ز کین و زبان پر دروغ
دو چشمش کژ و سبز و دندان بزرگ	بران اندرون کژ رود همچو گرگ
همه موبدان مانده زو در شگفت	که تا یاد خسرو چنین چون گرفت
همی‌جست هرکس بگرد جهان	ز شهر کسان از کهان و مهان

بازی ساختن گردیه و بخشیدن خسرو مردمان ری را

چنان بد که روزی یکی نزد شاه	بیامد کزین گونه مردی به راه
بدیدم بیارم به فرمان کی	بدان تا فرستدش خسرو بری
بفرمود تا نزد او آورند	وز آنگونه بازی بکو آورند
ببردند زین گونه مردی برش	بخندید زو کشور و لشکرش
بدو گفت خسرو ز کردار بد	چه داری بیاد ای بد بی‌خرد
چنین گفت با شاه کز کار بد	نیاسایم و نیست با من خرد
سخن هرچ گویی دگرگون کنم	تن و جان مردم پر از خون کنم
سرمایه‌ی من دروغست و بس	سوی راستی نیستم دست رس
بدو گفت خسرو که بد اخترت	نوشته مبادا جزین بر سرت
به دیوان نوشتند منشور ری	ز زشتی بزرگی شد آن شوم پی
سپاه پراگنده او را سپرد	برفت از درو نام زشتی ببرد
چوآمد بری مرد ناتندرست	دل و دیده از شرم یزدان بشست

بفرمود تا ناودانهای بام	بکندند و او شد بران شادکام
وزان پس همه گربکان رابکشت	دل کد خدایان ازو شد درشت
به هرسو همی‌رفت با رهنمای	منادیگری پیش او بر بپای
همی‌گفت گر ناودانی بجای	ببینی و گر گربه‌یی در سرای
بدان بوم وبر آتش اندر زنم	ز برشان همی سنگ بر سرزنم
همی‌جست جایی که بد یک درم	خداوند او را فگندی به غم
همه خانه از موش بگذاشتند	دل از بوم آباد برداشتند
چو باران بدی ناودانی نبود	به شهر اندرون پاسبانی نبود
ازان زشت بد کامه‌ی شوم پی	که آمد ز درگاه خسرو بری
شد آن شهر آباد یکسر خراب	به سر بر همی‌تافتی آفتاب

بخش کردن خسرو سپاهیان را بر چهار سوی کشور

همه شهر یکسر پر از داغ و درد	کس اندر جهان یاد ایشان نکرد
چنین تا بیامد مه فوردین	بیاراست گلبرگ روی زمین
جهان از نم ابر پر ژاله شد	همه کوه وهامون پراز لاله شد
بزرگان به بازی به باغ آمدند	همه میش و آهو به راغ آمدند
چو خسرو گشاده در باغ دید	همه چشمه‌ی باغ پر ماغ دید
بفرمود تا دردمیدند بوق	بیاورد پس جامهای خلوق
نشستند بر سبزه می خواستند	به شادی زبان را بیاراستند
بیاورد پس گردیه گربکی	که پیدا نبد گربه از کودکی
بر اسپی نشانده ستامی بزر	به زر اندرون چند گونه گهر
فروهشته از گوش او گوشوار	به ناخن بر از لاله کرده نگار
بدیده چوقار و به رخ چون بهار	چو می‌خواره بد چشم او پر خمار
همی‌تاخت چون کودکی گرد باغ	فروهشته از باره زرین جناغ
لب شاه ایران پر از خنده شد	همه کهتران خنده را بنده شد
ابا گردیه گفت کز آرزوی	چه باید بگو ای زن خوب روی

زن چاره گر برد پیشش نماز
بدو گفت کای شاه گردن فراز
بمن بخش ری را خرد یاد کن
دل غمگنان از غم آزاد کن
ز ری مردک شوم رابازخوان
ورا مرد بد کیش و بد ساز دان
همی گربه از خانه بیرون کند
دگر ناودان یک به یک بشکند
بخندید خسرو ز گفتار زن
بدو گفت کای ماه لشکرشکن
ز ری باز خوان آن بد اندیش را
چو آهرمن آن مرد بد کیش را
فرستاد کس زشت رخ رابخواند
همان خشم بهرام با او براند
بکشتند او را به زاری و درد
کجا بد بد اندیش و بیکار مرد
هممی هر زمانش فزون بود بخت
ازان تاجور خسروانی درخت
ازان پس چو گسترده شد دست شاه
سراسر جهان شد ورا نیک خواه
همه تاجدارانش کهتر شدند
همه کهتران زو توانگر شدند
گزین کرد از ایران چل و هشت هزار
جهاندیده گردان و جنگی سوار
در گنجای کهن برگشاد
که بنهاد پیروز و فرخ قباد
جهان را ببخشید بر چار بهر
یکایک همه نامزد کرد شهر
از آن نامدران ده و دو هزار
گزین کرد ز ایران و نیران سوار
فرستاد خسرو سوی مرز روم
نگهبان آن فرخ آزاد بوم
بدان تا ز روم اندر ایران سپاه
نیاید که کشور شود زو تباه
مگر هرکسی برکند مرز خویش
بداند سر مایه و ارز خویش
هم از نامداران ده و دو هزار
سواران هشیار خنجرگزار
بدان تا سوی ز ابلستان شوند
ز بوم سیه در گلستان شوند
بدیشان چنین گفت هرکو ز راه
بگردد ندارد زبان را نگاه
به خوبی مر او را به راه آورید
کزین بگذرد بند و چاه آورید
به هرسو فرستید کارآگهان
بدان تا نماند سخن در نهان
طلایه بباید به روز و شبان
مخسپید در خیمه بی‌پاسبان
ز لشکر ده و دو هزار دگر
دلاور سواران پرخاشخر
بخواند و بسی هدیه‌ها دادشان
به راه الانان فرستادشان
بدیشان سپرد آن در باختر
بدان تا نیاید ز دشمن گذر
بدان سرکشان گفت بیدار بید
همه در پناه جهاندار بید
ده ودو هزار دگر برگزید
ز مردان جنگی چنان چون سزید

به سوی خراسان فرستادشان
بسی پند و اندرزها دادشان

که از مرز هیتال تا مرزچین
نباید که کس پی نهد بر زمین

مگر به آگهی و بفرمان ما
روان بسته دارد به پیمان ما

بهر کشوری گنج آگنده هست
که کس را نباید شدن دوردست

چو باید بخواهید و خرم بوید
خردمند باشید و بی غم بوید

در گنج بگشاد و چندی درم
که بودی ز هرمز برو بر رقم

بیاورد و گریان به درویش داد
چو درویش پیوسته بد بیش داد

از آنکس که او یار بندوی بود
به نزدیک گستهم و زنگوی بود

که بودند یازان به خون پدر
ز تنهای ایشان جدا کرد سر

چو از کین و نفرین به پردخت شاه
بدانش یکی دیگر آورد راه

از آن پس شب و روز گردنده دهر
نشست و ببخشید بر چار بهر

از آن چار یک بهر موبد نهاد
که دارد سخنهای نیکو بیاد

ز کار سپاه و ز کار جهان
به گفتی به شاه آشکار و نهان

چو در پادشاهی به دیدی شکست
ز لشکر گر از مردم زیر دست

سبک دامن داد بر تافتی
گذشته بجستی و دریافتی

دگر بهر شادی و رامشگران
نشسته به آرام با مهتران

نبودی نه اندیشه کردی ز بد
چنان کز ره نامداران سزد

سیم بهره گاه نیایش بدی
جهان آفرین را ستایش بدی

چهارم شمار سپهر بلند
همی بر گرفتی چه و چون و چند

ستاره شمر پیش او بر بپای
که بودی به دانش ورا رهنمای

وزین بهره نیمی شب دیر یاز
نشستی همی با بتان طراز

همان نیز یک ماه بر چار بهر
ببخشید تا شاد باشد ز دهر

یکی بهره میدان چوگان و تیر
یکی نامور پیش او یادگیر

دگر بهره زو کوه و دشت شکار
ازان تازه گشتی ورا روزگار

هر آنگه که گشتی ز نخچیر باز
به رخشنده روز و شب دیر یاز

هر آنکس که بودی و را پیش گاه
ببستی به شهر اندر آیین و راه

دگر بهره شطرنج بودی و نرد
سخن گفت از روزگار نبرد

سه دیگر هر آنکس که داننده بود
فزاینده‌ی چیز و خواننده بود

به نوبت و را پیش بنشاندی
سخنهای دیرینه برخواندی

چهارم فرستادگان را ز راه	همی‌خواندندی به نزدیک شاه
نوشتی همه پاسخ نامه باز	بدادی بدان مرد گردن فراز
فرستاده با خلعت و کام خویش	ز در بازگشتی به آرام خویش
همه روز منشور هر کشوری	نوشتی سپردی بهر مهتری
چو بودی سر سال نو فوردین	که رخشان شدی در دل از هور دین
نهادی یکی گنج خسرو نهان	که نشناختی کهتری در جهان

زادن شیرویه فرزند خسرو از دختر قیصر

چو بر پادشاهیش شد پنج‌سال	به گیتی نبودش سراسر همال
ششم سال زان دخت قیصر چو ماه	یکی پورش آمد همانند شاه
نبود آن زمان رسم بانگ نماز	به گوش چنان پروریده بناز
یکی نام گفتی مر او را پدر	نهانی دگر آشکارا دگر
نهانی به گفتی بگوش اندرون	همی‌خواندی آشکارا برون
بگوش اندرون خواند خسرو قباد	همی‌گفت شیر وی فرخ نژاد
چو شب کودک آمد گذشته سه پاس	بیامد بر خسرو اخترشناس
از اخترشناسان بپرسید شاه	که هرکس که دارند اختر نگاه
بدیدی که فرجام این کار چیست	ز زیج اختر این جهاندار چیست
چنین داد پاسخ ستاره شمر	که بر چرخ گردان نیابی گذر
ازین کودک آشوب گیرد زمین	نخواند سپاهت برو آفرین
هم از راه یزدان بگردد به نیز	ازین بیشتر چون سراییم چیز
دل شاه غمگین شد از کارشان	وزان ناسزاوار گفتارشان
چنین گفت با مرد داننده شاه	که نیکو کنید اندر اختر نگاه
نگر تا نگردد زبانتان برین	به پیش بزرگان ایران زمین
همی‌داشت آن اختران را نگاه	نهاده بران بسته بر مهر شاه
پر اندیشه بد زان سخن شهریار	بران هفته کس را ندادند بار
ز نخچیر و از می به یکسو کشید	بدان چندگه روی کس را ندید
همه مهتران سوی موبد شدند	ز هر گونه‌یی داستانها زدند

بدان تا چه بد نامور شاه را	که بربست بر کهتران راه را
چو بشنید موبد بشد نزد شاه	بدو داد یکسر پیام سپاه
چنین داد پاسخ ورا شهریار	که من تنگ دل گشتم از روزگار
ز گفتار این مرد اخترشناس	ز گردون گردان شدم ناسپاس
به گنجور گفت آن یکی پرنیان	بیاور یکی رقعه اندر میان
بیاورد گنجور و موبد بدید	دلش تنگ شد خامشی برگزید
ازان پس بدو گفت یزدان بس است	کجا برتر از دانش هر کس است
گر ای دون که ناچار گردان سپهر	دگرگون نماید به جوینده چهر
به تیمار کی باز گردد ز بد	چنین گفته از دانشی کی سزد
جز از شادمانیت هرگز مباد	ز گفتار ایشان مکن هیچ یاد
ز موبد چو بشنید خسرو سخن	بخندید و کاری نو افگند بن
دبیر پسندیده را خواند پیش	سخن گفت با او ز اندازه بیش
به قیصر یکی نامه فرمود شاه	که برنه سزاوار شاهی کلاه
که مریم پسر زاد زیبا یکی	که هرگز ندیدی چنو کودکی
نشاید مگر دانش و تخت را	وگر در هنر بخشش و بخت را
چو من شادمانم تو شادان بزی	که شاهی و گردنکشی را سزی
چو آن نامه نزدیک قیصر رسید	نگه کرد و توقیع پرویز دید
بفرمود تا گاو دم بر درش	دمیدند و پر بانگ شد کشورش
ببستند آیین به بی‌راه و راه	پر آواز شیر وی پرویز شاه
برآمد هم آواز رامشگران	همه شهر روم از کران تا کران
بدرگاه بردند چندی صلیب	نسیم گلان آمد و بوی طیب
بیک هفته زین گونه با رود و می	ببودند شادان ز شیروی کی
بهشتم بفرمود تا کاروان	بیامد بدرگاه با ساروان
صد اشتر ز گنج درم بار کرد	چو پنجه شتر بار دینار کرد
ز دیبای زربفت رومی دویست	که گفتی ز زر جامه با رزیکیست
چهل خوان زرین پایه بسد	چنان کز در شهر یاران سزد
همان چند زرین و سیمین دده	بگوهر بر و چشمشان آژده
بمریم فرستاد چندی گهر	یکی نره طاوس کرده بزر
چه از جامه‌ی نرم رومی حریر	ز در و زبرجد یکی آبگیر

همان باز کشور که تا چار بار
ز دینار رومی هزاران هزار

فرستاد چون مرد رومی چهل
کجا هر چهل بود بیدار دل

گوی پیش رو نام او خانگی
که همتا نبودش به فرزانگی

همی‌شد برین گونه با ساروان
شتربار دینار ده کاروان

چوآگاهی آمد به پرویز شاه
که پیغمبر قیصر آمد ز راه

به فرخ بفرمود تا برنشست
یکی مرزبان بود خسروپرست

که سالار او بود بر نیمروز
گرانمایه گردی و گیتی فروز

برفتند با او سواران شاه
به سر برنهادند زرین کلاه

چو از دور دید آن سپه خانگی
به پیش اندر آمد به بیگانگی

چنین تا به نزدیک شاه آمدند
بران نامور پیشگاه آمدند

چو دیدند زیبا رخ شاه را
بران گونه آراسته‌گاه را

نهادند همواره سر بر زمین
برو بر همی‌خواندند آفرین

بمالید پس خانگی رخ بخاک
همی‌گفت کای داور داد وپاک

ز پیروزگر آفرین بر تو باد
مبادی همیشه مگر شاه و راد

بزرگانش از جای برخاستند
به نزدیک شه جایش آراستند

چنین گفت پس شاه را خانگی
که چون تو که باشد به فرزانگی

ز خورشید بر چرخ تابنده‌تر
ز جان سخنگوی پاینده‌تر

مبادا جهان بی‌چنین شهریار
برومند بادا برو روزگار

مبیناد کس روز بی‌کام تو
نوشته بخورشید بر نام تو

جهان بی سر و افسر تو مباد
بر و بوم بی لشکر تو مباد

ز قیصر درود و ز ما آفرین
برین نامور شهریار زمین

کسی کو درین سایه‌ی شاه شاد
نباشد ورا روشنایی مباد

ابا هدیه و باژ روم آمدم
برین نامبردار بوم آمدم

برفتیم با فیلسوفان بهم
بران تا نباشد کس از ما دژم

ز قیصر پذیرد مگر باژ و چیز
که با باژ و چیز آفرینست نیز

بخندید از آن پر هنر مرد شاه
نهادند زرین یکی پیشگاه

فرستاد پس چیزها سوی گنج
بدو گفت چندین نبایست رنج

بخراد بر زین چنین گفت شاه
که این نامه برخوان به پیش سپاه

به عنوان نگه کرد مرد دبیر
که گوینده‌یی بود و هم یادگیر

چنین گفت کاین نامه سوی مهست   جهاندار پرویز یزدان پرست
جهاندار و بیدار و پدرام شهر   که یزدانش تاج و خرد داد بهر
جهاندار فرزند هرمزد شاه   که زیبای تاج است و زیبای گاه
ز قیصر پدر مادر شیر نام   که پاینده بادا بدو نام و کام
ابا فر و با برز و پیروز باد   همه روزگارانش نوروز باد
به ایران و تورانش بر دست رس   به شاهی مباداش انباز کس
همیشه به دل شاد و روشن روان   همیشه خرد پیر و دولت جوان
گران مایه شاهی کیومرسی   همان پور هوشنگ تهمورسی
پدر بر پدر و پسر بر پسر   مبادا که این گوهر آید به سر
برین پاک یزدان کند آفرین   بزرگان ملک و بزرگان دین
نه چون تو خزان و نه چون تو بهار   نه چون تو بایوان چین بر نگار
همه مردمی و همه راستی   مبیناد جانت بد کاستی
به ایران و توران و هندوستان   همان ترک تا روم و جا دوستان
تو را داد یزدان به پاکی نژاد   کسی چون تو از پاک مادر نزاد
فریدون چو ایران بایرج سپرد   ز روم و ز چین نام مردی ببرد
برو آفرین کرد روز نخست   دلش را ز کژی و تاری بشست
همه بی نیازی و نیک اختری   بزرگی و مردی و افسونگری
تو گویی که یزدان شما را سپرد   وزان دیگران نام مردی ببرد
هنر پرور و راد و بخشنده گنج   ازین تخمه‌ی هرگز نبد کس به رنج
نهادند بر دشمنان باژ و ساو   بد اندیشتان بارکش همچو گاو
ز هنگام کسری نوشین روان   که بادا همیشه روانش جوان
که از ژرف دریا برآورد پی   بران گونه دیوار بیدار کی
ز ترکان همه بیشه‌ی نارون   بشستند وبی رنج گشت انجمن
ز دشمن برستند چندی جهان   برو آفرین از کهان و مهان
ز تازی و هندی و ایرانیان   ببستند پیشش کمر بر میان
روا رو چنین تا به مرز خزر   ز ارمینیه تا در باختر
ز هیتال و ترک و سمرقند و چاچ   بزرگان با فر او اورند وتاج
همه کهتران شما بوده‌اند   برین بندگی بر گوا بوده‌اند
که شاهان ز تخم فریدون بدند   دگر یکسر از داد بیرون بدند

بدین خویشی اکنون که من کرده‌ام / بزرگی به دانش برآورده‌ام
بدان گونه شادم که تشنه بر آب / وگر سبزه‌ی تیره بر آفتاب
جهاندار بیدار فرخ کناد / مرا اندرین روز پاسخ کناد
یکی آرزو خواهم از شهریار / کجا آن سخن نزد او هست خوار
که دار مسیحا به گنج شماست / چو بینید دانید گفتار راست
برآمد برین سالیان دراز / سزد گر فرستد بما شاه باز
بدین آرزو شهریار جهان / ببخشاید از ما کهان و مهان
ز گیتی برو بر کنند آفرین / که بی تو مبادا زمان و زمین
بدان من ز خسرو پذیرم سپاس / نیایش کنم روز و شب در سه پاس
همان هدیه و باژ و ساوی که من / فرستم به نزدیک آن انجمن
پذیرد پذیرم سپاسی بدان / مبیناد چشم تو روی بدان
شود فرخ این جشن و آیین ما / درخشان شود در جهان دین ما
همان روزه‌ی پاک یک شنبدی / ز هر در پرستنده‌ی ایزدی
برو سوکواران بمالند روی / بروبر فراوان بسایند موی
شود آن زمان بر دل ما درست / که از کینه دلها بخواهیم شست
که بود از گه آفریدون فراز / که با تور و سلم اندر آمد براز
شود کشور آسوده از تاختن / بهر گوشه‌یی کینها ساختن
زن و کودک رومیان برده‌اند / دل ما ز هر گونه آزرده‌اند
برین خویشی ما جهان رام گشت / همه کار بیهوده پدرام گشت
درود جهان آفرین بر تو باد / همان آفرین زمین بر تو باد
چو آن نامه‌ی قیصر آمد ببن / جهاندار بشنید چندان سخن
ازان نامه شد شاه خرم نهان / برو تازه شد روزگار مهان
بسی آفرین کرد برخانگی / بدو گفت بس کن ز بیگانگی
گرانمایه را جایگه ساختند / دو ایوان فرخ بپرداختند
ببردند چیزی که بایست برد / به نزدیک آن مرد بیدار گرد
بیامد بدید آن گزین جایگاه / وزان پس همی‌بود نزدیک شاه
بخوان و نبید و شکار و نشست / همی‌بود با شاه مهتر پرست
برین گونه یک ماه نزدیک شاه / همی‌بود شادان دل و نیک خواه
چویک ماه شد نامه پاسخ نوشت / سخنهای با مغز و فرخ نوشت

سرنامه گفت آفرین مهان	بران باد کو باد دارد جهان
بد و نیک بیند ز یزدان پاک	وزو دارد اندر جهان بیم و باک
کند آفرین بر خداوند مهر	کزین گونه بر پای دارد سپهر
نخست آنک کردی ستایش مرا	به نامه نمودی نیایش مرا
بدانستم و شاد گشتم بدان	سخن گفتن تاجور بخردان
پذیرفتم آن نامور گنج تو	نخواهم که چندان بود رنج تو
ازی را جهاندار یزدان پاک	برآورد بوم تو را بر سماک
ز هند و ز سقلاب و چین و خزر	چنین ارجمند آمد آن بوم و بر
چه مردی چه دانش چه پرهیز و دین	ز یزدان شما را رسید آفرین
چو کار آمدم پیش یارم بدی	بهر دانشی غمگسارم بدی
چنان شاد گشتم ز پیوند تو	بدین پر هنر پاک فرزند تو
که کهتر نباشد به فرزند خویش	ببوم و بر و پاک پیوند خویش
همه مهتران پشت برگاشتند	مرا در جهان خوار بگذاشتند
تو تنها بجای پدر بودیم	همان از پدر بیشتر بودیم
تو را همچنان دارم اکنون که شاه	پدر بیند آزاده و نیک خواه
دگر هرچ گفتی ز شیروی من	ازان پاک تن پشت و نیروی من
بدانستم و آفرین خواندم	بران دین تو را پاک دین خواندم
دگر هرچ گفتی ز پاکیزه دین	ز یک شنبدی روزه‌ی به آفرین
همه خواند بر ما یکایک دبیر	سخنهای بایسته و دلپذیر
بما بر ز دین کهن ننگ نیست	به گیتی به از دین هوشنگ نیست
همه داد و نیکی و شرمست و مهر	نگه کردن اندر شمار سپهر
به هستی یزدان نیوشان ترم	همیشه سوی داد کوشان ترم
ندانیم انباز و پیوند و جفت	نگردد نهان و نگردد نهفت
در اندیشه‌ی دل نگنجد خدای	به هستی همو با شدت رهنمای
دگر کت ز دار مسیحا سخن	بیاد آمد از روزگار کهن
مدان دین که باشد به خوبی بپای	بدان دین نباشد خرد رهنمای
کسی را که خوانی همی سوگوار	که کردند پیغمبرش را بدار
که گوید که فرزند یزدان بد اوی	بران دار بر کشته خندان بد اوی
چو پور پدر رفت سوی پدر	تو اندوه این چوب پوده مخور

ز قیصر چو بیهوده آمد سخن   بخندد برین کار مرد کهن
همان دار عیسی نیرزد به رنج   که شاهان نهادند آن را به گنج
از ایران چو چوبی فرستم بروم   بخندد بما بر همه مرز و بوم
به موبد نباید که ترسا شدم   گر از بهر مریم سکوبا شدم
دگر آرزو هرچ باید بخواه   شمار سوی ما گشادست راه
پسندیدم آن هدیه های تو نیز   کجا رنج بردی ز هر گونه چیز
به شیروی بخشیدم این برده رنج   پی افگندم او را یکی تازه گنج
ز روم و ز ایران پر اندیشه‌ام   شب تیره اندیشه شد پیشه‌ام
بترسم که شیروی گردد بلند   ز ساند بروم و به ایران گزند
نخست اندر آید ز سلم بزرگ   ز اسکندر آن کینه دار سترگ
ز کین نو آیین و کین کهن   مگر در جهان تازه گردد سخن
سخنها که پرسیدم از دخترت   چنان دان که او تازه کرد افسرت
بدین مسیحا بکوشد همی   سخنهای ما کم نیوشد همی
به آرام شادست و پیروزبخت   بدین خسروانی نو آیین درخت
همیشه جهاندار یار تو باد   سر اختر اندر کنار تو باد
نهادند بر نامه بر مهر شاه   همی‌داشت خراد برزین نگاه
گشادند زان پس در گنج باز   کجا گرد کرد او به روز دراز
نخستین صد و شست بند اوسی   که پند او سی خواندش پارسی
به گوهر بیاگنده هر یک چو سنگ   نهادند بر هر یکی مهر تنگ
بران هر یکی دانه ها صد هزار   بها بود بر دفتر شهریار
بیاورد سیصد شتر سرخ موی   سیه چشم و آراسته راه جوی
مران هر یکی را درم دو هزار   بها داده بد نامور شهریار
ز دیبای چینی صد و چل هزار   ازان چند زربفت گوهرنگار
دگر پانصد در خوشاب بود   که هر دانه یی قطره‌ی آب بود
صد و شست یاقوت چون ناردان   پسندیده‌ی مردم کاردان
ز هندی و چینی و از بربری   ز مصری و از جامه‌ی پهلوی
ز چیزی که خیزد ز هر کشوری   که چونان نبد در جهان دیگری
فرستاد سیصد شتروار بار   از ایران بر قیصر نامدار
یکی خلعت افگند بر خانگی   فزون‌تر ز خویشی و بیگانگی

همان جامه و تخت و اسب و ستام	ز پوشیدنیها که بردیم نام
بدینسان چنین صد شتر بارکرد	از آن ده شتربار دینار کرد
ببخشید بر فیلسوفان درم	ز دینار و هرگونه‌یی بیش وکم
برفتند شادان ازان مرز وبوم	به نزدیک قیصر ز ایران بروم
همه مهتران خواندند آفرین	بران پر هنر شهریار زمین
کنون داستان کهن نو کنیم	سخنهای شیرین و خسرو کنیم

داستان خسرو و شیرین

داستان خسرو و شیرین

کهن گشته این نامه‌ی باستان | ز گفتار و کردار آن راستان
همی نوکنم گفته‌ها زین سخن | ز گفتار بیدار مرد کهن
بود بیست شش بار بیور هزار | سخنهای شایسته و غمگسار
نبیند کسی نامه‌ی پارسی | نوشته به ابیات صدبار سی
اگر بازجویی درو بیت بد | همانا که کم باشد از پانصد
چنین شهریاری و بخشنده‌یی | به گیتی ز شاهان درخشنده‌یی
نکرد اندرین داستانها نگاه | ز بدگوی و بخت بد آمد گناه
حسد کرد بدگوی در کار من | تبه شد بر شاه بازار من
چو سالار شاه این سخنهای نغز | بخواند ببیند به پاکیزه نغز
ز گنجش من ایدر شوم شادمان | کزو دور بادا بد بدگمان
وزان پس کند یاد بر شهریار | مگر تخم رنج من آید ببار
که جاوید باد افسر و تخت اوی | ز خورشید تابنده‌تر بخت اوی
چنین گفت داننده دهقان پیر | که دانش بود مرد را دستگیر
غم و شادمانی بباید کشید | ز هر شور و تلخی بباید چشید
جوانان داننده و باگهر | نگیرند بی آزمایش هنر
چو پرویز ناباک بود و جوان | پدر زنده و پور چون پهلوان
ورا در زمین دوست شیرین بدی | برو بر چو روشن جهان بین بدی
پسندش نبودی جزو در جهان | ز خوبان وز دختران مهان
ز شیرن جدا بود یک روزگار | بدان گه که بد در جهان شهریار
بگرد جهان در بی‌آرام بود | که کارش همه رزم بهرام بود
چو خسرو به پردخت چندی به مهر | شب و روز گریان بدی خوب‌چهر

آیین شکار خسرو و دیدن او شیرین را

چنان بد که یک روز پرویز شاه / همی آرزو کرد نخچیرگاه
بیاراست برسان شاهنشهان / که بوند ازو پیشتر در جهان
چو بالای سیصد به زرین ستام / ببردند با خسرو نیک نام
هزار و صد و شست خسرو پرست / پیاده همی‌رفت ژوپین بدست
هزار و چهل چوب و شمشیر داشت / که دیبای در بر زره زیر داشت
پس اندر بدی پانصد بازدار / هم از واشه و چرغ و شاهین کار
ازان پس برفتند سیصد سوار / پس بازداران با یوزدار
به زنجیر هفتاد شیروپلنگ / به دیبای چین اندرون بسته تنگ
پلنگان و شیران آموخته / به زنجیر زرین دهن دوخته
قلاده بزر بسته صد بود سگ / که دردشت آهو گرفتی بتگ
پس اندر ز رامشگران دوهزار / همه ساخته رود روز شکار
به زیر اندرون هریکی اشتری / به سر برنهاده ز زر افسری
ز کرسی و خرگاه و پرده سرای / همان خیمه و آخر چارپای
شتر بود پیش اندرون پانصد / همه کرده آن بزم را نامزد
ز شاهان برنای سیصد سوار / همی‌راند با نامور شهریار
ابا یاره و طوق و زرین کمر / بهر مهره‌یی در نشانده گهر
دوصد برده تامجمر افروختند / برو عود و عنبر همی‌سوختند
دوصد مرد برنای فرمانبران / ابا هریکی نرگس و زعفران
همه پیش بردند تا باد بوی / چو آید ز هر سو رساند بدوی
همه پیش آنکس که با بوی خوش / همی‌رفت با مشک صد آبکش
که تا ناورد ناگهان گرد باد / نشاند بران شاه فرخ نژاد
چو بشنید شیرین که آمد سپاه / به پیش سپاه آن جهاندار شاه
یکی زرد پیراهن مشک بوی / بپوشید و گلنارگون کرد روی
یکی از برش سرخ دیبای روم / همه پیکرش گوهر و زر بوم

به سر برنهاد افسر خسروی	نگارش همه پیکر پهلوای
از ایوان خسرو برآمد ببام	به روز جوانی نبد شادکام
همی‌بود تاخسرو آنجا رسید	سرشکش ز مژگان برخ برچکید
چو روی ورا دید برپای خاست	به پرویز بنمود بالای راست
زبان کرد گویا بشیرین سخن	همی‌گفت زان روزگار کهن
به نرگس گل و ارغوان را بشست	که بیمار بد نرگس وگل درست
بدان آبداری و آن نیکوی	زبان تیز بگشاد برپهلوی
که تهما هژب را سپهبدتنا	خجسته کیاگرد شیراوژنا
کجا آن همه مهر و خونین سرشک	که دیدار شیرین بد او را پزشک
کجا آن همه روز کردن به شب	دل و دیده گریان و خندان دو لب
کجا آن همه بند و پیوندما	کجا آن همه عهد و سوگند ما
همی‌گفت وز دیده خوناب زرد	همی‌ریخت برجامه‌ی لاژورد
به چشم اندر آورد زو خسرو آب	به زردی رخش گشت چون آفتاب
فرستاد بالای زرین ستام	ز رومی چهل خادم نیک نام
که او را به مشکوی زرین برند	سوی خانه‌ی گوهر آگین برند
ازان جایگه شد به دشت شکار	ابا باده ورود و با میگسار
چو از کوه وز دشت برداشت بهر	همی‌رفت شادی کنان سوی شهر
ببستند آذین بشهر و به راه	که شاه آمد از دشت نخچیرگاه
ز نالیدن بوق و بانگ سرود	هوا گشت ز آواز بی‌تار و پود
چنان خسروی برز و شاخ بلند	ز دشت اندر آمد به کاخ بلند
ز مشکوی شیرین بیامد برش	ببوسید پای و زمین و برش
به موبد چنین گفت شاه آن زمان	که بر ما مبر جز به نیکی گمان
مرین خوب رخ را به خسرو دهید	جهان را بدین مژده‌ی نو دهید
مر او را به آیین پیشی بخواست	که آن رسم و آیین بد آنگاه راست

پند دادن بزرگان خسرو را در کار شیرین

چو آگاهی آمد ز خسرو به راه　　به نزد بزرگان و نزد سپاه
که شیرین به مشکوی خسرو شدست　　کهن بود کار جهان نوشدست
همه شهر زان کار غمگین شدند　　پر اندیشه و درد و نفرین شدند
نرفتند نزدیک خسرو سه روز　　چهارم چوب فروخت گیتی فروز
فرستاد خسرو مهان را بخواند　　بگاه گران مایگان برنشاند
بدیشان چنین گفت کاین روز چند　　ندیدم شما را شدم مستمند
بیازردم از بهر آزارتان　　پراندیشه گشتم ز تیمارتان
همی‌گفت و پاسخ نداد ایچ‌کس　　ز گفتن زبانها ببستند بس
هرآنکس که او داشت آزار و خشم　　یکایک به موبد نمودند چشم
چو موبد چنان دید برپای خاست　　به خسرو چنین گفت کای راد وراست
به روز جوانی شدی شهریار　　بسی نیک و بد دیدی از روزگار
شنیدی بسی نیک و بد در جهان　　ز کار بزرگان و کار مهان
کنون تخمه‌ی مهتر آلوده شد　　بزرگی ازین تخمه‌ی پالوده شد
پدر پاک و مادر بود بی‌هنر　　چنان دان که پاکی نیاید ببر
ز کژی نجوید کسی راستی　　که از راستی برکنی کاستی
دل ما غمی شد ز دیو سترگ　　که شد یار با شهریار بزرگ
به ایران اگر زن نبودی جزین　　که خسرو بدو خواندی آفرین
نبودی چو شیرین به مشکوی او　　بهر جای روشن بدی روی او
نیاکانت آن دانشی راستان　　نکردند یاد از چنین داستان
چوگشت آن سخنهای موبد دراز　　شهنشاه پاسخ نداد ایچ‌باز
چنین گفت موبد که فردا پگاه　　بیاییم یکسر بدین بارگاه
مگر پاسخ شاه یابیم باز　　که امروزمان شد سخنها دراز

پاسخ خسرو بایرانیان درباره شیرین

دگر روز شبگیر برخاستند — همه بندگی را بیاراستند
یکی گفت موبد ندانست گفت — دگر گفت کان با خرد بود جفت
سیوم گفت که امروز پاسخ دهد — سزد زو که آواز فرخ نهد
همه موبدان برگرفتند راه — خرامان برفتند نزدیک شاه
بزرگان گزیدند جای نشست — بیامد یکی مرد تشتی بدست
چو خورشید رخشنده پالوده گشت — یکایک بران مهتران برگذشت
بتشت اندرون ریختش خون گرم — چو نزدیک شد تشت بنهاد نرم
از آن تشت هرکس بپیچید روی — همه انجمن گشت پر گفت و گوی
همی‌کرد هر کس به خسرو نگاه — همه انجمن خیره از بیم شاه
به ایرانیان گفت کاین خون کیست — نهاده بتشت اندر از بهر چیست
بدو گفت موبد که خون پلید — کزو دشمنش گشت هرکش بدید
چوموبد چنین گفت برداشتش — همه دست بردست بگذاشتش
ز خون تشت پر مایه کردند پاک — ببستند روشن به آب و به خاک
چو روشن شد و پاک تشت پلید — بکرد آنک او شسته بد پرنبید
بمی بر پراگند مشک وگلاب — شد آن تشت بی‌رنگ چون آفتاب
ز شیرین بران تشت بد رهنمون — که آغاز چون بود و فرجام چون
به موبد چنین گفت خسرو که تشت — همانا بد این گر دگرگونه گشت
بدو گفت موبد که نوشه بدی — پدیدار شد نیکوی از بدی
بفرمان ز دوزخ توکردی بهشت — همان خوب کردی تو کردار زشت
چنین گفت خسرو که شیرین بشهر — چنان بد که آن بی‌منش تشت زهر
کنون تشت می شد به مشکوی ما — برین گونه پربو شد ازبوی ما
ز من گشت بدنام شیرین نخست — ز پرمایگان نامداری نجست
همه مهتران خواندند آفرین — که بی‌تاج وتختت مبادا زمین
بهی آن فزاید که تو به کنی — مه آن شد بگیتی که تومه کنی

که هم شاه وهم موبد وهم ردی مگر بر زمین سایه‌ی ایزدی

کشتن شیرین مریم را و بند کردن خسرو شیروی را

ازان پس فزون شد بزرگی شاه که خورشید شد آن کجا بود ماه
همه روز با دخت قیصر بدی همو بر شبستانش مهتر بدی
ز مریم همی‌بود شیرین بدرد همیشه ز رشکش دو رخساره زرد
به فرجام شیرین ورا زهر داد شد آن نامور دخت قیصرنژاد
ازان چاره آگه نبد هیچ‌کس که او داشت آن راز تنها و بس
چو سالی برآمد که مریم بمرد شبستان زرین به شیرین سپرد
چو شیرویه را سال شد بر دو هشت به بالا زسی سالگان برگذشت
بیاورد فرزانگان را پدر بدان تا شود نامور پر هنر
همی‌داشت موبد مر او را نگاه شب و روز شادان به فرمان شاه
چنان بد که یک روز موبد ز تخت بیامد به نزدیک آن نیک بخت
چو آمد به نزدیک شیرویه باز همیشه به بازیش بودی نیاز
یکی دفتری دید پیش اندرش نوشته کلیله بران دفترش
بدست چپ آن جوان سترگ بریده یکی خشک چنگال گرگ
سروی سر گاومیشی براست همی این بران بر زدی چونک خواست
غمی شد دل موبد از کاراوی ز بازی و بیهوده کردار اوی
به فالش بد آمد هم آن چنگ گرگ شخ گاو و رای جوان سترگ
ز کار زمانه غمی گشت سخت ازان برمنش کودک شور بخت
کجا طالع زادنش دیده بود ز دستور وگنجور بشنیده بود
سوی موبد موبد آمد بگفت که بازیست باآن گرانمایه جفت
بشد زود موبد بگفت آن به شاه همی‌داشت خسرو مر او را نگاه
ز فرزند رنگ رخش زرد شد ز کار زمانه پراز درد شد
ز گفتار مرد ستاره شمر دلش بود پر درد و پیچان جگر
همی‌گفت تا کردگار سپهر چگونه نماید بدین کرده چهر

چو بر پادشاهیش بیست وسه سال / گذر کرد شیرویه به فراخت یال
بیازرد زو شهریار بزرگ / که کودک جوان بود و گشته سترگ
پر از درد شد جان خندان اوی / وز ایوان او کرد زندان اوی
هم آن را که پیوسته‌ی اوبدند / گه رای جستن براو شدند
بسی دیگر از مهتر و کهتران / که بودند با او ببندگران
همی‌برگرفتند زیشان شمار / که پرسه فزون آمد از سه هزار
همه کاخها رایک اندر دگر / برید آنک بد شاه را کارگر
ز پوشیدنیها و از خوردنی / ز بخشیدنی هم ز گستردنی
به ایوانهاشان بیاراستند / پرستنده و بندگان خواستند
همان می‌فرستاد و رامشگران / همه کاخ دینار بد بی‌کران
به هنگامشان رامش و خورد بود / نگهبان ایشان چهل مرد بود
کنون داستان گوی در داستان / ازان یک دل ویک زبان راستان
ز تختی که خوانی ورا طاق دیس / که بنهاد پرویز دراسپریس
سرمایه‌ی آن ز ضحاک بود / که ناپارسا بود و ناپاک بود
بگاهی که رفت آفریدون گرد / وزان تا زیان نام مردی ببرد
یکی مرد بد در دماوند کوه / که شاهش جدا داشتی ازگروه
کجا جهن بر زین بدی نام اوی / رسیده بهر کشوری کام اوی
یکی نامور شاه را تخت ساخت / گهر گرد بر گرد او در نشاخت
که شاه آفریدون بدوشاد بود / که آن تخت پرمایه آزاد بود
درم داد مر جهن را سی‌هزار / یکی تاج زرین و دو گوشوار
همان عهد ساری و آمل نوشت / که بد مرز منشور او چون بهشت
بدانگه که ایران به ایرج رسید / کزان نامداران وی آمد پدید
جهاندار شاه آفریدون سه چیز / بران پادشاهی برافزود نیز
یکی تخت و آن گرزه‌ی گاوسار / که ماندست زو در جهان یادگار
سدیگر کجا هفت چشمه گهر / همی‌خواندی نام او دادگر
چو ایرج بشد زو بماند این سه چیز / همان شاد بد زو منوچهر نیز
هر آنکس که او تاج شاهی به سود / بران تخت چیزی همی‌برفزود
چو آمد به کیخسرو نیک بخت / فراوان بیفزود بالای تخت
برین هم نشان تا به لهراسپ شد / وزو همچنان تا به گشتاسپ شد

چو گشتاسپ آن تخت رادید گفت — که کار بزرگان نشاید نهفت
به جاماسپ گفت ای گرانمایه مرد — فزونی چه داری به دین کارکرد
یکایک ببین تا چه خواهی فزود — پس از مرگ ما راکه خواهد ستود
چو جا ماسپ آن تخت رابنگرید — بدید از در گنج دانش کلید
برو بر شمار سپهر بلند — همی‌کرد پیدا چه و چون وچند
ز کیوان همه نقشها تا به ماه — بران تخت کرد او به فرمان شاه
چنین تابگاه سکندر رسید — ز شاهان هر آنکس که آن گاه دید
همی‌برفزودی برو چند چیز — ز زر و ز سیم و ز عاج و ز شیز
مر آن را سکندر همه پاره کرد — ز بی دانشی کار یکباره کرد
بسی از بزرگان نهان داشتند — همی دست بر دست بگذاشتند
بدین گونه بد تا سر اردشیر — کجا گشته بد نام آن تخت پیر
ازان تخت جایی نشانی نیافت — بران آرزو سوی دیگر شتاف
بمرد او و آن تخ ازو بازماند — ازان پس که کام بزرگی براند
بدین گونه بد تا به پرویزشاه — رسید آن گرامی سزاوار گاه
ز هر کشوری مهتران رابخواند — وزان تخت چندی سخنها براند
ازیشان فراوان شکسته بیافت — به شادی سوی گرد کردن شتافت

ساختن خسرو تخت تاقدیس را

بیاورد پس تخت شاه اردشیر — ز ایران هر آنکس که بد تیزویر
بهم بر زدند آن سزاوار تخت — به هنگام آن شاه پیروزبخت
ورا درگر آمد ز روم و ز چین — ز مکران و بغداد و ایران زمین
هزار و صد و بیست استاد بود — که کردار آن تختشان یادبود
که او را بنا شاه گشتاسپ کرد — برای و به تدبیر جاماسپ کرد
ابا هریکی مرد شاگرد سی — ز رومی و بغدادی و پارسی
نفرمود تا یک زمان دم زدند — بدو سال تا تخت برهم زدند
چوبر پای کردند تخت بلند — درخشنده شد روی بخت بلند

برش بود بالای صد شاه رش	چو هفتاد رش برنهی ازبرش
صد و بیست رش نیز پهناش بود	که پهناش کمتر ز بالاش بود
بلندیش پنجاه و صد شاه رش	چنان بد که بر ابر سودی سرش
همان شاه رش هر رشی زو سه رش	کزان سر بدیدی بن کشورش
بسی روز در ماه هر بامداد	یکی فرش بودی به دیگر نهاد
همان تخت به دوازده لخت بود	جهانی سراسر همه تخت بود
بروبش زرین صد و چل هزار	ز پیروزه بر زر کرده نگار
همه نقره‌ی خام بد میخ بش	یکی صد به مثقال با شست و شش
چو اندر بره خور نهادی چراغ	پسش دشت بودی و در پیش باغ
چوخورشید درشیرگشتی درشت	مرآن تخت را سوی او بود پشت
چو هنگامه‌ی تیر ماه آمدی	گه میوه و جشنگاه آمدی
سوی میوه و باغ بودیش روی	بدان تا بیابد زهرمیوه بوی
زمستان که بودی گه با دونم	بر آن تخت برکس نبودی دژم
همه طاقها بود بسته ازار	ز خز و سمور از در شهریار
همان گوی زرین و سیمین هزار	بر آتش همی‌تافتی جامه‌دار
به مثقال ازان هریکی پانصد	کز آتش شدی سرخ همچون به سد
یکی نیمه زو اندر آتش بدی	دگر پیش گردان سرکش بدی
شمار ستاره ده و دو و هفت	همان ماه تابان ببرجی که رفت
چه زو ایستاده چه مانده بجا	بدیدی به چشم سر اخترگرا
ز شب نیز دیدی که چندی گذشت	سپهر از بر خاک بر چند گشت
ازان تختها چند زرین بدی	چه مایه ز زر گوهر آگین بدی
شمارش ندانست کردن کسی	اگر چند بودیش دانش بسی
هرآن گوهری کش بهاخوار بود	کمابیش هفتاد دینار بود
بسی نیز بگذشت بر هفتصد	همی‌گیر زین گونه از نیک و بد
بسی سرخ گوگرد بدکش بها	ندانست کس مایه و منتها
که روشن بدی در شب تیره چهر	چوناهید رخشان شدی بر سپهر
دو تخت از بر تخت پرمایه بود	ز گوهر بسی مایه بر مایه بود
کهین تخت را نام بد میش سار	سر میش بودی برو بر نگار
مهین تخت راخواندی لاژورد	که هرگز نبودی بر و باد و گرد

سه دیگر سراسر ز پیروزه بود	بدو هر که دیدیش دلسوزه بود
ازین تابدان پایه بودی چهار	همه پایه زرین و گوهرنگار
هرآنکس که دهقان بد و زیردست	ورامیش سر بود جای نشست
سواران ناباک روز نبرد	شدندی بران گنبد لاژورد
به پیروزه بر جای دستور بود	که از کدخداییش رنجور بود
چو بر تخت پیروزه بودی نشست	خردمند بودی و مهترپرست
چو رفتی به دستوری رهنمای	مگر یافتی نزد پرویز جای
یکی جامه افکنده بد زربفت	برش بود وبالاش پنجاه و هفت
بگوهر همه ریشه‌ها بافته	زبر شوشه‌ی زر برو تافته
بدو کرده پیدانشان سپهر	چو بهرام و کیوان و چون ماه و مهر
ز کیوان و تیر و ز گردنده ماه	پدیدار کرده ز هر دستگاه
هم از هفت کشور برو بر نشان	ز دهقان و از رزم گردنکشان
برو بر نشان چل و هشت شاه	پدیدار کرده سر تاج و گاه
برو بافته تاج شاهنشهان	چنان جامه هرگز نبد درجهان
به چین دریکی مرد بد بی‌همال	همی‌بافت آن جامه راهفت سال
سرسال نو هرمز فوردین	بیامد بر شاه ایران زمین
ببرد آن کیی فرش نزدیک شاه	گران مایگان برگرفتند راه
به گسترد روز نو آن جامه را	ز شادی جداکرد خوکامه را
بران جامه بر مجلس آراستند	نوازنده‌ی رود و می خواستند
همی آفرین خواند سرکش برود	شهنشاه را داد چندی درود
بزرگان به رو گوهر افشاندند	که فرش بزرگش همی‌خواندند

داستان باربد خنیاگر

همی هر زمان شاه برتر گذشت	چوشد سال شاهیش بر بیست و هشت
کسی رانشد بر درش کار بد	ز درگاه آگاه شد بار بد
بدو گفت هر کس که شاه جهان	گزیدست را مشگری در نهان

اگر با تو او را برابر کند　　تو را بر سر سرکش افسر کند
چو بشنید مرد آن بجوشیدش آز　　وگر چه نبودش به چیزی نیاز
ز کشور بشد تا به درگاه شاه　　همی‌کرد رامشگران را نگاه
چوبشنید سرکش دلش تیره شد　　به زخم سرود اندرو خیره شد
بیامد به درگاه سالار بار　　درم کرد و دینار چندی نثار
بدو گفت رامشگری بر درست　　که از من به سال و هنربرترست
نباید که در پیش خسرو شود　　که ما کهنه گشتیم و او نو شود
ز سرکش چو بشنید دربان شاه　　ز رامشگر ساده بربست راه
چو رفتی به نزدیک او بار بد　　همش کاربد بود هم بار بد
ندادی ورا بار سالار بار　　نه نیزش بدی مردمی خواستار
چو نومید برگشت زان بارگاه　　ابا به ربط آمد سوی باغ شاه
کجا باغبان بود مردوی نام　　شد از دیدنش بار بد شادکام
بدان باغ رفتی به نوروز شاه　　دو هفته به بودی بدان جشنگاه
سبک باربد نزد مرد همبوی شد　　هم آن روز بامرد همبوی شد
چنین گفت با باغبان باربد　　که گویی تو جانی و من کالبد
کنون آرزو خواهم از تو یکی　　کجاهست نزدیک تو اندکی
چو آید بدین باغ شاه جهان　　مرا راه ده تاببینم نهان
که تاچون بود شاه را جشنگاه　　ببینم نهفته یکی روی شاه
بدو گفت مرد وی کایدون کنم　　ز مغز تو اندیشه بیرون کنم
چو خسرو همی‌خواست کاید بباغ　　دل میزبان شد چو روشن چراغ
بر باربد شد بگفت آنک شاه　　همی‌رفت خواهد بران جشنگاه
همه جامه را بار بد سبز کرد　　همان به ربط و رود ننگ و نبرد
بشد تابجایی که خسرو شدی　　بهاران نشستن گهی نو شدی
یکی سرو بد سبز و برگش گشن　　ورا شاخ چون رزمگاه پشن
بران سرو شد به ربط اندر کنار　　زمانی همی‌بود تا شهریار
ز ایوان بیامد بدان جشنگاه　　بیاراست پیروزگر جای شاه
بیامد پری چهره‌ی میگسار　　یکی جام بر کف بر شهریار
جهاندار بستد ز کودک نبید　　بلور از می سرخ شد ناپدید
بدانگه که خورشید برگشت زرد　　همی‌بود تاگشت شب لاژورد

زننده بران سرو برداشت رود	همان ساخته پهلوانی سرود
یکی نغز دستان بزد بر درخت	کزان خیره شد مرد بیداربخت
سرودی به آواز خوش برکشید	که اکنون تو خوانیش داد آفرید
بماندند یک مجلس اندر شگفت	همی هرکسی رای دیگر گرفت
بدان نامداران بفرمود شاه	که جویند سرتاسر آن جشنگاه
فراوان بجستند و باز آمدند	به نزدیک خسرو فراز آمدند
جهاندیده آنگه ره اندر گرفت	که از بخت شاه این نباشد شگفت
که گردد گل سبز را مشگرش	که جاوید بادا سر و افسرش
بیاورد جامی دگر میگسار	چو از خوب رخ بستد آن شهریار
زننده دگرگون بیاراست رود	برآورد ناگاه دیگر سرود
که پیکار گردش همی‌خواندند	چنین نام ز آواز او را ندند
چو آن دانشی گفت و خسرو شنید	به آواز او جام می در کشید
بفرمود کاین رابجای آورید	همه باغ یک سر به پای آورید
بجستند بسیار هر سوی باغ	ببردند زیر درختان چراغ
ندیدند چیزی جز از بید و سرو	خرامان به زیر گل اندر تذرو
شهنشاه پس جام دیگر بخواست	بر آواز سربرآورد راست
برآمد دگر باره بانگ سرود	همان ساخته کرده آواز رود
همی سبز در سبز خوانی کنون	برین گونه سازند مکر و فسون
چوبشنید پرویز برپای خاست	به آواز او بر یکی جام خواست
که بود اندر آن جام یک من نبید	به یکدم می روشن اندر کشید
چنین گفت کاین گر فرشته بدی	ز مشک و زعنبر سرشته بدی
وگر دیو بودی نگفتی سرود	همان نیز نشناختی زخم رود
بجویید درباغ تا این کجاست	همه باغ و گلشن چپ و دست راست
دهان و برش پر ز گوهر کنم	برین رود سازانش مهتر کنم
چو بشنید رامشگر آواز اوی	همان خوب گفتار دمساز اوی
فرود آمد از شاخ سرو سهی	همی‌رفت با رامش و فرهی
بیامد بمالید برخاک روی	بدو گفت خسرو چه مردی بگوی
بدو گفت شاهایکی بنده‌ام	به آواز تو در جهان زنده‌ام
سراسر بگفت آنچ بود از بنه	که رفت اندر آن یک دل و یک تنه

بدیدار او شاد شد شهریار	بسان گلستان به ماه بهار
به سرکش چنین گفت کای بد هنر	تو چون حنظلی بار بد چون شکر
چرا دور کردی تو او را ز من	دریغ آمدت او درین انجمن
به آواز او شاد می درکشید	همان جام یاقوت بر سرکشید
برین گونه تا سرسوی خواب کرد	دهانش پر از در خوشاب کرد
ببد بار بد شاه رامشگران	یکی نامدارای شد از مهتران
سر آمد کنون قصه‌ی بارید	مبادا که باشد تو را یار بد
از ایوان خسرو کنون داستان	بگویم که پیش آمد از راستان
جهان بر کهان و مهان بگذرد	خردمند مردم چرا غم خورد
بسی مهتر و کهتر از من گذشت	نخواهم من از خواب بیدار گشت
هماناکه شد سال بر شست و شش	نه نیکو بود مردم پیرکش
چواین نامور نامه آید ببن	زمن روی کشور شود پر سخن
ازان پس نمیرم که من زنده‌ام	که تخم سخن من پراگنده‌ام
هر آنکس که دارد هش و رای و دین	پس از مرگ بر من کند آفرین
کنون از مداین سخن نو کنم	صفتهای ایوان خسرو کنم

ساختن خسرو ایوان مداین را

چنین گفت روشن دل پارسی	که بگذاشت با کام دل چارسی
که خسرو فرستاد کسها بروم	به هند و به چین و به آباد بوم
برفتند کاری گران سه هزار	ز هر کشوری آنک بد نامدار
ازیشان هر آنکس که استاد بود	ز خشت و ز گچ بر دلش یاد بود
چو صد مرد بیرون شد از رومیان	ز ایران و اهواز وز هر میان
ازیشان دلاور گزیدند سی	ازان سی دو رومی و دو پارسی
بر خسرو آمد جهاندیده مرد	برو کار و زخم بنیاد کرد
گرانمایه رومی که بد هندسی	به گفتار بگذشت از پارسی
بدو گفت شاه این ز من درپذیر	سخن هرچ گویم ز من یادگیر

یکی جای خواهم که فرزند من	همان تا دو صدسال پیوند من
نشیند بدو در نگردد خراب	ز باران وز برف وز آفتاب
مهندس بپذیرفت ایوان شاه	بدو گفت من دارم این دستگاه
فرو برد بنیاد ده شاه رش	همان شاه رش پنج کرده برش
ز سنگ و ز گچ بود بنیاد کار	چنین باید آن کو دهد داد کار
چو دیوار ایوانش آمد به جای	بیامد به پیش جهان کدخدای
که گر شاه بیند یکی کاردان	گذشته برو سال و بسیاردان
فرستد تنی صد بدین بارگاه	پسندیده با موبد نیک‌خواه
بدو داد زان گونه مردم که خواست	برفتند و دیدند دیوار راست
بریشم بیاورد تا انجمن	بتابند باریک تابی رسن
ز بالای آن تا به داده رسن	به پیموده در پیش آن انجمن
رسن سوی گنج شهنشاه برد	ابا مهر گنجور او را سپرد
وزان پس بیامد به ایوان شاه	که دیوار ایوان برآمد به ماه
چو فرمان دهد خسرو زود یاب	نگیرم برین کار کردن شتاب
چهل روز تا کار بنشیندم	ز کاری گران شاه بگزیندم
چو هنگامه‌ی زخم ایوان بود	بلندی ایوان چو کیوان بود
بدان زخم خشمت نباید نمود	مرا نیز رنجی نباید فزود
بدو گفت خسرو که چندین زمان	چرا خواهی از من توای بدگمان
نباید که داری ازین دست باز	به آزرم بودن بیامد نیاز
بفرمود تا سی هزارش درم	بدادند تا او نباشد دژم
بدانست کاری گر راست گوی	که عیب آورد مرد دانا بروی
که گیرد بران زخم ایوان شتاب	اگر بشکند کم کند نان و آب
شب آمد بشد کارگر ناپدید	چنان شد کزان پس کس او را ندید
چو بشنید خسور که فرعان گریخت	بگوینده به رخشم فرعان بریخت
چنین گفت کان را که دانش نبود	چرا پیش ما در فزونی نمود
بفرمود تا کار او بنگرند	همه رومیان را به زندان برند
دگر گفت کاری گران آورید	گچ و خشت و سنگ گران آورید
بجستند هرکس که دیوار دید	ز بوم و بر شاه شد ناپدید
به بیچارگی دست ازان بازداشت	همی گوش و دل سوی اهواز داشت

کزان شهر کاری گر آید کسی   نماند چنان کار بی بر بسی
همی‌جست استاد آن تا سه سال   ندیدند کاریگری بی‌همال
بسی یاد کردند زان کارجوی   به سال چهارم پدید آمد اوی
یکی مرد بیدار با فرهی   به خسرو رسانید زو آگهی
هم آنگاه رومی بیامد چو گرد   بدو گفت شاه‌ای گنهکار مرد
بگو تا چه بود اندرین پوزشت   چه گفتی که پیش آمد آموزشت
چنین گفت رومی که گر شهریار   فرستد مرا با یکی استوار
بگویم بدان کاردان پوزشم   به پوزش بجا آید افروزشم
فرستاد و رفتند ز ایوان شاه   گران مایه استاد با نیک خواه
همی‌برد دانای رومی رسن   همان مرد را نیز با خویشتن
به پیمود بالای کار و برش   کم آمد ز کار از رسن هفت رش
رسن باز بردند نزدیک شاه   بگفت آنک با او بیامد به راه
چنین گفت رومی که ار زخم کار   برآورد می بر سر ای شهریار
نه دیوار ماندی نه طاق ونه کار   نه من ماندمی بر در شهریار
بدانست خسرو که او راست گفت   کسی راستی را نیارد نهفت
رها کرد هر کو به زندان بدند   بد اندیش گر بی‌گزندان بدند
مراو را یکی به دره دینار داد   به زندانیان چیز بسیار داد
بران کار شد روزگار دراز   به کردار آن شاه را بد نیاز
چوشد هفت سال آمد ایوان بجای   پسندیده‌ی خسرو پاک رای
مر او را بسی آب داد و زمین   درم داد و دینار و کرد آفرین
همی‌کرد هرکس به ایوان نگاه   به نوروز رفتی بدان جایگاه
کس اندر جهان زخم چونین ندید   نه ازکاردانان پیشین شنید
یکی حلقه زرین بدی ریخته   ازان چرخ کار اندر آویخته
فروهشته زو سرخ زنجیر زر   به هر مهره‌یی در نشانده گهر
چو رفتی شهنشاه بر تخت عاج   بیاویختندی ز زنجیر تاج
به نوروز چون برنشستی به تخت   به نزدیک او موبد نیک بخت
فروتر ز موبد مهان را بدی   بزرگان و روزی دهان را بدی
به زیر مهان جای بازاریان   بیاراستندی همه کاریان
فرومایه‌تر جای درویش بود   کجا خوردش ازکوشش خویش بود

فروتر بریده بسی دست و پای | بسی کشته افگنده در زیرجای
ز ایوان ازان پس خروشد آمدی | کز آوازها دل به جوش آمدی
که ای زیردستان شاه جهان | مباشید تیره دل و بدگمان
هر آنکس که او سوی بالا نگاه | کند گردد اندیشه او تباه
ز تخت کیان دورتر بنگرید | هر آنکس که کهتر بود بشمرید
وزان پس تن کشتگان را به راه | کزان بگذری کرد باید نگاه
وزان پس گنهگار و گر بیگناه | نماندی کسی نیز دربند شاه
به ارزانیان جامه‌ها داد نیز | ز دیبا و دینار و هرگونه چیز
هرآنکس که درویش بودی به شهر | که او را نبودی ز نوروز بهر
به درگاه ایوانش بنشاندند | در مهای گنجی بر افشاندند
پر از بیم بودی گنهکار از وی | شده مردم خفته بیدار از وی
منادیگری دیگر اندر سرای | برفتی گه بازگشتن به جای
که ای نامور پر هنر سرکشان | ز بیشی چه جویید چندین نشان
به کار اندر اندیشه باید نخست | بدان تا شود ایمن و تن درست
سگالید هر کاروزان پس کنید | دل مردم کم سخن مشکنید
بر انداخت باید پس آنگه برید | سخنهای داننده باید شنید
ببینید تا از شما ریز کیست | که بر جان بدبخت باید گریست
هرآنکس که او راه دارد نگاه | بخسپد برین گاه ایمن ز شاه
دگر هرک یازد به چیز کسان | بود چشم ما سوی آنکس رسان

گفتار درباره خسرو پرویز

کنون از بزرگی خسرو سخن | بگویم کنم تازه روز کهن
بران سان بزرگی کس اندر جهان | ندارد بیاد از کهان و مهان
هر آنکس که او دفتر شاه خواند | ز گیتیش دامن بباید فشاند
سزد گر بگویم یکی داستان | که باشد خردمند هم داستان
مبادا که گستاخ باشی به دهر | که از پای زهرش فزونست زهر

مسایچ با آز و با کینه دست ... ز منزل مکن جایگاه نشست
سرای سپنجست با راه و رو ... تو گردی کهن دیگر آرند نو
یکی اندر آید دگر بگذرد ... زمانی به منزل چمد گر چرد
چو برخیزد آواز طبل رحیل ... به خاک اندر آید سر مور وپیل
ز پرویز چون داستانی شگفت ... ز من بشنوی یاد باید گرفت
که چندی سزاواری دستگاه ... بزرگی و اورنگ و فر و سپاه
کزان بیشتر نشنوی در جهان ... اگر چند پرسی ز دانا مهان
ز توران وز هند وز چین و روم ... ز هرکشوری کان بد آباد بوم
همی باژ بردند نزدیک شاه ... به رخشنده روز و شبان سیاه
غلام و پرستنده از هر دری ... ز در و ز یاقوت و هر گوهری
ز دینار و گنجش کرانه نبود ... چنو خسرو اندر زمانه نبود
ز شاهین وز باز و پران عقاب ... ز شیر و پلنگ و نهنگ اندر آب
همه برگزیدند پیمان اوی ... چو خورشید روشن بدی جان اوی
نخستین که بنهاد گنج عروس ... ز چین و ز برطاس وز روم و روس
دگر گنج پر در خوشاب بود ... که بالاش یک تیر پرتاب بود
که خضرا نهادند نامش ردان ... همان تازیان نامور بخردان
دگر گنج باد آورش خواندند ... شمارش بکردند و در ماندند
دگر آنک نامش همی‌بشنوی ... تو گویی همه دیبه‌ی خسروی
دگر نامور گنج افراسیاب ... که کس را نبودی به خشکی و آب
دگر گنج کش خواندی سوخته ... کزان گنج بد کشور افروخته
دگر آنک بد شادورد بزرگ ... که گویند رامشگران سترگ
به زر سرخ گوهر برو بافته ... به زر اندرون رشته‌ها تافته
ز رامشگران سرکش ور بار بد ... که هرگز نگشتی به آواز بد
به مشکوی زرین ده و دوهزار ... کنیزک به کردار خرم بهار
دگر پیل بد دو هزار و دویست ... که گفتی ازان بر زمین جای نیست
فغستان چینی و پیل و سپاه ... که بر زین زرین بدی سال و ماه
دگر اسب جنگی ده و شش هزار ... دو صد بارگی کان نبد در شمار
ده و دوهز را اشتر بارکش ... عماری کش وگام زن شست وشش
که هرگز کس اندر جهان آن ندید ... نه از پیر سر کاردانان شنید

چنویی به دست یکی پیشکار / تبه شد تو تیمار و تنگی مدار
تو بی رنجی از کارها برگزین / چو خواهی که یابی بداد آفرین
که نیک و بد اندر جهان بگذرد / زمانه دم ما همی‌بشمرد
اگر تخت یابی اگر تاج و گنج / وگر چند پوینده باشی به رنج
سرانجام جای تو خاکست و خشت / جز از تخم نیکی نبایدت کشت
بدان نامور تخت و جای مهی / بزرگی و دیهیم شاهنشهی
جهاندار هم داستانی نکرد / از ایران و توران برآورد گرد
چو آن دادگر شاه بیداد گشت / ز بیدادی کهتران شادگشت
بیامد فرخ زاد آزرمگان / دژم روی با زیردستان ژکان
ز هرکس همی خواسته بستدی / همی این بران آن برین بر زدی
به نفرین شد آن آفرینهای پیش / که چون گرگ بیدادگر گشت میش
بیاراست بر خویشتن رنج نو / نکرد آرزو جز همه گنج نو
چو بی‌آب و بی‌نان و بی تن شدند / ز ایران سوی شهر دشمن شدند
هر آنکس کزان بتری یافت بهر / همی دود نفرین برآمد ز شهر
یکی بی‌هنر بود نامش گراز / کزو یافتی خواب و آرام و ناز
که بودی همیشه نگهبان روم / یکی دیو سر بود بیداد و شوم
چو شد شاه با داد بیدادگر / از ایران نخست او بپیچید سر
دگر زاد فرخ که نامی بدی / به نزدیک خسرو گرامی بدی
نیارست کس رفت نزدیک شاه / همه زاد فرخ بدی بار خواه
شهنشاه را چون پرآمد قفیز / دل زاد فرخ تبه گشت نیز
یکی گشت با سالخورده گراز / ز کشور به کشور به پیوست راز
گراز سپهبد یکی نامه کرد / به قیصر و را نیز بدکامه کرد
بدو گفت برخیز و ایران بگیر / نخستین من آیم تو را دستگیر
چو آن نامه برخواند قیصر سپاه / فراز آورید از در رزمگاه
بیاورد لشکر هم آنگه ز روم / بیامد سوی مرز آباد بوم
چو آگاه شد زان سخن شهریار / همی‌داشت آن کار دشوار خوار
بدانست کان هست کارگر از / که گفته ست با قیصر رزمساز

فریب خسرو در کار گراز و قیصر

بدان کش همی‌خواند و او چاره‌جست / همی‌داشت آن نامور شاه سست
ز پرویز ترسان بد آن بدنشان / ز درگاه او و هم ز گردنکشان
شهنشاه بنشست با مهتران / هر آنکس که بودند ز ایران سران
ز اندیشه پاک دل رابشست / فراوان زهر گونه‌یی چاره جست
چو اندیشه روشن آمد فراز / یکی نامه بنوشت نزد گراز
که از تو پسندیدم این کارکرد / ستودم تو را نزد مردان مرد
ز کردارها برفزودی فریب / سر قیصر آوردی اندر نشیب
چواین نامه آرند نزدیک تو / پراندیشه کن رای تاریک تو
همی‌باش تا من بجنبم زجای / تو با لکشر خویش بگذار پای
چو زین روی و زان روی باشد سپاه / شود در سخن رای قیصر تباه
به ایران و را دستگیر آوریم / همه رومیان را اسیر آوریم
ز درگه یکی چاره گر برگزید / سخن دان و گویا چناچون سزید
بدو گفت کاین نامه اندر نهان / همی بر بکردار کارآگهان
چنان کن که رومیت بیند کسی / بره بر سخن پرسد از تو بسی
بگیرد تو را نزد قیصر برد / گرت نزد سالار لشکر برد
بپرسد تو را کز کجایی مگوی / بگویش که من کهتری چاره‌جوی
به پیمودم این رنج راه دراز / یکی نامه دارم بسوی گراز
تواین نامه بربند بردست راست / گر ایدون که بستاند از تو رواست
برون آمد از پیش خسرو نوند / به بازو مر آن نامه را کرد بند
بیامد چو نزدیک قیصر رسید / یکی مرد به طریق او را بدید
سوی قیصرش برد سر پر ز گرد / دو رخ زرد و لبها شده لاژورد
بدو گفت قیصر که خسرو کجاست / ببایدت گفت بما راه راست
ازو خیره شد کهتر چاره جوی / ز بیمش باسخ دژم کرد روی
بجویید گفت این بلاجوی را / بداندیش و بدکام و بدگوی را

بجستند و آن نامه از دست اوی	گشاد آنک دانا بد و راه جوی
ازان مرز دانا سری را بجست	که آن پهلوانی بخواند درست
چو آن نامه برخواند مرد دبیر	رخ نامور شد به کردار قیر
به دل گفت کاین بد کمین گر از	دلیر آمدستم به دامش فراز
شهنشاه و لشکر چو سیصد هزار	کس از پیل جنگش نداند شمار
مرا خواست افگند در دام اوی	که تاریک بادا سرانجام اوی
وازن جایگه لشکر اندر کشید	شد آن آرزو بر دلش ناپدید
چو آگاهی آمد به سوی گراز	که آن نامور شد سوی روم باز
دلش گشت پر درد و رخساره زرد	سواری گزید ازدلیران مرد
یکی نامه بنوشت با باد و دم	که بر من چرا گشت قیصر دژم
از ایران چرا بازگشتی بگوی	مرا کردی اندر جهان چاره‌جوی
شهنشاه داند که من کردم این	دلش گردد از من پر از درد وکین
چو قیصر نگه کرد و آن نامه دید	ز لشکر گرانمایه‌یی برگزید
فرستاد تازان به نزد گراز	کزان ایزدت کرده‌بد بی‌نیاز
که ویران کنی تاج و گاه مرا	به آتش بسوزی سپاه مرا
کز آن نامه جز گنج دادن بباد	نیامد مرا از تو ای بد نژاد
مرا خواستی تا به خسرو دهی	که هرگز مبادت بهی و مهی
به ایران نخواهند بیگانه‌یی	نه قیصر نژادی نه فرزانه‌یی
به قیصر بسی کرد پوزش گراز	به کوشش نیامد بدامش فراز
گزین کرد خسرو پس آزاده یی	سخن گوی و دانا فرستاده یی
یکی نامه بنوشت سوی گراز	کهای بی بها ریمن دیو ساز
تو را چند خوانم برین بارگاه	همی دورمانی ز فرمان و راه
کنون آن سپاهی که نزد تواند	بسال و به ماه اور مزد تواند
برای و به دل ویژه با قیصرند	نهانی به اندیشه دیگرند
برما فرست آنک پیچیده‌اند	همه سرکشی رابسیچیده‌اند
چواین نامه آمد بنزد گراز	پر اندیشه شد کهتر دیوساز
گزین کرد زان نامداران سوار	از ایران و نیران ده و دو هزار
بدان مهتران گفت یک دل شوید	سخن گفتن هرکسی مشنوید
بباشید یک چند زین روی آب	مگیرید یک سر به رفتن شتاب

۱۸۶۵

Shahname

چو هم پشت باشید با همرهان ... یکی کوه کندن ز بن بر توان
سپه رفت تاخره‌ی اردشیر ... هر آنکس که بودند برنا و پیر
کشیدند لشکر بران رودبار ... بدان تا چه فرمان دهد شهریار
چو آگاه شد خسرو از کارشان ... نبود آرزومند دیدارشان
بفرمود تا زاد فرخ برفت ... به نزدیک آن لشکر شاه تفت
چنین بود پیغام نزد سپاه ... که از پیش بودی مرا نیک خواه
چرا راه دادی که قیصر ز روم ... بیاورد لشکر بدین مرز و بوم
که بود آنک از راه یزدان بگشت ... ز راه و ز پیمان ما برگذشت
چو پیغام خسرو شنید آن سپاه ... شد از بیم رخسار ایشان سیاه
کس آن راز پیدا نیارست کرد ... بماندند با درد و رخساره زرد
پیمبر یکی بد به دل با گراز ... همی‌داشت از آب وز باد راز
بیامد نهانی به نزدیکشان ... برافروخت جانهای تاریکشان
مترسید گفت ای بزرگان که شاه ... ندید از شما آشکارا گناه
مباشید جز یک دل و یک زبان ... مگویید کز ما که شد بدگمان
وگر شد همه زیر یک چادریم ... به مردی همه یاد هم دیگریم
همان چون شنیدند آواز اوی ... بدانست هر مهتری راز اوی
مهان یکسر از جای برخاستند ... بران هم نشان پاسخ آراستند
بر شاه شد زاد فرخ چو گرد ... سخنهای ایشان همه یاد کرد
بدو گفت رو پیش ایشان بگوی ... که اندر شما کیست آزار جوی
که به فریفتش قیصر شوم بخت ... به گنج و سلیح و به تاج و به تخت
که نزدیک ما او گنهکار شد ... هم از تاج و اورنگ بیزار شد
فرستید یک سر بدین بارگاه ... کسی راکه بودست زین سرگناه
بشد زاد فرخ بگفت این سخن ... رخ لشکر نو ز غم شد کهن
نیارست لب را گشود ایچ کس ... پر از درد و خامش بماندند و بس
سبک زاد فرخ زبان برگشاد ... همی‌کرد گفتار نا خوب یاد
کزین سان سپاهی دلیر و جوان ... نبینم کس اندر میان ناتوان
شما را چرا بیم باشد ز شاه ... به گیتی پراگنده دارد سپاه
بزرگی نبینم به درگاه اوی ... که روشن کند اختر و ماه اوی
شما خوار دارید گفتار من ... مترسید یک سر ز آزار من

به دشنام لب را گشایید باز	چه بر من چه بر شاه گردن فراز
هر آنکس که بشنید زو این سخن	بدانست کان تخت نوشد کهن
همه یکسر از جای برخاستند	به دشنام لبها بیاراستند
بشد زاد فرخ به خسرو بگفت	که لشکر همه یار گشتند و جفت
مرا بیم جانست اگر نیز شاه	فرستد به پیغام نزد سپاه
بدانست خسرو که آن کژگوی	همی آب و خون اندر آرد به جوی
ز بیم برادرش چیزی نگفت	همی‌داشت آن راستی در نهفت
که پیچیده بد رستم از شهریار	بجایی خود و تیغ زن ده هزار
دل زاده فرخ نگه داشت نیز	سپه را همه روی برگاشت نیز

رها کردن سران شیرویه را

بدانست هم زاد فرخ که شاه	ز لشکر همه زو شناسد گناه
چو آمد برون آن بد اندیش شاه	نیارست شد نیز در پیشگاه
بدر بر همی‌بود تا هرکسی	همی‌کرد زان آزمایش بسی
همی‌ساخت همواره تا آن سپاه	به پیچید یکسر ز فرمان شاه
همی‌راند با هر کسی داستان	شدند اندر آن کار همداستان
که شاهی دگر برنشیند به تخت	کزین دور شد فرو آیین و بخت
بر زاد فرخ یکی پیر بود	که برکارها کردن آژیر بود
چنین گفت بازاد فرخ که شاه	همی از تو بیند گناه سپاه
کنون تا یکی شهریاری پدید	نیاری فزون زین نباید چخید
که این بوم آباد ویران شود	از اندوه ایران چونیران شود
نگه کرد باید به فرزند اوی	کدامست با شرم و بی‌گفت و گوی
ورا شاد بر تخت باید نشاند	بران تاج دینار باید فشاند
چو شیروی بیدار مهتر پسر	به زندان بود کس نباید دگر
همی رای زد زین نشان هرکسی	برین روز و شب برنیامد بسی
که برخاست گرد سپاه تخوار	همه کارها زو گرفتند خوار

پذیره شدنش زاد فرخ به راه	فراوان برفتند با او سپاه
رسیدند پس یک بدیگر فراز	سخن رفت چند آشکارا و راز
همان زاد فرخ زبان برگشاد	بدیهای خسرو همه کرد یاد
همی‌گفت لشکر به مردی و رای	همی‌کرد خواهند شاهی بپای
سپهبد چنین داد پاسخ بدوی	که من نیستم چامه‌ی گفت وگوی
اگر با سپاه اندر آیم به جنگ	کنم بر بدان جهان جای تنگ
گرامی بد این شهریار جوان	به نزد کنارنگ و هم پهلوان
چو روز چنان مرد کرد او سیاه	مبادا که بیند کسی تاج و گاه
نژند آن زمان شد که بیداد شد	به بیدادگر بندگان شاد شد
سخنهاش چون زاد فرخ شنید	مر او را ز ایرانیان برگزید
بدو گفت کاکنون به زندان شویم	به نزدیک آن مستمندان شویم
بیاریم بی‌باک شیروی را	جوان و دلیر جهانجوی را
سپهبد نگهبان زندان اوست	کزو داشتی بیشتر مغز و پوست
ابا شش هزار آزموده سوار	همی‌دارد آن بستگان را به زار
چنین گفت با زاد فرخ تخوار	که کار سپهبد گرفتیم خوار
گرین بخت پرویز گردد جوان	نماند به ایران یکی پهلوان
مگر دار دارند گر چاه وبند	نماند به ایران کسی بی‌گزند
بگفت این و از جای برکند اسپ	همی‌تاخت برسان آذر گشسپ
سپاه اندر آورد یکسر به جنگ	سپهبد پذیره شدش بی درنگ
سر لشکر نامور گشته شد	سپهبد به جنگ اندرون کشته شد
پراگنده شد لشکر شهریار	سیه گشت روز و تبه گشت کار
به زندان تنگ اندر آمد تخوار	بدان چاره با جامه‌ی کارزار
به شیروی گردنکش آواز داد	سبک پاسخش نامور باز داد
بدانست شیروی کان سرفراز	بدانگه به زندان چرا شد فراز
چو روی تخوار او فروزان بدید	از اندوه چندان دلش بردمید
بدو گفت گریان که خسرو کجاست	رها کردن مانه کار شماست
چنین گفت با شاهزاده تخوار	که گر مردمی کام شیران مخوار
اگر تو بدین کار همداستان	نباشی تو کم گیر زین راستان
یکی کم بود شاید از شانزده	برادر بماند تو را پانزده

بشایند هرکس به شاهنشهی بدیشان بود شاد تخت مهی
فروماند شیروی گریان بجای ازان خانه‌ی تنگ بگذارد پای

غوغا کردن بر پادشاهی شیروی

همان زاد فرخ بدرگاه بر همی‌بود و کس را نداذی گذر
که آگه شدی زان سخن شهریار به درگاه بر بود چون پرده دار
چو پژمرده شد چادر آفتاب همی‌ساخت هر مهتری جای خواب
بفرمود تا پاسبانان شهر هر آنکس که از مهتری داشت بهر
برفتند یکسر سوی بارگاه بدان جای شادی و آرام شاه
بدیشان چنین گفت کامشب خروش دگرگونه‌تر کرد باید ز دوش
همه پاسبانان بنام قباد همی‌کرد باید بهر پاس یاد
چنین داد پاسخ که ای دون کنم ز سر نام پرویز بیرون کنم
چو شب چادر قیرگون کرد نو ز شهر و ز بازار برخاست غو
همه پاسبانان بنام قباد چو آواز دادند کردند یاد
شب تیره شاه جهان خفته بود چو شیرین به بالینش بر جفته بود
چو آواز آن پاسبانان شنید غمی گشت و زیشان دلش بردمید
بدو گفت شاها چه شاید بدن برین داستانی بباید زدن
از آواز او شاه بیدار شد دلش زان سخن پر ز آزار شد
به شیرین چنین گفت کای ماه روی چه داری بخواب اندرون گفت وگوی
بدو گفت شیرین که بگشای گوش خروشیدن پاسبانان نیوش
چو خسرو بدان گونه آوا شنید به رخساره شد چون گل شنبلید
چنین گفت کز شب گذشته سه پاس بیابید گفتار اخترشناس
که این بد گهر تا ز مادر بزاد نهانی و را نام کردم قباد
به آواز شیرویه گفتم همی دگر نامش اندر نهفتم همی
ورا نام شیروی بد آشکار قبادش همی‌خواند این پیشکار
شب تیره باید شدن سوی چین وگر سوی ما چین و مکران زمین

بریشان به افسون بگیریم راه	ز فغفور چینی بخواهم سپاه
ازان کاخترش به آسمان تیره بود	سخنهای او بر زمین خیره بود
شب تیره افسون نیامد به کار	همی‌آمدش کار دشوار خوار
به شیرین چنین گفت که آمد زمان	بر افسون ما چیره شد بدگمان
بدو گفت شیرین که نوشه بدی	همیشه ز تو دور دست بدی
بدانش کنون چاره‌ی خویش ساز	مبادا که آید به دشمن نیاز
چو روشن شود دشمن چاره جوی	نهد بی‌گمان سوی این کاخ روی
هم آنگه زره خواست از گنج شاه	دو شمشیر هندی و رومی کلاه
همان ترکش تیرو زرین سپر	یکی بنده‌ی گرد و پرخاشخر
شب تیره‌گون اندر آمد به باغ	بدان گه که برخیزد ازخواب زاغ
به باغ بزرگ اندر از بس درخت	نبد شاه را در چمن جای تخت
بیاویخت از شاخ زرین سپر	بجایی کزو دور بودی گذر
نشست از برنرگس و زعفران	یکی تیغ در زیر زانو گران
چو خورشید برزد سنان از فراز	سوی کاخ شد دشمن دیو ساز
یکایک بگشتند گرد سرای	تهی بد ز شاه سرافراز جای
به تاراج دادند گنج ورا	نکرد ایچ کس یاد رنج ورا
همه باز گشتنددیده پرآب	گرفته ز کار زمانه شتاب
چه جوییم ازین گنبد تیزگرد	که هرگز نیاساید از کارکرد
یک را همی تاج شاهی دهد	یکی رابه دریا به ماهی دهد
یکی را برهنه سر و پای و سفت	نه آرام و خورد و نه جای نهفت
یکی را دهد نوشه و شهد و شیر	بپوشد به دیبا و خز و حریر
سرانجام هردو به خاک اندرند	به تاریک دام هلاک اندرند
اگر خود نزادی خردمند مرد	نبودی ورا روز ننگ و نبرد
ندیدی جهان از بنه به بدی	اگر که بدی مرد اگر مه بدی
کنون رنج در کار خسرو بریم	بخواننده آگاهی نوبریم

گرفتار شدن خسرو

همی‌بود خسرو بران مرغزار / درخت بلند ازبرش سایه دار
چو بگذشت نیمی ز روز دراز / بنان آمد آن پادشا رانیاز
به باغ اندرون بد یکی پایکار / که نشناختی چهره‌ی شهریار
پرستنده راگفت خورشید فش / که شاخی گهر زین کمر بازکش
بران شاخ برمهره‌ی زر پنج / ز هرگونه مهره بسی برده رنج
چنین گفت با باغبان شهریار / که این مهره‌ها تا کت آید به کار
به بازار شو بهره‌یی گوشت خر / دگر نان و بی‌راه جایی گذر
مرآن گوهران را بها سی هزار / درم بد کسی را که بودی به کار
سوی نانبا شد سبک باغبان / بدان شاخ زرین ازو خواست نان
بدو نانوا گفت کاین رابها / ندانم نیارمت کردن رها
ببردند هر دو به گوهر فروش / که این را بها کن بدانش بکوش
چو داننده آن مهره‌ها رابدید / بدو گفت کاین را که یارد خرید
چنین شاخ در گنج خسرو بدی / برین گونه هر سال صد نوبدی
تو این گوهران از که دزدیده‌ای / گر از بنده خفته ببریده‌ای
سوی زاد فرخ شدند آن سه مرد / ابا گوهر و زر و با کارکرد
چو آن گوهران زاد فرخ بدید / سوی شهریار نو اندر کشید
به شیروی بنمود زان سان گهر / بریده یکی شاخ زرین کمر
چنین گفت شیروی با باغبان / که گر زین خداوند گوهر نشان
نگویی هم اکنون ببرم سرت / همان را که او باشد از گوهرت
بدو گفت شاها به باغ اندرست / زره پوش مردی کمانی بدست
ببالا چو سرو و به رخ چون بهار / بهر چیز مانند‌ه‌ی شهریار
سراسر همه باغ زو روشنست / چو خورشید تابنده در جوشنست
فروهشته از شاخ زرین سپر / یکی بنده در پیش او با کمر
برید این چنین شاخ گوهر ازوی / مراداد و گفتا کز ایدر بپوی

ز بازار نان آور و نان خورش	هم اکنون برفتم چو باد از برش
بدانست شیروی کو خسروست	که دیدار او در زمانه نوست
ز درگاه رفتند سیصد سوار	چو باد دمان تا لب جویبار
چو خسرو ز دور آن سپه را بدید	به پژمرد و شمشیر کین برکشید
چو روی شهنشاه دید آن سپاه	همه باز گشتند گریان ز راه
یکایک بر زاد فرخ شدند	بسی هر کسی داستانی زدند
که ما بندگانیم و او خسروست	بدان شاه روز بد اکنون نوست
نیارد برو زد کسی باد سرد	چه در باغ باشد چه اندر نبرد
بشد زاد فرخ به نزدیک شاه	ز درگاه او برد چندی سپاه
چو نزدیک او رفت تنها ببود	فراوان سخن گفت و خسرو شنود
بدو گفت اگر شاه بارم دهد	برین کرده‌ها زینهارم دهد
بیایم بگویم سخن هرچ هست	وگرنه بپویم به سوی نشست
بدو گفت خسرو چه گفتی بگوی	نه انده گساری نه پیکارجوی
چنین گفت پس مرد گویا به شاه	که درکار هشیاتر کن نگاه
بران نه که کشتی تو جنگی هزار	سرانجام سیرآیی از کارزار
همه شهر ایران تو را دشمنند	به پیکار تو یک دل و یک تنند
بپا تا چه خواهد نمودن سپهر	مگر کینها بازگردد به مهر
بدو گفت خسرو که آری رواست	همه بیمم از مردم ناسزاست
که پیش من آیند و خواری کنند	بیم بر مگر کامگاری کنند
چو بشنید از زاد فرخ سخن	دلش بد شد از روزگار کهن
که او را ستاره شمر گفته بود	ز گفتار ایشان برآشفته بود
که مرگ توباشد میان دو کوه	بدست یکی بنده دور از گروه
یکی کوه زرین یکی کوه سیم	نشسته تو اندر میان دل به بیم
ز بر آسمان تو زرین بود	زمین آهنین بخت پرکین بود
کنون این زره چون زمین منست	سپر آسمان زرین منست
دو کوه این دو گنج نهاده به باغ	کزین گنجها بد دلم چون چراغ
همانا سرآمد کنون روز من	کجا اختر گیتی افروز من
کجا آن همه کام و آرام من	که بر تاجها بر بدی نام من
ببردند پیلی به نزدیک اوی	پر از درد شد جان تاریک اوی

بران کوه‌ی پیل بنشست شاه	ز باغش بیاورد لشکر به راه
چنین گفت زان پیل بر پهلوی	که ای گنج اگر دشمن خسروی
مکن دوستی نیز با دشمنم	که امروز در دست آهرمنم
به سختی نبودیم فریادرس	نهان باش و منمای رویت بکس
به دستور فرمود زان پس قباد	کزو هیچ بر بد مکن نیز یاد
بگو تاسوی طیسفونش برند	بدان خانه‌ی رهنمونش برند
بباشد به آرام ما روز چند	نباید نماید کس او را گزند
برو بر موکل کنند استوار	گلینوش را با سواری هزار
چو گردنده گردون به سر بر بگشت	شد آن شاه را سال بر سی و هشت
کجا ماه آذر بدی روز دی	گه آتش و مرغ بریان و می
قباد آمد و تاج بر سر نهاد	به آرام بر تخت بنشست شاد
ز ایران بر و کرد بیعت سپاه	درم داد یک ساله از گنج شاه
نبد پادشاهیش جز هفت ماه	تو خواهیش ناچیز خوان خواه شاه
چنین است رسم سرای جفا	نباید کزو چشم داری وفا

پادشاهی قباد مشهور بشیرویه

Educational Code: RPI-OT-001

پادشاهی شیرویه

چو شیروی بنشست برتخت ناز	به سر برنهاد آن کیی تاج آز
برفتند گوینده ایرانیان	برو خواندند آفرین کیان
همی‌گفت هریک به بانگ بلند	که ای پر هنر خسرو ارجمند
چنان هم که یزدان تو را داد تاج	نشستی به آرام بر تخت عاج
بماناد گیتی به فرزند تو	چنین هم به خویشان و پیوند تو
چنین داد پاسخ بدیشان قباد	که همواره پیروز باشید و شاد
نباشیم تا جاودان بد کنش	چه نیکو بود داد باخوش منش
جهان را بداریم با ایمنی	ببریم کردار آهرمنی
ز بایسته‌تر کار پیشی مرا	که افزون بود فرو خویشی مرا
پیامی فرستم به نزد پدر	بگویم بدو این سخن در به در
ز ناخوب کاری که او را ندست	برین گونه کاری به پیش آمدست
به یزدان کند پوزش او از گناه	گراینده گردد به آیین و راه
بپردازم آن گه به کار جهان	بکوشم به داد آشکار و نهان
به جای نکوکار نیکی کنیم	دل مرد درویش رانشکنیم
دوتن بایدم راد و نیکوسخن	کجا یاد دارم کارکهن
بدان انجمن گفت کاین کارکیست	ز ایرانیان پاک و بیدار کیست
نمودند گردان سراسر به چشم	دو استاد را گر نگیرند خشم
بدانست شیر وی که ایرانیان	کر ابر گزینند پاک از میان
چو اشتاد و خراد برزین پیر	دو دانا و گوینده و یادگیر
بدیشان چنین گفت کای بخردان	جهاندیده و کارکرده ردان
مدارید کار جهان را به رنج	که از رنج یابد سرافراز گنج
دو داننده بی‌کام برخاستند	پر از آب مژگان بیاراستند
چو خراد بر زین و اشتاگشسپ	به فرمان نشستند هر دو بر اسپ
بدیشان چنین گفت کز دل کنون	به باید گرفتن ره طیسفون

پیامی رسانید نزد پدر	سخن یادگیری همه در بدر
بگویی که ما رانبد این گناه	نه ایرانیان رابد این دستگاه
که بادا فره‌ی ایزدی یافتی	چو از نیکوی روی بر تافتی
یکی آنک ناباک خون پدر	نریزد ز تن پاک زاده پسر
نباشد همان نیز هم داستان	که پیشش کسی گوید این داستان
دگر آنک گیتی پر از گنج تست	رسیده بهر کشوری رنج تست
نبودی بدین نیز هم داستان	پر از درد کردی دل راستان
سدیگر که چندان دلیر و سوار	که بود اندر ایران همه نامدار
نبودند شادان ز فرزند خویش	ز بوم و برو پاک پیوند خویش
یکی سوی چین بد یکی سوی روم	پراگنده گشته بهر مرز و بوم
دگر آنک قیصر بجای تو کرد	ز هر گونه از تو چه تیمار خورد
سپه داد و دختر تو را داد نیز	همان گنج و با گنج بسیار چیز
همی‌خواست دار مسیحا بروم	بدان تا شود خرم آباد بوم
به گنج تو از دار عیسی چه سود	که قیصر به خوبی همی شاد بود
ز بیچارگان خواسته بستدی	ز نفرین بروی تو آمد بدی
ز یزدان شناس آنچ آمدت پیش	بر اندیش زان زشت کردار خویش
بدان بد که کردی بهانه منم	سخن را نخست آستانه منم
به یزدان که از من نبد این گناه	نجستم که ویران شود گاه شاه
کنون پوزش این همه بازجوی	بدین نامداران ایران بگوی
ز هر بد که کردی به یزدان گرای	کجا هست بر نیکوی رهنمای
مگر مر تو را او بود دستگیر	بدین رنجهایی که بودت گزیر
دگر آنک فرزند بودت دو هشت	شب و روز ایشان به زندان گذشت
بدر بر کسی ایمن از تو نخفت	ز بیم تو بگذاشتندی نهفت
چو بشنید پیغام او این دو مرد	برفتند دلها پر از داغ و درد
برین گونه تا کشور طیسفون	همه دیده پرآب و دل پر ز خون
نشسته بدر بر گلینوش بود	که گفتی زمین زو پر از جوش بود
همه لشکرش یک سر آراسته	کشیده همه تیغ و پیراسته
ابا جوشن و خود بسته میان	همان تازی اسپان ببر گستوان
به جنگ اندرون گرز پولاد داشت	همه دل پر از آتش و باد داشت

۱۸۷۷

چو خراد به رزین و اشتاگشسپ / فرود آمدند این دو دانا ازاسپ
گلینوش بر پای جست آن زمان / ز دیدار ایشان به بد شادمان
بجایی که بایست بنشاندشان / همی مهتر نامور خواندشان
سخن گوی خراد به رزین نخست / زبان را به آب دلیری بشست
گلینوش را گفت فرخ قباد / به آرام تاج کیان برنهاد
به ایران و توران و روم آگهیست / که شیروی بر تخت شاهنشهیست
تواین جوشن و خود و گبر و کمان / چه داری همی کیستت بد گمان
گلینوش گفت ای جهاندیده مرد / به کام تو بادا همه کارکرد
که تیمار بردی ز نازک تنم / کجا آهنین بود پیراهنم
برین مهر بر آفرین خوانمت / سزایی که گوهر برافشانمت
نباشد به جز خوب گفتار تو / که خورشید بادا نگهدار تو
به کاری کجا آمدستی بگوی / پس آنگه سخنهای من بازجوی
چنین داد پاسخ که فرخ قباد / به خسرو مرا چند پیغام داد
اگر باز خواهی بگویم همه / پیام جهاندار شاه رمه
گلینوش گفت این گرانمایه مرد / که داند سخنها همه یاد کرد
ز لیکن مرا شاه ایران قباد / بسی اندرین پند و اندرز داد
که همداستانی مکن روز و شب / که کس پیش خسرو گشاید دو لب
مگر آنک گفتار او بشنوی / اگرپارسی گوید ار پهلوی
چنین گفت اشتاد کای شادکام / من اندر نهانی ندارم پیام
پیامیست کان تیغ بار آورد / سر سرکشان در کنار آورد
تو اکنون ز خسرو برین بارخواه / بدان تا بگویم پیامش ز شاه
گلینوش بشنید و بر پای جست / همه بندها رابهم برشکست
بر شاه شد دست کرده بکش / چنا چون بباید پرستار فش
بدو گفت شاها انوشه بدی / مبادا دل تو نژند از بدی
چو اشتاد و خراد به رزین به شاه / پیام آوریدند زان بارگاه
بخندید خسرو به آواز گفت / که این رای تو با خرد نیست جفت
گرو شهریارست پس من کیم / درین تنگ زندان ز بهر چیم
که از من همی بار بایدت خواست / اگر کژ گویی اگر راه راست
بیامد گلینوش نزد گوان / بگفت این سخن گفتن پهلوان

کنون دست کرده بکش در شوید	بگویید و گفتار او بشنوید
دو مرد خردمند و پاکیزه‌گوی	به دستار چینی بپوشید روی
چو دیدند بردند پیشش نماز	ببودند هر دو زمانی دراز
جهاندار بر شاد و رد بزرگ	نوشته همه پیکرش میش و گرگ
همان زر و گوهر برو بافته	سراسر یک اندر دگر تافته
نهالیش در زیر دیبای زرد	پس پشت او مسند لاژورد
بهی تناور گرفته بدست	دژم خفته بر جایگاه نشست
چو دید آن دو مرد گرانمایه را	به دانایی اندر سرمایه را
از آن خفتگی خویشتن کرد راست	جهان آفریننده را یار خواست
به بالین نهاد آن گرامی بهی	بدان تا بپرسید ز هر دو رهی
بهی زان دو بالش به نرمی بگشت	بی‌آزار گردان ز مرقد گذشت
بدین گونه تا شاد ورد مهین	همی‌گشت تاشد به روی زمین
به پویید اشتاد و آن برگرفت	به مالیدش از خاک و بر سر گرفت
جهاندار از اشتاد برگاشت روی	بدان تا ندید از بهی رنگ و بوی
بهی رانهادند بر شاد ورد	همی‌بود برپای پیش این دو مرد
پر اندیشه شد نامدار از بهی	ندید اندر و هیچ فال بهی
همانگه سوی آسمان کرد روی	چنین گفت کای داور راست گوی
که برگیرد آن راکه تو افگنی	که پیوندد آن را که تو بشکنی
چو از دوده‌ام بخت روشن بگشت	غم آورد چون روشنایی گذشت
به اشتاد گفت آنچ داری پیام	ازان بی منش کودک زشت کام
وزان بد سگالان که بی‌دانشند	ز بی دانشی ویژه بی رامش‌اند
همان زان سپاه پراگندگان	پر اندیشه و تیره دل بندگان
بخواهد شدن بخت زین دودمان	نماند درین تخمه‌ی کس شادمان
سوی ناسزایان شود تاج وتخت	تبه گردد این خسروانی درخت
نماند بزرگی به فرزند من	نه بر دوده و خویش و پیوند من
همه دوستان ویژه دشمن شوند	بدین دوده بد گوی و بد تن شوند
نهان آشکارا به کرد این بهی	که بی توشود تخت شاهی تهی
سخن هرچ بشنیدی اکنون بگوی	پیامش مرا کمتر از آب جوی

پاسخ خسرو مر شیرویه را

گشادند گویا زبان این دو مرد	برآورد پیچان یکی باد سرد
بدان نامور گفت پاسخ شنو	یکایک ببر سوی سالار نو
به گویش که زشت کسان را مجوی	جز آن را که برتابی از ننگ روی
سخن هرچ گفتی نه گفتارتست	مماناد گویا زبانت درست
مگو آنچ بدخواه تو بشنود	ز گفتار بیهوده شادان شود
بدان گاه چندان نداری خرد	که مغزت بدانش خرد پرورد
به گفتار بی‌بر چو نیرو کنی	روان و خرد را پر آهو کنی
کسی کو گنهکار خواند تو را	از آن پس جهاندار خواند تو را
نباید که یابد بر تو نشست	بگیرد کم و بیش چیزی بدست
میندیش زین پس برین سان پیام	که دشمن شود بر تو بر شادکام
به یزدان مرا کار پیراستست	نهاده بران گیتی‌ام خواستست
بدین جستن عیبهای دروغ	به نزد بزرگان نگیری فروغ
بیارم کنون پاسخ این همه	بدان تا بگویید پیش رمه
پس از مرگ من یادگاری بود	سخن گفتن راست یاری بود
چو پیدا کنم بر تو انبوه رنج	بدانی که از رنج ماخاست گنج
نخستین که گفتی ز هرمز سخن	به بیهوده از آرزوی کهن
ز گفتار بدگوی ما را پدر	برآشفت و شد کار زیر و زبر
از اندیشه او چو آگه شدیم	از ایران شب تیره بی ره شدیم
هما راه جستیم و بگریختیم	به دام بلا بر نیاویختیم
از اندیشه‌ی او گناهم نبود	جز از جستن او شاه را هم نبود
شنیدم که بر شاه من بد رسید	ز بردع برفتم چو گوش آن شنید
گنهکار بهرام خود با سپاه	بیاراست در پیش من رزمگاه
ازو نیز بگریختم روز جنگ	بدان تا نیایم من او را به چنگ
ازان پس دگر باره باز آمدم	دلاور به جنگش فراز آمدم

۱۸۸۰

نه پرخاش بهرام یکباره بود	جهانی بران جنگ نظاره بود
به فرمان یزدان نیکی فزای	که اویست بر نیک و بد رهنمای
چو ایران و توران به آرام گشت	همه کار بهرام ناکام گشت
چو از جنگ چوبینه پرداختم	نخستین بکین پدر تاختم
چو بند وی و گستهم خالان بدند	به هر کشوری بی‌همالان بدند
فدا کرده جان را همی پیش من	به دل هم زبان و به تن خویش من
چو خون پدر بود و درد جگر	نکردیم سستی به خون پدر
بریدیم بند وی را دست و پای	کجا کرد بر شاه تاریک جای
چو گستهم شد در جهان ناپدید	ز گیتی یکی گوشه‌یی برگزید
به فرمان ما ناگهان کشته شد	سر و رای خونخوارگان گشته شد
دگر آنک گفتی تو از کار خویش	از آن تنگ زندان و بازار خویش
بد آن تا ز فرزند من کار بد	نیاید کزان بر سرش بد رسد
به زندان نبد بر شما تنگ و بند	همان زخم خواری و بیم گزند
بدان روزتان خوار نگذاشتم	همه گنج پیش شما داشتم
بر آیین شاهان پیشین بدیم	نه بیکار و بر دیگر آیین بدیم
ز نخچیر و ز گوی و رامشگران	ز کاری که اندر خور مهتران
شمارا به چیزی نبودی نیاز	ز دینار وز گوهر و یوز و باز
یکی کاخ بد کرده زندانش نام	همی زیستی اندرو شادکام
همان نیز گفتار اخترشناس	که ما را همی از تو دادی هراس
که از تو بد آید بدین سان که هست	نینداختم اخترت را زدست
وزان پس نهادیم مهری بر وی	به شیرین سپردیم زان گفت و گوی
چو شاهیم شد سال بر سی و شش	میان چنان روزگاران خوش
تو داری بیاد این سخن بی‌گمان	اگر چند بگذشت بر ما زمان
مرا نامه آمد ز هندوستان	بدم من بدان نیز همداستان
ز رای برین نزد مانامه بود	گهر بود و هر گونه‌یی جامه بود
یکی تیغ هندی و پیل سپید	جزین هرچ بودم به گیتی امید
ابا تیغ دیبای زربفت پنج	ز هر گونه‌یی اندرو برده رنج
سوی تو یکی نامه بد بر پرند	نوشته چو من دیدم از خط هند
بخواندم یکی مرد هندی دبیر	سخنگوی و داننده و یادگیر

۱۸۸۱

چو آن نامه را او به من بر بخواند / پر از آب دیده همی‌سرفشاند
بدان نامه در بد که شادان بزی / که با تاج زر خسروی را سزی
که چون ماه آذر بد و روز دی / جهان را تو باشی جهاندار کی
شده پادشاهی پدر سی و هشت / ستاره برین گونه خواهد گذشت
درخشان شود روزگار بهی / که تاج بزرگی به سر برنهی
مرا آن زمان این سخن بد درست / ز دل مهربانی نبایست شست
من آگاه بودم که از بخت تو / ز کار درخشیدن تخت تو
نباشد مرا بهره جز درد و رنج / تو را گردد این تخت شاهی وگنج
ز بخشایش و دین و پیوند و مهر / نکردم دژم هیچ‌زان نامه چهر
به شیرین سپردم چو برخواندم / ز هر گونه اندیشه‌ها را ندم
بر اوست با اختر تو بهم / نداند کسی زان سخن بیش و کم
گر ای دون که خواهی که بینی به خواه / اگر خود کنی بیش و کم را نگاه
برانم که بینی پشیمان شوی / وزین کرده‌ها سوی درمان شوی
دگر آنک گفتی ز زندان و بند / گر آمد ز ما برکسی برگزند
چنین بود تا بود کارجهان / بزرگان و شاهان و رای مهان
اگر تو ندانی به موبد بگوی / کند زین سخن مر تو را تازه روی
که هرکس که او دشمن ایزدست / ورا در جهان زندگانی بدست
به زندان ما ویژه دیوان بدند / که نیکان ازیشان غریوان بدند
چو ما را نبد پیشه خون ریختن / بدان کار تنگ اندر آویختن
بدان را به زندان همی‌داشتم / گزند کسان خوار نگذاشتم
بسی گفت هرکس که آن دشمنند / ز تخم بدانند و آهرمنند
چو اندیشه ایزدی داشتیم / سخنها همی‌خوار بگذاشتیم
کنون من شنیدم که کردی رها / مرد آن را که بد بتر از اژدها
ازین بد گنهکار ایزد شدی / به گفتار و کردارها بد شدی
چو مهتر شدی کار هشیار کن / ندانی تو داننده را یار کن
مبخشای بر هر که رنجست زوی / اگر چند امید گنجست زوی
بر آنکس کزو در جهان جزگزند / نبینی مر او را چه کمتر ز بند
دگر آنک از خواسته گفته‌ای / خردمندی و رای بنهفته‌ای
ز کس مانجستیم جز باژ و ساو / هر آنکس که او داشت با باژ تاو

ز یزدان پذیرفتم آن تاج و تخت فراوان کشیدم ازان رنج سخت
جهان آفرین داور داد وراست همی روزگاری دگرگونه خواست
نیم دژمنش نیز درخواست او فزونی نجوییم درکاست او
به جستیم خشنودی دادگر ز بخشش ندیدم بکوشش گذر
چو پرسد ز من کردگار جهان بگویم بو آشکار و نهان
بپرسد که او از توداناترست بهر نیک و بد بر تواناترست
همین پرگناهان که پیش تواند نه تیماردار و نه خویش تواند
ز من هرچ گویند زین پس همان شوند این گره بر تو بر بد گمان
همه بنده‌ی سیم و زرند و بس کسی را نباشند فریادرس
ازیشان تو را دل پر آسایش است گناه مرا جای پالایش است
نگنجد تو را این سخن در خرد نه زین بد که گفتی کسی برخورد
ولیکن من از بهر خود کامه را که برخواند آن پهلوی نامه را
همان در جهان یادگاری بود خردمند را غمگساری بود
پس از ماهر آنکس که گفتار ما بخوانند دانند بازار ما
ز برطاس وز چین سپه راندیم سپهبد بهر جای بنشاندیم
ببردیم بر دشمنان تاختن نیارست کس گردن افراختن
چو دشمن ز گیتی پراگنده شد همه گنج ما یک سر آگنده شد
همه بوم شد نزد ما کارگر ز دریا کشیدند چندان گهر
که ملاح گشت از کشیدن ستوه مرا بود هامون و دریا و کوه
چو گنج در مها پراگنده شد ز دینار نو به دره آگنده شد
ز یاقوت وز گوهر شاهوار همان آلت و جامه‌ی زرنگار
چو دیهیم ما بیست وشش ساله گشت ز هر گوهری گنجها ماله گشت
درم را یکی میخ نو ساختم سوی شادی و مهتری آختم
بدان سال تا باژ جستم شمار چوشد باژ دینار بر صد هزار
پراگنده افگند پند او سی همه چرم پند او سی پارسی
بهر به دره‌یی در ده و دو هزار پراگنده دینار بد شاهوار
جز از باژ و دینار هندوستان جز از کشور روم و جا دوستان
جز از باژ وز ساو هر کشوری ز هر نامداری و هر مهتری
جز از رسم و آیین نوروز و مهر از اسپان وز بنده‌ی خوب چهر

جز از جوشن و خود و گوپال و تیغ
ز ما این نبودی کسی را دریغ

جز از مشک و کافور و خز و سمور
سیاه و سپید و ز کیمال بور

هران کس که ما را بدی زیردست
چنین باژها بر هیونان مست

همی‌تاختند به درگاه ما
نپیچید گردن کس از راه ما

ز هر در فراوان کشیدیم رنج
بدان تا بیا گند زین گونه گنج

دگر گنج خضرا و گنج عروس
کجا داشتیم از پی روز بوس

فراوان ز نامش سخن را ندیم
سرانجام باد آورش خواندیم

چنین بیست و شش سال تا سی و هشت
به جز به آرزو چرخ بر ما نگشت

همه مهتران خود تن آسان بدند
بد اندیش یک سر هراسان بدند

همان چون شنیدم ز فرمان تو
جهان را بد آمد ز پیمان تو

نماند کس اندر جهان رامشی
نباید گزیدن به جز خامشی

همی‌کرد خواهی جهان پرگزند
پراز درد کاری و ناسودمند

همان پرگزندان که نزد تواند
که تیره شبان اور مزد تواند

همی‌داد خواهند تختت بباد
بدان تا نباشی به گیتی تو شاد

چو بودی خردمند نزدیک تو
که روشن شدی جان تاریک تو

به دادن نبودی کسی رازیان
که گنجی رسیدی به ارزانیان

ایا پور کم روز و اندک خرد
روانت ز اندیشه رامش برد

چنان دان که این گنج من پشت تست
زمانه کنون پاک در مشت تست

هم آرایش پادشاهی بود
جهان بی‌درم در تباهی بود

شود بی‌درم شاه بیدادگر
تهی دست را نیست هوش و هنر

به بخشش نباشد ورا دستگاه
بزرگان فسوسیش خوانند شاه

ار ای دون که از تو به دشمن رسد
همی بت بدست بر همن رسد

ز یزدان پرستنده بیزار گشت
ورا نام و آواز تو خوار گشت

چو بی‌گنج باشی نپاید سپاه
تو را زیردستان نخوانند شاه

سگ آن به که خواهنده‌ی نان بود
چو سیرش کنی دشمن جان بود

دگر آنک گفتی ز کار سپاه
که در بو مهاشان نشاندم به راه

ز بی‌دانشی این نباید پسند
ندانی همی راه سود از گزند

چنین است پاسخ که از رنج من
فراز آمد این نامور گنج من

ز بیگانگان شهرها بستدم
همه دشمنان را به هم بر زدم

بدان تا به آرام برتخت ناز — نشینیم بی‌رنج و گرم و گداز
سواران پراگنده کردم به مرز — پدید آمد اکنون ز ناارز ارز
چو از هر سوی بازخوانی سپاه — گشاده ببیند بد اندیش راه
که ایران چو باغیست خرم بهار — شکفته همیشه گل کامگار
پراز نرگس و نار و سیب و بهی — چو پالیز گردد ز مردم تهی
سپر غم یکایک ز بن برکنند — همه شاخ نارو بهی بشکنند
سپاه و سلیحست دیوار اوی — به پرچینش بر نیزه‌ها خار اوی
اگر بفگنی خیره دیوار باغ — چه باغ و چه دشت و چه دریاچه راغ
نگر تا تو دیوار او نفگنی — دل و پشت ایرانیان نشکنی
کزان پس بود غارت و تاختن — خروش سواران و کین آختن
زن و کودک و بوم ایرانیان — به اندیشه‌ی بد منه در میان
چو سالی چنین بر تو بر بگذرد — خردمند خواند تو را بی‌خرد
من ای دون شنیدم کجا تو مهی — همه مردم ناسزا رادهی
چنان دان که نوشین روان قباد — به اندرز این کرد در نامه یاد
که هرکو سلیحش به دشمن دهد — همی خویشتن را به کشتن دهد
که چون بازخواهد کش آید به کار — بداندیش با او کند کارزار
دگر آنک دادی ز قیصر پیام — مرا خواندی دو دل و خویش کام
سخنها نه از یادگار تو بود — که گفتار آموزگار تو بود
وفا کردن او و از ما جفا — تو خود کی شناسی جفا از وفا
بدان پاسخش ای بد کم خرد — نگویم جزین نیز که اندر خورد
تو دعوی کنی هم تو باشی گوا — چنین مرد بخرد ندارد روا
چو قیصر ز گرد بلا رخ بشست — به مردی چو پرویز داماد جست
هر آنکس که گیتی ببد نسپرد — به مغز اندرون باشد او را خرد
بدانم که بهرام بسته میان — ابا او یکی گشته ایرانیان
به رومی سپاهی نشاید شکست — نساید روان ریگ با کوه دست
بدان رزم یزدان مرا یاربود — سپاه جهان نزد من خوار بود
شنیدند ایرانیان آنچ بود — تو را نیز زیشان بباید شنود
مرا نیز چیزی که بایست کرد — به جای نیاطوس روز نبرد
ز خوبی و از مردمی کرده‌ام — به پاداش او روز بشمرده‌ام

بگوید تو را زاد فرخ همین	جهان را به چشم جوانی مبین
گشسپ آنک بد نیز گنجور ما	همان موبد پاک دستور ما
که از گنج ما به دره بد صد هزار	که دادم بدان رومیان یادگار
نیاطوس را مهره دادم هزار	ز یاقوت سرخ از در گوشوار
کجا سنگ هر مهره‌یی بد هزار	ز مثقال گنجی چو کردم شمار
همان در خوشاب بگزیده صد	درو مرد دانا ندید ایچ بد
که هرحقه‌یی را چو پنجه هزار	به دادی درم مرد گوهر شمار
صد اسپ گرانمایه پنجه به زین	همه کرده از آخر ما گزین
دگر ویژه با جل دیبه بدند	که در دشت با باد همره بدند
به نزدیک قیصر فرستادم این	پس از خواسته خواندمش آفرین
ز دار مسیحا که گفتی سخن	به گنج اندر افگنده چوبی کهن
نبد زان مرا هیچ سود و زیان	ز ترسا شنیدی تو آواز آن
شگفت آمدم زانک چون قیصری	سر افراز مردی و نام آوری
همه گرد بر گرد او بخردان	همش فیلسوفان و هم موبدان
که یزدان چرا خواند آن کشته را	گرین خشک چوب وتبه گشته را
گر آن دار بیکار یزدان بدی	سرمایه‌ی اور مزد آن بدی
برفتی خود از گنج ما ناگهان	مسیحا شد او نیستی در جهان
دگر آنک گفتی که پوزش بگوی	کنون توبه کن راه یزدان بجوی
ورا پاسخ آن بد که ریزنده باد	زبان و دل و دست و پای قباد
مرا تاج یزدان به سر برنهاد	پذیرفتم و بودم از تاج شاد
بپردان سپردیم چون بازخواست	ندانم زبان در دهانت چراست
به یزدان بگویم نه با کودکی	که نشناسد او بد ز نیک اندکی
همه کار یزدان پسندیده‌ام	همان شور و تلخی بسی دیده‌ام
مرا بود شاهی سی و هشت سال	کس از شهر یاران نبودم همال
کسی کاین جهان داد دیگر دهد	نه بر من سپاسی همی‌برنهد
برین پادشاهی کنم آفرین	که آباد بادا به دانا زمین
چو یزدان بود یار و فریادرس	نیازد به نفرین ما هیچ‌کس
بدان کودک زشت و نادان بگوی	که ما را کنون تیره گشت آب روی
که پدرود بادی تو تا جاودان	سر و کار ما باد با به خردان

شما ای گرامی فرستادگان	سخن گوی و پر مایه آزادگان
ز من هر دو پدرود باشید نیز	سخن جز شنیده مگویید چیز
کنم آفرین بر جهان سر به سر	که او را ندیدم مگر برگذر
بمیرد کسی کو ز مادر بزاد	ز کیخسرو آغاز تا کی قباد
چو هوشنگ و تهمورس و جمشید	کزیشان بدی جای بیم وامید
که دیو و دد و دام فرمانش برد	چو روشن سرآمد برفت و بمرد
فریدون فرخ که او از جهان	بدی دور کرد آشکار و نهان
ز بد دست ضحاک تازی ببست	به مردی زچنگ زمانه نجست
چو آرش که بردی به فرسنگ تیر	چو پیروزگر قارن شیرگیر
قباد آنک آمد ز البرز کوه	به مردی جهاندار شد با گروه
که از آبگینه همی خانه کرد	وزان خانه گیتی پر افسانه کرد
همه در خوشاب بد پیکرش	ز یاقوت رخشنده بودی درش
سیاوش همان نامدار هژیر	که کشتش به روز جوانی دبیر
کجا گنگ دژ کرد جایی به رنج	وزان رنج برده ندید ایچ گنج
کجا رستم زال و اسفندیار	کزیشان سخن ماندمان یادگار
چو گودرز و هفتاد پور گزین	سواران میدان و شیران کین
چو گشتاسپ شاهی که دین بهی	پذیرفت و زو تازه شد فرهی
چو جاماسپ کاندر شمار سپهر	فروزنده‌تر بد ز گردنده مهر
شدند آن بزرگان و دانندگان	سواران جنگی و مردانگان
که اندر هنر این ازان به بدی	به سال آن یکی از دگر مه بدی
به پرداختند این جهان فراخ	بماندند میدان و ایوان و کاخ
ز شاهان مرا نیز همتانبود	اگر سال را چند بالا نبود
جهان را سپردم به نیک و به بد	نه آن را که روزی به من بد رسد
بسی راه دشوار بگذاشتیم	بسی دشمن از پیش برداشتیم
همه بومها پر ز گنج منست	کجا آب و خاکست رنج منست
چو زین گونه بر من سرآید جهان	همی تیره گردد امید مهان
نماند به فرزند من نیز تخت	بگردد ز تخت و سرآیدش بخت
فرشته بیاید یکی جان ستان	بگویم بدو جانم آسان ستان

گذشتن چو بر چینود پل بود	به زیر پی اندر همه گل بود
به توبه دل راست روشن کنیم	بی‌آزاری خویش جوشن کنیم
درستست گفتار فرزانگان	جهاندیده و پاک دانندگان
که چون بخت بیدار گیرد نشیب	ز هر گونه‌یی دید باید نهیب
چو روز بهی بر کسی بگذرد	اگر باز خواند ندارد خرد
پیام من اینست سوی جهان	به نزد کهان و به نزد مهان
شما نیز پدرود باشید و شاد	ز من نیز بر بد مگیرید یاد
چو اشتاد و خراد به رزین گو	شنیدند پیغام آن پیش رو
به پیکان دل هر دو دانا بخست	به سر بر زدند آن زمان هر دو دست
ز گفتار هر دو پشیمان شدند	به رخسارگان بر تپنچه زدند
ببر بر همه جامشان چاک بود	سر هر دو دانا پر از خاک بود
برفتند گریان ز پیشش به در	پر از درد جان و پراندوه سر
به نزدیک شیرویه رفت این دو مرد	پر آژنگ رخسار و دل پر ز درد
یکایک بدادند پیغام شاه	به شیروی بی‌مغز و بی‌دستگاه

رای زدن قباد با بزرگان درباره خسرو

چو بشنید شیروی بگریست سخت	دلش گشت ترسان ازان تاج و تخت
چوازپیش برخاستند آن گروه	که او راهمی‌داشتندی ستوه
به گفتار زشت و به خون پدر	جوان را همی‌سوختندی جگر
فرود آمد از تخت شاهی قباد	دودست گرامی به سر برنهاد
ز مژگان همی بر برش خون چکید	چو آگاهی او به دشمن رسید
چو برزد سرازتیره کوه آفتاب	بد اندیش را سر بر آمد ز خواب
برفتند یکسر سوی بارگاه	چو بشنید بنشست برگاه شاه
برفتند گردنکشان پیش او	ز گردان بیگانه و خویش او
نشستند با روی کرده دژم	زبانش نجنبید بر بیش و کم
بدانست کایشان بدانسان دژم	نشسته چرایند بادرد وغم
بدیشان چنین گفت کان شهریار	کجا باشد از پشت پروردگار

که غمگین نباشد به درد پدر ... نخوانمش جز بد تن و بد گهر
نباید که دارد بدو کس امید ... که او پوده‌تر باشد از پوده بید
چنین یافت پاسخ زمرد گناه ... که هرکس که گوید پرستم دو شاه
تو او رابه دل نا هشیوار خوان ... وگر ارجمندی بود خوار خوان
چنین داد شیروی پاسخ که شاه ... چوبی گنج باشد نیرزد سپاه
سخن خوب را نیم یک ماه نیز ... ز راه درشتی نگوییم چیز
مگر شاد باشیم ز اندرز او ... که گنجست سرتاسر این مرز او
چو پاسخ شنیدند برخاستند ... سوی خانه‌ها رفتن آراستند
به خوالیگران شاه شیروی گفت ... که چیزی ز خسرو نباید نهفت
به پیشش همه خوان زرین نهید ... خورشها بر و چرب و شیرین نهید
برنده همی‌برد و خسرو نخورد ... ز چیزی که دیدی بخوان گرم و سرد
همه خوردش از دست شیرین بدی ... که شیرین بخوردنش غمگین بدی

زاری کردن باربد بر خسرو

کنون شیون بار بد گوش دار ... سر مهتران رابه آغوش دار
چو آگاه شد بار بد زانک شاه ... به پرداخت بی داد و بی‌کام گاه
ز جهرم بیامد سوی طیسفون ... پر از آب مژگان و دل پر ز خون
بیامد بدان خانه او را بدید ... شده لعل رخسار او شنبلید
زمانی همی‌بود در پیش شاه ... خروشان بیامد سوی بارگاه
همی پهلوانی برو مویه کرد ... دو رخساره زرد و دلی پر ز درد
چنان بد که زاریش بشنید شاه ... همان کس کجا داشت او را نگاه
نگهبان که بودند گریان شدند ... چو بر آتش مهر بریان شدند
همی‌گفت الایا ردا خسروا ... بزرگا سترگا تن آور گوا
کجات آن همه بزرگی و آن دستگاه ... کجات آن همه فرو تخت وکلاه
کجات آن همه برز وبالا وتاج ... کجات آن همه یاره وتخت عاج
کجات آن همه مردی و زور و فر ... جهان راهمی‌داشتی زیر پر

کجا آن شبستان و رامشگران کجا آن بر و بارگاه سران
کجا افسر و کاویانی درفش کجا آن همه تیغهای بنفش
کجا آن دلیران جنگ آوران کجا آن رد و موبد و مهتران
کجا آن همه بزم وساز شکار کجا آن خرامیدن کارزار
کجا آن غلامان زرین کمر کجا آن همه رای وآیین وفر
کجا آن سرافراز جان و سپار که با تخت زر بود و با گوشوار
کجا آن همه لشکر و بوم و بر کجا آن سرافرازی و تخت زر
کجا آن سرخود و زرین زره ز گوهر فگنده گره بر گره
کجا اسپ شبدیز و زرین رکیب که زیر تو اندر بدی ناشکیب
کجا آن سواران زرین ستام که دشمن بدی تیغشان رانیام
کجا آن همه رازوان بخردی کجا آن همه فره ایزدی
کجا آن همه بخشش روز بزم کجا آن همه کوشش روز رزم
کجا آن همه راهوار استران عماری زرین و فرمانبران
هیونان و بالا وپیل سپید همه گشته از جان تو ناامید
کجاآن سخنها به شیرین زبان کجا آن دل و رای و روشن روان
ز هر چیز تنها چرا ماندی ز دفتر چنین روز کی خواندی
مبادا که گستاخ باشی به دهر که زهرش فزون آمد از پای زهر
پسر خواستی تابود یار و پشت کنون از پسر رنجت آمد به مشت
ز فرزند شاهان به نیرو شوند ز رنج زمانه بی آهو شوند
شهنشاه را چونک نیرو بکاست چو بالای فرزند او گشت راست
هر آنکس که او کار خسرو شنود به گیتی نبایدش گستاخ بود
همه بوم ایران تو ویران شمر کنام پلنگان و شیران شمر
سر تخم ساسانیان بود شاه که چون اونبینند دگر تاج و گاه
شد این تخمه‌ی ویران و ایران همان برآمد همه کامه‌ی بدگمان
فزون زین نباشد کسی را سپاه ز لشکر که آمدش فریادخواه
گزند آمد از پاسبان بزرگ کنون اندر آید سوی رخنه گرگ
نباشد سپاه تو هم پایدار چو برخیزد از چار سو کار زار
روان تو را دادگر یار باد سر بد سگالان نگونسار باد
به یزدان و نام تو ای شهریار به نوروز و مهر و بخرم بهار

که گر دست من زین سپس نیز رود — بساید مبادا به من بر درود
بسوزم همه آلت خویش را — بدان تا نبینم بداندیش را
ببرید هر چارانگشت خویش — بریده همی‌داشت در مشت خویش
چو در خانه شد آتشی بر فروخت — همه آلت خویش یکسر بسوخت

کشته شدن خسرو بر دست مهرهرمزد

هر آنکس که بد کرد با شهریار — شب و روز ترسان بد از روزگار
چو شیروی ترسنده و خام بود — همان تخت پیش اندرش دام بود
بدانست اختر شمر هرک دید — که روز بزرگان نخواهد رسید
برفتند هرکس که بد کرده بود — بدان کار تاب اندر آورده بود
ز درگاه یکسر به نزد قباد — از آن کار تاب بیداد کردند یاد
که یک بار گفتیم و این دیگرست — تو را خود جزین داوری درسرست
نشسته به یک شهر بی بر دو شاه — یکی گاه دارد یکی زیرگاه
چو خویشی فزاید پدر با پسر — همه بندگان راببرند سر
نبیم اندرین کار همداستان — مزن زین سپس پیش ما داستان
بترسید شیروی و ترسنده بود — که در چنگ ایشان یکی بنده بود
چنین داد پاسخ که سرسوی دام — نیارد مگر مردم زشت نام
شما را سوی خانه باید شدن — بران آرزو رای باید زدن
به جویید تا کیست اندر جهان — که این رنج برماسرآرد نهان
کشنده همی‌جست بدخواه شاه — بدان تا کنندش نهانی تباه
کس اندر جهان زهره‌ی آن نداشت — زمردی همان بهره‌ی آن نداشت
که خون چنان خسروی ریختی — همی‌کوه در گردن آویختی
ز هر سو همی‌جست بدخواه شاه — چنین تا بدیدند مردی به راه
دو چشمش کبود و در خساره زرد — تنی خشک و پر موی و رخ لاژورد
پر از خاک پای و شکم گرسنه — تن مرد بیدادگر برهنه
ندانست کس نام او در جهان — میان کهان و میان مهان

بر زاد فرخ شد این مرد زشت　　که هرگز مبیناد خرم بهشت
بدو گفت کاین رزم کارمنست　　چو سیرم کنی این شکار منست
بدو گفت روگر توانی بکن　　وزین بیش مگشای لب بر سخن
یکی کیسه دینار دادم تو را　　چو فرزند او یار دادم تو را
یکی خنجری تیز دادش چوآب　　بیامد کشنده سبک پرشتاب
چو آن بدکنش رفت نزدیک شاه　　ورا دیده پابند در پیش گاه
به لرزید خسرو چو او را بدید　　سرشکش ز مژگان به رخ برچکید
بدو گفت کای زشت نام تو چیست　　که زاینده را برت و باید گریست
مرا مهر هرمزد خوانند گفت　　غریبم بدین شهر بی‌یار و جفت
چنین گفت خسرو که آمد زمان　　بدست فرومایه‌ی بدگمان
به مردم نماند همی‌چهراو　　به گیتی نجوید کسی مهر او
یکی ریدکی پیش او بد بپای　　بریدک چنین گفت کای رهنمای
بروتشت آب آر و مشک و عبیر　　یکی پاک ترجامه‌ی دلپذیر
پرستنده بشنید آواز اوی　　ندانست کودک همی رازاوی
ز پیشش بیامد پرستار خرد　　یکی تشت زرین بر شاه برد
ابا جامه و آبدستان وآب　　همی‌کرد خسرو ببردن شتاب
چو برسم بدید اندر آمد بواژ　　نه گاه سخن بود و گفتار ژاژ
چو آن جامه‌ها را بپوشید شاه　　به زمزم همی توبه کرد از گناه
یکی چادر نو به سر در کشید　　بدان تا رخ جان ستان راندید
بشد مهر هرمزد خنجر بدست　　در خانه‌ی پادشا راببست
سبک رفت و جامه ازو در کشید　　جگرگاه شاه جهان بر درید
بپیچید و بر زد یکی سرد باد　　به زاری بران جامه بر جان بداد
برین گونه گردد جهان جهان　　همی راز خویش از تو دارد نهان
سخن سنج بی‌رنج گر مرد لاف　　نبینند ز کردار او جز گزاف
اگر گنج داری و گر گرم ورنج　　نمانی همی در سرای سپنج
بی‌آزاری و راستی برگزین　　چو خواهی که یابی به داد آفرین
چو آگاهی آمد به بازار و راه　　که خسرو بران گونه برشد تباه
همه بدگمانان به زندان شدند　　به ایوان آن مستمندان شدند
گرامی ده و پنج فرزند بود　　به ایوان شاه آنک دربند بود

به زندان بکشتندشان بی‌گناه / بدانگه که برگشته شد بخت شاه
جهاندار چیزی نیارست گفت / همی‌داشت آن انده اندر نهفت
چو بشنید شیرویه چندی گریست / از آن پس نگهبان فرستاد بیست
بدان تا زن و کودکانشان نگاه / بدارد پس از مرگ آن کشته شاه
شد آن پادشاهی و چندان سپاه / بزرگی و مردی و آن دستگاه
که کس را ز شاهنشهان آن نبود / نه از نامداران پیشین شنود
یکی گشت با آنک نانی فراخ / نیابد نبیند برو بوم و کاخ
خردمند گوید نیارد بها / هر آنکس که ایمن شد از اژدها
جهان رامخوان جز دلاور نهنگ / بخاید به دندان چو گیرد به چنگ
سرآمد کنون کار پرویز شاه / شد آن نامور تخت و گنج و سپاه

کشتن شیرین خود را و کشته شدن شیرویه

چو آوردم این روز خسرو ببن / ز شیروی و شیرین گشایم سخن
چو پنجاه و سه روز بگذشت زین / که شد کشته آن شاه با آفرین
به شیرین فرستاد شیروی کس / که ای نره جادوی بی‌دست رس
همه جادویی دانی و بدخویی / به ایران گنکار ترکس تویی
به تنبل همی‌داشتی شاه را / به چاره فرود آوری ماه را
بترس ای گنهکار و نزد من آی / به ایوان چنین شاد و ایمن مپای
برآشفت شیرین ز پیغام او / وزان پرگنه زشت دشنام او
چنین گفت کنکس که خون پدر / بریزد مباداش بالا وبر
نبینم من آن بدکنش راز دور / نه هنگام ماتم نه هنگام سور
دبیری بیاورد انده بری / همان ساخته پهلوی دفتری
بدان مرد داننده اندرز کرد / همه خواسته پیش او ارز کرد
همی‌داشت لختی به صندوق زهر / که زهرش نبایست جستن به شهر
همی‌داشت آن زهر با خویشتن / همی‌دوخت سرو چمن را کفن
فرستاد پاسخ به شیروی باز / که ای تاجور شاه گردن فراز

سخنها که گفتی تو برگست و باد
دل و جان آن بدکنش پست باد

کجا در جهان جادویی جز بنام
شنو دست و بو دست زان شادکام

وگر شاه ازین رسم و اندازه بود
که رای وی از جادوی تازه بود

که جادو بدی کس به مشکوی شاه
به دیده به دیدی همان روی شاه

مرا از پی فرخی داشتی
که شبگیر چون چشم بگماشتی

ز مشکوی زرین مرا خواستی
به دیدار من جان بیاراستی

ز گفتار چونین سخن شرم دار
چه بندی سخن کژ بر شهریار

ز دادار نیکی دهش یاد کن
به پیش کس اندر مگو این سخن

ببردند پاسخ به نزدیک شاه
بر آشفت شیروی زان بیگناه

چنین گفت کز آمدن چاره نیست
چو تو در زمانه سخن خواره نیست

چو بشنید شیرین پراز درد شد
بپیچید و رنگ رخش زرد شد

چنین داد پاسخ که نزد تو من
نیایم مگر با یکی انجمن

که باشند پیش تو دانندگان
جهاندیده و چیز خوانندگان

فرستاد شیروی پنجاه مرد
بیاورد داننده و سالخورد

وزان پس بشیرین فرستاد کس
که برخیز و پیش آی و گفتار بس

چو شیرین شنید آن کبود و سیاه
بپوشید و آمد به نزدیک شاه

بشد تیز تا گلشن شادگان
که با جای گوینده آزادگان

نشست از پس پرده‌یی پادشا
چناچون بود مردم پارسا

به نزدیک او کس فرستاد شاه
که از سوک خسرو برآمد دو ماه

کنون جفت من باش تا برخوری
بدان تا سوی کهتری ننگری

بدارم تو را هم بسان پدر
وزان نیز نامی‌تر و خوب‌تر

بدو گفت شیرین که دادم نخست
بده وانگهی جان من پیش تست

وزان پس نیاسایم از پاسخت
ز فرمان و رای و دل فرخت

بدان گشت شیروی همداستان
که برگوید آن خوب رخ داستان

زن مهتر از پرده آواز داد
که ای شاه پیروز بادی و شاد

تو گفتی که من بد تن و جادوام
ز پا کی و از راستی یک سوام

بدو گفت که شیرویه بود این چنین
ز تیزی جوانان نگیرند کین

چنین گفت شیرین به آزادگان
که بودند در گلشن شادگان

چه دیدید ازمن شما از بدی
ز تاری و کژی و نابخردی

بسی سال بانوی ایران بدم — بهر کار پشت دلیران بدم
نجستم همیشه جز از راستی — ز من دور بد کژی وکاستی
بسی کس به گفتار من شهر یافت — ز هر گونه‌یی از جهان بهر یافت
به ایران که دید از بنه سایه‌ام — وگر سایه‌ی تاج و پیرایه‌ام
بگوید هر آنکس که دید و شنید — همه کار ازین پاسخ آمد پدید
بزرگان که بودند در پیش شاه — ز شیرین به خوبی نمودند راه
که چون او زنی نیست اندر جهان — چه در آشکار و چه اندر نهان
چنین گفت شیرین که ای مهتران — جهان گشته و کار دیده سران
بسه چیز باشد زنان رابهی — که باشند زیبای گاه مهی
یکی آنک باشرم و باخواستست — که جفتش بدو خانه آراستست
دگرآنک فرخ پسر زاید او — ز شوی خجسته بیفزاید او
سه دیگر که بالا و رویش بود — به پوشیدگی نیز مویش بود
بدان گه که من جفت خسرو بدم — به پیوستگی در جهان نو بدم
چو بی‌کام و بی‌دل بیامد ز روم — نشستن نبود اندرین مرز و بوم
از آن پس بران کامگاری رسید — که کس در جهان آن ندید و شنید
وزو نیز فرزند بودم چهار — بدیشان چنان شاد بد شهریار
چو نستود و چون شهریار و فرود — چو مردان شه آن تاج چرخ کبود
ز جم و فریدون چو ایشان نزاد — زبانم مباد ار بپیچم ز داد
بگفت این و بگشاد چادر ز روی — همه روی ماه و همه پشت موی
سه دیگر چنین است رویم که هست — یکی گر دروغست بنمای دست
مرا از هنر موی بد در نهان — که آن راندیدی کس اندر جهان
نمودم همه پیشت این جادویی — نه از تنبل و مکر وز بدخویی
نه کس موی من پیش ازین دیده بود — نه از مهتران نیز بشنیده بود
ز دیدار پیران فرو ماندند — خیو زیر لبها برافشاندند
چو شیروی رخسار شیرین بدید — روان نهانش ز تن برپرید
ورا گفت جز تو نباید کسم — چو تو جفت یابم به ایران بسم
زن خوب رخ پاسخش داد باز — که از شاه ایران نیم بی‌نیاز
سه حاجت بخواهم چو فرمان دهی — که بر تو بماناد شاهنشهی
بدو گفت شیروی جانم توراست — دگر آرزو هرچ خواهی رواست

بدو گفت شیرین که هر خواسته	که بودم بدین کشور آراسته
ازین پس یکایک سپاری به من	همه پیش این نامور انجمن
بدین نامه اندر نهی خط خویش	که بیزارم از چیز او کم و بیش
بکرد آنچ فرمود شیروی زود	زن از آرزوها چو پاسخ شنود
به راه آمد از گلشن شادگان	ز پیش بزرگان و آزادگان
به خانه شد و بنده آزاد کرد	بدان خواسته بنده را شاد کرد
دگر هرچ بودش به درویش داد	بدان کو ورا خویش بد بیش داد
ببخشید چندی به آتشکده	چه برجای و روز و جشن سده
دگر بر کنامی که ویران شدست	رباطی که آرام شیران بدست
به مزد جهاندار خسرو بداد	به نیکی روان ورا کرد شاد
بیامد بدان باغ و بگشاد روی	نشست از بر خاک بی‌رنگ و بوی
همه بندگان را بر خویش خواند	مران هر یکی را به خوبی نشاند
چنین گفت زان پس به بانگ بلند	که هرکس که هست از شما ارجمند
همه گوش دارید گفتار من	نبیند کسی نیز دیدار من
مگویید یک سر جز از راستی	نیاید ز دانندگان کاستی
که زان پس که من نزد خسرو شدم	به مشکوی زرین او نوشدم
سر بانوان بودم و فر شاه	از آن پس چو پیدا شد از من گناه
نباید سخن هیچ گفتن بروی	چه روی آید اندر زنی چاره جوی
همه یکسر از جای برخاستند	زبانها به پاسخ بیاراستند
که ای نامور بانوی بانوان	سخن‌گوی و دانا و روشن روان
به یزدان که هرگز تو را کس ندید	نه نیز از پس پرده آوا شنید
همانا ز هنگام هوشنگ باز	چو تو نیز ننشست بر تخت ناز
همه خادمان و پرستندگان	جهانجوی و بیدار دل بندگان
به آواز گفتند کای سرفراز	ستوده به چین و به روم و طراز
که یارد سخن گفتن از تو به بد	بدی کردن از روی تو کی سزد
چنین گفت شیرین که این بدکنش	که چرخ بلندش کند سرزنش
پدر را بکشت از پی تاج و تخت	کزین پس مبیناد شادی و بخت
مگر مرگ را پیش دیوار کرد	که جان پدر را به تن خوار کرد
پیامی فرستاد نزدیک من	که تاریک شد جان باریک من

بدان گفتم این بد که من زنده‌ام	جهان آفرین را پرستنده‌ام
پدیدار کردم همه راه خویش	پراز درد بودم ز بدخواه خویش
پس از مرگ من بر سر انجمن	زبانش مگر بد سراید ز من
ز گفتار او ویژه گریان شدند	هم از درد پرویز بریان شدند
برفتند گویندگان نزد شاه	شنیده به گفتند زان بی‌گناه
بپرسید شیروی کای نیک خوی	سه دیگر چه چیز آمدت آرزوی
فرستاد شیرین به شیروی کس	که اکنون یکی آرزو ماند و بس
گشایم در دخمه‌ی شاه باز	به دیدار او آمدستم نیاز
چنین گفت شیروی کاین هم رواست	بدیدار آن مهتر او پادشاست
نگهبان در دخمه را باز کرد	زن پارسا مویه آغاز کرد
بشد چهر بر چهر خسرو نهاد	گذشته سخنها برو کرد یاد
هم آنگه زهر هلاهل بخورد	ز شیرین روانش برآورد گرد
نشسته بر شاه پوشیده روی	به تن بریکی جامه کافور بوی
به دیوار پشتش نهاد و بمرد	بمرد و ز گیتی نشانش ببرد
چو بشنید شیروی بیمار گشت	ز دیدار او پر ز تیمار گشت
بفرمود تا دخمه دیگر کنند	ز مشک و ز کافورش افسر کنند
در دخمه‌ی شاه کرد استوار	برین بر نیامد بسی روزگار
که شیروی را زهر دادند نیز	جهان را ز شاهان پرآمد قفیز
به شومی بزاد و به شومی بمرد	همان تخت شاهی پسر را سپرد
کسی پادشاهی کند هفت ماه	بهشتم ز کافور یابد کلاه
به گیتی بهی بهتر از گاه نیست	بدی بتر از عمر کوتاه نیست
کنون پادشاهی شاه اردشیر	بگویم که پیش آمدم ناگزیر

پادشاهی اردشیر شیروی

پادشاهی اردشیر شیروی

چو بنشست بر تخت شاه اردشیر / از ایران برفتند برنا و پیر
بسی نامداران گشته کهن / بدان تا چگونه سرآید سخن
زبان برگشاد اردشیر جوان / چنین گفت کای کار دیده گوان
هر آنکس که برگاه شاهی نشست / گشاده زبان باد و یزدان پرست
بر آیین شاهان پیشین رویم / همان از پس فره و دین رویم
ز یزدان نیکی دهش یاد باد / همه کار و کردار ما داد باد
پرستندگان راهمه برکشیم / ستمگارگان را به خون درکشیم
بسی کس به گفتارش آرام یافت / از آرام او هرکسی کام یافت
به پیروز خسرو سپردم سپاه / که از داد شادست و شادان ز شاه
به ایران چو باشد چنو پهلوان / بمانید شادان و روشن روان
پس آگاهی به نزد گر از / که زو بود خسرو بگرم و گداز

کشته شدن اردشیر بر دست پیروز خسرو

فرستاد گوینده‌یی راز روم / که در خاک شد تاج شیروی شوم
که جانش به دوزخ گرفتار باد / سر دخمه‌ی او نگون سار باد
که دانست هرگز که سرو بلند / به باغ از گیا یافت خواهد گزند
چو خسرو که چشم و دل روزگار / نبیند چنو نیز یک شهریار
چو شیروی را شهریاری دهد / همه شهر ایران به خواری دهد
چنو رفت شد تاجدار اردشیر / بدو شادمان جان برنا و پیر
مراگر ز ایران رسد هیچ بهر / نخواهم که بروی رسد باد شهر
نبودم من آگه که پرویز شاه / به گفتار آن بدتنان شد تباه
بیایم کنون با سپاهی گران / ز روم و ز ایران گزیده سران

ببینیم تا کیست این کدخدای	که باشد پسندش بدین گونه رای
چنان برکنم بیخ او را ز بن	کزان پس نراند ز شاهی سخن
نوندی برافگند پویان به راه	به نزدیک پیران ایران سپاه
دگرگونه آهنگ بدکامه کرد	به پیروز خسرو یکی نامه کرد
که شد تیره این تخت ساسانیان	جهانجوی باید که بندد میان
توانی مگر چاره‌یی ساختن	ز هرگونه اندیشه انداختن
به جویی بسی یار برنا و پیر	جهان را بپردازی از اردشیر
ازان پس بیابی همه کام خویش	شوی ایمن و شاد زارام خویش
گر ای دون که این راز بیرون دهی	همی خنجر کینه را خون دهی
من از روم چندان سپاه آورم	که گیتی به چشمت سیاه آورم
به ژرفی نگهدار گفتار من	مبادا که خوار آیدت کار من
چو پیروز خسرو چنان نامه دید	همه پیش و پس رای خودکامه دید
دل روشن نامور شد تباه	که تا چون کند بد بدان زادشاه
ورا خواندی هر زمان اردشیر	که گوینده مردی بد و یادگیر
برآسای دستور بودی ورا	همان نیز گنجور بودی ورا
بیامد شبی تیره گون بار یافت	می روشن و چرب گفتار یافت
نشسته به ایوان خویش اردشیر	تین چند با او ز برنا و پیر
چو پیروز خسرو بیامد برش	تو گفتی ز گردون برآمد سرش
بفرمود تا برکشیدند رود	شد ایوان پر از بانگ رود و سرود
چو نیمی شب تیره اندرکشید	سپهبد می یک منی در کشید
شده مست یاران شاه اردشیر	نماند ایچ رامشگر و یادگیر
بد اندیش یاران او را براند	جز از شاه و پیروز خسرو نماند
جفا پیشه از پیش خانه بجست	لب شاه بگرفت ناگه به دست
همی‌داشت تا شد تباه اردشیر	همه کاخ شد پر ز شمشیر و تیر
همه یار پیروز خسرو شدند	اگر نو جهانجوی اگر گو بدند
هیونی برافگند نزد گر از	یکی نامه‌یی نیز با آن دراز
فرستاده چون شد به نزدیک او	چو خورشید شد جان تاریک اوی
بیاورد زان بوم چندان سپاه	که بر مور و بر پشه بر بست راه
همی‌تاخت چون باد تا طیسفون	سپاهش همه دست شسته به خون

۱۹۰۱

ز لشکر نیارست دم زد کسی — نبد خود دران شهر مردم بسی

پادشاهی گراز نامبردار به فرایین

فرایین چو تاج کیان برنهاد — همی‌گفت چیزی که آمدش یاد
همی‌گفت شاهی کنم یک زمان — نشینم برین تخت بر شادمان
به از بندگی توختن شست سال — برآورده رنج و فرو برده یال
پس از من پسر بر نشیند بگاه — نهد بر سر آن خسروانی کلاه
نهانی بدو گفت مهتر پسر — که اکنون به گیتی توی تا جور
مباش ایمن و گنج را چاره کن — جهان بان شدی کار یکباره کن
چو از تخمه‌ی شهریاران کسی — بیاید نمانی تو ایدر بسی
وزان پس چنین گفت کهتر پسر — که اکنون به گیتی توی تاجور
سزاوار شاهی سپاهست و گنج — چو با گنج باشی نمانی به رنج
فریدون که بد آبتینش پدر — مر او را که بد پیش او تاجور
جهان را بسه پور فرخنده داد — که اندر جهان او بد از داد شاد
به مرد و به گنج این جهان را بدار — نزاید ز مادر کسی شهریار
ورا خوش نیامد بدین سان سخن — به مهتر پسر گفت خامی مکن
عرض را به دیوان شاهی نشاند — سپه را سراسر به درگاه خواند
شب تیره تا روز دینار داد — بسی خلعت ناسزاوار داد
به دو هفته از گنج شاه اردشیر — نماند از بهایی یکی پر تیر
هر آنگه که رفتی به می سوی باغ — نبردی جز از شمع عنبر چراغ
همان تشت زرین و سیمین بدی — چو زرین بدی گوهر آگین بدی
چو هشتاد در پیش و هشتاد پس — پس شمع یاران فریادرس
همه شب بدی خوردن آیین اوی — دل مهتران پرشد ازکین اوی
شب تیره همواره گردان بدی — به پالیزها گر به میدان بدی
نماندش به ایران یکی دوستدار — شکست اندر آمد به آموزگار
فرایین همان ناجوانمرد گشت — ابی داد و بی‌بخشش و خورد گشت

همی زر بر چشم بر دوختی	جهان را به دینار بفروختی
همی‌ریخت خون سر بی‌گناه	از آن پس برآشفت به روی سپاه
به دشنام لبها بیاراستند	جهانی همه مرگ او خواستند
شب تیره هر مزد شهران گراز	سخنها همی‌گفت چندان به راز
گزیده سواری ز شهر صطخر	که آن مهتران را بدو بود فخر
به ایرانیان گفت کای مهتران	شد این روزگار فرایین گران
همی‌دارد او مهتران را سبک	چرا شد چنین مغز و دلتان تنگ
همه دیده‌ها زو شده پر سرشک	جگر پر ز خون شد بباید پزشک
چنین داد پاسخ مرا او را سپاه	که چون کس نماند از در پیشگاه
نه کس را همی‌آید از رشک یاد	که پردازدی دل به دین بد نژاد
بدیشان چنین گفت شهران گراز	که این کار ایرانیان شد دراز
گر ایدون که بر من نسازید بد	کنید آنک از داد و گردی سزد
هم اکنون به نیروی یزدان پاک	مر او را ز باره در آرم به خاک
چنین یافت پاسخ ز ایرانیان	که بر تو مبادا که آید زیان
همه لشکر امروز یار توایم	گرت زین بد آید حصار توایم
چو بشنید ز ایشان ز ترکش نخست	یکی تیر پولاد پیکان بجست
برانگیخت از جای اسپ سیاه	همی‌داشت لشکر مر او را نگاه
کمان رابه بازو همی‌درکشید	گهی در بروگاه بر سرکشید
به شورش‌گری تیر بازه ببست	چو شد غرفه پیکانش بگشاد شست
بزد تیر ناگاه بر پشت اوی	بیفتاد تازانه از مشت اوی
همه تیرتا پر در خون گذشت	سرآهن ازناف بیرون گذشت
ز باره در افتاد سرسرنگون	روان گشت زان زخم او جوی خون
بپیچید و برزد یکی باد سرد	به زاری بران خاک دل پر ز درد
سپه تیغها بر کشیدند پاک	برآمد شب تیره از دشت خاک
همه شب همی خنجر انداختند	یکی از دگر باز نشناختند
همی این از آن بستد و آن ازین	یکی یافت نفرین دگر آفرین
پراگنده گشت آن سپاه بزرگ	چومیشان بد دل که بینند گرگ
فراوان بماندند بی شهریار	نیامد کسی تاج را خواستار
بجستند فرزند شاهان بسی	ندیدند زان نامداران کسی

Rumi's Path Institute

پادشاهی پوراندخت

۱۹۰۵

Educational Code: RPI-OT-001

پادشاهی پوراندخت

یکی دختری بود پوران بنام	چو زن شاه شد کارها گشت خام
بران تخت شاهیش بنشاندند	بزرگان برو گوهر افشاندند
چنین گفت پس دخت پوران که من	نخواهم پراگندن انجمن
کسی راکه درویش باشد ز گنج	توانگر کنم تانماند به رنج
مبادا ز گیتی کسی مستمند	که از درد او بر من آید گزند
ز کشور کنم دور بدخواه را	بر آیین شاهان کنم گاه را
نشانی ز پیروز خسرو بجست	بیاورد ناگاه مردی درست
خبر چون به نزدیک پوران رسید	ز لشکر بسی نامور برگزید
ببردند پیروز راپیش اوی	بدو گفت کای بد تن کینه جوی
ز کاری که کردی بیابی جزا	چنانچون بود در خور ناسزا
مکافات یابی ز کرده کنون	برانم ز گردن تو را جوی خون
ز آخر هم آنگه یکی کره خواست	به زین اندرون نوز نابوده راست
ببستش بران باره بر همچوسنگ	فگنده به گردن درون پالهنگ
چنان کره‌ی تیز نادیده زین	به میدان کشید آن خداوند کین
سواران به میدان فرستاد چند	به فتراک بر گرد کرده کمند
که تا کره او را همی‌تاختی	زمان تا زمانش بینداختی
زدی هر زمان خویشتن بر زمین	بران کره بربود چند آفرین
چنین تا برو بر بدرید چرم	همی‌رفت خون از برش نرم نرم
سرانجام جانش به خواری به داد	چرا جویی از کار بیداد داد
همی‌داشت این زن جهان را به مهر	نجست از بر خاک باد سپهر
چو شش ماه بگذشت بر کار اوی	ببد ناگهان کژ پرگار اوی
به یک هفته بیمار گشت و بمرد	ابا خویشتن نام نیکی ببرد
چنین است آیین چرخ روان	توانا بهرکار و ما ناتوان

پادشاهی آزرم دخت

پادشاهی آزرم دخت

یکی دخت دیگر بد آزرم نام	ز تاج بزرگان رسیده به کام
بیامد به تخت کیان برنشست	گرفت این جهان جهان را به دست
نخستین چنین گفت کای بخردان	جهان گشته و کار کرده ردان
همه کار بر داد و آیین کنیم	کزین پس همه خشت بالین کنیم
هر آنکس که باشد مرا دوستدار	چنانم مر او را چو پروردگار
کس کو ز پیمان من بگذرد	بپیچید ز آیین و راه خرد
به خواری تنش را برآرم بدار	ز دهقان و تازی و رومی شمار
همی‌بود بر تخت بر چار ماه	به پنجم شکست اندر آمد به گاه
از آزرم گیتی بی‌آزرم گشت	پی اختر رفتنش نرم گشت
شد او نیز و آن تخت بی‌شاه ماند	به کام دل مرد بدخواه ماند
همه کار گردنده چرخ این بود	ز پرورده‌ی خویش پرکین بود

پادشاهی فرخ زاد

ز جهرم فرخ زاد را خواندند	بران تخت شاهیش بنشاندند
چو برتخت بنشست و کرد آفرین	ز نیکی دهش بر جهان آفرین
منم گفت فرزند شاهنشهان	نخواهم جز از ایمنی در جهان
ز گیتی هرآنکس که جوید گزند	چو من شاه باشم نگردد بلند
هر آنکس که جوید به دل راستی	نیارد به کار اندرون کاستی
بدارمش چون جان پاک ارجمند	نجویم ابر بی‌گزندان گزند
چو یک ماه بگذشت بر تخت اوی	بخاک اندر آمد سر و بخت اوی
همین بودش از روز و آرام بهر	یکی بنده در می برآمیخت زهر
بخورد و یکی هفته زان پس بزیست	هرآنکس که بشنید بروی گریست

همی پادشاهی به پایان رسید / ز هر سو همی دشمن آمد پدید
چنین است کردار گردنده دهر / نگه کن کزو چند یابی تو بهر
بخور هرچ داری به فردا مپای / که فردا مگر دیگر آیدش رای
ستاند ز تو دیگری را دهد / جهان خوانیش بی‌گمان بر جهد
بخور هرچ داری فزونی بده / تو رنجیده‌ای بهر دشمن منه
هرآنگه که روز تو اندر گذشت / نهاده همه باد گردد به دشت

پادشاهی یزدگرد

پادشاهی یزدگرد

چو بگذشت زو شاه شد یزدگرد	به ماه سفندار مذ روز ارد
چه گفت آن سخنگوی مرد دلیر	چو از گردش روز برگشت سیر
که باری نزادی مرا مادرم	نگشتی سپهر بلند از برم
به پرگار تنگ و میان دو گوی	چه گویم جز از خامشی نیست روی
نه روز بزرگی نه روز نیاز	نماند همی برکسی بر دراز
زمانه زمانیست چون بنگری	ندارد کسی آلت داوری
به یارای خوان و به پیمای جام	ز تیمار گیتی مبر هیچ نام
اگر چرخ گردان کشد زین تو	سرانجام خاکست بالین تو
دلت را به تیمار چندین مبند	بس ایمن مشو بر سپهر بلند
که با پیل و با شیربازی کند	چنان دان که از بی‌نیازی کند
تو بیجان شوی او بماند دراز	درازست گفتار چندین مناز
تو از آفریدون فزونتر نه ای	چو پرویز باتخت و افسر نه ای
به ژرفی نگه کن که با یزدگرد	چه کرد این برافراخته هفت گرد
چو بر خسروی گاه بنشست شاد	کلاه بزرگی به سر برنهاد
چنین گفت کز دور چرخ روان	منم پاک فرزند نوشین روان
پدر بر پدر پادشاهی مراست	خور و خوشه و برج ماهی مراست
بزرگی دهم هر که کهتر بود	نیازارم آن راکه مهتر بود
نجویم بزرگی و فرزانگی	همان رزم و تندی و مردانگی
که برکس نماند همی زور و بخت	نه گنج و نه دیهیم شاهی نه تخت
همی نام جاوید باید نه کام	بنداز کام و برافراز نام
برین گونه تا سال شد بر دو هشت	همی ماه و خورشید بر سر گذشت

تاخت کردن سعد وقاص بایران و فرستادن یزدگرد رستم فرخزاد را بجنگ او

عمر سعد وقاس را با سپاه / فرستاد تا جنگ جوید ز شاه
چو آگاه شد زان سخن یزگرد / ز هر سو سپاه اندر آورد گرد
بفرمود تا پور هرمزد راه / به پیماید و بر کشد با سپاه
که رستم بدش نام و بیدار بود / خردمند و گرد و جهاندار بود
ستاره شمر بود و بسیار هوش / به گفتارش موبد نهاده دو گوش
برفت و گرانمایگان رابرد / هر آنکس که بودند بیدار و گرد
برین گونه تا ماه بگذشت سی / همی رزم جستند در قادسی
بسی کشته شد لشکر از هر دو سوی / سپه یک ز دیگر نه برگاشت روی
بدانست رستم شمار سپهر / ستاره شمر بود و با داد و مهر
همی‌گفت کاین رزم را روی نیست / ره آب شاهان بدین جوی نیست
بیاورد صلاب و اختر گرفت / ز روز بلا دست بر سر گرفت
یکی نامه سوی برادر به درد / نوشت و سخنها همه یاد کرد
نخست آفرین کرد بر کردگار / کزو دید نیک و بد روزگار
دگر گفت کز گردش آسمان / پژوهنده مردم شود بدگمان
گنهکارتر در زمانه منم / ازی را گرفتار آهرمنم
که این خانه از پادشاهی تهیست / نه هنگام پیروزی و فرهیست
ز چارم همی‌بنگرد آفتاب / کزین جنگ ما را بد آید شتاب
ز بهرام و زهره‌ست ما را گزند / نشاید گذشتن ز چرخ بلند
همان تیر و کیوان برابر شدست / عطارد به برج دو پیکر شدست
چنین است و کاری بزرگست پیش / همی سیر گردد دل از جان خویش
همه بودنیها ببینم همی / وزان خامشی برگزینم همی
بر ایرانیان زار و گریان شدم / ز ساسانیان نیز بریان شدم
دریغ این سر و تاج و این داد و تخت / دریغ این بزرگی و این فر و بخت
کزین پس شکست آید از تازیان / ستاره نگردد مگر بر زیان

برین سالیان چار صد بگذرد ؛ کزین تخمه‌ی گیتی کسی نشمرد
ازیشان فرستاده آمد به من ؛ سخن رفت هر گونه بر انجمن
که از قادسی تا لب رودباد ؛ زمین را ببخشیم با شهریار
وزان سو یکی برگشاییم راه ؛ به شهری کجاهست بازارگاه
بدان تا خریم و فروشیم چیز ؛ ازین پس فزونی نجوییم نیز
پذیریم ما ساو و باژ گران ؛ نجوییم دیهیم کند او ران
شهنشاه رانیز فرمان بریم ؛ گر از ما بخواهد گروگان بریم
چنین است گفتار و کردار نیست ؛ جز از گردش کژ پرگار نیست
برین نیز جنگی بود هر زمان ؛ که کشته شود صد هژبر دمان
بزرگان که بامن به جنگ اندرند ؛ به گفتار ایشان همی‌ننگرند
چو میروی طبری و چون ارمنی ؛ به جنگ‌اند با کیش آهرمنی
چو کلبوی سوری و این مهتران ؛ که گوپال دارند و گرز گران
همی سر فرازند که ایشان کیند ؛ به ایران و مازنداران برچیند
اگرمرز و راهست اگر نیک و بد ؛ به گرز و به شمشیر باید ستد
بکوشیم و مردی به کار آوریم ؛ به ریشان جهان تنگ و تار آوریم
نداند کسی راز گردان سپهر ؛ دگر گونه‌تر گشت برما به مهر
چو نامه بخوانی خرد را مران ؛ بپرداز و بر ساز با مهتران
همه گردکن خواسته هرچ هست ؛ پرستنده و جامه‌ی برنشست
همی تاز تا آذر آبادگان ؛ به جای بزرگان و آزادگان
همی دون گله هرچ داری زاسپ ؛ ببر سوی گنجور آذرگشسپ
ز زابلستان گر ز ایران سپاه ؛ هرآنکس که آیند زنهار خواه
بدار و به پوش و بیارای مهر ؛ نگه کن بدین گردگردان سپهر
ازو شادمانی و زو در نهیب ؛ زمانی فرازست و روزی نشیب
سخن هرچ گفتم به مادر بگوی ؛ نبیند همانا مرانیز روی
درودش ده ازما و بسیار پند ؛ بدان تا نباشد به گیتی نژند
گراز من بد آگاهی آرد کسی ؛ مباش اندرین کار غمگین بسی
چنان دان که اندر سرای سپنج ؛ کسی کو نهد گنج با دست رنج
چوگاه آیدش زین جهان بگذرد ؛ از آن رنج او دیگری برخورد
همیشه به یزدان پرستان گرای ؛ بپرداز دل زین سپنجی سرای

که آمد به تنگ اندرون روزگار   نبیند مرا زین سپس شهریار
تو با هر که از دوده‌ی ما بود   اگر پیر اگر مرد برنا بود
همه پیش یزدان نیایش کنید   شب تیره او را ستایش کنید
بکوشید و بخشنده باشید نیز   ز خوردن به فردا ممانید چیز
که من با سپاهی به سختی درم   به رنج و غم و شوربختی درم
رهایی نیابم سرانجام ازین   خوشا باد نوشین ایران زمین
چو گیتی شود تنگ بر شهریار   تو گنج و تن و جان گرامی مدار
کزین تخمه‌ی نامدار ارجمند   نماندست جز شهریار بلند
ز کوشش مکن هیچ سستی به کار   به گیتی جزو نیستمان یادگار
ز ساسانیان یادگار اوست بس   کزین پس نبینند زین تخمه‌ی کس
دریغ این سر و تاج و این مهر و داد   که خواهدشد این تخت شاهی بباد
تو پدرود باش و بی‌آزار باش   ز بهر تن شه به تیمار باش
گراو رابد آید تو شو پیش اوی   به شمشیر بسپار پرخاشجوی
❊ چو با تخت منبر برابر کنند   همه نام بوبکر و عمر کنند
تبه گردد این رنجهای دراز   نشیبی درازست پیش فراز
نه تخت و نه دیهیم بینی نه شهر   ز اختر همه تازیان راست بهر
چو روز اندر آید به روز دراز   شود ناسزا شاه گردن فراز
بپوشد ازیشان گروهی سیاه   ز دیبا نهند از بر سر کلاه
نه تخت ونه تاج و نه زرینه کفش   نه گوهر نه افسر نه بر سر درفش
به رنج یکی دیگری بر خورد   به داد و به بخشش همی‌ننگرد
شب آید یکی چشمه رخشان کند   نهفته کسی را خروشان کند
ستاننده‌ی روزشان دیگرست   کمر بر میان و کله بر سرست
ز پیمان بگردند وز راستی   گرامی شود کژی و راستی
پیاده شود مردم جنگجوی   سوار آنک لاف آرد و گفت وگوی
کشاورز جنگی شود بی‌هنر   نژاد و هنر کمتر آید ببر
رباید همی این ازآن آن ازین   ز نفرین ندانند باز آفرین
نهان بدتر از آشکارا شود   دل شاهشان سنگ خارا شود
بداندیش گردد پدر بر پسر   پسر بر پدر هم چنین چاره‌گر
شود بنده‌ی بی‌هنر شهریار   نژاد و بزرگی نیاید به کار

به گیتی کسی رانماند وفا
روان و زبانها شود پر جفا

از ایران وز ترک وز تازیان
نژادی پدید آید اندر میان

نه دهقان نه ترک و نه تازی بود
سخنها به کردار بازی بود

همه گنجها زیر دامن نهند
بمیرند و کوشش به دشمن دهند

بود دانشومند و زاهد به نام
بکوشد ازین تا که آید به کام

چنان فاش گردد غم و رنج و شور
که شادی به هنگام بهرام گور

نه جشن ونه رامش نه کوشش نه کام
همه چاره‌ی ورزش و ساز دام

پدر با پسر کین سیم آورد
خورش کشک و پوشش گلیم آورد

زیان کسان از پی سود خویش
بجویند و دین اندر آرند پیش

نباشد بهار و زمستان پدید
نیارند هنگام رامش نبید

چو بسیار ازین داستان بگذرد
کسی سوی آزادگی ننگرد

بریزند خون ازپی خواسته
شود روزگار مهان کاسته

دل من پر از خون شد و روی زرد
دهن خشک و لبها شده لاژورد

که تامن شدم پهلوان از میان
چنین تیره شد بخت ساسانیان

چنین بی‌وفا گشت گردان سپهر
دژم گشت و ز ما ببرید مهر

مرا تیز پیکان آهن گذار
همی بر برهنه نیاید به کار

همان تیغ کز گردن پیل و شیر
نگشتی به آورد زان زخم سیر

نبرد همی پوست بر تازیان
ز دانش زیان آمدم بر زیان

مرا کاشکی این خرد نیستی
گر اندیشه نیک و بد نیستی

بزرگان که در قادسی بامنند
درشتند و بر تازیان دشمنند

گمانند کاین بیش بیرون شود
ز دشمن زمین رود جیحون شود

ز راز سپهری کس آگاه نیست
ندانند کاین رنج کوتاه نیست

چو برتخمه‌ی‌یی بگذرد روزگار
چه سود آید از رنج و ز کارزار

تو را ای برادر تن آباد باد
دل شاه ایران به تو شاد باد

که این قادسی گورگاه منست
کفن جوشن و خون کلاه منست

چنین است راز سپهر بلند
تو دل را به درد من اندر مبند

دو دیده زشاه جهان برمدار
فدی کن تن خویش در کارزار

که زود آید این روز آهرمنی
چو گردون گردان کند دشمنی

چو نامه به مهر اندر آورد گفت
که پوینده با آفرین باد جفت

که این نامه نزد برادر برد بگوید جزین هرچ اندر خورد
فرستاده‌ی نیز چون برق و رعد فرستاد تازان به نزدیک سعد

نامه رستم فرخزاد به سعد ابی وقاص

یکی نامه‌یی بر حریر سپید نویسنده بنوشت تابان چوشید
به عنوان بر از پور هرمزد شاه جهان پهلوان رستم نیک خواه
سوی سعد و قاص جوینده جنگ جهان کرده بر خویشتن تار و تنگ
سرنامه گفت از جهاندار پاک بباید که باشیم با بیم و باک
کزویست بر پای گردان سپهر همه پادشاهیش دادست و مهر
ازو باد بر شهریار آفرین که زیبای تاجست و تخت و نگین
که دارد به فر اهرمن راببند خداوند شمشیر و تاج بلند
به پیش آمد این ناپسندیده کار به بیهوده این رنج و این کارزار
به من بازگوی آنک شاه تو کیست چه مردی و آیین و راه تو چیست
به نزد که جویی همی دستگاه برهنه سپهبد برهنه سپاه
بنانی تو سیری و هم گرسنه نه پیل و نه تخت و نه بارو بنه
به ایران تو را زندگانی بس است که تاج و نگین بهر دیگر کس است
که با پیل و گنجست و با فروجاه پدر بر پدر نامبردار شاه
به دیدار او بر فلک ماه نیست به بالای او بر زمین شاه نیست
هر آن گه که در بزم خندان شود گشاده لب و سیم دندان شود
به بخشد بهای سر تازیان که بر گنج او زان نیاید زیان
سگ و یوز و بازش ده و دو هزار که با زنگ و زرند و با گوشوار
به سالی هم دشت نیزه وران نیابند خورد از کران تا کران
که او را به باید به یوز و به سگ که در دشت نخچیر گیرد به تگ
سگ و یوز او بیشتر زان خورد که شاه آن به چیزی همی‌نشمرد
شما را به دیده درون شرم نیست ز راه خرد مهر و آزرم نیست
بدان چهره و زاد و آن مهر و خوی چنین تاج و تخت آمدت آرزوی
جهان گر بر اندازه جویی همی سخن بر گزافه نگویی همی

سخن گوی مردی بر مافرست	جهاندیده و گرد و زیبافرست
بدان تا بگوید که رای تو چیست	به تخت کیان رهنمای تو کیست
سواری فرستیم نزدیک شاه	بخواهیم ازو هرچ خواهی بخواه
تو جنگ چنان پادشاهی مجوی	که فرجام کارانده آید بروی
نبیره جهاندار نوشین روان	که با داد او پیرگردد جوان
پدر بر پدر شاه و خود شهریار	زمانه ندارد چنو یادگار
جهانی مکن پر ز نفرین خویش	مشو بد گمان اندر آیین خویش
به تخت کیان تا نباشد نژاد	نجوید خداوند فرهنگ و داد
نگه کن بدین نامه‌ی پندمند	مکن چشم و گوش و خرد را ببند
چو نامه به مهر اندر آمد به داد	به پیروز شاپور فرخ نژاد
بر سعد وقاص شد پهلوان	از ایران بزرگان روشن روان
همه غرقه در جوشن و سیم و زر	سپرهای زرین و زرین کمر

پاسخ سعد وقاص بنامه رستم فرخزاد

چو بشنید سعد آن گرانمایه مرد	پذیره شدش با سپاهی چو گرد
فرود آوریدندش اندر زمان	بپرسید سعد از تن پهلوان
هم از شاه و دستور و ز لشکرش	ز سالار بیدار و ز کشورش
ردا زیر پیروز بفگند و گفت	که ما نیزه و تیغ داریم جفت
ز دیبا نگویند مردان مرد	ز رز و ز سیم و ز خواب و ز خورد
گرانمایه پیروزنامه به داد	سخنهای رستم همی‌کرد یاد
سخنهاش بشنید و نامه بخواند	دران گفتن نامه خیره بماند
بتازی یکی نامه پاسخ نوشت	پدیدار کرد اندرو خوب و زشت
ز جنی سخن گفت وز آدمی	ز گفتار پیغمبر هاشمی
ز توحید و قرآن و وعد و وعید	ز تأیید و ز رسمهای جدید
ز قطران و ز آتش و ز مهریر	ز فردوس وز حور وز جوی شیر
ز کافور منشور و ماء معین	درخت بهشت و می و انگبین

اگر شاه بپذیرد این دین راست	دو عالم به شاهی و شادی وراست
همان تاج دارد همان گوشوار	همه ساله با بوی و رنگ و نگار
شفیع از گناهش محمد بود	تنش چون گلاب مصعد بود
بکاری که پاداش یابی بهشت	نباید به باغ بلا کینه کشت
تن یزدگرد و جهان فراخ	چنین باغ و میدان و ایوان وکاخ
همه تخت گاه و همه جشن و سور	نخرم به دیدار یک موی حور
دو چشم تو اندر سرای سپنج	چنین خیره شد از پی تاج و گنج
بس ایمن شدستی برین تخت عاج	بدین یوز و باز و بدین مهر و تاج
جهانی کجا شربتی آب سرد	نیرزد دلت را چه داری به درد
هرآنکس که پیش من آید به جنگ	نبیند به جز دوزخ و گور تنگ
بهشتست اگر بگروی جای تو	نگر تا چه باشد کنون رای تو
به قرطاس مهر عرب برنهاد	درود محمد همی‌کرد یاد
چو شعبه مغیره بگفت آن زمان	که آید بر رستم پهلوان
ز ایران یکی نامداری ز راه	بیامد بر پهلوان سپاه
که آمد فرستاده‌یی پیروسست	نه اسپ و سلیح و نه چشمی درست
یکی تیغ باریک بر گردنش	پدید آمده چاک پیراهنش
چورستم به گفتار او بنگرید	ز دیبا سراپرده‌ی برکشید
ز زربفت چینی کشیدند نخ	سپاه اندر آمد چو مور و ملخ
نهادند زرین یکی زیرگاه	نشست از برش پهلوان سپاه
بر او از ایرانیان شست مرد	سواران و مردان روز نبرد
به زر بافته جامه‌های بنفش	بپا اندرون کرده زرینه کفش
همه طوق داران با گوشوار	سرا پرده آراسته شاهوار
چو شعبه به بالای پرده سرای	بیامد بران جامه ننهاد پای
همی‌رفت برخاک برخوار خوار	ز شمشیر کرده یکی دستوار
نشست از بر خاک و کس را ندید	سوی پهلوان سپه ننگرید
بدو گفت رستم که جان شاددار	بدانش روان و تن آباد دار
بدو گفت شعبه که ای نیک نام	اگر دین پذیری شوم شادکام
بپیچید رستم ز گفتار اوی	بروهاش پرچین شد و زرد روی
ازو نامه بستد بخواننده داد	سخنها برو کرد خواننده یاد

چنین داد پاسخ که او رابگوی   که نه شهریاری نه دیهیم جوی
ندیده سرنیزه‌ات بخت را   دلت آرزو کرد مر تخت را
سخن نزد دانندگان خوارنیست   تو را اندرین کار دیدار نیست
اگر سعد با تاج ساسان بدی   مرا رزم او کردن آسان بدی
ولیکن بدان کاخترت بی‌وفاست   چه گوییم کامروز روز بلاست
تو را گر محمد بود پیش رو   بدین کهن گویم از دین نو
همان کژ پرگار این گوژپشت   بخواهد همی‌بود با ما درشت
تو اکنون بدین خرمی بازگرد   که جای سخن نیست روز نبرد
بگویش که در جنگ مردن بنام   به اززنده دشمن بدو شادکام
بفرمود تابرکشیدند نای   سپاه اندر آمد چو دریا ز جای
برآمد یکی ابر و برشد خروش   همی کر شد مردم تیزگوش
سنانهای الماس در تیره گرد   چو آتش پس پرده‌ی لاژورد
همی نیزه بر مغفر آبدار   نیامد به زخم اندرون پایدار
سه روز اندر آن جایگه جنگ بود   سر آدمی سم اسپان به سود
شد ازتشنگی دست گردان ز کار   هم اسپ گرانمایه از کارزار
لب رستم از تشنگی شد چو خاک   دهن خشک و گویا زبان چاک چاک
چو بریان و گریان شدند از نبرد   گل تر به خوردن گرفت اسپ و مرد
خروشی بر آمد به کردار رعد   ازین روی رستم وزان روی سعد
برفتند هر دو ز قلب سپاه   بیکسو کشیدند ز آوردگاه
چو از لشکر آن هر دو تنها شدند   به زیر یکی سرو بالا شدند
همی‌تاختتند اندر آوردگاه   دو سالار هر دو به دل کینه خواه
خروشی برآمد ز رستم چو رعد   یکی تیغ زد بر سر اسپ سعد
چواسپ نبرد اندرآمد به سر   جدا شد ازو سعد پرخاشخر
بر آهیخت رستم یکی تیغ تیز   بدان تا نماید به دو رستخیز
همی‌خواست از تن سرش رابرید   ز گرد سپه این مران را ندید
فرود آمد از پشت زین پلنگ   به زد بر کمر بر سر پالهنگ
بپوشید دیدار رستم ز گرد   بشد سعد پویان به جای نبرد
یکی تیغ زد بر سر ترگ اوی   که خون اندر آمد ز تارک بروی
چو دیدار رستم ز خون تیره شد   جهانجوی تازی بدو چیره شد

دگر تیغ زد بر بر و گردنش	به خاک اندر افگند جنگی تنش
سپاه از دو رویه خودآگاه نه	کسی را سوی پهلوان راه نه
همی‌جست مر پهلوان را سپاه	برفتند تا پیش آوردگاه
بدیدندش از دور پر خون و خاک	سرا پای کردن به شمشیر چاک
هزیمت گرفتند ایرانیان	بسی نامور کشته شد در میان
بسی تشنه بر زین بمردند نیز	پر آمد ز شاهان جهان را قفیز
سوی شاه ایران بیامد سپاه	شب تیره و روز تازان به راه
به بغداد بود آن زمان یزدگرد	که او را سپاه اندآورد گرد

رای زدن یزدگرد با ایرانیان و رفتن بسوی خراسان

فرخ زاد هرمزد با آب چشم	به اروند رود اندر آمد بخشم
به کرخ اندر آمد یکی حمله برد	که از نیزه داران نماند ایچ گرد
هم آنگه ز بغداد بیرون شدند	سوی رزم جستن به هامون شدند
چو برخاست گرد نبرد از میان	شکست اندر آمد به ایرانیان
به فرخ زاد برگشت و شد نزد شاه	پر از گرد با آلت رزمگاه
فرود آمد از باره بردش نماز	دو دیده پر از خون و دل پرگداز
بدو گفت چندین چه مولی همی	که گاه کیی را بشولی هیم
ز تخم کیان کس جز از تو نماند	که با تاج بر تخت شاید نشاند
توی یک تن و دشمنان صد هزار	میان جهان چون کنی کار زار
برو تا سوی بیشه‌ی نارون	جهانی شود بر تو بر انجمن
وزان جایگاه چون فریدون برو	جوانی یکی کار بر ساز نو
فرخ زاد گفت و جهانبان شنید	یکی دیگر اندیشه آمد پدید
دگر روز برگاه بنشست شاه	به سر برنهاد آن کیانی کلاه
یکی انجمن کرد با بخردان	بزرگان و بیدار دل موبدان
چه بینید گفت اندرین داستان	چه دارید یاد از گه باستان
فرخ زاد گوید که با انجمن	گذر کن سوی بیشه‌ی نارون

به آمل پرستندگان تواند	به ساری همه بندگان تواند
چو لشکر فراوان شود بازگرد	به مردم توان ساخت ننگ و نبرد
شما را پسند آید این گفت و گوی	به آواز گفتند کاین نیست روی
شهنشاه گفت این سخن درخورست	مرا در دل اندیشه‌ی دیگرست
بزرگان ایران و چندین سپاه	بر و بوم آباد و تخت و کلاه
سر خویش گیرم بمانم بجای	بزرگی نباشد نه مردی ورای
مرا جنگ دشمن به آید ز ننگ	یکی داستان زد برین بر پلنگ
که خیره به بدخواه منمای پشت	چو پیش آیدت روزگاری درشت
چنان هم که کهتر به فرمان شاه	بد و نیک باید که دارد نگاه
جهاندار باید که او را به رنج	نماند بجای وشود سوی گنج
بزرگان برو خواندند آفرین	که اینست آیین شاهان دین
نگه کن کنون تا چه فرمان دهی	چه خواهی و با ما چه پیمان نهی
مهان را چنین پاسخ آورد شاه	کز اندیشه گردد دل من تباه
همانا که سوی خراسان شویم	ز پیکار دشمن تن آسان شویم
کزان سو فراوان مرا لشکرست	همه پهلوانان کنداورست
بزرگان و ترکان خاقان چین	بیایند و بر ما کنند آفرین
بران دوستی نیز بیشی کنیم	که با دخت فغفور خویشی کنیم
بیاری بیاید سپاهی گران	بزرگان و ترکان جنگاوران
کنارنگ مروست ماهوی نیز	ابا لشکر و پیل و هر گونه چیز
کجا پیشکار شبانان ماست	برآورده‌ی دشتبانان ماست
ورا بر کشیدم که گوینده بود	همان رزم را نیز جوینده بود
چو بی‌ارز رانام دادیم و ارز	کنارنگی و پیل و مردان و مرز
اگر چند بی‌مایه و بی‌تنست	برآورده‌ی بارگاه منست
ز موبد شنیدستم این داستان	که با خواند از گفته‌ی باستان
که پرهیز از آن کن که بد کرده‌ای	که او را به بیهوده آزرده‌ای
بدان دار اومید کو را به مهر	سر از نیستی بردی اندر سپهر
فرخ زاد برهم بزد هر دو دست	بدو گفت کای شاه یزدان پرست
به بد گوهران بر بس ایمن مشو	که این را یکی داستانست نو
که هر چند بر گوهر افسون کنی	به کوشی کزو رنگ بیرون کنی

چو پروردگارش چنان آفرید
تو بر بند یزدان نیابی کلید

ازیشان نبرند رنگ و نژاد
تو را جز بزرگی و شاهی مباد

بدو گفت شاه‌ای هژبر ژیان
ازین آزمایش ندارد زیان

ببود آن شب و بامداد پگاه
گرانمایگان برگرفتند راه

ز بغداد راه خراسان گرفت
هم رنجها بر دل آسان گرفت

بزرگان ایران همه پر ز درد
برفتند با شاه آزاد مرد

برو بر همی‌خواندند آفرین
که بی تو مبادا زمان و زمین

خروشی برآمد ز لشکر به زار
ز تیمار وز رفتن شهریار

ازیشان هر آنکس که دهقان بدند
وگر خویش و پیوند خاقان بدند

خروشان بر شهریار آمدند
همه دیده چون جویبار آمدند

که ما را دل از بوم و آرامگاه
چگونه بود شاد بی روی شاه

همه بوم آباد و فرزند وگنج
بمانیم و با تو گزینیم رنج

زمانه نخواهیم بی‌تخت تو
مبادا که پیچان شود بخت تو

همه با توآییم تا روزگار
چه بازی کند دردم کارزار

ز خاقانیان آنک بد چرب گوی
به خاک سیه برنهادند روی

که ما بوم آباد بگذاشتیم
جهان در پناه تو پنداشتیم

کنون داغ دل نزد خاقان شویم
ز تازی سوی مرز دهقان شویم

شهنشاه مژگان پر از آب کرد
چنین گفت با نامداران بدرد

که یکسر به یزدان نیایش کنید
ستایش ورا در فزایش کنید

مگر باز بینم شما رایکی
شود تیزی تا زیان اندکی

همه پاک پروردگار منید
همان از پدر یادگار منید

نخواهم که آید شما را گزند
مباشید با من ببد یارمند

ببینیم تا گرد گردان سپهر
ازین سوکنون برکه گردد به مهر

شماساز گیرید با پای او
گذر نیست با گردش و رای او

وزان پس به بازارگانان چین
چنین گفت کاکنون به ایران زمین

مباشید یک چند کز تازیان
بدین سود جستن سرآید زیان

ازو باز گشتند با درد و جوش
ز تیمار با ناله و با خروش

فرخ زاد هرمزد لشکر براند
ز ایران جهاندیدگان را بخواند

همی‌رفت با ناله و درد شاه
سپهبد به پیش اندرون با سپاه

چو منزل به منزل بیامد بری / بر آسود یک چند با رود و می
ز ری سوی گرگان بیامد چو باد / همی‌بود یک چند نا شاد و شاد
ز گرگان بیامد سوی راه بست / پر آژنگ رخسار و دل نادرست

نامه یزدگرد بمرزبانان توس

دبیر جهاندیده راپیش خواند / دل آگنده بودش همه برفشاند
جهاندار چون کرد آهنگ مرو / به ماهوی سوری کنارنگ مرو
یکی نامه بنوشت با درد و خشم / پر از آرزو دل پر از آب چشم
نخست آفرین کرد بر کردگار / خداوند دانا و پروردگار
خداوند گردنده بهرام وهور / خداوند پیل و خداوند مور
کند چون بخواهد ز ناچیز چیز / که آموزگارش نباید به نیز
بگفت آنک ما را چه آمد بروی / وزین پادشاهی بشد رنگ و بوی
ز رستم کجا کشته شد روز جنگ / ز تیمار بر ما جهان گشت تنگ
بدست یکی سعد وقاص نام / نه بوم و نژاد و نه دانش نه کام
کنون تا در طیسفون لشکرست / همین زاغ پیسه به پیش اندرست
تو با لشکرت رزم را سازکن / سپه را برین برهم آواز کن
من اینک پس نامه برسان باد / بیایم به نزد تو ای پاک وراد
فرستاده‌ی دیگر از انجمن / گزین کرد بینا دل و رای زن
یکی نامه بنوشت دیگر بطوس / پر از خون دل و روی چون سندروس
نخست آفرین کرد بر دادگر / کزو دید نیرو و بخت و هنر
خداوند پیروزی و فرهی / خداوند دیهیم شاهنشهی
پی پشه تا پر و چنگ عقاب / به خشکی چو پیل و نهنگ اندر آب
ز پیمان و فرمان او نگذرد / دم خویش بی رای او نشمرد
ز شاه جهان یزدگرد بزرگ / پدر نامور شهریار سترگ
سپهدار یزدان پیروزگر / نگهبان جنبده و بوم و بر
ز تخم بزرگان یزدان شناس / که از تاج دارند از اختر سپاس

کزیشان شد آباد روی زمین فروزنده‌ی تاج و تخت و نگین
سوی مرزبانان با گنج و گاه که با فرو برزند و با داد و راه
شمیران و رویین دژ و رابه کوه کلات از دگر دست و دیگر گروه
نگهبان ما باد پروردگار شما بی‌گزند از بد روزگار
مبادا گزند سپهر بلند مه پیکار آهرمن پرگزند
همانا شنیدند گردنکشان خنیده شد اندر جهان این نشان
که بر کارزای و مرد نژاد دل ما پر آزرم و مهرست و داد
به ویژه نژاد شما را که رنج فزونست نزدیک شاهان ز گنج
چو بهرام چوبینه آمد پدید ز فرمان دیهیم ما سرکشید
شما را دل از شهر ای فراخ به پیچید وز باغ و میدان و کاخ
برین باستان راغ و کوه بلند کده ساختید از نهیب گزند
گر ای دون که نیرو دهد کردگار به کام دل ما شود روزگار
ز پاداش نیکی فزایش کنیم برین پیش دستی نیایش کنیم
همانا که آمد شما را خبر که ما را چه آمد ز اختر به سر
ازین مارخوار اهرمن چهرگان ز دانایی و شرم بی بهرگان
نه گنج و نه نام و نه تخت و نژاد همی‌داد خواهند گیتی بباد
بسی گنج و گوهر پراگنده شد بسی سر به خاک اندر آگنده شد
چنین گشت پرگار چرخ بلند که آید بدین پادشاهی گزند
ازین زاغ ساران بی‌آب و رنگ نه هوش و نه دانش نه نام و نه ننگ
که نوشین روان دیده بود این به خواب کزین تخت به پراگند رنگ و آب
چنان دید کز تازیان صد هزار هیونان مست و گسسته مهار
گذر یافتندی با روند رود نماندی برین بوم بر تار و پود
به ایران و بابل نه کشت و درود به چرخ زحل برشدی تیره دود
هم آتش به مردی به آتشکده شدی تیره نوروز و جشن سده
از ایوان شاه جهان کنگره فتادی به میدان او یکسره
کنون خواب راپاسخ آمد پدید ز ما بخت گردن بخواهد کشید
شود خوار هرکس که هست ارجمند فرومایه را بخت گردد بلند
پراگنده گردد بدی در جهان گزند آشکارا و خوبی نهان
بهر کشوری در ستمگاره‌یی پدید آید و زشت پتیاره‌یی

نشان شب تیره آمد پدید | همی روشنایی بخواهد پرید
کنون ما به دستوری رهنمای | همه پهلوانان پاکیزه رای
به سوی خراسان نهادیم روی | بر مرزبانان دیهیم جوی
ببینیم تا گردش روزگار | چه گوید بدین رای نا استوار
پس اکنون ز بهر کنارنگ طوس | بدین سو کشیدیم پیلان وکوس
فرخ زاد با ما ز یک پوستست | به پیوستگی نیز هم دوستست
بالتونیه‌ست او کنون رزمجوی | سوی جنگ دشمن نهادست روی
کنون کشمگان پور آن رزمخواه | بر ما بیامد بدین بارگاه
بگفت آنچ آمد ز شایستگی | هم ازبندگی هم ز بایستگی
شیندیم زین مرزها هرچ گفت | بلندی و پستی و غار و نهفت
دژ گنبدین کوه تا خرمنه | دگر لاژوردین ز بهر بنه
ز هر گونه بنمود آن دل گسل | ز خوبی نمود آنچ بودش به دل
وزین جایگه شد بهر جای کس | پژوهنده شد کارها پیش وپس
چنین لشکری گشن ما را که هست | برین تنگ دژها نشاید نشست
نشستیم و گفتنیم با رای زن | همه پهلوانان شدند انجمن
ز هر گونه گفتیم و انداختیم | سر انجام یکسر برین ساختیم
که از تاج و ز تخت و مهر و نگین | همان جامه‌ی روم و کشمیر و چین
ز پر مایه چیزی که آمد بدست | ز روم و ز طایف همه هرچ هست
همان هرچه از ماپراگند نیست | گر از پوشش است ار ز افگند نیست
ز زرینه و جامه‌ی نابرید | ز چیزی که آن رانشاید کشید
هم از خوردنیها ز هر گونه ساز | که ما را بیاید برو بر نیاز
ز گاوان گردون کشان چل هزار | که رنج آورد تا که آید به کار
به خروار زان پس ده و دو هزار | به خوشه درون گندم آرد ببار
همان ارزن و پسته و ناردان | بیارد یکی موبدی کاردان
شتروار زین هریکی ده هزار | هیونان بختی بیارند بار
همان گاو گردون هزار از نمک | بیارند تا بر چه گردد فلک
ز خرما هزار و ز شکر هزار | بود سخته و راست کرده شمار
ده و دو هزار انگبین کندره | بدژها کشند آن همه یکسره
نمک خورده سرپوست چون چل هزار | بیارند آن راکه آید به کار

شتروار سیصد ز زربفت شاه / بیارند بر بارها تا دو ماه
بیاید یکی موبدی با گروه / ز گاه شمیران و از را به کوه
به دیدار پیران و فرهنگیان / بزرگان که‌اند از کنارنگیان
به دو روز نامه به دژها نهند / یکی نامه گنجور ما را دهند
دگر خود بدارند با خویشتن / بزرگان که باشند زان انجمن
همانا بران راغ و کوه بلند / ز ترک و ز تازی نیاید گزند
شما را بدین روزگار سترگ / یکی دست باشد بر ما بزرگ
هنرمند گوینده دستور ما / بفرماید اکنون به گنجور ما
که هرکس این را ندارد به رنج / فرستد ورا پارسی جامه پنج
یکی خوب سربند پیکر به زر / بیابند فرجام زین کار بر
بدین روزگار تباه و دژم / بیابد ز گنجور ما چل درم
به سنگ کسی کو بود زیردست / یکی زین درمها گر اید بدست
از آن شست بر سرش و چاردانگ / بیارد نبشته بخواند به بانگ
بیک روی برنام یزدان پاک / کزویست امید و زو ترس وباک
دگر پیکرش افسر و چهر ما / زمین بارور گشته از مهر ما
به نوروز و مهر آن هم آراستست / دو جشن بزرگست و با خواستست
درود جهان بر کم آزار مرد / کسی کو ز دیهیم ما یاد کرد
بلند اختری نامجوی سواری / بیامد به کف نامه‌ی شهریار
وزان جایگه برکشیدند کوس / ز بست و نشاپور شد تا به طوس
خبر یافت ماهوی سوری ز شاه / که تا مرز طوس اندر آمد سپاه
پذیره شدشت با سپاه گران / همه نیزه داران جوشن وران
چو پیداشد آن فرو آورند شاه / درفش بزرگی و چندان سپاه
پیاده شد از باره ماهوی زود / بران کهتری بندگیها فزود
همی‌رفت نرم از بر خاک گرم / دو دیده پر ا زآب کرده زشرم
زمین را ببوسید و بردش نماز / همی‌بود پیشش زمانی دراز
فرخ زاد چون روی ماهوی دید / سپاهی بران سان رده برکشید
ز ماهوی سوری دلش گشت شاد / برو بر بسی پندها کرد یاد
که این شاه را از نژادکیان / سپردم تو را تا ببندی میان
نباید که بادی برو بر جهد / وگر خود سپاسی برو برنهد

مرا رفت باید همی سوی ری	ندانم که کی بینم این تاج کی
که چون من فراوان به آوردگاه	شد از جنگ آن نیزه‌داران تباه
چو رستم سواری به گیتی نبود	نه گوش خردمند هرگز شنود
بدست یکی زاغ سرکشته شد	به من بر چنین روز برگشته شد
که یزدان و را جای نیکان دهاد	سیه زاغ را درد پیکان دهاد
بدو گفت ماهوی کای پهلوان	مرا شاه چشمست و روشن روان
پذیرفتم این زینهار تو را	سپهر تو را شهریار تو را
فرخ زاد هرمزد زان جایگاه	سوی ری بیامد به فرمان شاه
برین نیز بگذشت چندی سپهر	جداشد ز مغز بد اندیش مهر
شبان را همی تخت کرد آرزوی	دگرگونه‌تر شد به آیین و خوی
تن خویش یک چند بیمار کرد	پرستیدن شاه دشوار کرد

بر انگیختن ماهوی سوری بیژن را بجنگ یزدگرد

یکی پهلوان بود گسترده کام	نژادش ز طرخان و بیژن بنام
نشستش به شهر سمرقند بود	بران مرز چندیش پیوند بود
چو ماهوی بدبخت خودکامه شد	ازو نزد بیژن یکی نامه شد
که ای پهلوان زاده‌ی بی‌گزند	یکی رزم پیش آمدت سودمند
که شاه جهان با سپاه ای درست	ابا تاج و گاهست و با افسرست
گرآیی سر و تاج و گاهش تو راست	همان گنج و چتر سیاهش تو راست
چو بیژن نگه کرد و آن نامه دید	جهان پیش ماهوی خودکامه دید
به دستور گفت ای سر راستان	چه داری بیاد اندرین داستان
بیاری ماهوی گر من سپاه	برانم شود کارم ایدر تباه
به من برکند شاه چینی فسوس	مرا بی‌منش خواند و چاپلوس
وگرنه کنم گوید از بیم کرد	همی‌ترسد از روز ننگ و نبرد
چنین داد دستور پاسخ بدوی	که ای شیر دل مرد پرخاشجوی
از ایدر تو را ننگ باشد شدن	به یاری ماهوی و باز آمدن

ببرسام فرمای تا با سپاه	بیاری شود سوی آن رزمگاه
به گفتار سوری شوی سوی جنگ	سبکسار خواند تار مرد سنگ
چنین گفت بیژن که اینست رای	مرا خود نجنبید باید ز جای
ببرسام فرمود تا ده هزار	نبرده سواران خنجرگزار
به مرو اندرون ساز جنگ آورد	مگر گنج ایران به چنگ آورد
سپاه از بخارا چوپران تذرو	بیامد به یک هفته تا شهر مرو
شب تیره هنگام بانگ خروس	از آن مرز برخاست آواز کوس

شکست یزدگرد و گریختن او اندر آسیا

جهاندار زین خود نه آگاه بود	که ماهوی سوریش بدخواه بود
به شبگیر گاه سپیده دمان	سواری سوی خسرو آمد دوان
که ماهوی گوید که آمد سپاه	ز ترکان کنون برچه رایست شاه
سپهدار خانست و فغفور چین	سپاهش همی بر نتابد زمین
بر آشفت و جوشن بپوشید شاه	شد از گرد گیتی سراسر سیاه
چو نیروی پرخاش ترکان بدید	بزد دست و تیغ از میان برکشید
به پیش سپاه اندر آمد چو پیل	زمین شد به کردار دریای نیل
چو بر لشکر ترک بر حمله برد	پس پشت او در نماند ایچ گرد
همه پشت بر تاجور گاشتند	میان سوارانش بگذاشتند
چو برگشت ماهوی شاه جهان	بدانست نیرنگ او در نهان
چنین بود ماهوی را رای و راه	که او ماند اندر میان سپاه
شهنشاه در جنگ شد ناشکیب	همی‌زد به تیغ و به پای و رکیب
فراوان از آن نامداران بشکت	چو بیچاره‌تر گشت بنمود پشت
ز ترکان بسی بود در پشت اوی	یکی کابلی تیغ در مشت اوی
همی‌تاخت جوشان چو از ابر برق	یکی آسیا بد بر آن آب زرق
فرود آمد از باره شاه جهان	ز بدخواه در آسیا شد نهان
سواران بجستن نهادند روی	همه زرق ازو شد پر از گفت و گوی

ازو بازماند اسپ زرین ستام / همان گرز و شمشیر زرین نیام
بجستنش ترکان خروشان شدند / از آن باره و ساز جوشان شدند
نهان گشته در خانه‌ی آسیا / نشست از بر خشک لختی گیا
چنین است رسم سرای فریب / فرازش بلند و نشیبش نشیب
بدانگه که بیدار بد بخت اوی / بگردون کشیدی فلک تخت اوی
کنون آسیابی بیامدش بهر / ز نوشش فراوان فزون بود زهر
چه بندی دل اندر سرای فسوس / که هم زمان به گوش آید آواز کوس
خروشی برآید که بربند رخت / نبینی به جز دخمه‌ی گور تخت
دهان ناچریده دودیده پرآب / همی‌بود تا برکشید آفتاب
گشاد آسیابان در آسیا / به پشت اندرون بار و لختی گیا
فرومایه‌یی بود خسرو به نام / نه تخت و نه گنج و نه تاج و نه کام
خور خویش زان آسیا ساختی / به کاری جزین خود نپرداختی
گوی دید برسان سرو بلند / نشسته به ران سنگ چون مستمند
یکی افسری خسروی بر سرش / درفشان ز دیبای چینی برش
به پیکر یکی کفش زرین بپای / ز خوشاب و زر آستین قبای
نگه کرد خسرو بدو خیره ماند / بدان خیرگی نام یزدان بخواند
بدو گفت کای شاه خورشید روی / برین آسیا چون رسیدی تو گوی
چه جای نشستت بود آسیا / پر از گندم و خاک و چندی گیا
چه مردی به دین فر و این برز و چهر / که چون تو نبیند همانا سپهر
از ایرانیانم بدو گفت شاه / هزیمت گرفتم ز توران سپاه
بدو آسیابان به تشویر گفت / که جز تنگ دستی مرانیست جفت
اگر نان کشکینت آید به کار / ورین ناسزا تره‌ی جویبار
بیارم جزین نیز چیزی که هست / خروشان بود مردم تنگ دست
به سه روز شاه جهان را ز رزم / نبود ایچ پردازش خوان و بزم
بدو گفت شاه آنچ داری بیار / خورش نیز با به رسم آید به کار
سبک مرد بی مایه چبین نهاد / برو تره و نان کشکین نهاد
برسم شتابید و آمد به راه / به جایی که بود اندران واژگاه
بر مهتر زرق شد بی‌گذار / که برسم کند زو یکی خواستار
بهر سو فرستاد ماهوی کس / ز گیتی همی شاه را جست و بس

از آن آسیابان بپرسید مه	که برسم کرا خواهی ای روزبه
بدو گفت خسرو که در آسیا	نشستست کنداوری برگیا
به بالا به کردار سرو سهی	به دید را خورشید با فرهی
دو ابرو کمان و دو نرگس دژم	دهن پر ز باد ابروان پر ز خم
برسم همی واژ خواهد گرفت	سزد گر بمانی ازو در شگفت
یکی کهنه چبین نهادم به پیش	برو نان کشکین سزاوار خویش
بدو گفت مهترکز ایدر بپوی	چنین هم به ماهوی سوری بگوی
نباید که آن بد نژاد پلید	چو این بشنود گوهر آرد پدید
سبک مهتر او را بمردی سپرد	جهان دیده را پیش ماهوی برد
بپرسید ماهوی زین چاره جوی	که برسم کرا خواستی راست گوی
چنین داد پاسخ ورا ترسکار	که من بار کردم همی خواستار
در آسیا را گشادم به خشم	چنان دان که خورشید دیدم به چشم
دو نرگس چونر آهو اندر هراس	دو دیده چو از شب گذشته سه پاس
چو خورشید گشتست زو آسیا	خورش نان خشک و نشستش گیا
هر آنکس که او فر یزدان ندید	ازین آسیابان بباید شنید
پر از گوهر نابسود افسرش	ز دیبای چینی فروزان برش
بهاریست گویی در اردیبهشت	به بالای او سرو دهقان نکشت
چو ماهوی دل را برآورد گرد	بدانست کو نیست جز یزدگرد
بدو گفت بشتاب زین انجمن	هم اکنون جدا کن سرش را ز تن
و گرنه هم اکنون ببرم سرت	نمانم کسی زنده از گوهرت
شنیدند ازو این سخن مهتران	بزرگان بیدار و کنداوران
همه انجمن گشت ازو پر ز خشم	زبان پر ز گفتار و پر آب چشم
یکی موبدی بود را دوی نام	به جان و خرد برنهادی لگام
به ماهوی گفت ای بد اندیش مرد	چرا دیو چشم تو را تیره کرد
چنان دان که شاهی و پیغمبری	دو گوهر بود در یک انگشتری
ازین دو یکی را همی‌بشکنی	روان و خرد را به پا افگنی
نگر تا چه گویی بپرهیز ازین	مشو بد گمان با جهان آفرین
نخستین ازو بر تو آید گزند	به فرزند مانی یکی کشتمند
که بارش کبست آید وبرگ خون	به زودی سرخویش بینی نگون

۱۹۳۱

همی دین یزدان شود زو تباه	همان بر تو نفرین کند تاج و گاه
برهنه شود در جهان زشت تو	پسر بدرود بی‌گمان کشت تو
یکی دینوری بود یزدان پرست	که هرگز نبردی به بد کار دست
که هرمزد خراد بدنام او	بدین اندرون بود آرام او
به ماهوی گفت ای ستمگاره مرد	چنین از ره پاک یزدان مگرد
همی تیره بینم دل و هوش تو	همی خار بینم در آغوش تو
تنومند و بی‌مغز و جان نزار	همی دود ز آتش کنی خواستار
تو را زین جهان سرزنش بینم آز	ببر گشتنت گرم و رنج گداز
کنون زندگانیت ناخوش بود	چو رفتی نشستت در آتش بود
نشست او و شهر وی بر پای خاست	به ماهوی گفت این دلیری چراست
شهنشاه را کارزار آمدی	ز خان و ز فغفور یار آمدی
ازین تخمه‌ی بی‌کس بسی یافتند	که هرگز بکشتنش نشتافتند
توگر بنده‌ای خون شاهان مریز	که نفرین بود بر تو تا رستخیز
بگفت این و بنشست گریان به درد	پر از خون دل و مژه پر آب زرد
چو بنشست گریان بشد مهرنوش	پر از درد با ناله و با خروش
به ماهوی گفت ای بد بد نژاد	که نه رای فرجام دانی نه داد
ز خون کیان شرم دارد نهنگ	اگر کشته بیند ندرد پلنگ
ایا بتر از دد به مهر و به خوی	همی گاه شاه آیدت آرزوی
چو بر دست ضحاک جم کشته شد	چه مایه سپهر از برش گشته شد
چو ضحاک بگرفت روی زمین	پدید آمد اندر جهان آبتین
بزاد آفریدون فرخ نژاد	جهان را یکی دیگر آمد نهاد
شنیدی که ضحاک بیدادگر	چه آورد از آن خویشتن را به سر
برو سال بگذشت ما نا هزار	به فرجام کارآمدش خواستار
و دیگر که تور آن سرافراز مرد	کجا آز ایران و را رنجه کرد
همان ایرج پاک دین را بکشت	برو گردش آسمان شد درشت
منوچهر زان تخمه‌ی آمد پدید	شد آن بند بد را سراسر کلید
سه دیگر سیاوش ز تخم کیان	کمر بست بی‌آرزو در میان
به گفتار گرسیوز افراسیاب	ببرد از روان و خرد شرم و آب

جهاندار کیخسرو از پشت اوی	بیامد جهان کرد پرگفت و گوی
نیا را به خنجر به دونیم کرد	سرکینه جویان پر از بیم کرد
چهارم سخن کین ارجاسپ بود	که ریزنده خون لهراسپ بود
چو اسفندیار اندر آمد به جنگ	ز کینه ندادش زمانی درنگ
به پنجم سخن کین هرمزد شاه	چو پرویز را گشن شد دستگاه
به بندوی و گستهم کرد آنچ کرد	نیا ساید این چرخ گردان ز گرد
چو دستش شد او جان ایشان ببرد	در کینه را خوار نتوان شمرد
تو را زود یاد آید این روزگار	به پیچی ز اندیشه‌ی نابکار
توزین هرچ کاری پسر بدرود	زمانه زمانی همی‌نغنود
به پرهیز زین گنج آراسته	وزین مردری تاج و این خواسته
همی سر به پیچی به فرمان دیو	ببری همی راه گیهان خدیو
به چیزی که برتو نزیبد همی	ندانی که دیوت فریبد همی
به آتش نهال دلت را مسوز	مکن تیره این تاج گیتی فروز
سپاه پراگنده راگرد کن	وزین سان که گفتی مگردان سخن
ازی در به پوزش برشاه رو	چو بینی ورا بندگی ساز نو
وزان جایگه جنگ لشکر بسیچ	ز رای و ز پوزش میاسای هیچ
کزین بدنشان دو گیتی شوی	چو گفتار دانندگان نشنوی
چو کاری که امروز بایدت کرد	به فردا رسد زو برآرند گرد
همی یزدگرد شهنشاه را	بتر خواهی ازترک بدخواه را
که در جنگ شیرست برگاه شاه	درخشان به کردار تابنده ماه
یکی یادگاری ز ساسانیان	که چون او نبندد کمر بر میان
پدر بر پدر داد و دانش‌پذیر	ز نوشین روان شاه تا اردشیر
بود اردشیرش بهشتم پدر	جهاندار ساسان با داد و فر
که یزدانش تاج کیان برنهاد	همه شهریارانش فرخ نژاد
چو تو بود مهتر به کشور بسی	نکرد اینچنین رای هرگز کسی
چو بهرام چو بین که سیصد هزار	عناندار و بر گستوان ور سوار
به یک تیر او پشت برگاشتند	بدو دشت پیکار بگذاشتند
چو از رای شاهان سرش سیر گشت	سر دولت روشنش زیر گشت
فرآیین که تخت بزرگی بجست	نبودش سزادست بد را بشست

بران گونه برگشته شد زار و خوار
گزافه بپرداز زین روزگار

بترس از خدای جهان آفرین
که تخت آفریدست و تاج و نگین

تن خویش بر خیره رسوا مکن
که بر تو سر آرند زود این سخن

هر آنکس که با تو نگوید درست
چنان دان که او دشمن جان تست

تو بیماری اکنون و ما چون پزشک
پزشک خروشان به خونین سرشک

تو از بنده‌ی بندگان کمتری
به اندیشه‌ی دل مکن مهتری

همی کینه با پاک یزدان نهی
ز راه خرد جوی تخت مهی

شبان زاده را دل پر از تخت بود
ورا پند آن موبدان سخت بود

چنین بود تابود و این تازه نیست
که کار زمانه براندازه نیست

یکی رابرآرد به چرخ بلند
یکی را کند خوار و زار و نژند

نه پیوند با آن نه با اینش کین
که دانست راز جهان آفرین

همه موبدان تا جهان شد سیاه
بر آیین خورشید بنشست ماه

به گفتند زین گونه با کینه جوی
نبد سوی یک موی زان گفت وگوی

چوشب تیره شد گفت با موبدان
شمارا بباید شد ای بخردان

من امشب بگردانم این با پسر
زهر گونه‌یی دانش آرم ببر

ز لشگر بخوانیم داننده بیست
بدان تا بدین بر نباید گریست

برفتند دانندگان از برش
بیامد یکی موبد از لشکرش

چو بنشست ماهوی با راستان
چه بینید گفت اندرین داستان

اگر زنده ماند تن یزدگرد
ز هر سو برو لشکر آیند گرد

برهنه شد این راز من در جهان
شنیدند یکسر کهان و مهان

بیاید مرا از بدش جان به سر
نه تن ماند ایدر نه بوم و نه بر

چنین داد پاسخ خردمند مرد
که این خود نخستین نبایست کرد

اگر شاه ایران شود دشمنت
ازو بد رسد بی‌گمان برتنت

وگر خون او را بریزی بدست
که کین خواه او در جهان ایزدست

چپ و راست رنجست و اندوه و درد
نگه کن کنون تا چه بایدت کرد

پسر گفت کای باب فرخنده رای
چو دشمن کنی زو بپرداز جای

سپاه آید او را ز ما چین و چین
به ما بر شود تنگ روی زمین

تو این را چنین خردکاری مدان
چوچیره شدی کام مردان بران

گر از دامن او درفشی کنند
تو را با سپاه از بنه برکنند

چو بشنید ماهوی بیدادگر   سخنها کجا گفت او را پسر
چنین گفت با آسیابان که خیز   سواران ببر خون دشمن بریز
چو بشنید ازو آسیابان سخن   نه سردید از آن کار پیدانه بن
شبانگاه نیران خرداد ماه   سوی آسیابان رفت نزدیک شاه
ز درگاه ماهوی چون شد برون   دو دیده پر از آب دل پر ز خون
سواران فرستاد ماهوی زود   پس آسیابان به کردار دود
بفرمود تا تاج و آن گوشوار   همان مهر و آن جامه‌ی شاهوار
نباید که یکسر پر از خون کنند   ز تن جامه‌ی شاه بیرون کنند
بشد آسیابان دو دیده پر آب   به زردی دو رخساره چون آفتاب
همی‌گفت کای روشن کردگار   تویی برتر از گردش روزگار
تو زین ناپسندیده فرمان او   هم اکنون به پیچان تن و جان او
بر شاه شد دل پر از شرم و باک   رخانش پر آب و دهانش چو خاک
به نزدیک تنگ اندر آمد به هوش   چنان چون کسی راز گوید بگوش
یکی دشنه زد بر تهیگاه شاه   رهاشد به زخم اندر از شاه آه
به خاک اندر آمد سرو افسرش   همان نان کشکین به پیش اندرش
اگر راه یابد کسی زین جهان   بباشد ندارد خرد در نهان
ز پرورده سیر آید این هفت گرد   شود کشته بر بیگنه یزدگرد
برین گونه بر تاجداری بمرد   که از لشکر او سواری نبرد
خردنیست با گرد گردان سپهر   نه پیدابود رنج و خشمش ز مهر
همان به که گیتی نبینی به چشم   نداری ز کردار او مهر و خشم
سواران ماهوی شوریده بخت   به دیدند کان خسروانی درخت
ز تخت و ز آوردگه آرمید   بشد هر کسی روی او را بدید
گشادند بند قبای بنفش   همان افسر و طوق و زرینه کفش
فگنده تن شاه ایران به خاک   پر از خون و پهلو به شمشیر چاک
ز پیش شهنشاه برخاستند   زبان را به نفرین بیاراستند
که ماهوی را باد تن همچنین   پر از خون فگنده بروی زمین
به نزدیک ماهوی رفتند زود   ابا یاره و گوهر نابسود
به ماهوی گفتند کان شهریار   برآمد ز آرام وز کارزار
بفرمود کو را به هنگام خواب   از آن آسیا افگنند اندر آب

بشد تیز بد مهر دو پیشکار	کشیدند پر خون تن شهریار
کجا ارج آن کشته نشناختند	به گرداب زرق اندر انداختند
چو شب روز شد مردم آمد پدید	دو مرد گرانمایه آنجا رسید
از آن سوگواران پرهیزگار	بیامد یکی بر لب جویبار
تن او برهنه بدید اندر آب	بشورید و آمد هم اندر شتاب
چنین تا در خان راهب رسید	بدان سوگواران بگفت آنچ دید
که شاه زمانه به غرق اندرست	برهنه به گرداب زرق اندرست
برفتند زان سوگواران بسی	سکوبا و رهبان ز هر در کسی
خروشی بر آمد ز راهب به درد	که ای تاجور شاه آزاد مرد
چنین گفت راهب که این کس ندید	نه پیش از مسیح این سخن کس شنید
که بر شهریاری زند بنده‌یی	یکی بدنژادی و افگنده‌یی
به پرورد تا بر تنش بد رسد	ازین بهر ماهوی نفرین سزد
دریغ آن سر و تاج و بالای تو	دریغ آن دل و دانش و رای تو
دریغ آن سر تخمه‌ی اردشیر	دریغ این جوان و سوار هژیر
تنومند بودی خرد با روان	ببردی خبر زین بنوشین روان
که در آسیا ماه روی تو را	جهاندار و دیهیم جوی تو را
بدشنه جگرگاه بشکافتند	برهنه به آب اندر انداختند
سکوبا از آن سوگواران چهار	برهنه شدند اندران جویبار
گشاده تن شهریار جوان	نبیره جهاندار نوشین روان
به خشکی کشیدند زان آبگیر	بسی مویه کردند برنا و پیر
به باغ اندرون دخمه‌یی ساختند	سرش را با براندر افراختند
سر زخم آن دشنه کردند خشک	بدبق و به قیر و به کافور و مشک
بیاراستندش به دیبای زرد	قصب زیر و دستی ز بر لاژورد
می و مشک و کافور و چندی گلاب	سکوبا بیندود بر جای خواب
چه گفت آن گرانمایه دهقان مرو	که به نهفت بالای آن زاد سرو
که بخشش ز کوشش بود درنهان	که خشنود بیرون شود زین جهان
دگر گفت اگر چند خندان بود	چنان دان که از دردمندان بود
که از چرخ گردان پذیرد فریب	که او را نماید فراز و شیب
دگر گفت کان را تو دانا مخوان	که تن را پرستد نه راه روان

همی‌خواسته جوید و نام بد	بترسد روانش ز فرجام بد
دگر گفت اگر شاه لب را ببست	نبیند همی تاج و تخت نشست
نه مهر و پرستنده‌ی بارگاه	نه افسر نه کشور نه تاج و کلاه
دگر گفت کز خوب گفتار اوی	ستایش ندارم سزاوار اوی
همی سرو کشت او به باغ بهشت	ببیند روانش درختی که کشت
دگر گفت یزدان روانت ببرد	تنت را بدین سوگواران سپرد
روان تو را سودمند این بود	تن بد کنش را گزند این بود
کنون در بهشتست بازار شاه	به دوزخ کند جان بدخواه راه
دگر گفت کای شاه دانش پذیر	که با شهریاری و با اردشیر
درودی همان بر که کشتی به باغ	درفشان شد آن خسروانی چراغ
دگر گفت کای شهریار جوان	بخفتی و بیدار بودت روان
لبت خامش و جان به چندین گله	برفت و تنت ماند ایدر یله
تو بیکاری و جان به کاران درست	تن بد سگالت ببار اندرست
بگوید روان گر زبان بسته شد	بیاسود جان گر تنت خسته شد
اگر دست بیکار گشت از عنان	روانت به چنگ اندر آرد سنان
دگر گفت کای نامبردار نو	تو رفتی و کردار شد پیش رو
تو را در بهشتست تخت این بس است	زمین بلا بهردیگر کس است
دگر گفت کنکس که او چون توکشت	به بیند کنون روزگار درشت
سقف گفت ما بندگان تویم	نیایش کن پاک جان تویم
که این دخمه پرلاله باغ توباد	کفن دشت شادی و راغ تو باد
به گفتند و تابوت برداشتند	ز هامون سوی دخمه بگذاشتند
بران خوابگه رفت ناکام شاه	سرآمد برو رنج و تخت و کلاه
چنین دادخوانیم بر یزدگرد	وگرکینه خوانیم ازین هفت گرد
اگر خود نداند همی کین و داد	مرا فیلسوف ایچ پاسخ نداد
وگر گفت دینی همه بسته گفت	بماند همی پاسخ اندر نهفت
گرهیچ گنجست ای نیک رای	بیار ای و دل را به فردا مپای
که گیتی همی بر تو بر بگذرد	زمانه دم ما همی‌بشمرد
در خوردنت چیره کن برنهاد	اگر خود بمانی دهد آنک داد
مرا دخل و خرج ار برابر بدی	زمانه مرا چون برادر بدی

۱۹۳۷

تگرگ آمدی امسال برسان مرگ
مرا مگر بهتر بدی از تگرگ
در هیزم و گندم و گوسفند
ببست این برآورده چرخ بلند
می‌آور که از روزمان بس نماند
چنین تا بود و برکس نماند

بر تخت نشستن ماهوی سوری

کس آمد به ماهوی سوری بگفت
که شاه جهان گشت با خاک جفت
سکوبا و قسیس و رهبان روم
همه سوگواران آن مرز و بوم
برفتند با مویه برنا و پیر
تن شاه بردند زان آبگیر
یکی دخمه کردند او رابه باغ
بلند و بزرگیش برتر ز راغ
چنین گفت ماهوی بدبخت و شوم
که ایران نبد پش ازین خویش روم
فرستاد تا هر که آن دخمه کرد
هم آنکس کزان کار تیمار خورد
بکشتند و تاراج کردند مرز
چنین بود ماهوی را کام و ارز
ازان پس بگرد جهان بنگرید
ز تخم بزرگان کسی را ندید
همان تاج با او بد و مهر شاه
شبان زاده را آرزو کردگاه
همه رازدارانش را پیش خواند
سخن هرچ بودش به دل در براند
به دستور گفت ای جهاندیده مرد
فراز آمد آن روز ننگ و نبرد
نه گنجست بامن نه نام و نژاد
همی‌داد خواهم سرخود بباد
بر انگشتری یزدگردست نام
به شمشیر بر من نگردند رام
همه شهر ایران ورا بنده بود
اگر خویش بد ار پراگنده بود
نخواند مرا مرد داننده شاه
نه بر مهرم آرام گیرد سپاه
جزین بود چاره مرا در نهان
چرا ریختم خون شاه جهان
همه شب ز اندیشه پر خون بدم
جهاندار داند که من چون بدم
بدو رای زن گفت که اکنون گذشت
ازین کار گیتی پر آواز گشت
کنون بازجویی همی کارخویش
که بگسستی آن رشته‌ی تار خویش
کنون او بدخمه درون خاک شد
روان ورا زهر تریاک شد
جهاندیدگان را همه گرد کن
زبان تیز گردان به شیرین سخن

چنین گوی کاین تاج انگشتری مرا شاه داد از پی مهتری
چو دانست کامد ز ترکان سپاه چوشب تیره‌تر شد مرا خواند شاه
مرا گفت چون خاست باد نبرد که داند به گیتی که برکیست گرد
تواین تاج و انگشتری را بدار بود روز کین تاجت آید به کار
مرانیست چیزی جزین در جهان همانا که هست این ز تازی نهان
تو زین پس به دشمن مده گاه من نگه دار هم زین نشان راه من
من این تاج میراث دارم ز شاه به فرمان او بر نشینم به گاه
بدین چاره ده بند بد را فروغ که داند که این راستست از دروغ
چوبشنید ماهوی گفتا که زه تو دستوری و بر تو بر نیست مه
همه مهتران را ز لشکر بخواند وزین گونه چندین سخنها براند
بدانست لشکر که این نیست راست به شوخی ورا سر بریدن سزاست
یکی پهلوان گفت کاین کار تست سخن گر درستست گر نادرست
چوبشنید بر تخت شاهی نشست به افسون خراسانش آمد بدست
ببخشید روی زمین بر مهان منم گفت با مهر شاه جهان
جهان را سراسر به بخشش گرفت ستاره نظاره برو ای شگفت
به مهتر پسر داد بلخ و هری فرستاد بر هر سوی لشکری
بد اندیشگان را همه برکشید بدانسان که از گوهر او سزید
بدان را بهرجای سالار کرد خردمند را سرنگونسارکرد
چو زیراندر آمد سر راستی پدید آمد از هر سوی کاستی
چولشکر فراوان شد و خواسته دل مرد بی تن شد آراسته
سپه را درم داد و آباد کرد سر دوده خویش پرباد کرد
به آموی شد پهلو پیش رو ابا لشکری جنگ سازان نو
طلایه به پیش سپاه اندرون جهان دیده‌یی نام او گرستون
به شهر بخارا نهادند روی چنان ساخته لشکری جنگجوی
بدو گفت ما را سمرقند و چاچ بباید گرفتن بدین مهر و تاج
به فرمان شاه جهان یزدگرد که سالار بد او بر این هفت گرد
ز بیژن بخواهم به شمشیر کین کزو تیره شد بخت ایران زمین

آگاه شدن بیژن از کشته شدن یزدگرد و لشکر کشیدن او بجنگ ماهوی سوری

چنین تا به بیژن رسید آگهی / که ماهوی بگرفت تخت مهی
بهر سوی فرستاد مهر و نگین / همی رام گردد برو بر زمین
کنون سوی جیحون نهادست روی / به پرخاش با لشکری جنگجوی
بپرسید بیژن که تاجش که داد / بروکرد گوینده آن کارياد
بدو گفت برسام کای شهريار / چو من بردم از چاچ چندان سوار
بیاوردم از مرو چندان بنه / بشد یزدگرد از میان یک تنه
تو را گفته بد تخت زرین اوی / همان یاره‌ی گوهر آگین اوی
همان گنج و تاجش فرستم به چاچ / تو را باید اندر جهان تخت عاج
به مرو اندرون رزم کردم سه روز / چهارم چو بفروخت گیتی فروز
شدم تنگدل رزم کردم درشت / جفا پیشه ماهوی بنمود پشت
چو ماهوی گنج خداوند خویش / بیاورد بی‌رنج و بنهاد پیش
چوآگنده شد مرد بی‌تن به چیز / مرا خود تو گفتی ندیدست نیز
به مرو اندرون بود لشکر دوماه / به خوبی نکرد ایچ برمانگاه
بکشت او خداوند را در نهان / چنان پادشاهی بزرگ جهان
سواری که گفتی میان سپاه / همی‌برگذارد سر از چرخ ماه
ز ترکان کسی پیش گرزش نرفت / همی زو دل نامداران بگفت
چو او کشته شد پادشاهی گرفت / بدین گونه ناپارسایی گرفت
طلایه همی‌گوید آمد سپاه / نباید که بر ما بگیرند راه
چو بدخواه جنگی به بالین رسید / نباید تو را با سپاه آرمید
چنین گل به پالیز شاهان مباد / چو باشد نیاید ز پالیز یاد
چو بشنید بیژن سپه گرد کرد / ز ترکان سواران روز نبرد
ز قجقار باشی بیامد دمان / نجست ایچ‌گونه بره بر زمان
چونزدیک شهر بخارا رسید / همه دشت نخشب سپه گسترید
به یاران چنین گفت که اکنون شتاب / مدارید تا او بدین روی آب

به پیکار ما پیش آرد سپاه	مگر باز خواهیم زوکین شاه
ازان پس بپرسید کز نامدار	که ماند ایچ فرزند کاید به کار
جهاندار شه را برادر به دست	پسر گر نبود ایچ دختر به دست
که او را بیاریم و یاری دهیم	به ماهوی بر کامگاری دهیم
بدو گفت به رسام کای شهریار	سرآمد برین تخمه‌ی بر روزگار
بران شهرها تازیان راست دست	که نه شاه ماند نه یزدان پرست
چو بشنید بیژن سپه برگرفت	ز کار جهان دست بر سرگرفت
طلایه بیامد که آمد سپاه	به پیکند سازد همی رزمگاه
سپاهی بکشتی برآمد ز آب	که از گرد پیدا نبود آفتاب
سپهدار بیژن به پیش سپاه	بیامد که سازد همی رزمگاه
چو ماهوی سوری سپه را بدید	تو گفتی که جانش ز تن برپرید
ز بس جوشن و خود و زرین سپر	ز بس نیزه و گر ز وچاچی تبر
غمی شد برابر صفی برکشید	هوا نیلگون شد زمین ناپدید

گرفتار شدن ماهوی سوری و کشته شدنش بفرمان بیژن

چو بیژن سپه را همه راست کرد	به ایرانیان برکمین خواست کرد
بدانست ماهوی و از قلبگاه	خروشان برفت ازمیان سپاه
نگه کرد بیژن درفشش بدید	بدانست کو جست خواهد گزید
به برسام فرمود کز قلبگاه	به یکسو گذار آنک داری سپاه
نباید که ماهوی سوری ز جنگ	بترسد به جیحون کشد بی‌درنگ
به تیزی ازو چشم خود برمدار	که با او دگرگونه سازیم کار
چو برسام چینی درفشش بدید	سپه را ز لشکر به یکسو کشید
همی‌تاخت تا پیش ریگ فرب	پر آژنگ رخ پر ز دشنام لب
مر او را بریگ فرب دربیافت	رکابش گران کرد و اندر شتافت
چو نزدیک ماهو برابر به بود	نزد خنجر او را دلیری نمود
کمربند بگرفت و او را ز زین	برآورد و آسان بزد بر زمین

فرود آمد و دست او را ببست / به پیش اندر افگند و خود برنشست
همانگه رسیدند یاران اوی / همه دشت ازو شد پر از گفت و گوی
ببرسام گفتند کاین را مبر / بباید زدن گردنش راتبر
چنین داد پاسخ که این راه نیست / نه زین تاختن بیژن آگاه نیست
همانگه به بیژن رسید آگهی / که آمد بدست آن نهانی رهی
جهانجوی ماهوی شوریده هش / پر آزار و بی‌دین خداوندکش
چو بشنید بیژن از آن شادشد / ببالید وز اندیشه آزاد شد
شراعی زدند از بر ریگ نرم / همی‌رفت ماهوی چون باد گردم
گنهکار چون روی بیژن بدید / خردشد ز مغز سرش ناپدید
شد از بیم همچون تن بی‌روان / به سر بر پراگند ریگ روان
بدو گفت بیژن که ای بدنژاد / که چون تو پرستار کس را مباد
چرا کشتی آن دادگر شاه را / خداوند پیروزی و گاه را
پدر بر پدر شاه و خود شهریار / ز نوشین روان در جهان یادگار
چنین داد پاسخ که از بدکنش / نیاید مگر کشتن و سرزنش
بدین بد کنون گردن من بزن / بینداز در پیش این انجمن
بترسید کش پوست بیرون کشد / تنش رابدان کینه در خون کشد
نهانش بدانست مرد دلیر / به پاسخ زمانی همی‌بود دیر
چنین داد پاسخ که ای دون کنم / که کین از دل خویش بیرون کنم
بدین مردی و دانش و رای و خوی / هم تاج وتخت آمدت آرزوی
به شمشیر دستش ببرید و گفت / که این دست را در بدی نیست جفت
چو دستش ببرید گفتا دو پا / ببرید تا ماند ایدر بجا
بفرمود تا گوش و بینیش پست / بریدند و خود بارگی برنشست
بفرمود کاین را برین ریگ گرم / بدارید تا خوابش آید ز شرم
منادیگری گرد لشکر بگشت / به درگاه هرخیمه‌یی برگذشت
که ای بندگان خداوند کش / مشورید بیهوده هرجای هش
چو ماهوی باد آنکه بر جان شاه / نبخشود هرگز مبیناد گاه
سه پور جوانش به لشکر بدند / همان هر سه با تخت و افسر بدند
همان جایگه آتشی بر فروخت / پدر را و هر سه پسر را بسوخت
از آن تخمه‌ی کس در زمانه نماند / وگر ماند هرکو بدیدش براند

بزرگان بارن دوده نفرین کنند	سرازکشتن شاه پرکین کنند
که نفرین برو باد و هرگز مباد	که او را نه نفرین فرستد بداد
کنون زین سپس دور عمر بود	چو دین آورد تخت منبر بود

چو بگذشت سال ازبرم شست و پنج	فزون کردم اندیشه‌ی درد و رنج
به تاریخ شاهان نیاز آمدم	به پیش اختر دیرساز آمدم
بزرگان و با دانش آزادگان	نبشتند یکسر همه رایگان
نشسته نظاره من از دورشان	تو گفتی بدم پیش مزدورشان
جزاحسنت ازیشان نبد بهره‌ام	به کتف اندراحسنت شان زهره‌ام
سربدره‌های کهن بسته شد	وزان بند روشن دلم خسته شد
ازین نامور نامداران شهر	علی دیلمی بود کوراست بهر
که همواره کارش بخوبی روان	به نزد بزرگان روشن روان
حسین قتیب است از آزادگان	که ازمن نخواهد سخن رایگان
ازویم خور و پوشش و سیم و زر	وزو یافتم جنبش و پای و پر
نیم آگه از اصل و فرع خراج	همی‌غلتم اندر میان دواج
جهاندار اگر نیستی تنگ دست	مرا بر سرگاه بودی نشست
چو سال اندر آمد به هفتاد ویک	همی زیر بیت اندر آرم فلک
همی گاه محمود آباد باد	سرش سبز باد و دلش شاد باد
چنانش ستایم که اندر جهان	سخن باشد از آشکار ونهان
مرا از بزرگان ستایش بود	ستایش ورا در فزایش بود
که جاوید باد آن خردمند مرد	همیشه به کام دلش کارکرد
همش رای و هم دانش وهم نسب	چراغ عجم آفتاب عرب
سرآمد کنون قصه‌ی یزدگرد	به ماه سفندار مد روز ارد
ز هجرت شده پنج هشتادبار	به نام جهانداور کردگار
چواین نامور نامه آمد ببن	ز من روی کشور شود پرسخن
نمیرم ازین پس که من زنده ام	که تخم سخن را پراکنده‌ام
هر آنکس که دارد هش و رای و دین	پس از مرگ بر من کند آفرین

Copyright © 2025 by Rumi's Path Institute.

All rights reserved. No part of this publication may be reproduced, distributed or transmitted in any form or by any means, including photocopying, recording, or other electronic or mechanical methods, without the prior written permission of the publisher, except in the case of brief quotations embodied in critical reviews and certain other noncommercial uses permitted by copyright law. For permission requests, write to the publisher, addressed "Attention: Permissions Coordinator," at the address below.

Published by: Rumi's Path Institute
Vancouver, BC CANADA
Email: Info@rumispath.com
www.rumispath.com

Ordering Information:

Quantity sales. Special discounts are available on quantity purchases by universities, schools, corporations, associations, and others. For details, contact the "Sales Department" at the above mentioned email address.

Shahnameh by Ferdowsi, New Style edition;
Vol.1 of 3: ISBN 978-1-77899-045-8   Paperback
Vol.2 of 3: ISBN 978-1-77899-046-5   Paperback
Vol.3 of 3: ISBN 978-1-77899-047-2   Paperback

Shahnameh

by Ferdowsi

Vol.3 of 3

Rumi

Rumi's Path Institute

Vancouver, BC CANADA

www.rumispath.com info@rumispath.com

Educational Code: RPI-OT-002